Bobby Schenk

BLAUWASSERSEGELN

VISTA

BOBBY SCHENK

BLAUWASSER SEGELN

Delius Klasing Verlag

Von Bobby Schenk erschienen
im Delius Klasing Verlag folgende Titel:

80 000 Meilen und Kap Hoorn
Astronavigation
Blauwassersegeln
Freiheit hinterm Horizont
Hafenmanöver
Navigation nur zum Ankommen
Segeln im Reich der Stürme
Transatlantik in die Sonne
Yachtnavigation

Die Deutsche Bibliothek – CIP-Einheitsaufnahme

Schenk, Bobby:
Blauwassersegeln / Bobby Schenk, 4. überarb. Aufl. –
Bielefeld: Delius Klasing, 1994
ISBN 3-7688-0861-0

4. Auflage
ISBN 3-7688-0861-0

Fotos: Bobby Schenk, Dr. Hans Fischbach (1),
Harald Schwarzlose (1), Günther Voigt (1),
Hans-Günter Kiesel (5)
Zeichnungen: Helmuth Seltmann
Schutzumschlag: Ekkehard Schonart
Druck: Kunst- und Werbedruck, Bad Oeynhausen
Printed in Germany 1994

Vorwort

Dieses Buch richtet sich an alle, die das Meer lieben, die reisen wollen und denen es Spaß macht, kleinere Herausforderungen der Natur auf sich zu nehmen.

Blauwassersegeln ist eine der letzten ganz großen Freiheiten unserer Tage. Wenn es mir an einem Platz nicht gefällt, segle ich zum nächsten Hafen. Wenn ich mich über einen kleinlichen Zollbeamten ärgere, fahre ich in das nächste Land. Wenn ich den Winter nicht mag, wechsle ich einfach in die Tropen. Ich besuche die Kontinente und schlafe doch jeden Abend im eigenen Bett. Ich bin immer zu Hause. Das gilt auch für Blauwasserreisen, die der Berufstätige während seines Jahresurlaubs unternimmt. Der sich also „frei“ machen kann.

Freilich – Unabhängigkeit ist nötig. Unabhängigkeit von der Technik beispielsweise. Was nicht heißt, daß man auf die Technik verzichten soll. Das ist heute schon unter dem Gesichtspunkt der Sicherheit gar nicht mehr möglich. Aber man ist auch dann unabhängig, wenn sie zuverlässig funktioniert, wenn man sie im Griff hat. Das gilt für die Segeltechnik ebenso wie für alle jene Hilfen, die uns das Leben an Bord erleichtern. Hier will dieses Buch beistehen, indem es die Erfahrungen weitergibt, die Hunderte von Blauwasserseglern im Laufe von vielen Jahren auf den Weltmeeren und auf den Ankerplätzen aller Kontinente gemacht haben. Mit Sicherheit ist auch der eine oder andere Tip dabei, den der Freizeitsegler gut gebrauchen kann. Denn was sich auf den Weltmeeren und deren Küsten bewährt hat, sollte auch gut genug für Ostsee, Nordsee und Mittelmeer sein.

Marmaris/Türkei, S. Y. Tomiga,
August 1994
Bobby Schenk

Inhaltsverzeichnis

Einführung

Durch was unterscheidet sich das Blauwassersegeln vom Fahrtensegeln? Oder gar vom einfachen Herumschippern vor der Küste im simplen Kajütboot? Zwei bildhafte Szenen mögen den Unterschied verdeutlichen:

Die 10-Meter-Slup DANE ist von ihrem Ziel, dem kroatischen Zadar, noch 30 Seemeilen entfernt. Fast aus heiterem Himmel ändert der Wind die Richtung und nimmt schlagartig zu. Aus den gemütlichen 4 Bft sind plötzlich 6 oder gar 7 geworden. Die Crew hat kaum noch Zeit, sich Ölzeug anzuziehen, was dringend erforderlich ist. Fieberhaft wird das Groß zweimal weggerefft, die Genua gegen die kleine Fock ausgetauscht. Naß kriecht die Crew ins Cockpit zurück. Trotz der sommerlichen Jahreszeit fröstelt sie. Ein Trost, daß sie Zadar zumindest anliegen kann, wenn auch hart am Wind. Die überkommenden Gischtspritzer treffen das Gesicht und lassen auf Wimpern und Wangen zahlreiche Salzkristalle zurück, die unter den vereinzelten Sonnenstrahlen zu einer ungewohnten weißlichen Gesichtsfarbe führen. Bei der ablandigen Bora sind die heftigen Schiffsbewegungen ganz gut zu ertragen.

Dieser Wind bringt die DANE rechtzeitig vor Sonnenuntergang nach Zadar, denn fünf Stunden später liegt sie sicher vertäut an der Innenmole, während der heulende Wind immer noch an den Fallen rüttelt. Der Crew ist froh. Hier drinnen ist man sicher. Und die Kälte in den Gliedern wird im nahegelegenen Hotel gegen ein geringes Entgelt mit einer heißen Dusche vertrieben. Der Abend vergeht dann bei Rotwein und Geklöne über diesen herrlichen Segeltag schnell.

Szene zwei – eine Blauwasserszene: Die THALASSA stampft über den Indischen Ozean. Der Wind hat schon morgens auf 6 Bft zugenommen. Wäre nicht so schlimm, wenn nicht diese verdammte Dünung aus Süden querlaufen würde. Seegangshöhen lassen sich kaum schätzen. Jedenfalls wirkt die heranrollende Dünung gigantisch. So hoch wie die Saling? Hängt wahrscheinlich mit der Gegenströmung zusammen, die seit Tagen bremst. Alles unter Deck ist schon naß. Das ginge noch, wenn nicht dieses Geräusch am Ruderkoker dauernd den Verdacht nährte, daß das Ruderblatt irgendwann seinen Geist aufgibt. Wenn nur die Sonne mal rauskäme, dann wäre es wenigstens etwas wärmer; außerdem könnte man mal wieder eine genaue Position nehmen. Eigentlich egal, bei diesem Gestampfe kommen sowieso nicht mehr als 30 Seemeilen zum Ziel raus. Hundemüde bin ich. Bald ist die Wache vorbei, dann haue ich mich in die Koje. Das Ölzeug behalte ich gleich an. Wenn die Koje schon naß ist, macht das auch nichts mehr aus. Wann hat das ein

Ende? Immerhin liegen schon 500 Seemeilen hinter uns, an die 2300 voraus mag ich gar nicht denken.

Natürlich muß Blauwassersegeln nicht quälender als ein kurzer Küstentörn sein, doch wird das momentane ursprüngliche Segelerlebnis weitgehend in den Hintergrund gedrängt. An seine Stelle tritt etwas ganz anderes, nämlich die große Befriedigung, mit einem kleinen Schiff nur mit Windeskraft und mit Einsatz der eigenen Cleverneß Ozeane bezwingen zu können. Also letztlich das gleiche zu erreichen, was große maschinengetriebene Schiffe, oft viele tausend Tonnen schwer, oder Jumbo-Jets vollbringen, deren Elektronik allein viele Millionen kostet. Nur etwas langsamer.

Hier nun unterliegen einige Träumer dem ersten großen Irrtum. Sie meinen, der Reiz beim Blauwassersegeln bestehe darin, daß man auf den langen Segelstrecken seinen Sport wirklich „satt" betreiben kann. Das ist nur eine Seite der Blauwassersegelei, das ist das, was Rudolf Wagner in seinem reizenden, aber leider vergriffenen Buch „Weit, weit voraus liegt Antigua" einmal so ausgedrückt hat: „Segeln mit dem großen Löffel".

Wenn es freilich nur das wäre, was diese Art zu segeln – nein, besser gesagt: zu leben – zu bieten hätte, wären die Yachties arm dran. Jedes Hobby kann langweilig werden, wenn es zu ausdauernd betrieben wird. So auch das Segeln. Ein Schlag von acht Stunden ist bei günstigen Winden begeisternd. Ein kurzer Törn von zwei Tagen kann unvergeßlich bleiben, wenn alles gut läuft. Aber nur ganz wenige finden das Segeln nach drei, vier Wochen auf See immer noch hinreißend. Studiert man Logbücher von langen Reisen oder erlebt man sie selbst als Zuhörer am Kurzwellenempfänger aus der Ferne mit, so wird man häufig die Feststellung machen, daß die Crew so nach der ersten Woche nur dem einen Zeitpunkt entgegenfiebert: wenn der Anker endlich wieder ins smaragdgrüne Wasser einer tropischen Lagune fällt oder die Yacht sicher vertäut an der Pier eines geschützten Hafens liegt. Die Engländer haben da einen Spruch, der viel Wahres enthält. Das Schönste am Segeln – sagen sie – sei „the drink on the other side of the ocean".

Im Gegensatz zum Freizeitsegeln geht das Blauwassersegeln nach dem großen Törn weiter. Blauwassersegeln besteht im Grunde darin, daß man – vereinfacht gesagt – auf seinem Schiff lebt, wobei es zweitrangig ist, ob es sich auf hoher See oder am sicheren Ankerplatz befindet. Das Schiff ist ein Schneckenhaus oder unser Mikrokosmos. Wir sind nicht auf die Steckdose an Land angewiesen, können je nach Vorratshaltung ein Jahr leben, ohne einzukaufen. Wir versorgen unsere Maschinen, weil wir die nötigen Ersatzteile in weiser Voraussicht an Bord haben. Machen wir Fehler bei der Planung, so bekommen wir mit Sicherheit eines Tages die Quittung. Wir sind nur uns selbst verantwortlich, also unabhängig.

Das reine Segeln ist bei unserer weltweiten Wanderei nicht Selbstzweck. Es ist unsere Art von Fortbewegung. Das Leben an Bord, das Wohlfühlen auf dem Schiff – das ist der wichtigere Teil. Träumer vergessen das leicht. Sie sehen im Geiste einen schnittigen Schoner, der unter ihrem Kommando die Weltmeere durchpflügt. Dabei zeigen die Berichte von Weltumseglungen die Tatsachen auf: Eine Tour um den Globus dauert im Regelfall drei bis vier Jahre, bedingt durch die Gebiete mit Gefahr tropischer Orkane, die nur zu bestimmten Zeiten befahren werden sollten. Dabei sind 30 000 Seemeilen zurückzulegen; mit einem Schnitt von 100 Seemeilen am Tag kann gerechnet werden. Das ergibt 300 reine Segeltage. Der Rest ist Leben am

Ankerplatz oder im Hafen, macht also mehr als zwei Drittel der Reisezeit aus.

Für viele ist das der schönere Teil des Blauwassersegelns. Oder wie wäre es sonst zu erklären, daß die meisten Yachtleute nach einer langen Überfahrt monatelang im Hafen bleiben? Kaum jemals, daß dann mal für den Nachmittag ein Segel gesetzt wird, „weil es gerade so schön bläst".

Es ist eine Überraschung für Neulinge, daß auch das Wohnen an Bord gelernt sein will. Wir sollten das Schiff nicht mit einem Haus vergleichen, schon gar nicht mit einer Eigentumswohnung oder mit einem Reihenhaus. Dort wird uns die Energie in Form von Strom und Wasser ins Haus geliefert. Wir aber müssen den Strom selbst herstellen. Das Wasser holen wir oder fangen es vom Himmel auf. Ein Haus vergammelt so leicht nicht, wenn wir nur etwas aufpassen. Am Schiff jedoch gibt es immer etwas zu tun, je nach Alter, Ausrüstung und Baustoff. Ein Haus braucht nicht besonders bewacht zu werden, eine Yacht dagegen ist ständig zu kontrollieren, sei es, ob der Anker auch hält, sei es, ob die Festmacherleinen in Ordnung sind. Das sei zugegeben: Mit einem Schiff findet man die vollkommene Ruhe nie, für Aufregung ist immer gesorgt.

Führt das nicht zur Unfreiheit? Wird der Yachtmann da nicht zum Sklaven seines Schiffes? Bis zu einem gewissen Grad schon, aber dies ist eine andere Art von Unfreiheit als die zu Hause. Es ist ein Unterschied, ob man am Schiff Unterhaltungsarbeiten macht, weil man es nicht verkommen lassen will, oder ob man arbeitet, weil es der Chef so befohlen hat. Unfreiheit Sachen gegenüber läßt sich leichter ertragen als die Einschränkung durch andere Menschen. Und man hat es in der Hand, sich weitgehend freizuarbeiten.

Dieses Buch soll helfen, Schwierigkeiten beim Segeln und beim Leben auf dem Schiff zu vermeiden, soll das Leben der Yachties erleichtern, indem es Erfahrungen weitergibt. Verarbeitet wurden vor allem die Erkenntnisse jener, die jahrelang an Bord einer Yacht lebten. Denn hier zählt nicht allein die Anzahl der Seemeilen, sondern vor allem die Zeit, die jemand auf einem Schiff zubringt. So wie bei der Fliegerei nicht etwa die zurückgelegten Meilen, sondern ausschließlich die Flugstunden gewertet werden. Der Blauwassersegler, der an Bord lebt, bringt es auf 365 Tage Erfahrung im Jahr, während der Urlaubssegler, selbst wenn er auf einer Charteryacht den Atlantik überquert, eben nur „20 Tage Erfahrung" sammeln kann. Noch dazu ist er dabei von anderen Skippern, mit denen er Erkenntnisse austauschen könnte, weitgehend isoliert.

Daß der Reiz des Blauwassersegelns darin liege, daß es zu vielen Fragen *die* richtige Antwort nicht gibt, daß jeder frei genug sei, sich *seine* Lösung zu suchen, ist nur bedingt richtig. Tatsächlich gibt es zu vielen Fragen mehrere Antworten. Man denke nur daran, welchem Bootsbaustoff der Vorrang eingeräumt werden soll. Der eine wird für Stahl, der andere mit guten Gründen für Kunststoff sein. Das Kriterium aber ist, ob es sich um eine gute oder um eine schlechte Lösung handelt.

In diesem Zusammenhang war ein Erlebnis für mich aufschlußreich: Zu Beginn meiner Weltumseglung drehten sich abendliche Gespräche mit Gleichgesinnten, die ebenfalls am Anfang weiter Reisen standen, sehr oft um die üblichen Fragen aus der Blauwassersegelei. Es verwunderte, daß es zu ein und derselben Sportart so viele Ansichten gab, die alle mit großer Vehemenz vertreten wurden. Drei Jahre später habe ich dann in Südafrika für die Segelzeitschrift „Yacht" eine Runde von Yachties zu ebensolchen Fragen interviewt. Ich holte meine alten Bekannten von den anderen Yachten zusammen. In einem mehrstündigen Gespräch wurden dann die einen Blauwassersegler interessierenden technischen Details durchgesprochen – von der Rettungsweste bis zur richtigen Schleppangel. Entgegen meinen Erwartungen verlief das Gespräch äußerst harmonisch. Gegensätzliche Standpunkte zu wichtigen Fragen wurden kaum noch vorgebracht. Drei Ozeane und drei Jahre auf Yachten hatten zu fast übereinstimmenden Erkenntnissen geführt.

Blauwassersegelei kann in jedem Revier der Welt betrieben werden. Der eine liebt die Tropen, der andere hält sich gerne in Gegenden auf, in denen die vier Jahreszeiten ausgeprägt sind. Nach den polaren Zonen werden sich die wenigsten sehnen, so daß diese im Rahmen dieses Buches weitgehend ausgeklammert werden können. Die Tropen und die „warmen" Gegenden wie das Mittelmeer im Sommer bieten für die Blauwassersegelei eine Reihe von Problemen, mit denen der Segler aus unseren heimatlichen Gewässern kaum rechnet. Dies müßte mit berücksichtigt werden.

Unter dem Begriff „Blauwassersegeln" – wie ich ihn verstehe – fallen Rekordreisen unter Segeln nicht. Wenn beispielsweise der Engländer Chay Blyth oder die Neuseeländerin Naomi James ihr Schiff einhand zum Teil gegen den Wind um die Welt prügeln, ohne einen Blick für Land und Leute zu haben, wenn es also nur um den Rekord geht, so ist das sicher eine beachtliche sportliche Leistung. Das gilt aber auch für jenen Sportler, der auf Händen mehrere Kilometer durch die Alpen gelaufen ist. Sowenig wie dies etwas mit „Wandern" zu tun hat, sowenig können wir für das Blauwassersegeln Erkenntnisse aus solchen Gewalttouren um den Globus ziehen.

Dieses Buch ist also nicht für jene geschrieben, die irgendwelche PR-Aufträge für Sponsoren, deren Namen sie auf Ausrüstung und Schiff führen, unter Segeln zu erfüllen haben, sondern für alle jene, die mit einer Yacht in Freiheit leben und die Welt kennenlernen wollen.

Wenn man in Küstengegenden in die Nacht reinfährt, muß man sich seiner Navigation sicher sein.

Der Start

Was kostet die Blauwassersegelei?

Diese Frage zielt nicht auf den Anschaffungspreis für das Schiff als solches, vielmehr sind die Lebenshaltungskosten gemeint, die unterwegs anfallen. Gleichgültig, welche Ansprüche man stellt: Sie werden auf jeden Fall kleiner als zu Hause sein. Rechnen Sie doch mal zusammen: Wieviel kostet die Heizung im Jahr? Das Telefon? Die Zeitungen? Wie hoch ist die Miete? Und dann die Kosten für Wasser? Für die Kleidung? Und erst das Auto? Nein, nicht nur das Benzin rechnen, sondern auch Steuern, Versicherung, Abschreibung mit einbeziehen.

Das ergibt schon eine ganz beachtliche Summe, die man unterwegs einsparen und von der man ganz gut leben kann. Eine Milchmädchenrechnung? Das kommt drauf an. Im Mittelmeer sind die Hafengebühren für Yachten zum Teil schon so hoch, daß sie den Mietkosten für eine Wohnung in Deutschland gleichkommen. Man kann ihnen auch kaum aus dem Wege gehen, denn sichere Ankerplätze, auf denen nicht kassiert wird, sind selten, die Häfen der Berufsschiffahrt dem Sportskipper oft verwehrt. Außerhalb Europas und der Vereinigten Staaten aber werden meist keine Liegeplatzgebühren erhoben. Telefonkosten fallen keine an, wenn man seine Yacht nicht mit einer teuren Kurzwellenanlage ausstattet. Amateurfunkanlagen, die auf Langfahrtyachten bereits häufig anzutreffen sind, kosten keine nennenswerten Gebühren. Strom brauchen wir auch an Bord. Aber unterwegs und auf dem Ankerplatz stellen wir ihn selbst her, und zwar billiger als zu Hause.

Drei Posten gehen unterwegs ins Geld: Schiffsunterhaltung, Porto und Getränke. Wieviel man für sein Schiff auszugeben hat, liegt in erster Linie an dessen Zustand. Doch bei jedem Schiff fallen kleinere Reparaturen an, mit denen man nicht rechnet. Wenn die hierzu benötigten Ersatzteile überhaupt erhältlich sind, kosten sie ungleich mehr als zu Hause. Der Verschleiß ist um ein Vielfaches größer als im heimatlichen Revier, denn er richtet sich meistens nicht nur nach den gesegelten Meilen, sondern auch danach, wieviel Zeit die Mannschaft auf dem Schiff zubringt oder wie lange die Yacht in den viel aggressiveren Gewässern der Tropen oder in anderen wärmeren Gewässern liegt.

Dann zahlt es sich aus, wenn man technisch begabt ist und Reparaturen sowie Wartungsarbeiten selber machen kann. Wer mit jeder Kleinigkeit eine Werft beauftragen möchte, dem muß ganz offen gesagt werden, er solle sich zweimal überlegen, ob er sich das leisten kann.

Oft wird es die benötigten Ersatzteile an Ort und Stelle gar nicht geben, so daß sie aus der Heimat geschickt werden müssen.

Wer eine Vorstellung von diesen Kosten bekommen möchte, soll spaßeshalber mal bei einer der großen Luftverkehrsgesellschaften – Frachtabteilung – anrufen und fragen, was der Transport eines Getriebes (50 kg, Verpackungsmaße 70 x 70 x 70) nach Australien kostet. Viel billiger ist natürlich die Schiffsfracht, doch das kann bis zu drei Monate dauern. Mit der Folge, daß der Weltenbummler schon viel zu weit in die Hurrikan-Saison hineinkommt, um weiterzusegeln, und möglicherweise noch ein Jahr dranhängen muß. Also, auch sehr teuer!

Für viele ist die Postverbindung zur Heimat sehr wichtig. Und auch das ist nicht billig. Ein kleiner Stoß Briefe an die Freunde kostet gleich 30 bis 50 Mark Porto. Hier gibt es kaum Einsparmöglichkeiten. Schlimm wird es, wenn man sich Bücher oder andere kleinere Gegenstände per Luftpost schicken läßt oder heimsendet. Das belastet das Haushaltsbudget spürbar.

Getränke fallen nur dann nicht ins Gewicht, wenn man sich ganz energisch einschränkt und auf Spirituosen verzichtet, was ja auch sehr gesund sein soll. Speziell in den Tropen muß man viel Flüssigkeit zu sich nehmen – je mehr, um so besser. Wasser bietet sich an, ist aber nicht jedermanns Sache. Tee ist noch am billigsten. Dosenbier ist teuer. Bemitleidenswert sind jene, die am Tag an die fünf Dosen Bier verkonsumieren, was noch nicht einmal den gesamten Flüssigkeitsbedarf in den heißen Gegenden abdeckt. In Polynesien beispielsweise kostet eine Dose Bier umgerechnet mindestens fünf Mark, was pro Monat also über 500 DM ausmacht, wenn nur einer an Bord zur Dose greift. Die härteren Drinks sind oft um ein Vielfaches teurer als in Deutschland, es sei denn, man hat Gelegenheit, zollfrei einzukaufen. Freilich, die Schiffshändler werden immer unwilliger, Spirituosen und Zigaretten an Yachten abzugeben, weil die abgenommenen Mengen im Vergleich zur Berufsschiffahrt zu gering sind.

Könnte man sich nicht die harten Drinks verkneifen? Nicht ganz, denn selbst wenn man abstinent lebt, wird man doch nicht vermeiden können, Gäste an Bord mit einem Longdrink zu bewirten. Es gehört einfach zur Gastfreundschaft, daß man so etwas anbieten kann, wenn Besuch kommt. Einer der Reize beim Blauwassersegeln ist ja doch der, daß man – außer auf hoher See – selten alleine ist, auf den Ankerplätzen stets Freunde um sich herum hat, die man schon von vielen Weltmeeren her kennt. Also: Wenn man hier spart, „spart“ man auch die Freunde.

Kann man die monatlichen Lebenshaltungskosten, die beim Blauwassersegeln entstehen, also überhaupt mit einer bestimmten Summe ausdrücken? Wohl kaum. Den absoluten Rekord – soweit mir bekannt – hält der österreichische Weltumsegler Wolfgang Hausner, der 1970 mit 120 DM pro Monat ausgekommen ist. In der heutigen Zeit wären das etwa 500 DM pro Person und Monat. Indes, Wolfgang hat an seinem Katamaran TABOO alles selbst gemacht (er hat ihn auch gebaut), hat weder geraucht noch getrunken – für Gäste aber war immer etwas da –, und er hat häufig von Fisch gelebt. Der eine oder andere, der von ähnlichen Reisen träumt, wird jetzt wohl sagen: „Aha, das müßte also zu schaffen sein!“ Er sei gewarnt. Nur wenigen ist es gegeben, so bescheiden zu leben. Ganz wenigen. Ich kenne sonst niemanden.

Möchte man einen Lebensstandard aufrechterhalten, so wie ihn der „Normalverbraucher“ zu Hause hat, also mit gelegentlichem Restaurantbesuch (eine bessere Möglichkeit, Leute kennenzulernen, gibt es kaum), so wird man ungleich höher greifen müssen: 2500 DM für 2 Personen, Schiffsunterhaltung und auch sonst alles eingeschlossen. Das scheint sehr viel zu sein, doch sollte man bedenken, was ein Auto der gehobenen Preisklasse kostet, das unter Umständen schnell zu Schrott gefahren wird, ohne daß die Welt gleich untergeht.

Die eigentlichen „Kosten“ bei der Blauwassersegelei entstehen dadurch, daß die monatlichen Gehaltszahlungen auf das Konto zu Hause, an die man sich gewöhnt hatte, ersatzlos entfallen. Es sei denn, man ist Pensionär oder Rentner. Das sind die wirklich Reichen auf den Ankerplätzen. Besonders unter den Amerikanern trifft man viele ehemalige Militärangehörige, die noch in den besten Jahren eine Pension bekommen, mit der sie unbeschwert leben können.

Man sollte auf keinen Fall damit rechnen, unterwegs jobben zu können. Legal ohnehin nicht, denn Arbeitsgenehmigungen für Yachtleute gibt es in der Regel nicht. Die meisten Länder haben selbst genug Arbeitslose. Ausnahmen werden vielleicht für jene gemacht, die einen „vernünftigen“ Beruf haben, also für Mechaniker, Ingenieure. Akademische Berufe sind ziemlich wertlos, denn deutsche Examen werden fast nirgendwo in der Welt anerkannt.

Man sollte auch nicht einkalkulieren, daß man die Kasse durch gelegentliches Verchartern aufbessern kann. Die Enttäuschung ist meistens groß. Ein Freund von mir hatte fest damit gerechnet und seine 15-Meter-Yacht von vornherein reichlich mit Kojen für Chartergäste ausgestattet. Als er dann vor seiner Weltumseglung per Inserat Gäste suchte, passierte es: Nicht ein einziger Interessent meldete sich. Kein Wunder angesichts des Riesenangebots an Charteryachten in den einschlägigen Fachzeitschriften. Für meinen Freund war eine Welt zusammengebrochen. Jahrelang hatte er auf eine Illusion hingearbeitet. Aber selbst wenn man zahlende Gäste findet, ist die Vercharterei ein Risiko, weil man genaugenommen auch dafür eine Genehmigung des betreffenden Landes benötigt, die auf die Schnelle sicher nicht erteilt wird.

Es gibt Blauwassersegler, die unterwegs ihren Lebensunterhalt mit Schreiben verdienen, Eric C. Hiscock, der große Altmeister, oder Hal Roth beispielsweise. Die Versuchung ist groß, sich diese Männer zum Vorbild zu nehmen, ohne dabei folgendes zu bedenken: In der Zeit, in der Hiscock zu schreiben begann, war er nahezu konkurrenzlos. Eine Weltumseglung hatte noch den Hauch des Sensationellen. Inzwischen ist viel Konkurrenz dazugekommen, die ebenfalls versucht, von dem ohne Zweifel vorhandenen Kuchen mitzuessen. Das heißt, Chancen, einen Verleger zu finden, wird nur derjenige haben, der neue Themen bringen und vor allem auch interessant schreiben kann. Reiseschilderungen von Gegenden, die längst abgegrast sind, sind nicht mehr gefragt. Einer der deutschen Blauwassersegler hat nach der Hälfte seiner Weltumseglung enttäuscht festgestellt: „So eine Reise läßt sich ja heute nicht mehr vermarkten!“ Ihm gilt mein volles Mitleid, weil er den Sinn einer Langfahrt, in meinen Augen jedenfalls, verkannt hat.

Unter Umständen ist es noch möglich, eine Zeitung zu finden, die an regelmäßigen Berichten interessiert ist, beispielsweise die Heimatzeitung. Mir ist das allerdings nicht gelungen. Was ich nicht allzusehr bedauert habe, denn die Honorare halten sich doch sehr in Grenzen, wenn man nicht häufig etwas anbringt. Schön ist es, wenn man an Segelzeitschriften Artikel verkaufen kann. Die besten Chancen hat man allerdings nur dann, wenn man über erstklassiges Fotomaterial verfügt. Die beste Story von einem Sturm ist nur so gut wie die Fotos dazu.

Beabsichtigt man, sich mit Schreiben und Fotografieren ein Zubrot zu verdienen, so sollte man sich schon vor der Reise mit dem Redakteur einer Zeitung unterhalten. Keinesfalls kann man erwarten, daß die Zeitung sich verpflichtet, eine gewisse Anzahl von Artikeln abzunehmen. Besonders dann, wenn der zukünftige Weltumsegler dem Redakteur nicht Proben seines Könnens vorweisen kann. Wer kauft schon die Katze im Sack? Zumindest aber können einem rechtzeitig Illusionen genommen werden, oder man erfährt, auf was es den Zeitungsleuten ankommt.

Glücklich meinen sich auch jene zukünftigen Blauwassersegler schätzen zu können, die einen Betrieb haben, der, das glauben sie, von alleine läuft und genügend abwirft, um sorgenfrei leben zu können. Allerdings habe ich selten erlebt, daß das in der Praxis auch für mehrere Jahre gut funktioniert hat. Entweder enttäuschte der Manager, der früher immer so zuverlässig den Laden schmiß, dann aber den Chef nicht mehr im Nacken spürte, oder eine geringfügige Änderung der wirtschaftlichen Situation brachte den Betrieb aus dem Gleichgewicht.

Noch eine Möglichkeit: Wie wäre es mit „job-sharing"? Allerdings nicht, wie das Arbeitsamt sich das vorstellt, sondern etwa so: Zwei segelbegeisterte Ärzte eröffnen eine Gemeinschaftspraxis. Während der eine ein halbes Jahr auf den Weltmeeren segelt, arbeitet der andere, bis er erholungsreif ist. Dann wird getauscht. Warum nicht? Einfach eine Anzeige in einer Segelzeitung aufgeben und Gleichgesinnte suchen!

Öfters schon erprobt und auch durchgeführt wurde eine Weltumseglung auf Raten: Die Yacht wird während des Jahresurlaubs von einem sicheren Hafen zum nächsten Stützpunkt gesegelt und dort bis zum nächsten großen Urlaub unter Aufsicht zurückgelassen. Das ist allerdings eine sehr teure Art, die Welt kennenzulernen. Denn schon allein bei der Honorierung der Personen, die sich um die Yacht kümmern sollen, darf man nicht knausern. Oft wird es sich gar nicht vermeiden lassen, daß man eine Mannschaft, zumindest einen Bootsmann, anheuert, der das Schiff instand hält. Erfahrungsgemäß sind trotzdem die meisten Eigner enttäuscht, wenn sie nach langer Abwesenheit wieder auf das Boot zurückkommen.

Der höchste Preis für eine jahrelange Blauwassersegelei ist meistens freilich der, daß eine sichere Arbeitsstelle gegen die Ungewißheit eingetauscht wird, ob man nach ein paar Jahren überhaupt wieder Arbeit findet, wenn man darauf angewiesen ist. Läßt es sich mit diesem Risiko ruhig leben? Das muß jeder für sich entscheiden. Doch ist derjenige von vornherein für die Blauwassersegelei wenig geeignet, der bereits in jungen Jahren vorrangig an seine Altersversorgung denkt.

Die Verbindung mit dem „Heimathafen"

Glücklich zu schätzen ist der, der seine Zelte vollkommen abreißen kann. Er wird unterwegs ein viel ruhigeres Leben führen als der, der auf dem Postweg über Tausende Kilometer hinweg seine Fäden ziehen muß. Bei vielen wird sich das aber nicht ganz vermeiden lassen. Sei es, daß eine vermietete Wohnung verwaltet werden muß, sei es, daß man eine Heimatadresse aufrechterhält, oder sei es gar, daß man sich um ein Vermögen kümmern muß. Man wird ohne eine oder mehrere Vertrauenspersonen wohl kaum auskommen. Es ist besser, wenn man Gefälligkeiten auf freundschaftlicher Basis umgehen kann, denn häufig spürt der Gefällige die Last der Verantwortung erst, wenn sein Freund schon längst auf den Weltmeeren herumgondelt.

Dann ist es zu spät, die Verantwortung wieder abzugeben; und er erledigt die anfallenden Arbeiten lustlos und nur noch gezwungenermaßen. In jedem Fall soll man versuchen, die einzelnen Vertrauenspersonen so wenig wie möglich zu belasten. Es ist besser, mehrere Freunde um Mithilfe zu bitten, als einem alleine die Verantwortung zu übertragen. So kann der eine sich um die Filme kümmern, der andere kann mal nach der vermieteten Wohnung sehen, und der dritte spielt Postadresse. Können gewerbliche Institutionen eingeschaltet werden (Vermögensverwaltung usw.), sollte man versuchen, mit diesen direkt zu korrespondieren.

Ohne eine gute Bankverbindung wird man kaum auskommen. Am besten unterhält man sich schon vor Beginn der Reise mit einem Abteilungsleiter, inwieweit die üblichen Geschäfte aus der Ferne abgewickelt werden können. Es ist beispielsweise ohne weiteres möglich, einen Modus zu vereinbaren, daß das unterwegs benötigte Geld jeweils telefonisch abgerufen werden kann. Der beste Weg, sich auf der Reise mit Geld zu versorgen! Nahezu von allen Teilen der Welt, selbst von kleinen Inseln aus, kann nach Hause telefoniert werden. Das geht schneller und kostet ähnlich viel wie ein Telegramm, nämlich etwa 25 Mark. Wenn die Bank daheim mitspielt (Kennwort verabreden!), dann liegt das Geld – telegrafisch überwiesen – spätestens 30 Stunden danach bei jeder Bank rund um den Globus. Für die Überweisung fallen nochmals ca. 25 DM an, so daß die Gesamtkosten um die 50 DM betragen. Läßt man sich nur selten größere Beträge schicken, so sollten die Unkosten den Zeitgewinn (normal dauert es etwa fünf Wochen), und die Bequemlichkeit leicht überwiegen. Wie oft habe ich schon erlebt, daß Yachties unnütze Zeit im Hafen lagen, nur weil sie auf eine Überweisung gewartet haben, die nicht eintraf. Wenn sie endlich merkten, daß etwas nicht geklappt hatte, war es meist zu spät für den normalen Postweg.

Mit der Empfängerbank sollte man vorher klären, daß der angeforderte Betrag nicht etwa in Landeswährung ausbezahlt wird. Ich hatte mir einst das für die Reise über den Indischen Ozean vorgesehene Geld nach Fidschi überweisen lassen. Die Bank bestand darauf, es in Fidschi-Dollar auszuzahlen. Mit entsprechenden Kursverlusten mußten wir davon australische und amerikanische Dollar kaufen.

Im übrigen: Überall auf der Welt gibt es Banken. Oft steht auf dem einzigen Gebäude auf einer Insel „Barclay's Bank".

Reiseschecks sind meist besser als Bargeld. Man nimmt sie von zu Hause mit oder läßt sie sich unterwegs von einer Bank geben. Man bekommt fast immer einen günstigeren Kurs als für Bargeld. So haben es die Banken weltweit geschafft, die Touristen mit selbstgedrucktem „Geld" zu versehen, während die hierfür hingegebenen Milliarden zinsbringend für die Geldinstitute arbeiten. Mit Bankschecks, die bei Banken in Deutschland das Ansehen von Bargeld haben, kann man böse reinfallen, wenn die auf den Scheck aufgedruckten Unterschriften bei der einlösenden Bank nicht bekannt sind. Und das kann in weit entfernten Ländern des öfteren passieren. So mißtraute einmal die Bank de Indosuez in Papeete auf Tahiti einem

Bankscheck der Deutschen Bank und löste ihn nicht ein. Peinlich! Kreditkarten dagegen genießen überall ein hohes Ansehen. Jene von American Express, Visa und Diners sind außerhalb der europäischen und nordamerikanischen Länder die verbreitetsten. Die jährliche Gebühr von etwa hundert Mark lohnt sich meistens. Mit Kreditkarten kann man in Geschäften bezahlen, Flugkarten erwerben oder die Kosten für einen Mietwagen bestreiten. Auch in den meisten Restaurants werden sie als Zahlungsmittel anerkannt. Die Rechnungsbeträge werden ein paar Monate später vom Konto zu Hause abgebucht.

Im Zusammenhang mit der Kreditkarte fallen keine Mehrkosten an. Die mit dem Kreditinstitut zusammenarbeitenden Unternehmen zahlen in der Regel eine Provision von fünf Prozent. Clevere Leute „drohen" an der Kasse mit der Kreditkarte und handeln auf diese Weise bei Barzahlung einen Nachlaß in dieser Höhe heraus, jene fünf Prozent also, die das Geschäft an Diners oder American Express entrichten müßte. Aber das ist wohl nicht jedermanns Sache.

In Westindien übrigens gibt es eine Reihe von Restaurants, die bei Bezahlung mit Karte – vertragswidrig – einen Aufschlag von fünf Prozent erheben. Hier hat die Karte keinen Vorteil.

Es ist zweckmäßig, die Karte vor Beginn der Reise zu beantragen, denn vor Erteilung wird eine Bankauskunft eingeholt. „Geregeltes Einkommen" klingt dann besser als „unbekannt verzogen, ohne geregeltes Einkommen".

Hat man irgendwelche Einkünfte, die versteuert werden müssen, also beispielsweise aus Kapitalvermögen (Wertpapiere usw.) oder aus Vermietung, sollte man sich mit einem Steuerberater besprechen, was günstiger ist: seinen Steuerwohnsitz beizubehalten oder aufzugeben. Beides läßt sich wahrscheinlich begründen. Die eine Lösung aber kann sehr viel vorteilhafter sein. Deshalb: Unbedingt den Rat eines Fachmannes einholen, nur der vermag das zuverlässig zu beurteilen. Nach der Rückkehr von einer langen Reise lassen sich diesbezügliche Versäumnisse nur schwer reparieren.

Krankenversicherung

Allein der Fachmann kann auch die Frage nach den Versicherungen beantworten. Soll man sie kündigen, ruhenlassen oder aufrechterhalten? Was wird aus den eingezahlten Beträgen? Was ist mit der Krankenversicherung? Letzteres Problem ist möglicherweise das schwierigste. Auslandsversicherungen, die oft tageweise abgeschlossen werden, sind meistens nur für Urlaubsreisen und auch nur für das europäische Ausland gedacht. Eine vollwertige Krankenversicherung für die gesamte Dauer der Blauwasserreise wird sich in der Regel als zu teuer für das Bordbudget erweisen. Ein Trost ist die Tatsache, daß Arzt- und Krankenhauskosten fast überall in der Welt niedriger als in Deutschland sind und daß es Länder gibt, in denen man sich einen Krankenhausaufenthalt mit Operation aus der Bordkasse leisten kann, weil die Heilkosten den Einkommensverhältnissen in dem jeweiligen Land angeglichen sind. Ja, es gibt noch Länder, wo ärztliche Leistungen und Krankenhausaufenthalte kostenlos sind – für die einheimische Bevölkerung und für Besucher.

Es scheint deshalb ein guter Mittelweg zu sein, auf eine Krankenversicherung für das Ausland zu verzichten, statt dessen aber die Krankenversicherung zu Hause weiterlaufen zu lassen *und* eine Rückholversicherung abzuschließen, die die Kosten für einen Rücktransport nach

Deutschland in entsprechendem Krankenjet deckt, wenn die erforderliche ärztliche Leistung an Ort und Stelle nicht erbracht werden kann, was bei schweren Erkrankungen oft der Fall sein dürfte. So eine Versicherung kostet um die 100 DM pro Jahr und Person. Anfragen beispielsweise an die S. O. S. Flugrettung, Tulpenweg 1, 86486 Bonstetten, oder die Deutsche Flugambulanz, Hangar 3, 40474 Düsseldorf-Flughafen.

Im Falle einer leichteren Erkrankung, die aber vielleicht einen längeren Krankenhausaufenthalt erforderlich macht, kann man ebenfalls – auf eigene Kosten – nach Hause fliegen. Dieser finanzielle Aufwand ist bei einer stationären Versorgung in Deutschland sehr schnell abgedeckt, wenn die Versicherung weiterläuft. Für solche Zwecke empfiehlt es sich, immer genügend Bargeld an Bord zu haben, um einen Flug von jedem Teil der Welt aus nach Hause finanzieren zu können. Bedient man sich einer Scheckkarte (z. B. American Express), hat man denselben Vorteil, nur daß das Geld auf der Bank liegenbleiben und Zinsen bringen kann.

Schiffsversicherungen

Die meisten von uns werden im Schiff einen großen Teil ihres Vermögens stecken haben. Bei der Blauwassersegelei hält man sich häufig in so gefährlichen Gewässern auf, daß das Schiff, selbst bei allergrößter Umsicht und ohne Navigationsfehler gemacht zu haben, verlorengehen kann. So verzeichnet die Statistik im Südpazifik immerhin etwa fünf Prozent Totalverluste bei allen durchziehenden Schiffen. Ursache ist meistens nicht der Untergang im Sturm, sondern die Strandung auf einem Riff, wobei das Schiff nicht schnell genug geborgen werden konnte.

Die Schiffsversicherungen sind nicht sehr erfreut, wenn sie solche Risiken übernehmen sollen. Das liegt aber nicht allein an der Gefährlichkeit, sondern auch daran, daß sie oft keine Möglichkeit haben, einen Schadensfall in abgelegenen Gewässern zu überprüfen. Was soll die Gesellschaft schon machen, wenn sie aus der Südsee einen Riesenschaden durch Kollision mit einem Wal gemeldet bekommt, während in Wirklichkeit der ganze Schaden bei drei verschiedenen Gelegenheiten entstanden ist, wobei der Einzelschaden kaum an die Selbstbeteiligung heranreicht.

Man versuche im Gespräch mit dem Versicherungsvertreter zu einem Kompromiß zu gelangen. Einerseits sollten die Prämien tragbar sein, andererseits muß für die Versicherung das Risiko überschaubar bleiben. Man kann der Gesellschaft beispielsweise bei der Höhe der Selbstbeteiligung entgegenkommen. Wir sind ja in erster Linie daran interessiert, daß wir unser Vermögen nicht verlieren, und nicht, daß wir bei passender Gelegenheit eine neue Genua bezahlt bekommen. Ein paar tausend Mark können wir im Notfall noch selbst aufbringen. Ein ganzes Schiff aber liegt außerhalb unserer Möglichkeiten. Mit einer Selbstbeteiligung von 5000 DM lassen sich Bagatellschäden schon ausschließen.

Vielfach fürchten die Versicherungen auch, daß ein Schiff spurlos verschwindet und die mutmaßlichen Erben nach Ablauf einer kurzen Frist die Hand aufhalten. Im Regelfall muß gezahlt werden, ohne daß jemand den Schadensfall nachprüfen kann. Wenn man keine Kinder oder andere nahestehenden Erben hat, kann man der Versicherung auch vorschlagen, daß sie nur dann zu bezahlen hat, wenn der Schaden *persönlich* durch den oder die Skipper geltend gemacht wird. Denn ich bin ja in erster Linie daran interessiert, daß ein Totalverlust reguliert wird, was voraussetzt, daß ich dabei überlebe. Es gibt Versicherungen, die solche Klauseln akzeptieren.

Mit Schadensfreiheitsrabatt sollten die Prämien für eine Kaskoversicherung unter den obenaufgeführten Bedingungen bei weltweiter Deckung unter zwei Prozent des Schiffswertes liegen.

Unbekannt verzogen?

Unabhängig von den steuerlichen Gründen empfiehlt es sich, einen Wohnsitz in der Heimat beizubehalten, sich also polizeilich anzumelden – am besten unter seiner Postadresse. Man macht unterwegs nämlich so viele Bekanntschaften, daß es schade wäre, wenn der Kontakt für immer abreißen würde. Und das passiert mit Sicherheit, denn Kommunikation unter den weiteren Adressen funktioniert nur so lange, bis man weitersegelt. Spätestens dann, wenn man aus der Ferne irgendwelche behördlichen Papiere (Führungszeugnis, Paßverlängerung usw.) braucht, weiß man einen heimatlichen Wohnsitz zu schätzen. Denn ohne diesen erklären sich selbst altvertraute Behörden für unzuständig.

Seinen Paß sollte man ohnehin rechtzeitig erneuern, denn dies ist unterwegs fast nirgendwo möglich. Auch eine Verlängerung kann meistens nur auf dem etwas riskanten Postweg erreicht werden. Nur für ganz wenige Länder in Blauwassergegenden ist ein Visum erforderlich.

Bevor man sich zur Blauwassersegelei entschließt, sollte man sich unbedingt mit anderen Blauwasserseglern unterhalten, Gedanken austauschen und sich in dieser sehr eigenen Atmosphäre etwas umsehen. Es gibt hierzu in Deutschland eine gute Gelegenheit, indem man dem Verein zur Förderung des Hochseesegelns „Trans-Ocean“ beitritt. Alles was in Deutschland Blauwassererfahrung hat, ist dort vertreten. Der Verein hält regelmäßig Treffen ab und verfügt über eine Reihe von Stützpunkten rund um die Welt. Das Verzeichnis dieser Anlaufstellen kann sich sehen lassen. Ob Tonga oder Haiti, ob Südafrika oder selbst Bodensee, überall steht dem Mitglied ein blauwassererfahrener Stützpunktleiter mit Rat zur Seite. Außerdem gibt der Verein regelmäßig ein Mitteilungsblatt heraus, in dem deutsche Fahrtensegler ihre Reviererfahrungen weitergeben. Dieses Blatt wird auch nachgesandt, so daß man zumindest über diesen Draht mit der Heimat oder mit anderen Blauwasserseglern rund um die Welt verbunden ist (Anschrift: Trans-Ocean, Deichstraße 16a, Postfach 728, D-27457 Cuxhaven, Telefon 04721/51800, Fax 04721/51874). Wer am Beginn seines Blauwasserlebens steht und wen es (noch) nicht in die Tropen zieht, also zunächst seine ersten Erfahrungen im Mittelmeer machen möchte, wende sich an die Kreuzerabteilung des DSV – Informationsstelle Mittelmeer – Telefon 089/586282 oder Fax 089/586438.

Wer Englisch spricht, bekommt die umfangreichsten Informationen über das Blauwassersegeln von der amerikanischen „Seven Seas Cruising Association“, die die Erfahrungen von Yachties auf nahezu allen Ankerplätzen der Welt in sogenannten Bulletins zusammenstellt und monatlich gegen eine geringe Gebühr weitergibt. Die zurückliegenden Jahrgänge können in einem Band bezogen werden. Läßt man sich ein paar Jahrgänge kommen, verfügt man über einen Erfahrungsschatz, der auf der ganzen Welt einmalig ist. Die Bestellung der Heftchen ist einfach, weil SSCA, wie zahlreiche Lieferfirmen in den USA, sich anstelle von Barzahlung damit begnügen, wenn man Ihnen die Kreditkarten-Nummer (Visa!) mitteilt an folgende Adresse: Seven Seas Cruising Association, Inc, 521 South Andrews Avenue, Suite 8, Fort Lauterdale, Florida 33301–2844, Telefon (305) 463-2431, Fax (305) 463-7183.

Wer ist zum Blauwassersegeln geeignet?

Die Antwort auf diese Frage fällt leicht: jeder, der organisch gesund ist und über eine sportliche Einstellung verfügt. Körperliche Behendigkeit ist genauso unwichtig, wie es praktisch auch keine Altersgrenze gibt. Es gibt achtzigjährige Blauwassersegler. Naomi James – nicht gerade zierlich, aber immerhin eine junge Frau – hat eine 16 Meter lange Yacht durch Flauten und Stürme südlich der gefährlichen Kaps gesegelt. Und unlängst erst hat ein junges, querschnittgelähmtes Ehepaar den Südatlantik überquert.

Meint man, körperlich nicht sehr leistungsfähig zu sein, muß dies bei der Ausrüstung des Schiffes entsprechend berücksichtigt werden. Beim Hochseewandern hat man fast immer ausreichend Zeit, um das, was sonst mehrere Mannschaftsmitglieder gleichzeitig erledigen, der Reihe nach zu machen. Warum sollte nicht auf der Mitte des Atlantiks eine Wende eine Stunde dauern? Zumal sie auf Langfahrt eh nur alle paar Tage gefahren wird.

Für Menschen, die die Bequemlichkeit lieben, eignet sich das Blauwassersegeln nicht. Man muß schon mal eine Zeitlang mit einer feuchten Koje vorliebnehmen können, ohne gleich zu verzweifeln. Und wer hysterisch wird, wenn er mal ein paar Wochen hindurch jede Nacht um zwei Uhr für eine vierstündige Nachtwache aufstehen muß, der sollte sich besser hin und wieder an einem Binnensee für den Nachmittag eine Jolle mieten.

Zu zimperlich darf man nicht sein. Wer durchdreht, wenn in der Pantry eine kleine Armee Kakerlaken aufmarschiert oder nachts das Scharren unter der Koje auf eine Ratte an Bord schließen läßt, hat zumindest in den heißen Gegenden nichts verloren. Für wen Behörden ein rotes Tuch sind, wird auch an den Küsten der freien Weltmeere keine Ruhe finden. Und wer glaubt, daß die Deutschen ohnehin alles besser können und allen anderen Menschen überlegen sind, der – bitte schön – bleibe daheim!

Esther und Steve Dickinson sind ein gutes Beispiel dafür, wie wenige körperliche Voraussetzungen das Blauwassersegeln erfordert. Nachdem sie mit einer 15-Meter-Yacht (ohne Selbststeueranlage!) die Welt umsegelt hatten, mußte Steve eine schwere Herzoperation (mehrere Bypässe) über sich ergehen lassen. Anschließend segelten sie ihre Yacht in 31 Tagen von Tahiti nach Hawaii. Zusammen sind sie knapp 140 Jahre alt.

Jene „Aussteiger", die deshalb das Weite suchen, weil sie mit den Problemen zu Hause nicht mehr fertig werden, sind auf den Ankerplätzen rund um die Welt ebenfalls am falschen Platz. Beim Blauwassersegeln gibt es Probleme genug, wenn auch nicht die gleichen wie daheim. Wer geflüchtet ist, wird auch auf den schwankenden Planken einer Yacht nicht glücklich.

Bestimmt ungeeignet zum Blauwassersegeln sind jene – zum Glück sehr seltenen – Menschen, die zwei linke Hände haben. Nachdem auf Yachten immer was zu tun, immer was in Ordnung zu halten ist, auch auf hoher See, laufen sie ständig Gefahr, in kritische Situationen zu geraten. Allerdings habe ich kaum je Leute getroffen, die mit allen technischen Dingen auf Kriegsfuß standen. Die meisten schützen dies nur vor, damit ihnen andere die Arbeit abnehmen. Wenn sie durch die Umstände gezwungen werden, mal etwas in Ordnung zu bringen, leisten sie Beachtliches.

Die Crew für die große Reise

Die ideale Mannschaft für das Blauwassersegeln schlechthin gibt es nicht.

Vorweg die Einhandsegler: Es ist ein weitverbreiteter Irrtum, daß es sich dabei um Eigenbrötler handelt, die die Einsamkeit lieben. Ganz im Gegenteil. Viele von ihnen sind ausgesprochen gesellige Typen, die im Hafen oft Freunde haben oder zumindest Anschluß suchen. Warum segeln sie dann allein? Die Antwort ist einfach und wurde mir von vielen Einhandseglern bestätigt: Sie finden keinen Mitsegler, der ihren Ansprüchen genügt.

Der Einhandsegler hat sich meist unter sehr großen Mühen sein Schiff zusammengespart, oft sogar selbst gebaut, hat die große Reise geplant, ja, hat jahrelang eigentlich nur für dieses Ziel gelebt. Wenn dann die größten Hürden genommen sind, also die Anschaffung des Schiffes und der Absprung von Land, ist es für einen anderen Partner fast unmöglich, gleichberechtigt zuzusteigen. Versucht er es trotzdem, kann er sich als Neuling nicht so recht mit dem Schiff und der Umgebung identifizieren. Er bleibt ein Fremder. Das führt meist zu Spannungen, die die Auflösung der Partnerschaft zur Folge haben.

Die bewährteste Crew ist natürlich ein Paar, das von der Planung an gemeinsam auf die Reise hinarbeitet. Unzählige solcher Crews haben inzwischen Millionen von Seemeilen in Harmonie zurückgelegt und die Erde umsegelt. Wahrscheinlich ist dies die einzige Besatzung, die sich in der Enge einer Yacht auf Dauer nicht auf die Nerven geht.

Die Erfahrung hat gezeigt, daß dies auch dann funktioniert, wenn Kinder mit an Bord sind. Es stellt sich freilich die Frage: Tut man den Kindern mit der Blauwassersegelei, dem jahrelangen Leben an Bord mit schnell wechselnder Umgebung einen Gefallen? Die Meinungen darüber sind geteilt. Es hängt sicher nicht nur vom Alter der Kinder, sondern auch von den Eltern ab. Eckart und Vera Lütke sind mit ihren drei Kindern – alle unter zehn Jahren – auf einem Trimaran um die Welt gesegelt und waren voll des Lobes über die Entwicklung und das Wohlergehen der Kinder während dieser Zeit. Allerdings hat sich Vera nicht um die Segelei gekümmert; täglich, zu ganz geregelten Zeiten, erteilte die Lehrerin Unterricht. So hinkten die Kinder in ihrer Ausbildung ihren Schulkameraden an Land nicht hinterher.

Astrid und Wilfried Erdmann haben ihren fünfjährigen Sohn Kym um die halbe Welt gesegelt. Wilfried berichtet von nur kleineren Anpassungsschwierigkeiten seines Sohnes zu Beginn der Einschulung. In seinem Buch „Gegenwind im Paradies"

Am Wasser fühlen sich Kinder am wohlsten. Aber das gilt nicht uneingeschränkt. Ob ein schwimmendes Heim nicht ein Gefängnis für Kinder ist, müssen Eltern selbst entscheiden.

kommt der erfahrenste deutsche Segler zu dem Ergebnis: „Kym ist einige Jahr im Paradies aufgewachsen, wer kann das von sich schon sagen."

Ein anderer Vater, Erick Monod, der mit Frau und Kleinkind ebenfalls mehrere Jahre an Bord lebte, drückte seine Erfahrungen im Gegensatz dazu so aus: „Wenn ein Kind älter als drei Jahre ist, dann ist es ihm gegenüber ein Verbrechen, es an Bord zu haben. Das Schiff ist für den kleinen Menschen ein Gefängnis. Von einem Alter ab zehn Jahren kann man darüber schon wieder diskutieren."

Möglicherweise resultieren die unterschiedlichen Ansichten daraus, daß Lütkes drei Kinder an Bord hatten, die sich miteinander beschäftigen konnten, wenn sie auch zwangsläufig keine Spielkameraden beziehungsweise Freunde besaßen.

Der Mangel an Freunden scheint überhaupt das große Problem bei Kindern zu sein, die an Bord leben (müssen). Und finden sie im Hafen oder am Ankerplatz Kinder von anderen Yachten, mit denen sie sich anfreunden, so werden die losen Freundschaftsbande gegen ihren Willen immer wieder zerrissen, wenn die Yacht weiterzieht.

Falsch ist es, sich einzureden, daß das Leben an Bord die Entwicklung des Kindes günstig beeinflußt, weil es von Anfang an lernt, sich in der Natur durchzusetzen und Verantwortung zu tragen, beispielsweise wenn es untertags nach anderen Schiffen Ausguck hält. Das sei etwas für das Leben. Das wäre dann richtig, wenn das Kind auf das Leben an Bord vorbereitet werden müßte. Tatsächlich aber muß es sich später in unserer Gesellschaft bewähren, und Naturgewalten haben dann nur noch einen geringen Stellenwert.

Ein abschreckendes Beispiel für die Kindererziehung an Bord war für mich der kleine David. An Bord geboren, verbrachte er ohne Geschwister seine ersten vier Lebensjahre auf der Yacht. Abgesehen davon, daß ich selten einem Kind begegnet bin, das aus seinem grenzenlosen Egoismus sowenig Hehl machte, ergaben sich mit dem Kleinen die ersten echten Schwierigkeiten, als er nach Beendigung der Weltumseglung in den Kindergarten kam. Auf der Yacht war David durch den ständigen Umgang mit Schoten sowie durch das ewige Festhalten im Seegang so kräftig geworden, daß die Kindergärtnerin um das Leben ihrer Zöglinge bangen mußte. Dem einen oder anderen Spielkameraden ging er sogar an die Kehle und drückte zum Spaß auch zu.

Das mag eine Ausnahme sein, doch drängt sich der Verdacht auf, daß Eltern, die das Leben an Bord für die Entwicklung ihrer Kinder als so günstig finden, nur einen Vorwand suchen – unbewußt vielleicht –, um auf Blauwasserfahrt gehen zu können.

Eine Familie wird sich untereinander meist gut verstehen. Etwas anderes ist es, wenn Freunde beschließen, auf große Fahrt zu gehen. Meist tut man sich mit Leuten zusammen, die man gut zu kennen glaubt, um zunächst einmal die finanziellen Voraussetzungen für den Erwerb eines Schiffes zu schaffen. Ich meine nicht den Fall, wo man eine Partnerschaft anstrebt, um das Schiff *abwechselnd* für Blauwasserfahrten zu nutzen, sondern wo man wirklich jahrelang auf dem Schiff zusammenleben will. Ein ganz eindringlicher Rat: Lassen Sie die Finger davon, und machen Sie sich nicht unglücklich!

Ich habe bei solchen Partnerschaften derart viele Katastrophen erlebt, daß die wenigen bekannt gewordenen Fälle, die scheinbar das Gegenteil beweisen, nur die berühmte Ausnahme von der Regel sein können.*

Am Ende solcher Schicksalsgemeinschaften, die nach kurzer Zeit nur noch durch das gemeinsame finanzielle Engagement zusammengehalten werden, steht meistens – und das ist nicht übertrieben – abgrundtiefer Haß. Peinliche Szenen, wie sie sich vor ein paar Jahren auf einem Ankerplatz auf den Marquesas-Inseln abspielten, werfen ein bezeichnendes Licht auf solche Crews: Nach vielen Wochen auf See feindete sich die Besatzung einer deutschen Yacht gegenseitig derart an, daß schließlich der eine von ihnen in seiner Verzweiflung brüllte: „Erschieß mich doch endlich!"

Am selben Ankerplatz wollte ein Franzose seinen deutschen Mitsegler, der körperlich weit unterlegen war, auf ein anderes Schiff loswerden, was der Gendarm verbot. Der Franzose drohte daraufhin, er werde den Deutschen unterwegs nach den Tuamotus über Bord werfen, eine Ankündigung, die viele ernst nahmen.

Im ersten Falle, und das sollte nachdenklich machen, handelte es sich um Freunde, die sich jahrelang kannten, die bereits in ihrer Jugend mit Zelt und Fahrrad durch halb Europa gereist waren und die glaubten, besser könne man sich unter Freunden nicht verstehen.

* Daß dies keine Einzelmeinung ist, bestätigt Peter Bufe, der in seinem Buch „Die gestohlene Yacht" schreibt: „Unsere Erfahrung hatte uns gezeigt, daß eigentlich nur Einhandsegler oder Ehepaare auf engem Raum auskommen können. Wir hatten auf unserer zweijährigen Weltumseglung – mit einer Ausnahme – nicht erlebt, daß zwei junge Leute länger als drei, vier Monate an Bord miteinander leben konnten."

Hier auf Tahiti, einem der großen Knotenpunkte für Weltumseglungen, verliert man kaum noch ein Wort darüber, wenn beispielsweise der nette Brasilianer, der gemeinsam mit seinem Feund in sechsjähriger Arbeit die schöne Slup erbaute, auf eine andere Yacht umsteigt und seinen Anteil aufgibt.

Eine noch ungünstigere Konstellation sind zwei Ehepaare. Wenn es in einem Inserat heißt: „Gleichgesinntes Ehepaar gesucht zum gemeinsamen Ankauf einer Yacht und anschließender Weltumseglung“, dann ist die Katastrophe schon vorprogrammiert. Zugegeben, für viele macht eine solche Eignergemeinschaft es erst möglich, die große finanzielle Hürde zu nehmen. Doch ist die Partnerschaft an einem Schiff, das abwechselnd gesegelt werden soll, eine Sache, die große Toleranz auf beiden Seiten erfordert. Wenn aber mehrere Partner auf gemeinsame Blauwasserfahrt gehen wollen, so ist das etwas ganz anderes, denn durch das Zusammenleben auf engstem Raum erwächst daraus schon fast eine Schicksalsgemeinschaft.

Zwei Freundespaare, die sich bereits von der Schulzeit her kannten und so gut verstanden, wie es besser nicht hätte sein können, kauften zusammen eine Yacht und segelten zu viert „nur“ von Panama über Galapagos nach Hawaii. Eines der Paare schreibt über die letzte Etappe:

Wir brauchten 56 lange, lange Tage. Es war vom ersten bis zum letzten Tag eine einzige Schlacht. Am Ende bezichtigten die anderen uns sogar, daß wir Lebensmittel stehlen würden. Als wir von Bord gingen, haben wir uns nicht mehr umgedreht. Wir haben das Schiff nie mehr gesehen.

Warum scheint es „normal“ zu sein, daß Menschen auf Yachten über längere Zeit nicht mehr miteinander harmonieren? Eine Erklärung ist vielleicht die: Jeder Mensch hat um sich herum eine Sphäre, in die andere nicht eindringen sollen. Der Durchmesser dieser Zone ist regelrecht meßbar. Wir spüren sie, wenn beispielsweise ein Gesprächspartner sich unserem Gesicht zu sehr nähert. Unangenehm, etwas in uns sträubt sich dagegen! Der Chef, der einem die Hand auf die Schulter legt, möchte damit – meist unbewußt – kundtun, daß er auf Grund seiner Macht als Vorgesetzter das Recht hat, in dieses Umfeld einzudringen. Ebenso unangenehm.

Auf einer Yacht mit ihrer Enge wird diese ganz persönliche Zone um einen herum von den anderen ungewollt ununterbrochen verletzt. Zunächst weiß man gar nicht, was einen stört. Aber immer häufiger spürt man den anderen „zu nahe“. Haben wir dessen Räuspern, Dialekt, Rauchen, Schnarchen und seine Ansichten zu diesem oder jenem Thema früher toleriert, ja sogar ganz amüsant gefunden, stoßen wir uns plötzlich daran. Widerwillen entsteht, der andere ist uns zu oft zu nahe gekommen. Wir können ihn wortwörtlich nicht mehr „riechen“. Eines Tages ist es dann soweit, es kommt zu den ersten Haßausbrüchen. Niemand kann auf See ausweichen. Der Bruch ist da.

Warum passiert dies aber nicht bei Paaren, bei Lebensgefährten? Ganz einfach, hier gestattet man dem Partner, mit dem man zusammenlebt (!), das Eindringen in das Vorfeld seiner Persönlichkeit.

Noch eine Ausnahme gibt es, wo das Zusammenleben an Bord funktioniert, zumindest nach außen hin. Dann nämlich, wenn die Kompetenzen hierarchisch geregelt sind, wie es beim Verhältnis Skipper – Mannschaft der Fall sein sollte. Natürlich geht das auf Dauer nur bei Crews, die sich unterordnen können. Ohne Zweifel wird hier menschlich von der Besatzung sehr viel verlangt. Ich habe jedenfalls Respekt vor denen, die das längere Zeit durchstehen. Von einem „Partner“, der sich mit großen Beträgen am Schiffskauf und an der ganzen Reise beteiligt hat, kann man freilich nicht erwarten, daß er sich derart unterordnet. Deshalb kann dieses Rezept auch nur für Leute gelten, die finanziell an dem Unternehmen kaum beteiligt, also frei genug sind, dem Schiff ohne Verlust jederzeit den Rücken zu kehren.

Dann also am besten eine bezahlte Crew? Wahrscheinlich. Zumal es genügend jüngere Menschen gibt, die auf diese Weise die Welt kennenlernen wollen und gegen Kost und Koje und ein Taschengeld (wenn der Skipper großzügig ist) als Crew mitsegeln. Aber auch dann prüfe, wer sich ewig bindet: Wenn man später eine unliebsam gewordene Crew wieder loswerden will oder umgekehrt der Skipper nicht mehr gefällt, kann es zu unerwarteten Komplikationen kommen. Manche Länder erlauben nämlich keinen Crewwechsel. Andere wieder verdonnern den Skipper, der Crew den Rückflug in die Heimat zu finanzieren.

In diesem Zusammenhang muß auf ein weiteres Problem hingewiesen werden, das noch vor ein paar Jahren für absurd gehalten worden wäre: Der junge sympathische Mann an der Kaimauer, der sich als Crew verdingen möchte, kann ein Student in den Semesterferien, ein harmloser Handwerker, der sich mal die Welt ansehen möchte, ein Dealer mit ein paar hundert Gramm Marihuana im Rucksack oder auch ein vorbestrafter Zuhälter sein. Verbrechen in jüngster Zeit warnen. So wurden der Skipper und seine Freundin von der aufgelesenen Crew auf ihrer eigenen Yacht auf hoher See erschossen. Das ist *kein* Einzelfall!

Tiere beim Blauwassersegeln

Wieso sollte es einem Hund, der Auslauf nötig hat, Spaß machen, wochenlang auf See zu sein und den Wellen, den Sternen oder dem Mond zuzusehen? Warum soll sich eine Katze, die ihren Lebensstil gerne selbst bestimmt, bei sechs Windstärken und entsprechendem Seegang wohlfühlen? Die Antwort liegt auf der Hand: Weil es dem Menschen so gefällt und die Haustiere gerade recht sind, seine Langeweile zu zerstreuen.

Tiere können sich auf einem Schiff nicht wohlfühlen, jedenfalls nicht so wie an Land. Nur aus Anhänglichkeit machen sie dieses Katzentheater an Bord mit. Aber fair ist es vom Menschen nicht, diese Treue so auszunutzen und zu mißbrauchen.

Eine Yacht ist fur alle Tiere ein Gefängnis.

Trotzdem gibt es Fälle, wo einzusehen ist, daß das Tier mit an Bord genommen wird: Man kann es an Land nicht unterbringen, oder es läuft einem zu. Dann ist folgendes zu beachten: Viele Länder sind äußerst großzügig, wenn man mit einem Tier an Bord ihre Hoheitsgewässer anläuft. Andere haben strenge Quarantänebestimmungen, an die man sich unbedingt halten muß. Denn häufig ist es keine Behördenschikane, solche Bestimmungen zu erlassen, vielmehr führen handfeste veterinärmedizinische Bedürfnisse dazu. In England wie auch in einigen anderen Ländern wird gefordert, ein auf einer Yacht mitgeführtes Tier sofort für ein halbes Jahr in Quarantäne zu geben. Anderenorts ist es dagegen untersagt, das Tier an Land zu bringen. Was es für einen Hund nach einer wochenlangen Seereise bedeutet, im Hafen nicht von Bord zu dürfen, kann sich jeder vorstellen, der ein Herz für Tiere hat. Also wird man solche Länder nicht anlaufen. Damit aber wird die Welt für eine Yacht mit Hund oder Katze sehr viel kleiner.

Auch Tiere sind beispielsweise empfindlich gegen Seekrankheit. Der Unterschied zum Menschen aber ist der, daß er sich freiwillig solchen Leiden aussetzt. Es scheint, daß sich Katzen leichter an Bord eingewöhnen können als Hunde, vielleicht schon wegen der Größe. Am leichtesten haben es Katzen, die stets nur an Bord leben. Sie scheinen am Schiff zu hängen, vielleicht aber nur deshalb, weil sie vor dem Land, das sie nicht kennen, Angst haben.

Meistens löst sich das Problem dadurch, daß das Tier irgendwann über Bord fällt. Katzen sind besonders gefährdet, weil sie es lieben, auf dem Großbaum oder an anderen exponierten Stellen herumzuturnen. Sie begreifen nicht, was für eine große Gefahr das Wasser bedeutet. Sie ist in ihrem Gefahrenschema nicht enthalten. Und wenn sie dann einmal im Hafen ins Wasser gefallen und von irgend jemandem wieder herausgefischt worden sind, so ist das ihr Todesurteil, denn von dem Moment an halten sie das Wasser für harmlos. Ich kenne keine Katze, die mehr als zwei Ozeane überlebt hätte.

Der Skipper hat diese Katze und deren Schwester vor den Ratten gerettet. Seither leben sie auf der Yacht. Wie lange noch?

Also keine Tiere an Bord? Nein, und zwar aus den vorgenannten Gründen. Andere Argumente wiegen nicht so schwer. Der Tierforscher Konrad Lorenz wurde einmal zu diesem Thema befragt. Offensichtlich hatte die Reporterin ihn in einem unpassenden Moment erwischt. Seine grobe Antwort: „Auf ein Segelschiff gehören nur Lebewesen, die auch über die Reling pinkeln können!“

Die „Ausbildung" zum Blauwassersegler

Setzt das Blauwassersegeln überhaupt eine Ausbildung voraus? Nein! Genaugenommen gibt es auch keine. Denn erst auf See und unterwegs – also in der Praxis – lernt man das Langstreckensegeln. Trotzdem ist es empfehlenswert, sich schon vorher gewisse Kenntnisse anzueignen.

Es ist nicht machbar, alle Sprachen zu erlernen, die man an den Küsten der Weltmeere spricht. So muß man sich auf die Sprache konzentrieren, die am ehesten überall verstanden wird, und das ist mit großem Abstand Englisch. Selbst in den abgelegensten Eingeborenendörfern wird man den einen oder anderen finden, der ein paar Brocken Englisch versteht und dolmetschen kann. Denn auf fast allen Schulen der Welt wird heute Englisch als erste Fremdsprache gelehrt.

Die Sprache der Yachtleute untereinander ist ebenfalls Englisch. Wie sollte man sich denn sonst unterhalten, wenn sich die Besatzungen von französischen, deutschen, australischen, brasilianischen und amerikanischen Yachten am Strand zum gemeinsamen Grillen treffen. Das, was man in der Schule gelernt hat, reicht für den Bordgebrauch freilich nicht aus, denn kaum ein Lehrer wird einem beigebracht haben, wie Großschot, Ankerwinsch oder Bugspriet auf englisch heißen. Ist man jedoch erst einmal unterwegs, so eignet man sich diese Fachbegriffe fast automatisch an.

Wenn jemand Spaß an Sprachen hat, kann es von Nutzen sein, Spanisch oder Französisch zu lernen. Französisch deshalb, weil der Franzose sich im allgemeinen wenig Mühe gibt, in Englisch zu unterhalten. In jedem Fall sollte man sich jeweils mit einem kleineren Wörterbuch derjenigen Sprachen eindecken, mit denen man unterwegs wahrscheinlich konfrontiert wird. Oft ist es schon hilfreich, wenn man das eine oder andere nachschlagen kann.

Welche Segelausbildung ist für das Blauwassersegeln erforderlich?

Natürlich ist es kein Nachteil, wenn man die Segelscheine des Deutschen Segler-Verbandes (DSV) erwirbt, doch sollte man sich bewußt sein, daß man sich dabei auch eine Menge Ballast auflädt, der zwar nicht schadet, wofür aber unnötigerweise die Zeit geopfert wird, die für andere Vorbereitungen vielleicht wichtiger wäre. Es ist eine Tatsache, daß nicht einmal bei der Vorbereitung auf den Erwerb des Führerscheins für Seefahrt (Sporthochseeschiffer) auf die heutigen Erfordernisse beim Langstreckensegeln eingegangen wird. Immer noch wird so getan, als sei die ganze Geschichte mit dem Kommando „Leinen fest!" beendet. Oder geht mit „Vorleine los!" an. Nicht aber mal bei Urlaubstörns kann man ein Schiff besteigen, das fix und fertig ist, und es nach der Ankunft im Hafen auch sofort wieder verlassen.

Dafür wird ausführlich die Bauweise von Holzschiffen erklärt, was einem ziemlich gleichgültig sein kann, wenn man ein Kunststoffschiff hat. Andererseits erfährt man nichts über die Konservierung eines Metallrumpfes, was übermäßig wichtig ist, wenn man eine Stahlyacht besitzt. Zudem wird bei der Ausbildung auch gerne der Eindruck erweckt, Segeln sei die schwierigste Sache der Welt.

Dabei ist gerade das Gegenteil der Fall. Wenn ich ein paar Anfänger an Bord nehme, die nicht ganz auf den Kopf gefallen sind, die Yacht auf das offene Meer segle, wo kein Schaden angerichtet werden kann, ihnen nur erkläre, wie gefährlich eine Halse sein *kann*, dann werden die das Schiff schon irgendwie zum Segeln bringen. Sicher nicht ganz effektiv, aber sie werden dabei rasch lernen, bei welcher Segelstellung es schneller oder langsamer geht. Um keine Mißverständnisse aufkommen zu lassen: Das ist gewiß nicht die richtige Methode, um jemanden in den Segelsport einzuführen; ich will damit nur aufzeigen, für wie simpel ich die Sache halte.

Ähnlich verhält es sich mit der Navigation. Auf hoher See – beispielsweise bei einer Atlantiküberquerung – ist sie höchst einfach. Verhängnisvolle Fehler können nicht gemacht werden, denn das Land ist weit und somit eine Strandung kaum zu befürchten. Riskant wird es erst in Landnähe. Die Fälle, wo jemand erst im Laufe einer Atlantiküberquerung in die Geheimnisse der Hochseenavigation eingedrungen ist, sind nicht selten.

Bei den übrigen Dingen, die bei der Vorbereitung auf Segelschein-Prüfungen gelehrt werden, ist es ähnlich. Nicht, daß es etwas schadet, wenn der Segelschüler lernt, zehn verschiedene Knoten zu machen; aber besser wäre es doch, er würde die fünf (halber Schlag, Palstek, Webeleinstek, Kreuzknoten, Achtknoten), die er als einzige in der Praxis beherrschen muß, so lernen, daß er sie im Schlaf kann. Oder wäre es nicht zweckmäßiger, mehr über Materialstärken zu erfahren? Dann könnte man beispielsweise beim Kauf eines Schiffes den Durchmesser der Wanten nachmessen und daraus auf die Sparsamkeit oder das Sicherheitsbewußtsein der Werft schließen. Wer hat schon im Segelkurs gelernt, wie man ein Norseman-Terminal aufsetzt? Dann könnte man nämlich im Falle einer gebrochenen Want unterwegs die Sache wieder in Ordnung bringen.

In der Prüfung wurde jahrelang die Frage nach der Wishbonetakelage gestellt, die ich in der Sportschiffahrt noch nie gesehen habe. Wie man aber einen Petroleumkocher reinigt, wurde verschwiegen – ein Problem, das auf jeden Fahrtensegler mit so einem Ding an Bord zukommt.

Und dann die Maschine, verschämt auch „Hilfsmotor" genannt. Oft habe ich das Gefühl, daß Seglerstolz daran hindert, darüber zu sprechen. Die Maschine aber ist das Herz unserer heutigen Segelschiffe. Ganz ehrlich: Wir könnten ohne den Diesel im Bauch unserer Yachten nicht mehr „segeln". Früher war das etwas anderes. Da bediente eine zahlenmäßig starke Mannschaft das Schiff, etwa bei Hafenmanövern. Heute ist in den meisten Häfen gar kein Platz mehr, um weiträumige – und meist unsichere – Anlegemanöver unter Segeln zu fahren. Die Maschine ist aus der Blauwassersegelei nicht wegzudenken; deshalb sollte bei der Ausbildung besonderes Augenmerk darauf gelegt werden, wie man seinen Diesel in Ordnung hält und pflegt.

An die „Gesetzeskunde" mag ich gar nicht denken. Warum muß ich die Lichterführung und Betonnung auf einer deutschen Binnenschiffahrtsstraße kennen, wenn ich mich dort mein ganzes Leben nicht herumtreibe. Natürlich sollte ich um die vorgeschriebene Lichterführung auf hoher See Bescheid wissen. Aber es wäre doch sehr zweckmäßig, wenn man mir auch erklären würde, wo ich den Strom für meine Positions- und Hecklampe herbekommen soll – im ungünstigsten Fall 75 Amperestunden pro Nacht, und das vier Wochen lang. Hier nämlich wird es in der Praxis hapern, selbst bei einer gut funktionierenden Bordelektrik. Auch die muß in Schuß gehalten und notfalls mit Bordmitteln repariert werden können. Wie nützlich wären hierzu ein paar Kenntnisse.

In „Wetterkunde" lernen wir Wetterkarten zu zeichnen, die – das kann jeder Meteorologe bestätigen – auszuwerten es eines Studiums bedarf und die für den Amateur, der wir ja auf diesem Gebiet sind, nur Erinnerungswert haben – im Gegensatz zu einem fertigen Wetterbericht aus dem Radio. Aber niemand zeigt uns, wie ein Kurzwellenempfänger zu bedienen ist und welche Wellenbereiche wann für welche Wetterberichte in Frage kommen.

Was jedoch in Segelkursen nicht gelehrt wird, das kann man sich mit ein wenig Eigeninitiative selbst beibringen. In einer Autowerkstatt beispielsweise läßt man sich mal an einem Diesel den Ölwechsel, Ventileinstellung oder auch das Dichtkriegen von Treibstoffleitungen zeigen. Hat man sich noch nie mit derartigen Dingen befaßt, fehlt einem ja sogar das Gefühl dafür, mit wieviel Kraft ein Schraubenschlüssel gehandhabt wird, ohne daß gleich eine Schraube abgedreht wird. Für Fragen der Elektrik ist der Autoelektriker *der* Fachmann. Die elektrische Anlage bei einem Pkw ist in vielen Dingen identisch mit einer Yachtanlage, nur daß bei letzterer mehr Verbraucher an der Batterie hängen, wenn der Motor nicht in Betrieb ist. Ein Funkamateur – Anschrift über die Bundespost erfragen – kann darüber hinaus Tips geben, wie man aus seinem Empfänger mehr herausholen kann oder welcher Empfänger wirklich was taugt und sein Geld wert ist.

Von großem Nutzen ist ein Erste-Hilfe-Kurs, wie er im Rahmen des Erwerbs eines Segelführerscheins vorgeschrieben ist. Zusätzlich kann man einen Arzt, der Segler ist, bitten, sich für ein, zwei Stunden zur Verfügung zu stellen, um Tips zu geben oder zu zeigen, wie im Notfall eine Spritze zu verabreichen wäre. Sicher weiß dieser auch den einen oder anderen ergänzenden oder besseren Rat bei der Zusammenstellung der Bordapotheke zu geben. Er würde auch die verschreibungspflichtigen Medikamente rezeptieren, die an Bord mitzuführen sind. Im Rahmen einer solchen persönlichen Betreuung könnte der Arzt darüber hinaus auf die speziellen Probleme des zukünftigen Blauwasserseglers eingehen und beispielsweise die immer wieder gestellte Frage beantworten, ob man sich vorsorglich den Blinddarm entfernen lassen soll (wahrscheinlich wird er verneinen, wenn damit noch nie Probleme auftauchten und ein leistungsstarker Sender an Bord ist).

Ein segelnder Zahnarzt hat vielleicht Spaß daran, ein Notinstrumenten-Set zusammenzustellen und Tips zu geben, wie man provisorische Füllungen macht.

Daß die Ärzte entsprechend ihren Einkommensverhältnissen honoriert werden müssen, versteht sich von selbst. Wenn auch nur einmal auf ihren Rat zurückgegriffen werden muß, so hat sich das Honorar schon bezahlt gemacht.

Es könnte nun leicht der Verdacht aufkommen, Segelführerscheine seien nutzlos. Das ist nicht beabsichtigt. Schließlich besitzen sie als Dokument einen bestimmten Wert. So ermöglicht ein Segelschein unter Umständen erst den Abschluß einer Schiffsversicherung, weil der Antragsteller damit den Nachweis erbringt, daß er über gewisse Grundkenntnisse verfügt. Es muß zudem befürchtet werden, daß immer mehr Länder von Sportschiffern Befähigungsnachweise verlangen. Mir ist es allerdings noch nie passiert, daß ich einen Segelschein vorweisen mußte.

In einer Hinsicht allerdings sind diese Scheine entgegen einer weitverbreiteten Ansicht wertlos: Wenn es zu einem Unfall kommt, wird der Skipper allein nach seinem Verhalten beurteilt und nicht etwa danach, ob und welche Befähigungszeugnisse er besitzt. Der Besitz eines Segelscheins kann sogar nachteilig sein, wenn es um die Frage der Fahrlässigkeit geht. Denn dann wird nach der dem Skipper möglichen Sorgfalt gefragt – ein Maßstab, der bei einem Führerschein-Inhaber strenger angelegt wird. Wer es nicht glaubt, frage einen Juristen.

Ratschläge für Anfänger

Es ist nicht erforderlich, sich durch alle Segelkurse bis zum Sporthochseeschiffer-Schein durchzuquälen, zumal das wegen der Seemeilen-Nachweise eine Sache von mehreren Jahren ist. (Es drängt sich der Verdacht auf, daß dieses System zumindest auch deshalb so konzipiert wurde, um den Segelschulen eine sichere Existenz zu verschaffen.) Über die Grundkenntnisse jedoch muß man verfügen. Außerdem sollte unbedingt der Rat von Erfahrenen gesucht werden, um nicht schon beim Kauf des Schiffes reinzufallen – in meinen Augen die gefährlichste Sache. Keine guten Ratgeber sind im allgemeinen die Verkäufer. Nur wenige von ihnen besitzen Langfahrt-Erfahrung, viele haben noch nie auf einem Schiff gelebt.

Hat man ein Schiff gefunden, sollte man um Gottes willen nicht gleich lossegeln, sondern es erst einmal im Hafen bewohnen. Ist man in Eile, so ist das Unternehmen von vornherein verkorkst. Im Hafen wird man aus Gesprächen mit Gleichgesinnten oder aus Beobachtungen auf anderen Schiffen eine ganze Menge lernen. Ein alter Blauwassersegler, der sein halbes Leben auf Yachten zugebracht hat, gab mir einmal den Rat: „Wenn du auf ein fremdes Schiff gehst, schaue dich immer gut um. Mindestens ein Detail wirst du übernehmen können."

Nachdem man sich an Bord eingelebt und an die Hafenluft gewöhnt hat, sollte man jemanden suchen, der ein Schiff dieser Größe schon mal gesegelt hat. Auf ein Zeitungsinserat hin, in dem kostenlose Mitsegelgelegenheit geboten wird, findet sich gewiß jemand, der auf den ersten Ausflügen bei gutem Wetter vor die Hafenmauern beratend und eingreifend zur Seite steht.

Hat man die ersten Monate auf der Yacht auf diese Weise hinter sich gebracht, so hat man meist mehr Erfahrungen gesammelt als ein Urlaubssegler auf einer Charteryacht. Der große Unterschied besteht darin, daß man die Erfahrung auf *seiner eigenen* Yacht macht und nicht erst das auf Schulyachten gesammelte Wissen auf sein Schiff übertragen muß. Das läßt sich auch durch noch so fleißiges Lesen von Büchern nicht ersetzen.

Genauso kann man sich die Navigation zeigen lassen, die – etwas gesunden Menschenverstand vorausgesetzt – leicht zu begreifen ist.

Um das Üben kommt man nicht herum. Auf den ersten Törns am effektivsten ist es wiederum in Gesellschaft von Seebefahrenen! Anschließend kann man dann wagen, alleine kurze Schläge zu den Häfen in der Umgebung zu machen, freilich nur bei Wetterlagen, die ein überraschend aufziehendes Schlechtwetter ausschließen.

Eines ist stets zu beherzigen: Niemals etwas riskieren, nie etwas unternehmen, wenn man kein gutes Gefühl dabei hat. Alles vorher überlegen und lieber viel zuviel als einen Hauch zuwenig Vorsicht walten lassen. Man geniere sich nicht, andere Segler immer wieder um Rat zu fragen. Man gewöhne sich aber auch daran, daß es sich bei den meisten Seglern um sehr gescheite Leute handelt, die alles, aber auch alles besser wissen, vor allem, wenn sie an Land stehen. Also bloß nicht verunsichern lassen – jeder hat schließlich mal angefangen!

Das Schiff für das Blauwassersegeln

Blauwasseryachten (im Hafen von Papeete) unterscheiden sich meist schon äußerlich von den chrom- und gelcoatglänzenden Yachten, wie wir sie von Ausstellungen her kennen.

Längst nicht jede Yacht ist für das Blauwassersegeln geeignet. Es reicht bei weitem nicht aus, daß das Schiff hoch an den Wind gehen kann oder trocken segelt, denn beim Blauwassersegeln werden zum Teil höhere, zum Teil aber auch ganz andere Anforderungen gestellt. Es lassen sich kaum folgenschwerere Fehler machen als bei der Auswahl des Schiffes, selbst wenn man über die finanziellen Mittel verfügt, frei wählen zu können. Oft ist es möglich, auf eine schon vorhandene Yacht zurückzugreifen und diese für das Langfahrtsegeln zu modifizieren.

Unzählige Blauwasseryachten, die sich auf allen Weltmeeren bewährt haben, wurden von ihrer Besatzung selbst gebaut, eine Leistung, vor der man nur den Hut ziehen kann. Aber noch mehr Selbstbauten sind in halbfertigem Zustand „aufgegeben“ worden. Es ist nicht jedem gegeben, mehrere Jahre seines Lebens für so ein Ziel zu opfern. Viele Yachten sind in halbfertigem Zustand (Schale) gekauft und vom Eigner selbst ausgebaut worden. Stets lag dem der Wunsch zugrunde, ein „maßgeschneidertes“ – und möglichst preiswertes – Schiff zu haben.

Wer nicht über großes handwerkliches Geschick verfügt, wird sich nach einem fertigen Schiff umsehen oder, wenn er genügend Geld hat, sich eines von einem Konstrukteur zeichnen und anschließend bauen lassen. Der „Normalverbraucher“ aber wird immer auf ein Schiff von der Stange angewiesen sein, sei es aus zweiter Hand oder ein Werftneubau.

Damenbrise.

Vorsicht beim Kauf von Schiffen

Das neue Schiff

Beim Kauf eines neuen Schiffes können, wie schon gesagt, sehr viele Fehler gemacht werden. Wer zum erstenmal vor diesem Problem steht, wird leicht versucht sein, das Ganze mit einem Autokauf zu vergleichen. Das ist grundfalsch. Mit einem Mercedes beispielsweise erwerben wir ein Fahrzeug, hinter dem eine Weltfirma mit einer großen Erfahrung steht. Entsprechend ausgereift ist die Technologie. Auch ist kaum anzunehmen, daß so eine Firma in Konkurs geht, bis wir das Auto in der Garage stehen haben.

Anders beim Schiffskauf: Möglicherweise ist das ausgewählte Schiff noch nicht ein einziges Mal gebaut worden, und wir müssen uns mit den Kinderkrankheiten eines Prototyps auseinandersetzen. Wird der Schiffstyp aber bereits „in Serie" hergestellt, so heißt das noch lange nicht, daß davon schon mehr als zehn Stück produziert worden sind. Man sehe sich so einen Betrieb einmal an. Werften mit mehr als hundert Arbeitnehmern zählen schon zu den Großbetrieben. Angesichts der Kompliziertheit einer Yacht ist nicht damit zu rechnen, von einer solchen Großwerft ein fehlerfreies Exemplar zu bekommen. Man darf deshalb, wenn man fair ist, seine Ansprüche nicht zu hoch schrauben. Eine Reklamation, die Großschot sei schwergängig, wirft also ein bezeichnendes Licht – auf den Kunden.

Andererseits ergibt sich bei einem kleinen Betrieb die Möglichkeit, daß er weitgehend auf unsere Wünsche eingeht – als Blauwassersegler haben wir eine ganze Menge davon. Aber man soll nichts Unmögliches verlangen.

Vor der Auftragserteilung ist der Verkäufer leicht versucht, alle möglichen Zugeständnisse zu machen. Es gilt ja, den Auftrag an Land zu ziehen. Später wird das eine oder andere unter den Tisch fallen, es sei denn, es wurde vorher vertragsmäßig festgelegt.

Werftleiter sind keine Blauwassersegler, ja, viele haben noch nicht einmal hinreichende Hochsee-Erfahrung. Oft wird der Kunde wesentlich mehr Seemeilen auf dem Buckel haben und damit sicher eine ganze Menge Fachwissen einbringen. Man hüte sich aber davor, dieses zu überschätzen. Denn immerhin können die Verkäufer auf eine Anzahl von Neubauten – und damit auf gemachte Fehler – zurückblicken. Das überwiegt oft die glänzenden Einfälle, die der Kunde – meist nur auf dem Papier – hat.

Eine Warnung an jene, die der Werft gar nichts zutrauen und sich etwa am Ort ein Zimmer mieten wollen, um von der Kiellegung bis zum Stapellauf den Arbeitern auf die Finger sehen zu können. Das wird garantiert ein Reinfall. Denn die Leute von der Werft werden sich schnell daran gewöhnen, den Auftraggeber bei jeder Kleinigkeit zu fragen, wie er es denn haben wolle. Wenn das Schiff dann fertig ist und nicht ganz den Wünschen des Käufers entspricht, wird es ständig heißen: „Aber wir haben Sie doch gefragt!"

Unzählige Vorkommnisse in der jüngsten Vergangenheit machen es erforderlich, auf eine andere Gefahr beim Schiffskauf hinzuweisen: Nur sehr wenige Werftbetriebe sind finanziell gesund. Schon auf Grund ihrer geringen Größe und mangelnden Eigenkapitals reagieren sie äußerst empfindlich auf den kalten Wind konjunktureller Schwankungen. Auch große Namen bieten keine Sicherheit. Man mache nur mal die Probe aufs Exempel, nehme eine zehn Jahre alte Nummer der „Yacht“ und sehe in den Anzeigenteil: Die meisten Namen sind längst vergessen. Oder einen alten Ausstellungskatalog: Viele der Firmen, die darin verzeichnet sind, galten einst als grundsolide. Heute fehlen ihre Namen auf Bootsausstellungen. Bestellt man sein Schiff, so ist also damit zu rechnen, daß die Werft während der Bauzeit in Konkurs geht und das halbfertige Schiff womöglich in die Konkursmasse fällt.

Üblicherweise wird ein Drittel des Kaufpreises bei Vertragsabschluß, ein weiteres Drittel bei Baubeginn, das letzte schließlich bei Fertigstellung fällig. Das ist nicht unfair, denn die Werft als Kleinbetrieb muß mit dem Geld arbeiten. Doch vergesse man nicht, daß man ihr mit Zahlung des ersten Drittels ziemlich hilflos ausgeliefert ist. Gerät sie in Schwierigkeiten, so kann sie den Kunden zwingen, weiterzuzahlen, denn sonst kommt er nie zu seinem Schiff, höchstens über den Umweg eines Prozesses, der sich über Jahre hinziehen kann.

Wie man sich wirkungsvoll davor schützen kann, einen Teil seines Vermögens zu verlieren, sagt einem ein Rechtsanwalt. Kauft man sein Schiff im Ausland, suche man dort einen auf, denn möglicherweise weichen die Gesetze des Landes von den deutschen ab.

Den Rat dieses Fachmannes dann aber in die Praxis umzusetzen, bedarf es diplomatischen Geschicks oder doch zumindest guter Nerven. Denn oft will eine Werft den vom Anwalt vorgeschlagenen Zahlungsmodus nicht akzeptieren. Sie weiß nur zu gut, daß der Markt geeigneter Schiffe nicht groß ist und der Kunde deshalb kaum damit drohen wird, dann gehe er eben zur Konkurrenz.

Wenn die Werft sich aber auf Bankbürgschaften, Sperrkonten oder was man sonst dem Rat des Anwalts gemäß verlangt, einläßt, dann kann man davon ausgehen, daß es sich um einen Betrieb handelt, der es sich leisten kann, auf die berechtigten Wünsche seiner Kunden einzugehen. In dieser Werft wird man ein gutes Schiff bekommen.

Obige Warnungen beruhen auf einem handfesten Hintergrund. Alle jene Werften, bei denen ich eine eigene Hochseeyacht gekauft habe, mußten, während das Schiff noch im Bau war oder kurz darauf, die Tore zu schließen.

Angesichts solcher Gefahren ist es durchaus überlegenswert, ob man nicht auf die Verwirklichung der einen oder anderen inzwischen so liebgewonnenen Idee verzichtet und beispielsweise ein Ausstellungsschiff kauft. Es ist fix und fertig, meist in einem zumindest optisch hervorragenden Zustand, und man kann es gegen Bezahlung gleich mitnehmen. Die Werft wird dabei sogar entgegenkommen, denn sie spart den Heimtransport.

Es ist natürlich kaum denkbar, daß das Schiff von der Stange den spezifischen eigenen Vorstellungen entspricht. Das gilt auch dann, wenn man eine Yacht aus zweiter oder dritter Hand erwirbt. Indes: Im Gegensatz zum Auto kann ein gebrauchtes Schiff besser sein als ein neues. Warum? Ein Schiff verschleißt, von einigen Teilen abgesehen, bei weitem nicht so stark wie ein Auto, das manchmal gerade so gebaut worden zu sein scheint, daß es nicht länger als zehn Jahre hält. Andererseits ist jeder Neubau mit Kinderkrankheiten behaftet, deren Ausmerzung bisweilen recht mühsam und teuer sein kann. Ist das Schiff bereits mehrere Jahre alt, so wird der Voreigner sich mit diesen Kinderkrankheiten schon auseinandergesetzt haben. Ein Grund für den Verkauf kann allerdings auch sein, daß er resigniert hat, gegen die Mängel anzukämpfen.

THALASSA II, Yacht des Autors.

Schwierig ist es, den Allgemeinzustand eines Gebrauchtbootes zu beurteilen. Hier kann nur ein Fachmann helfen, von denen es aber nur ganz wenige gibt. Die sogenannten Yachtberater sind es sehr oft nicht, vor allem dann nicht, wenn sie ein Gutachten im Auftrag des Eigners erstellt haben. Als ich mich einmal für ein Stahlschiff interessierte, über das ein Gutachten vorlag, fragte ich den „Yachtberater“, ob die Yacht nun ein Teak- oder ein Stahldeck habe. Er wußte es nicht, obwohl in dem Gutachten zugesichert war, er habe das Schiff gründlich untersucht. Die meisten dieser Expertisen beschränken sich ohnehin nur darauf, die Ausrüstungsgegenstände anzugeben und deren einwandfreien Zustand zu versichern, was natürlich immer eine imposante Liste ergibt. Dann ist es schon besser, über die Werft, über Clubs oder per Inserat den Besitzer eines Schwesterschiffes zu suchen und diesen – gegen Honorar, versteht sich – zu bitten, beratend zur Seite zu stehen.

Man lasse sich bei der Besichtigung nicht zu sehr durch die Ausrüstung blenden; Mängel daran können leicht beseitigt werden. Der Zustand der Segel ist auch nicht entscheidend. Viel wichtiger sind der strukturelle Zustand des Schiffes und seine Gesamtkonzeption. Hat sich der Käufer auf einen Zweimaster eingeschworen und steht er nun vor einer Slup, so kann eine Änderung nur mit erheblichem Kostenaufwand herbeigeführt werden. Möglicherweise würde man dafür schon ein neues Schiff bekommen. Ist die Maschine defekt oder absehbar, daß sie bald am Ende ist, und läßt sich nicht genau das gleiche Modell finden, so muß mit zusätzlichen Kosten von – je nach Schiffsgröße – 10000 bis 50000 DM gerechnet werden.

Entscheidend aber ist der Zustand der Schale. Ein Holzschiff, das oft mit einem attraktiven Preis lockt, kann allein ein Fachmann beurteilen; da höre man nur unter Vorbehalt auf den Rat von Amateuren. Beim Kunststoffschiff ist das einfacher. Man lasse sich vom Eigner schriftlich geben, ob und welche Reparaturen – auch kleine – schon vorgenommen wurden. Blasen in der Nähe des Wasserpasses und am Unterwasserschiff sind ein ernstzunehmendes Alarmzeichen. Es würde mich davon abhalten, so ein Schiff zu kaufen. Den Zustand eines Stahlschiffes zu beurteilen wäre leicht, wenn die Farbe nicht wäre. Denn damit lassen sich vor der Besichtigung verdächtige Stellen übermalen. Nach außen hin wirkt das Schiff dann makellos. Deshalb ist es auch hier ein kleiner Schutz, wenn man sich schriftlich geben läßt, wie der ursprüngliche Aufbau der Farben war, ob und wie oft gesandstrahlt wurde. Ein Stahlschiff hat allerdings den Vorteil, daß es durch Sandstrahlen und Farbbehandlung zumindest von außen mit einem erträglichen Kostenaufwand fast in einen Neuzustand versetzt werden kann.

Die beste Visitenkarte einer Yacht stellt die Bilge dar. Ist sie staubtrocken und ist sichergestellt, daß nicht kurz vor Eintreffen des Interessenten dieser Zustand erst hergestellt wurde, greife man zu. Ein besseres Schiff wird man kaum finden. Gleiches gilt für die Maschinenbilge. Immer noch zufrieden kann man sein, wenn das wenige Wasser in der Bilge nachweislich von der Stopfbuchse herrührt. Bei Schiffen, wo die Bilge oder die Ölwanne unter der Maschine nicht eingesehen werden kann, sei man achtsam. Bei Holzschiffen ist es nahezu ausgeschlossen, daß sie völlig trocken sind. Hier sollten also etwas großzügigere Maßstäbe angelegt werden.

Ohne jemanden verletzen zu wollen („dein ganzer Stolz – ein Schiff aus Holz“), kann ich vom Erwerb eines Holzschiffes nur abraten. Selbst dem Fachmann macht es unendlich viel Mühe, ein solches

Schiff, zumal in den heißen Gegenden, am Schwimmen zu halten. Freilich, vor ein paar Jahrzehnten, als Holz der Standard-Baustoff für Yachten war, hat man sich mit den Problemen des Holzes abgefunden. Aber hierzu sollte man auch einräumen, daß die explosionsartige Ausbreitung des Fahrtensegelns in den siebziger und achtziger Jahren mit dem Bau von Kunststoffschiffen und der damit verbundenen Ablösung des Holzschiffes einsetzte. Das geschah nicht grundlos.

Seit einigen Jahren tut sich ein neuer Markt für Gebrauchtboote auf, nämlich ausgediente Charterboote. Die Charterkundschaft wird zusehends anspruchsvoller und möchte im Urlaub gerne eine „moderne" Yacht segeln. Das bedeutet aber, daß Charterboote, die mehr als ein paar Jahre auf dem Buckel haben, abgestoßen werden müssen. Meist sind sie aus Kunststoff, und man sieht es ihnen an, daß sie von Landratten malträtiert worden sind. Häufig handelt es sich hier aber um Schönheitsfehler, und die Substanz ist gesund. Man sollte auch bedenken, daß der nachfolgende Lebensabschnitt des Bootes im Blauwasserbetrieb bei weitem nicht so strapaziös für das Boot wird wie seine ersten Lebensjahre unter häufig wechselnden Crews von meist unerfahrenen Urlaubsseglern. Wenn es die überstanden hat, hat es das Schlimmste hinter sich. Freilich, die fast immer notwendige Generalüberholung in einer Werft muß beim Kaufpreis mit einkalkuliert werden.

Es versteht sich von selbst, daß man eine Yacht sowohl im Wasser als auch auf dem Trockenen begutachten sollte. Letzteres wird man bei einem gutwilligen, ehrlichen Verkäufer immer erreichen können, zumal dann, wenn man die Kosten für das Aufslippen übernimmt (die bei Kaufabschluß verrechnet werden). Gleiches gilt für einen Probeschlag, noch besser einen Probetörn am Wochenende. Es ist zwar kaum möglich, während zweier Tage die Segeleigenschaften einer Yacht kennenzulernen: Selten hat man die gleiche See, die einen später beim Blauwassersegeln erwartet, schon gar nicht, wenn der Probeschlag in Küstengewässern stattfindet. Über die Geschwindigkeit, die die Yacht später vor achterlichen Winden in der langen Dünung eines Ozeans macht, wird man ebensowenig sagen können und auch nicht, ob die Yacht gegenan auf dem Atlantik dazu neigen wird, sich totzustampfen. Aber man kann einen Eindruck davon gewinnen, ob sie leicht anspringt oder zumindest bei ruhigem Wasser gute Höhe läuft. Letzteres ist dadurch zu ermitteln, daß man hoch am Wind segelt, den Kompaß abliest und dann auf den anderen Bug geht. Ist die Differenz zwischen beiden Kursen besser als 100 Grad, kann man bei einer Fahrtenyacht schon zufrieden sein.

Ob die Yacht steif oder weich ist, läßt sich leicht am Krängungsmesser ablesen. Eine steife Yacht ziehe ich für das Fahrtensegeln vor; sie mag nicht sicherer sein, aber sie strahlt mehr Sicherheit aus. Eine steife Yacht macht heftigere Bewegungen als jene, die sich schon beim leisesten Windhauch weglegt. Dennoch: Nichts geht auf der Weite eines Ozeans mehr auf die Nerven, als wenn tagelang mit einer Krängung von 30 Grad und darüber gesegelt werden muß.

Der Hauptgrund für eine längere Probefahrt ist, daß ich dabei am besten beurteilen kann, ob die Yacht sich bequem handhaben läßt, auch mit zahlenmäßig kleiner Mannschaft. Oder wie es sich an Bord wohnen läßt. Ist die Pantry auch unterwegs noch einigermaßen bedienbar, und segelt das Schiff trocken? Bleiben die Luken auch unterwegs dicht, oder füllt sich die Bilge mit Wasser? Springt die Maschine jederzeit an, oder muß sie erst entlüftet werden? Geht die Batterie in die Knie, wenn sie für eine Nacht die Positionslampen versorgen muß? Sind die Winschen ausreichend, um auch die große Genua dichtzuholen, und sind sie richtig postiert?

Während eines solchen Törns wird man auch über die Motive mehr erfahren, die zum Verkauf führen. Wird das Schiff „wegen Vergrößerung" deshalb abgegeben, weil es für den Eigner und seine Familie zu unbequem ist, oder kauft er sich ein größeres, weil er es sich nunmehr leisten kann? Wird es „wegen Aufgabe des Segelsports" abgegeben, weil es dem Eigner das Leben auf dem Wasser vermiest hat oder weil er aus gesundheitlichen Gründen kürzertreten muß? Eines darf man bei noch so ehrenwerten Eignern nicht außer acht lassen. Wenn sich jemand zum Verkauf eines Schiffes entschließt, hat er sich innerlich schon längst davon gelöst. Reparaturen wurden vielleicht schon längere Zeit nicht mehr durchgeführt, die Schiffspflege – vielleicht noch nicht sichtbar – nicht mit der gewohnten Gründlichkeit vorgenommen. Derartigen Risiken kann man aus dem Wege gehen, wenn man ein Schiff aus einer Konkurs- oder Erbmasse erwirbt.

Eine schwierig zu beantwortende Frage ist es, ob der Wert einer Yacht dadurch gesteigert oder vermindert wird, wenn sie schon eine sehr große Anzahl von Seemeilen oder gar eine Weltumseglung auf dem Buckel, sich also bewährt hat. Von einem Holzschiff ist bekannt, daß man es „weichsegeln" kann. Bei diesem Baustoff kann nur ein erstklassiger Fachmann aus dem Holzbootsbau ein zuverlässiges Urteil abgeben. Bei Kunststoff habe ich schon weniger Bedenken, wenn der sichtbare Zustand einwandfrei ist. Bei Stahl ist es ausgeschlossen, daß durch eine solche Belastung das Material etwa schon ermüdete. Eines aber sollte man sich vergegenwärtigen: Durch eine Weltumseglung wird eine

Blauwassersegeln.

Yacht nicht besser, sie hat nur bewiesen, daß sie sich dafür eignet.

Nur ganz wenige Menschen können sich heute noch das leisten, was vor und kurz nach dem Krieg der Normalfall war: einen Konstrukteur ihrer Wahl mit der Zeichnung des Risses zu beauftragen und das Schiff bei einer Werft ihrer Wahl bauen zu lassen. Eine Vorstellung von den Kosten vermittelt folgende Geschichte: Bei einer Werft wurde ein Serienschiff in Auftrag gegeben. Der Kostenvoranschlag lautete über etwas unter 800 000 DM. Während des Baues kam es zu Meinungsverschiedenheiten zwischen Werft und Auftraggeber. Dieser wandte sich an eine deutsche Renommierwerft, mit der Bitte, einen Kostenvoranschlag für eben dieses Schiff zu erstellen. Er belief sich auf rund drei Millionen Mark.

Aber selbst wenn die finanziellen Voraussetzungen für eine Spezialanfertigung gegeben sind, so heißt das noch lange nicht, daß am Ende eine für das Blauwassersegeln besonders geeignete Yacht steht. Das Hauptproblem ist der Konstrukteur. Es gibt fast keinen, der eigene Blauwassererfahrung hat. Woher soll er auch die Zeit nehmen, monatelang auf einer Yacht herumzusitzen. Ganz ungeeignet für unseren Zweck sind erfolgreiche „Designer" von Regattayachten. Wenn jemand beispielsweise einen rassigen Formel-1-Wagen konstruieren kann, ist er noch nicht der richtige Mann für ein Wohnmobil. Bei Rennyachten wird ja vor allem berücksichtigt, daß sie unter möglichst allen Umständen schnell sind, was zwar für eine Fahrtenyacht auch ganz schön ist, doch auf keinen Fall zu Lasten der Bequemlichkeit und Wohnlichkeit gehen soll. Darüber hinaus wird bei Regattayachten die alles beherrschende Formel so ausgenutzt, daß dies eine hohe Geschwindigkeit bei optimalem Rennwert ergibt. Zu welchen Auswüchsen das – aus der Sicht des Blauwasserseglers – führt, sieht man erst, wenn man einmal auf so einem Cupper mitgesegelt ist und ein paar Tage an Bord verbracht hat. Ohne teure Modifikation ist eine Rennyacht für die Blauwassersegelei ungeeignet. Zu Konstrukteuren solcher Yachten hätte ich als Langstreckensegler kein Vertrauen.

Wenn man sein Schiff selbst bauen möchte, ist man auf einen Konstrukteur angewiesen. Es ist nahezu ausgeschlossen, daß ein Amateur eine Yacht selbst zu zeichnen vermag, die sich in der Praxis bewähren wird. Man kann einige solcher Mißgeburten im Mittelmeer sehen. Sie strotzen von „originellen" Ideen, und man spürt förmlich, wie der Konstrukteur und Erbauer Jahre seines Lebens darin investiert hat. Aber Tatsache ist, daß diese „Yachten", einmal auf dem Binnenwege dorthin gebracht, das Mittelmeer nie verlassen werden, um auf große Fahrt zu gehen.

Es gibt eine ganze Reihe von Konstrukteuren – auch deutsche –, die sich darauf spezialisiert haben, Amateure mit Selbstbauplänen zu versorgen. Sie kennen zumindest die Eigenheiten des Eigenbaus und lassen sich von keiner Formel in ihrer Freiheit einengen. Bevor man mit dem großen Vorhaben beginnt, sollte man sich mit so einem Mann zusammensetzen. Er wird vom Baustoff bis hin zur Ausrüstung eine Menge brauchbarer Tips parat haben.

Man prüfe sich genau, ob man der richtige Mann für einen Selbstbau ist. Dazu gehören neben Geld und zahlreichen Werkzeugen handwerkliches Geschick und Zähigkeit. Kaum jemand macht sich zu Beginn einen Begriff davon, welche jahrelangen Mühen auf ihn zukommen. Von zehn begonnenen Neubauten wird schätzungsweise nur einer vollendet. Zurück bleibt meist ein häßliches Monstrum, das von verlorenen Jahren und zerstörten Träumen zeugt.

Am wenigsten wird eingespart, wenn das Schiff von Grund auf selbst gebaut wird. Die Kosten für Schale und Deck machen nämlich oft nur 20 Prozent des Endpreises aus. Hinzu kommt, daß gerade bei Schale und Deck am meisten falsch gemacht werden kann. Viele Werften liefern ausbaufertige Schalen in unterschiedlichem Bauzustand. Man bekommt sogar Rümpfe, die „technisch fahrbereit" sind, was heißen kann, daß bereits der Motor eingebaut ist – ebenfalls eine Arbeit, die man besser dem Fachmann überläßt. Hier kann es durchaus rentabel sein, den Innenausbau selbst vorzunehmen, vor allem dann, wenn man ohnehin einen handwerklichen oder technischen Beruf und sogar noch einen eigenen Betrieb mit den notwendigen Werkzeugen hat. Zu dem finanziellen Vorteil würde noch hinzukommen, daß man seine eigenen Ideen verwirklichen und vor allem sein Schiff viel besser kennenlernen kann, als wenn man es von der Stange kauft.

Aber nochmals zur Warnung: Viele haben noch nach Jahren harter Arbeit aufgesteckt, bevor das Schiff im Wasser war. Auf jeden Fall schaue man sich auf dem „Secondhand-Markt" um. Noch nie war die Gelegenheit so günstig, zu einem niedrigen Preis ein gutes Schiff zu bekommen.

Die Größe einer Blauwasseryacht

Mit Hochseeyachten fast jeder Größe sind schon hervorragende Reisen unternommen worden. Eric C. Hiscocks verschiedene Schiffe geben am besten die Bandbreite der Möglichkeiten wieder. Seine WANDERER II war 7,60 Meter lang und damit ausreichend groß, um Transozeanreisen zu unternehmen. Mit 40 Jahren ließen Eric und seine Frau Susan sich die WANDERER III bauen, eine 9,20 Meter lange Slup, mit der sie zweimal die Welt umsegelten. Gut zehn Jahre später kauften sie die 16 Meter lange WANDERER IV, mit der die Hiscocks abermals die Welt umrundeten. Letztlich, Eric war schon über siebzig, entschied er sich noch für eine neue Yacht, etwas unter 13 Meter lang. Interessanterweise wieder aus Holz – mit Polyester überzogen –, während die WANDERER IV eine Stahlketsch war. Die Hiscocks haben ihre Schiffe stets allein gesegelt.

Damit sind auch schon fast die Grenzwerte für Blauwasseryachten angegeben. Kleiner als sieben Meter, kann ein Segelschiff kaum noch den Komfort bieten, der erforderlich ist, um mehrere Jahre darauf wohnen zu können. Bedienung und Unterhaltung sind bei dieser Größe natürlich leichter. Vor ein paar Jahren noch hatte man feste Regeln, wie groß eine Yacht sein sollte, um von kleiner Mannschaft gesegelt werden zu können. Meist gab man hierzu die Segelgröße an, die auf knapp 40 Quadratmeter für einen Mann begrenzt war.

Die Einhand-Transatlantikregatten der letzten zehn Jahre aber haben diese Regeln ad absurdum geführt. Man sollte zwar nicht Blauwassersegler mit Hochleistungssportlern wie Tabarly oder Blyth vergleichen, doch haben diese Athleten gezeigt, daß Yachten bis 20 Meter Länge – das dürfte für eine Welt*reise* mit kleiner Mannschaft die obere Grenze sein – ohne weiteres noch beherrscht werden können. Natürlich nicht unter Segel im Hafen, wohl aber auf hoher See und ansonsten unter Maschine.

Die Erfahrung zeigt sogar, daß große Yachten unter Umständen leichter gehandhabt werden können, weil alles viel langsamer und bei viel ruhigeren Bewegungen abläuft als auf Minikreuzern. Wer sich auf

Das soll die kleinste Weltumsegelungsyacht sein. Draufgänger Howard hat sie nur 3,70 Meter lang gebaut. Von Mexiko nach Polynesien segelte er im Schnitt 50 Seemeilen am Tag, was aber noch lange kein Beweis für die Seetüchtigkeit einer solchen Nußschale ist.

Die 16-Meter-Yacht THALASSA II des Autors läßt sich ohne weiteres zu zweit segeln.

Eine solche Yacht erfordert eine zahlenmäßig starke Mannschaft.

einem kleinen Segelschiff in hartem Seegang schon mal auf Knien zum Vorsegel durchgekämpft hat, der weiß, wovon ich rede. Wieviel bequemer – und vor allem sicherer – ist es doch, wenn man auch bei harter See auf trockenem Deck aufrecht aufs Vorschiff gehen kann.

Auch aus Gründen der Sicherheit sollte die Entscheidung zugunsten einer größeren Yacht fallen. In der Segelliteratur wird häufig die Meinung vertreten, daß auch ganz kleine Yachten unbegrenzt seetüchtig seien. Das ist nicht richtig. Denn die Gefahr auf See kommt nicht vom Wind, sondern vom Seegang. Ganz grob kann gesagt werden, daß der Seegang um so gefährlicher wird, je steiler und höher er sich im Vergleich zum Schiff aufbaut. Kleine Yachten sind hier deshalb im Nachteil.

In tragischer Weise aufschlußreich war das berüchtigte Fastnetrennen von 1979, das als die größte Tragödie des Segelsports in die Geschichte eingegangen ist. In einem Orkan von Windstärke 10 starben 15 Menschen, 24 Yachten kenterten oder wurden aufgegeben.

Das Rennen wurde in sechs Klassen ausgetragen, wobei in Klasse 0 Yachten mit mehr als 16 Metern Länge über alles starteten, während die Klasse I Yachten mit einer Länge zwischen 13 und 16 Metern erfaßte. Die kleinsten Schiffe mit 8 bis 10 Meter Länge waren in der Klasse V zu finden. Die Statistik sieht so aus:

Klasse 0:	14 gestartet – 13 im Ziel
Klasse I:	56 gestartet – 36 im Ziel
Klasse II:	53 gestartet – 23 im Ziel
Klasse III:	64 gestartet – 6 im Ziel
Klasse IV:	58 gestartet – 6 im Ziel
Klasse V:	58 gestartet – 1 im Ziel

Es wäre falsch, daraus den Schluß zu ziehen, daß kleine Schiffe in schwerstem Wetter chancenlos sind: Im Fastnet Race waren gerade sie es, die den Orkan voll auf den Kopf bekamen. Die größeren waren ihm auf Grund ihrer höheren Geschwindigkeit zum Teil schon entkommen. Auch wird man solche extremen Bedingungen auf hoher See kaum jemals antreffen; am Fastnet Rock bewirkten Sturm, Untiefen und starke Strömungen gemeinsam jene steile, zerstörerische See.

Man darf sich auch nicht entmutigen lassen, wenn man zum Blauwassersegeln ein Schiff von vielleicht „nur" 8 Meter Länge über alles zur Verfügung hat. Auf hoher See hat man genügend Möglichkeiten, „defensiv" zu segeln. Mit einer Yacht unter 7 Meter Länge ist man allerdings bei fast jedem Wetter in der Defensive. Trägt man dem keine Rechnung, kann es leicht zur Katastrophe kommen. Das Mini-Transat, eine im Oktober (Irrsinn!) stattfindende Regatta über Biskaya und Atlantik mit Yachten ausschließlich unter 7 Meter Länge, war deshalb in Verruf geraten, weil mehrere zum Teil sehr erfahrene Segler zu Tode kamen.

Ein gewichtiges Argument gegen eine große Yacht sind die Probleme, die sich am Liegeplatz und im Hafen ergeben. Es ist nicht so sehr das Problem des Manövrierens, weil kleinere Schiffe ja auch viel windempfindlicher sind als die großen dicken Pötte. Oft aber hat man Schwierigkeiten, in überfüllten Häfen überhaupt einen Platz zu bekommen, während eine 7 oder 8 Meter lange Yacht sich schon noch in irgendeine Ecke oder in ein Päckchen quetschen kann. Aber das ist letzten Endes eine Frage des Reviers. In Westindien, im Pazifik oder Indischen Ozean spielt das praktisch keine Rolle, weil man dort fast ausschließlich vor Anker liegt. Auch die bei großen Yachten nicht unerhebliche Liegegebühr ist dann kein Thema mehr.

Darüber hinaus ist der Unterhalt einer großen Yacht ungleich teurer. Man benötigt sehr viel mehr Farbe, die von Zeit zu Zeit zu erneuernde Kette kostet doppelt soviel, der Spritverbrauch liegt höher usw. Hauptsächlich das spricht gegen eine Yacht über eine gewisse Länge. Ein ernstzunehmendes Problem bei einer größeren Yacht sind auch die beschränkten Möglichkeiten, sie für Reparaturen und Arbeiten am Unterwasserschiff an Land zu holen. Am Mittelmeer ist es kein Kunststück, einen Travellift zu finden, der auch für 20 Tonnen Gewicht zugelassen ist. Außerhalb der Gebiete, wo die Sportschiffahrt „in Mode" ist, sind diese Gelegenheiten jedoch rar. Nicht selten wird man deshalb sogar seine Reiseroute dahingehend ausrichten müssen. Nur ein Beispiel: Zwischen Panama und Australien, das sind etwa 7000 Seemeilen, gibt es höchstens drei oder vier Slips, die auch eine 16-Meter-Yacht verkraften.

Bei kleinen Yachten ist das viel problemloser – und billiger. Die kann man schnell mal, an eine Mole gelehnt, unter Ausnutzung des Tidenhubs trockenfallen lassen.

Jeder muß also unter Berücksichtigung seines Geldbeutels, seiner und meist seiner Begleiterin Sportlichkeit und des Alters sowie der Ansprüche selbst entscheiden, wie groß seine Yacht sein soll. Verkauft man sich mal bei einem Ausrüstungsgegenstand, läßt sich das leicht reparieren. Hat man aber ein Schiff der falschen Größe erwischt, so ist das oft ein kleines Unglück, wenn nicht gar eine Katastrophe.

So traf ich in Ostende auf seinem Liegeplatz vor dem Bahnhof den Eigner einer einstmals schönen holländischen Stahlyacht. Er hatte dieses Schiff sechs Jahre zuvor in Auftrag gegeben, um damit um die Welt zu segeln. Der Bau wurde erheblich teurer als erwartet, und Teile seines Besitzes ließen sich bei weitem nicht so günstig verkaufen wie ursprünglich angenommen. Die Schere schloß sich langsam. Das Geld reichte gerade noch, um das Schiff aus der Werft zu bekommen, für seinen Unterhalt aber blieb nichts mehr übrig, schon gar nicht für die Zusatzausrüstung, die notwendig gewesen wäre, um über den großen Teich zu segeln. So blieb das Schiff in Ostende hängen, jahrelang.

Des Eigners Resümee: „Da kommst du zur Bootsausstellung nach Düsseldorf, stehst in der geheizten Halle vor so einem Traum von Segelyacht und siehst in Gedanken schon die weißen Strände und die windzerzausten Palmen am Ankerplatz. Und wie sieht die Realität aus? Der graue Bahnhof von Ostende!"

Doch kann man auch bei der Ausrüstung sparen, was den Kosten für die Yacht als solche zugute kommt. Ratsam ist es, sich wegen der Größe des Schiffes mal bei Fahrtenseglern umzuhören, aber sehr, sehr kritisch. Denn naturgemäß wird kaum ein Eigner zugestehen, sein Schiff sei ihm viel zu klein oder gar zu groß. Er hat sich ja mit dem – meist – Unabänderlichen abgefunden. Mit dem Schiff ist es wie mit der eigenen Frau. Wer wird einem Außenstehenden schon Negatives über sie erzählen.

Vielleicht kann auch das zum Nachdenken anregen: Wenn Blauwassersegler unter sich sind, ist das zentrale Thema stets „das Boot eine Nummer größer". Für viele bleibt es aus finanziellen Gründen ein Traum. Andere jedoch kommen nach Hause zurück, um wieder ein paar Jahre zu arbeiten – für ein größeres Schiff. Aber oft ist das auch eine Frage des Alters. Je älter der Mensch, um so mehr Bequemlichkeit strebt er an – der Wunsch nach einem größeren Schiff mit mehr Komfort wird wach. Die Engländer sagen, ein Fuß Länge pro Lebensjahr sei das richtige Maß. Aber auch das läßt sich nicht verallgemeinern, siehe das Beispiel des englischen Blauwasserseglers Eric C. Hiscock.

Mehrrumpfboot oder Einrumpfboot

Vor Jahren gab es erbitterte Kontroversen um Mehrrumpfboote. Sie werden die Einrumpfboote ablösen, meinten die einen, sie werden so schnell verschwinden wie sie gekommen sind, frohlockten die eingefleischten „Einrümpfler". Beide Seiten hatten unrecht. Trimarane und Katamarane vermehrten sich nicht gerade explosionsartig, doch haben sie rundum die Welt Freunde unter den Blauwasserseglern gefunden. Kaum ein Kat- oder Trisegler steigt wieder auf ein Einrumpfboot um. Umgekehrt schon. Der Münchner Ernst Bullmer hatte viele tausend Seemeilen mit Einrumpfbooten zurückgelegt, als er mit seiner Frau auf einem 12-Meter-Kat zur ersten deutschen Weltumseglung im Katamaran aufbrach. Nach erfolgreicher Beendigung ist er von Mehrrumpfbooten mehr denn je begeistert: „Für mich ist dies die ideale Fahrtenyacht." Man sollte sich als Einrumpfsegler hüten, allzu überheblich über Mehrrumpfboote zu urteilen. Sie haben eine ganze Menge Vorteile.

In meinen Augen ist die größere Geschwindigkeit nicht entscheidend. Zugegeben, so eine Maschine surft auch mal mit 20 Knoten den Wellenhang hinunter, und sicher erreicht sie über kurze Strecken manchmal Durchschnittsgeschwindigkeiten, von denen Skipper von Einrumpfyachten nur träumen können. Doch ich habe selten von wirklich beeindruckenden Etmalen gehört, also den in 24 Stunden gesegelten Seemeilen. Der österreichische Weltumsegler Wolfgang Hausner hat mit seinem ersten, 10 Meter langen Katamaran TABOO ein Rekordetmal von 196 Seemeilen erzielt, eine Leistung, die auch schon

Mehrrumpfboote, speziell Katamarane, faszinieren durch hohes Geschwindigkeitspotential.

18-Meter-Kreuzer-Katamaran. Geschwindigkeit und riesiges Raumangebot lassen sich erahnen.

Platzangebot auf dem Katamaran Taboo III von Wolfgang Hausner (Eigenbau!)

Auf diesem Trimaran muß das Wasser mangels ausreichenden Tankraums in Plastikkanistern gestaut werden.

ein „normaler" Kreuzer dieser Größe bei günstigem Wind und Strom zustande bringen kann.

Warum vermögen Kreuzer-Mehrrumpfboote ihr höheres Geschwindigkeitspotential nicht auszuspielen? In der Regel liegt das wohl an der zahlenmäßig schwachen Besatzung. Diese kann es sich nicht leisten, bei starkem Wind sprungbereit im Cockpit zu verharren, um im Notfall durch Fieren der Großschot den Druck aus dem Segel zu nehmen. Darin nämlich ist das Hauptproblem begründet. Mehrrumpfboote können kentern, und – das ist im Gegensatz zu Einrumpfbooten der Kernpunkt – sie können von der Mannschaft auf See nicht wiederaufgerichtet werden. Man darf sich durch ihre große Überlegenheit bei jüngsten Einhandregatten nicht beirren lassen. Diese Renn-Trimarane sind nicht mit Kreuzertris zu vergleichen. Es sind extreme Leichtbauten, die bis an die Grenzen ihrer Leistungsfähigkeit und Materialstärke geprügelt werden. Fast ohne Rücksicht auf Verluste wird die Risikogrenze weit hinausgeschoben. Das aber läßt sich auf die normale Wandersegelei mit Familie nicht ohne weiteres übertragen.

Große Geschwindigkeiten können Mehrrumpfboote ohnehin nur dann segeln, wenn sie entsprechend leicht beladen sind. Und hier hapert es bei der Blauwassersegelei etwas – schließlich schleppt man ja seinen ganzen Hausrat nebst Familie mit. Gerade Mehrrumpfboote haben ein Platzangebot, das auf Einrumpfyachten vergleichbarer Größe niemals realisiert werden kann. Aber wegen der Gewichtsprobleme lassen sich große Vorteile daraus nicht ziehen. So benutzt man auf Mehrrumpfbooten – wegen des Gewichts – keine Ankerkette, sondern Trossen, so wird das Wasser in Plastikkanistern statt in zentralen Tanks gestaut, und so wird oft auf den Einbau eines Dieselmotors verzichtet zugunsten von einem oder manchmal sogar zwei leichteren, aber mit vielen Nachteilen behafteten Außenbordern.

Die Maschine ist oft ein Problemfaktor beim Katamaran. Wird sie in einem der Rümpfe installiert, geht das mit einer ungleichmäßigen Belastung des Schiffes einher. Gutes Manövrieren erfordert zudem für jeden Rumpf eine eigene Propelleranlage. Als Kraftübertragung kommt häufig nur ein hydraulisches System in Frage, das eine ganze Menge störanfällige Punkte hat. Man sage nicht, so was habe man doch heute im Griff. Es ist etwas ganz anderes, ob eine Hydraulik an einer Baumaschine in einer – zugegebenerweie staubigen – Umgebung betrieben wird oder in einer engen Yacht in salzwassergeschwängerter Luft – die nächste Servicestation 5000 km entfernt.

Wegen des Gewichts eignen sich auch nicht alle Bootsbaustoffe. So scheiden Vollholz und Stahl von vornherein aus, was häufig ein Hinderungsgrund ist, sich für Mehrrumpfboote zu interessieren. Sperrholz, mit Polyester überzogen, oder Kunststoff sind aber auch bewährte Bootsbaumaterialien.

Ein starkes Argument für Trimarane oder Katamarane ist der Reisekomfort, den sie bieten. Abgesehen von dem großzügigen Platzangebot denke ich dabei an die ruhigen Bewegungen auf See. Wer die Segelei nur deswegen nicht liebt, weil er zu jenen Unglücklichen gehört, die bereits bei der geringsten Schaukelei seekrank werden, sollte mal auf ein Mehrrumpfboot steigen. Wahrscheinlich wird er dort sein Glück finden.

Aber auch auf dem Ankerplatz sind Mehrrumpfboote mit ihren riesigen Kajüten und dem Platz an Deck unter dem Sonnensegel oftmals angenehmer zu bewohnen. Eine andere Frage ist es, ob sie in engen, überfüllten Häfen überhaupt einen Platz finden. Zumindest was die Liegegebühren betrifft, wird man für den Luxus des Wohnkomforts bestraft, indem man häufig das Doppelte dessen bezahlt, was man für ein Einrumpfboot gleicher Länge berappen muß. Aber manchmal finden sie wegen ihres geringen Tiefgangs auch noch im letzten Winkel eines Hafens einen Platz, wo der Hafenmeister ein tiefgehendes Einrumpfboot nicht unterbringen kann. Aber das sind Ausnahmen. Auf einem Ankerplatz gibt es für Mehrrumpfboote keine derartigen Beschränkungen.

Ein großer Pluspunkt ist die Tatsache, daß Mehrrumpfboote nicht unbedingt auf eine Slipanlage angewiesen sind, um zwecks Reparaturen oder zur Erneuerung der Giftfarbe an das Unterwasserschiff heranzukommen. Man braucht sie nur bei Hochwasser – ein Meter Tidenhub reicht meistens – auf einen flachen Strand zu setzen, und schon ist das Unterwasserschiff nach einigen Stunden vollkommen frei. Aufpallen und Leinensicherungen entfallen, und vor allem: Das Boot kann nicht umfallen. Bringt man die Yacht bei Neu- oder Vollmond, also zur Springtide, auf den Strand, kann man meistens sogar tagelang am trockenen Unterwasserschiff arbeiten. Was man hier an Slipgebühren spart, ist allemal die erhöhten Hafengebühren wert.

Bleibt noch die Frage nach der Sicherheit. Hier haken die Gegner von Katamaran und Trimaran am ehesten ein. Verschollene Mehrrumpfboote, Kenterungen und zerschlagene Katamarane scheinen ihnen recht zu geben. Aber gab es das bei Einrumpfyachten zu Anfang nicht auch? Muß der Mensch sich nicht immer erst an die Grenzen herantasten, die ihm die Natur setzt? Die Belastungen, die Seegang im allgemeinen mit sich bringt, lassen sich eben nicht so exakt berechnen. Tatsächlich aber ist kaum eine stabil gebaute Kreu-

Der 10-Meter-Katamaran Taboo. Eigner Wolfgang Hausner war der erste, der einhand mit einem Kat die Welt umsegelt hat.

Der Hängematten-Ruheplatz auf dem Vorschiff gibt einen Eindruck vom Raumangebot eines 10-Meter-Katamarans.

zeryacht nur deshalb verlorengegangen, weil sie ein Kat oder ein Tri war.

Dagegen passierte es schon häufiger, daß ein Kat oder ein Tri kenterte und aufgegeben werden mußte, weil er in Anbetracht der herrschenden Windverhältnisse zu unvorsichtig gesegelt worden war. Das große Problem hierbei ist immer noch die Tatsache, daß sich die Grenze, wo die Segelfläche verkleinert werden muß, nur erahnen läßt, nicht aber in Zahlen oder in einem sonstigen zuverlässigen Maßstab ausgedrückt werden kann. Hat man sich nur ein einziges Mal über diese Grenze hinausgewagt, ist es schon zu spät.

Etwas scheint mir in diesem Zusammenhang sehr wichtig zu sein: Spielt hinsichtlich der Seetüchtigkeit die Größe einer Yacht eine Rolle, so gilt das besonders für Mehrrumpfboote, weil sie kentern können. Die Gefahr, über die Seite kopfüber zu gehen, resultiert ja nicht nur aus dem Druck des Windes auf die Segel, sondern fast noch entscheidender aus Höhe und Steilheit der See. Die großen Frachtschiffe und Tanker, die die Weltmeere befahren, können ebenfalls kentern, allerdings ist kaum eine See *im Verhältnis* zur Größe dieser Schiffe so effektiv, um deren Formstabilität zu überkommen. Ein kleiner Binnenkatamaran wie der Shearwater dagegen wird schon von mäßigem Seegang an der Küste in eine derartige Schräglage gebracht, daß es nur noch geringer Unaufmerksamkeit an der Großschot bedarf, um den zur Kenterung nötigen Winddruck zu erzeugen. Ein 15 Meter langer Katamaran nickt in diesen Seen kaum mit der Mastspitze.

Wolfgang Hausner, dessen erster Kat, wie schon gesagt, gerade 10 Meter lang (und fünf Meter breit) war, kommt rückschauend zu dem Ergebnis: „Mehrrumpfschiffe unter 10 Meter Länge sind kriminell!“ Sein neuer Katamaran – wieder ein Eigenbau – ist 17 Meter lang.

Auch Einrumpfschiffe können kentern. Stimmen die Ballastverhältnisse, wird sich die Yacht nach dem Prinzip des Stehaufmännchens wiederaufrichten. Unbeschadet kann sie auch das kaum überstehen. Zumindest der Mast ist meistens weg, wenn Segel gesetzt waren.

Bei einer Durchkenterung ist dies anders auch gar nicht denkbar, wenn man überschlagsmäßig nachrechnet, welche gewaltigen Drücke in dem sehr dichten Medium Wasser auf Segel und damit auf Wanten und Mast einwirken. Im Gegensatz zu einem Hochsee-Mehrrumpfboot, das sich trotz aller klugen Erfindungen hierzu (im Seegang funktionieren sie doch nicht, darauf wette ich) ohne fremde Hilfe nicht mehr aufrichten läßt, ist eine Einrumpfyacht meist wieder soweit herzurichten, daß sie den nächsten Hafen erreichen kann. Aber man sollte hier eigentlich keine Vergleiche ziehen, denn bei Gelegenheiten, wo Kats oder Tris schon kentern können, ist das Durchkentern eines geballasteten Rumpfes – noch – nicht vorstellbar.

In puncto Sicherheit haben auch die Multis ihre Vorteile. Als „Bleitransporter“, wie die Fans von Mehrrumpfbooten nicht ganz unrichtig sagen, wird das Einrumpfboot wie ein Stein auf Tiefe gehen, wenn das Leck so groß ist, daß man es mit Pütz und Pumpe nicht mehr beherrschen kann. Ein leckgeschlagener Trimaran aber hat immer noch zwei und ein Katamaran einen heilen Rumpf, der als natürlicher Auftriebskörper wirkt und das Sinken des Schiffes zuverlässig verhindert. Ernst Bullmer beispielsweise hat diese Tatsache sehr beruhigt, wenn er während seiner Weltumseglung an die Gefahr einer Kollision mit einem Wal dachte – ein Risiko, dem schon zahlreiche Einrumpfyachten zum Opfer gefallen sind, während der Totalverlust eines Mehrrumpfbootes aus diesem Grunde nicht bekannt ist.

Der Baustoff für eine Blauwasseryacht

Es sind schon derart viele erfolgreiche Blauwasserfahrten in Booten aus den verschiedensten Materialien unternommen worden, daß man kaum sagen kann, dieser oder jener Baustoff sei der richtige. Oft wird einem die Entscheidung auch dadurch abgenommen, daß bereits eine eigene Yacht vorhanden ist, wenn man sich zum Blauwassersegeln entschließt. Kann man aber die Frage nach dem Baustoff noch in seine Planung einbeziehen, dann werden sich wohl folgende Forderungen ergeben:

- Sicherheit, also Stärke
- Pflegeleichtigkeit
- Reparaturmöglichkeiten
- Unempfindlichkeit gegen äußere Einflüsse
- Wohnlichkeit

„Dein ganzer Stolz – ein Boot aus Holz"?

Yachten aus Holz haben die älteste Tradition. Doch scheint es, daß sie langsam von der Bildfläche verschwinden. Viele werden dies bedauern und auf die Schönheit des Baustoffes Holz verweisen. Das kann ich nicht teilen. Blauwasseryachten aus Holz müssen wegen der Intensität der Sonnenstrahlen, die Naturlack nur wenige Monate halten läßt, stets angemalt werden. Deshalb sieht man naturlackierte Yachten in den wärmeren Gegenden nahezu kaum. So verrät bei einem weißgestrichenen Holzschiff meist nur die altmodische Form das Baumaterial Holz. Wenn aber der Baustoff ohnehin unter Farbe gehalten werden muß, kann es aus Gründen der Schönheit gleichgültig sein, ob ich ein Holzschiff habe oder eins aus Kunststoff.

Holzschiffe sind in wärmeren Gebieten besonders durch den sogenannten Teredowurm gefährdet. Wer es nicht gesehen hat, kann es kaum glauben: Wenn die schützende Farbe das Holz unter Wasser nicht mehr bedeckt, wie es beispielsweise nach einer Grundberührung leicht möglich ist, frißt sich der Wurm in wenigen Tagen ein. Man merkt es daran, daß das Schiff plötzlich mehr Wasser macht als gewöhnlich. Dieser Wurm – er liebt auch Sperrholz – ist selbst im Mittelmeer zu Hause.

Darüber hinaus gibt es so gut wie keine Neubauten mehr, weil der Bau von Holzschiffen viel zu lohnintensiv und damit zu teuer geworden ist. Denn man kann nicht wie beim Kunststoffbau auf eine Mutterschale zurückgreifen, mit deren Hilfe die Werft in Serie produziert.

Außerdem weist ein Holzschiff – wie es der Franzose Bernard Moitessier einmal richtig zum Ausdruck gebracht hat – zu viele Schwachstellen auf: unerreichbare Winkel, wo Schwitzwasser zerstörerischen Trockenrott verursacht, Undichtigkeit in den Nähten, Planken, die zum Faulen neigen usw. Um keine Mißverständnisse aufkommen zu lassen: Ich will Holz als Bootsbaustoff nicht abqualifizieren, sondern nur feststellen, daß die meisten Skipper heute nicht mehr das Fachwissen mitbringen, ein Holzschiff in Schuß zu halten. Eine Werft, die kaum noch ein Holzschiff sieht, kann ebenfalls keine Hilfe sein. Früher, als es noch keinen Kunststoff gab, der Sportschiffer an Aluminium noch nicht dachte und Stahl noch genietet wurde, da wuchsen die Segler sozusagen mit diesem Baustoff auf.

Reparaturen an Holzschiffen wären an und für sich leicht vorzunehmen, aber auch

Die 15 Meter lange KAPDUVA aus Teakholz wurde für die Weltumseglung weiß lackiert.

hier gilt: Man muß Fachmann sein, um derartige Arbeiten durchführen zu können.

Gleiches gilt für Sperrholz, das auf Blauwasseryachten selten zu finden ist – Mehrrumpfboote ausgenommen. Handelt es sich gar um formverleimtes Sperrholz, sind fachmännische Reparaturen in abgelegenen Gegenden mangels Material und Fachleuten ausgeschlossen.

Kunststoff

Glasfaserverstärkter Kunststoff (GFK) hat in den letzten 20 Jahren seine Eignung als Bootsbaustoff unter allen Bedingungen ausreichend bewiesen. Mindestens 90 Prozent der Sportboote bestehen aus diesem Material, wobei fast immer Polyester gemeint ist, in das Glasfasern eingebracht sind. Die Stärke bringt nicht das Polyesterharz, sondern der Anteil an Glasfasern – daraus lassen sich gewisse Rückschlüsse auf die Qualität ziehen.

Es gibt mehrere Verfahren, um die Glasfasern in das Harz einzubringen. Das teuerste und wahrscheinlich das beste, wo also ein besonders hoher Anteil von Glas erzielt werden kann, ist das sogenannte Handauflegeverfahren. Hierbei werden Glasmatten in Polyester getränkt und in die Form geklebt. Je nach Materialstärke müssen viele solcher Schichten übereinandergelegt werden – ein Arbeitsaufwand, den zahlreiche Werften scheuen.

Wesentlich schneller geht es, wenn die Glasfaser maschinell zerkleinert (gehäckselt) und zusammen mit dem Polyesterharz in die Form gespritzt wird. Natürlich versucht nahezu jede Werft, ihr Verfahren als das beste hinzustellen, was zuweilen zu erbitterten Kontroversen führt – nicht gerade beruhigend für den Kaufinteressenten. Sicher ist, daß sich jedes System schon bewährt hat. Beispielsweise ist Rollo Gebhard mit einem kleinen Kunststoffkreuzer zweimal um die Welt gesegelt, dessen Schale „gespritzt" war.

Es wird also in erster Linie darauf ankommen, mit welchen Materialstärken gearbeitet wird und ob die Belastungsstellen eigens verstärkt werden. Größere Yachten kommen ohne Schotten und Längsstringer nicht aus. Erst diese geben ihnen die Festigkeit und Steifigkeit, die sie im Seegang benötigen.

Steigt man von einem anderen Bootsbaustoff auf Kunststoff um, so ist man wegen der Flexibilität des Materials zunächst etwas beunruhigt. Oftmals zittert so ein Schiff – besonders wenn ein rauher Diesel läuft – bis in die Mastspitze. Der Begriff „Materialermüdung" schießt einem durch den Kopf. Aber das ist Fehlalarm, denn Bruch durch Materialermüdung ist bei ansonsten intakten Schiffen nahezu ausgeschlossen.

In den letzten Jahren machte das Schlagwort von der Sandwichbauweise die Runde, die besonders starke Schiffe ergeben sollte. Sie ist nicht etwa neu, denn schon vor 15 Jahren wurde sie bei Decks angewandt. Zwischen zwei oder mehreren GFK-Schichten wird ein Kern aus festem Schaumstoff oder aus besonders leichtem Holz – wie etwa Balsa – eingeschlossen. Daher der Name. Der Vorteil dieser Bauweise war eine erhöhte Steifigkeit und Festigkeit des Decks. Seit ein paar Jahren verfährt man auf manchen Werften in ähnlicher Weise auch beim Rumpf, so daß zwar eine größere Materialstärke, aber auch eine erhöhte Festigkeit erzielt wird. Der Nachteil dieser Bauweise liegt darin, daß bei Verletzung der äußeren Schicht erhebliche Schäden in der Wandung entstehen können, wenn Wasser eindringt.

Entgegen einer weitverbreiteten Meinung kann es auch beim herkömmlichen GFK-Bau zu einer chemischen Reaktion zwischen Polyester und Wasser kommen. Man könnte vereinfacht auch sagen, daß Polyester in Wasser löslich ist. Durch Kapillarwirkung wird das Wasser entlang der Glasfasern hochgesogen, so daß der ganze Verband geschwächt wird. Dies ist kein Prozeß, der sehr schnell abläuft, aber Eigner von GFK-Booten sollten darum wissen. Im Normalfall ist er sogar ausgeschlossen, denn die äußerste Schicht eines Kunststoffbootes, der Gelcoat, hat nicht nur die Aufgabe, den Rumpf schön glatt erscheinen zu lassen, sondern in erster Linie eine Schutzfunktion. Sie soll nämlich verhindern, daß Wasser an das Harz herankommt und dort sein zerstörerisches Werk beginnt. Die heutigen Gelcoatschichten sind freilich nicht so dicht, wie die Werften sich das wünschen. Sie können ihre Aufgabe nur für einen bestimmten Zeitraum erfüllen, der je nach Qualität bei vier bis zehn Jahren liegen dürfte. Blasen in der Nähe der Wasserlinie – dort ist das Wasser in Zusammenarbeit mit dem zerstörerischen UV-Licht am aktivsten – sind ein ernstzunehmendes Alarmzeichen. Ist der Rumpf überall mit Blasen übersät – die Engländer sprechen von Blister-Desease oder Osmosis –, muß etwas unternommen werden, um das Schiff zu erhalten. Meist empfiehlt es sich, den Gelcoat bis auf den Grund abzuschleifen und das Schiff ganz auszutrocknen, um es dann – gleich einem Holz-, Aluminium- oder Stahlschiff – anzumalen.

Bei einem neuen Schiff gilt es also in erster Linie, den Gelcoat und dessen Schutzfunktion zu erhalten oder sie zu verlängern. Pflegemittel haben deshalb nicht nur „Schönheitseffekt", sondern auch die Aufgabe zu schützen. Die extreme Pflegeleichtigkeit, die dem Kunststoff einst zu-

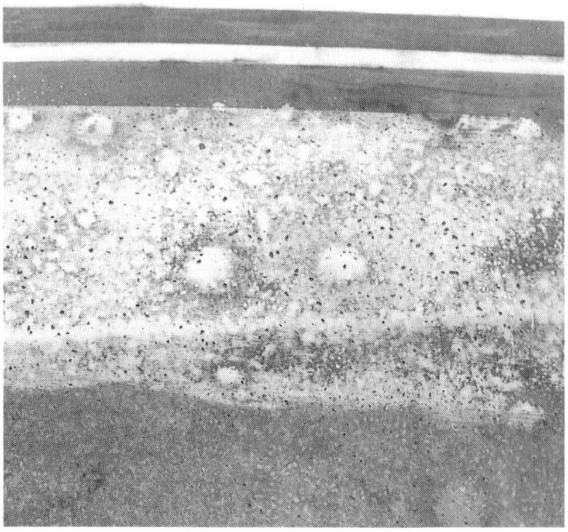

Das Unterwasserschiff dieser Kunststoffyacht einer renommierten Werft ist mit Blasen übersät.

geschrieben wurde, bedarf also einiger Einschränkungen. Bei einem neuen Boot läßt sich freilich nicht ohne weiteres sagen, ob es Spitzenqualität aufweist. Das stellt sich erst nach mehreren Jahren heraus. Auch Werften mit gutem Namen haben heutzutage noch nicht genug Erfahrung, um eine lange Lebensdauer des Gelcoats und damit des ganzen Rumpfes garantieren zu können.

Auf einem Slip habe ich eine große Kunststoffyacht angetroffen, deren Unterwasserschiff wahrhaftig nicht mehr gut aussah. Es handelte sich dabei um eine Konstruktion einer renommierten Werft. Sie war erst sieben Jahre alt – für eine Yacht, die doch fünfzig werden soll, also kein Alter. Die Stellungnahme des Herstellers der Yacht hierzu ist so aufschlußreich und sachlich, daß sie für jeden interessant sein dürfte, der ein GFK-Boot hat oder eines erwerben möchte. Ich gebe sie deshalb nahezu ungekürzt wieder:

Die Fotos Ihres Bootes zeigen zwei Mängel, zu einen sehr unebene Stellen an der Außenhaut, was ein kosmetisches Problem darstellt, und zum anderen Osmose, die, wenn man nicht aufpaßt, in ein strukturelles Problem übergehen kann. Die Kanten an der Außenhaut sind nicht, wie Sie vermuten, Spuren, die die Form hinterlassen hat. Es sind Knicke, die von den Längsstringern herrühren, die durch die Außenhaut scheinen.

Unsere Boote haben eine einschalige Außenhaut, die mit engstehenden Stringern versteift ist. Beim Einlaminieren in die Schale, besondsers bei allen Kanten, ergibt sich an diesen Stellen eine Zunahme der Laminatstärke. Beim Aushärtungsprozeß wird dann das dickere Laminat mehr schrumpfen, was sich unter Umständen durch die Außenhaut hindurch zeigt.

Unter normalen Umständen ist diese Schrumpfung so gering, daß man sie selbst an neuen Booten mit glänzender Oberfläche nur schwierig entdecken kann.

Bei dem fraglichen Boot scheint es so, daß die Schrumpfung aus irgendwelchen Gründen sich fortgesetzt und damit die unansehnlichen Kanten verursacht hat.

Wir haben uns mit dem Harzhersteller in Verbindung gesetzt, aber die können es sich auch nicht erklären, wie das geschehen konnte. Es besteht der Verdacht, daß dies eine Folge von extremer Hitze oder Kälte sein könnte, die den Nachhärtungsprozeß beeinflußt hat. Es würde uns weiterhelfen, wenn wir mehr darüber wüßten, unter welchen Bedingungen dieses Schiff gesegelt wurde und wann die Kanten hervortraten.

Um die Kosmetik des Bootes zu verbessern, würde es notwendig sein, den Gelcoat an der Oberfläche abzuschleifen, zu spachteln und eine neue Gelcoatschicht aufzubringen oder Farbe aufzuspritzen.

Bezüglich der Oberflächenkosmetik im allgemeinen ist zu sagen, daß man hierbei auch an Sandwichkonstruktionen denken könnte, um obige Probleme zu vermeiden. Sandwich aber wird neue Probleme mit sich bringen. Eines davon ist, daß die gegenwärtigen Erfordernisse von Lloyd's zu schwereren Sandwichschalen führen als bei der Einschalenkonstruktion.

Die neuen, noch nicht verabschiedeten Vorschriften für Yachten, die von der EEC einerseits und dem Offshore Racing Council/American Bureau of Shipping andererseits entwickelt werden, zeigen eine weniger konservative Annäherung an die Sandwichbauweise und könnten die relativen Gewichte zukünftig gut umdrehen.

Was das Osmoseproblem an Ihrem Boot betrifft, so veranschaulichen die Bilder, daß unter der Wasserlinie kein Gelcoat ist. Zu irgendeinem Zeitpunkt im Leben dieses Schiffes ist der Gelcoat vielleicht durch zu starkes Schleifen entfernt worden. Dies ist ein sicherer Weg, um Osmose in Gang zu setzen.

GFK ist kein vollkommen wartungsfreies Bootsbaumaterial, so wie man vor einigen Jahren noch gedacht hat. Wenn Wasser durch eine defekte Gelcoatschicht eindringen kann, beginnt eine chemische Reaktion zwischen dem Harz und den „Glasbinders", die letztlich zu flüssigkeitsgefüllten Blasen innerhalb des Laminats führt. In warmem Klima wird diese Reaktion beschleunigt.

Die Unversehrtheit der Gelcoatschicht ist deshalb von vorrangiger Wichtigkeit, um das Wasser rauszuhalten. Zusätzlich zur einwandfreien Materialaufbringung muß noch auf einige andere Punkte hingewiesen werden:

- *Unpigmentierter Gelcoat hat eine geringere Wasserdurchlässigkeit und gestattet eine leichtere optische Untersuchung der Arbeit.*
- *Ausreichende Gelcoatdicke ist unbedingt notwendig.*

Es wird darauf hingewiesen, daß wir von Anfang an unpigmentierten Gelcoat benutzt haben und schon seit langem zwei Lagen aufbringen.

Deutlich sieht man, wie der Längsstringer sich durchdrückt.

Soweit die Stellungnahme dieser renommierten Werft. Wichtig erscheint mir der Hinweis auf die früher vorherrschende Meinung, daß GFK völlig unproblematisch sei. Bei einem Spaziergang durch die Reihen aufgeslippter Kunststoffyachten in einer Marina kann der aufmerksame Betrachter bei fast jedem Schiff, das über sieben Jahre alt ist, diese verräterischen Blasen oder Bläschen entdecken. Viele Eigner verschließen vor diesem Problem ganz einfach die Augen, dadurch aber entstehen erst die eigentlichen Probleme. Es ist interessant, was die Werft dem Eigner der oben erwähnten Yacht rät:

- *Reinige das Unterwasserschiff sorgfältig von Antifouling und Primer.*
- *Sandstrahle oder schleife die Oberfläche vollkommen ab. Um ganz sicherzugehen, muß der Gelcoat komplett entfernt werden.*
- *Wasche die Oberfläche mit Süßwasser unter Hochdruck.*
- *Lasse das Schiff einen bis drei Monate trocknen, je nach Temperatur.*
- *Bringe zwei oder drei Lagen Epoxyteer auf, wobei die Löcher mit Epoxy gefüllt werden.*

Abschließend stellt die Werft fest:

Allgemein gilt für jeden Bootsbaustoff, daß Pflege und Unterhaltung niemals vernachlässigt werden dürfen. Metallboote korrodieren, wenn man nicht aufpaßt, Holzschiffe faulen, und Kunststoffyachten leiden unter Osmose.

Nach unserer Meinung ist GFK ein Material, das sich gut für den Bootsbau eignet. Es ist frei von Korrosion, Rott und Bohrwürmern und erfordert relativ wenig Wartung, um in gutem Allgemeinzustand gehalten zu werden.

Damit ist das Wichtigste gesagt. Ein weiterer Vorteil von Kunststoff darf nicht übersehen werden: In (ungefähr) den ersten fünf Jahren ist ein Kunststoffschiff nahezu pflegfrei, was auf die anderen Bootsbaustoffe nicht in dem Maße zutrifft. Der Eigner eines neuen Kunststoffbootes hat also deutliche Vorteile, solange die Schutzschicht – der Gelcoat – nicht mechanisch verletzt wird, beispielsweise bei einer Grundberührung.

Aber auch bei einer solchen Beschädigung zahlt es sich aus, wenn das Schiff aus GFK ist. Reparaturmaterial (Polyester, Epoxy) gibt es heute praktisch überall auf der Welt, und wenn man ganz sichergehen will, hat man in der Reservelast einen kleinen Vorrat an Glasmatten (am besten über die Werft beziehen), die sich im Gegensatz zu Harz unbegrenzt lagern und verarbeiten lassen.

Stahl

„Alle Stahlschiffe sind rot, entweder vor Rost oder vor Mennige", sagte man bis vor wenigen Jahren noch, als die Farben schlecht und Stahlschiffe an den großflächigen Beulen zu erkennen waren. Das hat sich geändert. Mennige wird kaum noch zur Konservierung von Stahl verwendet, und einige Werften in Holland, die sich auf diesen Bootsbaustoff spezialisiert haben, bauen optisch derart beeindruckende Schiffe, daß ein Kunststoffschiff oder gar eines aus Holz kein schöneres Finish haben könnte. Aber nicht die Optik hat Stahl als Blauwasseryacht immer beliebter werden lassen, sondern die Tatsache, daß es kaum einen erschwinglichen Werkstoff gibt, der so vertrauenerweckend stark ist.

Das heißt nun aber nicht, daß man eine Stahlyacht getrost auf ein Riff setzen kann. Jede Yacht, auch eine solche aus Stahl, könnte dabei leckschlagen. Ja, es ist sogar der Fall denkbar, daß eine leicht gebaute Stahlyacht eine solche Strandung nicht übersteht, während ein grundsolide aus einem anderen Material gebautes Schiff überlebt. Generell jedoch wird ein Schiff aus Eisen die besten Chancen haben, eine Grundberührung oder einen Zusammenstoß etwa mit einem Wal zu überstehen. Gerade der Aufprall auf nicht zu harte und zu spitze Gegenstände führt bei einem Stahlschiff selten zu einem Leck, zurück bleibt in den meisten Fällen eine Beule. Bei punktförmiger Belastung kann aber auch eine Stahlhaut ein Loch davontragen,

Dieses alte, kleine Stahlschiff hat eine Reise um die halbe Welt hinter sich.

das schließlich zum Sinken des Schiffes führt.

Mir scheint, daß die Stärke des Stahls häufig überschätzt wird. Dies wird nämlich meist als Hauptmotiv für den Erwerb eines Schiffes aus Stahl angegeben. Interessanter sollten der Anschaffungspreis und die unkomplizierte Pflege sein. Wohlgemerkt: nicht Pflegearmut, sondern Einfachheit der Pflege!

Ganz grob geschätzt, sind heute etwa 30 Prozent aller Blauwasseryachten aus Stahl. Während freilich die Amerikaner fast nur Schiffe aus Kunststoff fahren, bevorzugen wiederum die Franzosen solche aus Stahl. Das mag vor allem in der Tatsache begründet sein, daß ihr Landsmann Bernard Moitessier mit seiner stählernen JOSHUA ein paar spektakuläre Reisen unternommen hat. Aber auch ihr, verglichen etwa mit den Deutschen, etwas großzügigeres Verhältnis zum Aussehen ihrer Schiffe mag dazu beitragen; ein paar Rostflecke scheren sie nicht. Meistens sind es breite, behäbige Multiknickspanter, mit viel Platz und damit Komfort, die unter der Trikolore über die Weltmeere segeln.

In Holland – häufig an Binnengewässern – ist der Stahlbau zu Hause. Eckige Formen sind preiswerter herzustellen, ohne Nachteile zu haben.

Multiknickspanter haben ihre Seetüchtigkeit längst unter Beweis gestellt. Die Knicke verleihen zusätzliche Stärke.

Rostflecken sind bei Stahl noch lange kein Grund zur Aufregung.

Was man mit Stahl alles machen kann, veranschaulicht dieser Eigenbau. Als der Erbauer – Schreiner von Beruf – fertig war, war die Yacht ihm nicht lang genug. Kurzerhand stückelte er am Bug weitere zwei Meter Stahlschale an.

Auch in Deutschland wird Stahl populärer, allerdings vor allem bei Blauwasseryachten. Es ist erfreulich, daß sich immer mehr Segler vom Diktat der Konstrukteure von Rennziegen freimachen, was sich durch die Anschaffung einer stählernen Yacht dokumentiert. Das sei zugegeben: Bei Regatten können diese sicheren Schiffe nicht mitmischen.

Es gibt kaum Werften, die Serienschiffe aus Eisen bauen, jedenfalls ist ihre Anzahl im Vergleich zu Kunststoffbetrieben verschwindend gering. Kleinere Stahlbauwerften sind nicht so sehr auf eine Serienfertigung angewiesen; deshalb können sie um so leichter in einem gewissen Rahmen auf Kundenwünsche eingehen, zumal im Gegensatz zum Kunststoffbau die Rumpfform nicht durch eine Urform vorgegeben ist. So kann der Auftraggeber beispielsweise eine geringfügig andere Ruderform, einen etwas längeren Kiel usw. wünschen.

Der schlechte Ruf von Stahlyachten hinsichtlich ihrer Pflegebedürftigkeit hat zwei Ursachen. Einerseits war es bis vor zwei oder drei Jahrzehnten noch nicht üblich, den Stahl optimal für einen Farbanstrich vorzubereiten; andererseits fehlte den angebotenen Schiffsfarben die Qualität, in der sie heute geliefert werden.

Wenn eine Stahlyacht vor dem ersten Anstrich nicht gründlich gereinigt wird, werden die Rostprobleme kein Ende nehmen, weil kein Anstrich wirklich gut hält. Stahlplatten, wie sie zum Yachtbau verwendet werden, werden durch Auswalzen großer Barren bei etwa 1200°C hergestellt. Hierbei kommt es zu einer chemischen Reaktion zwischen der Eisenoberfläche und dem Sauerstoff der Luft. Es bildet sich die blauschimmernde „Walzhaut“, die aus Schichten verschiedener Eisenoxyde besteht. Ein Teil der Haut löst sich während des Walzvorganges, wird aber wieder auf den Stahl gepreßt. Durch anschließende Oxydation an der Luft kommt es zum Rosten der Walzhaut, wodurch sie in Teilen von der eigentlichen Platte abgesprengt wird.

Wenn dies passiert, nachdem bereits ein Farbanstrich auf die Platte am fertigen Schiff aufgebracht wurde, wird damit natürlich auch die Farbe abgesprengt. Früher wurde dem dadurch gegegnet, daß man die Platten vor Verwendung im Freien den klimatischen Umwelteinflüssen aussetzte und die Walzhaut abwittern ließ. Heute hat man dafür oft keinen Platz oder keine Zeit.

Es ist also nicht etwa nur Rost, Fett oder Schmutz dafür verantwortlich, daß die Farbe nicht hält, sondern in erster Linie diese Walzhaut, die nur auf eine Weise zuverlässig und vollständig entfernt werden kann: durch Sandstrahlen. Hierbei werden kleine Stahlkugeln auf den Stahl geschossen, die die Walzhaut zusammen mit Rost und Schmutz entfernen. Viele Werften begnügen sich damit, bereits vorgestrahlte Platten zu verarbeiten. Das läßt sich nur dann gerade noch vertreten, wenn anschließend die Schweißnähte nochmals gestrahlt und zuverlässig von den Schweißrückständen gereinigt werden.

Besser ist es, wenn die fertige Stahlschale (und das Deck) gesandstrahlt und unmittelbar darauf mit dem Farbaufbau begonnen wird. Von seriösen Werften wird dies nur so gehandhabt.

Obwohl diese Probleme nicht nur in der Großschiffahrt, sondern zum Beispiel auch beim Brückenbau oder bei Tankkonstruktionen auftreten, ist man sich über die richtige „Stahlkonservierung“ keineswegs einig. Die große Gefahr für den Stahl ist nicht allein dieser häßliche Rost, den wir alle kennen, der aber vergleichsweise harmlos ist, weil er – nicht zuweit fortgeschritten – das Material kaum schwächt. Viel schlimmer ist die elektrolytische Korrosion, die in kurzer Zeit ein Loch durch die Stahlwand fressen kann.

Werden zwei verschiedene Metalle in einem unreinen Medium (Seewasser) elektrisch verbunden, so fließt zwischen den beiden Metallen ein meßbarer Strom. Im Vergleich zueinander verhält sich dabei jeweils ein Metall edler als das andere. Würde man alle Metalle gegenüberstellen, erhielte man eine Spannungsreihe. Wenn Strom von einem Metall zum anderen fließt, wird immer ein Teil der Oberfläche des unedleren Metalles abgetragen, oder besser gesagt, „zerstört“. Dies ist die eigentlich gefährliche – elektrolytische – Korrosion. Man könnte nun auf die Idee kommen, an allen Stellen, die mit Seewasser in Berührung kommen, das gleiche Metall zu verwenden. Abgesehen davon, daß dies auf große praktische Schwierigkeiten stoßen würde (man denke an Propeller, Welle, Seewasserventile), könnte damit das Problem der Korrosion nicht gelöst werden. Denn sogar Teile ein und desselben Materials verhalten sich unterschiedlich, wenn sie beispielsweise durch den Schweißvorgang elektrisch verändert worden sind.

Zur Zerstörung unter Wasser kommt es also dann, wenn verschiedene Metalle von Seewasser bedeckt, untereinander in leitender Verbindung stehen und kein weiteres Metall anwesend ist, das „unedler“ ist.

Man kann sein Stahlschiff schützen, indem man verhindert, daß Seewasser an das Metall herankommt, oder indem man ein weiteres Metall in die Nähe der gefährdeten

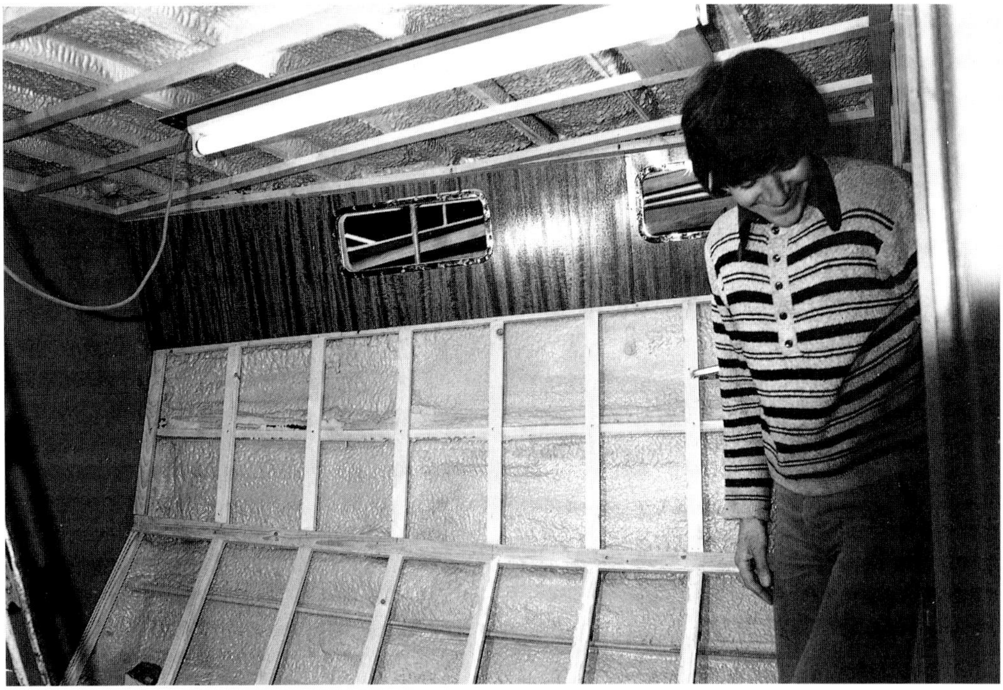

Heutzutage läßt sich ein Stahlrumpf innen mit Glaswolle oder PU-Schaum isolieren. Damit ist auch das Schwitzwasserproblem gelöst. Voraussetzung für diese Konservierung ist allerdings, daß das Schiff trocken bleibt.

Metalle bringt, das unedler ist und somit zugunsten der zu schützenden Metalle „geopfert“ wird.

Bei der Stahlkonservierung bedient man sich beider Methoden, meistens nebeneinander. Teerepoxyfarbe, die besonders porendicht ist und so dem Seewasser keinen Zutritt zum Metall läßt, erfüllt den gleichen Zweck wie beispielsweise die Gelcoatschicht beim Kunststoffschiff. Interessanterweise wird Teerepoxy auch von einer Kunststoff-Werft empfohlen, um ein Kunststoff-Unterwasserschiff zu schützen, wenn die Gelcoatschicht entfernt wurde.

Im Regelfall kombiniert man einen passiven (Wasserabschluß) mit einem aktiven Schutz (Anwesenheit von unedlerem Metall). Meistens wird hierzu in den Anstrich Zink als unedles Metall eingebracht. Es gibt eine große Anzahl von Verzinkungstechniken, wobei die früher häufig verwendete Flammverzinkung aus Kostengründen nicht mehr angewandt wird, obwohl sie optimalen Schutz über viele Jahre hinweg gewährt hat. Meist wird eine Mischung aus Epoxid und Zinkfarbe aufgetragen, wobei im Falle einer Beschädigung der Farbschicht oder aber, wenn das Wasser durch kleine Poren zum Stahl gelangt ist, statt des Stahls das Zink abgebaut wird.

Zusätzlich werden an Rumpf und Ruder – vor allem in der Nähe des Propellers – sogenannte Opferanoden aus Zink angebracht, die unbemaltes Metall wie Welle, Propeller, Seeventile usw. schützen sollen. Von Zeit zu Zeit, wenn mehr als die Hälfte des Zink weggefressen ist, müssen diese

Zinkanoden ausgewechselt werden. Es ist deshalb ratsam, sie nicht anschweißen, sondern anschrauben zu lassen. Dann kann man sie austauschen, indem man mit Schnorchel und Maske unter das Schiff taucht, und erspart sich das aufwendige Aufslippen.

Feste Regeln, wie viele Zinkanoden angebracht werden müssen, gibt es nicht. Zu wenige können schwere Schäden zur Folge haben, zu viele kosten vielleicht ein paar Zehntel Fahrt. Auf einer Blauwasseryacht können wir uns das spielend leisten. Wo die Anoden zu plazieren sind, läßt sich ebenfalls nur über den Daumen peilen, jedenfalls sollten sie in der Nähe der gefährdeten Stellen montiert sein. Es empfiehlt sich jedoch, das ganze Unterwasserschiff zu schützen. Um dies zu erreichen, müssen die Anoden so angebracht werden, daß sie einander „sehen" können – sagt eine Faustregel.

Die „Zinkmäuse", die natürlich nicht übermalt werden dürfen, sollten regelmäßig kontrolliert werden, besonders in tropischen Gewässern, denn bei erhöhtem Salzgehalt und warmem Wasser schreitet die Korrosion viel schneller fort als in unseren nordischen Gewässern.

Eigentlich müßte das Überwasserschiff aus Stahl problemloser sein, weil da kaum Schäden durch elektrolytische Korrosion auftreten können. Aber das Gegenteil ist in der Praxis der Fall. Warum?

Der Anstrich unter Wasser wird gewöhnlich kaum verletzt. Auch wird das Unterwasserschiff üblicherweise jedes Jahr mit einem bewuchshemmenden Anstrich versehen, was einen zusätzlichen Schutz gewährt. Und bei kleineren Schäden greifen die Zinkanoden helfend ein und bilden über der Schadensfläche einen dünnen Überzug. Über Wasser dagegen kommt es leicht zu Beschädigungen der Farbe. Ein Holzdingi, das leicht dagegenstößt, eine Winschkurbel, die an Deck fällt, die Metallkausch einer schlagenden Fock – alles das verursacht kleine Löcher im Farbanstrich, die Regen- oder Seewasser ungehindert bis zum Stahl durchlassen und häßliche Rostflecken zur Folge haben.

Der Laie neigt dann leicht zu der Annahme, das ganze Schiff roste weg. Tatsächlich aber könnte Stahl monatelang

Ein Stahlrumpf ist nicht an allen Stellen des Unterwasserschiffes durch Korrosion gefährdet. Besonders bedroht sind Ruderbeschläge, die Umgebung des Propellers, der Kühlwassereintritt der Maschine, die Toilettenventile und das Echolot.

oder sogar Jahre ungeschützt der Luft – nicht dem Seewasser – ausgesetzt sein, ohne daß etwas Ernsthaftes passieren würde. Moitessier hat das einmal sehr schön ausgedrückt, was Eignern von Stahlyachten ein Trost sein sollte: „Stahl ist eine feine Sache, wenn man nicht gleich bei jeder Rostträne durchdreht!" Wenn es mal ganz schlimm wird, kann man immer noch das gesamte Schiff oder einzelne Stellen sandstrahlen lassen und von vorne beginnen. Das ist eigentlich der ganz große Vorzug von Stahl: Jederzeit kann man aus einer alten Schale durch Sandstrahlen eine quasi neue machen.

Gibt es keine Stähle, die nicht anfällig gegen Rost sind, nicht rostend also? Doch, und zwar die verschiedenen Chromstähle (Nirosta). Warum also nicht gleich einen solchen Stahl für Schale und Deck verwenden? Tatsächlich wurden schon eine ganze Menge Schiffe aus diesem Material gebaut. Die Eigner leisteten sich den Mehraufwand – etwa 70 Prozent Kostenaufschlag bei Schale und Deck –, um ein für allemal Ruhe zu haben. Aber sie haben sich andere Probleme aufgebürdet. Zwar rostet Nirosta nur in einem wesentlich geringeren Maße als gewöhnlicher Stahl, doch ist es gegen Elektrolyse ebenfalls empfindlich. Bei einer unglücklichen Metallkonstellation kann es deshalb auch ziemlich schnell zu einem Leck durch Lochfraß kommen.

Der befahrenste Blauwassersegler der Welt, nämlich der Franzose Bardiaux, hat sich ein 14-Meter-Schiff aus Nirosta gebaut. Er ist ehrlich genug, einzugestehen, daß dies ein großer Fehler war und er es bereut, die Inox aus Chromstahl gebaut zu haben. Die Elektrolyse setzt diesem Schiff am meisten zu.

Ein mindestens ebenso großes Problem bei Edelstahlschiffen liegt darin, daß Farbe auf Nirosta generell sehr viel schlechter haftet als auf normalem Stahl. Das kann einem so ein Schiff schnell verleiden. An Deck ist das weniger schlimm als an der Außenhaut. Deshalb ein Kompromißvorschlag: Schale aus gewöhnlichem Schiffsbaustahl, Deck und Aufbauten aus Nirosta – für den, der sich das leisten kann.

Eine gute Werft fertigt ohnehin die gefährdeten Stellen an Deck aus Niro, also Ankerklüse, Traveller usw., Stellen also, wo die Farbe leicht abgeschlagen wird.

Unter der Bezeichnung Edelstahl wird auch Corten angeboten. Dieser Stahl zeichnet sich durch zwei Eigenschaften aus: Er bildet an der Luft eine rostbraune Schutzschicht, die Korrosion weitgehend verhindert. Wir kennen das von den braunen Güterwaggons der Bundesbahn. Wegen dieser Schutzeigenschaft wird Corten auch gerne für Außenfassaden von Geschäfts- und Lagerhäusern in Meeresnähe verwendet. Das aber ist noch kein Grund, Corten bei Schiffen einzusetzen, denn wir wollen ja gerade vermeiden, daß unsere Yachten rostbraun aussehen. Corten ist aber bei gleicher Stärke um etwa 30 Prozent leichter (und teurer) als gewöhnlicher Stahl. Das macht ihn auch für Blauwasseryachten interessant. Denn was wir an Gewicht sparen, können wir in die Ausrüstung stecken – ein Argument, das besonders für Yachten unter 11 Meter Länge über alles gilt, zu deren Bau aus Gewichtsgründen Stahl kaum verwendet werden kann.

Leichte Reparaturmöglichkeiten sprechen ebenfalls für Stahl. Überall dort, wo es Autos gibt – und die finden sich heute auf den abgelegensten Inseln –, gibt es auch einen Mechaniker. Fast immer ist auch ein Schweißgerät vorhanden (wenn man so eines nicht selbst dabei hat), und selbst ein Generator dürfte an Land stehen, der den notwendigen Strom liefert (wofür der eigene Generator an Bord meist zu schwach ist).

Ich will nicht behaupten, daß solche Reparaturen immer von hohem handwerklichen Geschick zeugen, doch wird auch mit einer unschönen Schweißung meist die Funktionsfähigkeit des beschädigten Teils soweit wiederhergestellt, daß bis zur nächsten „guten" Reparaturmöglichkeit weitergesegelt werden kann. Ja – selbst Niro kann zur Not geschweißt werden, wenn man die entsprechenden Elektroden an Bord hat.

Aluminium

Aluminium weist gegenüber Stahl eine Reihe von Vorzügen auf. Bei geringerem Gewicht hat es die gleiche Reißfestigkeit. „Rosten", zumindest in so häßlicher Weise wie bei Stahl, kommt nicht vor. An der Oberfläche von Aluminium entsteht nämlich eine Schutzschicht, die das Metall vor Oxydation mit der Luft schützt. Wird sie verletzt, bildet sich sofort eine neue Schicht nach. Allerdings ist Alu in viel größerem Maße empfindlich gegen elektrolytische Korrosion als Stahl. Hätte es diese Eigenschaft nicht, wäre es fast der ideale Bootsbaustoff. So aber muß bereits beim Bau aufgepaßt werden, damit nicht schon dort die Ursache für unterwegs kaum zu überwindende Schwierigkeiten gesetzt wird.

Die größere Empfindlichkeit von Alu gegen Elektrolyse rührt daher, daß dieser Werkstoff so ziemlich am Ende der Spannungsreihe der Metalle steht. Das gilt auch für „seewasserbeständige" oder „seewasserfeste" Legierungen. Diese Bezeichnungen sagen nur aus, daß das Metall bei Anwesenheit von Seewasser allein nicht korrodiert. Auf nahezu allen Yachten können wir das nachprüfen, denn unsere heutigen Spieren sind allesamt aus seewasserbeständigem Aluminium: An den Stellen, wo sich kein anderes Metall befindet, gibt es keine Korrosion, etwa durch Regen- oder Spritzwasser hervorgerufen.

Ganz anders ist dies bei Anwesenheit eines fremden Metalls *und* Seewasser. So können wir an jeder Spritzwasser ausgesetzten Niroschraube im Aluminiummast oder -großbaum einen weißlichen Belag entdecken, der bei der Entfernung in Pulver zerfällt. Dies ist nichts anderes als korrodiertes Aluminium. Allerdings sind das so geringe Mengen, daß die Spiere dadurch nicht geschwächt wird. Im Gegenteil, die so eingebettete Niroschraube wird sich kaum von selber lösen können.

Anders ist dies bei Aluyachten dort, wo in Wasserliniennähe große Nirosta-Gegenstände aufs Aluminium aufgesetzt sind. Da kann es schon nötig sein, eine elektrische Isolation zwischen beiden Metallen zu schaffen, um Elektrolyse zuverlässig zu vermeiden. Werften, die Aluschiffe bauen, wissen das aber selbst am besten, zumeist aus schlechten Erfahrungen.

Die Verarbeitung von Aluminium ist wesentlich komplizierter als die von Stahl. Aluminium läßt sich nur unter Schutzgas schweißen. Dazu gehört viel Fachwissen, so daß sich Aluminium nicht zum Selbstbau eignet. Nur Bootswerften, die mit diesem Werkstoff Erfahrung haben, sollten deshalb mit dem Bau einer Aluyacht beauftragt werden.

Daß Aluyachten in jedem Fall durch Opferanoden geschützt werden müssen, ist selbstverständlich. Meist wird man dazu Magnesium- oder Zinkanoden verwenden. Allerdings sind sie von einer anderen Zinklegierung als beispielsweise bei Stahlschiffen, denn „normales" Zink steht in der Metallspannungsreihe noch vor Aluminium.

Es ist selbstverständlich, daß man sich auf Blauwasserfahrt mit einem Vorrat an diesen Spezialanoden eindeckt, denn unterwegs bekommt man sie bestimmt nicht.

Seewasserbeständiges Aluminium erfordert nicht einmal einen Schutzanstrich zur Konservierung. Er dient hauptsächlich nur dem besseren Aussehen.

Ein Aluboot-Eigner kann nur hoffen, daß am Rumpf keine Reparaturen fällig werden, die eine Schweißung erfordern. Denn dies ist nur an ganz wenigen Plätzen an den üblichen Blauwasserrouten möglich. Notbehelfe gibt es ebenfalls kaum, es sei denn, man begnügt sich mit Nieten – eine Methode, mit der früher ganze Schiffe in Alu gebaut wurden.

Stahlbeton

Es scheint, daß dieser Bootsbaustoff vom Markt langsam wieder verschwindet, obgleich in den siebziger Jahren die Zahl der Blauwasseryachten aus Stahlbeton im Anwachsen war. Seine Anhänger beschworen geradezu fanatisch – wie meist in der Segelei, wo alles gleich eine Weltanschauung zu sein scheint – die Vorteile dieses Materials, das auch Ferrozement genannt wird.

Zweifellos eignet sich Stahlbeton gut zum Selbstbau. Die Form mit Rohrstahlspanten, die mit Rundstahlstringern verbunden werden, laßt sich leicht und billig im Freien errichten. Den eigentlichen Halt erhält der Beton durch engmaschigen Hühnerdraht, mit dem alle stützenden Elemente überzogen werden. Am „Plasterday“, dem entscheidenden Tag, wird dann der Beton aufgebracht. Meist von einem Dutzend oder mehr Freunden, denn diese Arbeit muß in einem Zug durchgeführt werden. Anschließend muß der Beton mehrere Wochen unter ständiger Berieselung mit Wasser langsam aushärten, damit nicht schon am Anfang Risse entstehen, die dem Seewasser Zutritt zu dem meist nur verzinkten Draht gewähren würden.

Das Ganze ist sicher eine preiswerte, aber keineswegs einfache Arbeit. Denn Stahlbeton ist schwer, und wenn „aus Sicherheitsgründen“ die Wandung dicker als nötig gemacht wird, dann kann das später dem ganzen Schiff schaden. Zu dünn darf die Schale auch nicht gebaut werden, weil der Maschendraht vollkommen – aber auch wieder ohne Lufteinschlüsse – vom Beton eingeschlossen sein muß.

Stahlbetonyachten entstehen in der Regel im Eigenbau, was ihnen häufig ein „rohes“ Aussehen verleiht. Dahinter verbirgt sich aber meist ein starkes Schiff.

Das Gewicht des Stahlbetons ist also das eine Problem, das andere seine Empfindlichkeit gegen punktförmige Belastungen. Zwar wird jeder Eigner einer Stahlbetonyacht eine ganze Reihe von Argumenten auf Lager haben, die beweisen sollen, wie „stark“ Ferrozement ist, aber Unfälle wie die Strandung auf einer breiten Sandbank sind selten. Das übliche wird eine Berührung mit scharfkantigen Korallen oder ähnlichen sein, und da hat Stahlbeton auf Grund seiner Sprödigkeit nicht sehr gute Chancen.

Von jeher haben sich mit diesem Material kaum Werften, sondern vor allem Amateure befaßt, die mit dem Selbstbau Geld sparen wollten. Spätestens wenn die Yacht fertig war, haben sie dann aber gemerkt, daß es falsch ist, aus *Kostengründen* ein bestimmtes Baumaterial zu wählen. Denn zu Lasten des Rumpfes geht nur ein geringer Teil der Baukosten.

Einleuchtende Gründe, sich für Stahlbeton zu entscheiden, sind die weitgehende Unempfindlichkeit gegenüber Korrosion und Anstrichschäden. Kein Argument ist die geringere Feuergefahr, denn auf einer vollausgerüsteten Yacht kann soviel brennen, daß es immer eine Katastrophe ist, wenn Feuer ausbricht. Es ist dann schon egal, ob die Schale gleich mitverbrennt.

Die Schiffsform

Wie soll eine Blauwasseryacht aussehen? Diese Frage zu beantworten heißt, erst eine neue Frage zu stellen. Was erwarten wir von einer Blauwasseryacht? Viele Eigenschaften stehen hier zur Auswahl: Schnell, gemütlich, rassig, wohnlich, sicher, handlich usw.

Blauwassersegeln ist vor allem deshalb ein faszinierendes Hobby, weil es eine allgemeingültige Antwort auf technische Fragen meist nicht gibt. Das gehört zu den Freiheiten, die uns das Wandern über die sieben Meere einräumt. Nur eines aber steht wohl außerhalb jeder Diskussion: Bei den Eigenschaften steht Sicherheit an oberster Stelle, und alles andere hat sich diesem Erfordernis unterzuordnen.

Hinsichtlich der Sicherheit muß die Weltreiseyacht so gebaut sein, daß sie einerseits Stürmen trotzen kann, andererseits jedoch so viel Heimeligkeit bietet, daß wir uns auch bei schlechtem Wetter darin, wenn nicht mehr unbedingt wohl, zumindest aber nicht unsicher fühlen. Bei der bereits erwähnten Fastnetregatta wurden im Sturm eine Reihe von Yachten von ihrer Mannschaft verlassen, Yachten, die nach dem Orkan immer noch treibend aufgefunden wurden. Den Crews schien also eine kleine Rettungsinsel mehr Sicherheit zu geben als ihre schwimmfähige Yacht.

Es ist außerordentlich schwierig zu beschreiben, was die Seetüchtigkeit einer Yacht ausmacht. Denn messen läßt sich das nicht. Selten sind Yachten verschiedener Bauart in einem Sturm unter gleichen Bedingungen so nahe zusammen, daß sich aus der Beobachtung des Seeverhaltens Rückschlüsse auf die Eignung der verschiedenen Bootsformen ziehen ließen. Was macht es beispielsweise schon aus, wenn eine Yacht „naß" segelt, wenn sichergestellt ist, daß kein Spritzwasser in das Cockpit oder gar in die Kajüte gelangen kann.

Ein schlanker Bug wird gegenan die Seen viel weicher nehmen als ein behäbiger breiter. Dafür wird letzterer in kurzer See weniger zum Unterschneiden neigen. Ein flaches, breites Heck kann das Stampfen in der See oder das Beiliegen sehr ungemütlich machen, dafür verhindert es aber auch weitgehend, daß von achtern eine See einsteigt. Von einem Kanuheck hat man lange geglaubt, daß es die von hinten anrollende See leichter zerteile, daß es also in stürmischer See sicherer, weniger verwundbar sei. Trugschluß! Es „rollen" keine Seen heran. Vielmehr machen die Wasserteilchen an der Wasseroberfläche im Seegang nahezu kreisförmige Bewegungen in vertikaler Richtung. Was sich in einer ungebrochenen See vorwärtsbewegt, ist höchstens ein Gischtkamm, der – harmlos – der Yacht einen Schlag wie mit einem Gummihammer versetzt.

Nein, es ist nicht eine bestimmte Bugform oder eine bestimmte Breite, die eine Yacht seetüchtig macht, sondern es ist die Gesamtheit der Linien, die ein gutes Schiff von einem weniger guten unterscheidet. Aber man sollte selbst mit einem solchen Urteil vorsichtig sein. Oft wird die Form vom Baumaterial bestimmt, beispielsweise beim Stahl-Knickspanter oder Multiknickspanter, der allein aus preislichen Gründen einem Rundspanter vorgezogen wird und doch sicher und schnell sein kann.

Absurd ist es – lassen Sie mich das einmal sagen –, davon zu sprechen, ein Schiff eigne sich oder eigne sich nicht für die oder die Welle, für die kurze See in der Ostsee beispielsweise. Auch dort gibt es lange flache oder kurze steile Seen. Ist die See schon nicht ganz anders, wenn wir gegenangehen? Das Schiff stampft sich manchmal regelrecht fest. Ein Blick zurück verwundert: Achtern wirkt sie – und sie ist es auch – viel flacher und niedriger.

Häufig richtet sich die Form auch nach dem Verwendungszweck des Schiffes. Ein Fischerboot oder ein Lastensegler wird immer einen breiten, also bauchigen Rumpf zur Aufnahme des Fanges haben. Trotzdem gibt es Fischerboote mit einem sagenhaften Ruf bezüglich ihrer Seetüchtigkeit. So wird auch der Blauwassersegler, der in seinen Geldmitteln beschränkt ist, zu einer Yacht großer Breite finden, denn dies ist ja auch sein „Haus“, das ihm möglichst viel Lebensraum geben muß.

Wie also läßt sich die Seetüchtigkeit einer Schiffsform beurteilen? Ich gestehe offen: Ich kann es nicht. Natürlich müssen die Ballastverhältnisse stimmen, aber das ist ja selbstverständlich, denn eine Hochseeyacht darf nicht kentern. Vielleicht ist die Beurteilung der Schiffsform sogar eine Frage des Zeitgeschmacks, wenn wir mal ihre Beeinflussung durch Rennwerte von Regattaformeln außer acht lassen. Sehen nicht Yachten, die uns aus der Zeit um die Jahrhundertwende noch erhalten sind, ganz anders aus als unsere heutigen Fahrtenyachten?

Wir sind also letztlich auf den Konstrukteur angewiesen, der für eine Yacht mit viel Lebensraum und Sicherheit geradestehen sollte. Am besten wenden wir uns an einen, von dem sich schon einige Entwürfe unter Ernstfallbedingungen bewährt haben, oder wir erwerben eine Serienyacht, die von einem solchen Konstrukteur stammt.

Das Überwasserschiff

Der Konstrukteur einer Weltreiseyacht wird immer vor der Frage stehen: Wie packe ich möglichst viel Wohnraum – mit Stehhöhe – so in eine Yacht, daß sie außen dennoch schlank und schnittig wirkt? Je größer die Yacht, um so leichter wird das sein, je kleiner, um so schwieriger bis ganz unmöglich.

Der Normalverbraucher aber wird sich ganz selten die Größe leisten können, die er gerne hätte. So bleibt es – wie fast immer bei einem Fahrtenschiff – bei einem Kompromiß. Die Yacht muß den *notwendigen* Lebensraum bieten, und das Äußere

Was ein geschickter Konstrukteur von Blauwasseryachten in ein kleines Schiff hineinzeichnen kann, zeigt diese hübsche Yacht. Der über 1,80 Meter lange Eigner hat immerhin Stehhöhe – und das bei einer Schiffslänge von nur sieben Metern.

sollte *möglichst* ansehnlich gestaltet werden. Will man auf einem 10-Meter-Schiff über nahezu die ganze Länge Stehhöhe haben, so ist ein rassiges Flushdeck bei normalem Freibord ausgeschlossen. Denjenigen, die sehnsüchtig hinter einem Glattdecker herblicken, sei jedoch zum Trost gesagt: Würde man einen Konstruktionswettbewerb veranstalten mit dem absurden Ziel, ein Deck zu finden, auf dem man möglichst wenig Halt hat und über das garantiert jede See, die überkommt, ungehindert in das Cockpit gelangt, dann würde das Flushdeck, jawohl, dieses Traumdeck, unangefochtener Sieger.

Unsere Yachten werden immer mehr oder weniger hohe Aufbauten haben, die sogar den großen Vorteil bieten, daß man sich gut an ihnen festhalten kann, wenn man auf dem stampfenden Schiff zum Vorschiff muß. Handläufer auf dem Kajütaufbau dienen zur Sicherung. Die Scheiben sollen nicht zu groß sein, damit sie durch überkommende Seen nicht eingeschlagen oder eingedrückt werden können. Denn die Seeschlagblenden, wie sie viele Yachten mit sich führen, hat man im Notfall ja doch nicht angebracht.

Bei den großen Fenstern eines Deckshauses ist das nicht so tragisch, denn darunter befindet sich bei einer hochseetüchtigen Yacht, die diesen Namen verdient, ein selbstlenzendes Cockpit (am besten zwei Meter lang, damit man dort in heißen Tropennächten auch mal übernachten kann), das von der Kajüte durch ein Brückendeck getrennt ist. Letzteres ist nur sekundär eine Frage der Sicherheit, mehr eine Frage des Wohnkomforts. Das wird vor allem der zu beurteilen wissen, der einmal erlebt hat, wie eine See ins Cockpit und damit auch in die trockene Kajüte eingestiegen ist. Der wird auch gerne sein Blauwasserleben lang einen großen Schritt tun, um über das 40 bis 50 Zentimeter hohe Brückendeck ins Schiffsinnere zu kommen.

Zu einem Deckshaus in irgendeiner Form rate ich auf jeder Yacht. Ich verstehe darunter auch ein Klappverdeck, wenn die Größe der Yacht nichts anderes zuläßt. Kein Zweifel, ein Klappverdeck, das möglichst über das ganze Cockpit reicht, gibt uns einen weiteren Wohnraum. Nicht nur auf See, sondern erst recht am Ankerplatz, wo es auch bei Regen nicht stört, daß so ein Verdeck nach achtern offen ist. Vor Anker wird schon der Wind dafür sorgen, daß das Verdeck das ganze Cockpit abdeckt.

Wer so ein Klappverdeck besitzt, kann bestätigen, daß man sich darunter fast mehr aufhält als in der Kajüte. Und die Kosten? Wenn man sich einmal ausrechnet, wieviel eine Yacht gekostet hätte, die um diesen Lebensraum im Inneren größer gewesen wäre, wird man nicht mehr nach den Kosten eines Klappverdecks fragen.

Typische Linien einer Vorkriegsyacht. Prominenter Eigner der Störtebeker war während des Zweiten Weltkrieges Kapitän Schlimbach. Heute segelt die immer noch gesunde Holzyacht unter kanadischer Flagge.

Klassische Formen zeigt diese 60 Jahre alte Colin-Archer-Holzyacht von 11,50 Meter Lüa.

Bei überkommender Gischt macht erst ein Klappverdeck das Leben im Cockpit erträglich. Beim Blauwassersegeln ist man ja nicht nur ein paar Stunden auf See, sondern Wochen.

Es ist übrigens nicht einmal wichtig, daß das Klappverdeck nach vorne ein Fenster aus Folie hat, das natürlich am ehesten verrottet. Denn bei schlechtem Wetter bietet die Kunststoffscheibe keine so gute Sicht, daß man sich unterwegs darauf verlassen könnte. Der verantwortungsbewußte Rudergänger wird immer über das Klappverdeck hinwegblicken, um sich zu vergewissern, ob alles klargeht.

Unterwegs bietet das Klappverdeck guten Wetterschutz und verhindert weitgehend, daß Wasser in das Schiffsinnere gelangt. Außer bei steifen achterlichen Winden wird es nicht mehr erforderlich sein, die Niedergangsluken zu schließen. Bei wochenlangen Törns wird man es zu schätzen wissen, daß das Schiff immer großzügig mit Frischluft versorgt wird.

Darüber hinaus braucht man auf einer Yacht mit Klappverdeck nur noch selten Ölzeug zu tragen, was verhindert, daß nicht unerhebliche Mengen Wasser in das Schiffsinnere gebracht werden. Ein Ölzeugschrank erübrigt sich schon deshalb, weil das zur Vorschiffsarbeit nötige Ölzeug gleich im Cockpit bleibt und unter dem Klappverdeck trocknen kann.

Eine deutsche 9-Meter-Yacht geriet in der Biskaya in wochenlanges stürmisches Wetter. Wer die Biskaya kennt, weiß, daß dies den stärksten Seemann mürbe machen kann. Die Crew berichtete anschließend, daß sie es nur dem Klappverdeck zuschreibt, daß sie den Törn programmgemäß zu Ende fahren konnte.

Ein festes Deckshaus verunstaltet die Silhouette einer Yacht unter 15 Meter Länge. Aber das ist wohl auch eine Frage des persönlichen Geschmacks. Sehen wir uns mal die Fischkutter in unseren Gewässern an. Bei denen hat man sich noch nicht einmal die Mühe gemacht, die Deckshäuser optisch in die Schiffslinien zu integrieren. Trotzdem findet man ihren Anblick nicht besonders schlimm, meist sogar stilecht. Warum sollte man also ein Deckshaus dem Auge des Betrachters nicht zumuten können, wo es so viele Vorteile bietet.

Ein Deckshaus kann so trocken sein, daß sogar Teile der Navigation dort unterzubringen sind. Nur auf eines muß man auf einer Blauwasseryacht achten, die – wie die meisten – in heiße Gegenden fährt: Die in der Regel großen Fenster müssen nach Möglichkeit ganz aufzustellen sein, damit genügend kühlende Luft durchstreichen kann. Denn das offene Cockpit, in dem man sich, durch ein Sonnensegel geschützt, aufhalten könnte, hat man ja geopfert.

Das Unterwasserschiff

Wohl nirgendwo sonst in der Yachtkonstruktion haben sich Vermessungsformeln so ungünstig auf die Seetüchtigkeit und den Komfort beim Langfahrtsegeln ausgewirkt wie beim Unterwasserschiff. Der einzige Grund hierfür ist die unumstrittene physikalische Tatsache, daß die Geschwindigkeit einer Yacht vom Antrieb einerseits, dem Gewicht andererseits, zusätzlich aber von der Größe der benetzten Flächen abhängt. Es war naheliegend, die Fläche des Unterwasserschiffes zu reduzieren, um so immer schnellere Schiffe zu bauen. Denn nach Seetüchtigkeit fragen jene Konstrukteure in meinen Augen schon lange nicht mehr, brauchen sie auch nicht, denn eine Regattayacht segelt ja höchstens ein paarmal in schlechtem Wetter, und das auch nicht wochenlang, und zudem noch im Schutze der Mitbewerber, Begleitfahrzeuge und Hubschrauber. Ein Ruderbruch – na und? Bis zur nächsten Regatta ist das wieder in Ordnung gebracht, und die paar Meilen zum nächsten Hafen schafft man schon! Und wenn nicht, ruft man halt jemanden, der einen reinschleppt.

Ein Ruderbruch auf einer Hochseeyacht ist auf dem weiten Weltmeer eine Katastrophe. Oft wird bei kleiner Mannschaft der Bau eines Notruders sich als unmöglich erweisen, ein Steuern unter Segel – wie es in manchen Büchern beschrieben wird – aus Hoffungslosigkeit gar nicht versucht werden. Wenn Yachten auf hoher See aufgegeben werden, dann geschieht das nicht so häufig nach einem Mastbruch als vielmehr nach dem Verlust des Ruders.

Seit Jahren schon wird eine Kontroverse geführt um kurzen oder langen Kiel, der dem gefährdeten Ruder einen zusätzlichen Halt gibt, und das hat sich auch im Bootsbau niedergeschlagen. Es gibt kaum noch eine kleinere Serien-Kunststoffyacht deutscher Fertigung, die einen gestreckten Kiel hat, an dem sich in einfacher Weise das Ruder aufhängen läßt. Warum? Ist es der Käufer, der danach verlangt?

Zumindest ist ein Skeg – die Stärke, nicht die Form spielt eine Rolle – besser als ein Balanceruder. Noch besser wäre ein voll durchgehender Kiel.

Ein Langkieler hat beim Blauwassersegeln überwiegend Vorteile gegenüber dem Kurzkieler.

Ja, bedauerlicherweise ist Geschwindigkeit eines der besten Verkaufsargumente, und die Werften haben durchaus recht, wenn sie sagen: „Wenn es der Kunde so haben möchte, gleichgültig ob er recht hat oder nicht, soll er es haben." Dabei sind Kurzkieler nicht einmal um soviel schneller als vergleichbare Langkieler; der Unterschied liegt im Schnitt vielleicht bei maximal 0,5 Knoten. Aber das ist eben *der* Unterschied, der beim Kaffeesegeln auf dem Binnensee oder auf einem Küstenrevier den Clubkameraden mit Langkieler trotz aller Trimmversuche an den Segeln langsam, aber sicher gegenüber dem eigenen Kurzkieler zurückfallen läßt: „Mein Schiff ist wirklich schnell!"

Praktisch stellt sich die Frage nach einen Kurz- oder Langkieler kaum mehr, weil praktisch alle in den letzten Jahren gebauten Serienboote nur noch einen kurzen Kiel hatten. Zu groß war der Druck der Kurzzeit- und Feriensegler. Die Folge ist, daß die wenigen Langkieler auf dem Markt meistens schon recht betagt sind und uns wegen ihres vergammelten Zustandes nicht gefallen. Deshalb heißt es abwägen zwischen dem Allgemeinzustand der Yacht und der von uns favorisierten Form des Unterwasserschiffes.

Ich will aber nicht behaupten, daß jeder Kurzkieler dem Langkieler ganz allgemein unterlegen ist. Für den Kurzkieler spricht die immer überlegene Geschwindigkeit, die – subjektiv betrachtet – vielleicht die nachfolgenden Vorteile des Langkielers beim Blauwassersegeln mehr als ausgleicht:

- Die Schiffsbewegungen sind träger und damit ruhiger.
- Er läßt sich unkomplizierter steuern.
- Er liegt besser auf dem Ruder.
- Er ist kursstabiler.
- Er ist ruhiger beim Beiliegen.
- Das Ruder kann wesentlich stärker aufgehängt werden.
- Das Ruder ist besser geschützt.
- Er bietet mehr Stauraum.

Daß ein Kurzkieler in engen Häfen besser manövrierfähig ist, spielt beim Langfahrtsegeln insofern keine Rolle, als nur selten in engen Häfen eine kleine Box angesteuert werden muß. Meist liegt man vor Anker oder in Häfen, die noch nicht so überlaufen sind wie die unsrigen.

Den Vorteil der höheren Geschwindigkeit kann der Kurzkieler bei nahezu jedem Wind ausspielen. Bei ganz leichten, flauen Winden wird er viel schneller anspringen, was aber nicht nur an der Kielform liegt, sondern auch durch das meist geringere Gewicht gegenüber vergleichbaren Langkielern bedingt ist. Bei starken Winden und hoher achterlicher See wird der Kurzkieler schon öfters dazu neigen, eine See hinunterzusurfen und das Speedometer bei 15 Knoten zum Anschlag zu bringen. Aber das gesamte Geschwindigkeitspotential wird er nicht ausspielen können. Beim „normalen" Tourensegeln beträgt der Anteil der Amwindkurse mindestens 50 Prozent, was ganz einleuchtend ist, wenn man bedenkt, daß der Urlaubssegler von A nach B möchte und dabei nicht viel Rücksicht auf die Windrichtung nimmt. „Dann müssen wir eben gegenan", ist die Einstellung, wenn der Wind von B herbläst.

Der Blauwassersegler dagegen wird aus Gründen, von denen später noch die Rede sein wird, vor allem auf Vor- und Halbwindkursen wandern. Auf raumen Kursen kann der Kurzkieler seine Geschwindigkeit optimal ausspielen, vor achterlichen Winden nur noch beschränkt. „Vor dem Wind segelt jedes Boot", sagen sich die reinrassigen Regattafreaks, wenn sie bei achterlichen Winden nicht den erwarteten Vorsprung vor den anderen herausfahren können. Ähnlich ist es beim Blauwassersegeln, wo oft wochenlang im Passat „downwind" gesegelt wird.

Aber selbst wenn man einem Kurzkieler auf allen Kursen den Vorteil einer höheren Geschwindigkeit in einer Größenordnung von drei Zehntel Knoten zubilligt, ist der Vorsprung, den er beispielsweise auf einer Atlantiküberquerung heraussegelt, nicht gerade umwerfend: Drei Zehntel Knoten Unterschied sind pro Tag ganze sieben Meilen, nach 20 Tagen also 140 Seemeilen, eine Strecke, die auch eine Langkielyacht bei Wind in 24 Stunden zurücklegt. Der Kurzkieler wird bei einer Atlantiküberquerung also gerade einen Tag Vorsprung herausholen.

Bei einer Regatta wäre das eine Ewigkeit, beim Blauwassersegeln, wo das Verhältnis von Land- zu Seeaufenthalt meist bei drei zu eins liegt, bedeutet dies nichts. Bezahlt wird der Vorsprung durch anstrengenderes Rudergehen, wenn die Arbeit nicht eine Selbststeueranlage abnimmt, und durch häufigeres Segelwechseln. Der schwere Langkieler nimmt nicht so schnell übel, wenn man mal zuviel Segel trägt. Aus dem Ruder läuft er kaum.

Bei wirklich schlechtem Wetter fühle ich mich auf einem Langkieler um zwei Windstärken besser, denn ich bin mir sicher, daß meinem Ruder nichts passiert. Es ist über seine ganze Länge hinweg mit mindestens drei Scharnieren mit dem Kiel verbunden, so daß das Blatt kaum wegbrechen kann.

Beim Fastnet Race 1979 brachen die Ruderblätter reihenweise ab, was oftmals zur Katastrophe führte, weil die Yachten nicht mehr gesteuert werden konnten und hilflos den Orkanseen ausgeliefert waren. Natürlich ist es auch richtig, daß es auf einer Reihe der zahlreich bemannten Yachten gelang, Notruder zu riggen. Aber das ist kein Ersatz für die größere mechanische Empfindlichkeit der Ruderanlage eines Kurzkielers. Immerhin standen auf manchen Yachten rund ein Dutzend Leute für den Job zur Verfügung, während eine Fahrtenyacht meist nur mit zwei Mann besetzt ist, die zudem noch durch den Eindruck ihrer einsamen Hilflosigkeit inmitten eines Ozeans geschwächt wären, wenn beispielsweise auf einer Atlantiküberquerung auf der Passatroute so was passierte.

Es ist ganz bezeichnend, daß es nach dem Fastnet Race erbitterte Diskussionen um eben die Ruderfrage gab, wobei sich die Konstrukteure dieser feinen Geräte sogar zu der Behauptung verstiegen, „eigentlich“ seien ihre Ruder stark genug für normale Wetterbedingungen, es müsse schon ein Material- oder gar ein Bedienungsfehler vorgelegen haben, der letztlich zum Ruderbruch geführt habe. „Ihr Regattasegler wollt auf alle Fälle gewinnen, und das könnt ihr nur noch, wenn wir euch schnelle Schiffe bauen, was heute nur noch möglich ist, wenn wir alles so leicht konzipieren, daß schon mal was zu Bruch gehen kann. Unglücklicherweise kostet das manchmal eine Yacht oder auch ein Menschenleben, aber das sollte euch der Sieg wert sein!“ Das wäre eine ehrliche Erklärung gewesen, warum es zu den Ruderbrüchen gekommen ist.

So manche Slipanlage an Blauwasserrouten, die an und für sich für die ortsansässigen Fischerboote gebaut wurde, ist für Schiffe mit kurzem Kiel und freihängendem Ruder ungeeignet, zumal dann, wenn der Kiel so konzipiert ist, daß der Bug der Yacht zusätzlich abgestützt werden muß, damit sie nicht nach vorne umfallen kann. In unseren heimatlichen Gewässern spielt das keine große Rolle, denn wir werden immer einen Travellift, einen Kran oder einen Slip in der Nähe haben, der damit fertig wird. Auf den Weltumseglungsrouten, wo das Yachtaufkommen insgesamt immer noch gering ist, ist kaum eine Werft in der Lage, eine Yacht sicher an Land zu holen, wenn der lange, unterstützende Kiel fehlt.

Gleiches gilt für das Trockenfallen. Man sollte nicht glauben, daß es immer ganz problemlos ist, zum Reparieren oder Malen des Unterwasserschiffes den Gezeitenunterschied auszunutzen. Ein vorbeifahrendes Motorboot, dessen Wellen die Yacht kurz nach dem Aufsetzen wieder hochheben, kann sie in eine ganz andere Lage versetzen, als man ursprünglich geplant hat, als man sie leicht gegen die Pier oder eine Mauer lehnte. Nur der, dem etwas Derartiges schon einmal widerfahren ist, kann die bangen sechs Stunden nach-

Hier ist eine Yacht zwischen den Tiden trockengefallen und spart sich die Kosten für den Traveller oder Slip. Geht freilich nur bei ausgeprägten Tiden, wie hier in La Rochelle an der Atlantikküste.

empfinden, die man durchstehen muß, wenn so ein zufällig vorbeikommendes Motorboot die Yacht aus dem Gleichgewicht gebracht hat und sie nun mit zusätzlichen Leinen vor dem Umfallen gesichert werden muß. Gut dran ist dann der, dessen Yacht einen langen Kiel hat, was die Gefahr des Umfallens wesentlich verringert.

Der Langkieler liefert dem Blauwassersegler noch einen weiteren Vorteil, den der Konstrukteur sicher nicht im Auge gehabt hat, als er ihn konzipierte. Das Ruder, dem der lange Kiel durch die Möglichkeit, es über seine ganze Länge zu befestigen, ohnehin mehr Stärke verleiht, erfährt einen zusätzlichen Schutz. Bei Strandungen oder schon bei an und für sich harmlosen Grundberührungen besteht eine viel geringere Gefahr, daß das Ruderblatt abgerissen wird, als bei einem Kurzkieler (vor allem dann, wenn bei ihm das Ruder tiefer als der Kiel reicht – auch das gibt es). Die Möglichkeit einer Grundberührung soll man nicht außer acht lassen, denn auch bei allerbester Navigation kann eine Blauwasseryacht, die ja meist in nicht sehr befahrenen Gewässern kreuzt, schon mal einen Korallenkopf streifen. Ist das Ruder durch den vor ihm liegenden Kiel geschützt, wird meist nicht viel passieren. Wenn ein Kurz-

Auch im Falle einer Havarie zeigen sich die Vorteile des Langkielers. Er hat die wesentlich besseren Chancen, daß seine Ruderanlage unbeschädigt bleibt. Bei Korallenhindernissen muß das Ruder eines Kurzkielers dagegen meistens dran glauben.

kieler über das gleiche Hindernis rutscht, kann das Ruderblatt abbrechen.

Hier würde auch kein Skeg helfen, der zwar dem Ruder einen zusätzlichen Halt gibt, das Unterwasserhindernis jedoch nicht abweisen kann. Diese Schutzfunktion eines langen Kiels spielt unter Umständen auch beim Ankern im Strom eine Rolle, aber das sei nur nebenbei erwähnt. Denn der Eigner einer Yacht mit kurzem Kiel weiß sehr wohl, daß die Ankertrosse beim Kentern des Stroms zwischen Ruder und Kiel geraten, ja, sich sogar um das Ruderblatt wickeln kann, so daß er die nötige Sorgfalt walten lassen kann.

Neben der geringeren Sicherheit ist der entscheidende Nachteil eines Kurzkielers für das Blauwassersegeln die Tatsache, daß der ideale Platz für Diesel- und Trinkwassertanks sozusagen ersatzlos gestrichen ist. Ausreichende Brennstoff- und Trinkwasservorräte aber geben der Yacht erst die Unabhängigkeit, die wir beim Blauwassersegeln suchen. Wenn wir den unsichtbaren Faden zur Tankstelle nicht abschneiden können, werden wir nie ganz frei, denn viele herrliche Ankerplätze an den Küsten der Weltmeere sind Wochen von der nächsten Dieselstation entfernt.

Das Unterwasserschiff ist für die Tanks der ideale Platz. Denn wir können das Notwendige mit dem Nützlichen verbinden, indem Wasser und Diesel gleich als zusätzlicher Ballast angesehen werden. Große Schiffe der Berufsschiffahrt haben nicht selten Ballasttanks, die mit Seewasser gefüllt werden.

Bei den von uns benötigten Flüssigkeitsmengen kommen ganz erhebliche Gewichte zusammen. Vergegenwärtigen wir uns, daß das Trinkwasser in einem Tank von

100 x 100 x 100 Zentimeter immerhin eine Tonne wiegt und die gleiche Menge Diesel nicht viel weniger. Es ist natürlich unrichtig zu sagen: „Was soll's, in meinem Kurzkieler fahre ich die gleiche Menge unter meinen Kojen spazieren." Denn die Wirksamkeit des Ballastes als aufrichtendes Moment hängt nach dem Hebelgesetz sowohl vom Gewicht als auch in *gleicher* Weise von der Entfernung zum Drehpunkt ab. Tanks, die im Extremfall über dem Drehpunkt in der Nähe der Wasserlinie eingebaut sind, wirken deshalb gar nicht mehr als nützlicher, sondern als schädlicher Ballast, dem wiederum ein Extragewicht (Blei) im Kiel gegenübergesetzt werden muß, um die frühere Stabilität zu erzeugen.

Dieses Beispiel zeigt auch, daß der geringe „Stauraum" eines kurzen Kiels erhebliche Nachteile hat, die sich unter Umständen auch auf die Geschwindigkeit auswirken können. Wenn gewichtige Ausrüstungsgegenstände nämlich nicht im Kiel untergebracht werden können, wird man unter Umständen auf sie verzichten (was bei Kurzkielern bezüglich der Tankkapazität oft passiert), oder das oberhalb des Drehpunktes angeordnete schädliche Gewicht durch *zusätzlichen* Ballast ausgleichen müssen, was das Gesamtgewicht der Yacht erhöht und damit ihre Geschwindigkeit vermindert.

Das große Platzangebot in einem langen Kiel hat noch weitere Vorteile. Man kann beispielsweise statt Bleiballast das viel voluminösere, aber wesentlich billigere Eisen verwenden, wenn es auch wegen der geringeren Dichte schwieriger sein wird, den Gewichtsschwerpunkt entsprechend tief zu bekommen. Oder man könnte die Batterien, die ja zum großen Teil aus Blei bestehen, im Kiel unterbringen, wenn gewährleistet ist, daß sie gewartet und belüftet werden können.

Tiefgang einer Yacht

Hinsichtlich des Tiefgangs lassen sich keine festen Regeln aufstellen, denn unsere Blauwasseryachten werden ja nicht für ein ganz bestimmtes Revier mit seinen natürlichen Einschränkungen gebaut, sondern zur weltweiten Verwendung. Grundsätzlich ist vom Revier her ein geringer Tiefgang immer ein Vorteil, doch wird er meist mit einigen Nachteilen beim Segeln erkauft werden müssen. Hierbei wird davon ausgegangen, daß die Kentersicherheit, eine unabdingbare Voraussetzung für eine Hochseeyacht, in jedem Fall erhalten bleibt. Yachten mit geringem Tiefgang segeln nicht sehr steif, ihr Segeltragevermögen ist begrenzt. Sicher sind dadurch ihre Bewegungen weicher, wenn auch beim Rollen länger und weitausholender.

Ein großer Vorteil eines Tiefganges von 1,50 Meter und weniger ist die Tatsache, daß der geringe Tidenhub an den offenen Ozeanküsten ausreicht, die Yacht vollkommen trockenfallen zu lassen (Tidenhub in der Südsee maximal 1,50 Meter). Eine weniger tiefgehende Yacht ist sicher schon so mancher Strandung oder zumindest starker Grundberührung entgangen, der ein Schiff mit größerem Tiefgang zum Opfer gefallen wäre. Als keinen echten Nachteil der Yacht mit größerem Tiefgang sehe ich die Tatsache an, daß ihr manches Revier verwehrt bleibt. Das spielt beim Blauwassersegeln keine Rolle, denn es gibt im Gegensatz zu ausgesprochenen Tidengewässern kaum seichte Gebiete oder flache Häfen, deren Grenze gerade bei 1,50 Meter liegt. Meine frühere Yacht THALASSA ging nur 1,45 Meter tief, während THALASSA II immerhin einen Tiefgang von 2,20 Meter hat. Ich habe aber auf der ganzen Weltumseglung mit THALASSA I keinen einzigen Platz besucht, auf den ich mich mit dem jetzigen Tiefgang nicht mehr wagen würde.

Kielschwert auf Blauwasseryachten

Warum? Das Kielschwert hat die Aufgabe, bei Kursen hoch am Wind den Lateralplan zu vergrößern, damit bei sonst mäßigem Tiefgang die Abdrift in Grenzen gehalten und damit auch mehr Höhe gefahren werden kann.

Gleiches läßt sich auch mit größerem Tiefgang erreichen. Benutzt man aber ein Kielschwert, so ist die benetzte Unterwasserfläche auf raumen und achterlichen Kursen geringer und damit die Geschwindigkeit höher.

Was kostet der Vorteil? Platz im Kiel, meist auch im Schiff. Das ist nicht das Problem, denn fast immer ist das Schwert so integriert, daß es kaum stört, wenn einem dadurch auch die Inneneinrichtung ziemlich vorgegeben wird.

Der wesentliche Nachteil aber ist die Mechanik, die zum Absenken des Schwertes nötig ist. Wer noch nicht jahrelang auf einer Yacht in salzwasserhaltiger Luft gelebt hat, wird das nicht glauben wollen. Bei dem Schwertmechanismus handelt es sich doch bloß um ein Gelenk mit einer Seilwinde. Tatsache aber ist, daß die *meisten* Kielschwerter nach ein oder zwei Jahren auf dem Wasser, also ohne Winterlager dazwischen, nicht mehr funktionieren. Damit könnte man sich gerade noch abfinden, wenn nicht die quälende Ungewißheit wäre, was wohl in dem unzugänglichen Raum über dem Schwert los ist, zumal bei einem Stahlschwert. Gleiches gilt für Trimmklappen, Hubkiele und ähnliche unnötige Verkomplizierungen.

Kimmkieler

Ein Doppelkieler hat meist weniger Tiefgang als ein vergleichbarer Monokieler und nahezu dieselben Segeleigenschaften. Seine Kiele eignen sich jedoch nicht, um Tanks darin unterzubringen, dazu sind sie viel zu schlank. So kommen Kimmkieler meist nur für kleine Yachten in Frage. Die aber haben den großen Vorteil, daß sie von teuren, ohnehin selten anzutreffenden Slipanlagen nahezu unabhängig sind. Denn den zum Trockenfallen erforderlichen Gezeitenunterschied finden sie auf allen Weltmeeren.

Die Ruderanlage

Wer sich eine Yacht für das Blauwassersegeln anschaffen möchte, sollte der Ruderanlage sein besonderes Augenmerk widmen. Nicht, daß er aus der Form irgendwelche Rückschlüsse auf das Fahrverhalten und die Geschwindigkeit der Yacht ziehen könnte, darüber wissen meist nicht einmal die Konstrukteure alles. Nein, das Entscheidende ist die Funktionstüchtigkeit der Ruderanlage unter allen denkbaren Umständen.

Es ist kaum vorauszusehen, welchen Drücken ein Ruderblatt ausgesetzt sein wird. Man kann nicht einfach sagen, die Yacht hat eine Rumpfgeschwindigkeit (ca. $2{,}3 \times \sqrt{\text{Wasserlinienlänge in Meter}}$) von beispielsweise acht Knoten, wenn ich eine Sicherheit von 50 Prozent einbeziehe, komme ich auf zwölf Knoten, woraus ich den Ruderdruck berechnen müßte. In der Praxis kann so eine Geschwindigkeit durchaus übertroffen werden, dann nämlich, wenn die Yacht einen hohen Wellengang hinunter „surft".

Aber auch diese Belastung ist nicht das äußerst Vorstellbare. Wenn in kabbeliger, stürmischer See das Schiff unglücklich in ein Wellental fällt, können noch weitaus

Ein am Heck angehängtes Ruder ist am unkompliziertesten. Im Falle einer Havarie läßt sich noch am ehesten eine Notlösung bis zum nächsten Hafen finden.

Klassische und bewährte Ruderform.

Die „Weltumseglerblase".

höhere Belastungen auftreten. Das einzige, was dem vernünftigen Konstrukteur übrigbleibt, ist die Einsicht, die Ruderanlage *für alle Fälle* überzudimensionieren.

Der Blauwassersegler, der sich eine bestimmte Yacht kaufen möchte, wird die Werft kaum überreden können, ihm ein spezielles Ruder zu bauen. Wenn er Anlaß hat, an der Stärke des Ruders zu zweifeln, sollte er sich gegen diesen Schiffstyp entscheiden. In jedem Fall aber lohnt es sich, mit der Werft offen über die bevorstehenden Probleme zu reden. Vielleicht gelingt es, zwar kein anderes, aber ein etwas verstärktes Ruder zu erhalten. Ganz wichtig ist, daß man sich genau ansieht, wie das Ruder eingebaut ist, damit man es *zur Not* auch mal unter Wasser entfernen kann. Dies ist bei manchen Schiffstypen sogar nötig, wenn die Propellerwelle herausgezogen wird, weil dann das Ruder im Wege ist.

Die häufig diskutierte Frage „Pinne oder Rad?" erledigt sich durch die Größe des Schiffes oft schon von selbst. Bei einer Yacht unter 11 Meter Länge ist es sicher nicht nötig, ein Rad zu wählen, obwohl das in den Augen mancher Segler schiffiger aussieht. Ein Rad aber macht es lediglich möglich, die auf das Ruder wirkende Kraft zu übersetzen – also eigentlich auch nichts anderes als eine Pinnenverlängerung. Was in jedem Fall für das Rad spricht: der Raumgewinn in der Plicht und die Möglichkeit, in der Auswahl des Platzes für das Rad nicht unbedingt auf eine Stelle über dem Ruder angewiesen zu sein.

Als Blauwassersegler werden wir uns nicht der stupiden Knechtschaft des Rudergehens unterwerfen, sondern eine Selbststeueranlage benutzen. Auch das muß vor der Wahl der Ruderanlage beachtet werden. Denn bei der Kraftübertragung von der Radsteuerung auf das Ruder geht Kraft verloren, was manche ansonsten hervorragende Selbststeueranlage nicht „verkraften" kann. In einem solchen Fall muß unter Umständen zusätzlich zum Rad eine Pinne vorhanden sein, damit der Steuerautomat möglichst direkt auf das Ruder wirken kann.

Andererseits bietet das Rad den Vorteil, daß man den Platz des Rudergängers an eine wettergeschützte Stelle verlegen kann. Das sollte aber nicht zu dem berühmten zweiten Steuerstand im Inneren des Schiffes führen, mit dem Werften Kunden ködern wollen. Freilich, beim Durchblättern von Prospekten und beim Träumen macht sich das ganz gut. Der angehende Schiffseigner sieht sich im Geiste unter Vollzeug gischtübernehmend durch die blaue See der Weltmeere segeln. In der trockenen Kajüte sitzt er an seinem zweiten Steuerstand und lenkt die Yacht mit sicherer Hand durch das aufgewühlte Wasser.

Die Praxis freilich ist anders: Wenn er später schon nicht die Selbststeueranlage benutzt, sitzt er bestimmt am Rad im Schutze des Klappverdecks, wo er den viel besseren Überblick hat, wo er den Segelstand beurteilen kann und wo die Luft wesentlich besser ist als in der stickigen Kajüte. Ich habe jedenfalls noch niemanden getroffen, der einen eingebauten zweiten Steuerstand auch benutzt hätte, ausgenommen Moitessier, der in seinem Buch „Kap Hoorn – der logische Weg"* recht drastisch beschreibt, wie er auf seinem Innensteuerstand die Stürme in den Gewässern vor Kap Hoorn abgeritten hat. Indes, Moitessiers Selbststeueranlage, ein veraltetes und selbstgebautes Flettnerruder, war dem Wetter nicht gewachsen, sein Cockpit in keiner Weise geschützt.

Ein zweiter Steuerstand ist zwar nicht teuer und kompliziert, kostet aber wertvollen Platz in der Kajüte, der hierfür einfach zu schade ist.

---

* Die deutsche Ausgabe ist vergriffen.

Auf Moitessiers „Schuldkonto“ geht auch die „Weltumseglerblase“, eine Plexiglaskuppel, von der man vom zweiten Steuerstand aus Wetter und Segelstellung beobachten können soll. Inzwischen ist sie ein Statussymbol geworden, mit dem viele Segler der staunenden Umwelt kundtun, daß sie bereit und gewappnet für den Kampf gegen Sturm und überkommende Sturzseen sind. Möglicherweise glauben sie auch, daß dies der Blauwassersegler-Alltag ist.

Tatsächlich aber erlebt der Segler, wenn er nicht gerade stürmische Gewässer sucht, ganz selten ein Wetter, bei dem es nicht mehr möglich ist, sich an Deck aufzuhalten, andererseits aber nötig ist, Ruder zu gehen. Darüber hinaus wird so eine Plexiglaskuppel ganz schnell blind, wenn Spritzwasser überkommt und Salzkristalle zurückläßt. Bei Regen ist das nicht ganz so schlimm, aber die Wirkung ist ähnlich wie die eines kaputten Scheibenwischerblattes.

Die Kraftübertragung bei Radsteuerungen

Das einzige, was wir verlangen, ist eine zuverlässige Übertragung, die uns auch bei Sturm nicht im Stich und sich darüber hinaus auskuppeln läßt, wenn die Selbststeueranlage nicht auf das Rad arbeiten kann. Man sollte glauben, daß die erste Forderung leicht zu erfüllen sei, wenn man an die gleiche Problematik im Automobilbau denkt. Trotzdem gibt es gerade hier immer wieder Ärger, so daß der Einbau einer „Notpinne“ bei Radsteuerungen obligatorisch ist. Stellen wir uns einmal vor, beim Kauf eines Lastwagens würde uns als serienmäßiges Zubehör ein Hebel mitgeliefert, mit dem wir „zur Not“ die Steuerachse bedienen könnten! Aber im Schiffbau hat man sich eben mit solchen Unzulänglichkeiten abzufinden.

Für die Übertragung der Steuerkraft auf das Ruderblatt kommen Seilsteuerung, Gestängeübertragung, Schneckengewinde und Hydraulik in Frage.

Seilsteuerung

Neben der Hydraulik die häufigste und billigste Art, die Kraft auf das Ruder zu übertragen, ist die Seilsteuerung. Sie beansprucht ziemlich viel Platz, weil die Drahtseilstander so selten wie möglich umgelenkt werden sollen. Alle Teile sollen außerdem so gut wie möglich zugänglich sein, um sie ständig kontrollieren und – wenn nötig – schmieren zu können. Drahtseil, und nur solches kann wegen des geringen Recks verwendet werden, ist außerordentlich empfindlich, wenn die Umlenkblöcke entweder zu klein dimensioniert oder schwergängig sind. Hat ein Block gar gefressen, kann es eine Angelegenheit von einem Tag sein, bis der Steuerstander bricht.

Weniger empfindlich gegenüber zu kleinem Blockdurchmesser und ständiger Bewegung ist galvanisierter Stahldraht, der im Vergleich zu Nirosta auch viel billiger ist. Nachdem die Steuerseile stets an wassergeschützten Stellen laufen, ist freilich nicht einzusehen, warum nicht der geeignetere, aber unansehnliche rostende Stahldraht dem nichtrostenden Material vorgezogen werden soll. Im Gegensatz zu Tauwerk hat Draht nur wenig Reck, aber immer noch so viel, daß die Gefahr besteht, daß er nach einer gewissen Zeit so viel Lose bekommt, daß er von einem Block herunterrutschen kann. Er muß deshalb immer nachgespannt und von Zeit zu Zeit sogar ausgetauscht werden. Reservestander müssen deshalb immer vorhanden sein.

Durch die Kraftübertragung (Reibung!) geht natürlich auch Kraft verloren. Wenn die Selbststeueranlage nur auf die Pinne arbeiten kann, so muß die Radsteuerung ausgekuppelt werden, was bei einer Seilsteuerung eine anstrengende Angelegenheit sein kann. Hiscock hat zum Auskuppeln auf seiner WANDERER IV jedesmal eine Stunde in der Achterpiek zugebracht. Aber das war es ihm wert, um von der Arbeit des Rudergehens befreit zu sein.

Gestänge, Getriebe- und Schneckensteuerung

Das ist die teuerste Ruderanlage. Es bedarf großen Geschicks und technischen Verständnisses, eine solche Anlage so einzubauen, daß möglichst wenig Kraft verlorengeht. Es werden fix und fertige Anlagen angeboten, doch ihr Preis ist nicht selten so hoch wie der für den Schiffsmotor.

Für Selbstbauer bietet sich die Möglichkeit an, eine Steuerung einzubauen, wie sie für Lastwagen verwendet wird. Aber auch dann muß unter Umständen erst das Problem gelöst werden, wie ein Auskuppeln möglich ist.

Platz kostet eine solche Anlage jedenfalls sehr viel. Wenn man sich guter Bauteile bedient, ist sie aber sicher die zuverlässigste.

Hydraulik

Von den Werften wird mit Vorliebe eine hydraulische Steuerung eingebaut. Sie kommt den Kunden nämlich am billigsten, was in erster Linie darauf zurückzuführen ist, daß ihr Einbau so unproblematisch ist. Schläuche lassen sich leicht unter Bodenbrettern, um Ecken herum oder hinter den Kojen verlegen. Aber auch der Käufer ist zufrieden, denn hydraulische Anlagen sind immer leichtgängig, und mit einem einfachen Ventil, das beide Schlauchleitungen kurzschließt, kann die Hydraulik jederzeit in Sekundenschnelle ausgekuppelt werden. Wird eine elektrische Selbststeuerung benutzt, kann diese Anlage über eine elektrisch angetriebene Hydraulikpumpe direkt an das System angeschlossen werden.

Wo sind die Kinken? Warum hat die Hydraulik den Ruf der Störanfälligkeit, wo sie doch auch in Verkehrsflugzeugen vielfach eingesetzt wird und sich dort keinen Versager leisten darf? Und warum müssen wir auf unseren Yachten immer Hydrauliköl bereit haben, um den vorgeschriebenen Ölstand (tatsächlich handelt es sich nicht um „Öl“, sondern um eine Spezialflüssigkeit) aufrechtzuerhalten? In fast allen Fällen ist daran nicht das System „Hydraulik“ schuld, sondern die Unterdimensionierung der Anlagen. Die Steuerung ist im Schiffspreis inbegriffen, und so ist natürlich die eine oder andere Werft versucht, hierbei zu sparen. Oft ist es nicht einmal Absicht, sondern fehlendes Vorstellungsvermögen, welche Ruderdrücke auf hoher See zustande kommen.

Welches Modell, also welche Größe in Frage kommt, richtet sich allein nach den zu erwartenden Ruderdrücken, die wiederum daraus resultieren, wie groß das Ruderblatt ist und welche Geschwindigkeiten erwartet werden. Wie schon mehrfach erwähnt, unterschätzt man letzteres leicht. Auf Binnen- und Küstenrevieren mag man einer 13-Meter-Kielyacht eine Höchstgeschwindigkeit von nur acht bis neun Knoten zubilligen, auf Blauwasserstrecken können das aber schon mal 15 werden.

Für einen solchen Druck ist der Zylinder nicht ausgelegt. Hydraulikflüssigkeit drückt durch die Gummidichtungen, die den Kolben umschließen, mit dem Erfolg, daß sich „Öl“ in der Bilge und Luft in der

Ruderanlage befindet. Mit einer richtig dimensionierten Anlage wird man solche Schwierigkeiten nicht haben. Luft gerät erst dann in die Leitungen, wenn die Dichtungen wegen Altersschwäche ausgetauscht werden müssen, was alle drei bis fünf Jahre der Fall ist.

Noch ein Tip für den Einbau einer Hydraulik, auch wenn dadurch das Ganze ziemlich verteuert wird: Man entscheide sich für eine Doppelzylinder-Anlage, bei der jeder Zylinder nur auf Zug belastet wird. Bei nur einem Zylinder muß für einen Ruderausschlag der Kolben sowohl ziehen als auch drücken. Da er bei letzterem keine seitliche Führung hat, kann es natürlich leicht zu nicht wahrnehmbaren Stauchungen kommen, die sich nachteilig auf die Lebensdauer und Funktionsfähigkeit der Dichtungen auswirken.

Häufig wird gegen die Hydraulik vorgebracht, daß sie einem kein Gefühl für das Schiff vermittelt, weil kein Ruderdruck zu spüren ist. Das ist nicht ganz richtig, denn aus der Kraft, die ich aufwenden muß, um das Ruder zu bewegen, kann ich durchaus Rückschlüsse auf den Trimm des Bootes ziehen. Das reicht bei der Langstreckensegelei durchaus, weil ich ja sonst immer unter Selbststeueranlage laufe.

Selbststeueranlagen

Der Neuling beim Blauwassersegeln macht sich heute kaum noch einen Begriff, wie sehr die Selbststeueranlagen, die ihre Weisheit und Kraft vom Wind (oder der Fahrt durchs Wasser) beziehen, die gesamte Langstreckensegelei revolutioniert haben. Als es diese genialen Apparate noch nicht gab – Ende der fünfziger Jahre tauchten die ersten funktionsfähigen auf –, war die Wanderung über die Weltmeere harte Knochenarbeit. Je nach Wachrhythmus absolvierte eine kleine Mannschaft vier Stunden Ruderwache, vier Stunden Freiwache, vier Stunden Ruderwache, vier Stunden Freiwache und so fort.

Die Aries-Selbststeueranlage ist wohl die bewährteste ihrer Art. Mindestens 100 Weltumseglungen hat dieser Typ schon erfolgreich hinter sich gebracht. Sie steuert Schiffe bis zu 20 Meter Länge über alles. Hier sind das Pendelruder und die Windfahne abgenommen.

Freiwache bedeutete aber nicht, daß man sich in die Koje zurückziehen konnte, sondern es mußten ja, sozusagen nebenbei, Arbeiten wie Kochen, Navigation und Segelwechsel erledigt werden. Und keine Pause! Tagelang, manchmal monatelang. Es ist deshalb auch ehrfurchtslos, heute über die Berichte der damaligen Weltumsegler zu lächeln und beispielsweise nach einer Atlantiküberquerung zu sagen: „Was die damals bloß immer gejammert haben." Die Selbststeueranlage hat dazu geführt, daß Langfahrten soviel schneller sind als noch vor drei oder vier Jahrzehnten. Heute ist es die Regel – gleich wie groß die Mannschaft ist –, 24 Stunden durchzusegeln, während damals nachts schon mal beigedreht wurde.

Eine „Reise" im wörtlichen Sinne über den Atlantik kommt mir da in den Sinn. Zwei Engländer, beide über 65, haben sie unternommen. Jedermann in Barbados wunderte sich, warum die beiden die „Rekordzeit" von 76 Tagen benötigten. Als sie es dann erzählten, schien es, als sei es die selbstverständlichste Sache für sie, jeden Abend beizudrehen, quasi nach des Tages Müh und Ruderarbeit das Abendessen einzunehmen und anschließend die Nacht durchzuschlafen. Den ganzen Weg lang.

Das aber war auch früher die Ausnahme. Jeder Segler versuchte, sein Boot irgendwie zum Selbststeuern zu bringen, was am Wind oft, vor dem Wind aber fast nie gelang. Pech, denn im Passat segelt eine Yacht praktisch nie am Wind! Manche Yachten aber – von Joshua Slocums SPRAY oder von Rollo Gebhards SOLVEIG erzählt man sich das – steuerten sich auf allen Kursen selbst. Es war der Traum eines jeden Konstrukteurs, der sich auf Fahrtenyachten spezialisiert hatte, zu entdecken, welche Eigenschaften einer Yacht zugezeichnet werden mußten, damit sie die Mannschaft von der Sklaverei des Rudergehens befreie. Niemand hat das Rätsel gelöst. Auch heutzutage noch ist es nicht möglich, eine selbststeuernde Yacht sozusagen auf Bestellung zu zeichnen.

Von den ersten Versuchen, eine Yacht zum Selbststeuern zu bringen, profitieren Blauwasseryachten heute noch. 1930 setzte der irische Segler Otway Waller bei achterlichen Winden zwei gleichgeschnittene Focks und baumte sie mit Spinnakerbäumen aus. Er hoffte nicht nur, damit auf diesem Kurs schnell zu sein, sondern glaubte auch, daß das Schiff dabei so symmetrisch besegelt sei, daß es den Kurs vor dem Wind auch ohne Ruderbedienung beibe-

Die älteste Anlage ist die Hasler-Anlage. Mit ihrer Hilfe segelte der jüngste Einhand-Weltumsegler, Lee Graham, die DOVE um die Welt.

halten werde. Inzwischen sind zahlreiche Versionen dieser Passatbesegelung ausprobiert worden, die meisten mit dem Ziel, dem Segler auf dem meistbefahrenen Kurs, nämlich vor dem Wind, die Last des Rudergehens abzunehmen. Es gab auch unendlich viele Veröffentlichungen zu dem Thema „Passatsegel", die alle nur das Ziel hatten, die effektivste Methode zur Selbststeuerung herauszufinden. Wir können das meiste davon vergessen, denn ein kleines Gerät am Heck nahezu jeder Fahrtenyacht erledigt das meist besser. Nebenbei haben uns aber diese Bemühungen ein sehr gutes Vorwindsegel eingebracht: das Passatsegel beziehungsweise die Zwillingsfock.

Eine wirkungsvolle Selbststeueranlage, die uns, ohne Energie zu brauchen, steuert, hat uns – das sei ausdrücklich betont – die Regattasegelei beschert. Der Brite Colonel Hasler ist der eigentliche Erfinder der modernen Anlage. Anlaß zu seinen Arbeiten war die Teilnahme an der ersten Einhand-Transatlantikregatta im Jahre 1960, in der Hasler mit seiner JESTER nach 46 Tagen ins Ziel kam. Ausgeruht, denn er hatte nur eine Stunde am Ruder gesessen.

Die geniale Idee Haslers, die heute fast allen Windselbststeueranlagen, die größenmäßig für die Blauwassersegelei in Frage kommen, zugrunde liegt, war die, daß er den Wind ausnutzte, um dem Segelschiff die Richtung vorzugeben, daß er aber die Fahrt durchs Wasser die Kraft zur Ruderbewegung liefern ließ. Es hat nicht an Versuchen gefehlt, die Windkraft allein auf die Pinne zu übertragen, doch ohne den rechten Effekt. Chichester benutzte auf seiner ersten Einhandregatta über den Atlantik ein Segel für die Bedienung der Pinne. Später nahm man etwas kleinere Windfahnen, aber selten reichte die Leistung der Anlagen aus, nicht allzu kleine Yachten bei wenig Wind oder auf Vorwindstrecken auf Kurs zu halten.

Haslers Idee dagegen führte zu einem logischen Resultat. Solange das Schiff Fahrt durchs Wasser macht, solange eine Ruderwirkung überhaupt zu spüren ist, so lange reicht auch die Kraft zum Betätigen der Pinne. Der Wind braucht nur eine leichte Windfahne zu drehen, die aber keine Kraft übertragen muß, sondern nur die Windrichtung angibt. Der Trick hierzu ist – wie bei allen genialen Ideen – so einfach, daß man sich fragt, warum alle frühen Versuche nicht zu dieser Lösung geführt haben.

Nehmen wir an, wir sitzen am Heck einer Yacht in Fahrt und blicken achteraus. Wenn wir nun einen Ruderriemen in das Kielwasser halten, so, daß dessen schmale Kante in die Kielrichtung weist, dann werden wir uns kaum anstrengen müssen, den Riemen zu halten. Verkanten wir ihn aber nur leicht, so wird er sofort – durch den Wasserstrom abgelenkt – die Tendenz haben, zur Seite auszuwandern, und es wird uns, auch wenn wir uns sehr anstrengen, kaum noch gelingen, dieser ablenkenden Kraft entgegenzuarbeiten. Wenig Kraftaufwand dagegen erfordert es, den Riemen so zu drehen, daß seine schmale Kante in Kielrichtung zeigt.

Die Haslersche Pendelanlage arbeitet genau nach diesem Prinzip. Sie überträgt ganz primitiv mit Leinen die Kraft, die ein am Heck hängendes Pendel (ein langes, schmales „Ruder"-Blatt) erzeugt, auf eine Pinne oder ein Rad. Um Mißverständnisse auszuschließen: Dieses Hilfsruder hat keine Ruderfunktion, sondern dient nur als Kraftlieferant.

Kaum Kraft wird benötigt, um das Pendelruder zu drehen. Das bewerkstelligt der Wind, der eine Windfahne anbläst.

Die Bedienung einer solchen Anlage ist einfach. Man bringt die Yacht auf Kurs, trimmt die Segel so, daß kein allzu starker Ruderdruck erzeugt wird, und kuppelt die

Windfahne ein, die, solange sie noch frei beweglich ist, „im Wind“ steht. Läuft die Yacht nun geringfügig aus dem Kurs, wird die Windfahne vom Wind wieder „in den Wind“ gedreht. Sie gibt diese Drehung an das Pendelruder weiter, das im Fahrtstrom nach der Seite auswandert, wodurch die Steuerleinen die Pinne bewegen und das Schiff so auf den alten Kurs zurückbringen.

Mit dieser Hasler-Pendelruderanlage sind eine Reihe bemerkenswerter Reisen unternommen worden: Chichesters Weltumseglung, Hiscocks Amerikareise, Dr. Jörgen Meyers schnelle Einhand-Weltumseglung stehen stellvertretend für viele.

Nachdem Hasler die Zuverlässigkeit und Eignung seiner Anlage unter Beweis gestellt hatte, kam es, vor allem in England und in Frankreich, zu einer Reihe von Modifizierungen und auch Verbesserungen. So wurde das am Heck aufgehängte Ruder mit einem kleinen langen Zusatzruder (Flettner-Ruder) versehen, das insofern das Pendel abwandelte, als es das Hauptruder direkt anströmte und es somit zum Auswandern nach der Seite brachte. Große Bedeutung erlangten diese Anlagen aber nicht, vor allem, wenn sie das Hauptruder anströmten. Wieder andere verwendeten statt des Hauptruders ein Zusatzruder, das von einem kleinen Flettner-Ruder angeströmt wurde, das also während der Selbststeuerung die gesamte Arbeit des Hauptruders übernahm. Hauptvorteil dieser Anordnung: die Sicherheit eines zweiten Ruders.

Auch die große Windfahne der Haslerschen Anlage wurde abgelöst, indem die Fahne nicht mehr vertikal, sondern um eine horizontale Achse drehbar angeordnet und mit einem Gegengewicht versehen wurde. Das Prinzip ist einleuchtend: Wenn die Yacht auf Kurs liegt, wird die Windfahne um ein feststellbares vertikales Lager so zum Wind hingedreht, daß er auf die schmale Kante der Windfahne bläst. Die Fahne bleibt so lange aufrecht, bis der scheinbare (!) Wind, bedingt durch eine nicht gewollte Kursänderung, auf ihre Breitseite auftrifft und sie „umlegen“ kann. Das wird auf das Pendel übertragen, das die Yacht auf Kurs zurückbringt. Nun trifft der Wind wieder nur die Kante der Fahne, die sich wegen des Gegengewichtes aufrichten konnte. Diese Verbesserungen haben aber nur eine Verkleinerung der Fahne zur Folge gehabt, während sich am Prinzip der Krafterzeugung nichts geändert hat.

Eine drei Jahrzehnte lange Entwicklung ist hiermit im wesentlichen abgeschlossen. Die heutigen Anlagen sind so problemlos und zuverlässig, daß es kaum noch etwas zu verbessern gibt. Trotzdem regen die Probleme der Selbststeuerung stets von neuem die „Erfinder“ an, obwohl eigentlich schon alles erfunden ist. Zuflucht suchen sie dann in Werbesprüchen wie „Die genaueste Anlage“ oder ähnliches. Vergleiche lassen sich schwer ziehen, denn die beste Windselbststeueranlage kann nur einen so genauen Kurs steuern, wie der Wind ihn vorgibt. Und das soll sie nicht einmal, denn wenn man an einem Windrichtungsanzeiger beobachtet, wie schnell sich der scheinbare achterliche Wind jede Sekunde ändert, möchte man einen solchen Kurs gar nicht steuern. Eine gewisse Trägheit ist durchaus wünschenswert.

Auch wird das Verhalten einer Yacht unter Selbststeuerung unterschiedlich sein, je nachdem, wie stark der Druck auf das Ruder ist. Auf raumen Kursen wird man unter Umständen mit starken Gummizügen von der Pinne zum Cockpit nachhelfen müssen, wenn die Anlage nur noch schlecht gegen die Luvgierigkeit ankommt. Bei anderen Anlagen wird man zu Beginn etwas experimentieren müssen, bis an der Pinne der richtige Ansatzpunkt für die Steuerleinen

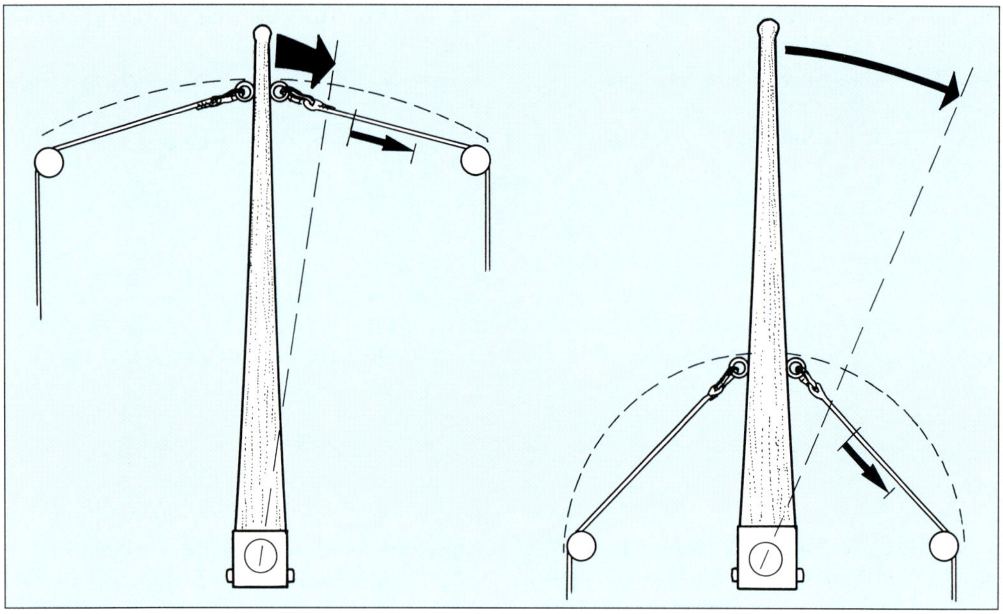

Wenn die Steuerleinen einer Selbststeueranlage weit vom Pinnendrehpunkt entfernt an der Pinne angreifen, kann sie zwar nur kleine Ruderausschläge ausführen, das aber mit viel Kraft. Befindet sich der Ansatzpunkt der Steuerleinen dagegen nahe am Pinnendrehpunkt, kann die Selbststeueranlage große Ruderausschläge machen, freilich nicht mit sehr viel Kraft. Der Weg der Steuerseile ist in beiden Fällen gleich.

gefunden ist. Denn nahe am Koker werden die Ruderausschläge zwar heftig sein, unter Umständen aber ist bei wenig Fahrt das Hilfsruder überfordert; am Ende der Pinne dagegen reichen die geringen Ruderausschläge vielleicht nicht aus, um den Kurs zu halten. Wenn man aber nach ein paar Trimmfahrten auf der offenen See (in Küstengewässern ist meist der Wind nicht stetig genug) die richtige Einstellung gefunden hat, hat man das Problem des Rudergehens gelöst. Der „Rudergänger" ist dann ein Mannschaftsmitglied, das 24 Stunden hart arbeitet, nichts ißt und nichts trinkt und vor allem seinen Mund hält.

Aber er kann keine Gefahrensituationen erkennen. Er sieht beispielsweise auf Kursen vor dem Wind nicht, daß eine breitseits heranrollende See eine Patenthalse verursachen könnte. Deshalb wird man mit der Selbststeueranlage immer ein paar Grad auf der sicheren Seite segeln. Er kann auch nicht Ausguck halten. Andererseits ist der Wachführer durch das Rudergehen nicht abgelenkt, und so kann er leicht das Ruder übernehmen, wenn die Gefahr besteht, einem Berufsschiff auf hoher See zu nahe zu kommen. Hierzu ist natürlich notwendig, daß die Selbststeueranlage sich schnell auskuppeln läßt, denn gegen sie ist kaum zu arbeiten.

Auf den Ankerplätzen der Welt sieht man nur noch selten eine Blauwasseryacht ohne Selbststeueranlage. Die früher so populäre Hasler-Anlage ist fast verschwunden, wahrscheinlich, weil sie bei größeren Schiffen (über 12 Meter Länge – Chichester hatte eine Spezialanfertigung) nicht genügend Kraft aufbrachte. Heute gibt es eine Vielzahl von Fabrikaten, aber eine ist auf mindestens jeder zweiten Blauwasseryacht zu finden und hat ihre Tauglichkeit seit zehn Jahren bei mindestens 100 Weltumseglungen bewiesen. Das ist die englische Aries-Anlage, die in Cowes von Nick Franklin gebaut wurde. Problemlos steuerte ein und derselbe Typ Yachten zwischen 8 und 20 Meter Länge über die Weltmeere. Die Kammlers, die Hiscocks, um nur einige zu nennen, vertrauten sich ihr an.

Mir ist unverständlich, warum so ein Superding nicht mehr verkauft wird. Wenn man ein Exemplar, was freilich selten vorkommen dürfte, auf dem Gebraucht-Markt findet, sollte man sofort zugreifen. Ein Trost: Die Tochter des genialen Nick Franklin verkauft weiter Ersatzteile für die Aries unter der Anschrift: Mrs. Helen Franklin, Aries Vane Gear Spares, 48, St. Thomas Street, Penryn, Cornwall TR 10 8 JW, Fax 03 26/37 81 17.

Es scheint, daß die modernere amerikanische MONITOR-Anlage der Aries-Anlage nachempfunden wurde (was ja nichts Schlechtes ist). Zumindest arbeitet sie nach dem gleichen System des Servo-Pendelruders. Sie soll Yachten von 24 Fuß bis 60 Fuß steuern. Sie wird hochgelobt und ist in Deutschland zu beziehen über Blue Water GmbH, Klaus Hympendahl, Im Rottfeld 23, Düsseldorf, Telefon 02 11/62 68 16, Fax 02 11/62 68 26.

Elektrische Selbststeueranlagen

Wer noch keine Hochseeerfahrung hat, sieht als Schwäche einer Windselbststeueranlage an, daß sie sich immer nur nach dem Wind richtet. Könnte nicht der von ihr gesteuerte Kurs bei einer unbemerkten Winddrehung vollkommen falsch sein? In der Praxis nein, denn auf dem Ozean sind plötzliche Winddrehungen äußerst selten, unbemerkte sogar nicht vorstellbar. Es ist also kein Nachteil, wenn wir uns vom Wind sagen lassen, wo's langgeht.

Unter Maschine sind die mechanischen Selbststeueranlagen arge Versager, denn wir benutzen die Maschine im allgemeinen nur bei Flaute. Bei den seltenen Gelegenheiten jedoch, wo wir längere Strecken motoren, werden wir die Selbststeueranlage nicht allzusehr vermissen. Es gibt allerdings elektrische Windsteuerungen, die wahlweise auch von einem Kompaß angesteuert werden können. Billig sind solche Anlagen nicht.

Die reinen elektrischen Steuerautomaten sind selten auf Blauwasseryachten, weil sie Strom verbrauchen, und zwar nicht wenig, und davon haben wir nie genug. Nachdem eine Windselbststeueranlage die Energie kostenlos liefert, wäre es wenig sinnvoll, sich einen Autopiloten anzuschaffen, zumal man sich damit gleichzeitig ein Problem mehr auf dem Schiff einhandeln würde.

Das Rigg einer Blauwasseryacht

Das ideale Rigg schlechthin gibt es nicht, jedes ist mit mehr oder weniger großen Schwächen behaftet. Das eine Rigg eignet sich besser für Amwindkurse, das andere hat Vorteile bei raumem Wind. Das nächste ist allen anderen vor dem Wind überle-

Dreimastschoner wie diesen sieht man heute nur noch selten.

gen, es bedarf jedoch einer großen Mannschaft, um ein damit ausgerüstetes Schiff sicher zu segeln. Kein Wunder also, daß auch das Rigg Gegenstand vieler Verbesserungen und Versuche war. Indes, kein einziges von denen, die in den letzten 30 Jahren entwickelt wurden, hat auch nur den geringsten Einfluß auf die Blauwasserriggs gehabt. Schlimmer noch: Fast keine der „Erfindungen" ist über das Stadium am Zeichentisch hinausgekommen.

Wenn wir einmal die letzten zehn Jahrgänge einer Segelzeitung durchblättern, stoßen wir immer wieder auf „neue", „revolutionierende", „besonders zweckmäßige" Riggs, die die bewährten, aber bei weitem nicht zufriedenstellenden Takelungsarten ablösen sollten. Nicht ein einziges davon habe ich je auf einem Blauwasser-Ankerplatz gesehen. Offensichtlich ist es den Werften immer wieder gelungen, den unerfahrenen Träumern den Unsinn auszureden.

Halt, eine Ausnahme gibt es. Das Rigg der in Amerika konstruierten Freedom 40 besteht aus unverstagten Masten mit Gabelbäumen – offensichtlich vom Windsurfen beeinflußt. Sie erregte dadurch Aufsehen, daß sie als reines Fahrtenschiff bei

Das Dschunkenrigg konnte sich auf Yachten, trotz zahlreicher Versuche, nicht richtig durchsetzen.

Hochseerennen Geschwindigkeiten wie ausgesprochene Regattayachten lief. Nachdem sich aber der erste Begeisterungssturm gelegt hatte, wurde es wieder ruhig um sie, ohne daß eine andere Werft dieses Rigg, das für achterlichen Wind in einer Ozeandünung sicher noch lange nicht ideal ist, für ausgesprochene Langfahrtyachten aufgegriffen hätte.

Eine Zeitlang erlebte auch das mehrere tausend Jahre alte Dschunkenrigg eine Renaissance und wurde sogar auch auf ein paar Langfahrtyachten mit modernem Rumpf gesetzt, in der Annahme: „Was die cleveren Chinesen in ihren rauhen Gewässern so lange benutzt haben, muß auch für eine Yacht das Richtige sein.“ Man hat dabei möglicherweise übersehen, daß Dschunken zwar hochseetüchtig, andererseits aber auch dafür gebaut sind, mit viel Ladung flache Küstengewässer und Flüsse zu befahren. Das Dschunkenrigg schien auf Grund der Breite des Rumpfes und der daraus resultierenden Formstabilität die optimale Besegelungsart zu sein.

Die wenigen Eigner mit dschunkengeriggten tiefgehenden Yachten äußerten sich befriedigt, wenn auch nicht begeistert, so daß ein malerisches, von Bambuslatten durchzogenes braunes Segel auf den Ankerplätzen wohl für immer eine exotische Erscheinung bleiben wird.

Den Vorteil, daß das Rigg von einem Mann bedient werden kann, wie Colonel Hasler stets hervorhob, dessen sechseinhalb Meter lange JESTER dschunkengetakelt war, haben heute 16 Meter lange einmastige Yachten auch. Zudem ist das Dschunkenrigg am Wind ohnehin nicht sehr effektiv und vor dem Wind – wo seine Stärke liegen sollte – störanfällig, weil es kaum Möglichkeiten gibt, das Segel vor dem Schiften (Halsen) zu schützen, was nach Angaben des Skippers einer Yacht mit einem solchen Rigg ständig zu gebrochenen Latten führt.

Was verlangt man von einem für eine Blauwasseryacht geeigneten Rigg? Zunächst muß es von den gewöhnlich kleinen Mannschaften entsprechend leicht und problemlos zu bedienen und auf allen Kursen effektiv sein. Daß diese Forderungen von keinem der heutigen Riggs erfüllt werden, ist naheliegend, denn dann bedürfte es dieser vergeblichen Anstrengungen der Rigg-Erfinder gar nicht.

Ausgerechnet die beste Eigenschaft moderner Riggs, nämlich gute Höhe laufen zu können, ist für eine Blauwasseryacht nicht so entscheidend, daß deshalb irgendwelche Kompromisse eingegangen werden müßten. Warum?

Eine moderne Yacht kann bei ruhigem Wasser – beispielsweise in geschützten Küstengewässern oder gar auf Binnenseen – schon Höhen um 30° am scheinbaren Wind segeln (das ist der, dessen Richtung und Geschwindigkeit an Bord gemessen wird). Jeder kann leicht prüfen, wie hoch seine Yacht am Wind läuft. Hierzu muß er nur auf den Kompaß blicken, wenn er glaubt, gut Höhe zu laufen. Anschließend geht er auf den anderen Bug und liest wiederum den Kompaß ab. Hat sich die Windrichtung zwischenzeitlich nicht geändert, so ergibt der Kompaßwinkel zwischen den beiden Kursen geteilt durch zwei die Höhe am Wind. Um Mißweisung braucht man sich hierbei nicht zu kümmern, wohl aber um die Deviation, wenn sie 5° überschreiten sollte, was auf Kunststoffyachten nahezu ausgeschlossen ist.

Bei solchen Versuchen neigt man dazu, Höhe zu kneifen, also so hoch wie möglich zu laufen – ohne Rücksicht auf die Geschwindigkeit. Ein Blick auf das Speedometer zeigt jedoch, daß die Fahrt geringer wird, wenn man zu sehr kneift.

Entscheidend aber ist nur die Geschwindigkeit nach Luv, also wie schnell man einem Ziel genau im Wind näherkommt. Man kann das mit jedem 10-DM-Rechner ausrechnen:

Luvgeschwindigkeit = cos Höhe am Wind x Geschwindigkeit

Danach sollte man dann die „optimale Höhe“ suchen, sie wird bei einer Fahrtenyacht bei etwa 45° liegen.

Nicht eingerechnet ist dabei die Abdrift, die bei der optimalen Höhe bei 5° und darüber liegen kann.

Dies sind aber Ergebnisse, die sich auf einwandfreie Bedingungen und vor allem glatte See beziehen. Ganz anders sieht die Sache beispielsweise im Passat aus, wo die Seen auf der Luvseite schon ganz schön steil – nicht hoch – sein können. Hier erreicht man bei weitem nicht mehr soviel Höhe, weil die See die Yacht – je nachdem, wie schwer und groß sie ist und was für eine Unterwasserschiffsform sie hat – häufig abbremsen wird. Dann kann das Schiff manchmal zum Stillstand kommen, und es dauert eine scheinbare Ewigkeit, bis der Bug abfällt und die Yacht wieder Fahrt aufnimmt. Daß hierbei nicht die Höhe am Wind wie bei glattem Wasser gelaufen werden kann, ist einleuchtend. Effektive 50° sind schon ganz gut, Abdrift nicht eingerechnet.

Nicht zu vergessen der Strom: Wenn der stetige Passat tage-, ja wochenlang in eine Richtung bläst, beginnen sich die Wasserteilchen an der Oberfläche in die Richtung zu bewegen, wohin der Passat weht. Ergebnis: Strom bis zu zwei Knoten. Ein Knoten ist die Regel. Wenn wir das alles bis zum bitteren Ende durchrechnen, dann kommen ganz betrübliche Luvgeschwindigkeiten heraus, und wir müßten eigentlich an der Tüchtigkeit unseres Riggs zweifeln. Dabei wurde noch gar nicht berücksichtigt, daß Kurse hart am Wind, wenn sich die Mannschaft bei jedem harten Einsetzen fragen muß, wie lange das Schiff das wohl noch aushält, bevor es auseinanderbricht, sich nachteilig auf die Moral der Besatzung auswirken, was nicht gerade das Durchhaltevermögen steigert.

So geht man den Kursen gegenan aus dem Weg. Und wünschte, daß unser Rigg sich für die Raumwind- und Vorwindkurse optimal eignen würde. Was es aber nicht tut. Wir können uns nur aus den vorhandenen Möglichkeiten das Beste heraussuchen.

Die Slup

Der Einmaster hat seine Vorzüge auf Kursen am Wind und vor dem Wind. Bei letzterem deshalb, weil achtern kein Mast steht, der alleine oder mit einem Segel den Wind im Segel des Hauptmastes stören würde. Nachdem vor dem Wind das Segel im Luftstrom als reiner Widerstandskörper wirkt, würde der Vortrieb genau um den Betrag reduziert werden, den ein zweites Segel ausmachen würde. Man macht sich das beim Regattasegeln zunutze, indem man eine vor einem liegende Yacht „abdeckt".

Daß sich der Einmaster in der Blauwassersegelei bis jetzt nicht durchgesetzt hat, liegt daran, daß vor ein paar Jahrzehnten die großen Segel des einen Mastes von einer kleinen Mannschaft eben nicht beherrscht werden konnten. Man darf nicht vergessen, daß in den Anfangszeiten des Blauwassersegelns auf einer Yacht keine Winschen, sondern höchstens Taljen zum Dichtholen oder Durchsetzen der Segel verwendet wurden. Auch bestand das Segel zumeist aus schwerem Tuch, das es recht unhandlich machte. Vor allem bei Nässe, wenn sich die Baumwolle mit Feuchtigkeit vollsog.

Hiscock hat deshalb einmal die Regel aufgestellt, daß ein Mann, dazu zählt natürlich auch die übliche Zwei-„Mann"-Besatzung einer Blauwasseryacht, kein größeres Segel als ca. 40 Quadratmeter beherrschen könne – was zur Unterteilung der Segelfläche oder zur Aufteilung der Segelfläche auf mehrere Masten geführt hat. Dazu kam noch, daß die damaligen Yachten mit elendlangen Großbäumen ausgestattet waren, die ebenfalls schwerer zu bändigen waren als unsere heutigen kurzen Bäume, die wir ausnahmsweise der Regattasegelei verdanken.

Ebenfalls aus der Rennszene kommen die modernen Yachtbeschläge, die festen, aber leichten Kunstfasertuche und vor allem die Mehrgangwinschen. Gerade letztere lassen uns heute ganz andere Segelgrößen beherrschen. Mit einer Dreigangwinde kann auch die zierliche Bordfrau eine 80-Quadratmeter-Genua dichtholen, mit einer Hand sogar, wenn die Winde selbstholend ist. Der Preis dafür ist die Zeit, die es dauert, bis ein paar Meter Schot eingeholt sind. Aber was spielt das auf einer Blauwasseryacht schon für eine Rolle, wo Reisen Wochen dauern und es häufig vorkommt, daß eine Wende nur alle zehn Tage gefahren wird.

Früher war es deshalb selbstverständlich, daß Yachten von mehr als 12 Meter Länge über alles kaum noch als Einmaster gefahren wurden. Heute gilt diese Grenze nicht mehr. Die Sluptakelung ist sicher die einfachste, sowohl in der Handhabung als auch im Unterhalt, denn ein Rigg muß selbstverständlich laufend kontrolliert werden – auch auf See.

Eine Slup läßt sich bequemer gestalten, wenn das Großsegel und damit der Baum nicht zu lang gewählt werden. Hierzu muß der Mast allerdings etwas zurückgenommen werden, damit die Yacht unter allen Umständen einen Hauch Luvgierigkeit behält. Denn Leegierigkeit – es sei denn, sie ist nur bei ganz flauen Winden zu spüren – sollte auf alle Fälle vermieden werden. Es werden sich dann immer ein relativ hochgeschnittenes Großsegel und ein großes Vorsegeldreieck ergeben. Die großen Vorsegel sind jedoch weitaus harmloser als ein langer Baum. Die meisten Unfälle an Bord von Segelyachten werden nämlich durch außer Kontrolle geratene

Bäume verursacht. Eine große Genua dagegen ist harmlos, wenn auf den üblichen Schäkel am Schothorn verzichtet und dieser statt dessen durch je einen Palstek in der Schot ersetzt wird. Sie kann bei jedem Wind geborgen werden. Und wenn sie mal beim Niederholen ins Wasser fällt, richtet das ebenfalls keinen Schaden an.

Es gibt Slups mit ungeteiltem Vorsegel und solche mit mehreren Vorsegeln. Bei der Kuttertakelung wird als vorderstes Segel der – meist hochgeschnittene – Klüver gefahren und an einem weiteren Stag etwas achterlicher die Fock. Auch diese Unterteilung stammt aus einer Zeit, als man glaubte, ein Rigg sei besser zu handhaben, wenn die Gesamtsegelfläche auf mehrere Segel verteilt würde.

Heutzutage hat das keine Berechtigung mehr, zumal man sich mit einem Kutterrigg zusätzliche Probleme auflädt. Mit einer Fock allein ist es nämlich nicht getan. Wegen ihrer kurzen Unterliekslänge und dem meist ungünstig liegenden Holepunkt für die Schot müßte man eigentlich verschiedene Focks fahren, je nachdem, ob man am Wind segelt (Kreuzfock) oder ob der Wind raum einfällt. Vor dem Wind kann man sowieso auf sie verzichten, weil sie bedingt durch ihre geringe Größe kaum Vortrieb bringt und sie allenfalls die am Klüverstag gefahrene Genua abdeckt.

Zudem sind bei der Kuttertakelung wegen der Fock Backstagen erforderlich. Oftmals kennen nicht einmal erfahrene Hochseesegler die Bedeutung der Backstagen. Deshalb seien sie hier kurz erklärt. Nachdem die Fock beim Kutter – ob einmastig oder zweimastig, spielt hier keine Rolle – praktisch nie am Masttopp ansetzt, sondern meist irgendwo im oberen Drittel, bei der zweiten Saling (wenn vorhanden), ist es nicht ohne weiteres möglich, dem Zug der Fock auf das Fockstag einen Zug am Mast entgegenzusetzen, wie es gute Seemannschaft erfordern würde. Beim Klüverstag (Vorstag) geschieht dies beispielsweise mit einem Achterstag. Ein weiteres Achterstag, um den Zug der Fock auf den Mast nach achtern abzufangen, ist nicht anzubringen, weil ja das Großsegel den Platz achtern

Eine Slup. Ob ein zweites Vorsegel, eine Kuttertakelung also, tatsächlich Vorteile hat, ist umstritten.

von diesem Ansatzpunkt benötigt. Das Backstag erfüllt nun diese Aufgabe jeweils auf der Seite, auf der das Groß gerade eben nicht gefahren wird, also in Luv. Wir benötigen also zwei Backstagen, die je nach Bug nach jeder Wende oder Halse neu gesetzt werden müssen. Die Engländer bezeichnen das Backstag zutreffend „running backstay" (bewegliches Achterstag). Es gibt eine Reihe von Konstruktionen, um das Backstag schnell durchzusetzen. Am einfachsten geht es mit Klapphebeln, am billigsten ist es, wenn man ganz einfach eine Winsch benutzt.

Ein weiterer Nachteil der zweigeteilten Vorsegelfläche ist das Fockstag, das bei jeder Wende behindert. Nicht so sehr, wenn der Klüver gefahren wird, denn er ist ja ziemlich hoch und damit kurz geschnitten. Wenn aber die Genua auf den neuen Bug genommen werden soll, stört das Fockstag doch sehr. Entweder muß sie herumgetragen werden, was einen Mann auf dem Vorschiff erfordert, oder aber sie schleift knirschend um das Drahtseil herum, was ihre Lebensdauer um einiges verkürzt.

Die Sluptakelung ist also nicht nur einfach, sondern auch sehr zweckmäßig. Allerdings: Den Reffmöglichkeiten muß besondere Aufmerksamkeit gewidmet werden. Denn bei der Slup benötigen wir sie als einziges Mittel, die Yacht auch bei mehr Wind ausgetrimmt zu halten. Warum nicht nur Vorsegel wechseln, wenn der Wind stark auffrischt? Das wäre keine gute Seemannschaft, denn am Ende stünden wir ohne Vorsegel da, und die Yacht wäre kaum noch zu steuern, vor allem nicht unter Selbststeueranlage, die ja doch ein gut getrimmtes Schiff erfordert. Nehmen Wind und Fahrt nämlich zu, wird der Abstand des Segeldruckpunktes zum Lateraldruckpunkt des Unterwasserschiffes vergrößert, das heißt, der Segeldruckpunkt wandert noch mehr vor den Lateraldruckpunkt. Die Folge – und das gilt praktisch für alle Yachten: Die Yacht wird luvgierig.

Auf großen Yachten kann man dem wie folgt abhelfen: entweder Vorsegel vergrößern oder aber die Segelfläche hinter dem Druckpunkt verkleinern. Ersteres möchte man nicht, denn es gilt ja bei zunehmendem Wind, die Segelfläche *insgesamt* zu verkleinern. Also bleibt bei der Slup nur das Reffen des Großsegels, denn andere Segel sind nicht vorhanden. Das Reff muß deshalb auch von kleiner Mannschaft, von einem Mann also, in rauher See bedient werden können.

Die Ketsch

Nach klassischer Definition ist die Ketsch ein Zweimaster, auf dem der achtere Mast niedriger ist und vor dem Ende der Wasserlinie steht. Als Vorteil der Ketschtakelung wird die wirkungsvolle Unterteilung der Segelfläche angeführt, so daß die Ketsch auch von kleiner Mannschaft zu segeln sei. Unkompliziert könne bei zunehmendem Wind die Segelfläche verkleinert werden; man brauche nur das Großsegel wegzunehmen und könne Besan- (so heißen der achtere Mast und das daran gefahrene Segel) sowie Vorsegel stehenlassen. Mit Hilfe dieses Besans sei es auch leichter, die Yacht zum Beiliegen zu bringen, und außerdem könne bei leichten Winden an ihm ein Besanstagsegel gesetzt werden.

Das ist alles richtig, doch ist damit nicht die Unterlegenheit der Slup begründet. Denn die Unterteilung der Segelfläche ist heute bei Yachten unter 15 Meter Länge kein Argument für die Ketsch mehr. Zweifellos ist es von Vorteil, wenn das Großsegel nicht gerefft werden muß, sondern ganz weggenommen werden kann, beispielsweise in Gewässern, in denen schnell

Typisch Ketsch, wie man sie häufig sehen kann, der Besan bleibt leer.

mal ein Gewitter aufkommen oder sonstwie Böen einfallen können, wo es also darum geht, daß sich die Segelfläche schnell verkleinern läßt. Auf den üblichen Blauwasserrouten jedoch ist diese Forderung kaum gegeben, von der Stärke des Windes und vom Kurs her.

Die Vorwindschwäche, die allen Riggs eigen ist, gleicht auch der Besan nicht aus. Selbst wenn „Schmetterling", also das Groß auf der einen und das Besansegel auf der entgegengesetzten Seite, gesegelt wird, ist das kein Idealzustand, denn der Abwind aus dem Besansegel stört das Großsegel deutlich. Zudem kann diese Besegelung nur auf einem engbegrenzten Kurs gefahren werden, wobei bezweifelt wird, daß die Selbststeueranlage bei gröberer Dünung die Yacht so zuverlässig vor dem Wind steuert, daß eine Patenthalse ausgeschlossen ist.

Auch die Tatsache, daß mit dem Besanstagsegel ein zusätzliches Segel (bei leichten Winden) gesetzt werden kann, ist nur die eine Seite der Medaille. Denn gerade bei raumen Winden zeigt sich die entscheidende Schwäche der Ketsch: Mit zunehmendem Wind erhöht sich ihre Luvgierigkeit, und sie hat dann genau dort zusätzliche Segelfläche, wo sie am schädlichsten ist, nämlich achtern. Es ist deshalb kaum verwunderlich, wenn Langstreckensegler immer wieder berichten, daß sie den Besan nur ganz wenig benutzen.

Ist das der Nachteil des achteren Mastes? Läßt sich nicht sagen „Nützt er nicht, dann schadet er auch nicht"? Nein, denn erstens kostet eine Ketschtakelung eben wegen des zweiten Mastes, Baumes und der zusätzlichen Stagen eine Menge Geld mehr als eine Sluptakelung, vom Platzbedarf ganz zu schweigen. Aber man bringt weitere Opfer: Der Hauptmast ist ein Stück niedriger und steht außerdem zu weit vorn. Man muß sich also in einem solchen Fall schon damit abfinden, eine Ketsch zu segeln. Ich kenne einige Segler, die allein aus diesem Grunde ihr Schiff verkauften, um sich für eine Slup zu entscheiden. Offensichtlich wogen ihnen die tatsächlichen Vorteile der Ketsch nicht schwer genug: Es ist eine Tatsache, daß mit Hilfe des Besans eine Yacht viel leichter zum Beiliegen gebracht werden kann. Auf engem Raum läßt sich eine Ketsch – wenn man es beherrscht! – auch besser unter Segeln manövrieren. Und schließlich: Wenn der Fall der Fälle eintritt, nämlich Mastbruch, hat man bei der Ketsch immer noch eine Spiere stehen – zum Segeln und für die Antenne des Senders. Einen echten Vorteil der Ketsch sehe ich im übrigen darin, daß sie am Besan einen vorzüglichen Platz für die Radarantenne abgibt. Jeder Slup-Eigner wird den Eigner eines Zweimasters schon deshalb beneiden.

Wie gesagt, vor drei Jahrzehnten hatte der Blauwassersegler mit kleiner Mannschaft keine andere Wahl als die Ketsch oder die Yawl, wenn er eine größere Yacht wollte. Deshalb sind auch fast alle älteren Yachten über eine bestimmte Länge hinaus als Zweimaster geriggt, und derjenige, der sich für eine Gebrauchtyacht entscheidet, wird vielleicht gar keine Slup der gewünschten Größenordnung finden. Auch ist diese Takelung, so habe ich den Verdacht, aus Gewohnheit beibehalten worden. Derjenige, der noch vor der Entscheidung steht, sollte sich das emotionslos überlegen und sich nicht etwa dadurch beeindrucken lassen, daß zwei Masten der Segelyacht seiner Träume mehr gleichen als einer.

Ich mache kein Hehl daraus, daß ich ein überzeugter Anhänger des Einmasters bin. Möglicherweise kann ich deshalb den Argumenten pro und contra nicht gerecht werden. Als Gegengewicht soll somit der befahrene Günther Voigt zu Wort kommen:

Die Ketsch Pusteblume.

Lieber Bobby, *SY* Pusteblume

Wenn Du auch aus guten Gründen ein uneingeschränkter Verfechter eines Slup-Riggs geworden bist, so möchte ich Dir doch als Anhänger einer Ketsch einmal die Vorteile dieses Riggs aus meiner Sicht darstellen. Du weißt, daß ich mit meiner 40-Fuß-Ketsch Pusteblume *inzwischen gut 15 000 Seemeilen zurückgelegt habe, aber auch früher schon eine Ketsch gechartert habe.*

Nun bin ich nicht uneingeschränkt für eine Ketsch, sondern nur, wenn das Schiff auch als Ketsch konstruiert wurde und entsprechend ausgeglichen bei voller Besegelung auf dem Ruder liegt. Dazu darf das Besansegel keinesfalls zu groß sein (bei uns 10,60 m² bei 29 m² Großsegel), weil es sonst immer das Heck so weit aus dem Kurs drückt, daß der Autopilot die Arbeit bei etwas mehr Wind (ab Bft 4) nicht mehr richtig schafft.

Genau aus diesem Grunde aber benutzen die meisten Blauwassersegler ihren Besan so selten, obwohl er viel leichter zu handhaben ist als das Groß, denn niemand will sich ans Ruder stellen, nur um den Besan setzen zu können. Wir hingegen benutzen unseren Besan recht häufig, denn er bringt raumschots bei mittleren Winden gut einen halben Knoten Zuwachs an Geschwindigkeit. Vor dem Wind ist er hingegen ebenso nutzlos wie hoch am Wind, während er bei halbem oder etwas vorlichem Wind wieder gut zu gebrauchen ist.

Für ganz wichtig halte ich auch den Sicherheitsaspekt. Du weißt, daß uns vor einigen Wochen auf den Marquesas der Großbaum brach. Da war es schon sehr angenehm, daß wir ohne Schwierigkeiten mit dem Besan weitersegeln konnten. Das gilt ganz besonders für den Fall, daß der Großmast bricht. Deshalb sollten auch Großmast und Besan nicht oder nur sehr schwach verbunden sein, damit der Großmast nicht beim Herabfallen den Besan mit umreißen kann.

Auch die immer umfangreichere Elektronik auf Blauwasseryachten spricht für einen Besan. Ein Radar ist nur sehr schwer am Großmast fehlerfrei einzusetzen, wie Du ja selbst einsehen mußtest. Aus rein ästhetischen Gründen (sorry) würde ich die Radarantenne auch nie auf einen kleinen Extramast am Heck stellen, wie das heute aus Verlegenheitsgründen häufig gemacht wird. Der Besan ist dafür einzigartig geeignet und fügt dieses Monstrum von Antenne noch einigermaßen harmonisch ins Bild einer Yacht. Für die Antenne des Satelliten-Navigators ist ebenfalls der Besan günstiger als der Großmast, denn sie soll wegen der Schwäche der aufgefangenen Signale nicht zu weit vom Empfänger angebracht werden.

Wenn man dann noch eine UKW-Antenne, Ankerlicht und Dreifarbenlaterne, Windmeßanlage und Radarreflektor im Topp des überladenen Großmastes anbringen soll, dann bleibt der Besan eigentlich zwangsläufig der einzige Ausweg, um all dieses nützliche Zubehör vernünftig unterbringen zu können.

Als sehr praktisch hat sich auch die Handlichkeit des relativ kleinen Besansegels erwiesen, das wegen seiner Größe bei uns entweder ganz gesetzt gesegelt oder geborgen, nie aber gerefft wird. Im Gegensatz zum Groß läßt es sich trotz der Segellatten recht einfach auch vor dem Wind setzen oder bergen. Segelt man es bei starkem Wind statt des gerefften Groß, so ist es bei zunehmender Windstärke problemloser wegzunehmen als das gereffte Groß, denn man muß nicht das Vorschiff betreten. Auf den meisten Yachten arbeitet man bei Starkwind auf dem Achterschiff geschützter und sicherer oder kann den Besan sogar vom Cockpit aus bergen.

Zum Schluß möchte ich Dir aber auch noch ein ganz persönliches Argument nennen. Für mich ist nun einmal eine Ketsch unter Groß und Besan sowie mit einem Spi und einem Besanstagsegel, in harmonischen Farben zueinander passend, der Inbegriff einer schönen, modernen Yacht, selbst wenn das Besanstagsegel kaum zusätzlichen Nutzen bringt.

Herzlichst Günther

Ein letztes Argument dafür, daß die Entwicklung zum Einmaster geht, und zwar nicht einer Mode folgend, sondern wegen der besseren Möglichkeiten, die uns moderne Hilfsmittel (Kunstfasersegel, Nirodraht und Winschen) bieten: Von den 14 Yachten, die beim ersten Whitbread Race um die Welt 1973 teilnahmen, waren nur wenige Einmaster. Unter den 15 Yachten, die 1977 um die Welt segelten, befanden sich immerhin schon sieben Einmaster, also fast die Hälfte. Der Sieger, der Holländer Rietschoten, fuhr die *Ketsch* FLYER. Ihre Länge betrug knapp 20 Meter über alles. 1982 nahmen an der gleichen Regatta fast nur noch Einmaster teil. Wie-

Die Slup THALASSA II war ursprünglich als Ketsch konstruiert. Als Einmaster stellte sie den Eigner zufrieden. Ihr bestes Etmal betrug 196 Seemeilen.

der siegte Rietschoten, mit seiner neuen FLYER, einer 23 Meter langen Slup.

Wenn in den letzten Jahren in (immer kleiner werdenden) Teilnehmerfeldern wiederum häufiger Mehrmaster, ausschließlich mit Ketsch-Rigg auftauchten, so hat dies aber nicht den Grund in der leichteren Bedienbarkeit oder in der größeren Effektivität, sondern allein in der Rennformel, die die besseren Chancen Zweimastern einräumt, nachdem bis dahin die Einmaster sich als überlegen schnell erwiesen und die Formel diesem Umstand Rechnung trug.

Yawl und Schoner

Die Yawl ist ein Zweimaster, wobei der achterliche Mast kleiner ist und hinter dem Ende der Wasserlinie steht, während beim Schoner der niedrigere Mast vor dem höheren plaziert ist. Sowohl Yawl- als auch Schonertakelung verschwinden langsam von der Bildfläche, Neubauten gibt es nur noch vereinzelt. Die Vorbehalte gegen den Zweimaster generell gelten auch gegen Yawl und Schoner. Besonders beim Schoner kommt der Nachteil der schädlichen Segelfläche achtern bei stärkerem Wind noch mehr zur Geltung als bei der Ketsch. Der Besan bei der Yawltakelung dagegen ist meistens so klein, daß man sich fragen muß, für was man da einen ganzen Mast mit allem Drumherum spazierenfährt.

Wie dem auch sei: Zweifellos ist es die Schonertakelung, die die meisten Segler zum Träumen anregt. Und wenn man irgendwo so eine Schönheit auf dem Ankerplatz sieht, dann meint man förmlich den Duft von Kopra zu riechen, und glaubt, die Palmenkronen säuseln zu hören. Es wäre schade, wenn solche Schiffe allein aus Zweckmäßigkeitsgründen verschwinden würden.

Die Schonertakelung.

Stehendes Gut

Bei einer gutwilligen Werft kann man auch bei einem Serienschiff auf das stehende Gut Einfluß nehmen. Man mache sich aber darauf gefaßt, davon einen Niederschlag in der Rechnung zu finden. Läßt man beispielsweise die Stagen eine Nummer dicker machen, so wird dies nicht nur um die Preisdifferenz des Drahtes als Meterware teurer, sondern die Werft benötigt auch die nächste (und teurere) Nummer von Preßhülsen, stärkere Fittings am Mast und unter Umständen sogar das nächst größere Mastprofil.

Aber hier investiertes Geld lohnt sich immer, schon weil man die nächsten paar Jahre besser schläft. Ein sehr ernstgemeinter Rat: Niemals einen Regattasegler bei Fragen nach dem stehenden Gut konsultieren. Man endet sonst bei flexiblem Rigg, hydraulischer Achterstagverstellung, Profilstagen und ähnlichem. Ohne das kann man heute keine Regatta mehr fahren; es hat aber nichts auf einer Langfahrtyacht zu suchen. Es sei denn, man verfügt über ein dickes Portemonnaie.

Auf einer Weltreiseyacht (ich nenne eine Blauwasseryacht gelegentlich so, weil sie auch imstande sein muß, um die Welt zu segeln) geht es nur darum, daß das stehende Gut die notwendigen Segel zu tragen imstande ist und niemals versagt. Nach einem Ruderbruch ist ein abgesegelter Mast das bitterste Mißgeschick. Ein guter Blauwassersegler sollte jedoch imstande sein, mit einem Notrigg den nächsten Hafen zu erreichen; eine Reparatur freilich wird an abgelegenen Plätzen kaum oder nur mit riesigem finanziellem Aufwand möglich sein. Man stelle sich einmal vor, wie man auf einer Insel, auf der es nur Palmen und damit nur minderwertiges Holz gibt, zu einem neuen Aluminiumrohr für den Mast kommen soll.

Mast

Heute werden Masten kaum noch aus Holz gebaut, und das ist gut so. Der einzige Vorteil bei einem Holzmast ist der, daß man ohne großen Aufwand überall Beschläge anschrauben kann. Ansonsten hat er nur Nachteile. Die Beschläge aber haben keinen so festen Halt wie auf Aluminium. Außerdem muß der Holzmast regelmäßig – in den Tropen mindestens alle sechs Monate – lackiert oder gemalt werden, damit der Leim keinen Schaden nimmt. Faule Stellen im Holz werden manchmal erst entdeckt, wenn der Mast schon von oben gekommen ist.

Der ausreichend dimensionierte Alumast dagegen ist wartungsfrei und kaum kaputtzusegeln, wenn die Beschläge halten. Er wird meist silberfarben oder schwarz geliefert. Das Schwarz ist abriebfester. Natürlich heizt der schwarze Mast in der Sonne mehr auf, aber das stört nicht. Letztlich bleibt die Farbe eine Frage des persönlichen Geschmacks.

Aluminium kann ziemlich schnell zerfressen werden, wenn es mit einem anderen Metall in Verbindung kommt und von Seewasser umgeben ist. Das gilt vor allem für nichtrostenden Stahl, wie er üblicherweise für Mastbeschläge verwendet wird. Allerdings sind sie nur Spritzwasser ausgesetzt. Wirklich gefährlich wird es, wenn das Seewasser Gelegenheit hat, sich in Mastnähe zu sammeln. Das darf auf keinen Fall zugelassen werden, besonders bei Masten, die nicht an Deck stehen, sondern auf dem Kiel. Dann muß der Mastfuß häufig kontrolliert werden, auch wenn diese Stelle schwer zugänglich ist. Wenn der Mast an Deck in einer Nirowanne steht und im Mast Seewasser (in geringerem Maße ist auch unsauberes Regenwasser gefährlich) nicht abfließen kann, wird es zu schweren Schäden kommen. Deshalb *muß* in solchen

Fällen eine kleine Bohrung vorhanden sein, die den Abfluß von stehendem Wasser erlaubt. Nachprüfen! Werften denken an solche Dinge nicht immer.

Daß ein Mast dicht ist, darf man nicht annehmen. Über die Kabelzuleitungen wird immer etwas Wasser in ihn gelangen und bei Masten, die direkt auf dem Kiel stehen, damit auch in das Schiffsinnere. Nicht nur aus diesem Grund ist davon abzuraten, den Mast auf den Kiel zu stellen. Bei einer Langfahrtyacht hat es *nur* Vorteile, wenn er auf dem Deck steht. Das Optische ist dabei noch gar nicht einmal das Entscheidende. Denn eine notwendige Maststütze unter Deck, die den Druck des Mastes auf das Deck aufnimmt, läßt sich natürlich viel leichter in die Inneneinrichtung integrieren als ein klobiges Aluminiumrohr.

Die Hauptvorteile eines kürzeren – und damit auch billigeren – Mastes auf dem Deck erweisen sich dann, wenn er mal unter ungünstigen Bedingungen gestellt oder gelegt werden muß. Mit Hilfe eines größeren Schiffes, das eine Talje an der Bordwand herunterläßt, ist das auch im Hafen möglich, selbst wenn das Wasser nicht spiegelglatt ist oder wenn eine Hafenbarkasse ein paar Wellen verursacht. Bei einem Mast, der durch eine Öffnung im Deck geführt werden muß, ist das ein Ding der Unmöglichkeit, zumindest riskiert man ein zerschrammtes Deck oder Schäden in der Kajüte!

Daß der Mastkragen leckt, kann man mit Niro-Schlauchschellen und einer Gummimanschette vermeiden, aber gegen das Wasser, das durch den Mast in das Innere der Yacht läuft, gibt es kaum ein Mittel!

Auf einer Blauwasseryacht wird es selten notwendig sein, den Mast nach vorne oder achtern zu trimmen. Bei einem neuen Schiff, vor allem, wenn es ganz anders beladen wird, als sich der Konstrukteur das vorgestellt hat, kann es jedoch vorkommen, daß die Position des Mastfußes verändert werden muß. Steht der Mast auf dem Deck, wird das keine Schwierigkeiten bereiten.

Anhänger des durchgehenden Mastes führen zwei Argumente ins Feld: Die Einbringung der zahlreichen Kabel in das Schiffsinnere sei problemloser, und im Falle eines Mastbruchs bliebe immer noch ein Maststummel übrig, der für ein Notrigg benutzt werden könne. Ersteres trifft nur dann zu, wenn die Steckverbindungen, die bei einem aufgesetzten Mast immer notwendig sind, nicht sauber – sprich: wasserdicht – ausgeführt werden. Das zweite Argument stimmt nur mit Einschränkungen. Zwar ist es vorgekommen, daß nach einem Mastbruch nur ein Stumpf übrigblieb, doch meistens wird ein Mast in Höhe einer Saling brechen und ein Notrigg ungleich besser anzubringen sein.

Wanten

Die Wanten und Stagen werden heute ausschließlich aus Nirosta-Draht gefertigt. Sind sie ordnungsgemäß montiert und ausreichend dimensioniert, kann man mit nahezu unbegrenzter Lebensdauer rechnen. Wanten haben die Aufgabe, den Mast geradezuhalten, zumal dann, wenn er starkem Druck oder Zug ausgesetzt ist. Berechnen läßt sich die Beanspruchung nicht, sondern nur schätzen. Denn wie soll man genau jene Kräfte kalkulieren, die auftreten, wenn hart am Wind der Bug in eine steile See knallt und für Sekundenbruchteile eine sehr viel größere Materialbelastung auftritt als bei ruhiger See.

Was die Dimensionierung von Wanten und Stagen betrifft, so darf man nicht außer acht lassen, daß vom Durchmesser des Drahtes (heute wird für stehendes Gut nur 1 x 19 verwendet) nicht nur die Bruchstärke, sondern auch der Reck abhängt. Mit anderen Worten: Selbst wenn ein Want stark genug sein sollte, um den Mast zu halten, kann es doch zuviel Reck haben, um ihn auch *gerade* zu halten. Es ist deshalb immer besser, Wanten und Stagen eine Nummer stärker zu wählen als von der Werft vorgesehen. Das ist Geld für die Sicherheit! Und wenn uns Regattasegler erzählen, daß dadurch der Windwiderstand vergrößert wird, nicken wir freundlich und denken uns unseren Teil zu diesem Unsinn.

Nicht das Vor- oder das Achterstag ist am stärksten belastet, sondern immer das Hauptwant. Die Zugkräfte hängen nämlich entscheidend davon ab, in welchem Winkel sie am Mast angreifen. Bei einem durchschnittlichen Kreuzerrigg wird bei einem ganz bestimmten Druck auf den Mast das Vorstag um etwa 50 Prozent mehr als das Achterstag und das Hauptwant um das Doppelte mehr als das Achterstag belastet. Das rührt einzig von dem ungünstigeren Winkel her, unter dem Hauptwant und Vorstag angreifen.

Deshalb ist es in meinen Augen eine Sünde mancher Konstrukteure, wenn sie die Püttings nicht ganz außen an der Verbindung Schale – Deck angreifen lassen, sondern beispielsweise am Kajütaufbau, was sie meist damit begründen, daß man dann von den Wanten nicht behindert wird, wenn man auf das Vorschiff geht. Als ob man da unterwegs laufend spazierengehen würde. Dafür verschenken sie einen günstigeren Angriffswinkel am Mast.

Für eine Blauwasseryacht empfehle ich folgende Drahtdurchmesser für das stehende Gut:

Bootsgewicht	Durchmesser
über 4 Tonnen	6 mm
über 6 Tonnen	7 mm
über 10 Tonnen	8 mm
über 15 Tonnen	10 mm
über 25 Tonnen	12 mm

Wegen der aus den verschiedenen Ansatzwinkeln resultierenden unterschiedlichen Belastungen können Unterwanten und Achterstag eine Nummer kleiner gewählt werden. Allerdings wiegt der Verlust des Achterstags doppelt schwer, denn er kostet oft auch den Mast, während bei einem Vorstagbruch der Mast meist noch vom Vorliek des Segels gehalten wird. Aus diesem Grunde ist es eine gute Sache, zwei Achterstagen zu nehmen, die allerdings nicht mit einem Gelenk beim Mast angreifen dürfen.

Wantenspanner, die mit Gelenkstücken, sogenannten Toggles, mit den Püttings verbunden sind.

Ein doppeltes Vorstag dagegen – meist zum schnelleren Segelwechseln gewählt – kann auf Langfahrten Ärger bereiten. Fährt man die beiden Stagen nämlich nicht auf einer Wippe, so wird das unbelastete immer zu viel Lose haben. Die wechselseitige Belastung ist für das Niromaterial geradezu Gift, so daß letztlich Brüche von doppelten Vorstagen häufiger sind, als das bei einem einzigen Stag der Fall ist.

Wenn stehendes Gut bricht, dann passiert das meistens an den Terminals, also an den Endstücken. Die Hersteller behaupten zwar, daß ordnungsgemäß aufgebrachte Preßhülsen stärker seien als das Drahtseil selbst. Wenn man das wörtlich nimmt, stimmt das schon. Meistens aber bricht der Draht an der Stelle, an der er in die Hülse eintritt, so daß effektiv durch das Terminal eine Schwächung eingetreten ist.

Ein Bruch an der Hülse ist oft darauf zurückzuführen, daß der Draht auf Knick beansprucht wurde. Deshalb müssen an der Stelle, wo auch nur im geringsten mit einer Biegebelastung zu rechnen ist, Gelenke eingesetzt werden, so daß das Stag oder Want nach allen Richtungen beweglich bleibt. Üblicherweise wird man solche Gelenke – Toggles genannt – an allen Stagen und Wanten fahren, außer vielleicht am Achterstag, und zwar unten und oben. Besonders wichtig ist es am Vorstag, denn hart am Wind beschreibt es eine starke Biegung nach Lee, deren man sich im „Ruhezustand“ gar nicht so recht bewußt wird.

Jeder Draht des stehenden Gutes, der nicht ganz gerade verläuft, sondern einen – wenn auch leichten – Knick bildet, wird irgendwann brechen.

Ob man Preßhülsen oder Norseman-Terminals verwendet, ist eine Frage des Geldes. Letztere sind sicherer, aber auch wesentlich teurer. Ich habe noch nie ein Norseman-Terminal gesehen, das Ärger gemacht hätte, dagegen eine Reihe von aufgewalzten Terminals. Ich räume ein, daß dies auch ein Zufall sein kann. Norseman-Terminals haben darüber hinaus den großen Vorteil, daß man sie mit einfachen Bordmitteln selbst aufsetzen kann und daß sie sich öfter verwenden lassen, wenn nur der Konus erneuert wird.

Unter diesem Gesichtspunkt erscheinen sie nicht mehr so teuer, zumal viele Werften nicht einmal die notwendige Presse zum Aufsetzen von Hülsen haben. Sie lassen sich deshalb den Mast vom Riggersteller anliefern, der dann an den Wanten und Stagen oben Hülsen hat. Unten werden von der Werft Norseman-Terminals aufgesetzt. Das gibt keinen Sinn, weil nach dem Gesetz vom schwächsten Glied in der Kette die – möglicherweise vorhandenen – Nachteile der Norseman-Terminals und jene der Preßhülsen zusammenkommen.

Die Spannung der Wanten

Die auf dem Markt befindlichen Spannungsmesser eignen sich für Langfahrtyachten über 10 Meter Länge nicht mehr, weil dort mit viel höheren Spannungen gearbeitet wird, als gemessen werden kann. Es wäre deshalb auch sinnlos, Zahlenwerte für die Spannung der Wanten und Stagen zu nennen. Aber mit Hilfe einer alten Regel, die als erster Hiscock in einem seiner in Deutschland erschienenen Bücher angegeben hat, läßt sich das Rigg einer Fahrtenyacht ganz gut einstellen. Sie hat auch heute, wo uns viel besseres Material zur Verfügung steht, volle Gültigkeit. Man wird sich wundern, welch hohe Spannungen dabei herauskommen.

1. Die Stärke der Spannungen steigt in dieser Reihenfolge: Achterstag, Unterwanten, Vorstag, Oberwanten.
2. Der Mast muß genau senkrecht zur Querachse der Yacht stehen; er darf keine Biegung haben.
3. Sich gegenüberliegende Ober- und Unterwanten müssen die gleiche Spannung haben.
4. Bei 10° Lage darf die Lose in den Leewanten fühlbar, aber noch nicht sichtbar sein.

Nr. 2 wird überprüft, indem man vom Fuße des Mastes nach oben blickt. Auch leichte Biegungen werden dabei sichtbar. Die richtige Einstellung wird man also erst bei Versuchs- und Trimmfahrten finden, und dann ist das noch nicht das Ende bei einem neuen Rigg. Denn auch Nirodrähte recken sich zu Beginn etwas, so daß nach den ersten tausend Meilen – spätestens – das Rigg nachzuspannen ist.

Fallen

Auf der THALASSA I fuhr ich innenlaufende (Draht-)Fallen, die mir nie Kummer bereiteten. Doch immer hatte ich ein schlechtes Gefühl, wenn ich an die Unmöglichkeit dachte, unterwegs im Falle eines Bruchs ein neues Fall einzuscheren. Auf der THALASSA II laufen die Fallen außen. Sie sind leicht einzuscheren, bereiten aber doppelt soviel Ärger, weil sie sich an den Salingen verhängen. Der Hauptnachteil außenlaufender Fallen besteht darin, daß sie am Masttopp so viel Platz benötigen, daß nur halb so viele gefahren werden können, als wenn sie innen liefen. Zudem sind im Mast geführte Fallen über mindestens die Hälfte ihrer Länge gegen Schamfilen geschützt. Die Innenfallen können also unterwegs nach einem Bruch bestimmt nicht erneuert werden, dafür aber steht sicher ein Ersatzfall zur Verfügung.

Auch die Frage, ob Drahtfallen oder solche mit Tauvorläufer besser sind, läßt sich nicht so ohne weiteres beantworten. Reine Taufallen müssen unbedingt vorgereckt sein. Kevlartauwerk ist vom geringen Reck her zufriedenstellend, doch ist es vergleichsweise teuer.

Fast ideal wäre – im übrigen auch viel billiger – galvanisierter Stahldraht, der ziemlich unempfindlich gegen Knicke ist, der aber nach einer gewissen Zeit zu rosten beginnt und auf den Segeln häßliche braune Flecken hinterläßt. Deshalb findet man ihn auf Yachten kaum noch. Nirodraht (7 x 19) ist empfindlich gegen zu kleine Blockdurchmesser, gegen Schamfilen über klemmende Blöcke und gegen Knicke. Dennoch, etwas Besseres haben wir nicht. Deshalb muß er beim Aufwickeln auf die Trommel der Winsch sorgfältig geführt werden, so daß meist zwei Hände nötig sind, um die Winsch zu bedienen.

Viel schneller geht es mit Tauwerk mit Drahtvorläufer. Auf der THALASSA II setzte ich das doppelt so große Großsegel in etwa der Hälfte der Zeit, die ich früher auf der THALASSA I gebraucht habe – dank des Tauwerks. Ist das Segel oben, bleibt kaum noch Tau übrig, so daß dann fast nur noch der – geringe – Reck des Drahtes zum Tragen kommt. Ein weiterer Vorteil liegt darin, daß preiswerte Winschen verwendet werden können, die für leichte Schoten gebaut sind. Die Verbindungsstelle zwischen Draht und Tau freilich ist keinen großen Belastungen gewachsen und geht leicht auf, wenn sie ein paar tausend Mal über die Blöcke gezogen worden ist.

Wie die Winschen am Mast angeordnet werden, richtet sich allein danach, wie man im Seegang am besten am Mast arbeiten kann. Wenn wir sie auf dem Deck plazieren, was möglicherweise die sicherste Art ihrer Bedienung ermöglicht, wird der Druck des Mastes durch die Fallen auf das Deck übertragen, was aber bei der Gesamtbelastung durch das Rigg ohne Bedeutung ist.

Beim Langstreckensegeln vermag ich keinen Sinn darin zu sehen, die Fallen in das Cockpit umzulenken und dort zu bedienen. Denn um ein Segel vorzuheißen oder es niederzuholen, bedarf es ohnehin eines Mannes am Mast. Der einzige Vorteil einer solchen Anordnung liegt darin, daß vom Cockpit aus die Spannung der Fallen variiert und damit der Stand des Segels verändert werden kann. Das aber spielt nur beim Regattasegeln auf einem Dreieckskurs eine Rolle, bestimmt nicht auf einer Langfahrt.

Mastsprossen

Ganz ohne Zweifel gereichen Mastsprossen einer Yacht nicht gerade zur Zierde. Und einen gehörigen Windwiderstand – wie mich ein Regattasegler warnte – stellen sie auch dar. Trotzdem: Auf einer Blauwasseryacht sind Mastsprossen eine zwingende Notwendigkeit. Anders als beim Küsten- oder Urlaubssegeln wird die Yacht und damit das Rigg durch die viel größere Anzahl der gesegelten Meilen – meist in hohem Seegang – außerordentlich stark beansprucht. Da ist es extrem wichtig, daß man in Sekundenschnelle den Mast aufentern kann, um vor dem Auslaufen Bolzen und Splinte zu checken. Zwar kann man das mit dem Bootsmannsstuhl auch, aber – mal ehrlich – irgendwie drückt man sich immer davor. Wie umständlich das doch ist: Bootsmannsstuhl rausholen, Sicherheitsgurt suchen, zweiten Mann anstellen,

Mastsprossen. Um die Fallen abzuweisen, wurden Bändsel sowohl von Sprosse zu Sprosse als auch zu den Wanten gespannt. Sieht nicht schön aus, hat sich jedoch bewährt.

Fall einschäkeln und dann mühsam hochwinschen.

Auf meinem vorigen Schiff hatte ich keine Sprossen, das jetzige besitzt welche. Was für ein Unterschied! Eine Stunde vor dem Auslaufen von den Galapagos-Inseln nach den Marquesas-Inseln, als die übrige Crew beim Ausklarieren war, enterte ich noch mal schnell den Mast. Nur so, für alle Fälle! Gerade als ich mich auf den Weg nach unten machen wollte, sah ich die Bescherung: Eine von zwei Stahlplatten, durch die der Vorstagbolzen lief, war weggebrochen. Das Vorstag hing sozusagen nur noch am Splint. Bestimmt wäre kurz nach dem Auslaufen das Vorstag weggewesen. Vielleicht auch erst nach 100 Seemeilen, zu weit weg, um ohne Vorstag gegen den Passat zurückzukommen.

Aber nicht nur zur Inspektion des Riggs leisten Mastsprossen Hervorragendes. Wenn in Korallengewässern mit den Augen navigiert werden muß, ist man schnell in der Saling. Die Wanten müssen nicht mit einer zusätzlichen Strickleiter beansprucht werden.

Sprossen gibt es in vielfältiger Ausführung. Man wähle solche, deren Trittfläche so breit ist, daß man sie auch barfuß benutzen kann. Außerdem sollten sie wie ein Steigbügel gegen Abrutschen gesichert sein.

Ja, natürlich, da ist das Problem mit den Fallen, die sich gerne um die Sprossen schlingen. Man kann und muß dies zuverlässig verhindern, indem Schutzleinen von Sprosse zu Sprosse *und* seitwärts zu den Wanten gespannt werden. Das sieht nicht sehr schön aus, aber dieses Opfer muß der Blauwassersegler bringen.

Der Großbaum

Der Großbaum bricht eigenartigerweise viel häufiger als der Mast, was beweist, daß man ihm oftmals nicht die richtige Aufmerksamkeit widmet und ihn zu klein – oder aber den Niederholer zu stark wählt. Denn ein Bruch erfolgt meist an der Stelle, wo der Baumniederholer ansetzt. Dieser hat die Aufgabe, das Steigen des Baumes zu verhindern, was vor allem bei Kursen mit achterlichen Winden erforderlich ist. Denn dadurch würde nicht nur der Stand des Großsegels verschlechtert, sondern

Ein „Rohrkicker" als Baumniederholer erspart die Dirk. Achtung: Der Baum muß stark genug sein! Zahlreiche Baumbrüche werden durch überdimensionierte Rohrkicker verursacht.

auch die wirksame Segelfläche verkleinert und vor allem die Rollerei erhöht.

Als Niederholer hat sich eine starke Talje mit einer Curryklemme bewährt. Wer es sich leisten kann, schaffe sich einen „Rohrkicker" an, der nicht nur als Niederholer wirkt, sondern auch die Dirk ersetzen kann. Dies zahlt sich dann aus, wenn man mal aus Versehen das Großfall loswirft. Mit einem tragenden Niederholer knallt der Baum nicht auf das Kajütdach oder aufs Klappverdeck.

Reffeinrichtungen

Reffs dienen keineswegs vor allem dazu, das Großsegel zu verkleinern, weil der Wind zu stürmisch wird, sondern insbesondere, um es zu trimmen. Wird bei zunehmendem Wind das Groß etwas eingerefft, nimmt die Luvgierigkeit ab, das Schiff liegt besser auf dem Ruder, es hat weniger Krängung und läuft meist sogar schneller.

Es gibt zwei bewährte Arten von Reffs: das Bindereff und das Rollreff. Beim ersteren wird – wie der Name sagt – der untere Teil des Segels eingebunden. Meistens hat das Groß mehrere Reihen von Reffkauschen, damit die Fläche, die weggerefft wird, variiert werden kann. Für die Bedienung des Bindereffs wird das Großfall aufgefiert und das Groß am Großbaum vorne und achtern neu fixiert. Hierzu bedient man sich heute meist eines Hakens am Lümmelbeschlag, in den die vorderste Kausch der betreffenden Kauschenreihen eingehängt wird. Das Achterliek wird mit einer Reffleine heruntergeholt, am besten über eine kleine Winsch am Großbaum. Anschließend kann das Groß der ganzen Länge nach mit den Reffbändseln eingebunden werden.

Beim Rollreff wird – über ein Schneckengetriebe – der Großbaum um seine Längsachse gedreht und damit das Großsegel eingerollt. Es sind früher starke Vorbehalte gegen das Rollreff geltend gemacht worden, weil zu oft der Drehmechanismus versagt hat und dann keine Möglichkeit mehr bestand, das Groß zu verkleinern. Das gilt auch heute noch, nicht aber, wenn man beim Blauwassersegeln eine Grundregel beachtet: Vertraue nie auf ein einziges System, wenn du darauf angewiesen bist. Mit anderen Worten: Man sollte immer einen Ausweg „in Reserve" halten – die Amerikaner nennen das „back-up-System" –, und das sind in diesem Fall zwei oder besser noch drei Reihen Reffkauschen im Großsegel.

Aus diesem Grunde muß man also nicht auf die Bequemlichkeit des Rollreffs verzichten. Gewichtiger ist die Tatsache, daß das stark eingedrehte Großsegel einen schlechten Stand hat, und zwar einen so miserablen, daß es vor allem am Wind nicht einmal den etwas bescheideneren Ansprüchen der Langstreckensegler genügt. Es gibt eine ganze Reihe von Rezepten, um dem Absenken des Baumes achtern beim Rollreffen zu begegnen, beispielsweise durch Eindrehen von Gegenständen, aber das wird auf hoher See dann schon wieder so kompliziert, daß man gleich ein Bindereff benutzen kann, das einen einwandfreien Stand des Segels verspricht.

Das Rollreff hat noch einen schwerwiegenden Nachteil: Ein Rohrkicker oder auch eine normale Talje als Niederholer kann nicht mehr benutzt werden, wenn gerefft wird. Gerade aber bei viel Wind ist der Niederholer besonders nötig. Es gibt Konstruktionen von Niederholern, die auch bei eingerolltem Großsegel angeschlagen bleiben können, doch sie strapazieren das Segeltuch sehr, wenn sie – was

Rollreff – bequem, aber schlechter Segelstand.

bei Blauwasserfahrten leicht möglich ist – über mehrere Tage am Groß schamfilen.

Welchem Reff ist der Vorzug zu geben? Am besten hat man beide, in jedem Fall aber ein paar Reihen von Reffkauschen im Großsegel. Der Segelmacher kann sie auch nachträglich einnähen, das kostet nicht viel.

Es gibt heute Großsegel, die in den Mast eingedreht und damit verkleinert werden können. Sie vereinigen die Vorteile des Bindereffs, nämlich guten Segelstand, und des Rollreffs, also die einfache Bedienung auf sich. Diese Anlagen – beispielsweise von Hood angeboten – sind allerdings ziemlich teuer. Außerdem haben sie sich noch nicht lange genug in der Praxis bewährt, was besonders bedenklich ist, weil sich beim Versagen des Mechanismus unterwegs erhebliche Schwierigkeiten ergeben können. Man stelle sich einmal vor, so ein Lager, auf dem sich das Segel dreht, ist beschädigt, und das *fast* ausgedrehte Großsegel läßt sich nicht mehr bewegen. Auf hoher See mit 2000 Seemeilen Wasser voraus eine Katastrophe! Außerdem scheinen noch nicht alle Probleme gelöst zu sein:

Ein Eigner eines solchen Riggs hat mir berichtet, daß das eingerollte Groß im Seegang immer gegen den Mast geschlagen hat, was derart störend war, daß er die ganze teure Einrichtung wieder ausbauen wollte.

Die Idee von Hood ist inzwischen auch von anderen Ausrüstern aufgegriffen worden, und sie bieten eine ähnliche Anordnung an, bei der aber das Großsegel nicht in den Mast, sondern auf ein Stag kurz vor dem Mast gerollt wird. Offensichtlich gibt es genügend Segler, deren sehnlichster Wunsch es ist, die Segel vom Sessel im Cockpit aus zu bedienen, wegzunehmen und zu reffen. Möglicherweise wird dieser Wunsch durch derartige Anlagen erfüllt, aber für Blauwassersegler haben sie sich noch nicht lange genug bewährt. Damit keine Mißverständnisse aufkommen: Ich bin Neuem gegenüber keineswegs mißtrauisch eingestellt, rate aber zur Zurückhaltung, wenn eine derartige Einrichtung im Falle des Versagens nicht mit Bordmitteln repariert beziehungsweise ersetzt werden kann.

Rollfocks

Funktionierende Rollfocks sind natürlich eine fantastische Sache: Ohne auf das Vorschiff zu müssen, kann ich in Sekundenschnelle ein Segel wegnehmen oder aufziehen. Manche Anlagen arbeiten sogar so, daß man ein Vorsegel auch im halbaufge-

Rollfocks sind heute auch auf Blauwasseryachten Standard. Auf dieser 52-Fuß-Slup werden sogar zwei Genuas gleichzeitig auf einem Vorstag gefahren und gerollt, damit auch der Einsatz als Passat-Segel platt vor dem Wind möglich ist.

Unübersehbar sind die Vorteile von Rollfocks. Vom Cockpit aus sind sie in ein paar Sekunden eingerollt und nehmen unter Deck keinen Platz weg.

rollten Zustand – sozusagen gerefft – segeln kann, es uns also von dem Übel des Segelwechselns fast gänzlich befreit.

Ein weiterer Vorteil ist – nur selten gewürdigt –, daß man im Vorschiff eine Menge Platz spart, wenn das Segel nicht mehr abgeschlagen wird. Auf den meisten Yachten dient das Vorschiff eh nur als Stauraum für Segel. Den kann man, verwendet man aufrollbare Segel, zum Wohnraum umfunktionieren.

Rollfocks sind keine neue Erfindung. Erst seit fünfzehn Jahren aber gibt es wirklich einsatzfähige Drehmechanismen, die sich dafür eignen, eine Fock oder eine Genua aufzurollen. Die Problematik liegt eigentlich vor allem bei den Lagern, die den Zug des Stags aufnehmen sollen. Stahl, der für die Kugeln eines Kugellagers verwendet wird, ist nämlich außerordentlich seewasserempfindlich, während sich nichtrostender Stahl, gleich welcher Zusammensetzung, für Kugellager nicht eignet, weil er zu weich ist. Es bleiben also drei Möglichkeiten, die alle nicht ideal sind: Man verwendet normale Kugellager und dichtet sie gegen Seewasser entsprechend ab, oder man verwendet Nirostahl in Kugellagern und nimmt in Kauf, daß sie nicht so stark belastet werden können, oder aber man versucht es mit Gleitlagern, ungeachtet der Schwergängigkeit, die sich besonders bei großen Segeln in der Weise auswirkt, daß sie nur noch mit Winschen aufgerollt werden können, was die Eleganz der ganzen Idee fast wieder zunichte macht.

In den letzten Jahren sieht man immer häufiger Rollfockeinrichtungen auch auf Blauwasseryachten, selbst solche, die 100 Quadratmeter große Genuas meistern. Man muß unterscheiden, ob sie nur eingesetzt werden, um das völlige Wegnehmen der Vorsegel zu erleichtern, oder ob sie auch im halbgerollten Zustand benutzt werden. Denn im letztgenannten Fall ist die Belastung für das Segel wesentlich größer. Der dabei erzielte Segelstand reicht – außer auf den seltenen Kursen hart am Wind – dem Blauwassersegler jedenfalls voll aus.

Die Segel selbst haben nicht annähernd die Lebensdauer von normalen Vorsegeln. Das liegt daran, daß sie, auch im Hafen, meistens nicht abgeschlagen werden. Gegen die Verkürzung der Lebensdauer durch UV-Strahlen läßt sich aber etwas tun. Es gibt Segelkleider, die das gesamte Vorstag entlang aufgezogen werden und die im Hafen für UV-Schutz sorgen, und Quasi-Persenninge, die gleich auf das Segel aufgenäht sind und es im aufgerollten Zustand voll bedecken.

Das größere Problem ist die mechanische Belastung der Fock durch das ständige Rollen und das Schamfilen am Profil. Man täte der Rollfock freilich unrecht, würde man ihre Haltbarkeit mit der eines gewöhnlichen Vorsegels vergleichen. Denn man muß berücksichtigen, daß *eine* Rollfock meist die Arbeit von mehreren Vorsegeln übernimmt. Aber trotzdem – mehr als fünf Jahre Lebensdauer sollte man auf Blauwasserstrecken nicht einkalkulieren.

Ich hätte ganz gerne Rollfocks, obwohl immer wieder von Schwierigkeiten mit ihnen berichtet wird. Es muß aber für ein „back-up-System" vorgesorgt und gewährleistet sein, daß auch auf hoher See eine nicht mehr funktionierende Rollfock *bei jedem Wetter* weggenommen und durch eine normale Fock ersetzt werden kann. Denn ein Vorsegel ist auf einer Blauwasseryacht viel wichtiger als das Großsegel.

Segel für Blauwasserfahrt

Bis auf die speziellen Vorwindsegel, mit denen die meisten Blauwasseryachten ausgerüstet sind, unterscheidet sich die Segelgarderobe kaum von der einer Yacht, die nur in Küstengewässern gesegelt wird. Oft deckt man sich mit zu vielen und zu schweren Schwerwettersegeln ein. Das ist unnötig, denn meist wird man eher mit zuwenig als zuviel Wind zu tun haben. Beispielsweise wird man ein Trysegel fast nie benötigen – ich habe meines auf 60 000 Seemeilen an einem Nachmittag im Golf von Lyon gebraucht –, weil dieses Segel im Sturm vor allem dann eingesetzt wird, wenn man Vortrieb wirklich noch braucht, beispielsweise um sich von einer Küste freizusegeln. Auf dem Ozean aber hat man meist genügend Platz, um vor dem Sturm abzulaufen, was viel bequemer ist.

Als nicht sehr effektiv erweisen sich unsere modernen Riggs auf Vorwindkursen, die gerade auf Blauwasserstrecken die häufigsten sind. Wie bekannt, ist der scheinbare Wind (das ist der, den wir an Bord messen können) für den Vortrieb allein maßgeblich und dann am schwächsten, wenn der wahre, also der tatsächliche Wind genau von achtern weht. In diesem Fall nämlich muß die Schiffsgeschwindigkeit von der wahren Windgeschwindigkeit abgezogen werden. Wir haben das alle schon erlebt: Die Yacht geht vor den Wind, und plötzlich glaubt man, der Wind habe schlagartig nachgelassen. Es wird warm, und man beginnt den Pullover auszuziehen. Ändert die Yacht wieder ihren Kurs, meint man, daß der Wind wieder zunimmt; tatsächlich aber ist er die ganze Zeit über gleich stark gewesen.

Um die schwachen achterlichen Winde auszunutzen, gibt es den Spinnaker, der oft mehr Segelfläche bringt als Groß und Genua zusammen. Der Spinnaker ist jedoch, so schön er in seiner Farbenpracht meist auch aussieht, ein recht unpraktisches Segel für eine schwach bemannte Blauwasseryacht. Bei Regatten erweist er sich schon als problematisch genug, wo zwischen sechs und zwölf Mann Besatzung bereitstehen, die Blase zu setzen, zu segeln und wieder zu bergen. Und wenn das Mißgeschick passiert, daß sich der Spinnaker in härterem Wetter ein paarmal um das Vorstag dreht und selbst mit allen Tricks die Tüte nicht mehr zu klarieren ist, ja, dann wird er heruntergeschnitten oder eben im Hafen eingeholt. All das ist auf unseren Yachten unterwegs nicht möglich.

Das wesentliche Argument gegen einen Spinnaker auf einer Langfahrtyacht mit kleiner Besatzung aber ist, daß die Spinnakerschoten beziehungsweise Achterholer

Moderne „Passatbesegelung“! Zwei gleiche Genuas werden auf einem Stag ausgerollt und ausgebaumt.

in der Regel bedient werden müssen. Stellt man sie nicht ständig nach, so wird das Segel zusammenfallen und von selbst nicht wieder zum Stehen kommen. Nur in außergewöhnlich ruhigem Wasser wird es gelingen, die Selbststeueranlage so einzustellen, daß das gewaltige Segel über längere Zeit hinweg zieht. Wohlgemerkt, ich spreche von Ozeansegeln und nicht von einem Törn in geschütztem Küstengewässer, wo sich selten eine Dünung aufbaut.

Was aber nicht heißen soll, daß der Spi auf Langfahrten unnütz sei. Muß man sich nämlich mit ganz leichten Winden herumschlagen, und hat man nichts Besseres zu tun (wie meist unterwegs), kann es sich schon rentieren, ein paar Stunden lang mit dem Spi zu arbeiten, um aus einem Flautenloch herauszukommen. Eine Notwendigkeit auf einer Blauwasseryacht ist dieses Segel jedoch nicht.

Bleibt für Kurse vor dem Wind also nur das Passatsegel. Viele glauben, auch ohne dieses Segel auskommen zu können, aber ich bezweifle, daß sie schon mal unter Doppelfock gesegelt sind und damit deren Vorteile gegenüber der konventionellen Besegelung auf Vorwindkursen kennenlernen konnten.

Passatsegel, Doppelfock, Zwillingsvorsegel – diese Namen stehen für auf beiden Seiten gesetzte und ausgebaumte Vorsegel. Sie werden fast ausschließlich auf Blauwasseryachten gefahren, weil nur auf dem Ozean der Wind über viele Tage mit ein und derselben Stärke beständig aus einer Richtung weht. Besonders für Unerfahrene ist es nämlich reichlich zeitraubend – und manchmal auch aufregend –, bis die Segel gesetzt sind. So enthalten viele Bücher über Weltumseglungen Kapitel, worin die Mühsal beschrieben wird, bis die Segel endlich oben waren. Daraus ist schon ersichtlich, daß Passatsegel für den Langstreckensegler doch von einigem Wert sind, sonst würde er ja darauf verzichten.

Ihre Vorteile lagen einst darin, daß man eine Yacht leicht zum Selbststeuern brachte, indem die Achterholer – meist durch Taljen übersetzt – an der Pinne befestigt wurden. Seit Einführung universell arbei-

Passatsegel können bei Windstärken von ein bis sieben Beaufort gefahren werden. Wegen des starken Rollens platt vor dem Wind wurde hier zum Stützen das Sturmgroßsegel gesetzt – der Effekt ist freilich gering.

tender Selbststeueranlagen sprechen für diese Art der Besegelung die große Segelfläche und die geringe Schamfilgefahr.

Platt vor dem Laken bliebe ja sonst – sieht man vom Spinnaker ab – nur das Groß auf der einen und die Genua auf der anderen Seite, die in der Dünung ausgebaumt werden muß. Dabei üben die Abwinde aus dem Groß einen ausgesprochen nachteiligen Einfluß auf die Genua aus, wie alle Segel, die genau vor dem Wind hintereinander stehen. Zudem ist die

Genua oder auch die Fock nicht so geschnitten, daß sie ausgebaumt einen guten Stand hat; meist wird das Unterliek durchhängen, während das Achterliek den Baum trägt. Hinzu kommt, daß die Yacht nur einen engbegrenzten Kurs laufen kann, damit die Genua noch steht und das Groß noch nicht halst. In entsprechender Dünung sind dann viele Selbststeueranlagen überfordert. Nimmt man eines der beiden Segel weg, so wird man deutlich daran erinnert, daß der achterliche Wind am schwächsten ist. Eine Zahl zum Vergleich: Läuft eine Yacht unter ausreichend proportionierten Passatsegeln sechs Knoten, also ein Etmal von 144 Seemeilen, so kommt sie unter Groß alleine bei sonst gleichen Bedingungen nur noch auf etwa 85 Seemeilen.

Zu Zeiten, als die Passatsegel noch die Selbststeuerung ersetzten, wurden eine ganze Reihe von Theorien vertreten, wie die Doppelfock am besten zu riggen sei. An Stagen fliegend, Fußpunkt kurz vor dem Mast, Schothörner nach vorne zeigend, Spalt zwischen beiden Stagen, Bäume in Salinghöhe oder einen Meter über Deck – das waren so die Ratschläge für eine besonders günstige Anordnung. All das ist heute überholt. Jetzt geht es nur noch darum, eine Anordnung zu finden, die möglichst leicht zu bedienen ist. Aus diesem Grunde scheiden fliegend gefahrene Passatsegel aus. Damit wäre bei stärkerem Wind die Mannschaft auf einem 10-Meter-Kreuzer bereits überfordert.

Nachdem auf den meisten Yachten nur ein Vorstag gefahren wird, können *beide* Vorsegel dergestalt daran angebracht werden, daß man die Stagreiter gegeneinander versetzt. Allerdings hat die Mannschaft beim Vorheißen alle Hände voll damit zu tun, die beiden Bäume in den Griff zu bekommen. Das ist freilich nicht besonders tragisch, wenn die Bäume, die die Länge von Spi-Bäumen haben sollten, in Höhe der Saling hängend gefahren werden. Sie sind dann schon nach kurzer Zeit so hoch über Deck, daß sie kaum noch Schaden anrichten können.

Aber auch gegen Bäume, die in 1,50 bis 2,50 Meter Höhe am Mast angeschlagen werden, läßt sich kaum etwas sagen, wenn die Passatsegel getrennt gesetzt werden. Verfügt man nur über ein Vorstag, so kann man sich damit behelfen, daß man zum Setzen des zweiten Segels provisorisch ein Reservefall als Hilfsstag anschlägt. Das klappt ganz gut, denn es hat ja nur die Funktion, das Auswehen des Segels beim Setzen und Bergen zu verhindern.

Ein Spalt zwischen den beiden Segeln muß nicht sein; er verbessert weder die Segeleigenschaften noch hat er Einfluß auf das starke Rollen, an das man sich erst gewöhnen muß, wenn man zum ersten Mal unter Passatsegeln in der langen Ozeandünung einem anderen Kontinent entgegensegelt.

Eine große Erleichterung stellen Rollfocks dar. Mit einigem Erfolg ist auch schon versucht worden, beide Focks auf einem Stag zu fahren und zu rollen. Einfacher kann man sich das Setzen von Passatsegeln, die sonst schon viel Kopfzerbrechen bereitet haben, gar nicht vorstellen. Damit wäre auch das Problem der relativen Manövrierunfähigkeit unter dieser Besegelung weitgehend ausgeschaltet, denn mit einer derartig gefahrenen Doppelfock ist es eine Frage von wenigen Augenblicken, auf „normale" Besegelung überzugehen und damit auch alle anderen Kurse segeln zu können.

Der entscheidende Fehler ist fast immer der, daß die Passatsegel zu klein gewählt werden. Wenn die Segelfläche berechnet wird, erschrickt man allzu leicht, weil man glaubt, die Segel würden viel zu groß. Dabei wird übersehen, daß man es auf Blau-

Auf dieser ***Amel Santorin*** *wird die Passatbesegelung von der Werft mitgeliefert. Die Befestigung für den Passatbaum ist gleich in der richtigen Höhe am Mast fix angebracht.*

Das Passatsegelsystem von Amel ist von dem erfahrenen Segler Amel (nicht selbstverständlich bei Werftherren) so konzipiert worden, daß ein Mann allein die Passatsegel setzen (ausrollen) kann.

wasserfahrt wegen des Vorwindkurses und wegen des „friedlichen" Passats fast immer mit leichten Winden zu tun hat. Und da ist schon eine gehörige Segelfläche erforderlich, um das Schiff auf Rumpfgeschwindigkeit zu bringen. Verkleinern läßt sie sich problemlos, beispielsweise indem eine der Focks weggenommen wird (deshalb sind reffbare Passatsegel nicht sinnvoll) oder, wenn das auch noch zuviel Segelfläche ist, durch Setzen der Arbeitsfock. Ein Vergrößern zu klein geratener Passatsegel dagegen ist ausgeschlossen.

Ist man sich bei der Bemessung der Segelfläche im unklaren, sollte man anstreben, daß jedes Segel der Doppelfock so groß ist wie die Hälfte der Segelfläche von Groß und Genua zusammen. Meist läßt sich das nur erreichen, indem man die Spi-Bäume etwas verlängert. Für diese Leichtwettersegel kann das leichteste Segeltuch (entsprechend der Segelfläche) oder ein besonders schweres Spinnakertuch gewählt werden.

In jüngster Zeit sind für den Zweck, den die Passatsegel erfüllen, eine Reihe anderer Segel angeboten worden, die sich genausogut eignen sollen, sich aber leichter bedienen lassen. Unter verschiedenen Namen verbirgt sich stets das gleiche: Bolle Jan, Blister, Spanker usw. Ja, sie sollen sogar den Spinnaker ersetzen können. Wie bei vielen Erfindungen (obwohl es diese bauchigen Blasen schon früher gegeben

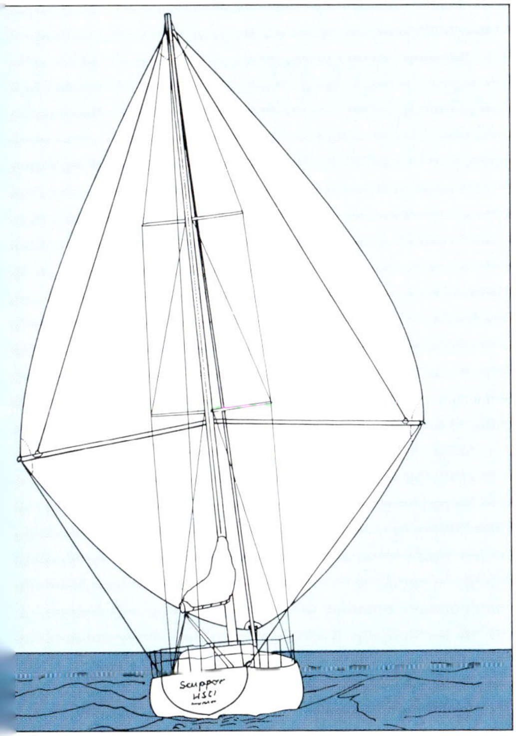

Heutzutage ist es nicht mehr erforderlich, beim Setzen der Passatsegel besondere Vorsicht walten zu lassen. Man sollte darauf achten, eine möglichst große Vorsegelfläche zu erzielen. Am einfachsten geschieht das dadurch, daß die Segel zum Vorstag parallel verlaufen, an dem sie meist auch gesetzt werden. Es wird empfohlen, die Passatbäume hängend zu fahren, sie also bei gesetzten Segeln kurz unter der unteren Saling angreifen zu lassen. Um das Setzen der Bäume zu erleichtern, braucht man als zusätzliches Geschirr Achterholer und Aufholer.

hat – was ist ein Raumballon anderes?) stellt sich bald heraus, daß es nur ein Kompromiß ist, was dem Langstreckensegler da angeboten wird. Der Stand dieser Segel vor dem Wind ohne Bäume ist keineswegs so, daß der Rudergänger nicht darauf achten müßte, daß das Segel nicht zusammenfällt. Damit taugen sie für die Selbststeueranlage nichts.

Darüber hinaus bringen sie auf diesem Kurs auch nicht viel mehr als große Passatsegel, weil hier ja in erster Linie die dem Wind dargebotene Segelfläche zählt, und die macht beim bauchigen Blister nicht viel mehr aus als bei den etwas flacheren Passatsegeln, die nominell freilich weniger Segelfläche aufweisen.

Gut sind diese leichten, meist aus Spi-Tuch gefertigten Neuheiten bei leichten raumen Winden. Da segeln sie gegenüber der Genua schon mal einen extra Knoten heraus. Wer es sich also leisten kann, wird ihre Anschaffung nicht bereuen.

Schoten und Winschen

Endgültig vorbei sind die Tage, als man laufendes Gut aus Naturfaser in bestimmten Zeitabständen auswechseln mußte. Verhindert der Skipper sorgfältig jede Möglichkeit des Schamfilens, sind die heutigen Schoten aus geflochtener Kunstfaser im normalen Gebrauch nahezu unverwüstlich. Meine Liros-Großschot beispielsweise ist nach 25 000 Seemeilen wie neu, bis auf einige rauhe Stellen, die durch die rauhen Backen von Curryklemmen verursacht wurden. Mehr ist über das laufende Gut eigentlich nicht zu sagen, so unkompliziert ist dieses Thema dank der modernen Chemie geworden.

Die modernen Winschen sind ein wahrer Segen für die Langstreckensegelei. Sie erst haben letztlich überhaupt ermöglicht, daß große Yachten einhand oder von ganz kleiner Mannschaft gefahren werden können. Notfalls läßt sich zwar – wie in früheren Tagen – eine Yacht auch ganz ohne Winschen fahren, mit Taljen also, doch wer wird heute schon noch nach einer Wende bis zum Segelkillen anluven wollen, damit er die Genua jedesmal etwas dichter bekommt. Ganz abgesehen von der verlorenen Höhe ist dies ein Halbstundenjob. Ich weise nur deshalb darauf hin, daß es zur Not auch ohne Winschen ginge, weil moderne Winschen sündhaft teuer sind.

Segelfläche	Großschot-Durchmesser	Genuaschot-Durchmesser
20 m^2	10 mm	10 mm
30 m^2	12 mm	12 mm
40 m^2	12 mm	12 mm
50 m^2	14 mm	14 mm
60 m^2	14 mm	14 mm
70 m^2		16 mm
80 m^2		16 mm
90 m^2		16 mm
100 m^2		16 mm

Empfohlene Schotendurchmesser nach Liros.

Das ist auch nicht verwunderlich, wenn man an die teuren Materialien, den aufwendigen Mechanismus in den Winschen und die doch recht bescheidenen Stückzahlen denkt. Auf einer fix und fertig ausgerüstet angebotenen Yacht befinden sich meistens zu kleine Winschen. Man vergleiche sie mit jenen in dem Katalog eines Winschenherstellers – oft wird dort die übernächste Größe empfohlen. Werften reden sich gerne damit heraus, daß ihre Winschen zur Fock passend gewählt sind und eine Genua eine Extraausrüstung sei.

Eine Blauwasseryacht sollte über vier gutdimensionierte Schotwinschen verfügen. Warum vier, wenn neben den Passatsegeln und einem Vorsegel keine weiteren Vorsegel gefahren werden? Weil die jeweils freie Winsch für viele Zwecke benötigt wird: Da muß der Bullenstander dichtgeholt werden, oder es wird bei stehenden Passatsegeln vor deren Wechsel schon mal die Fock hochgezogen, um der Yacht in der Dünung mehr Halt zu geben usw. Die vorderen zwei Winschen können dabei ruhig etwas kleiner (und billiger) gewählt werden, während die eigentlichen Genuawinschen von einem solchen Kaliber sein müssen, daß die Bordfrau auch die ganz großen Segel dichtzuholen vermag. Dann braucht man auch keine Angst zu haben, daß so eine Winsch mal unter übermäßig großer Last bricht und einem um die Ohren fliegt, was tödlich sein kann. Wenn sie entsprechend groß ist, reicht eine Zweigangwinsch.

Besonders vorteilhaft ist es, wenn die Winschen selbstholend sind, wenn also nicht eine zweite Hand zum Schothalten benötigt wird. Wer eine selbstholende Winsch zum ersten Mal erprobt hat, wird nicht mehr darauf verzichten wollen. Sie erspart auf unseren ohnehin unterbemannten Blauwasseryachten einen Mann beim Segelwechseln.

Wen die Kosten für solche zweckmäßige Mechanik schockieren, kann etwas einsparen, wenn er statt zweier großer Winschen nur eine kauft und die in die Mitte hinter das Cockpit setzt. Die Schoten der großen Vorsegel lassen sich mit Blöcken dann derart umlenken, daß diese Winsch sowohl auf Backbord- als auch auf Steuerbordbug zu benutzen ist. Dabei hat sie dann gleich die richtige Position, um als Verholwinsch eingesetzt zu werden, ein notwendiger Luxus, den viele Yachten nicht vorweisen können.

Winschen werden meist in Metallgehäusen aus verschiedentlichem Material angeboten: Niro, Aluminium und Bronze. Wegen der im Inneren ohnehin vorhandenen Stahlteile entscheide man sich am besten für Niro, damit es zu keiner elektrolytischen Korrosion kommt. Denn die Winschen von Zeit zu Zeit mit Süßwasser abzuspülen – wie es vom Hersteller empfohlen wird –, haben wir oft monatelang keine Gelegenheit.

Ankergeschirr

Als Küstensegler kann man sich kaum einen Begriff davon machen, wie wichtig das Ankergeschirr für einen Blauwassersegler ist. An Ost- und Nordsee verbringt man die Segelpausen im allgemeinen im schützenden Hafen, während man nur mal zum Kaffeetrinken ankert oder weil es an einem Platz so lauschig ist. Mit Recht werden deshalb an das Ankergeschirr keine besonderen Anforderungen gestellt. Auf wenig geeignetem Ankergrund wird ohnehin nicht geankert. Auch im Mittelmeer liegt eine Yacht nachts in einer Marina oder im Hafen, wobei dort allerdings der Anker schon häufiger benutzt wird, wenn man „italienisch" (oder „römisch-katholisch") ankert, also mit dem Heck zur Pier. Aber das sind optimale Bedingungen für ein Geschirr, denn der Zug der Yacht auf den Anker kommt stets aus derselben Richtung, und man hat immer ausreichend Gelegenheit, das Eisen in den Haltegrund zu fahren.

Anders ist es beim Blauwassersegeln. Hier haben Häfen, in denen man an der Pier liegen kann, Seltenheitswert. Es wird nicht jeder Blauwassersegler auch um die Welt segeln wollen, trotzdem dürfte folgendes für sich sprechen: Während meiner Weltumseglung lag unser Schiff insgesamt dreimal an der Pier, ohne den Anker auszufahren: in Panama, in Durban und in Kapstadt. Ansonsten wurden immer Anker benutzt, meistens zwei. Die Ankerausrüstung ist deshalb für eine Langfahrtyacht genauso wichtig wie Segel oder Maschine.

Es gibt eine unendlich große Anzahl von Ankern, die nach Meinung ihrer Erfinder die idealen schlechthin sind. Welche Eigenschaften muß der „ideale" Anker haben?

- Er muß in jedem Grund fassen.
- Er muß leicht sein, damit er gut zu handhaben ist.
- Er muß unter allen Umständen das Schiff halten.
- Er darf unter keinen Umständen brechen.
- Er muß leicht auszubrechen sein.
- Er muß gut staubar sein.

Es ist daraus ersichtlich, daß sich einige den geforderten Eigenschaften in der Praxis ausschließen. Ein sehr leichter Anker wird sich nicht auf hartem Grund eingraben. Oder ein leichter Anker wird keine sehr hohe Bruchlast haben. Und so fort. Das zeigt, daß es den idealen Anker nicht gibt, sondern nur mehr oder weniger geeignete. Ja, es ist sogar so, daß der eine Anker auf Sand extrem gut hält, während der andere dort ein ausgesprochener Versager ist.

Aus der Vielzahl der Ankertypen, die auf Yachten eingesetzt werden können, haben sich nur drei auf Dauer bewährt: der Stockanker, der Danforth- und der CQR- oder Pflugscharanker. In letzter Zeit wird noch eine Neuentwicklung hochgelobt: der Bruce-Anker.

Zweimal Kette ist nicht praktisch, wenn zu erwarten ist, daß die Yacht im Kreis schwojt.

Die erste Forderung, nämlich daß der Anker in jedem Grund fassen muß, läßt sich nicht erfüllen, zumindest von den heutigen Typen nicht. Auf Fels beispielsweise kann man sich auf keinen Anker verlassen, dieser Grund ist schlechthin ungeeignet. Meistens hat man es auf „unseren" Ankerplätzen mit Sand, Lehm, Schlick, selten mit Morast, oft aber auch mit Korallen zu tun. Von den drei „Bewährten" wird überall der Stockanker am besten abschneiden. Kein Wunder, denn seine Flunken, auf die sein ganzes Gewicht wirkt, sind relativ klein und scharf. Aber nicht jeder Stockanker greift gleich gut. Denn das ist nicht nur eine Frage des Ankertyps, sondern vor allem seines Gewichtes. Mit anderen Worten: Ein 30 Kilogramm schwerer Pflugscharanker wird sich auf ein und demselben Grund immer schneller eingraben als ein zehn Kilogramm schwerer Stockanker.

Das hängt mit der Härte des Bodens zusammen, die sich ja nicht ändert. Je schwerer der Anker – generell –, je schneller gräbt er sich ein. Es ist deshalb falsch, lineare Tabellen aufzustellen und jedem Ankergewicht ein Schiffsgewicht zuzuordnen. Dies sagt nur etwas aus über die Haltekraft, nicht jedoch über die Fähigkeit, sich einzugraben. Ein zehn Kilogramm schwerer Anker wird sich auf ein und denselben Grund gleich schnell eingraben, gleichgültig, ob eine Sechs-Tonnen- oder eine 20-Tonnen-Yacht dranhängt.

Daraus folgt, daß jeder Anker, ob für das Beiboot oder die schwere Yacht gedacht, ein ganz bestimmtes Mindestgewicht haben muß, das sich aus der „üblichen" Härte des Ankergrunds ergibt. Hierin ist übrigens auch die Ursache dafür zu sehen, daß die fast nur in der Großschiffahrt gebräuchlichen Patentanker auf Yachten nicht zu finden sind. Weil seine Flunken so stumpf sind, würde er sich – bei einem yachtüblichen Gewicht – gar nicht eingraben, so daß er außer auf sehr großen Yachten in der Sportschiffahrt nicht verwendet werden kann.

Wieviel Zug ein Anker halten muß, hängt von der Größe des Schiffes ab, davon, wieviel Windwiderstand es bietet, von seinem Gewicht und von der Höhe und Steilheit der am Ankerplatz herrschenden See. Wenn sich diese Einflüsse summieren, wenn also eine Yacht bei Sturm von einer See hochgerissen wird und gleichzeitig die Trosse steifkommt, muß der Anker ein Vielfaches von dem halten, was er beispielsweise bei ruhigem Wetter zu verkraften hat. Natürlich meidet man Schwell und Seegang am Ankerplatz ohnehin, aber auf vielen Ankerplätzen, die nicht rundum geschützt sind (das ist eine Seltenheit), kann es immer mal passieren, daß der Wind umspringt und man plötzlich auch dem Seegang ausgesetzt ist. Dann muß das Ankergeschirr zeigen, was es halten kann.

In der Fahrtensegelei unterscheidet man zwischen Arbeitsanker und Sturmanker, je nach Haltekraft des Geschirrs. Beim Blauwassersegeln halte ich das für unangebracht. Hier wird man immer mit ein und demselben Anker arbeiten, denn es kann ja auch einmal nachts passieren, daß eine Bö einfällt und vom Anker das Äußerste verlangt. Bei zu erwartenden Extrembedingungen wird nicht etwa ein anderer, sondern einer oder mehrere zusätzliche Anker ausgebracht.

Welcher Anker?

Den besten Allround-Anker stellt nach wie vor der deutsche Stockanker dar, der sich zwar nahezu überall eingräbt, auf sein Gewicht bezogen jedoch eine geringe Haltekraft besitzt. Der Danforth-Anker ist ein Anker mit sehr hoher Haltekraft, der sich besonders auf Sand, also auf sauberem An-

Der deutsche Stockanker ist wegen seines hohen Gewichts nicht sehr beliebt. Häufig wird er zum Stauen zerlegt. Dieser ist zum Zusammenklappen konstruiert.

Der CQR- oder Pflugscharanker ist der verbreitetste Anker auf Blauwasseryachten.

Der Bruce-Anker wird, obgleich erst ein paar Jahre alt, heute hoch gelobt.

Der CQR-Anker eignet sich am besten zur Lagerung im Bugbeschlag.

kergrund, bewährt hat. Wegen seiner sehr spitz zulaufenden, dünnen Flunken ist sein Eingrabevermögen ebenfalls gut. Auf Fels, wo der Stockanker schon noch ab und zu hängenbleibt, versagt der Danforth, was man ihm aber eigentlich gar nicht vorwerfen kann, weil Fels kein „Ankergrund" ist.

Bei beiden Ankertypen ist jedoch Vorsicht geboten, wenn das Schiff seine Lage zum Anker ändert, wenn also beispielsweise in Tidengewässern der Strom kentert und der Zug auf den Anker plötzlich entgegengesetzt wirkt. Dabei werden der Stock- und der Danforth-Anker aus dem Grund herausgerissen, und sie müssen sich erst wieder eingraben, was auf gutem Ankergrund auch meistens funktioniert, so daß es im Schiff gar nicht bemerkt wird.

Der CQR-Anker dagegen kann sich mit seinem Pflug im Schlick so drehen, daß er, ohne auszubrechen, den entgegengesetzten Zug aufzunehmen vermag. Obgleich er von Blauwasserseglern sehr gelobt wird, darf ein großer Nachteil nicht verschwiegen werden: Wegen seiner großflächigen Pflugschar, die ihm seine riesige Haltekraft verleiht, faßt er auf etwas härterem Boden nur zögernd. Ein Pflugscharanker von weniger als 15 Kilogramm Gewicht gräbt sich wegen seiner Schwerkraft auf manchem Ankergrund überhaupt nicht ein, auch wenn der Grund als hervorragend bezeichnet werden muß, wenn man einen Stockanker oder einen gleich schweren Danforth zum Vergleich heranzieht.

Deshalb sehe ich nur dann einen CQR als vollwertigen Anker an, wenn er ein Gewicht von mehr als 15 Kilogramm hat. Auf größeren Yachten dagegen, wo also ohnehin ein schwererer CQR benutzt wird, ist sein Nachteil nicht mehr spürbar, und er kann seinen Trumpf, nämlich gute Halte-

Der Pflugscharanker gräbt sich erst bei sehr viel Zug und weichem Boden vollkommen ein.

kraft im Verhältnis zu seinem Gewicht, voll ausspielen.

Auf die Verdrängung des Schiffes bezogenes empfohlenes Ankergewicht:

Verdrängung	Danforth	Stockanker	CQR
bis 4 Tonnen	12 kg	17 kg	15 kg
bis 6 Tonnen	15 kg	20 kg	15 kg
bis 8 Tonnen	18 kg	25 kg	18 kg
bis 13 Tonnen	20 kg	30 kg	22 kg
bis 18 Tonnen	25 kg	40 kg	26 kg
bis 25 Tonnen	30 kg	50 kg	30 kg

Diese Tabelle veranschaulicht, daß es „handliche“ Anker kaum gibt, außer auf sehr kleinen Yachten. Bei kleiner Mannschaft wird der Blauwassersegler versucht sein, sich wegen des Gewichts für einen leichteren Anker zu entscheiden. Das sollte er nicht tun, denn ein paar Kilogramm mehr oder weniger können einmal darüber entscheiden, ob der Anker die Yacht hält oder sie auf ein Riff treiben läßt. Deshalb bei der Auswahl des Ankers nie auf die Bequemlichkeit achten! Statt dessen muß bei der Planung des Schiffes berücksichtigt werden, daß ein Anker von einem Mannschaftsmitglied alleine ausgebracht und eingeholt werden kann.

Dazu ist Voraussetzung, daß der Gebrauchsanker nicht etwa in der Backskiste gefahren wird, wie das viele Werften an unseren Küsten sich so ausdenken. Das ist auf einer Langfahrtyacht, die nahezu ausschließlich vor Anker liegt, unsinnig. Man stelle sich das einmal vor: Der Skipper schleppt bei jedem Landfall einen 30 Kilogramm schweren Anker auf das Vorschiff. Abgesehen davon, daß dies ohne Lackschäden gar nicht abgehen würde, könnte man wirklich nicht von einem einsatzbereiten Ankergeschirr sprechen. Der Anker ist bei einer Yacht in Landnähe so wichtig wie die Bremse beim Auto, deshalb muß er auch immer einsatzbereit sein.

Voraussetzung ist ein zweckmäßiger Bugbeschlag, auf dem der Anker klar zum Fallen, sicher und seefest ruhen und von dem aus er ohne große Umstände zu Wasser gelassen werden kann. Die Ideallösung sind ein oder zwei Ankerklüsen wie bei der Großschiffahrt. Das läßt sich jedoch nur auf sehr großen Yachten verwirklichen. Von den Yachtankern eignen sich hierfür der Stockanker und der Pflugscharanker

Der Bugbeschlag muß mit großen „Ohren“ versehen sein, damit die Kette sich bei seitlichem Zug nicht verklemmen kann.

freilich nicht, sondern nur der Danforth. Die Klüse außenbords hat allerdings den Nachteil, daß die Bordwand ziemlich stark strapaziert wird, weshalb man dort ein Niroblech aufsetzen oder anschweißen sollte. Der Pflugschar- und der Bruce-Anker lassen sich sehr gut auf einem speziellen Bugbeschlag lagern, von dem aus er nur ins Wasser gestoßen zu werden braucht. Nur für den Stockanker einen geeigneten Beschlag zu finden, von dem aus er bequem fallengelassen werden kann, ist äußerst schwierig. Wegen der geringen Größe seiner Flunken und der dadurch bedingten geringen Haltekraft muß der Beschlag ein doppelt so großes Gewicht haben wie seine vergleichbaren Konkurrenten. Es ist für einen mittelstarken Mann kaum noch möglich, einen sperrigen Anker von 30 Kilogramm über die Reling zu werfen oder gar an Bord zu nehmen. Deshalb wird der Stockanker auf größeren Yachten häufig nicht mehr gefahren, oder er ruht in der Backskiste – für alle Fälle. Würde man ihn aber als Gebrauchsanker einsetzen, käme man um einen häßlichen Davit nicht mehr herum.

Ankerformen scheinen immer wieder Erfinder anzuregen, die Patentlösung schlechthin zu finden. So tauchen bei nahezu jedem Ankertest, den Zeitschriften in mehr oder weniger regelmäßigen Abständen durchführen, irgendwelche Superanker auf, die in allen Belangen den herkömmlichen, bewährten Ankern weit überlegen sind. Dies beobachte ich nunmehr seit mehr als 20 Jahren. Merkwürdig, daß nach ein paar Jahren diese Anker meist wieder sang- und klanglos verschwunden sind. Man kann daraus nur schließen, daß die Anforderungen in der Bordpraxis halt doch anders sind als in dem durchgeführten Test unter standardisierten Bedingungen. Trotzdem seien in diesem Zusammenhang die positiven Überraschungen erwähnt: Britany-, Fortress- und Drake-Anker. Eine Erklärung für dieses Phänomen ist vielleicht die, daß in der Praxis nicht nur der Anker eine wesentliche Rolle spielt, sondern auch die richtige Wahl des übrigen Ankergeschirrs, nämlich Kette oder Trosse.

Kette oder Trosse?

Diese Frage stellt sich auf einer Blauwasseryacht nicht, denn zur Grundausrüstung gehört beides. Die Kette hat gegenüber der Trosse fast nur Vorteile. Sie ist unempfindlich gegen Schamfilen, verstaut sich bei richtiger Anordnung des Ankergeschirrs von selbst, nimmt im aufgeräumten Zustand viel weniger Platz ein als eine vergleichbare Trosse und verleiht dem Anker eine ungleich größere Haltekraft, obwohl die heutigen Kunstfasertrossen eine ähnlich hohe Bruchlast wie Ketten haben. Warum?

Der Anker (und die Bugbeschläge) wird am meisten belastet, wenn am Ankergeschirr ruckartig gerissen wird. Dies passiert immer dann, wenn beispielsweise Kette oder Trosse durch den stetigen Zug (durch Strom oder Wind) steif steht und der Bug der Yacht durch eine See hochgerissen wird, was zu dem berüchtigten Einrucken führt. Zwar haben Kunstfasertrossen (Naturfasern wie Manila werden heute nicht mehr verwendet) einen Reck (bis 20 Prozent ihrer Länge), aber der wird viel eher „verbraucht“ als das Gewicht einer langen, durchhängenden Kette. Es kommt also bei Benutzung von einer Trosse viel häufiger zu dem gefürchteten Einrucken als bei der Kette gleicher Länge.

Zusätzlich spielt eine große Rolle, daß ein Anker die beste Haltekraft dann entwickelt, wenn der Zug möglichst horizontal auf ihn wirkt. So ist er nämlich konstruiert. Eine Trosse, deren Gewicht – vor allem im Wasser – kaum zählt, wird dieser Forderung auch dann kaum genügen, wenn sie sehr lang ist. Die Kette wird aufgrund ihres großen Gewichtes – nur 13 Prozent fallen dem Auftrieb im Wasser zum Opfer – nahezu immer einen horizontalen Zug ausüben.

Wie entscheidend sich das Einrucken bemerkbar macht, hat sich in Versuchsmessungen der Firma Danforth ergeben, bei denen ermittelt wurde, daß beim Einrucken der dreieinhalbfache Zug der Durchschnittsbelastung ohne Einrucken auftreten kann.

In tropischen Gewässern mit scharfkantigen Korallen auf dem Grund besteht die Gefahr, daß bei einer frei schwojenden Yacht die Trosse über die scharfen Kanten eines Korallenkopfes gezogen wird. Dann

Die Kurve links stellt die Belastung (in Kilogramm) eines Bugbeschlags bei einer sehr kurzen Ankertrosse dar. Die Kurve rechts wurde bei gleichen äußeren Bedingungen auf derselben Yacht aufgezeichnet, wobei lediglich eine sehr lange Ankertrosse verwendet wurde. Die Messungen zeigen deutlich, daß eine lange Trosse viel schonender für Schiff und Beschläge ist.

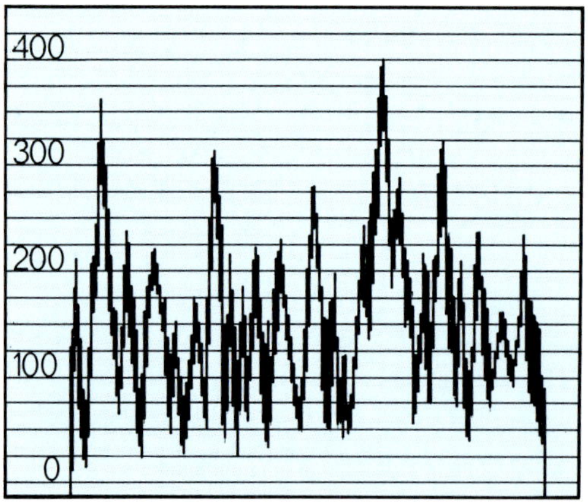

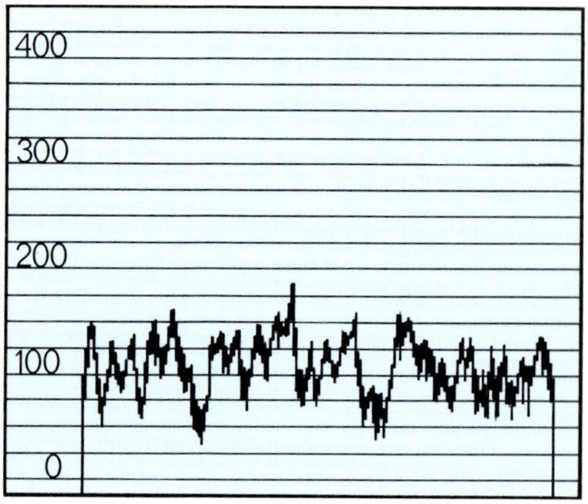

hat sie eine Überlebenszeit von unter Umständen nur wenigen Stunden.

Was spricht dann überhaupt für eine Trosse? Hin und wieder kann und wird es vorkommen, daß ein Anker mit dem Beiboot ausgebracht werden muß. Dies ist *nur* mit Trosse, nicht aber mit Kette möglich, weil das Gewicht der Kette das Beiboot, auch wenn es motorisiert wäre, immer wieder zum Schiff zurückziehen würde. Wie Moitessier in einem seiner Bücher schreibt, ist es bei stürmischem Wetter, gegen das auch das Beiboot nicht mehr ankommen würde, sogar möglich, einen nicht zu schweren Anker auszuschwimmen, wenn man ihn auf einem leeren Kanister oder einem Kissenfender lagert *und* Trosse benutzt.

Mit Trosse und einem kräftigen Haken läßt sich das gefährliche Einrucken in die Kette vermeiden.

Würde eine Trosse so unter einen Korallenblock geraten, wäre es nur eine Frage von Stunden, bis das Schiff auf Drift gehen würde. Bei der Kette dagegen leidet höchstens die Verzinkung.

Empfohlene Trossen- und Kettenstärke:

Verdrängung des Schiffes	Trossendurchmesser	Kettendurchmesser
bis 8 Tonnen	20 mm	8 mm
bis 12 Tonnen	22 mm	10 mm
bis 25 Tonnen	30 mm	12 mm

Wie viele Anker?

An und für sich würden zwei Anker ausreichend sein (am besten verschiedene, vom Gewicht her jedoch vollwertige), wenn mit Sicherheit unterwegs keiner verlorengehen würde. Aber es kann immer einmal passieren, daß ein Anker sich in tiefem Wasser derart verhängt, daß er sich ohne Tauchhilfe nicht mehr bergen läßt. An den meisten Ankerplätzen ist kein Ersatz zu bekommen. Deshalb sollte eine Yacht, die auf Blauwasserfahrt geht, mindestens drei Anker mitführen.

Die Ankerwinde

Der Käufer einer segelfertigen Yacht, der auf Blauwasserfahrt gehen möchte, wird Augen machen angesichts des Preises für eine taugliche Ankerwinsch. Aber das beste Ankergeschirr ist nur dann etwas wert, wenn es sich leicht bedienen läßt. Denn sonst – das ist menschlich – wird man immer den bequemeren Weg gehen nach dem Motto: „Das Wetter sieht so gut aus, da müßte es der leichte Anker auch tun", oder: „Der Ankergrund ist ganz sauber, heute reicht es, wenn wir die Trosse statt der Kette nehmen."

Wer nur im Lehnstuhl meint, das sei unverständlich, wo doch die Sicherheit vorgehe, der soll mal versuchen, einen 30 Kilogramm schweren Anker mit 10-Millimeter-Kette aus 20 Meter Tiefe von Hand – direkt oder mit Winsch – aufzuholen. Selbst wenn kein Zug auf der Kette steht (Maschinenhilfe!), addiert sich das Gewicht der Kette von 20 Meter zum Ankergewicht. Das ist Knochenarbeit! Handbedienung ist allenfalls möglich bei einer 8-Millimeter-Kette. Eine Ankerwinde erübrigt sich sogar, wenn man eine Sperrklinke hat, also einen Beschlag, der es zuläßt, daß die Kette zwar eingeholt wird, aber nicht zurückrutschen kann.

Ein handbetriebenes Ankerspill bringt also wenig Vorteile. Durch seine Übersetzung arbeitet es so – anstrengend – langsam, daß es bequemer und kraftsparender ist, die Kette von Hand einzuholen.

Das Ankerspill wird nicht etwa dazu benötigt, den Anker auszubrechen. Denn wenn sich das Schiff bei kurzstaggeholter Kette (eine Pallklinke ist hierzu das ideale Instrument) nur etwas bewegt oder der Bug sich durch leichten Wellengang etwas anhebt, wird ein viel größerer Zug auf den Anker ausgeübt, als man es mit dem Spill könnte.

Bei einem leichten Ankergeschirr mit 8-Millimeter-Kette kann man sich eine Ankerwinde also guten Gewissens ersparen, oder man schafft sich gleich eine elektrische an. Sie ist ein Beitrag nicht nur zur Bequemlichkeit, sondern vor allem zur Sicherheit. Schon leichte elektrische Ankerwinden arbeiten viel schneller, als es ein kräftiger Mann könnte. Bei einem Ankergeschirr mit 10- oder gar 12-Millimeter-Kette ist sie, zumal auf einer Yacht mit kleiner Mannschaft, sogar eine zwingende Notwendigkeit. Dann sind alle Hände frei, um das Schiff zu bedienen, wenn der Anker ausgebrochen ist. Das ist dann auch der Moment, wo die Winde, die die Kette automatisch einholt, sich als unbezahlbar erweist. Denn es gilt, die Zeitspanne, in der die Yacht wegen des herunterhängenden Ankers manövrierunfähig ist, kurzzuhalten, damit der Wind das Schiff nicht etwa auf eine Untiefe treibt. Ich weiß, wovon ich spreche: Meine THALASSA II mit ihren 22 Tonnen und elektrischer Ankerwinde ist von zwei Mann viel bequemer zu handhaben als die frühere THALASSA I mit fünf Tonnen, aber ohne elektrisches Ankerspill.

Angenommen, wir stellen fest, daß der ausgebrachte Anker nicht hält und mangels

Ein effektives Ankerspill ist für Yachten ab 12 Meter Länge dringend zu empfehlen.

Platz nicht weiter über den Grund schleifen kann. Mit einer elektrischen Winde ist es kein Problem, ihn wieder aufzuholen; von Hand würde das eine gehörige Anstrengung sein! Beim nächsten Mal passiert dann das gleiche: Beim Holen merken wir, daß der Anker wieder nicht hält, also nochmals raus! Nach dem dritten Mal würde man bei Handbetrieb wahrscheinlich passen und sich sagen: „Na, jetzt wird er wohl halten!“ Ungeachtet der Tatsache, daß gute Seemannschaft es erfordert, sich nochmals zu vergewissern, ob er auch tatsächlich sitzt.

Hat man eine elektrische Ankerwinde (hilfreich ist ein angebautes „Fathometer“ oder ein Meterzähler, auf dem man die jeweils abgelaufene Kettenlänge ablesen kann), so ist das alles keine Arbeit. So passierte es mir einmal, daß ich auf ungünstigem Ankergrund den Anker insgesamt sechsmal hochholen mußte, bevor er hielt. Im Handbetrieb wäre das gar nicht zu machen gewesen.

Und der Stromverbrauch? Der ist erheblich, er bewegt sich in der Größenordnung von 50 bis 100 Ampere. Aber nachdem die Winde nur wenige Minuten – und das meist bei mitlaufender Maschine – in Betrieb ist, fällt er letztlich nicht ins Gewicht. Der Nachteil, daß die Maschine während des Ankermanövers mitlaufen muß, gilt auch für hydraulische Ankerwinden. Früher war ich diesen Winden gegenüber, die auf Yachten selten zu sehen sind, äußerst skeptisch eingestellt. Nachdem ich aber bei zahlreichen Ankermanövern in der rauhen Inselwelt um Kap Hoorn die Vorzüge einer solchen Winde auf einer 12-Meter-Yacht kennenlernen durfte, bin ich begeistert davon. Gegenüber der elektrischen Winde ist die Hydraulik deutlich kraftvoller – es scheint ihr nichts auszumachen, ob unter ihr 20 oder zwei Meter Kette hängen –, und außerdem kann sie durch einfaches Umlegen eines Ventils nicht nur Kette holen, sondern auch langsam und kontrolliert Kette stecken. Der Nachteil ist ihr Preis und der doch unter Umständen komplizierte Einbau, wenn man allein an den Abgriff an der Hauptmaschine denkt. Es liegt auf der Hand, daß deshalb ein nachträglicher Einbau selten mit vernünftigem Aufwand durchgeführt werden kann.

Die Kette sollte gemeinsam mit dem Ankerspill angeschafft werden. Denn nur dann ist gewährleistet, daß die – kalibrierten – Glieder in die Kettennuß passen und nicht etwa darüber hinwegspringen. Empfehlenswert sind Ketten mit Zertifikat. Es gibt auch solche – meist aus chinesischer Produktion –, die nur den halben Preis kosten, aber auch nur halb so stark sind. Also aufpassen!

Eine Ankerwinde ersetzt nur dann einen ganzen Mann (mindestens), wenn sich die Kette von selbst verstaut. Das ist bei der Planung des Schiffes im Frühstadium zu beachten. Es läßt sich freilich gar nicht so leicht verwirklichen, daß man sozusagen auf Knopfdruck ankerauf gehen kann. Ob die Rohrleitungen, die von der Winde nach unten zum Kettenkasten führen, tatsächlich funktionieren, merkt man erst dann, wenn man seinen ersten Ankerplatz wieder verlassen möchte. Oft passiert es, daß die Kette in dem schrägen Rohr liegen bleibt und ein Mann sie von Hand einziehen muß. Das läßt sich *nur* dadurch vermeiden, daß die Kette fast senkrecht nach unten führt. Deshalb wäre es vorteilhaft, den Kettenkasten direkt unterhalb der Winsch vorzusehen.

Indes, Kette ist schwer. Ein Meter von einer 10-Millimeter-Kette wiegt je nach Ausführung etwa drei Kilogramm. Einige hundert Kilogramm Kettengewicht sind da schnell beisammen. Aus diesem Grunde sollte der Kettenkasten nicht zu weit vorne im Bug, sondern mehr nach achtern zum Gewichtsschwerpunkt der Yacht hin angeordnet werden. Er erfordert auch einigen Raum; er darf nicht zu niedrig sein, wie sich das vorne im Bug oft ergeben würde. Zwar verstaut sich Kette recht gut, bildet aber meist einen hohen Haufen, der bei wenig Raum den freien Lauf der Kette behindern würde. Der Kettenkasten sollte darüber hinaus über eine Entwässerung verfügen. Ist er unter dem Wohnraum angeordnet, muß er geruchsdicht sein. Die Winde muß irgendwo in der Mittschiffslinie stehen, darf aber nicht einfach irgendwo an Deck aufgeschraubt werden. Denn der gesamte Zug von Anker und Kette wird ja auf die Halterung der Winde an Deck übertragen. Auch hier gilt, daß das schwächste Glied die Stärke einer Kette bestimmt, und das ist in diesem Fall die Halterung. Man überprüfe sie daraufhin! Einige Hersteller von Winden sind zumindest so ehrlich, in ihrer Betriebsanleitung zu erwähnen, daß der Zug des Ankers abgefangen und auf einen Poller oder eine dafür gedachte Klampe übertragen werden muß. Aber was soll das? Denn schließlich kann beim Ankereinholen ein ebenso starker Zug auf das Geschirr kommen wie beim Ankerliegen. Dann wird die Windenhalterung ebenso belastet.

Die Zugrichtung an Deck beim Ankeraufholen ist durch den Bugbeschlag und die Position der Winde vorgegeben. Vor dem Bugbeschlag aber kann der Zug von allen Richtungen her erfolgen, je nachdem, wie die Yacht zum Anker liegt. Es ist nämlich nicht so, daß sie sich stets in den Wind dreht. Ja, es kann passieren, daß sie seitlich zum Anker liegt, so daß der Zug des Ankers quer zur Bugrolle kommt. Dann wird die Kette von einem ungeeigneten Bugbeschlag in der Regel abspringen, und die Yacht ist nicht mehr manövrierfähig. Die Kette muß erst mühsam entlastet werden, damit sie wieder klariert werden kann. Dies läßt sich nur vermeiden, wenn die Rolle am Bugbeschlag mit großen Abweisblenden aus Niro oder hohen Rändern aus Kunststoff versehen ist. Auch daran denkt man selten, wenn man das Schiff seiner Träume auf einer Bootsausstellung zum ersten Mal sieht.

Schutz von Yacht und Besatzung gegen Klimaeinflüsse

Kälte

Blauwasseryachten wagen sich nicht selten in nördliche oder aber weit südlich gelegene Gebiete vor. Alaska ist ebenso ein Geheimtip wie die Südinsel von Neuseeland. Aber man wird dort kaum zum Vergnügen segeln, vor allem nicht in den kühleren Jahreszeiten, wenn man nicht durch eine Bordheizung vorgesorgt hat. Gleiches gilt übrigens für das Mittelmeer, wo es im Winter empfindlich kalt werden kann – mit Ausnahme von Zypern und der Türkei.

Die Kunst, auf einer Yacht in kalten Gegenden zu leben, besteht darin, sowohl Wärme als auch frische Luft in das Schiffsinnere zu bringen. Letzteres ist deshalb so wichtig, weil man geneigt ist, Luken und Niedergang in der Kälte hermetisch abzuschließen. Aus diesem Grund eignen sich Heizungen mit offener Flamme (Gas, Petroleum) nur bedingt. Denn die Flamme heizt nicht nur, sie verbrennt auch Sauerstoff, was man daran erkennt, daß sich Feuchtigkeit im Inneren des Schiffes niederschlägt. Es gibt eine Reihe von Heizungen, die nach diesem Prinzip arbeiten. Sie sind höchstens „für alle Fälle“ gut, wenn man also eigentlich gar keine nötig hat, oder im Cockpit (offener Raum), um sich dort die Füße zu wärmen.

Am besten eignet sich natürlich eine regelrechte Zentralheizung, bei der wie zu Hause mit Dieselbrennern zirkulierendes Wasser aufgeheizt wird, das die Wärme mit Hilfe von sehr flachen, raumsparenden Heizkörpern im Salon oder in den anderen Räumen abstrahlt. Aber dies ist eine sehr aufwendige Konstruktion, die sich eigentlich nur bei Yachten rentiert, die ständig in kalten Gegenden segeln.

Statt Wasser dient als Wärmeträger auch Luft, die ebenfalls außerhalb des Wohnraumes, zum Beispiel im Cockpit oder in der Backskiste, aufgeheizt und über Schläuche in die Kajüte geblasen wird. Heizungen dieser Art werden auch in Autobussen betrieben. Sie arbeiten mit Gas oder Diesel, benötigen aber Strom zur Zündung und um die Luft in Umlauf zu bringen. Zwar scheint der Stromverbrauch nicht nennenswert, wird aber zu einem echten Problem, wenn die Heizung 24 Stunden läuft.

Eine elektrische Heizung kann nur dann betrieben werden, wenn Landstrom zur Verfügung steht oder wenn ein großer Ge-

Mit Diesel betriebener Ofen made in Kanada. Kann auch zum Kochen verwendet werden.

nerator mitläuft. Sie kommt also für eine Blauwasseryacht im allgemeinen nicht in Frage.

Auf einem Schiff hat man mit einer Heizung fast nie die gleichen Temperaturunterschiede zu überwinden wie an Land, denn die Innentemperatur wird kaum unter die Wassertemperatur absinken, also nicht weniger als null Grad betragen. Meistens wird sie sogar – entsprechend der Wassertemperatur – selbst im Winter höher liegen. Trotzdem bildet die vom menschlichen Körper abgestrahlte Wärme Kondenswasser, das sich im Schiffsinneren als Schwitzwasser niederschlägt. Das war vor ein paar Jahrzehnten besonders bei Stahlbooten ein Problem, weil es zu verstärkter Rostbildung geführt hat. Heute isoliert man meistens mit Schaumstoff (Polyurethan), der jedoch genauso wie Glaswolle, die dem gleichen Zweck dient, nicht unproblematisch ist. Glaswolle kann auf die Stahlwand nur aufgelegt werden, während aufgespritzter PU-Schaum zwar eine gute Verbindung mit dem Metall eingeht, selbst aber Wasser aufnehmen kann. Wenn man ihn nicht *vollständig* austrocknen läßt, stellt er keinen Schutz, sondern eine Gefahr dar.

Schwitzwasser in Kunststoffschiffen dagegen bildet sich fast immer hinter der Kajütverkleidung auf dem blanken Kunststoff und kann von dort den Weg in die Bilge finden, wenn es nicht schon vorher verdunstet, was wahrscheinlicher ist. Schwitzwasser in Holzschiffen ist eine Gefahr, weil es, wenn es lange an derselben Stelle gestanden hat, zu zerstörerischem Rott führt.

Hitze

Der Blauwassersegler wird sich fast immer mehr mit übermäßiger Hitze als mit Kälte auseinandersetzen müssen. Freilich, dem Schiff macht Hitze im allgemeinen nichts aus, um so mehr aber dem Menschen, der sich dagegen ungleich schwerer schützen kann als gegen Kälte. Eine Klimaanlage scheidet auf einer Yacht aus, weil – ähnlich wie bei der elektrischen Heizung – während der gesamten Betriebszeit ein Generator mitlaufen müßte.

Schon beim Bau einer Yacht läßt sich einiges tun, damit später in den Tropen der Kampf gegen die Hitze erfolgreich geführt werden kann. Man darf dies nicht auf die leichte Schulter nehmen, denn Hitze, der man nicht entfliehen kann, vermiest einem möglicherweise den schönsten Ankerplatz und macht das Leben auf einer Yacht zur Qual. In der Begeisterung während der Planung einer Blauwasserreise verschließt man sich diesen Problemen gerne, so nach dem Motto: „Ich werde doch nicht so zimperlich sein, daß ich mich von so was unterkriegen lasse.“ Aber später in der Praxis sieht die Sache dann doch etwas anders aus, und man bereut unter Umständen sehr, sich nicht schon beim Bau der Yacht ernsthaft damit auseinandergesetzt zu haben. Was läßt sich dagegen tun?

Zweierlei! Erstens muß verhindert werden, daß sich das Schiff zu sehr aufheizt. Zweitens muß durch Heranführen von frischer Luft für Verdunstungskälte auf der Haut gesorgt werden. Ersteres erreicht man durch gute Isolierung der Schiffswände, wie sie durch den Einbau einer Innenverkleidung ohnehin meistens gegeben ist.

Noch effektiver aber ist ein Mittel, das die Menschen in den Tropen von jeher gegen die Sonnenstrahlung (die ja die Hitze erzeugt) benutzt haben, nämlich helle Kleidung. Auf unsere Yacht übertragen, ist das gleichbedeutend mit einem hellen, am besten weißen, Anstrich auf Deck und vielleicht auch auf der übrigen Außenhaut. Kaum zu glauben, was das ausmacht. Ein weißgestrichenes Stahldeck läßt sich

Solche Lüfter reichen für heiße Gegenden bei weitem nicht aus.

Auch diese Lüfter lassen kaum Luft ins Innere, dafür aber Wasser. Man sollte gleich darauf verzichten.

selbst bei stärkster Sonneneinstrahlung barfuß betreten, während Teakholzbretter auf demselben Schiff kaum noch berührt werden können. Eine Temperaturmessung bei gleichen Bedingungen ergab, daß sich das Stahldeck auf 26 Grad Celsius aufgeheizt hatte, das Holz aber auf 34 Grad Celsius. Es ist zwar richtig, daß auch ein Teakdeck auf einem Stahldeck isolierende Eigenschaften hat, doch wird das durch den Nachteil des erhöhten Aufheizens wieder aufgehoben. Daher rührt auch die Tatsache, daß es sich am Tage unter Deck einer weißen Yacht ganz gut aushalten läßt, während die Innentemperaturen von andersfarbigen Yachten unerträglich sind. Man kann dieses Phänomen ganz gut beobachten, wenn man an einem heißen Tag mit bloßen Füßen über das Deck mehrerer Yachten steigt.

Die Farben Grau oder Beige sind längst nicht mehr so effektiv wie Weiß. Zugegeben, eine weiße Yacht sieht, vor allem wenn sie nicht sauber geputzt ist, nicht besonders attraktiv aus, aber die Vorteile dieser Farbe sind in den Tropen kaum bezahlbar.

Die Wahl der richtigen Farbe verhindert, daß sich die Yacht in der Sonne zu sehr aufheizt. Das einzige Mittel aber, um sich abzukühlen, ist ein Luftzug, der durch das Schiff streicht. Man kann die Voraussetzungen hierfür schon beim Bau schaffen, indem man eine ausreichende Zahl von Luken vorsieht. Neben den Luken, die beispielsweise dazu dienen, die Segel an Deck zu schaffen (paßt durch die Vorschiffsluke auch der riesige Genuasack?), sollten weitere vorhanden sein, und zwar über jedem Raum mindestens eine. Die Luftzufuhr ist auf hoher See nicht so sehr ein Problem wie am Ankerplatz.

Luken können nur dann ohne weitere Hilfsmittel Luft in das Innere lenken, wenn sie nach vorne zu öffnen sind. Das funktioniert auch am Ankerplatz, weil die Yacht in strömungslosen Gewässern im Wind liegt. Besser, aber auch viel teurer sind Luken, die sich sowohl nach vorne als auch nach achtern öffnen lassen. Sie erweisen sich als vorteilhaft, wenn man beispielsweise mit achterlichem Wind segelt.

Das große Problem bei den Luken, so selbstverständlich dies eigentlich sein sollte, liegt bei der Abdichtung. Luken mit Plastikrahmen sind kaum jemals wasserdicht, wenn beispielsweise Wasser über das Deck schlägt und mit einigem Druck am Lukendeckel ankommt. Nur Luken mit Metallrahmen geben eine Gewähr für Wasserdichtigkeit, freilich nur dann, wenn zusätzlich eine Möglichkeit zum wirklich festen Verschrauben besteht. Von allen Eignern, die ich danach befragte, hatten nur jene wasserdichte Luken, und das bei jedem Wetter, deren Luken von der französischen Firma Goiot stammten.

Häufig sparen die Werften auch an der Anzahl der Luken. Begreiflich, wenn man bedenkt, daß eine größere Yacht leicht um 10 000 Mark teurer werden kann, wenn sie mit soviel Luken ausgestattet wird, wie man sie für die Tropen braucht. Statt dessen bauen sie – viel billigere – Lüfter ein, die meistens noch sehr schiffig aussehen. Sie sind fast immer wertlos. Für eine spürbare Luftzufuhr viel zu klein, sind sie selbst im zugedrehten Zustand groß genug, um bei sehr rauhem Wetter Unmengen von Wasser ins Innere zu lassen. Gemeint sind dabei auch Lüfter, die im Doradekasten eigentlich eine Vorrichtung haben, das Wasser von der Luft abzuscheiden. Auf Kunststoff- und auf Stahlyachten sind sie deshalb nach meiner Meinung nur dann nicht überflüssig, wenn sie so groß (und unförmig-häßlich) sind, daß sie auch für einen kühlenden Luftzug in den Tropen sorgen können. Notwendig sind sie allerdings auf Holzyachten, weil sich bei vollkommen abgeschnittener Frischluftzufuhr Trockenrott bildet, besonders wenn es im Schiff feucht ist.

Wasserdichtigkeit

Ein Thema zum Resignieren! Denn auch hier neigt der Segler gerne dazu, sich in die eigene Tasche zu lügen: „Na, wegen der paar Tropfen – ich bin doch Segler – werde ich bei der Werft doch keinen Ärger machen, da mache ich mich ja lächerlich. Außerdem ist es wahrscheinlich nur Schwitzwasser, oder die paar Tropfen kommen bei der Backskiste rein.“ Aber „die paar Tropfen“ denken gar nicht daran, bei der Backskiste oder über die Stopfbuchse in die Bilge zu laufen. Wahrscheinlich sind sie an der unentdeckten Stelle bei den Püttingeisen, die sich nur etwas bei Krängung öffnet, ins Innere getropft. Von dort aus galt ihr erster Besuch dem Kleiderschrank, wo sie sich durch einen Pullover hindurcharbeiteten, bis sie Zugang zu dem darunterliegenden Werkzeugschapp fanden. Dann wanderten sie über ein paar Schraubenzieher und ließen eine feuchte Spur zurück, die erst nach ein paar Tagen sichtbar wird, worüber sich der Skipper wundert: „Komisch, in dieser Luftfeuchtigkeit rostet doch alles weg.“ Erst anschließend bequemten sie sich, in die Bilge zu rinnen, wo sie auf ihresgleichen von den Bullaugen, von der schlampig aufgesetzten Klampe oder von der undichten Luke trafen.

So ein paar Tropfen können aus einem wohnlichen Schiff eine ungemütliche Unterkunft machen, in der wie in einem Obdachlosenasyl die Wertsachen in Plastiktüten verstaut werden müssen. Das vermag die Freude am Blauwassersegeln arg einzuschränken. Nahezu die meisten Probleme, die die Elektrizität an Bord mit sich bringt, sind auf die Feuchtigkeit zurückzuführen. Dabei wäre es auf modernen Schiffen gar nicht so schwer, diesem Übel beizukommen.

Einfach ist es dagegen, ein Metallschiff dichtzubekommen, denn Schweißnähte – ordnungsgemäß gearbeitet – können nicht lecken. Zudem wird eine gewissenhaft arbeitende Werft den Vorteil des „dichten" Materials nicht dadurch verspielen, daß sie Beschläge mit Hilfe von Bohrungen aufs Deck setzt. Sie wird sie vielmehr anschweißen und eine nicht zu vermeidende Bohrung sorgfältig abdichten. So kann man bei Stahlschiffen Winschen beispielsweise so aufsetzen, daß man zunächst ein Podest aus (nichtrostendem) Stahl aufschweißt und auf diesem die Winden aufschraubt.

Selbst wenn auf einem Stahlschiff einmal eine Schraube benutzt und mit zu wenig Dichtungsmittel versehen wird, kann Dichtigkeit dennoch durch leichte Rostbildung gewährleistet sein, was natürlich nicht zur Methode werden soll. Wenn aber zum Verlegen eines Teak-Stabdecks einige hundert Löcher in das Deck gebohrt werden, braucht man sich nicht zu wundern, daß hier die Ursache für Leckagen zu suchen ist, ja, schlimmer noch: Damit sind auch der Stahl und das Holz gefährdet, und man kann bei einem Teakdeck auf einem Stahldeck kaum von einer „unbegrenzten" Lebensdauer ausgehen.

Ich bin kein Freund von Teak auf Stahl. Zugegeben, es sieht sehr schiffig aus, wenn es auch nicht logisch ist. Früher nämlich wurde ein mit Teer verfugtes Stabdeck deshalb gefahren, weil diese Art von Deck die Schiffsbewegungen am ehesten mitmachte, ohne zu lecken. Auf einem Stahldeck aber hat Teak funktionell nichts zu suchen. Indes: Segeln ist nicht zuletzt deshalb ein so faszinierendes Hobby, weil jedem – innerhalb gewisser Sicherheitsgrenzen – freigestellt ist, wie er sein Schiff schön findet, ob es nun besonders zweckmäßig ist oder nicht.

Hier ist die Winde auf ein Niro-Podest aufgeschraubt, das seinerseits auf den Stahl aufgeschweißt ist. Dadurch kann der Stahl gut unter Farbe gehalten werden.

Korrosion

Dieses Thema geht alle an, nicht bloß Eigner von Stahlschiffen. Deshalb muß in diesem Zusammenhang nochmals darauf eingegangen werden, obwohl schon im Kapitel „Stahl" davon die Rede war.

Überall da, wo verschiedene Metalle und ein Elektrolyt (Seewasser) zusammentreffen, entsteht Korrosion, wobei eines der Metalle zerstört wird. Das betrifft jedes Schiff, denn ohne Metalle unter Wasser kommt auch ein solches aus Kunststoff oder Stahlbeton nicht aus. Man denke nur an die Seeventile bei den Borddurchbrüchen, an Schraube und Welle, an die Ruderbeschläge usw. Auch Nirosta kann

„Zinkmäuse" schützen hier vor dem edleren Buntmetall (Propeller).

zerstört werden, wenn in Form des Propellers ein edleres Metall anwesend ist.

Korrosionsprozesse in vergleichsweise kalten und „süßeren" Meeren wie beispielsweise Ost- und Nordsee gehen zum Teil so langsam vor sich – fachmännische Bauweise vorausgesetzt –, daß die Metallabtragungen so gering sind, daß sie über mehrere Jahre hinweg kaum auffallen. In wärmeren und salzhaltigeren Gewässern (Mittelmeer, Tropen) jedoch kann dieser Prozeß wesentlich beschleunigt werden, so daß die elektrolytische Korrosion zu einer echten Gefahr wird. Deshalb werden in Australien und Neuseeland Neubauten von vornherein mit Opferanoden (Zink) ausgestattet, selbst wenn die Schiffe aus Kunststoff sind.

Die Konsequenz? Am besten rüstet man jede Yacht, gleich welchen Baustoffs, mit wenigen Zinkanoden aus. Das ist kein großer Aufwand und schadet auf keinen Fall.

Die Innenaufteilung einer Yacht

Die Innenaufteilung ist oftmals durch die Größe des Schiffes und der Besatzung im wesentlichen vorgegeben. Meistens wird man versuchen, sie im Rahmen des Möglichen etwas anders als auf einer Küstenyacht zu wählen, weil man nicht nur seinen Urlaub auf der Yacht verbringt, sondern weil sie ja für längere Zeit das Zuhause ersetzt oder tatsächlich ist. Nach Möglichkeit sollte man seine Wohngewohnheiten nicht danach ändern, ob man jetzt unterwegs unter Segeln oder am Ankerplatz ist. Auf sehr kleinen Booten läßt sich das aber kaum durchführen. Wenn in der Kajüte neben der Sitzecke kein Platz für zusätzliche Kojen ist, sondern nur im Vorschiff (das sich unterwegs kaum zum Schlafen eignet), wird man in der Sitzecke schlafen und die unbequemen Vorschiffskojen eben mit Segeln volladen.

Auf größeren Yachten sollte man von vornherein anstreben, seine Kojen nur als Betten zu benutzen, sowohl auf See als auch am Ankerplatz, weil es sicher nicht zur Wohnlichkeit beiträgt, jeden Abend erst sein Bett zu bauen. Ein junges amerikanisches Paar beklagte sich nach einem Jahr Blauwassersegeln auf einem 10-Meter-Schiff, das Unangenehmste am Leben an Bord sei die Tatsache, daß die Kojen untertags zum Sitzen verwendet werden müßten und daß abends sozusagen das „Schlafzimmer" fehle.

Andererseits ist es auch nicht nötig, auf einer Blauwasseryacht die berühmten sechs Kojen (das übliche Verkaufsargument für Yachten) herumzutransportieren, wenn man zu zweit auf Fahrt ist. Bei einem Serienboot sollte man also möglichst in einem frühen Baustadium auf die Inneneinrichtung Einfluß nehmen. Eine verständnisvolle Werft wird da immer mit sich reden lassen und Änderungen vornehmen, die sich nicht negativ auf die Gesamtarbeitszeit auswirken. Oft läßt sich sogar eine Gutschrift aushandeln, wenn die Werft insgesamt Arbeitszeit einspart.

Nur fragt es sich, was man mit dem Platz anfangen soll, den man durch das Weglassen von Kojen bekommt. Oft nämlich werden die Kojen an einem Platz eingebaut, der auf einem Fahrtenkreuzer ohnehin anders gar nicht genutzt werden kann.

Auf einer Blauwasseryacht dagegen gibt es Sinnvolleres als überflüssige Kojen, auf denen dann doch bloß Segel oder sonstige Klamotten herumliegen. Schrankraum gleich welcher Größe ist gefragt, denn wir schleppen ja sozusagen unseren ganzen Hausstand mit uns herum. Aber auch Werkzeuge wollen gut aufbewahrt sein. Und die zahlreichen notwendigen Ersatzteile sind in einem Schrank besser untergebracht als unter der Koje, wo man sie eh schlecht findet.

Früher galt, daß ein großer lichter Raum besser sei als zu viele Unterteilungen – freilich zu einer Zeit, als kaum eine Yacht breiter war als 2,90 Meter. Damit konnte man vernünftigerweise wirklich nichts anderes anfangen, als in der Mitte des Schiffes einen Tisch und gegenüber zwei Sitzbänke anzuordnen, die je nach seiner Länge dann auch noch als Kojen herhalten mußten. Zwar ist es letztlich eine Frage des persönlichen Geschmacks, aber eine solche phantasielose Aufteilung erinnert mich immer etwas an eine Straßenbahn oder einen Wartesaal. Auf Schiffen unter 9,50 Meter Länge gibt es natürlich oft keine andere Wahl, aber dort ist es nicht so schlimm, weil die niedrige Kajüte ohnehin etwas mehr Wärme ausstrahlt.

Hat man aber genügend Breite (über 3 Meter), so rate ich zu einer Dinette-Anordnung, wenn zusätzlich Kojen für die Besatzung zur Verfügung stehen. Der Vorteil der Dinette – oder man sagt gleich Sitzecke – liegt darin, daß auch während des Essens der Durchgang zum Vorschiff weitgehend freibleibt. Sicher, so eine Sitzecke läßt die ganz großen abendlichen Versammlungen nicht zu, aber in den Tropen, wo man sich ohnehin sehr viel im Cockpit aufhält, macht das nichts.

Wie breit Kojen sein sollen, ist eine alte Streitfrage. Viele erfahrene Blauwassersegler plädieren für 50 Zentimeter, weil vor allem bei achterlichen Winden ein zu starkes Hin- und Herrollen des Schläfers vermieden wird. Im Hafen sind sie allerdings nicht sehr bequem. 60 Zentimeter scheinen ein guter Kompromiß für unterwegs und den Ankerplatz zu sein. Recht malerisch wirken in den Prospekten Doppelkojen, die aber zum Schlafen unterwegs, wenn das Schiff rollt oder Lage hat, unpraktisch sind. Auch sollte man die übermäßige Hitze – selbst nachts – auf tropischen Ankerplätzen in Rechnung stellen.

Manch einer wird sich wundern, warum hier nicht endlich die Rede auf Navigationsecke, Segelkammer usw. kommt. Ich wage zu sagen, daß dies alles auf einer Blauwasseryacht sekundär ist. Denn sie ist in erster Linie Wohnraum, Lebensraum. Wie schon einmal gesagt, hält man sich höchstens ein Drittel der Zeit auf See auf und den Rest im Hafen. Die Segeltage sind ohnehin durch Streß, Anstrengung, Übermüdung, Essen aus Dosen, manchmal auch durch Seekrankheit geprägt, so daß während dieser Zeit die Gemütlichkeit nicht so zum Zuge kommen kann wie sonst. Deshalb ist es um so wichtiger, daß das Schiff am Ankerplatz unsere Wohnung zu Hause voll ersetzt. Eine Blauwasserreise ist am ehesten zum Scheitern verurteilt, wenn man sich immer „auf Achse“ fühlt.

Beispiel für eine gelungene Einrichtung einer Weltreiseyacht, der 18-Meter-Yacht BLUEWATER. Von vornherein für Eignerpaar und gelegentliche Gäste konzipiert, entschied sich der Eigner für die Dinettanordnung mit Gang zur Achterkajüte.

Folgerichtig wurde in den Gang zur Achterkajüte auf der BLUEWATER die Pantry eingebaut.

Das „Schlafzimmer“ auf der BLUEWATER wirkt im Heck pompös. Wie in den heißen Gegenden vor Anker die Belüftungsprobleme gelöst wurden und ob im Passat das Doppelbett wegen des Rollens bequem war, ließ der Eigner nicht wissen. Das Wichtigste: Man fühlt sich zu Hause und segelt gleichzeitig um die Welt.

Die Navigationsecke ist auf der anderen Seite unter dem Cockpit mit Zugang zum begehbaren Maschinenraum.

Rechts: Innenraum einer 10-Meter-Yacht, die dem Eignerehepaar auf einer Weltumseglung vier Jahre lang Wohnraum war.

Diese 7-Meter-Yacht bietet durch geschickte Raumaufteilung einen vollwertigen Wohnraum für eine kleine Besatzung.

Also weiter mit der Wohnlichkeit: Auf größeren Yachten – ab 14 Meter Länge über alles – wird sich die Möglichkeit ergeben, zwei getrennte Räume, neben dem Vorschiff, zu haben. Das ist ein großer Vorteil. Dann kann man sich auch mal aus dem Wege gehen, was auf dem ohnehin kleinen Lebensraum, den eine Yacht bietet, eine große Erleichterung sein kann. Oder denken wir an das schlechthin Unvermeidliche: Die Maschine wird repariert oder auch nur gewartet. Mit Sicherheit sieht es dabei auf einer kleinen Yacht wie auf einem Schlachtfeld aus. Nicht so, wenn zwei Räume vorhanden sind – einer bleibt sicher noch bewohnbar.

Schon wegen des zweiten Raumes bin ich ein großer Freund von Achterkajüten, wie sie sich ergeben, wenn man ein Mittelcockpit hat. Nur sollte man sich dann nicht für einen eigenen Niedergang achtern entscheiden. Der ist nur von Vorteil, wenn das Schiff sozusagen von zwei Parteien bewohnt wird, was ja auf einer Blauwasseryacht praktisch nie vorkommt, zumindest kein Dauerzustand ist. Ein zweiter Niedergang hat nämlich nicht sehr viele Vorteile, wenn ohnehin eigens ein großes Luk für die Belüftung vorhanden ist. Kommt der Wind von vorne (Ankerplatz, unterwegs), müßte der Niedergang alle Augenblicke geschlossen werden, wenn Gefahr von Regen besteht. Der Hauptniedergang kann ja nur deshalb geöffnet werden, weil das Klappverdeck gegen Regen von vorne ausreichenden Schutz verleiht.

Statt eines zweiten Niedergangs bietet es sich an, eine Seite unter dem Cockpit – natürlich bei Verzicht auf die Backskiste – als Durchgang zum Achterschiff zu konzipieren. Bei den Amerikanern, denen man einen Sinn für das Praktische nicht absprechen kann, setzt sich diese Anordnung auf den größeren Yachten immer mehr durch.

Einen Platz für das Ölzeug sollte man zweckmäßigerweise unmittelbar beim Niedergang vorsehen, damit möglichst wenig Nässe ins Schiff geschleppt wird. Je größer freilich die Yacht und damit das Cockpit, um so eher kann man auf diesen Raum verzichten, weil man dann das Ölzeug dort stauen und unter dem Klappverdeck trocknen kann.

Die Toiletten besonders groß zu gestalten, halte ich zumindest für die Tropen nicht für erforderlich. Ein großer „Hygieneraum" ist doch nur dann wünschenswert, wenn die Mannschaft zahlenmäßig groß, das Schiff klein und das Klima kühl ist, so daß man sich nicht allzu viel im Freien aufhält. All das trifft auf das Blauwassersegeln im allgemeinen nicht zu. Wünschenswert dagegen ist eine Dusche – Wasserverbrauch, wenn man es kurz macht, fünf Liter –, besonders wenn man etwas empfindlich gegen Salzwasser auf der Haut ist. Allerdings erfordert sie eine besonders sorgfältige Installation.

Das Wasser sollte sich nach dem Duschen nicht irgendwie im Schiff verteilen, sondern auf kürzesten Weg in einen Schmutzwassertank oder notfalls in die Bilge geleitet werden. Je kleiner der Duschraum, um so schwieriger läßt sich das erreichen. Ungeeignet ist eine Dusche, die nur durch einen Plastikvorhang abgeteilt ist, denn dann ist sichergestellt, daß sich die Feuchtigkeit im Schiff ausbreitet. Statt dessen baue man sich lieber an Deck eine Süßwasserdusche (an den meisten Blauwasserankerplätzen ist man ungestört). So kann man auch verhindern, daß man nach dem Baden im Meer Salzwasser in den Wohnraum trägt.

Zu den Nebensächlichkeiten auf einer Blauwasseryacht gehört ein Navigationstisch, auch Kartentisch genannt. Wenn ich diese Behauptung aufstelle, gehe ich wiederum von einer kleinen Yacht mit ein

Moderne Navigationsecke mit GPS und Radioempfänger. Die Instrumentenwände von früher sind verschwunden. Bei Ozeanüberquerungen ist auch der Kartentisch Platzverschwendung.

Ein kleiner Kartentisch, an dem man nur im Stehen arbeiten kann, reicht völlig aus. Auf einer kleinen Yacht wäre mehr nur Platzverschwendung.

oder zwei Mann Besatzung auf Blauwasserfahrt aus. Warum kann man auf einen Kartentisch verzichten? Während einer Blauwasserreise benötigt man Seekarten meistens ohnehin nur in Landsicht. Bei einer Atlantiküberquerung kann man sie getrost wegräumen, wenn Teneriffas Pico de Teide achteraus verschwunden ist, denn man braucht sie zum Navigieren nicht mehr. Um den täglichen Standort eintragen zu können, reicht der Übersegler aus, der an der Wand hängt. Erst wenn Barbados voraus erscheint, wird man die Karten Westindiens aus der Schublade holen.

Heute im GPS-Zeitalter kann von einer Navigations-„Arbeit" auf hoher See nicht mehr gesprochen werden. Sie besteht im wesentlichen nur noch darin, daß die Werte aus dem GPS-Empfänger in das Logbuch oder in ein Tagebuch übertragen werden. Vielleicht aber handelt es sich um einen besonders gewissenhaften Navigator, der aus Sicherheitsgründen oder auch nur aus Freude an der Materie parallel astronomisch navigiert. Aber auch dann wird sich seine Tätigkeit auf das Blättern in Nautischen Tafeln und ein paar Rechnereien beschränken, die er in der Navigationskladde oder gleich im Logbuch macht. Wenn aber in Landnähe in der Karte gearbeitet werden muß, dann wird mit Sicherheit nicht gleichzeitig gegessen, so daß der ausreichend große Kajüttisch sich geradezu für die Navigation anbietet.

Dem Newcomer wird gerne eingeredet, und er sieht sich ja auch so in seinen Segelträumen, daß er stundenlang an seinem Navigationstisch sitzt und lebenswichtige Berechnungen anstellt, so ähnlich etwa wie ein Pilot im Flugzeug. Ein Segelbuchautor hat sich in sein Schiff einen Navigationsplatz einbauen lassen, an dem sogar zwei Navigatoren sitzen können, wobei er den unpassenden Vergleich mit einem Kopiloten gezogen hat. Das ist Schreibtischdenken.

Vielleicht gelingt es mir, mit ein paar Zahlen den zweifelnden Leser zu überzeugen: Ist der Navigator ein wenig erfahren, und das wird er nach einer Woche Atlantiküberquerung bereits sein, so wird er täglich keine 15 Minuten über seinen Berechnungen zubringen. Arbeitet er mit fortschrittlichen Taschenrechnern, so vergehen keine vier Minuten, bis er – ohne Bücher und ohne Zeichnungen – seine Mittagsposition festgestellt hat. Rentiert es sich, dafür zwei Quadratmeter Wohnraum in einem Schiff zu opfern?

Sicher, das gilt nur für die ausgesprochene Hochseenavigation. In Küstennähe muß mehr navigiert und auch in der Karte gearbeitet werden. Aber das ist dann schon meist so hektisch, daß – ich wiederhole es – bestimmt kein Appetit zu einem großen Essen auf dem Tisch in der Kajüte besteht, darauf also reichlich Platz vorhanden ist. Halbkardanisch aufgehängt, also schwingend, sollte er sein; ich empfehle es dringend. Das hat noch den Vorteil, daß im Seegang Bleistift, Zirkel und Dreiecke liegenbleiben.

Nachdenklich wird uns das Kartentischproblem vor allem dann machen, wenn wir ausrechnen, was bei den horrenden Schiffspreisen der Quadratmeter Wohnraum kostet. Natürlich ist nichts gegen einen Kartentisch zu sagen, wenn ohnehin genügend Raum zur Verfügung steht. Denn für den Hafen ist damit gleichzeitig ein Schreibtisch gewonnen. Doch eine Notwendigkeit ist er nicht. Ich sage das vor allem denjenigen Skippern zum Trost, die sich grämen, daß es auf ihrem Schiff nicht zu einem großen Kartentisch gereicht hat.

Unverzichtbar dagegen ist ein Raum, in dem Seekarten aufbewahrt werden können. Denn der Blauwassersegler wird eine ganze Menge davon an Bord haben. In zusammengerolltem Zustand, wie sie geliefert werden, sind sie für die Navigation un-

Werktisch mit Werkzeug und Schraubstock auf einer 15-Meter-Yacht.

brauchbar. Meistens ist so ein Platz auf kleineren Yachten ziemlich schwer zu finden. 60 x 110 Zentimeter Fläche reichen aus. Vielleicht unter der Koje oder in einem extra Fach unter der Decke, wenn die Stehhöhe erhalten bleibt? Aber Seekarten sind schwer, deshalb darf der Boden hierfür nicht zu schwach sein.

Findet sich irgendwo auf der Yacht ein Winkel, von dem man zunächst nicht so recht weiß, was man damit tun soll, dann verwende man ihn nicht etwa für einen Kartentisch. Man sollte daraus einen Arbeitsplatz mit Werkzeugen und vor allem mit einem Schraubstock machen – selbst wenn man anfangs glaubt, so was brauchte man nicht, zum Reparieren von Ausrüstungsgegenständen sei man ohnehin zu ungeschickt. Das wird sich ändern. Es gibt Reparaturen, die auszuführen ohne Schraubstock fast hoffnungslos sind, mit dessen Hilfe aber einfach. Und selbst wenn man selber dazu wirklich nicht in der Lage sein sollte, findet man auf dem Ankerplatz vielleicht jemanden, der einem hilft und der über den Schraubstock glücklich ist.

Wasser im Schiff

Auf einer Yacht benötigen wir eine ganze Reihe von Pumpen, einerseits, um Koch- und Waschstellen mit Frischwasser zu versorgen, andererseits, um Wasser, das gegen unseren Willen in das Schiff gelangt ist, möglichst bequem herauszuschaffen. Pumpen erfordern Borddurchbrüche, deren Anzahl aus Sicherheitsgründen möglichst gering sein sollte. Es versteht sich von selbst, daß für jeden Borddurchbruch ein Seeventil vorhanden sein muß, also eine Vorrichtung, um den Borddurchbruch verschließen zu können. Warum?

Schläuche selbst guter Qualität können brechen, ja, viele werden sogar brechen, wenn ihr Gummi nach ein paar Dienstjahren brüchig und spröde geworden ist. Zwar neigen Kunststoffschläuche weniger zum Altern, aber auch bei ihnen kann das passieren. Hinzu kommt, daß ein Schlauch abrutschen kann, selbst wenn er mit Schlauchschellen (mindestens zwei!) gesichert ist. Dann muß die Möglichkeit bestehen, die Öffnung im Rumpf schnell zu verschließen, damit das Schiff nicht volläuft und untergeht. Eigentlich eine Selbstverständlichkeit, und doch gibt es Werften, die sich das eine oder andere Seeventil sparen möchten!

Man könnte jetzt beispielsweise versuchen, mit nur einem einzigen Borddurchbruch auszukommen und alle „Verbraucher" daran anzuschließen. Das würde aber so lange Schlauchverbindungen voraussetzen, daß dadurch eine zusätzliche Gefahr geschaffen würde. Deshalb ist diese Idee nicht praktikabel, und ich habe sie auch noch nirgendwo in der Praxis verwirklicht gesehen.

Seewasserpumpen

Jeder Skipper trachte stets danach, ein so trockenes Schiff wie nur irgend möglich zu haben. Trotzdem sind mindestens zwei Lenzsysteme einzubauen, zwei voneinander unabhängig arbeitende Pumpen also. Voraussetzung ist allerdings, daß eingedrungenes Wasser dort zusammenfließen kann, wo die Pumpen ansaugen. Das wird freilich auf Schwierigkeiten stoßen, wenn die Yacht aus Sicherheitsgründen durch mehrere wasserdichte Schotten unterteilt ist. In diesem Fall muß für jede Abteilung eigens ein Lenzsystem vorhanden sein. Außerdem muß das Schiff natürlich so gebaut sein, daß nirgendwo Wasser stehen bleibt, was sich – außer beim Kunststoffschiff – schon allein deshalb verbietet, weil dadurch schwerer Schaden entstehen kann (Rott, Durchrosten), ohne daß man das rechtzeitig bemerkt.

Alles Wasser muß sich also am tiefsten Punkt des Schiffes, in der Bilge, sammeln können, damit es sich von dort außenbords pumpen läßt. Am besten verwendet man hierzu Membranpumpen, wie sie heute allgemein üblich sind. Der Borddurchbruch für diese Pumpen, von denen mindestens eine von Hand bedient werden können muß, darf nicht unter der Wasserlinie liegen, weil das riskant und darüber hinaus auch unnötig wäre. Der einzige Nachteil der Position über der Wasserlinie ist der Schmutz, der sich beim Abpumpen unterhalb der Öffnung an der Bordwand ablagert.

So eine handbetriebene Pumpe auf einer Blauwasseryacht ist kein großer Sicherheitsfaktor. Man lasse sich auch durch die in den Prospekten abgedruckte Förderleistung nicht beeindrucken, denn ein Mann wird kaum in der Lage sein, sie über mehrere Stunden hinweg zu erbringen. In der Not wird sich ein Eimer als viel wirkungsvoller erweisen. Trotzdem halte man die Pumpe immer im Schuß und sorge vor allem dafür, daß die Bilge stets blitzsauber bleibt. Eine trockene Bilge sollte heute eine Selbstverständlichkeit sein, so etwas wie die Visitenkarte der Yacht. Daß trotzdem die Saugleitung der Bilgepumpe einen Saugkorb mit Draht haben muß, ist selbstverständlich, auch wenn die heutigen Membranpumpen nicht mehr so empfindlich gegen Schmutz sind wie früher.

Wenn man sich aber schon damit abgefunden hat, daß die Bilge „doch nie trocken" ist, kann man sich den Einbau einer elektrischen Bilgepumpe überlegen. Sie kann leicht so installiert werden, daß sie sich beim Wasserstand von ein paar Zentimetern automatisch einschaltet. Ich habe auf einer Yacht made in Taiwan eine Installation kennengelernt, die mich besonders beeindruckt hat. Nicht nur, daß für diese mächtige elektrische Membranpumpe ein eigener Betriebsstundenzähler am Schaltbrett eingebaut war, nein, der Rudergänger hat eine zusätzliche Kontrolle über die Beschäftigungszeiten der Pumpe und damit über den Zustand der Bilge gehabt, weil ihm eine rote Signallampe im Cockpit deutlich sichtbar angezeigt hat, wann und wie lange die Pumpe jeweils lief.

Wasser, das in das Cockpit gelangt, darf nicht seinen Weg in die Bilge finden, sondern muß automatisch gelenzt werden. Heutzutage sieht man ein selbstlenzendes Cockpit als Voraussetzung für das Attribut „seetüchtig" an. Ob die Lenzrohre des Cockpits über Kreuz laufen – wie früher immer gepredigt worden ist – oder einfach senkrecht nach unten oder – auch das gibt es – in einem Borddurchbruch münden, hängt davon ab, wie hoch das Cockpit auch bei stärkster Krängung über der Wasserlinie liegt. Es darf nämlich von unten her kein Wasser in das Cockpit gelangen, obwohl das – bis auf die nassen Beine – wirklich noch keine Katastrophe wäre. Viel wichtiger ist, daß eine übergekommene See so schnell wie möglich ablaufen kann.

Aus den Sekunden oder Minuten, die das Wasser zum Ablaufen braucht, läßt sich jedoch nicht generell auf die Gefährlichkeit eines Cockpits schließen. Das hängt ganz von seiner Größe im Verhältnis zur Gesamtgröße des Schiffes ab. Wenn die zwei Meter lange Wanne einer 20-Meter-Yacht volläuft (was sie in der Praxis nicht tut, weil mit der Schiffsbewegung ein großer Teil des Wassers sofort wieder herausgeschleudert wird), so macht das gar nichts aus, weil der Gesamtauftrieb des Schiffes kaum beeinträchtigt wird. Wenn aber das Cockpit einer 7-Meter-Yacht randvoll mit Wasser ist, so kann das das Seeverhalten des Schiffes in sehr gefährlicher Weise beeinträchtigen.

Deshalb sollten die Lenzrohre so groß wie möglich sein. Vor allem dürfen keine Badewannenabflüsse benutzt werden, weil allein schon das darin enthaltene Sieb den Abfluß des Wassers empfindlich stören würde. Oft wird die Werft aber auch gar nicht in der Lage sein, größere Anschlußstücke auf dem Markt zu finden. Doch man sollte das nicht überbewerten; viel wichtiger ist eigentlich ein ordentliches Brückendeck, denn das vor allem verhindert, daß Wasser in das Schiffsinnere gelangt.

Ich selbst schätze übrigens die Gefahr, daß das Cockpit vollschlägt, für nicht sehr hoch ein. Persönlich habe ich es innerhalb von 25 Jahren erst dreimal erlebt, und da war nach wenigen Sekunden die Hälfte des Wassers abgeflossen, denn das Ganze spielt sich ja nur in einer bewegten See ab.

Auch die Lenzrohre müssen mit Seeventilen gesichert sein, denn wenn der Schlauch einmal bricht, kann ungleich mehr Wasser in das Schiffsinnere gelangen als durch ein langsam lenzendes Cockpit.

Das Problem des schlechten Ablaufens hat man übrigens auch bei den Waschbecken, die sich oberhalb der Wasserlinie befinden und direkt nach draußen entleeren. Bedingt durch den geringen Höhenunterschied läuft das Wasser manchmal so langsam ab, daß man an eine Verstopfung denkt. Speiseöl und sonstige Reste, die an der Wasseroberfläche schwimmen, tragen ebenfalls zu diesem Ärgernis bei. Deshalb empfiehlt sich in einem solchen Fall der Einbau eines Schmutzwassertanks, in dem die Abwässer aus der Spüle in der Pantry und im Waschraum zusammenlaufen. Er kann mit einer separaten Membranpumpe – vielleicht alle drei Tage – abgepumpt werden. In diesen Tank würde auch die Wanne einer Dusche entleert werden.

Wenn durch entsprechende Schlauchverlegung (Schwanenhals) für eine Geruchssperre gesorgt wird, ist gegen einen Schmutzwassertank nichts einzuwenden. Zudem erspart man sich die Seeventile für jedes einzelne Waschbecken. Eine extra Pumpe muß freilich vorhanden sein, was jedoch billiger ist als die Installation von zwei guten Seeventilen.

Ob man die Toilette in den Schmutzwassertank entleert, ist Ansichtssache. Wenn ich mit meinem Schiff Nordamerika bereisen würde, wäre das unter Umständen nötig und auch möglich, denn dort gibt es Abpumpstationen. Ich persönlich habe aber noch nie erlebt, daß es irgendwo sonst eine Möglichkeit zum Abpumpen von Fäkalien gegeben hätte.

In der Türkei ist es offiziell verboten, Fäkalien ins Meer abzupumpen. Allerdings liegt es auf der Hand, daß alle Yachten sich der Abwässer spätestens auf offener See entledigen. Doch warne ich, dieses Thema dort auf die leichte Schulter zu nehmen, denn es sind gegen solche Sünder schon horrende Strafen ausgesprochen worden. Jedenfalls muß in solchen Gewässern eine Toilette vorzuweisen sein, die zusammen mit einem Fäkalientank funktioniert. Auch wenn kein Offizieller Auskunft darüber geben kann, wie man sich der Abwässer vorschriftsmäßig entledigen kann.

Was passiert mit dem Abwasser, wenn man sich wochenlang an ein und demselben Ankerplatz aufhält? Wenn man es recht besieht, sind menschliche Fäkalien für die Umwelt nur dann eine Belastung, wenn sie in großen Massen abgegeben werden. Wo Blauwassersegler sich aufhalten, ist die Besiedlungsdichte jedoch so gering, daß es auf ein paar Yachten gewiß nicht ankommt.

Ein Beispiel: Französisch-Polynesien hat die Größe von Europa (ohne Rußland), keine Industrie und eine Bevölkerungszahl, die in etwa der von Augsburg entspricht. In Mitteleuropa dagegen gibt es Marinas mit mehreren tausend Yachten auf engstem Raum. In der ganzen Südsee sind gleichzeitig nur rund fünfhundert Yachten unterwegs. Es besteht deshalb kein Anlaß für ein schlechtes Gewissen, wenn dort die Toilette direkt in das Meer entleert wird.

Toiletten sind ein besonderes Problem auf Blauwasseryachten, denn sie werden in einem Maße benutzt, wie es ihre Erbauer kaum vorgesehen haben, nämlich an 365 Tagen im Jahr. Es versteht sich deshalb von selbst, daß bereits bei der Installation daran gedacht werden muß, daß die Toilette eines Tages nicht mehr funktionieren wird. Es kommt also nicht darauf an, sie besonders elegant einzubauen, sondern darauf, daß alle Teile leicht erreichbar und auszubauen sind. Man decke sich von vornherein großzügig mit Ersatzteilen und Schläuchen ein, damit man dieses so wichtige Ausrüstungsteil jederzeit reparieren kann.

Befindet sich die Toilette unterhalb der Wasserlinie, soll man nicht hoffen, daß die eingebauten Ventile dicht genug sind, das

Wasser davon abzuhalten, auch ohne zu pumpen in die Schüssel zu rinnen und schließlich überzulaufen. Diese Gefahr besteht auch dann, wenn richtigerweise in die Ansaug- und die Abpumpleitung ein Schwanenhals eingebaut ist. Denn durch die Syphonwirkung einer Wassersäule wird immer Seewasser angesaugt.

Man rechne deshalb von vornherein damit, daß bei jeder Benutzung des WC die Seeventile geöffnet beziehungsweise geschlossen werden müssen. Handelt es sich hierbei um Drehschieber, ist das eine recht mühselige Sache. Es gibt aber auch Seeventile, die durch einfaches Umlegen eines Hebels betätigt werden, was viel einfacher ist. Sie sind etwas teurer, rentieren sich aber.

Noch was: Möchte man viel Ärger vermeiden, hänge man in der Toilette ein Schild mit der Gebrauchsanweisung auf, in Deutsch und in Englisch, und zwar so, daß es jeder Yachty auf Anhieb verstehen kann! Jeder ist dankbar, wenn er sich abends in gemütlicher Runde nicht erst lautstark über die Funktionsweise des WC informieren lassen muß.

Schwere „heavy duty"-Toilette, Typ Baby Blake, die auch in der Berufsschiffahrt verwendet wird.

Die Frischwasserversorgung

Um unabhängig zu sein, benötigt man auf einer Blauwasseryacht eine großzügige Frischwasserversorgung. Man darf nicht dem Irrtum unterliegen, daß man ja nur Regenwasser aufzufangen brauche, um die Süßwasserversorgung wieder für lange Zeit sicherzustellen. Außerhalb der Regenzeit sind lohnende Regenschauer meistens sehr selten. Man denke nur mal an einen Urlaub am Mittelmeer in Italien. Wie oft hat es da schon geregnet? Das heißt aber nicht, daß wir auf das Auffangen von Regen ganz verzichten wollen. Aber Regenwasser ist eben nur eine willkommene Zugabe, die uns die eine oder andere Extradusche ermöglicht.

Unser Wohlbefinden an Bord hängt in erster Linie vom Wasservorrat ab. Reicht es gerade zum Trinken? Oder können wir auch beim Waschen damit großzügig umgehen? Oder können wir sogar Wäsche waschen, mit Süßwasser abspülen, alle paar Tage die Haare waschen?

Der reine Trinkwasservorrat ist niemals ein Problem. Bei normalem Verbrauch, wenn wir also einen Teil unseres Flüssigkeitsbedarfes mit Saft und Limonade decken, sollten wir mit zwei Liter/Tag/Person auskommen. Ein relativ kleiner Tank von 200 Liter gibt da also eine weitreichende Unabhängigkeit. Ohne besonders verschwenderisch zu sein, benötigen wir aber schon fünf Liter pro Tag, wenn wir beispielsweise ausschließlich Süßwasser auch zum Waschen nehmen. Und wenn wir Wasser in ähnlicher Weise wie zu Hause verbrauchen, kommen wir, freilich ohne Wannenbad, schon auf 20 Liter. Für zwei Personen reicht ein 200-Liter-Tank dann gerade fünf Tage. Also heißt die Lösung: großer Tank oder einschränken.

Wenn wir einen Langkieler haben, so ist ein großer Trinkwassertank kein Problem.

Bei einem Kurzkieler wird man den Frischwasservorrat auf mehrere Tanks verteilen müssen, damit eine ausreichende Menge untergebracht werden kann. Oder aber man opfert die Bilge zugunsten eines Tanks. Früher wurde sogar die Ansicht vertreten, daß mehrere Tanks sicherer seien, weil einer auslaufen oder aber der Inhalt verderben könne. Heute würde ich solche Überlegungen nicht mehr anstellen. Nicht daß ein derartiges Malheur hundertprozentig auszuschließen ist, aber es hätte bei der üblichen Ausstattung einer Blauwasseryacht keine ernsthaften Folgen mehr. Denn mit Hilfe der vorhandenen Konserven und Getränke in Flaschen ist ein Überleben auf lange Zeit sicher gewährleistet.

Für Trinkwassertanks gibt es nur ein problemloses Material, und das ist Nirosta. Ist der Tank größer als für 200 oder 300 Liter, dann können Zwischenbleche eingeschweißt werden, die das Hin- und Herschwappen des Wassers verhindern. Niro ist geschmacksneutral; wenn es trotzdem zu Farb-, Geruchs- oder Geschmacksveränderungen kommen sollte, dann liegt das am Wasser oder an den chemischen Zusätzen, die wir zur Entkeimung beigeben.

An und für sich sind auch Betontanks in dieser Hinsicht hervorragend, ja, es wird sogar behauptet, das Wasser bliebe in ihnen länger „frisch“. Doch ihre Installation ist nicht ganz einfach, weil sie meist schwer und unförmig sind. In der Großschiffahrt aber werden Betontanks häufig verwendet. Am leichtesten einzubauen sind Gummitanks. Sie sind aber für Trinkwasser ungeeignet, zumindest habe ich noch nicht einen einzigen zufriedenen Besitzer eines solchen Tanks getroffen. Es scheint, daß sich zunächst geschmacksneutraler Gummi in heißen Gegenden verändert.

Verzinkte Stahltanks sind ebenfalls schlecht geeignet, weil von der Verzinkung

„Dusche“, die wegen der schwarzen Farbe des Plastiksacks bei Sonnenschein sogar warmes Wasser liefert.

das Wasser in seiner Trinkqualität negativ beeinflußt wird. Gleiches kann für Kunststofftanks gelten, wie öfters beklagt wird. Das muß aber nicht so sein, sondern hängt weitgehend von der Verarbeitung in der Werft (Aushärtung!) und dem verwendeten Material ab. Auf meiner THALASSA I habe ich einen Kunststofftank gehabt, der nie zu Klagen Anlaß gegeben hat.

Wassertanks müssen mit einem „Mannloch“ versehen sein, damit sie von Zeit zu Zeit – jedes Jahr vielleicht – gereinigt werden können. Nicht von Schmutz, denn da, wo wir segeln, gibt es kein schmutziges Wasser, sondern von Algenbewuchs, der an und für sich harmlos ist, dem Wasser aber eine leicht bräunliche Farbe verleihen kann. Die Schlauchverbindungen zu den einzelnen Abnehmern sollen aus „lebensmittelechtem“ Schlauch und nicht aus irgendeinem Gartenschlauch bestehen, denn deren Material enthält Weichmacher, die praktisch über die gesamte Lebensdauer des Schlauches an die Flüssigkeit abgegeben werden. Aber man sollte das auch wieder nicht zu eng sehen, denn oftmals wird das Trinkwasser zur Pier, wo wir es übernehmen, in normalen Schläuchen herangeführt. Wenn wir ein Heißwassersystem installieren wollen, so können keine Schläuche verwendet werden, sondern nur Kupferrohr, das gegen Hitze unempfindlich ist.

Ein Druckwassersystem ist recht elegant, doch nicht unbedingt notwendig. Heute gibt es so hervorragende Fußpumpen (zum Beispiel die „Gusher Galley“), daß man während der Betätigung das Gefühl hat, man habe zu Hause den Wasserhahn geöffnet. Die Druckwasseranlage dagegen ist eine recht komplizierte Einrichtung mit vielen Störquellen, angefangen beim Motor bis hin zu den Druckschaltern. Der Stromverbrauch ist nicht einmal so tragisch, weil sie ja nur kurzzeitig benutzt wird, der Frischwasserverbrauch jedoch wird durch eine Druckwasseranlage spürbar erhöht.

Als notwendig erweist sie sich allerdings, wenn wir eine ordentliche Dusche haben wollen. Das ist kein Luxus für diejenigen, die gegen Salzwasser auf der Haut empfindlich sind. Für die Tropen wird eine warme Dusche ärztlicherseits sogar empfohlen, weil die durch das häufige Schwitzen verunreinigten Hautporen mit warmem Wasser viel besser gereinigt werden. Aber eine Heißwasseranlage läßt sich so ohne weiteres nicht verwirklichen. Elektrische Heißwasserbereitung – wie zu Hause – scheidet wegen des großen Stromverbrauchs auf Yachten unseres Zuschnitts aus. So ein Heizgerät liegt in jedem Fall über 2000 bis 3000 Watt und wäre damit mit Abstand der durstigste Verbraucher. Ein Durchlauferhitzer für Gas ließe sich zwar installieren, doch ist wegen der Explosionsgefahr, die an Bord um ein Vielfaches höher liegt als zu Hause, dringend davon abzuraten.

Bleibt als letzte Möglichkeit, die Wärme als „Abfallprodukt“ von der Hauptmaschine zu beziehen. Dies wird auch häufig praktiziert, ja, es gibt bereits vorgefertigte Wärmetauscher für diesen Zweck, die in den Kühlkreislauf der Maschine geschaltet werden. Bevor man sich dazu entschließt, unterhalte man sich mit einem Maschinenfachmann, am besten von der Herstellerfirma der Maschine. Denn eigentlich ist die Leistung der Kühlanlage auf die Maschine abgestellt und kann nicht so ohne weiteres verändert werden. Benutzt man aber die abgeleitete Maschinenwärme dazu, sein Duschwasser aufzuheizen, so könnte – nicht am richtigen Platz in den Kreislauf eingegriffen – die Kühlleistung der Gesamtanlage unter Umständen dazu führen, daß die Maschine zu kalt gefahren wird oder zu langsam auf Betriebstemperatur kommt.

Üblicherweise bekommt man an fast allen Orten Trinkwasser. Trotzdem ist der Gedanke reizvoll, seine Frischwasservorräte quasi selbst zu ergänzen. Was liegt also näher, als Regenwasser aufzufangen? Es reicht allerdings nicht aus, einfach einen Plastikkanister mit einem Trichter darauf in den Regen zu stellen. Das Ergebnis wird mager sein. Man braucht sich ja nur einmal die durchschnittliche Niederschlagsmenge in einem bestimmten Gebiet zu vergegenwärtigen.

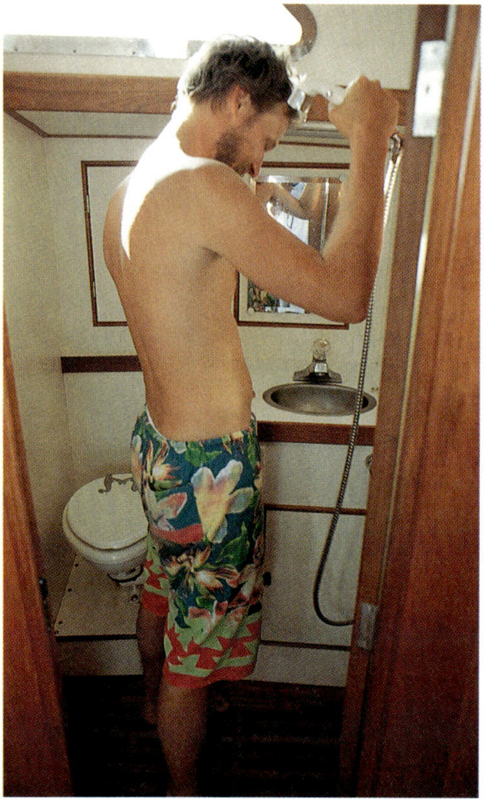

Es kommt also in erster Linie darauf an, was wir zum Auffangen des Regens benutzen. Die Segel sind dazu nicht besonders gut geeignet, weil das darauf befindliche Salz sich mit dem Regenwasser vermischen würde. Mit eigens dazu konzipierten Segeln oder dem Sonnensegel läßt sich Regen zwar auf dem Ankerplatz, nicht aber auf hoher See auffangen. Bleibt also nur das Kajütdach. Voraussetzung ist freilich, daß es frei und nicht etwa das Dingi darauf gelagert ist. Ferner muß ringsherum eine

WC-Raum mit Dusche auf einer 16-Meter-Yacht. In den Tropen ist eine Decksdusche wichtiger, um kein Salzwasser ins Schiff zu bringen.

Hier ist in das Sonnensegel ein Schlauch eingearbeitet, in dem das Regenwasser zusammenlaufen und von dort in die Tanks geleitet werden kann.

regenrinnenartige Vorrichtung angebracht sein, in der das Wasser zusammenlaufen und von dort zu den Einfüllstutzen der Tanks gelangen kann. Regenwasser ist mangels Mineralsalzen kein ideales Trinkwasser, es kann aber bedenkenlos über nicht zu lange Zeiträume getrunken werden.

Wie steht es mit Entsalzungsanlagen? Neuerdings werden angeblich so leistungsstarke Geräte angeboten, daß man meinen könnte, das Trinkwasserproblem sei damit gelöst. Zwar werden genaue Angaben bezüglich der Trinkwasserproduktion gemacht, aber das für uns Wichtigste, der Stromverbrauch, fehlt dabei meistens. Die Verkäufer wissen schon, warum sie das verschweigen, denn diese eine Zahl würde jedem, der auch nur etwas mitdenkt, klarmachen, daß ein solches Gerät auf einer Segelyacht mittlerer Größe nichts zu suchen hat, auch wenn die Technologie dieser Wassererzeuger hervorragend ist.

Aber physikalische Gesetze vermögen auch die Hersteller dieser Wundergeräte nicht über den Haufen zu werfen, denn die meisten Wassererzeuger destillieren das Seewasser. Man wird selbst sehen, wieviel Energie man dazu benötigt, wenn man destilliertes Wasser für seine Batterien herstellt. Das geht sehr einfach mit einem Kupferrohr, in das man den Wasserdampf des auf dem Kocher erhitzten Seewassers leitet und durch natürliche Abkühlung zum Niederschlag bringt. Die so entstehende Wassermenge ist jedoch enttäuschend gering, und der Energieaufwand steht in gar keinem Verhältnis zu dem letztlich erzielten Resultat.

Die Hersteller von Wassererzeugern sollen also nicht angeben, wieviel Wasser ihre Geräte am Tag bereitstellen können, sondern wieviel Liter Diesel erforderlich sind, um beispielsweise 100 Liter Wasser zu produzieren.

Der Energiehaushalt auf dem Schiff

Als Blauwassersegler betrachten wir unsere Yacht nicht nur als Fortbewegungsmittel, sondern als unser Zuhause, unseren Mikrokosmos oder, noch treffender, als unser Schneckenhaus. Die Yacht gibt uns die Unabhängigkeit zu leben, wo wir wollen, ohne auf die Versorgung von außen angewiesen zu sein. Mitten im Winter lagen wir einmal im Hafen von Zadar. Der Primus lieferte für unser kleines Schiff ausreichend Wärme, die Batterien waren voll gefüllt, so daß wir mit unserem Strom nicht zu geizen brauchten, und Frischwasser und Diesel waren ausreichend an Bord. Eines Abends kam es zu Schneeverwehungen im Landesinneren, die die Elektrizitätsversorgung der ganzen Stadt lahmlegten. Die Menschen irrten mit alten Petroleumlaternen durch die dunklen Straßen, in den Häusern standen Kerzen auf dem Tisch. Wasser, das sonst mit Motoren in die Stadt gepumpt wurde, gab es nur noch spärlich, auf den Toiletten gar nicht. Und auf den Speisekarten der Restaurants fand sich Fisch in rauhen Mengen, weil die tiefgefrorenen Vorräte langsam auftauten und deshalb schleunigst verbraucht werden mußten. Dagegen änderte sich auf unserer Yacht gar nichts. Der Ofen wärmte wie vorher, auch das elektrische Licht funktionierte natürlich weiterhin, und der Speisezettel war wie gewohnt. Sogar Brot gab es – selbstgebacken.

Damals habe ich zum erstenmal begriffen, eine wie große Unabhängigkeit eine zweckmäßig eingerichtete Yacht zu geben imstande ist. Dabei ist das nicht einmal eine Frage der Größe des Schiffes, sondern stets eine Sache des Gesamtkonzepts.

Es ist vor allem keine Frage des Geldes, denn durchdachte Yachten sind meistens billiger als solche, die ohne Landstrom nicht existieren können. Einigen Werften muß man sogar den Vorwurf machen, daß sie ihre Kunden bewußt an die Fesseln des Landstroms legen, um den Nichtsahnenden teure – angeblich notwendige – Ausrüstungsgegenstände aufreden zu können.

Bei der Planung einer Yacht als Lebensraum sollte man sich genau überlegen, welchen Komfort man für unverzichtbar hält und welche Annehmlichkeiten man dem Rotstift zu opfern bereit ist. Ausgangspunkt für diese Überlegungen sollten die Verhältnisse sein, unter denen der Mensch Mitteleuropas im 20. Jahrhundert lebt. Natürlich ist es möglich, auch ohne elektrisches Licht auszukommen, wie unsere Vorfahren viele Jahrtausende lang, aber das ist sicher nicht jedermanns Sache. Vor einem sollte man sich auf jeden Fall hüten: die Blauwassersegelei in der Phase der ersten Begeisterung zu idealistisch zu sehen und romantische Entscheidungen zu treffen, die später nicht mehr revidiert werden können.

Das hört sich dann nämlich so an: „Soviel Frischwasser brauchen wir nicht, man kann sich auch gut mit Salzwasser waschen; es gibt da sogar spezielle Seifen“, oder: „Elektrisches Licht ist doch nicht notwendig, das geht auch mit Petroleum“, oder: „Einen Außenborder für das Beiboot brauchen wir nicht, da rudert man doch, ist ja auch viel gesünder“, oder: „Eine Ankerwinde mit Handantrieb ist ein gutes Konditionstraining“, oder: „Navigationselektronik ist nicht notwendig, auch Kolumbus ist ohne diese Hilfen über den Atlantik gesegelt“, oder: „Eine Selbststeueranlage brauchen wir nicht. Wenn man nicht mal mehr Ruder geht – wozu segelt man dann?“, und schließlich: „Einen Kühlschrank brauchen wir nicht. Wenn wir alles so machen wie zu Hause, hätten wir ja gleich daheimbleiben können.“

Wenn sich die erste Begeisterung gelegt hat, sieht das meistens anders aus. Da merkt man, daß es der Haut nicht gerade guttut, wenn sie ständig Salzwasserkontakt hat; da spürt man, wie Petroleumlicht in der tropischen Hitze die Kajüte so aufheizt, daß man nur schwer einschläft; da legt man sich nicht auf den sichersten Ankerplatz, sondern auf den strandnächsten, damit man nicht immer so weit zu rudern braucht; oder man ankert nur deshalb auf so seichtem Wasser, damit man den Anker nicht so weit raufwinden muß; und schließlich experimentiert man dauernd mit den Segeln oder refft sogar mal das Groß, nur damit man endlich von der Last des Rudergehens befreit ist.

Freilich ist es auch eine Frage des Alters, wieviel Unbequemlichkeit noch gerade hingenommen wird; aber man wird nicht jünger, sondern anspruchsvoller, und das meist schon während eines Langstreckentörns. Oft jedoch ist nachträglich nicht mehr einzubauen, was zu Beginn versäumt wurde. Und so drehen sich unter den Yachties die Gespräche meistens um ein neues Schiff, weil man hofft, da alles das unterbringen zu können, was man auf seinem derzeitigen vermißt.

Oft wird man aus finanziellen Gründen auf das eine oder andere verzichten müssen, häufig aber wird man die Überlegung anstellen: Wieviel Unbequemlichkeit handele ich mir ein, wenn ich mir „Erleichterungen“ schaffe? Für eine Klimaanlage beispielsweise, die in den Tropen natürlich höchst erstrebenswert ist, braucht man eigens einen Generator, also einen kräftigen Dieselstromerzeuger, denn keine Batterie ist so leistungsstark, daß sie für eine Klimaanlage ausreichen würde. Der Generator aber müßte während des Betriebs der

Klimaanlage stets mitlaufen. Auch wenn Generatoren heute sehr gut schallisoliert sind, wird man doch immer ein leises Summen wahrnehmen, das einem mit der Zeit ganz schön auf die Nerven gehen kann.

Das ist nur ein Nachteil der Klimaanlage. Ein anderer liegt in dem zu deren Betrieb erforderlichen Dieselmotor mit allen seinen Problemen begründet wie Treibstoffbeschaffung und -verbrauch, Ölwechsel, Feuergefahr usw. Hinzu kommt, daß besonders auf einem Schiff am Generator jederzeit Reparaturen anfallen können, die Kosten und Ärger verursachen.

Fazit: Es rentiert sich nicht, eine Klimaanlage einzubauen.

Der Gegensatz: Ein Skipper möchte auch an Bord seine Gewohnheit beibehalten, sich jeden Morgen elektrisch zu rasieren. Kein Problem, denn die Bordbatterie wird von einem Rasierer für 12 Volt kaum belastet, weil der Stromverbrauch niedrig und das Gerät nur kurzzeitig in Betrieb ist. Und wenn der Rasierapparat mal defekt ist, so ist das keine Katastrophe. Schlimmstenfalls kauft man einen neuen.

Ein anderer Skipper wird über den Rasierer lächeln und auf so etwas verzichten. Es gibt aber Einrichtungen, ohne die eine Segelyacht zwar denkbar, die Blauwassersegelei aber so unbequem ist, daß sie schlechthin keinen Spaß mehr macht, und zwar den meisten von uns. So muß heute jede Yacht, mit der man die Weltmeere befahren will, mit einer Maschine ausgerüstet sein. In der Pantry muß eine Gelegenheit sein, Essen zu kochen, und außerdem muß die Yacht über Elektrizität verfügen, die uns nicht nur eine Menge Annehmlichkeiten beschert, sondern auch wegen der Sicherheit unverzichtbar ist. Und wenn jemand längere Zeit in den Tropen verbringen will, so sei ihm dringend empfohlen, sich über die Kühlung von Speisen und Getränken Gedanken zu machen.

Alles muß aufeinander abgestimmt sein, denn nur dann gewinnt man seine Unabhängigkeit. So darf die Maschine nicht zu klein sein, denn dann wäre sie zu schwach, um im Notfall gegen Wind und Strom anzukommen. Sie darf aber auch nicht zu stark sein, sonst reichen wir mit dem Tankinhalt nicht sehr weit; außerdem soll die Bordkasse möglichst wenig belastet werden. Die elektrische Anlage muß so leistungsfähig sein, daß möglichst alle Geräte betrieben werden können, auch die, die unter Umständen später noch eingebaut werden. Die Lichtmaschine am Schiffsdiesel darf nicht zu klein sein, sonst lädt sie die Batterien nicht genug; außerdem wäre es unwirtschaftlich, den großen Diesel für wenige Ampere zu bewegen. Weiter muß die Kühlanlage groß genug sein, um die entsprechenden Fleischvorräte aufnehmen zu können, darf aber wiederum nicht mehr Energie verbrauchen, als an Bord bereitgestellt *und* erübrigt werden kann.

Gedanken über den Energiehaushalt auf Yachten hat man sich schon vor Jahrzehnten gemacht, zu einer Zeit also, als der Liter Schiffsdiesel 10 Pfennige kostete. Kaum eine Landratte hatte damals Verständnis für solche Überlegungen. Heute, im Zeitalter einer weltweiten Energiekrise, dürfte der Steckdosenmensch sich schon eher da hineinversetzen können. Indes, es besteht im Vergleich zu der Energieversorgung an Land ein Riesenunterschied: Läßt man zu Hause einen Stromverbraucher unnötig lange in Betrieb, so bekommt man die Quittung in Form einer hohen Stromrechnung. Auf dem Schiff kann man auf diese Weise die Batterien leerfahren, mit der Folge, daß die Maschine nicht mehr zu starten ist. Insbesondere auf einer Blauwasseryacht, wo man mit den Energien haushalten muß, ist es deshalb erforderlich, viel energiebewußter zu leben als zu Hause.

Deshalb sei dem Leser angeraten, die folgenden Ausführungen mit besonderer Aufmerksamkeit zu lesen. Das Verständnis für diese Probleme erscheint mir für das Gelingen von ausgedehnten Langstreckenfahrten ungleich wichtiger zu sein als beispielsweise die Kenntnis über den effektiven Segeltrimm oder moderne Navigationsmethoden. Wenn die Yacht nicht optimal gesegelt wird, so ist das nicht weiter schlimm; man braucht halt ab und zu ein paar Tage mehr. Wenn sie aber bezüglich der Energieausnutzung falsch ausgelegt ist, wird sich das mit Sicherheit auf das tägliche Leben während der gesamten Blauwassersegelei negativ auswirken.

Einer Segelyacht, die ihrer Besatzung monatelang Unabhängigkeit gewähren soll, wird Energie in Form von Wind, Sonne, Diesel, Petroleum oder Gas zugeführt. Mit der Windkraft bewegt sie sich im Normalfall fort, seltener mit Diesel, der in der Hauptsache der Stromerzeugung dient, ebenso wie Sonnenenergie, die sich aber – noch – nur unwirtschaftlich in Strom verwandeln läßt. Auch Wind kann in geringem Maße für die Erzeugung von Elektrizität benutzt werden. Petroleum oder Gas dagegen werden ausschließlich zur Produktion von Wärme herangezogen.

Die Maschine

Es ist falscher Seglerstolz, immer wieder darauf hinzuweisen, daß der Motor in einer Segelyacht „nur für den Notfall" oder gar ein Flautenschieber sei. Nein, die Maschine ist speziell auf einer Blauwasseryacht heutzutage nicht mehr wegzudenken. Sie erst ermöglicht es uns, mit kleiner Mannschaft so große Yachten über die Weltmeere zu *segeln*, denn allein das An- und Ablegen unter Segeln würde uns schon vor fast unüberwindliche Hindernisse stellen. Aber sie ist nicht nur ein – sehr zuverlässiges – Antriebsmittel, sie ist auch das Elektrizitätswerk an Bord. Ohne sie gäbe es kein Licht, das auf Knopfdruck eingeschaltet werden kann; ohne sie gäbe es keine Musik; ohne sie könnten wir nicht mit dem Radar navigieren; ohne sie müßten wir warmes Bier trinken, kurz: In der Praxis liefert der Motor alles, was wir an Komfort brauchen. Deshalb gibt es auch praktisch keine Blauwasseryacht mehr, die nicht einen Diesel im Schiffsbauch hat.

Denn nur ein Dieselmotor kommt für unsere Zwecke in Betracht. Er ist robust und zuverlässig, hat keine störanfällige Zündanlage wie ein Benziner und ist sparsam im Verbrauch. Dieselkraftstoff gibt es bei allen Versorgungsstationen zu kaufen, meistens ist er – im Gegensatz zu Deutschland – sogar erheblich billiger als Benzin.

Die Maschine wird oft danach ausgesucht, wie sie am besten ihrer Aufgabe als Schiffsantrieb gerecht wird. In der Praxis aber kann ihre vorrangige Aufgabe sein, das Schiff mit Energie zu versorgen. Es ist jedoch schon ganz richtig, sie *zunächst* als Antrieb anzusehen, denn fast immer eignet sich eine Antriebsmaschine auch zur Energieversorgung; umgekehrt kann ein Energielieferant zu schwach sein, die Yacht anzutreiben.

Wie stark soll der Schiffsdiesel sein? Eine zu schwache Maschine bietet keine Sicherheit. Wenn sie die Yacht selbst bei spiegelglatter See und Flaute nur mit ein paar Knoten zu schieben vermag, können wir auf sie als Antrieb gleich verzichten. Denn gerade auf einer schwach bemannten Yacht soll die Maschine ja in der Lage sein, die Segel zu unterstützen, wenn man sich beispielsweise in hartem Wetter von einer Leeküste freikreuzen muß. Sie muß so viel Kraft haben, daß sie die Yacht gegen Wind und Strom noch durch einen Paß schieben kann.

Umgekehrt it es nicht richtig, zu viele Pferdestärken einzubauen, denn das macht sich im Gewicht und in zu hohem Verbrauch bemerkbar, der natürlich auch die Reichweite und damit unsere Unabhängigkeit einschränkt. Wenn wir uns in diesem Zusammenhang von der Autofahrer-Denkweise auch etwas lösen müssen: Verbraucht ein Pkw im Stadtverkehr zehn Liter, dann wird er auf der Autobahn bei hoher Geschwindigkeit mit kaum weniger als zwölf Liter auskommen. Und wenn man ihn besonders sparsam fährt, benötigt er immer noch acht Liter auf 100 Kilometer. Bei einem Schiffsdiesel ist das etwas anderes. Macht der Kraftstoffverbrauch bei Marschfahrt acht Liter aus, so läßt er sich bei Schleichfahrt auf etwa drei Liter reduzieren, je nachdem, wieviel Pferdestärken wir einsetzen.

Wenn ein Diesel 80 PS hat, und wir benötigen davon nur 20, so ist der Verbrauch nur unwesentlich niedriger, als wenn wir 20 Pferdestärken bei einem 30-PS-Motor in Anspruch nehmen. (Heute wird die Stärke einer Maschine in Kilowatt angegeben: 1 kW = 1,36 PS. Ich behalte jedoch die Bezeichnung PS bei, solange wir an die kW noch nicht richtig gewöhnt sind.) Also ist ein zu großer Diesel vom Verbrauch her kein so schwerwiegender Nachteil. Sein Gewicht aber kann erheblich sein.

Diesel in unseren Yachten sind meistens marinisierte Lkw-Motoren oder -Maschinen, die ursprünglich als Baumaschinen oder Stromerzeuger konzipiert waren, oder Automotoren. Reine Schiffsmaschinen sind extrem schwer und sehr teuer. So kann man für einen Schiffsdiesel mit 80 PS schon 50 000 DM loswerden – ohne Einbau, wohlgemerkt. Ein vergleichbarer marinisierter Lkw-Motor kostet unter 20 000 DM. Einem Marinediesel sagt man eine längere Lebensdauer nach, aber auch Lkw-Motoren sollten unser Blauwasserleben spielend überdauern. Wenn ein Motor in einem Lastwagen eine Million Kilometer läuft, ist das keine ungewöhnliche Leistung. Rechnet man einen Schnitt von 80 Stundenkilometern (wahrscheinlich ist das zu hoch), kommt man auf 12 500 Stunden oder – eine Geschwindigkeit von sechs Knoten unterstellt – auf zwei Weltumrundungen auf der Passatstrecke unter Maschine. Das dürfte jedem von uns reichen. Es wurden schon Diesel aus ausgeschlachteten Autos für Yachten verwendet. Nicht kaputtzukriegen!

Nicht ganz so optimistisch sollte man neuen Autodieseln gegenüberstehen, die mit dem Ziel konstruiert wurden, die gleiche Elastizität und Geschwindigkeit wie ein Benziner zu haben. Das kann nur auf Kosten der Lebensdauer gehen, zumal die hineinkonstruierten Vorteile für eine Yacht völlig uninteressant sind. Gleiches gilt für Turbolader.

Ein 85-PS-Diesel aus einer Baumaschine, der sich auch auf dem Schiff bewährt.

Ist der Bordbetrieb für die Maschine schonender, als wenn sie im Straßenverkehr Dienst leisten müßte? Was den reinen Motorbetrieb angeht, sicher, wenn gewährleistet ist, daß die Maschine schnell auf Betriebstemperatur kommt. Andererseits kann die salzwasserhaltige Luft ihre Lebenszeit verkürzen. Korrosion stellt eine große Gefahr dar. Äußerlich natürlich nicht; es macht nichts aus, wenn sich ein paar Rostflecken zeigen. Allerdings läßt sich das vermeiden, wenn man die Maschine gut pflegt, wozu ein trockener Maschinenraum Voraussetzung ist.

Das Problem bei einem Diesel auf einer Yacht ist der mangelnde Schutz des Verbrennungsraumes gegen die salzwasserhaltige Luft. Immer dann, wenn die Maschine abgestellt wird, bleiben Ventile offen, so daß besonders aggressive Luft aus dem Auspuffsammler freien Zutritt zu den Zylinderwänden hat und dort zerstörerisch wirken kann. Schwere (Rost-)Schäden lassen sich dadurch ausschließen, daß die Maschine in kurzen Zeitabständen immer wieder läuft. Es ist also nicht gut, sie durch äußerst seltenes Laufenlassen zu „schonen".

Wodurch unterscheidet sich eine marinisierte Maschine von einem gewöhnlichen Lkw-Motor? Die Kühlung ist auf Seewasserkühlung umgestellt, und es ist ein spezielles Schiffsgetriebe angeflanscht. Ob die Maschine mit einer oder zwei Lichtmaschinen ausgestattet wurde, hat mit Marinisierung nichts zu tun. Da die Anforderungen an den Diesel im Schiff oft geringer sind, ist beispielsweise der Luftfilter häufig einfacher ausgeführt als für den staubigen Landstraßenbetrieb.

Wie groß die Maschine sein muß, hängt natürlich in erster Linie vom Gewicht der Yacht ab. Die frühere Faustregel, pro Tonne 2 PS, galt für Yachten mit starker Besatzung, die also auch unter Segel im Hafen manövriert werden konnten. Für eine Blauwasseryacht sollte man mindestens 3 PS je Tonne, besser 4 wählen. Je kleiner und leichter die Yacht, um so wichtiger ist, daß die empfohlene Maschinenstärke nicht unterschritten wird. Im Seegang nämlich ist eine größere Yacht wegen ihrer relativen Unempfindlichkeit (Trägheit!) gegen Wind und Wellen auch von einer schwächeren Maschine ganz gut auf Kurs zu halten, während eine leichte Yacht, ist ihre Geschwindigkeit zu gering, rasch aus dem Kurs geworfen werden kann. Das ist auch der Grund, warum kleine Segelyachten schon bei Windstärken unter 7 Bft unter Umständen nicht mehr direkt mit der Maschine in den Wind gefahren werden können.

Je weniger Zylinder eine Maschine hat, um so unruhiger läuft sie. Sie macht nicht nur Lärm, es stören vor allem die Vibrationen. Ihre Fundamente werden bei wenigen Zylindern oder gar nur bei einem viel mehr belastet als bei einem Vier- oder gar Sechszylinder. Deshalb würde ich, wenn ich mit der empfohlenen Maschinenstärke auf über 25 PS komme, auf keinen Fall einen Zweizylinder nehmen, sondern bereits einen Vierzylinder.

Ein Dieselmotor ist eine zuverlässige Maschine, die eigentlich keinen Ärger machen dürfte, höchstens das ganze Drumherum. Nachdem aber die Maschine für eine Blauwasseryacht lebenswichtig ist, sollten wir auf alle Fälle vorsorgen. Das beginnt schon bei der Auswahl der Marke. Für irgendeinen exotischen Motor werden wir beispielsweise in Westindien keine Ersatzteile bekommen. Wenn wir aber einen Mercedes haben, ist die Wahrscheinlichkeit groß, daß auch auf Barbados das richtige Teil erhältlich ist. Das würde die enormen Kosten für Luftfracht oder eine monatelange Wartezeit vermeiden. Für uns ist es deshalb wichtig, einen Motor zu besitzen, der nach Möglichkeit weltweit verbreitet ist. Mercedes, MAN, Perkins oder Ford wird man rings um die Welt treffen, überall da, wo es Autoverkehr gibt. In Fischerbooten werden häufig auch Saab, Lister und Yanmar gefahren.

Maschineneinbau

Nicht jede Werft kann eine Maschine richtig einbauen. Handelt es sich um eine junge Werft, ist Vorsicht geboten, es sei denn, sie hat einen gauten Motorfachmann. Beim Einbau des Diesels wird der Grundstein für einen jahrelangen störungsfreien Betrieb gelegt – oder ständiger Ärger vorprogrammiert. Die Maschine selbst wird keine Schwierigkeiten bereiten; es ist die gesamte Wellenanlage, die problematisch sein kann.

Oftmals konzipiert der Konstrukteur zunächst einmal eine schnelle Segelyacht mit gemütlicher Inneneinrichtung, und wenn dann irgendwo ein Winkel übrigbleibt, dann ist das schon der „rechte Platz" für den Motor. Der Kunde unterstützt das noch, indem er sich meist erst dann für die Maschine interessiert, wenn sie Ärger macht. Wenn er feststellt, daß er an die (für ihn) wichtigsten Teile wie Ölfilter, Treibstoffilter und Ölablaß kaum herankommt, ist es zu spät.

Von solch einem Maschinen-„Raum" träumen wir alle. Die Maschine steht zur Wartung nahezu im Freien. Ist nur in Sonderfällen möglich, wie auf dem 17-Meter-Katamaran Taboo III von Wolfgang Hausner.

Dieser Maschinenraum auf einer 18-Meter-Yacht ist zwar begehbar, doch ist dieser Vorteil durch intensiven Einbau zahlreicher Aggregate fast verschenkt worden.

Daraus folgt, daß man sich vor dem Kauf eines Schiffes die Maschine genau ansehen und im Geiste einen Ölwechsel machen sollte. Wenn sich dabei herausstellt, daß das auf Schwierigkeiten stößt, so läßt sich daraus mit einiger Sicherheit schließen, daß die gesamte Anlage nicht fachgerecht eingebaut ist. Zumindest muß die Motorenverkleidung von allen Seiten so zu entfernen sein, daß die gesamte Maschine „im Freien“ steht.

Hat man bei einem Neubau – bei einem Serienbau ist das nicht möglich – die Gelegenheit, von Anfang an mit der Werft in Kontakt zu stehen, so trachte man danach, daß die Maschine erst dann eingebaut wird, wenn das Deck aufgesetzt ist. Sonst steht man einmal vor unüberwindlichen Problemen, wenn die Maschine zwecks Reparatur (oder Austausch) aus dem Schiff muß.

Die Maschine wird mittschiffs montiert. Je mehr Platz zwischen Maschine und Steven, um so unkritischer der Einbau. Heutzutage wird die Maschine auf flexiblen Lagern befestigt, so daß sie sich aufgrund ihrer Eigenschwingungen immer etwas bewegt. Die Kunst ist es jetzt, die von ihr erzeugte Kraft so auf Welle und schließlich Propeller zu übertragen, daß der Durchbruch durch das Schiff dichtbleibt. Dies ist wegen der vom Motor verursachten Schwingungen dann unmöglich, wenn die Welle starr an die Maschine gekuppelt ist. Zwischen Getriebe und Welle muß also immer noch eine elastische Kupplung – Hardyscheibe – Platz haben.

Ich persönlich hätte mehr Vertrauen zu einem Kardangelenk, wie wir es vom Lastwagen her kennen. Sein Vorteil liegt darin, daß die Maschine dann um ein paar Grad aus der Flucht weichen kann. Dies wird nämlich bei Neubauten immer passieren, denn nach einer gewissen Einlaufzeit setzen die Maschinenlager sich. An und für sich gehört die Position der Maschine nachjustiert, aber wer merkt und macht das schon, wenn die Werft fern ist.

Der Maschineneinbau ist keine reine Wissenschaft, denn sonst bestünden genaue Forderungen, wo und wie oft eine Welle gelagert werden muß. Die meisten Werften bauen genaugenommen dort ein Lager ein, wo halt Platz ist. Basta. Meistens geht das auch ganz gut; die Vibrationen könnten etwas schwächer sein, und die Stopfbuchse muß eben öfters nachgezogen werden. Das ist im Leben einer Maschine oftmals die einzige Konsequenz aus einer nicht ganz sachgerechten Lagerung.

Generell kann nur davor gewarnt werden, eine Maschine zu „überlagern“, so daß ihre Schwingungen nicht mehr harmonisch abgebaut werden können. Ein Lager ist wichtig, das oft absichtlich weggelassen wird: das Drucklager. Die Lager, auf denen die Maschine ruht, sind nämlich nicht dafür konstruiert, ihren Schub aufzunehmen. Diese Aufgabe hat das Drucklager. Aber gerade das setzt eine schwingungsarme Welle an dieser Stelle voraus, denn sonst würde es schnell ausschlagen, oder es käme zu größeren Schäden an der Welle. Ein Indiz dafür, daß der Einbau in Ordnung geht, ist, wenn das Drucklager nicht heißer als „handwarm“ wird.

Vor Lagern in Propellernähe, die mit Simmerringen arbeiten, wird gewarnt. Die Welle ist nämlich mehr oder weniger starker elektrolytischer Korrosion ausgesetzt, die im Laufe der Zeit kaum sichtbar, aber fühlbar das Metall an der Wellenoberfläche abträgt. Dies schwächt die Welle im allgemeinen kaum nennenswert und hat auch sonst keine wesentlichen Nachteile, bis auf den, daß Simmerringe beschädigt werden können. Der dann notwendige Austausch ist nur möglich, wenn die Welle abgezogen wird, erfordert also meist das Herausholen des Bootes aus dem Wasser.

Stopfbuchse

Ein besonderes Sorgenkind für den Skipper ist die Stopfbuchse, die nicht die Funktion eines Lagers hat, sondern nur dichtet. Es sind zwei Typen zu unterscheiden: einmal solche, die deshalb dichten, weil in Fett getränkte Dichtungsringe durch die Brille der Stopfbuchse auf die Welle aufgepreßt werden. Die zweite – bessere – Sorte hat den zusätzlichen Vorteil, daß von außen, also ohne die Stopfbuchse zu öffnen, laufend Fett nachgepreßt werden kann. Wenn man sich das System beider Stopfbuchsen durch den Kopf gehen läßt, merkt man gleich, wo hier die Probleme liegen. Wenn nämlich durch eine schlechte Lagerung, durch das Fehlen einer elastischen Kupplung oder ganz einfach durch eine zu kurze Welle diese noch in der – frei aufgehängten – Stopfbuchse so stark schwingt, daß sie die Schwingungen nicht oder nur zögernd mitmachen kann, liegen die Dichtungsringe nicht mehr fest genug auf, und sie lassen Wasser in das Schiffsinnere.

Was dann folgt, ist logisch: Der Skipper, an einem dichten Schiff interessiert, zieht die Stopfbuchse nach, so daß kein Wasser mehr durchkommen kann, worauf die Buchse wegen der starken Reibung der Dichtungsringe auf der Welle so heiß wird, daß zunächst das Fett in den Dichtungsringen wegbrennt und dann die Ringe selbst beschädigt werden. Wenn man Glück hat, dichten sie anschließend gar nicht mehr, und wenn man Pech hat, wird die Welle selbst zur Rotglut gebracht, beschädigt oder bricht im Extremfall. Deshalb ist die richtige Einstellung der Stopfbuchse immer die, daß von Zeit zu Zeit ein Tropfen Wasser durchkommt. Wenn mit Fettpresse gearbeitet wird, sollte man mit dem billigen Fett ruhig großzügig sein.

Wieviel Wasser (oder Fettemulsion) soll die Buchse machen? Auf jeden Fall nur soviel, daß man über Stunden Laufzeit hinweg das Wasser mit einem Plastikgefäß auffangen kann. Kommt mehr, stimmt was nicht. Bei älteren Schiffen kann es schwierig sein, diesen Idealzustand zu ereichen, weil durch Korrosion bedingte Materialabtragungen an der Welle eine Dichtung ohne zu große Reibung durch die Dichtungsringe gar nicht mehr möglich machen. In diesen Fällen muß man während der Laufzeit der Maschine einen vermehrten Wasserdurchlaß hinnehmen. Der kundige Kaufinteressent einer Yacht kann an der Stopfbuchse einiges sehen, was auf den Zustand der Wellenanlage schließen läßt.

Über das Getriebe ist eigentlich wenig zu sagen. Es sollte blitzartig den Schaltbefehlen nachkommen können und muß selbstverständlich zur Maschinenleistung passend ausgesucht werden. Ob die Schraube schließlich rechts dreht oder links, spielt nicht die geringste Rolle, wenn der Skipper nur den Drehsinn kennt. Will man einen Wellengenerator an die Welle anbauen, so achte man darauf, ob bei stehender Maschine die Welle mitlaufen darf (Kühlung des Getriebes). Hydraulische Getriebe müssen mit einer Wellenbremse versehen sein; sonst läuft die Welle immer mit, auch wenn die Maschine nicht in Betrieb ist. Nach meiner Meinung und meinen Erfahrungen ist die Wellenanlage viel verschleißfreudiger und störanfälliger als die Maschine selbst. Es ist deshalb nicht richtig, die Welle mitlaufen zu lassen und die Maschine zu „schonen“. Zumindest der Lärm und das ewige Nachstellen der Stopfbuchsen würden mich schon nervös machen.

Propeller

Der Propeller sollte dreiflügelig und starr sein. Ja, ich weiß, sein Widerstand im Wasser ist viel größer als der eines zweiflügeligen, und außerdem wäre ein Faltpropeller noch günstiger. Nicht so für eine Blauwasseryacht! Mal ehrlich: Wer macht sich denn schon im normalen Fahrbetrieb, also nicht auf Regatten, die Arbeit und stellt nach dem Abschalten der Maschine den Propeller senkrecht, damit der Vorteil des geringen Wasserwiderstandes auch wirklich zum Tragen kommt? Die meisten haben noch nicht mal eine Marke auf der Welle, woran sie erkennen, wann der Propeller senkrecht steht.

Der einzige Vorteil eines Faltpropellers ist sein geringer Wasserwiderstand im gefalteten Zustand. Er öffnet sich durch die Zentrifugalkraft, die dann wirkt, wenn die Welle sich dreht. Unter Umständen kann es bei einer Blauwasseryacht zu Störungen des Faltmechanismus kommen, weil sich kleine Korallenpartikel oder Schnecken ins Getriebe setzen. Das führt dazu, daß der Propeller beispielsweise nach einer wochenlangen Ozeanpassage nicht mehr aufgeht. Aber auch in einwandfreiem Zustand ist der Faltpropeller nicht hundertprozentig zuverlässig, wenn die Yacht über den Achtersteven manövrieren muß – ein Nachteil, der auf Blauwasserfahrt allerdings kaum zum Tragen kommt.

Fazit: Für den Blauwassersegler ist der Faltpropeller uninteressant.

Verstellpropeller sind fast völlig von der Bildfläche verschwunden. Bei diesen kann der Steigungsgrad des Propellers verstellt werden. Der Vorteil? Unter Umständen ist kein Getriebe nötig, weil die Blätter des Propellers kontinuierlich von Vorwärts- auf Rückwärtsfahrt gestellt werden können, und zwar auch dann, wenn die Maschine läuft. Der Steigungsgrad kann auch

Für eine Blauwasseryacht von mehr als 10 Meter Länge eignet sich am besten ein feststehender dreiflügeliger Propeller.

den Seegangsverhältnissen und der Drehzahl angepaßt, oder, was aber nur in Ausnahmefällen zum Tragen kommt, auf Schleppfahrt eingestellt werden. Der Grund, warum ein Verstellpropeller auf Langfahrtyachten nicht sehr häufig zu finden ist, liegt aber in der aufwendigen Mechanik, die unter anderem eine zweite Stopfbuchse erforderlich macht. Seine Vorteile wiegen diesen Nachteil nicht auf, obwohl für Sonderzwecke seine Anschaffung erwogen werden könnte. Wenn jemand beispielsweise einen Wellengenerator für nötig hält, läßt sich dieser mit einem Verstellpropeller viel effektiver betreiben.

Für eine Blauwasseryacht wird die bewährte Ausrüstung – Getriebe und Festpropeller – die Standardausrüstung bleiben. Da kann man am wenigsten falsch machen. Höchstens im Propellerdurchmesser, der der Maschinenleistung und der

Größe des Schiffes beziehungsweise dessen Wasserwiderstand angeglichen sein sollte, kann man sich vergreifen, wenn man zuwenig Erfahrung hat. Es gibt zahlreiche Nomogramme, mit deren Hilfe man den richtigen Propeller aussuchen kann – seriöse Hersteller beraten ihre Kunden fachmännisch.

Besitzt man aber schon eine komplette Maschinenanlage, kann man in etwa selbst nachprüfen, ob der Propeller – und die Maschine – auf die Yacht abgestimmt ist: Ausgangspunkt dabei ist die Höchstdrehzahl der Maschine im Leerlauf. Bei eingekuppeltem Propeller, glattem Wasser und Windstille sollte die Maschine etwa 10 Prozent weniger als die Höchstdrehzahl erreichen. Bei 75 Prozent der Höchstdrehzahl sollte die Yacht bei glattem Wasser und Windstille Rumpfgeschwindigkeit laufen (für Blauwasseryachten: ca. 2,3 x Wasserlinienlänge). Wenn sie mit Leinen – gut abgefendert – an der Pier fest vertäut ist, muß die Drehzahl bei Vollgas bei ungefähr 80 Prozent der Höchstdrehzahl liegen.

Ein Beispiel: Die Höchstdrehzahl einer Dieselmaschine in einer Yacht mit einer Wasserlinienlänge von 8,50 Meter ist 3200/min. Höchstens 2880/min soll sie bei freier Fahrt erreichen. Bei 2400/min wäre ihre Geschwindigkeit 6,7 Knoten, und an der Pier muß der Drehzahlmesser bei Vollgas und eingekuppeltem Propeller etwa 2560/min anzeigen. Stimmen die Werte bei dem letzten Versuch, erreicht die Yacht aber dennoch nicht ihre Rumpfgeschwindigkeit, so kann das an einer Untermotorisierung liegen.

Kühlung der Maschine

Ein Dieselmotor ist eine genügsame Maschine, die zuverlässig ihren Dienst tut, wenn man nur dafür sorgt, daß sie ausreichend Brennstoff bekommt, daß sie immer gut geschmiert ist und daß eine Kühlung für die richtige Betriebstemperatur sorgt. Es gibt luftgekühlte Dieselmotoren, die aber fast nie in Yachten eingebaut werden. Der Grund dafür sind die große Geräuschentwicklung und die Schwierigkeit, für die Kühlung genügend Frischluft in den Maschinenraum zu bringen und die heiße Luft wieder abzutransportieren. Die hierfür notwendigen Luftschächte müssen recht voluminös sein, was einerseits sehr viel Platz erfordert, andererseits müssen sie so geschützt werden, daß überkommendes Seewasser keinen Zugang zum Schiffsinneren finden kann.

Auf fast allen Blauwasseryachten bevorzugt man deshalb Wasserkühlung, obwohl man sich damit eine Reihe von Problemen auflädt. Es ist eine alte Streitfrage, ob man eine Einkreiskühlung oder eine Zweikreiskühlung bevorzugen sollte.

Die Wasserkühlung arbeitet beim Schiffsmotor nach dem gleichen Prinzip wie beim Automotor. Bei letzterem wird von einer Kühlwasserpumpe Wasser „durch" die Maschine transportiert, das dafür sorgt, daß die Betriebstemperatur nicht zu hoch ansteigt. Die Maschine (Öl, Zylinderwände, auch Auspuff usw.) wird also laufend gekühlt. Dabei heizt sich das Wasser auf, weshalb es zum Kühler transportiert wird, der die Temperatur soweit herunterbringt, daß es wiederum zur Kühlung der Maschine benutzt werden kann.

Die Bezeichnung Ein*kreis*kühlung ist bei einem Schiff deshalb nicht ganz korrekt, weil es sich nicht um einen geschlossenen Kreislauf handelt. Hier wird zur Kühlung – wie beim Auto – zwar auch Wasser (in diesem Falle Seewasser) „durch" die Maschine gepumpt, es wird aber anschließend wieder in das Meer gebracht. Das ist deshalb möglich, weil kühles Wasser reichlich zur Verfügung steht.

Also einfacher als beim Auto? Ja, denn der Kühler entfällt ersatzlos. Aber die Einkreiskühlung hat wesentliche Nachteile. Zunächst kann man sie nicht bei allen Motoren verwenden, denn Seewasser ist aggressiv, und viele Maschinen sind nicht korrosionsfest. Sie würden Seewasser als Kühlmedium nicht lange vertragen. Die Maschinen müssen also von vornherein für eine „direkte" Kühlung ausgelegt sein.

Sie werden deshalb auch schon mit einem entsprechenden Thermostaten ausgerüstet sein. Ein Thermostat bei einem Verbrennungsmotor hat die Aufgabe, für die richtige Betriebstemperatur zu sorgen: Sie soll nicht zu hoch, aber auch nicht zu niedrig sein. Wenn sie noch nicht erreicht ist, wird der Thermostat den Zufluß von Kühlwasser sperren, so daß es nicht durch die Maschine, sondern über einen Bypass in der Kühlleitung weiterlaufen kann. bei einer Seewasserkühlung liegt die Betriebstemperatur bei höchstens 65°C. Daß diese Temperatur nicht überschritten wird, dafür sorgt der Thermostat. Würde die Temperatur höher liegen, würden die verschiedenen im Seewasser gelösten Salze ausfallen und nach nicht allzu langer Zeit die Kühlkanäle verstopfen, was dann mangels ausreichender Kühlung zu schweren Schäden an der Maschine führen kann.

Andererseits sind 65°C nicht ideal. Eine Maschine sollte zwar möglichst warm, aber nicht überhitzt gefahren werden. Die „ideale" Kühlwassertemperatur läge eigentlich bei 85°C. Wird aber eine Maschine kälter als erforderlich gefahren, nimmt der Verschleiß sprunghaft zu (das ist der Grund, weshalb wir unsere kalte Automaschine nicht „hochjagen" sollen). 65°C sind also wegen der Salzausfällung notwendig, aber eigentlich zu wenig für einen optimalen Betrieb, also nur ein mäßiger Kompromiß. So die Theorie!

In der Praxis sieht das nicht so schlimm aus. Denn diese Maschinen sind doch so robust, daß man sie im normalen Seglerleben kaum aufbrauchen kann. Mit anderen Worten: Der Nachteil der niedrigen Temperatur wirkt sich nicht aus. Wenn bestimmte Bootsmotoren (nicht deutsche Erzeugnisse) zu aufwendigen Reparaturen neigen, so liegt das nicht an der Kühlung, sondern an ihrer Konstruktion.

Die Seewasserkühlung hat aber noch einen Nachteil: Wenn die Kühlung ausfällt, beispielsweise weil der Kühlwassereintritt einen Fisch geschnappt hat und deswegen verstopft ist oder weil der Keilriemen, der die Kühlwasserpumpe antreibt, gerissen ist, kann man die beste Maschine in kurzer Zeit zu Schrott fahren, wenn dies nicht schnell – innerhalb weniger Minuten – bemerkt wird.

Diese Gefahr besteht bei der Zweikreiskühlung zwar auch, die Zeitspanne zum Überleben der Maschine ist jedoch etwas größer. Bei der Zweikreiskühlung lassen sich schon ein paar Parallelen mehr zum Automotor finden. Der eine Kreislauf, der Seewasserkreislauf, entspricht exakt dem Wasserkreislauf beim Automotor. Die Aufgabe aber, die der Fahrtwind am Autokühler wahrnimmt, nämlich das Kühlwasser wieder herunterzukühlen, übernimmt bei der Yacht ein zweiter Kreislauf, der Süßwasserkreislauf. Das Süßwasser (eigentliches Kühlwasser für die Maschine) wird durch einen Wärmetauscher gepumpt, in dem die Wärme wie beim Autokühler wieder abgegeben werden kann, nicht aber an die Luft, sondern an das Seewasser, das mittels einer zweiten Pumpe durch den Wärmetauscher gepumpt und anschließend – meist durch den Auspuff – wieder nach draußen geleitet wird.

Die Vorteile der Zweikreiskühlung liegen auf der Hand. Das Wasser, das die Maschine kühlt, ist Süßwasser und verursacht somit keine Korrosion. Außerdem kann es mit einer optimalen Temperatur gefahren werden, denn einerseits enthält Süßwasser viel weniger Stoffe, die ausfallen können, andererseits wird ja ein und dasselbe Wasser immer wieder verwendet, und die geringen Mengen an Ausfallstoffen (Kalk), die *einmal* ausgefallen sind, schaden nicht. Freilich, ganz ideal ist die Zweikreiskühlung auch nicht, denn immerhin pumpt man sich trotzdem Salzwasser in das Schiff, und außerdem ist man vom Funktionieren zweier Pumpen abhängig.

Die Entscheidung, welches Kühlsystem das geeignete ist, wird einem in der Regel vom Hersteller der Maschine abgenommen. Die meisten größeren Maschinen (Vierzylinder und darüber) werden als Auto- oder Lkw-Motoren gar nicht in seewasserbeständiger Ausführung geliefert, können also auch nicht mit einer Einkreisanlage gekühlt werden, so daß man in diesem Fall, ob man will oder nicht, mit zwei Kreisen kühlen muß.

Aber es gibt noch eine weitere Variante, die überlegenswert ist, weil man dabei Salzwasser im Schiff vermeidet. Sie kommt aber meistens nur für Metallschiffe in Betracht. Statt eines Wärmetauschers mit Seewasser bedient man sich hierbei einer ausreichend großen Kühloberfläche, um das Süßwasser abzukühlen, das die Maschine gekühlt und sich dabei aufgeheizt hat. Bei Stahl- oder Aluminiumschiffen werden zu diesem Zwecke im Langkiel, jedenfalls unterhalb der Wasserlinie, Rohre oder Schächte aufgeschweißt. Das heiße Kühlwasser, das durch diese Leitungen gepumpt wird, kühlt sich an der durch das Seewasser gekühlten Metallwand ab und kann wieder verwendet werden. Man hat diese Kühlleitungen auch schon im Ruder untergebracht, wobei dort natürlich nicht soviel Leitungslänge zum Abkühlen zur Verfügung steht wie bei einem Kühlkanal, der über die ganze Schiffslänge verlegt ist.

In Holland auf dem Ijsselmeer gibt es zahlreiche Schiffe, deren Kühlung nach dem gleichen System arbeitet, nur mit dem Unterschied, daß das Kühlrohr außen am Kiel entlanggeführt wird, sich also direkt im Seewasser befindet. Der Grund für diese Anordnung ist nicht, daß man kein Seewasser im Schiff haben will. Vielmehr sind wegen der geringen Wassertiefe Grundberührungen häufig, wobei immer eine Menge Sand aufgewirbelt wird, der leicht eine Seewasserzuführung verstopfen könnte.

Für Blauwasseryachten ist das System der außen entlanggeführten Rohre nicht geeignet, weil bei Grundberührung in „unseren" Revieren harte Korallen so ein Rohr verletzen und damit die ganze Maschinenkühlung außer Betrieb setzen könnten.

Auch bei der Kielkühlung bleibt eine Frage offen: Wie wird der Auspuff gekühlt? Das ist übrigens auch ein großes Problem bei luftgekühlten Maschinen. Die Auspuffgase haben beim Verlassen der Maschine eine Temperatur von ungefähr 450°C. Sie sind also viel zu heiß, um mit einem Gummischlauch abgeführt zu werden. Bei einem Metallauspuff hat man aber wiederum das Problem, daß die Schwingungen der Maschine sich auch auf den Auspuff übertragen, der wegen seiner Länge mit Sicherheit abbrechen würde, wenn man nicht ein Zwischenstück aus Metall dazwischensetzen würde, das so elastisch konstruiert ist, daß es die Schwingungen abfangen kann.

Seit der Entdeckung, daß Asbest stark krebserregend ist, ist es heute noch problematischer, mit einem trockenen Auspuff zu fahren, denn andere Isolierstoffe sind nicht so wirkungsvoll. Besitzt man ein älteres Schiff, muß unbedingt die Isolierung des Auspuffs überprüft werden, ob Asbest ver-

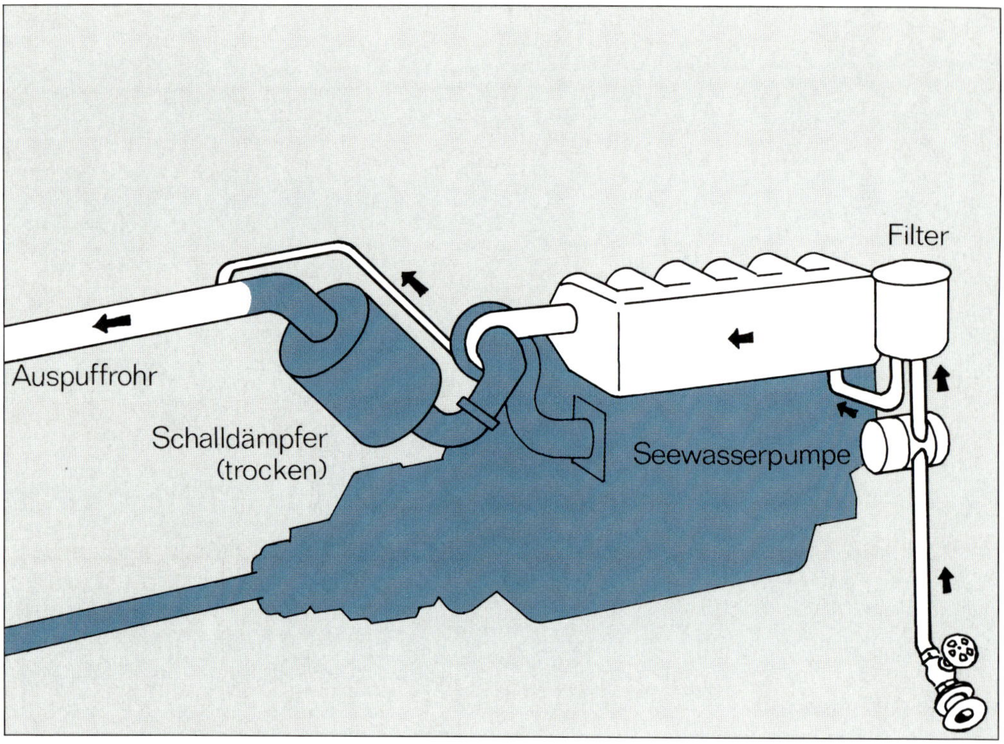

Die verschiedenen Arten der Kühlung eines Yachtmotors: Die einfachste ist die Einkreiskühlung; hierbei wird das Seewasser durch die Maschine und dann durch den Auspuff wieder nach draußen geleitet. Bei der Zweikreiskühlung dient das Seewasser lediglich dazu, einen Wärmetauscher abzukühlen, an dem der innere (Süßwasser-)-Kreislauf der Maschine hängt. Die eleganteste Art der Kühlung ist die mit Süßwasser, das an der Schiffshaut abgekühlt wird, so daß es erneut zur Kühlung in die Maschine geleitet werden kann. Das Problem der Auspuffkühlung ist damit freilich nicht gelöst.

wendet wurde. In diesem Fall muß (!) das Asbest ersetzt werden. Denn gerade in der Auspuffanlage einer Yacht ist wegen der Vibrationen und den engen Lebens-Raumverhältnissen Asbest ungleich gefährlicher als in Wohnräumen, die in den letzten Jahren saniert oder gar abgerissen werden mußten.

Kraftfahrzeuge haben nur ungekühlte Auspuffanlagen, doch können dort die Abgase auf kürzestem Wege ins Freie geleitet werden. Bei einer Yacht muß der Auspuff meist über nicht unerhebliche Strecken durch das Innere geführt werden. Die Nachteile eines trockenen Auspuffs sind jedenfalls so erheblich, daß oftmals bei sonst luftgekühlten Anlagen oder bei einer Kielkühlung eigens ein Salzwasserkreislauf zur Auspuffkühlung geschaffen wird.

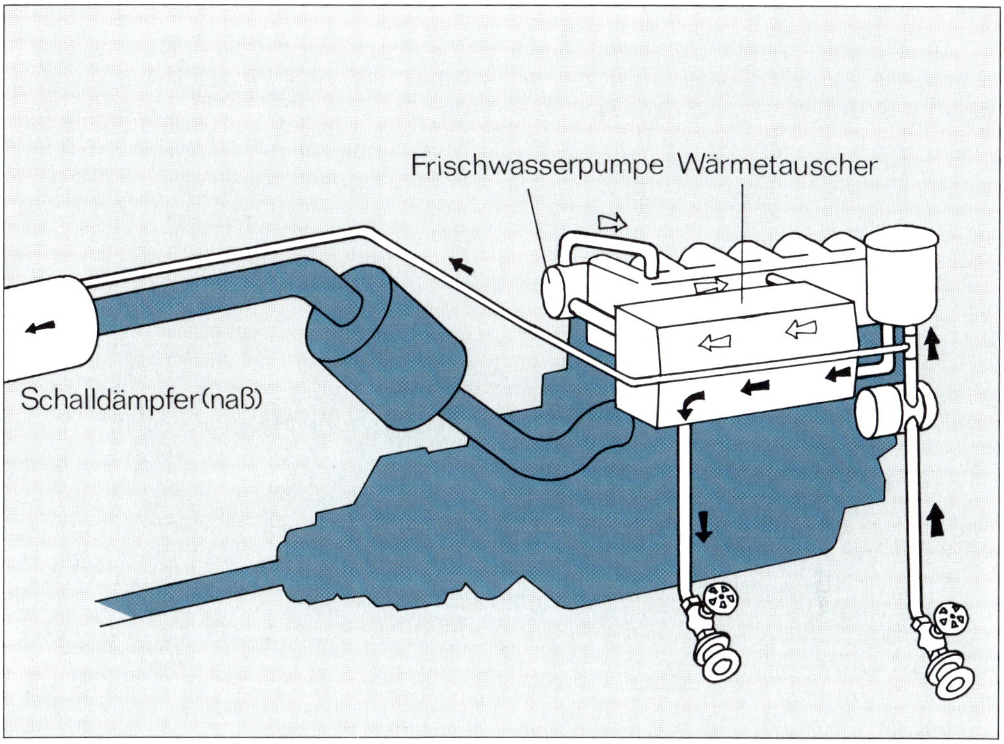
Frischwasserpumpe
Wärmetauscher
Schalldämpfer(naß)

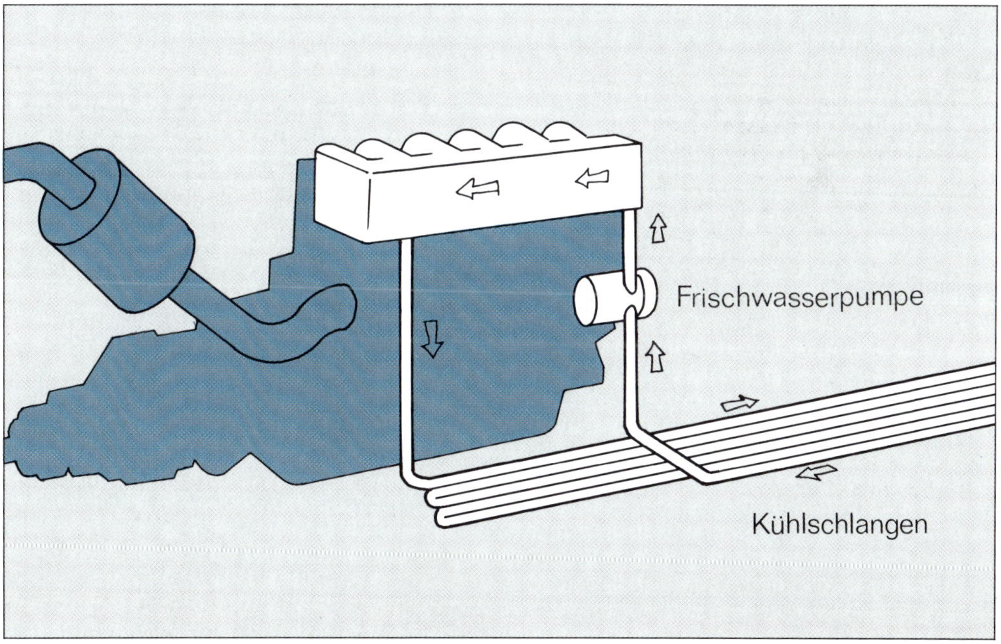
Frischwasserpumpe
Kühlschlangen

Bei einer „normalen“ Zweikreiskühlung ist das alles kein Problem. Dort wird das Seewasser, bevor es das Schiff wieder verläßt, beim Auspuffsammler über den Auspuff geleitet, dort also, wo sich die Abgasleitungen aus den einzelnen Zylindern zu einem Auspuffrohr vereinigen. Dadurch werden die Abgase bereits um ca. 100° C abgekühlt. Anschließend wird das Wasser nach dem Auspuffkrümmer aus Stahl *in* den Auspuff eingespritzt, worauf die Auspuffgase so „kühl“ werden, daß sie durch einen weitgehend hitzeunempfindlichen Schlauch zum Austritt des Auspuffs geführt werden können. Dieser Schlauch ist der große Vorteil eines nassen Auspuffs, denn ihm schaden die Vibrationen der Maschine nicht.

Der Auspuffkrümmer ist deshalb notwendig, damit das in den Auspuff eingespritzte Seewasser garantiert nicht in den Zylinder der Maschine zurücklaufen kann. Das ist überhaupt bei allen seewassergekühlten Auspuffanlagen eine ständige Gefahr. Deshalb sollte der Auspuffschlauch, bevor er das Schiff verläßt, einen Schwanenhals bilden, damit auch bei sehr viel Lage die Maschine über den Auspuff nicht vollaufen kann.

Die Gefahr kann bei stehendem Motor aber auch von der Kühlwassereintrittsseite kommen, wo infolge der Syphonwirkung einer Wassersäule auch über einen Schwanenhals Wasser in den Auspuff gelangen kann, das den Wassersammler füllt, anschließend im Auspuff steigt und so in die Maschine läuft. Schwere Schäden können die Folge sein.

Um dies zu verhindern, baut man ein Ventil in den Schwanenhals ein, das Luft einläßt, wenn die Maschine nicht läuft. Der schallisolierende Wassersammler dient dazu, daß das eingepumpte Wasser mit dem Druck der Auspuffanlage nach draußen befördert wird.

Auspuff

Die gesamte Auspuffanlage stellt auf einer Blauwasseryacht eine der häufigsten Störquellen dar. Wenn der Auspuff nicht kurz hinter dem Auspuffsammler mittels eines Gummischlauches weitergeführt wird, wird irgendwann das Metall des Auspuffs so spröde sein (Hitze und Vibrationen), daß es zum Bruch kommt. Es ist nicht einfach, ein Auspuffrohr zu schweißen, und nach dem zweiten oder dritten Riß kann man es sowieso wegwerfen. Man sollte sich deshalb vor einer langen Reise mit Ersatz eindecken. Das ist billiger, als später einen Auspuff anfertigen lassen zu müssen.

Ebenfalls Ärger wird der Wassersammler machen, selbst wenn er aufwendig aus Niroblech gefertigt ist. Das mit Auspuffgasen angereicherte Seewasser, das nach Abstellen der Maschine in dem Sammler stehenbleibt, verursacht unter Garantie nach ein paar Jahren Lochfraß im Niroblech. Ein gewisser Schutz und in jedem Fall eine Verbesserung (und damit Verlängerung der Lebensdauer) ist es, wenn man den Wassersammler mit Epoxidharz auskleidet. Kunststoff ist wesentlich widerstandsfähiger gegen das aggressive Seewasser.

Wenn man um die Probleme und die Störanfälligkeit einer Auspuffanlage weiß, wird man den Einbau schon so vornehmen, daß man bequem an alle Teile herankommt. Denn es wird immer notwendig sein, den Auspuff zur Reparatur auszubauen. Es macht sich auch hier bezahlt, wenn man zugunsten einer größeren Servicefreundlichkeit etwas Platz opfert.

Tankanlage

Das gilt für die Tankanlage gleichermaßen, denn auch sie bedarf der regelmäßigen Wartung. Gleichgültig, ob man eine Yacht aus Kunststoff oder Metall hat: Es wird sich im Tank Kondenswasser bilden, das von Zeit zu Zeit abgelassen werden muß, zumal sich in diesem Wasser häufig Algen bilden, die – einmal in die Treibstoffleitung geraten – erheblichen Schaden anrichten können. Meistens wird es nicht möglich sein, Wasser im Tank, das sich dank seiner größeren Dichte immer unter dem Dieseltreibstoff befindet, einfach mit einem Hahn abzulassen. Es muß deshalb mit einer speziellen Leitung dafür gesorgt werden, daß man es zumindest abpumpen kann. Selbstverständlich muß diese Leitung zum tiefsten Punkt des Tanks führen, während die eigentliche Treibstoffleitung eine Handbreit höher münden muß, damit sie nicht etwa Wasser ansaugt.

Im Vergleich zu einem Benzinmotor ist ein Diesel viel zuverlässiger. Das einzige, was in der Praxis Ärger macht, sind Probleme mit der Treibstoffzuführung. Befindet sich in der Treibstoffleitung auch nur wenig Luft, so *kann* die Maschine stehenbleiben; sind regelrechte Blasen im Treibstoff, so *wird* sie stehenbleiben. Es gilt deshalb, Tank und Treibstoffleitungen mit besonderer Sorgfalt zu installieren, damit solche Störungen gar nicht erst auftreten. Die Leitungen sollten auch gut zugänglich sein, um eventuelle Störungen schnell beseitigen zu können.

Wenn man von unten nicht an den Tank herankommt, ist es notwendig, ihn mit einem Mannloch zu versehen, damit er von Zeit zu Zeit gereinigt werden kann. Denn neben Wasser sammelt sich eine Menge Schmutz an, der zwar im Hafen am Boden des Tanks liegt, in der See aber aufgewühlt wird und durch Verstopfung des Filters im

Links: Vorbildliche Filteranlage auf einer großen Yacht. Ist der Filter verschmutzt, kann er während des Betriebes umgangen und gereinigt werden.

Rechts: Grob- und Feinfilter für den Treibstoff vor der Maschine – leicht zugänglich!

unrichtigen Moment zumindest zu einer starken Reduzierung der Drehzahl führt.

Welches Material für den Treibstofftank benutzt wird, ist nicht so kritisch wie beispielsweise beim Süßwassertank. Metalltanks, die nicht besonders vorbehandelt sein müssen, eignen sich ebensogut wie Kunststofftanks, wenn sichergestellt ist, daß ihre Wände dem Druck der Flüssigkeit auch dann standhalten, wenn sich der Rumpf in der See verwindet und wenn der Kunststofftank in den Rumpf integriert ist.

Ein gewisses Problem stellen immer wieder die Treibstoff-Förderpumpen dar. Normalerweise sind sie für den Betrieb in Lkws konstruiert, wo sie einen vergleichsweise leichten Job haben. Denn die Saughöhe ist relativ gering, weil der Tank nicht viel tiefer liegt als die Maschine. Anders ist es, wenn der Tank in den Kiel eingebaut ist; dann kann es leicht zu Saughöhen von bis zu zwei Metern kommen. Oft macht die Pumpe erst nach einer gewissen Zeit Ärger, dann nämlich, wenn sich bei abnehmendem Treibstoffspiegel im Tank die Saughöhe verändert und die Filter sich schon etwas mit Schmutz zugesetzt haben. In diesem Fall sollte man sich sofort dazu entscheiden, eine kräftigere Förderpumpe einzubauen. Jedoch keine elektrische, denn einer der Hauptvorteile des Dieselmotors ist es ja gerade, daß er von der Elektrik unabhängig ist, wenn er einmal läuft.

Unmittelbar mit dem Problem der Förderpumpe hängt die Anzahl der Filter zusammen, die gewährleisten sollen, daß der Maschine sauberer Treibstoff zugeführt wird. Normalerweise ist die Maschine vom Werk aus schon mit zwei Filtern ausgestattet, einem Grob- und einem Feinfilter. Doch schadet es nichts – vom Problem der Förderleistung der Pumpe abgesehen –, einen weiteren Feinstfilter in die Leitung einzubauen. Manchmal ist der Treibstoff, den wir an abgelegenen Orten der Welt übernehmen müssen, von zweifelhafter Qualität. Wir wissen auch nicht, wie lange der schon in dem rostigen Faß gelagert hat. Dann ist es sinnvoll, ihn besonders sorgfältig zu filtern.

Einige dieser Filter scheiden auch Wasser ab, das ebenso wie grober Dreck sogar dann entfernt werden kann, wenn die Maschine läuft.

Eine besonders elegante Lösung ist die, die Filter jeweils doppelt und parallel zu installieren. Blockiert ein Filter, wird mit Hilfe eines Dreiwegehahns auf den anderen umgeschaltet.

Tagestank

Wer vielen dieser Probleme aus dem Weg gehen möchte, der lasse sich zusätzlich einen Tagestank einbauen. Das ist ein kleinerer Tank, der über der Maschine angebracht ist und sie mit Kraftstoff versorgt. Er wird mit einer separaten Handpumpe oder einer *zusätzlichen* Elektropumpe aus dem Haupttank aufgefüllt.

Was sind die Vorteile eines Tagestanks? Zum ersten wird die Maschine von der Treibstoff-Förderpumpe unabhängig, weil der Diesel aufgrund seiner Schwerkraft aus dem höher gelegenen Tagestank fließen kann. Hat die Treibstoffleitung irgendwo ein kleines Leck, wodurch normalerweise Luft angesaugt wird, passiert mit einem Tagestank nichts, denn dort herrscht in der Leitung kein Saugdruck. Am Leck würde dann höchstens Treibstoff austreten, aber keine Luft in die Leitung kommen. Weiter kann man mit einem Wasserablaßventil an der Unterseite des Tagestanks eventuell vorhandenes Wasser oder Schmutz vollständig ablassen, was bei dem Haupttank meist nicht möglich ist, weil man nicht an die Unterseite heran-

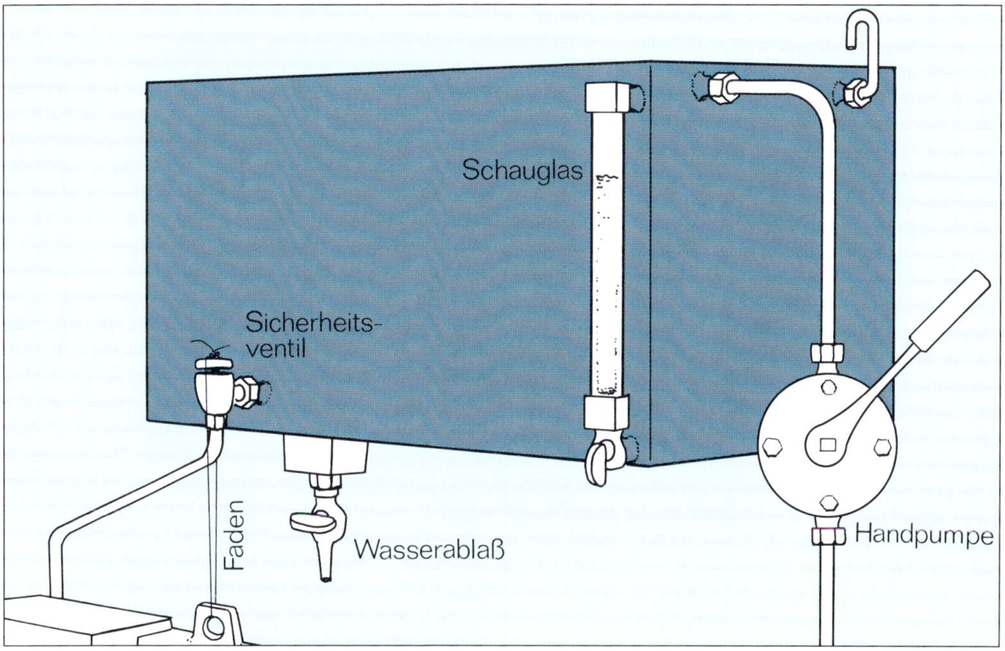

Wer etwas für die Zuverlässigkeit seiner Maschine tun will, sollte einen Tagestank installieren, der von der Treibstofförderpumpe unabhängig macht. Eine Vorrichtung, jahrzehntelang auf Fischerbooten bewährt. (Bei Feuer schmort der Faden durch und das Sicherheitsventil schließt sich.)

Tagestank. Am Schauglas kann der Treibstoff-Vorrat abgelesen werden.

kommt. Außerdem kann man den Haupttank guten Gewissens einmal leerfahren, wenn man ihn gründlich reinigen will; sonst weiß man meistens nicht, wohin mit den 50 oder 100 verbliebenen Litern.

Nicht möglich bei einem Tagestank ist eine genaue Verbrauchsmessung, weil der Überlauf, mit dem von der Maschine nicht verbrauchter Diesel zurückgeführt wird, nicht im Tagestank, sondern in den darunterliegenden Haupttank mündet.

Der Germanische Lloyd sieht Tagestanks auf Yachten nicht besonders gern, weil sie angeblich eine erhöhte Feuergefahr darstellen. Tatsächlich hindert natürlich ohne besondere Vorsichtsmaßnahmen den im Tagestank befindlichen Diesel nichts daran, bei Feuer im Maschinenraum auszulaufen, wenn eine Leitung beschädigt ist. Aber dagegen lassen sich Schutzventile einbauen, die so etwas weitgehend verhindern. Tatsache ist, daß Tagestanks seit Jahrzehnten auf Fischerbooten gefahren werden. Genauso wie ein Tagestank bei Feuer besonders gefährlich sein kann, genauso ist der Haupttank eine Gefahrenquelle, wenn im unrechten Moment die Treibstoffversorgung nicht funktioniert und die Maschine stehenbleibt.

Der Starter

Zum Starten der Maschine dient fast ausschließlich ein elektrischer Anlasser, ein robustes Gerät, das uns eigentlich nie im Stich lassen sollte, wenn wir genügend Strom haben. Kleinere Maschinen – meist Zweizylinder – können gewöhnlich auch von Hand angekurbelt werden, so daß man von der Elektrik unabhängig ist. Allerdings wird man immer über genügend Strom zum Anlassen verfügen, wenn man eigens für den Anlasser eine Batterie – die Starterbatterie – einbaut, die man ausschließlich zum Starten benutzt. Für das Bordnetz eignet sich eine Starterbatterie ohnehin nicht besonders gut, trotzdem kann man immer wieder erleben, daß zwei voneinander unabhängige Batterien nebenher munter für den allgemeinen Bordbetrieb benutzt werden. Wenn dann dringend die Maschine gestartet werden muß, ist (in beiden!) kein Saft mehr.

Kann der Motor also nicht mit der Hand gestartet werden, ist auf einer Langfahrtyacht eine Starterbatterie unverzichtbar, die sich nicht auf das allgemeine Bordnetz schalten läßt. Wenn für die Starterbatterie extra eine Lichtmaschine vorhanden ist, kann nach menschlichem Ermessen nichts mehr schiefgehen, es sei denn, die Batterie ist kaputt. Das passiert aber nicht von heute auf morgen, sondern es zeichnet sich lange vorher schon ab. Wer das nicht merkt, eignet sich für die Blauwassersegelei nicht. Und selbst wenn der unglaubliche Fall eintreten sollte, daß die Starterbatterie plötzlich tot ist, läßt sich die Kraft für den Elektrostart immer noch aus der Bordbatterie beziehen, wenn man Überbrückungskabel wie beim Auto an Bord hat.

Es ist deshalb müßig, über Federzugstarter zu reden, mit denen man die meisten – nicht zu starken – Motoren statt eines Elektrostarters ausrüsten könnte. Denn wenn Elektrizität ohnehin an Bord ist, ist der bewährte Elektrostarter immer noch die billigste und auch zuverlässigste Starthilfe.

Die Maschine als Energielieferant

Schon beim Einbau der Maschine oder bei Bestellung der Yacht sollte man sich über sein Energiekonzept im klaren sein, darüber, was die Maschine als Energieversorger alles leisten muß. Die Hauptmaschine kann nämlich neben dem Antrieb noch folgendes liefern: Gleichstrom aus einer, zwei oder gar drei Lichtmaschinen, Wechselstrom aus einem Generator in 110 oder 220 Volt, Kälte über einen angebauten Kühlkompressor oder Kraft über eine angebaute Hydraulikpumpe für das Ankerspill. Sie kann auch „so nebenher“ noch Pumpen betreiben.

Kraft dafür steht meistens in ausreichendem Maße zur Verfügung. Eine andere Frage ist die, wie man diese Kraft der Maschine abnehmen kann, nachdem auf der einen Seite schon die Propellerwelle angetrieben werden muß. Rein theoretisch lassen sich zwar all die aufgezeigten Verbraucher der Maschine aufbürden, aber davon ist doch abzuraten. Denn selbst wenn man ein PTO (Power Take Off) hierfür findet, ergibt das Ganze einen derart komplizierten Keilriemensalat, daß es zu Störungen kommen muß, selbst wenn der Hersteller der Maschine hiergegen nichts einzuwenden hätte (was nicht zu erwarten ist). Allein schon das Gewicht der Verbraucher, die ja mit der Maschine mitschwingen, würde erhebliche Lagerprobleme aufwerfen. Es muß deshalb genau überlegt werden, was unbedingt notwendig ist.

Wenn man sehr viele Verbraucher haben möchte, sollte man an die Hauptmaschine *einen* hydraulischen Abgriff anbauen und von diesem aus den Kühlkompressor, den Dynamo usw. betreiben. Für einige Verbraucher hätte das einen weiteren Vorteil: Sie ließen sich fest lagern, so daß Rohrleitungen – wie beispielsweise beim Kühlkompressor – nicht flexibel (mit allen Problemen und Bruchgefahren) weggeführt werden könnten. Die Übertragung der Kraft würde ja allein über zwei Hydraulik-Gummischläuche erfolgen, wäre also ganz unkritisch.

Daß dies sehr gut funktioniert, bewies die deutsche Motorenfirma Farymann, die mit ihrem Einzylinder über einen hydraulischen Abgriff sogar die Schraube antrieb, was den Vorteil hatte, daß die Maschine irgendwo in der kleinen Yacht eingebaut werden konnte und nicht mit der Welle fluchten mußte. Was sich für den – schwachen – Schiffsantrieb eignete, wäre genau passend für unsere Hilfsaggregate.

Maschinenüberwachung

Unter normalen Umständen sollte eine Dieselmaschine niemals Störungen aufweisen, zumindest nicht solche, die plötzlich auftreten. Trotzdem kann es einmal vorkommen, daß beispielsweise die Kühlung ausfällt, weil der Keilriemen zur Kühlwasserpumpe gerissen ist, oder daß die Lichtmaschine nicht mehr lädt, weil ein Widerstand korrodiert ist, oder die Maschine nicht mehr richtig geschmiert wird, weil die Ölwanne ein Leck hat und das Öl in die Bilge ausgelaufen ist. Kleine Ursache – große Wirkung!

Im Falle der Lichtmaschine könnte die Starterbatterie eines Tages überraschend leer sein und einen Notstart der Maschine unmöglich machen; im Falle der ausgefallenen Pumpe bleiben der Maschine höchstens noch ein paar Minuten, im Falle der nicht mehr vorhandenen Schmierung noch einige Sekunden zum Überleben. Wenn wir das aber rechtzeitig bemerken, kann großer Schaden durch sofortiges Abstellen der Maschine leicht vermieden werden. Voraussetzung hierzu ist eine entsprechende Instrumentierung. Man soll es sich nicht gefallen lassen, wenn eine Werft hierbei spart. Die folgenden Instrumente sind die Mindestausrüstung für die Maschinenüberwachung:

Für die Kühltemperatur muß ein Thermometer vorhanden sein. Den Öldruck muß ein Öldruckmesser anzeigen, und auf dem Drehzahlmesser können wir ablesen, wie schnell die Maschine läuft. Ob die Lichtmaschine lädt, ersehen wir aus der Ladelampe – für jede Lichtmaschine eine.

Wie gesagt, das ist die absolute Mindestausrüstung, die uns hilft, Schäden zu verhindern. Aber die Instrumente allein sind wertlos, wenn wir sie nicht ständig überprüfen. Vom Auto her ist man gewohnt, die Instrumente alle paar Sekunden

Alarmanlage für eine Maschinenanlage. Akustischer und optischer Alarm wird gegeben bei zu hoher Maschinentemperatur, Wasser in der Bilge, zu niedrigem Ölstand usw.

oder Minuten zu überfliegen, weil man ohnehin in diese Richtung blickt. Anders beim Schiff. Am Ruder sieht man meistens auf den Kompaß, und die Instrumente befinden sich entweder an der Rückwand des Cockpits, auf der Seite oder gar in der Backskiste, jedenfalls nicht in Blickrichtung. Wenn die Yacht unter Selbststeueranlage läuft, ist unter Umständen sogar für längere Zeit niemand im Cockpit, so daß nicht zur Kenntnis genommen wird, daß beispielsweise die Nadel des Öldruckmessers sich in Richtung „Null" bewegt. Zwar kann man sich einschärfen, alle zehn Minuten die Instrumente zu überfliegen, aber in der Praxis ist es halt doch so, daß man das ab und zu vergißt. Außerdem ist noch gar nicht gesagt, ob diese zehn Minuten ausreichen würden, einen Defekt *rechtzeitig* zu entdecken.

Deshalb führt kein Weg an entsprechenden akustischen Alarmgebern vorbei, die dann ansprechen müssen, wenn entweder die Kühltemperatur einen bestimmten Wert übersteigt oder der Öldruck unter 0,5 bar abfällt. Es sollte aber eine laute Hupe sein oder gleich eine Fanfare, damit der Skipper das auch dann hört, wenn er sich bei laufender Maschine auf dem Vorschiff aufhält. Wird die Maschine nach einem Blick auf die Instrumente abgestellt, kann fast immer ein Kolbenfresser vermieden werden. Solche Alarmgeber sind kein Luxus, sondern eine Notwendigkeit auf einer Blauwasseryacht.

Es gibt sogar Alarmanlagen, die nicht nur Alarm geben, sondern über ein Magnetventil auch die Maschine abstellen. Aber das scheint mir etwas übertrieben, denn es könnte ohne weiteres sein, daß die Kühlwassertemperatur nur deshalb – langsam – ansteigt, weil der Kühlwassereintritt *zum Teil* blockiert ist. Dann ist zwar auch Vorsicht am Platze, aber es besteht noch kein Grund, die Maschine schlagartig abzustellen, zumal das ebenfalls zu Schäden führen kann, nachdem eine Maschine nie aus voller Drehzahl sofort gestoppt werden soll. Oder denken wir an den Fall, daß wir bei Gegenströmung unter Maschine gerade durch den engen Paß eines Korallenriffs laufen.

Nicht unbedingt erforderlich – soweit es die Maschine betrifft –, aber sehr empfehlenswert sind eine Anzeige einschließlich Alarmgeber für Öl- und Raumtemperatur im Maschinenraum (Feuergefahr), für jede Lichtmaschine ein Amperemeter und ein Voltmeter – nicht statt der Ladekontrollampe, sondern zusätzlich – sowie ein Betriebsstundenzähler. Daß die Instrumente beleuchtet sein müssen, ist selbstverständlich.

Einen Krängungsmesser wird man ohnehin an Bord haben. Ja, auch der ist wichtig, denn fast alle Schiffsmaschinen dürfen nur bis zu einer bestimmten Schräglage gefahren werden, weil sie eben keine „Schiffsmaschinen“ sind. Eine ganze Reihe von Motoren sind schon sauergefahren worden, weil die Maschine am Wind mitlief, um etwas mehr Höhe herauszuholen, oder weil sie helfen sollte, um sich von einer gefährlichen Küste freizukreuzen. Viele Maschinen vertragen nicht einmal eine Krängung von mehr als 15°– es ist eigentlich eine Zumutung für uns Segler, wenn uns so etwas als „Hilfsantrieb für eine Segelyacht“ angedreht wird. In der Beschreibung des Motors sind die Betriebsgrenzen genau angegeben.

Es ist auch nicht richtig zu sagen, daß man bei einem Limit von 15° ruhig mit 20° segeln dürfe, weil die Yacht ja doch meistens mit 15° fahre und nur kurzzeitig auf 20° gehe. Wenn die Ölpumpe nur einmal Luft ansaugt, kann der Schmierfilm bereits abreißen, was das Ende der Maschine bedeuten kann.

Auch die Instrumente sind nicht für den Betrieb auf einem Schiff gefertigt, sondern meistens für Landfahrzeuge. Das ist allerdings nicht so schwerwiegend, denn es gilt nur, sie so einzubauen, daß sie vor Spritzwasser geschützt sind. Denn wasserdicht sind sie nicht. Wenn der Instrumentensatz im Cockpit installiert ist und eine See einsteigt, gehen die teuren Instrumente voll auf Tauchstation, was sie kaum überleben. Am besten ist der Einbau hinter einer wasserdichten Luke, da kann nichts passieren.

Elektrizität an Bord

Bitte auf keinen Fall dieses Kapitel überblättern! Es ist für das Blauwassersegeln wichtiger als „Navigation“. Letztere bekommt man – wenn man es ganz, ganz langsam und vorsichtig angeht – schon irgendwie mit. Wenn man bei der Elektrizität etwas falsch macht oder glaubt, man bringe dafür eh kein Verständnis auf, büßt man sein ganzes Blauwassersegelleben lang dafür. Und eine fehlkonzipierte Bordelektrik läßt sich kaum noch retten.

Eine unsachgemäße Elektrik bereitet täglich Ärger und Ungelegenheiten, sowohl unterwegs als auch im Hafen. Eine wohldurchdachte Anlage dagegen, die die Bedürfnisse beim Blauwassersegeln – was sich diesbezüglich sehr vom sonstigen Küstensegeln unterscheidet – berücksichtigt, kann uns die Sicherheit und den Komfort bieten, den wir vom Land her gewohnt sind und den wir eigentlich auch gar nicht aufgeben wollten, als wir uns für das Leben auf dem Wasser entschieden. Wer möchte schon erst eine Petroleumlampe in Gang setzen, wenn er schnell mal auf die Toilette muß? Haben Sie schon mal in einem einen Quadratmeter großen Raum neben einer heißen Petroleumlampe gesessen? In den Tropen?

Bernard Moitessier, der fast unverbesserliche Alternative, hatte auf seiner JOSHUA keinen Motor (das heißt, er hatte ihn vergammeln lassen) und somit auch keine Elektrik. Als ihm mal der Skipper einer Yacht eine Lampe, eine Batterie und einen kleinen Generator schenkte, räumte er nach einiger Zeit ein: „Mein Gott, ich habe gar nicht gewußt, wie schön elektrisches Licht sein kann. Einfach auf einen Knopf drücken, und schon brennt es!“

Aber es ist nicht so, daß eine richtig ausgelegte Bordelektrik nur den Vorteil elektrischen Lichts bringt, sondern sie bietet darüber hinaus so viel Sicherheit und Bequemlichkeit, daß wir uns im Vergleich zum Leben an Land nicht bewußt einschränken müssen. So haben wir dann beides: die Freiheit auf dem Wasser und weitgehend den Komfort, den wir gewohnt sind und auf den wir nicht verzichten wollen. Dies ist keine Frage des Geldes, sondern des Verständnisses für die besonderen Probleme der Elektrik auf einer Yacht. Und zwar ohne Landanschluß! Es ist keine Kunst, ein paar Steckdosen installieren zu lassen und die gleichen Geräte wie zu Hause anzuschließen.

Eine spezielle technische Begabung ist nicht erforderlich; der gesunde Menschenverstand reicht aus, um eine elektrische Anlage entwerfen, notfalls auch einbauen und unterhalten zu können. Von sogenannten Fachleuten ist man dabei ziemlich verlassen, weil sie die Erfordernisse an die Bordelektrik beim Blauwassersegeln kaum kennen und sich auch gar nicht vorstellen können. Bei manchen Werften muß man erst recht vorsichtig sein, weil sich durch die elektrische Anlage leicht ein paar tausend Mark Extra-Umsatz ohne große Lohn- und sonstige Kosten machen lassen. Die meisten elektrischen Geräte sind nämlich kinderleicht zu installieren. Dem Kunden wird nur deshalb ein großer Stromerzeuger empfohlen, damit man ihm anschließend noch einen Mikrowellenherd oder eine Klimaanlage aufreden kann. Den Herd könnte er ohne den Stromerzeuger gar nicht benutzen, das ist der Trick. Also Vorsicht vor solchen Umsatzhaien!

Damit will ich nichts gegen Mikrowellenherde oder Klimaanlagen sagen, aber ich glaube kaum, daß jemand sich einen Mikrowellenherd für 1000 DM anschafft, wenn er weiß, daß *nur* zu dessen Betrieb ein Stromerzeuger erforderlich ist, der mit Einbau sagen wir einmal 15 000 DM kostet. Gleiches gilt auch für die normalen Elektroherde, die natürlich bei der Vorführung der Yacht einen tollen Eindruck machen. Die Heizplatte erwärmt sich auf Knopfdruck; lediglich ein leises Summen ist im Hintergrund zu hören (der Stromerzeuger). Das ist ja viel eleganter als die Rumhantiererei mit dem stinkenden Petroleum oder den offenen Gasflammen.

Kaum ein Kauflustiger macht sich in diesem Moment klar, daß er später erst einmal einen 20 PS starken und 200 Kilogramm schweren Dieselmotor anwerfen muß, um beispielsweise eine Tasse Kaffee zuzubereiten. Von Spritverbrauch, regelmäßigem Ölwechsel, Ersatzteilsuche und so weiter gar nicht zu reden. Und die Vibrationen und das Summen werden ihm dann auch noch auf die Nerven gehen.

Es gibt Yachtleute, die nicht unbedingt die richtigen Ratgeber sind, weil sie nur ihre eigenen Ideen als die richtigen hinstellen. Wenn beispielsweise der Amerikaner Hal Roth zum Thema Kühlschränke schreibt, er halte sie für überflüssig, weil sie ohnehin immer kaputtgingen und weil in der Zeit, in der sie repariert werden müßten, seine Frau auch gleich zum Einkaufen gehen könne, um kalte Sachen zu holen, so ist das reichlich albern, und man spürt förmlich, daß ihm hier die Trauben zu hoch hängen. Oder wenn ein anderer Segler vor Radiogeräten an Bord warnt, weil er zufällig Gast auf einer Charteryacht bei einer Atlantiküberquerung war, als dort das Radiogerät (oder die Batterien) den Geist aufgab.

Nein, jeder muß für sich entscheiden können, welche Elektrik er für richtig hält. Nur sollte er auf die Verhältnisse beim Blauwassersegeln und auf die technischen Möglichkeiten vorbereitet sein. Und er muß die technischen Grenzen einer Bordelektrik erkennen können. Das ist der Zweck dieses Kapitels, das keinerlei Vorkenntnisse in Elektrik voraussetzt.

Der größte Feind jeder Elektrik ist die Feuchtigkeit. „Vor Feuchtigkeit schützen“ ist ein Aufdruck, den wir auf fast allen Haushaltsgeräten finden. Das gleiche gilt für jede Elektrik und Elektronik an Bord. Nur ist es an Bord wegen der Wassernähe nicht so selbstverständlich, daß wir diese Forderung erfüllen können. Die Bordelektrik hat keinen guten Ruf, aber das rührt von früheren Zeiten her, als jede Elektrik auf einer Segelyacht ein Problem war.

Der Hauptgrund: Man kannte kaum Schiffe, die noch nach vielen Tagen auf See wirklich trocken waren. Aber das allein wäre noch nicht so schlimm gewesen, wenn man damals schon Kunststoffe zur Verfügung gehabt hätte, die heute den Kupferdraht einer Leitung gegen die Umwelt abschirmen. Der früher verwendete Gummi wurde viel zu schnell brüchig, und damit war es dann auch schon geschehen. Heute haben wir einerseits trockene Schiffe und andererseits Isolierungen, die es sogar gestatten würden, eine Leitung mal durch das Wasser zu legen. Auch die einzelnen Verbraucher (nicht nur die, die speziell für ein Schiff gebaut sind) sind wesentlich unempfindlicher gegen Erschütterungen und Luftfeuchtigkeit geworden. Generell kann gesagt werden, daß die Elektrik heute auf einem Schiff nicht störanfälliger ist als im Haushalt.

Was uns noch Kummer machen könnte, ist die Mechanik, also beispielsweise Schalter. Trotzdem besteht kein Grund mehr, wegen „Störanfälligkeit" an Bord von Yachten auf elektrische Geräte zu verzichten. Denken wir doch nur an die Autoelektrik. Wie oft geht daran was kaputt, wenn man mal von der Zündanlage oder den durchgebrannten Lampen absieht. Die Witterungseinflüsse auf unseren Straßen mit dem Jahreszeitenwechsel und häufigen Niederschlägen sind durchaus mit dem Bordklima vergleichbar.

Strom an Bord ist anders als zu Hause

Wenn man daheim über Nacht die Lichter brennen läßt oder wenn aus Versehen der Fernseher weiterläuft, dann merkt man das höchstens an der nächsten Stromrechnung. Ansonsten passiert gar nichts. Es kommt nicht vor, daß der Strom „zu Ende" ist. Was anderes ist es schon, wenn wir bei unserem Auto den Motor abstellen und die Scheinwerfer nicht ausmachen. Nach ein paar Stunden wird in der Batterie nicht einmal mehr soviel „Saft" sein, daß der Motor gestartet werden kann. Die Batterie ist leer.

Auf der Blauwasseryacht ohne Landstrom haben wir genau dieselben Verhältnisse wie bei einem Auto, nachdem der Motor abgestellt ist. Der Unterschied liegt aber darin, daß auf der Yacht nach Abstellen der Maschine das Leben möglichst zivilisiert weitergehen soll, während die Elektroanlage beim Auto ja so konzipiert ist, daß sie im großen und ganzen nur benutzt wird, während die Maschine läuft, mit Ausnahme des Parklichts.

Besonders bei einer Blauwasseryacht, die nicht nur Fortbewegungsmittel, sondern auch schwimmendes Heim ist, ist dies problematisch, weil die Maschine die Batterie ja nicht ohne weiteres in kurzen Zeitabständen wieder auflädt, sondern wir uns manchmal wochenlang auf einem Ankerplatz aufhalten. Bei einer üblichen Fahrtenyacht, die nicht so weite Strecken zurücklegt, dafür aber häufiger bewegt wird, ergeben sich diese Schwierigkeiten nicht in dem Maße, weil die Maschine ja zumindest meistens dann benutzt wird, wenn der Hafen verlassen oder aufgesucht wird.

Bei der Konzipierung einer elektrischen Anlage auf einer Blauwasseryacht gilt es also in erster Linie, sie so zu planen, daß ausreichend Strom zur Verfügung steht beziehungsweise mit möglichst geringen Kosten und Belästigungen für Crew und Nachbarn erzeugt werden kann.

Der Stromverbrauch

Wir wissen, daß beispielsweise eine Glühlampe wenig und ein Heizgerät viel verbraucht. Kein Mensch würde wohl auf die Idee kommen, wegen der hohen Heizölkosten nur noch elektrisch zu heizen, weil sich das in der Stromrechnung noch stärker niederschlagen würde. Was den Bordbetrieb betrifft: Hier kann ein Heizgerät überhaupt nicht benutzt werden, weil es zuviel Strom benötigt, und eine Glühbirne verbraucht immer noch viel Elektrizität. Es gilt deshalb, dort ungleich energiebewußter zu planen als zu Hause. Wobei „zuviel" sich nicht etwa auf die Stromkosten bezieht, sondern auf die Kapazität einer Batterie, und die ist gering (daran liegt es übrigens auch, daß es immer noch keine wettbewerbsfähigen Elektroautos gibt).

Die Batterie ist ein „Stromtank"

Wer glaubt, er würde das Thema Elektrik sowieso nicht begreifen, das sei viel zu technisch, tut sich bestimmt viel leichter, wenn er sich den Strom als energiehaltige Flüssigkeit vorstellt. Ein Vergleich, der natürlich bis zu einem gewissen Grade hinkt, der aber für unsere Zwecke – wir wollen ja keine Elektriker oder Elektroniker werden – vollkommen ausreicht und die Sache erleichtert:

Also, die Batterie ist ein Tank, der den Strom speichert. Es ist freilich immer noch nicht möglich, diesen Tank mit einem vernünftigen Gewicht herzustellen, was zur Folge hat, daß uns an Bord sehr schwere Tanks mit einem sehr kleinen Speicherraum mit Strom versorgen. Wer schon mal eine Autobatterie zum Laden geschleppt hat, weiß das. So eine Autobatterie würde übrigens einen Heizlüfter nicht einmal eine halbe Stunde mit Strom versorgen können, so wenig Tankkapazität hat sie.

Das schlechte Gewichts/Kapazitätsverhältnis ist aber nicht die einzige schwache Seite unserer Batterien. Die Energie, die ein Heizlüfter in 30 Minuten verbraucht, könnte unsere Hauptmaschine so von 60 PS – rein theoretisch – in zwei bis drei Minuten erzeugen, aber eine Batterie ist nicht in der Lage, diese ungeheure Strommenge in dieser Zeit aufzunehmen.

Bleiben wir beim Flüssigkeitsvergleich: Unsere Batterie ist ein Flüssigkeitstank, der so dünne Zuleitungen hat, daß nur ganz langsam Strom hineinfließen kann. Tatsächlich benötigt unsere Maschine – gleichgültig wie groß sie ist – zehn Stunden, um die Batterie mit Strom vollzufüllen, ohne daß sie Schaden nimmt.

Es ist also gar nicht so einfach, in kurzer Zeit viel Strom zu stauen. Das ist das einzige wirkliche Problem bei der ganzen Bordelektrik, ein Problem, das sich viele nicht richtig klarmachen und dann ganz verwirrt sind, wenn die Batterie im unrechten Moment leer ist. Wenn wir aber Strom nicht über unseren „Vorratstank" beziehen, ist alles viel unkomplizierter, weil die heutigen Lichtmaschinen so leistungsfähig sind, daß sie praktisch alle Verbraucher versorgen können, die normalerweise an Bord sind.

Nur: Wann läuft auf einer Blauwasseryacht die Maschine denn schon? Selbst bei Flaute bringt uns das nicht viel weiter, wenn wir beispielsweise bei einer Atlantiküberquerung noch 2000 Seemeilen vor uns haben. Den Zustand, daß nämlich genau dann – wegen der Fortbewegung – die Maschine läuft, wenn wir Strom brauchen, haben wir mit Ausnahme des Ankeraufgehens nie. Das ist bezüglich der Elektrik der Hauptunterschied zwischen Küsten- und Blauwassersegeln. Wir leben immer aus der Batterie!

Wieviel Strom brauchen wir?

Hier sind nicht nur – wie sonst üblich – die Verbrauchszahlen interessant, die sich daraus ergeben, wenn wir zusammenzählen, was wir unterwegs benötigen, sondern vor allem, wieviel Strom wir auf dem Ankerplatz „verbrennen". Denn dieser Verbrauch wird nicht niedriger liegen als unterwegs, beispielsweise bei einer Atlantiküberquerung. Wenn wir wissen, was einzelne Verbraucher benötigen, können wir annähernd unseren Stromverbrauch pro Tag ausrechnen, wobei wir in etwa unsere Lebensgewohnheiten von zu Hause zugrunde legen, denn niemand wird auf die Dauer primitiver als an Land leben wollen.

Der Stromverbrauch wird in Amperestunden, abgekürzt Ah, angegeben. Wenn durch eine Glühbirne ein Strom von 1 Ampere fließt, dann brauchen wir für diese Lampe schon 3 Ah, wenn sie drei Stunden lang brennt, oder 0,5 Ah, wenn sie nur 30 Minuten eingeschaltet ist.

Die Einheit der elektrischen Spannung ist Volt, abgekürzt V. Wenn wir dabei bleiben, den Strom mit einer Flüssigkeit zu vergleichen, dann ist „Spannung" der „Druck", mit dem die Elektrizität (Flüssigkeit) durch eine Leitung fließt. Wer hat diesen Druck nicht schon einmal schmerzhaft verspürt, indem er als neugieriges Kind einen elektrischen Schlag versetzt bekommen hat. Allerdings konnte das nur zu Hause passieren, wo das Stromnetz eine viel höhere Spannung als auf dem Schiff aufweist: 220 Volt zu 12 oder höchstens 24 Volt. Der „Druck" von 12 Volt ist so niedrig, daß wir den Strom gar nicht spüren, wenn wir aus Versehen mal die beiden Drähte einer elektrischen Leitung oder die beiden Pole auf der Batterie anfassen.

Jedes Gerät ist für eine ganz bestimmte Spannung ausgelegt: für 12 oder für 24 Volt. Wir können also nicht einfach eine 24-Volt-Glühbirne und erst recht keine von zu Hause auf unserem Schiff betreiben, wenn wir dort nur 12 Volt zur Verfügung haben. Das ist wichtig zu wissen, wenn wir einen Verbraucher kaufen, sei es eine Lampe, sei es ein Radiogerät.

Zurück zum Verbrauch. In der nachfolgenden Aufstellung ist der Strom angegeben, der bei 12 Volt – das ist die gebräuchlichste Bordspannung – durch ein Gerät in Betrieb fließt. Meistens wird in den Prospekten nicht der Verbrauch genannt, sondern die Leistung in Watt (W), die sich aber mit dem Taschenrechner nach einer einfachen Formel auf die eigene Bordspannung umrechnen läßt:

$$\text{Strom in Ampere} = \frac{\text{Leistung in Watt}}{\text{Spannung in Volt}}$$

Beispielsweise fließt durch eine Glühbirne von 24 Watt bei 12 Volt Bordspannung ein Strom von 2 Ampere.

Wie durstig sind die Stromverbraucher?

Die folgende Tabelle nennt für verschiedene Geräte an Bord den ungefähren Stromverbrauch, der bei den meisten Geräten jedoch – je nach Marke – leicht variieren kann. Die Werte sind also nur Anhaltspunkte.

Verbraucher	Strom in Ampere (12 Volt)
für die Navigation:	
Kompaßbeleuchtung	0,3
Fernkompaß	1
Windrichtungsanzeige	0,3
Logge	0,3
Echolot	0,5
Radar	10
GPS	1,5
für die Kommunikation:	
Bordempfänger	0,7
UKW-Sender (Empfang)	1
UKW-Sender (Senden)	5
Kurzwellensender (Empfang)	2
Kurzwellensender (Senden)	40
Amateursender (Empfang)	1
Amateursender (Senden)	10
für die Yacht als Fahrzeug:	
Anlasser	200
Instrumentenbeleuchtung	2
Ankerwinde	80
Seitenlichter	5
Hecklicht	1,5
Ankerlicht	1
Dampferlicht	2
Dreifarbenlaterne	2
Saling	3
elektrische Selbststeueranlage	2
Suchscheinwerfer	6
für die Yacht als Lebensraum:	
Leselampe	0,8
Leuchtstofflampe (klein)	0,7
Leuchtstofflampe (groß)	1,2
Bilgepumpe	8
Schmutzwassertankpumpe	8
Toilettenpumpe	8
Druckwasseranlage	2
Gasschnüffler	0,2
Kassettenrecorder (Bord-HiFi)	1
Ladegerät für Rechner	0,2
Kühlschrank	5
Bohrmaschine	5

Um den Stromverbrauch pro Tag ausrechnen zu können, müssen wir uns lediglich überlegen, wie viele Stunden der jeweilige Verbraucher in Betrieb ist. Wenn wir das nicht berücksichtigen und nur die obige Tabelle zugrunde legen würden, ergäbe sich ein ganz falsches Bild. Demnach ist beispielsweise der Anlasser mit 200 Ampere der König. Aber wie lange benötigen wir den Anlasser denn auch? Wenn die Maschine in Ordnung ist, höchstens zehn Sekunden, in denen er dann aber auch tatsächlich 200 Ampere zieht. 200 Ampere auf zehn Sekunden umgerechnet ergibt etwas mehr als 0,5 Ah. Umgekehrt bringt es das kleine Ladegerät für den Taschenrechner, das zwölf Stunden lang die Rechnerbatterien mit 0,2 A belastet, auf immerhin 2,5 Ah, also auf das über Fünffache der Batteriekapazität.

Daran erkennt man, daß Langzeitverbraucher am meisten ins Gewicht fallen. Die Seitenlichter einer größeren Yacht, also Rot und Grün und das Hecklicht benötigen zusammen rund 6 A. Brennen sie zehn Stunden pro Nacht, ist unsere Batterie um 60 Ah ärmer. Das ist der Grund, warum kaum eine Blauwasseryacht auf den einsamen Weltmeeren nachts die vorgeschriebenen Lichter führt.

Am schlimmsten aber sieht es mit dem elektrischen Kompressor-Kühlschrank aus. Um die Kühltemperatur zu halten, muß er rund um die Uhr laufen. Bei dem benötigten Strom von durchschnittlich 5 A ist schon berücksichtigt, daß sein Thermostat ab und zu mal den Motor abschaltet. Für 24 Stunden machen das dann nach Adam Riese 120 Ah aus. Aber auch elektrische Kühlschränke neuester Bauart kommen im praktischen – tropischen – Bordbetrieb auf 60 Ah/24 Stunden. (Vielleicht holen wir zu Hause das nächste Bier mit mehr Ehrfurcht aus dem Kühlschrank!)

Das Hauptproblem bei der Bordelektrik: die Batterien

Und damit sind wir wieder bei dem großen Dilemma mit unseren Batterien. Die üblichen Lichtmaschinen bringen spielend den Strom, der anfällt. 35 und 55 Ampere sind die üblichen Yachtgrößen. Aber hierzu muß eben die Maschine laufen. Nachdem wir sie sicher nicht 24 Stunden lärmen lassen wollen, um unseren Kühlschrank kaltzuhalten, sondern *möglichst kurzfristig*, sind wir auf die Batterien als Stromspeicher angewiesen.

Aus einem Tank kann man nicht mehr herausholen, als drinnen ist. Das ist so logisch, daß man es kaum zu schreiben wagt, aber viele Yachties scheinen das nicht zu berücksichtigen. Man kann das immer wieder erleben, wenn ein Küstensegler sich entschließt, auf große Fahrt zu gehen. Gedankenlos geht er mit seinen elektrischen Verbrauchern um, läßt sogar mal das Licht unnötigerweise brennen und wundert sich dann, wenn die Batterie nichts mehr von sich gibt. Bis dahin hatte er das Problem noch nicht, weil er ja jeden Morgen und Abend im Hafen herummotort ist und dabei die Batterien geladen hat. Nun glaubt er meistens, mit seiner elektrischen Anlage stimme was nicht („Vielleicht ist die Lichtmaschine kaputt?").

Wir brauchen also zur Sicherheit so große Batterien, daß sie den Strombedarf von mehreren Tagen liefern können und daß die Maschine den verbrauchten Strom in möglichst kurzer Zeit einfüllen kann. Erinnern Sie sich? Unser Stromtank hat nicht nur den Nachteil, daß er sehr schwer ist, er verfügt auch über so dünne Leitungen, daß Strom nur ganz langsam einfließen kann. Eine Faustregel besagt, daß jede Batterie – gleich welcher Größe – zehn Stunden Ladezeit braucht, um von „leer" auf „voll" zu kommen. Das heißt, wenn eine Batterie von 240 Ah in zehn Stunden geladen werden kann, müssen ihr zehn Stunden lang 24 Ampere (in der Praxis sind es mehr) zugeführt werden. Oder eine Batterie von 120 Ah, die ebenfalls zehn Stunden zum Aufladen benötigt, kann durchschnittlich jede Stunde 12 Ampere aufnehmen.

Wenn ich also beispielsweise 24 Ah verbraucht habe, muß der Diesel eine Stunde laufen, um meine 240-Ah-Batterien nachzufüllen, oder er muß zwei Stunden laufen, um die gleiche Strommenge in einer halb so großen 120-Ah-Batterie unterzubringen. Daraus folgt als wichtigste Erkenntnis für die elektrische Anlage einer Blauwasseryacht:

Je größer die Batterie, um so weniger Zeit benötigt der Generator zum „Nachfüllen" der verbrauchten Energie.*

Das Geheimnis jeder guten Bordelektrik ist deshalb eine große, ja größtmögliche Batteriekapazität. Natürlich sind vom Gewicht und der Größe her gewisse Grenzen gesetzt. Außerdem sind Batterien teuer und halten nur eine bestimmte Zeit, so daß wir nach einem vernünftigen Kompromiß suchen müssen, und der sieht nach meiner Erfahrung so aus:

Eine Gefahr für unsere Dieselmotoren ist die Korrosion im Verbrennungsraum. Sie kann sich aber nicht ausbreiten, wenn die Maschine häufig benutzt wird. Es schadet dem Diesel mehr, wenn er nur von Zeit zu Zeit benutzt wird, als wenn er jeden Tag oder alle zwei oder drei Tage durchgedreht wird. Warum also nicht das für die Maschine Notwendige (öfters mal

---

* In der Praxis ist die Aufnahmefähigkeit wegen des inneren Widerstandes oft noch geringer.

laufenlassen) mit dem Nützlichen (Laden der Batterien) verbinden?

Wenn wir unseren täglichen Stromverbrauch schätzen, kommen wir automatisch auf die wünschenswerte Batteriekapazität. Werden keine stromfressenden Dauerverbraucher wie ein elektrischer Kühlschrank betrieben, so benötigt man – Energiebewußtsein vorausgesetzt – ungefähr 15 Ah am Tag. Wollen wir die Maschine täglich eine Stunde laufen lassen (damit müssen wir uns eben abfinden), so brauchen wir eine Batterie von mindestens 150 Ah, den Ladefaktor von 0,8 nicht mitgerechnet (dann →187,5 Ah). Wenn wir die Maschine alle drei Tage eine Stunde lang laufen lassen wollen, muß unser Stromtank 450 Ah groß sein. Auch auf einem Segelschiff bekommt man – außer dem Vortrieb unter Segeln – nichts geschenkt!

Oder doch? Wie steht es mit Wellen-, Wind- oder Sonnengeneratoren?

Der Wellengenerator

Zur Stromerzeugung ist beim Wellengenerator im Maschinenraum eine Lichtmaschine (Alternator) über einen Keilriemen mit der Welle verbunden. Wenn die Yacht Fahrt voraus macht (unter Segeln), dreht sich die ausgekuppelte Welle mit und treibt die Lichtmaschine an, die dadurch mehr oder weniger Strom erzeugt, je nach Fahrt.

Das hört sich gut an. In der Praxis hat die Sache jedoch Haken. Zunächst ist der Wellengenerator natürlich nur eine Hilfe für unterwegs. Doch auf unseren Langfahrten

Hier wird schon in der Werft (Amel) ein Wellengenerator eingebaut. Schon an der Größe der Lichtmaschine (Alternator) erkennt man die zusätzliche gewichtsmäßige Belastung der Maschinenanlage – wegen ein paar Ampere, die die Anlage nur unterwegs liefert.

ist die Versorgung mit Strom nicht so problematisch, weil wir ohnehin damit etwas sparsamer umgehen (wenn wir keine Lichter in der Nacht setzen); andererseits werden wir viel öfter die Maschine laufen lassen, um Flautenlöcher zu überwinden. Oder umgekehrt: Bei der Stromerzeugung mit Hilfe der Hauptmaschine gewinnen wir in der Flaute jedesmal ein Dutzend Seemeilen. Das ist aber nicht das Hauptargument gegen den Wellengenerator.

Warum lassen wir die Maschine nicht gerne laufen? Wegen der Treibstoffkosten, wegen des Lärms und wegen des Verschleißes; schließlich soll die Maschine unser ganzes Blauwasserleben halten. Die Wellenanlage aber ist der verschleißfreudigste und störanfälligste Teil der ganzen Maschine. Und ausgerechnet den sollen wir 24 Stunden am Tag mitlaufen lassen. Außerdem ist der Lärm der drehenden Welle nach einer gewissen Toleranzzeit recht störend. Von der Fahrthemmung durch den mitlaufenden, aber durch den Generator gebremsten Propeller will ich gar nicht reden, denn der fällt bei einer schweren Yacht kaum ins Gewicht.

Der Kampf um die geschenkte Energie ist oft teuer und vergeblich. Der Propeller steht, und die Solarzellen sind im Schatten!

Es wäre nun ganz schön, wenn wenigstens die Leistung entsprechend wäre, aber sie hält keinem Vergleich mit unseren modernen Drehstromlichtmaschinen stand, die – je nach Größe – 35, 55 oder gar 90 Ampere fließen lassen können, wenn sie von der Hauptmaschine angetrieben werden. Der Wellengenerator erzeugt „nur" Strom in der Größenordnung (je nach Propellergröße) von 2 Ampere (ab drei Knoten) bis 10 Ampere.

Insgesamt kann der Wellengenerator nur unterstützend zu unserer Stromversorgung herangezogen werden. Ist der technische und finanzielle Aufwand das wert?

Der Windgenerator

Es gibt recht handliche kleine Windräder mit Lichtmaschine, die – dem Wind ausgesetzt – einfach irgendwo angeschraubt werden. Sie können nur am Ankerplatz betrieben werden und geben der Windgeschwindigkeit entsprechend Strom ab. Ist der Ankerplatz geschützt, dann bleibt der Amperemeter auf „Null", während er in der Größenordnung von 5 Ampere (je nach Windraddurchmesser) abgibt, wenn es bläst. Es sind schon viele Versuche unternommen worden, die gesamte Stromversorgung einer Yacht vom Wind übernehmen zu lassen, doch keiner führte zu befriedigenden Ergebnissen. Das Ganze scheiterte immer wieder an der Größe des Windrades.

Aber als Hilfe, um beispielsweise bei Abwesenheit der Selbstentladung der Batterien zuvorzukommen, sind sie gut zu gebrauchen. Allerdings ist der schwirrende

Propeller zur Stromerzeugung. Bei Flaute natürlich Fehlanzeige!

Dieser Generator, der zur Stromerzeugung vom Propeller angetrieben wird, kann auch von einem im Wasser nachgeschleppten Propeller betrieben werden.

Propeller für nervenschwache Segler nicht das Richtige. Bei viel Wind verursacht er nämlich ein so unangenehmes pfeifendes Geräusch, daß sogar die Nachbarn nach ein paar Stunden aus der Haut fahren könnten. Zudem stellt er eine beträchtliche Gefahr für Surfer dar, denn meist ist er nahezu in Kopfhöhe eines Surfers am Bugkorb angebracht.

Es gibt sogar Stromerzeuger, deren Lichtmaschine sowohl an einen Luftpropeller am Ankerplatz als auch an einen Wasserpropeller angeschlossen werden kann. Die Schraube wird dann unterwegs nachgeschleppt, ähnlich einem Schlepplog. Tatsächlich kann man das Ganze auch als Speedometer benutzen, wenn man das Amperemeter zusätzlich in „Knoten“ (oder beim Windgenerator in „Bft“) eicht. Im Wasser arbeitet diese Maschine genauso wie ein Wellengenerator, dem er auch bei weitem vorzuziehen ist. Denn die Wellenanlage wird nicht beansprucht. Zudem ist der „Einbau“ kein Problem.

Solarzellen

Die Sonnenenergie in Strom zu verwandeln, ist ein alter Traum. Tatsächlich beziehen Weltraumsonden ihren Strom aus Solarzellen, werden Armbanduhren von ihnen betrieben und fliegen sogar ultraleichte Flugzeuge mit Strom, den Siliziumzellen aus den Sonnenstrahlen gewinnen. Sie arbeiten lautlos und haben keine beweglichen Teile, sind also nicht störanfällig. Auf Yachten sieht man Solarzellen immer häufiger, und bei den Einhand-

Wie wenig leistungsfähig Solarzellen sind, zeigt dieser Vergleich. Der Rechner besteht zur Hälfte aus Solarzellen, die ihn betreiben, natürlich nur bei entsprechend viel Licht. Die winzige Knopfbatterie dagegen könnte den Rechner ohne weiteres für ein paar Jahre mit Strom versorgen.

Solarmodule nehmen viel wertvollen Platz an Deck weg.

Transatlantikrennen wurden sie benutzt, um Navigationsgeräte und Selbststeueranlagen zu betreiben.

Wie gut sind sie für Blauwasseryachten geeignet? Lassen wir Zahlen sprechen: Eine Platte mit Solarzellen in der Größe 30 x 55 Zentimeter läßt, wenn sie von der südlichen Sonne mittags angestrahlt wird, 1 Ampere in eine 12-Volt-Batterie fließen. Das ergeben an einem schönen Sonnentag (der auch in den Tropen nicht immer die Regel ist) 8 A.

Bekommt man diese Leistung umsonst? Eine Solarplatte („Modul") dieser Größe kostet etwa 500 DM. Faßt man zwei oder mehrere zusammen, dann vervielfacht man die Leistung zwar, aber auch der Preis steigt proportional. Um auf die Leistung einer kleinen Lichtmaschine zu kommen, würde man also ca. 20 000 DM ausgeben müssen, abgesehen davon, daß soviel Solarplatten auf einer Yacht gar nicht unterzubringen wären.

Die elektrische Anlage

Eine Dieselmaschine für eine Yacht wird meistens komplett mit Anlasser, Lichtmaschine und Instrumenten geliefert. Der Motorenhersteller schreibt auch gleich die Größe der Starterbatterie vor, so daß dieser Teil der elektrischen Anlage fast immer vorgegeben ist. Man hat nun verschiedene mehr oder weniger gute Möglichkeiten, sie für die Bedürfnisse einer Blauwasseryacht zu verkomplettieren.

1. Das gesamte Bordnetz wird an die Starterbatterie gehängt.
2. Es wird eine zweite Batterie eingebaut, die von der gleichen Lichtmaschine geladen wird, ansonsten aber das Bordnetz getrennt versorgt.
3. Es wird eine zweite Batterie eingebaut, die von der gleichen Lichtmaschine geladen wird und je nach Bedarf statt der Starterbatterie an das Bordnetz angeschlossen werden kann und umgekehrt.
4. Es wird eine zweite Lichtmaschine an die Maschine angebaut, über die eine zweite Batterie, die Bordnetzbatterie, geladen wird. Das Bordnetz ist vom Startersystem vollkommen unabhängig.

Möglichkeit eins mag für einen Daycruiser angehen, für eine Blauwasseryacht scheidet sie schon deshalb aus, weil die Starterbatterie (mit ihren meistens so um die 80 bis 100 Ah) viel zu klein ist, um dem Strombedarf des täglichen Lebens gerecht zu werden. Zudem ist es außerordentlich riskant, beim Fehlen einer zweiten Batterie oder gar einer Handstartmöglichkeit die Anlasserbatterie mit sonstigen Aufgaben zu belasten.

Die zweite Möglichkeit – eine Lichtmaschine sowie Starter- und Bordnetzbatterie – ist gangbar, aber sicher keine optimale Lösung. Die Motorenhersteller haben meistens keine Veranlassung, eine stärkere Lichtmaschine als zum Laden der *Starterbatterie* nötig zu liefern. Wenn wir aber

Vier Möglichkeiten gibt es, die elektrische Anlage an Bord zu installieren:
1. Eine Lichtmaschine und eine Batterie, die sowohl den Starter als auch das Bordnetz betreiben.

2. Eine Lichtmaschine und zwei Batterien, wovon die eine für den Starter und die andere für das Bordnetz zuständig ist. Getrennt werden beide Systeme durch Dioden.

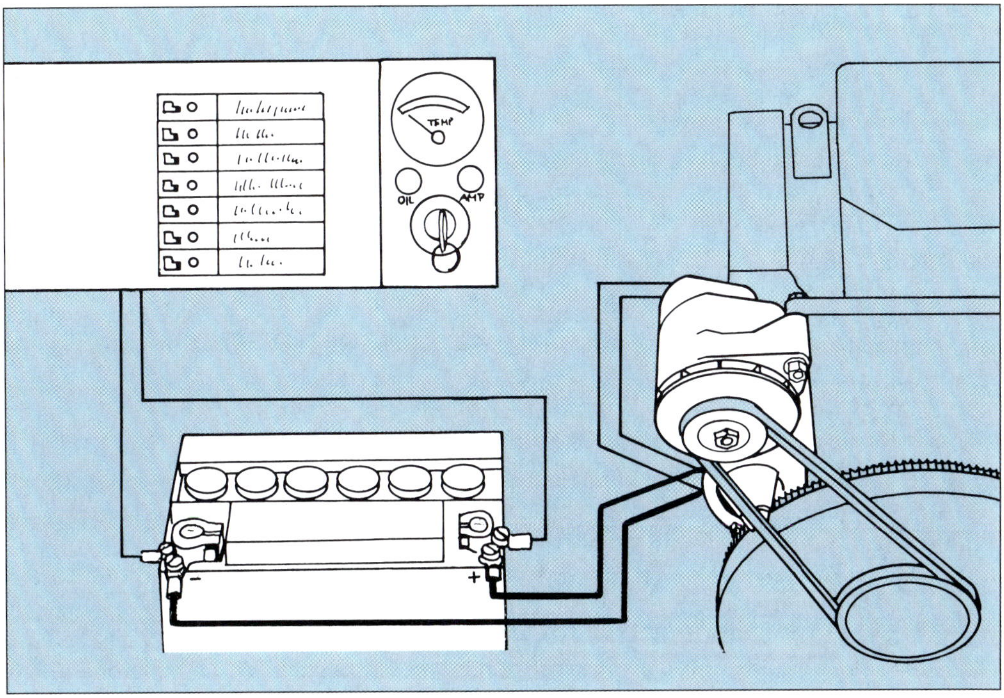
TEMP
OIL
AMP
−
+

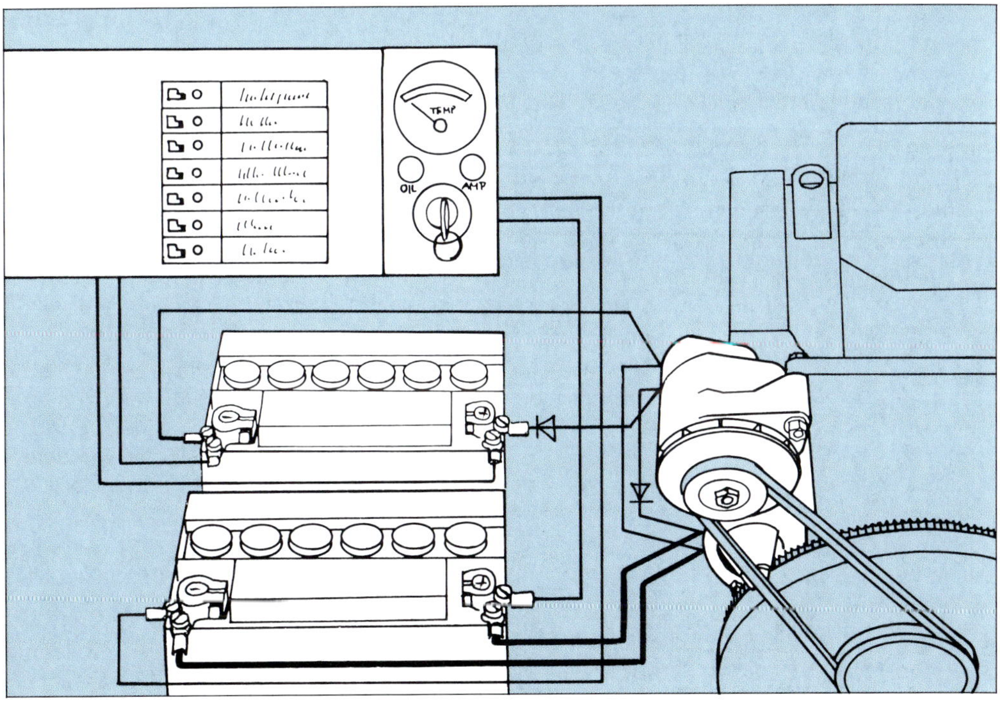
TEMP
OIL
AMP

TEMP
OIL
AMP
0
I
II
I+II

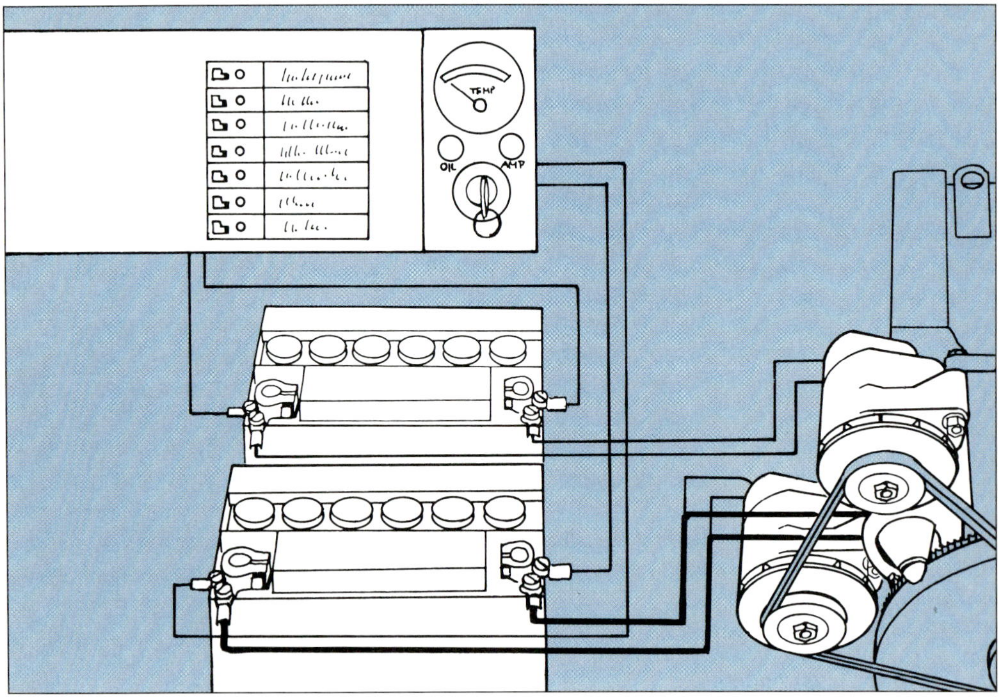
TEMP
OIL
AMP

zwei Batterien gleichzeitig laden, nutzen wir die Gesamtkapazität unserer Batterien nicht optimal zum Laden aus, wenn wir nur die für die Starterbatterie zugeschnittene Lichtmaschine haben. Deshalb ist es in einem solchen Fall besser, eine stärkere Lichtmaschine zu bestellen.

Der Vorteil der zweiten Batterie, die von einer Diode von der Starterbatterie getrennt sein muß, liegt darin, daß wir die Starterbatterie nicht für das Bordnetz benutzen, sie also auch nicht entleeren können. Außerdem ist die zweite Batterie ein Sicherheitsfaktor, wenn die Starterbatterie doch mal nicht genug Saft haben sollte. Dann können wir die Bordbatterie mit einem – wie für Autos üblichen – Starterkabel zum Durchdrehen des Anlassers benutzen.

Alternative drei – eine Lichtmaschine, zwei mehr oder weniger gleichberechtigte Batterien – ist ebenfalls möglich, aber gefährlich. Meistens beginnt man hierbei nämlich mit den Batterien zu experimentieren. Einmal spielt Batterie eins Starterbatterie, dann wieder ist es umgekehrt. Bei der abwechselnden Laderei kann es nicht ausbleiben, daß eine Batterie entleert wird, ohne daß man es mitbekommt. In dem Bewußtsein, man habe ja noch eine „in Reserve", wird die andere leergefahren, und man steht plötzlich ohne Strom da. Außerdem kann es immer vorkommen, daß beide Batterien gleichzeitig an das eine Netz

3. Eine Lichtmaschine und zwei Batterien, wobei die beiden Batterien abwechselnd für den Starter und für das Bordnetz verwendet werden.

4. Zwei Lichtmaschinen und zwei Batterien, wobei die eine Lichtmaschine und die eine Batterie für den Starter und die anderen für das Bordnetz zuständig sind.

gehängt werden („damit der Anlasser richtig durchzieht"), was sich negativ auf die Lebensdauer der Batterien auswirkt. Auch eignet sich keine Batterie gleich gut sowohl als Starterbatterie als auch als Dauerstromversorger im Bordnetz.

Möglichkeit vier ist eine gute Lösung. Hier kann man die Lichtmaschinen der Kapazität der Batterie anpassen. Eine Lichtmaschine für den Starter braucht nämlich nur eine geringe Leistung zu haben, weil die kleine Starterbatterie ja nur vom Anlasser benötigt wird und die Lichtmaschine während der gesamten Laufzeit der Maschine Zeit hat, die im Normalfall geringe entnommene Strommenge nachzuladen. Für das Bordnetz wird dann eine kräftige, der größeren Batterie angepaßte Drehstromlichtmaschine benutzt, die während der nicht zu vermeidenden Nachladezeit mit der Hauptmaschine für genügend Saft sorgt, um die Bordbatterie wieder in die Höhe zu bringen. Die Starterbatterie kann andererseits nicht aus Versehen leergefahren werden, und wenn, dann steht ausreichend Reserve (mit Überbrückungskabel) zur Verfügung. Die Bordbatterie kann in ihrer Art den Bedürfnissen des Bordbetriebs angepaßt werden (Langzeitentladung).

Möglichkeit vier läßt sich noch dahingehend verbessern, daß für das Bordnetz eine Reserve- oder Zweitbatterie eingebaut wird, die über einen Batterieschalter statt der eigentlichen Bordbatterie auf Bordnetz und Bordlichtmaschine geschaltet werden kann. Man wähle diesen Schalter mit sich überschneidenden Kontakten, so daß beim Umschalten bei laufender Maschine die Dioden der Drehstromlichtmaschine nicht beschädigt werden können, was im übrigen für alle Batterieschalter gilt, die mit Drehstromlichtmaschinen arbeiten. Sie werden eigens zu diesem Zweck angeboten.

Die Lichtmaschine

Während es früher nur Gleichstromgeneratoren gab, werden heute fast nur noch Drehstromgeneratoren für unsere Motoren verwandt. Eine Ausnahme wird manchmal noch bei der Versorgung reiner Starterbatterien gemacht. Gleichstromlichtmaschinen sind auf Yachten wegen ihrer Größe in ihrer Leistung begrenzt. Bei ungefähr gleichen Gehäuseabmessungen wie die Drehstromer (Alternatoren) liefern sie gerade ein Drittel des Stroms der Drehstromlichtmaschine. Das ist der eine Vorteil von Drehstromgeneratoren. Der zweite zählt für uns ebenfalls: Drehstromlichtmaschinen bringen – fast – ihre volle Leistung schon bei niedriger Drehzahl. Wenn die Maschine nur zum Laden der Batterien läuft, brauche ich sie nicht im Leerlauf hochjubeln zu lassen. Wobei ich aber einräume, daß ein stundenlanger Lauf ohne größere Belastung auch nicht das Rechte ist, schon gar nicht auf längere Zeit gesehen.

Ein Vorteil der Gleichstromlichtmaschine zählt heute nicht mehr: Sie läßt sich unter Umständen mit Bordmitteln reparieren, während an einem Alternator kaum etwas zu machen ist.

Aber was hindert uns denn daran, einen Satz Dioden und einen Regler in Reserve zu haben? Oder gleich eine ganze Lichtmaschine? Die kostet nicht die Welt beim Autoausschlachter, zumindest nicht im Verhältnis zum sonstigen Yachtzubehör. Wegen der Leistung kommt also für das Bordnetz nur eine Drehstromlichtmaschine in Betracht.

Ein Tip: Am besten nehme man für Starter und Bordnetz zwei gleiche Lichtmaschinen. Dann kann man sich, falls die Starterlichtmaschine ausfällt, im Notfall dadurch behelfen, daß man die Lichtmaschinen austauscht. Das ist einfacher und sicherer, als an der Verkabelung herumzubasteln.

Die Batterie

Auf einem Blauwasserschiff werden meistens Bleibatterien mit 12 Volt Spannung benutzt. So eine Batterie besteht aus sechs Zellen, wovon jede etwa 2 Volt liefert. Batterien, die nicht mit Kunststoff abgedeckt sind, lassen erkennen, wieviel Zellen sie haben. Nachdem jede Bleizelle etwa 2 Volt abgibt, kann man beliebige Spannungen zusammensetzen, wenn man nur eine Anzahl gleich großer Zellen entsprechend elektrisch verbindet. So besaßen die früher in den Volkswagen üblichen 6-Volt-Batterien drei Zellen, die für manche Yachten benötigten 24-Volt-Batterien 12 Zellen. Die Anzahl der Zellen ersieht man auch aus der Anzahl der Deckel zum Nachfüllen von destilliertem Wasser: Je Zelle ist ein Deckel vorhanden.

Es spielt keine Rolle, ob sämtliche benötigten Zellen in einer Batterie untergebracht oder über mehrere Gehäuse verteilt sind. So kann man aus zwei 6-Volt-Batterien durch Zusammenschalten mit entsprechend dicken Kabeln ohne weiteres eine 12-Volt-Batterie machen. Man braucht nur den Minuspol der einen Batterie mit dem Pluspol der anderen zu verbinden.

Die *Kapazität* einer Batterie hängt nicht von der Anzahl der Zellen ab (das ergibt die Gesamtspannung), sondern von ihrer Größe. Haben wir hinsichtlich Größe und Alter zwei gleichwertige 12-Volt-Batterien, so können wir die Kapazität verdoppeln, indem wir beide Batterien parallelschalten, wenn wir also die beiden Pluspole und die beiden Minuspole miteinander verbinden.

Der Regler steuert den Ladevorgang

Es wurde bereits gesagt, daß die Spannung einer Zelle etwa 2 Volt beträgt; eine Batterie mit sechs Zellen hat also eine Spannung von etwa 12 Volt. Die genaue Spannung hängt vom Ladezustand der Batterie ab. Gilt die Zelle als „entladen", so bringt sie noch 1,75 Volt, vollgeladen aber bis zu 2,4 Volt, so daß die Spannung unserer 12-Volt-Anlage zwischen 10,5 Volt (1,75 x 6) und 14,4 Volt (2,4 x 6) schwankt. Tatsächlich sind fast alle unsere Verbraucher so gebaut, daß sie in diesem Spannungsbereich arbeiten. Deshalb könnte es uns eigentlich gleichgültig sein, daß die Spannung in diesem Maße variiert.

Beim Ladevorgang spielt das aber eine wichtige Rolle. Die Lichtmaschine liefert den Strom zum Laden, der durch einen Regler – und das ist für das Verständnis aller mit der Bordelektrik zusammenhängenden Problemen besonders wichtig – so begrenzt wird, daß eine Spannung von 14,4 Volt nicht überschritten werden kann. Würde die 12-Volt-Batterie mit einer höheren Spannung geladen, dann würde die Batteriesäure anfangen zu kochen und zu gasen, was die Batterie schwer schädigen und ihre Lebensdauer drastisch verkürzen würde.

Es wurde bereits gesagt, daß man eine Batterie nur mit einem Zehntel ihrer Kapazität laden kann, so daß sich der gesamte Ladevorgang bei einer leeren Batterie über zehn Stunden hinzieht. Das ist eine Faustregel, die volle Gültigkeit hat, wenn kein Gerät – der Regler – den Ladevorgang steuert, sondern wir selbst, indem wir die Batterie beispielsweise mit einem Jockel laden. Der Regler aber kann das besser und muß sich an keine Faustregel, sondern an physikalische Gegebenheiten halten. Er regelt den Strom so, daß die gefährlichen 14,4 Volt nicht überschritten werden.

Wenn also eine halbentleerte Batterie von einem Regler mit Hilfe einer 35-Ampere-Lichtmaschine geladen wird, kann man auf einem angeschlossenen Amperemeter und Voltmeter ablesen, daß in den ersten Minuten die Batterie eine Spannung von 12 Volt zeigt, während ein hoher Strom fließt. Anschließend wird die Spannung langsam auf ca. 13 Volt steigen, während das Amperemeter zurückgeht und da ein paar Stunden verharrt. Wenn dann mit fortschreitender Ladung die Spannung weiter in Richtung 14 Volt ansteigt, wird der Regler nur noch wenige Ampere durchlassen. Der Gesamtladevorgang würde aber ungefähr so lange dauern wie nach der Zehn-Stunden-Regel.

Der Regler kann also besser und effektiver arbeiten, als wir dies per Hand tun könnten. Er führt der Batterie – entsprechend ihrer Kapazität – nämlich gerade soviel Strom zu, daß sie nicht geschädigt wird. Ist eine kleinere Batterie mit weniger Kapazität angeschlossen, so wird er den Ladestrom viel früher zurückregeln. Er macht das auch, wenn eine ältere Batterie nicht mehr soviel Kapazität hat wie im Neuzustand. Bleibatterien altern nämlich sehr schnell. Die Lebensdauer einer Starterbatterie liegt bei einwandfreier Behandlung in den wärmeren Gegenden bei maximal vier Jahren.

Diese Zeit wird verkürzt durch Tiefentladungen, falsche Behandlung, Überbeanspruchung durch zu große Leistungsentnahme in zu kurzer Zeit und durch eine Verwendung, die ihr Konstrukteur nicht vorgesehen hat. So beträgt die Lebensdauer einer Starterbatterie, die auch im normalen Bordnetz eingesetzt wird, in den Tropen kaum mehr als drei Jahre.

Die Bleibatterie wird nur ein paar Jahre alt

Eine alte Batterie erkennt man daran, daß sich ihre Kapazität verkleinert, und dies wiederum, wenn man am Amperemeter einen Ladevorgang beobachtet. Wenn also in dem obigen Beispiel das Amperemeter bei 10 Ampere anzuzeigen beginnt und schon nach wenigen Minuten bei 2 Ampere anlangt, so bedeutet das fast immer, daß die Batterie am Ende ist.

Aber nur wenige Blauwassersegler, mich anfänglich noch eingeschlossen, wollen dies zur Kenntnis nehmen. Wo doch die Batterie im Auto viel länger hält. Meistens überlegt man dann, eine größere Lichtmaschine oder aber einen Jockel, also einen motorgetriebenen Generator, anzuschaffen, und beginnt am Regler herumzubasteln, obwohl die Hersteller das in der Beschreibung strikt untersagen (wahrscheinlich kennen die ihre Kunden schon!).

Als ich einmal auf einem Ankerplatz in Asien war, hatten von den zwölf Yachten, die dort lagen, sieben das gleiche Problem: Der Regler begrenzte die Stromstärke zu früh, so daß keine wirtschaftliche Ladung mehr stattfinden konnte. Einer der Yachties verstand sich darauf, den Regler zu überbrücken, worauf dieser den vollen Strom auf die altersschwache Batterie losließ. Der Erfolg: Zwar zeigte das Amperemeter einen schönen Ausschlag, aber die vielen Ampere wurden im wörtlichen Sinne verkocht – aus der wegwerfreifen Batterie kam nicht mehr Saft heraus als vorher auch. Das penetrante Gas aus der kochenden Batterie verpestete die Kajüte, sorgte für ständige Explosionsgefahr (Knallgasbildung), und der Wasserverbrauch in den Zellen stieg sprunghaft. Der einzige und letztlich billigere Weg für die

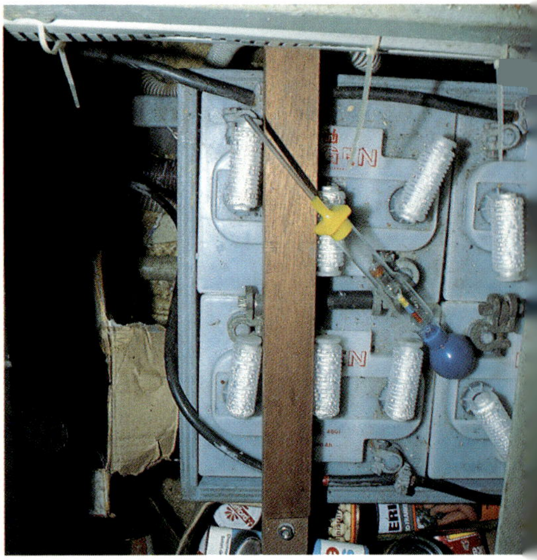

Batterie mit Säureprüfer. Die Deckel wurden durch Spezialverschlüsse ersetzt, die das verdampfende Wasser sich niederschlagen lassen und zurückleiten können. So braucht kein destilliertes Wasser nachgefüllt zu werden.

Betroffenen wäre gewesen, ihre vier Jahre alten Batterien gegen neue auszutauschen.

Den Ladezustand der Batterie kann man mit einem einfachen Gerät messen, das an Bord sein muß: dem Säureheber. Meistens ist er mit „leer", „halbvoll" und „voll" bezeichnet. Besser ist eine Eichung in Dichtewerten, nämlich kg/l. In unseren Breiten soll eine volle Batterie 1,28 kg/l, eine halbvolle 1,20 kg/l und eine leere 1,12 kg/l zeigen. Wenn eine Batterie ordnungsgemäß installiert worden ist, so muß sie mit der Lichtmaschine wieder auf Werte zwischen 1,25 und 1,28 kg/l zu bringen sein. Erreicht man das nicht oder kommt sie trotz stundenlangen Ladens nicht in den „halbvollen" Bereich, ist sie am Ende.

Die Säuredichte kann durch Zugabe von Schwefelsäure nicht verändert werden.

Deshalb benötigen wir zum Service der Batterien davon auch keinen Vorrat an Bord. Dagegen ist es erforderlich, das verdunstete destillierte Wasser nachzufüllen, was selten vorkommen sollte, wenn die Batterie ordnungsgemäß geladen wird. (Statt des destillierten Wassers kann zur Not auch Regenwasser verwendet werden.)

Die Dichte der Säure ist in einem gewissen Umfang auch von der Umgebungstemperatur abhängig, weil die chemischen Vorgänge in einer Batterie mit zunehmender Temperatur beschleunigt werden. (Deshalb auch steigt in den Tropen der Grad der Selbstentladung – je nach Batteriealter – auf etwa ein Prozent der Batteriekapazität pro Tag.) Diese schnelleren Reaktionen machen sich in einer höheren Belastung der Batterie und damit einer Verkürzung der Lebensdauer bemerkbar. Man sagt, daß die Batterien in den Tropen nicht so lange halten. Dem kann man entgegenwirken – wenn man vorher weiß, daß man sich in heißen Gegenden aufhält –, indem man die Batterien von vornherein mit einer Säure geringerer Konzentration füllen läßt.

Es ist aber auch möglich, nicht zu alte Batterien nachträglich auf die Tropen einzustellen. Der Batteriehersteller Hagen gibt hierzu speziell für Yachties folgendes Rezept:

Die vollgeladene Batterie wird ausgekippt. Anschließend wird die ausgekippte Säure mit destilliertem Wasser auf eine Dichte von 1,22 kg/l gebracht. Nach Einfüllen und erneutem Laden muß sich eine Dichte von 1,235 bis 1,245 kg/l ergeben. Wenn dies nicht der Fall sein sollte, muß mit dem Säureheber durch Zusetzen von destilliertem Wasser oder Säure (Dichte 1,28 kg/l) die geforderte Dichte von 1,235 bis 1,245 kg/l hergestellt werden.

Sehr empfehlenswert, denn dadurch wird auch das Batterieleben verlängert und somit Geld gespart.

Stahlbatterien leben länger

Gibt es keine Batterien, die länger halten? Doch, sogenannte Stahl- oder Nickel-Kadmium-Batterien. Ihre Lebensdauer beträgt zehn Jahre und mehr (es sind heute noch Batterien aus dem 2. Weltkrieg im Einsatz), allerdings sind auch die Kosten ungefähr zehnmal so hoch wie die für eine Bleibatterie. Sie sind unempfindlich gegen Tiefentladung. Der große Nachteil, der gegen ihre Verwendung auf einer Blauwasseryacht spricht, ist meines Erachtens der wesentlich steilere Verlauf der Entladekennlinie.

Beim Entladen einer Bleibatterie sinkt die Spannung recht schnell auf etwa 12 Volt, bleibt dann aber während der ganzen Entladezeit zwischen 12 und 10,5 Volt, um anschließend fast schlagartig in den Keller zu gehen. Eine Nickel-Kadmium-Batterie wird diesen Bereich viel schneller durcheilen, dann aber auch nicht absacken, sondern langsam und kontinuierlich an Spannung verlieren. Deshalb kann man ihre Kapazität nur dann voll ausnutzen, wenn man während des Entladevorganges weitere Zellen (ihre Spannung schwankt um 1,5 Volt gegenüber 2 Volt beim Bleiakku) zuschaltet, was die Bordelektrik recht verkompliziert. Außerdem sind sie pro Ah schwerer als Bleibatterien und benötigen mehr Strom zum Laden. Um 20 Ah in eine Bleibatterie zu laden, muß die Lichtmaschine eine Stunde lang mit 24 Ampere laden, im Gegensatz zu 28 Ampere bei einer Stahlbatterie.

Aus all diesen Gründen findet man auf fast keiner Blauwasseryacht eine Stahlbatterie.

Unterschiede bei Bleibatterien

Aber auch Bleibatterie ist nicht gleich Bleibatterie. Sie sind nämlich, je nach Verwendungszweck, in ihren Eigenschaften recht unterschiedlich. Der Anlasser beispielsweise benötigt für relativ kurze Zeit einen sehr hohen Strom. Die Starterbatterie ist genau dafür konzipiert. Würde man einer anderen Batterie Strom von einigen hundert Ampere entnehmen, würde sie beschädigt werden. Umgekehrt verträgt es eine Starterbatterie nicht, wenn über einen sehr langen Zeitraum Strom entnommen wird. Das ist auch ein Grund, weshalb sie nicht noch nebenher als Bordbatterie dienen soll.

Und im Auto? Dort werden nur Starterbatterien benutzt, denn im Fahrbetrieb hat die Starterbatterie kaum etwas zu tun. Da wird sie geladen, während der benötigte Strom aus der Lichtmaschine kommt. Die Leistungen, die ihr bei stehendem Motor (Parklicht usw.) abverlangt werden, fallen nicht ins Gewicht. Sollen jedoch zusätzliche Aufgaben übernommen werden, beispielsweise der Funk in einem Taxi, dann raten die Batteriehersteller zu einer weiteren Batterie, weil das Leben der Starterbatterie sonst drastisch verkürzt würde.

Für unser Bordnetz benötigen wir also eine Batterie, die für *kapazitive* Belastung ausgelegt ist. Für diesen Zweck gibt es Batterien, die meist schon äußerlich daran erkennbar sind, daß die aufgedruckten Kapazitätswerte auf 10 Ah gerade sind, also 120 Ah oder 240 Ah, während die Starterbatterien „unrunde" Werte haben, zum Beispiel 108 Ah. Viele Werften nehmen auf das Erfordernis geeigneter Batterien keine Rücksicht, weil sich dieser „Kunstfehler" erst nach frühestens zwei Jahren bemerkbar macht, wenn also der Kunde meist weit entfernt und die Garantie längst abgelaufen ist. Deshalb ist es für den Käufer wichtig, hierüber Bescheid zu wissen.

Über Starterbatterien und Batterien für kapazitive Entladung hinaus gibt es Schiffsbatterien, die bis zu einem gewissen Grad kippsicher – kleine, zu kleine für uns, sogar bis 180° – und außerdem so aufgebaut sind, daß das Nachfüllen von destilliertem Wasser überflüssig wird. Bevor man eine solche Batterie für seine Blauwasseryacht anschafft, sollte man beim Hersteller fragen, ob seine Produkte als Starterbatterie oder für Dauerbetrieb konzipiert sind.

Den Wasserverlust und das Nachfüllen kann man übrigens auf recht preiswerte Art auch bei normalen Batterien vermeiden, indem man statt der Batteriedeckel Batterieaufsätze benutzt, die verdunstetes Wasser kondensieren lassen und wieder in die Batterie zurückführen (erhältlich im Batterie-Fachhandel).

Instrumente für die Batterieüberwachung

Könnte man sich nicht darauf beschränken, von Zeit zu Zeit den Wasserstand in den Batterien zu kontrollieren? Würde der Bordbetrieb nicht auch so funktionieren? Nein! Tatsächlich aber gibt es viele Yachties, die unbekümmert mit ihrer Elektrizität dahinleben und die Batterien dann nachladen, wenn die Kojenlampe nur noch ein schwaches Glimmen von sich gibt.

Diese Yachties werden aber die Vorteile, die die Elektrizität uns auch auf Blauwasseryachten im täglichen Leben bringt, niemals voll nutzen können. Schlimmer noch: Irgendwann geht der Ärger mit der Elektrizität los, und sie werden diesem Problem weitgehend frustriert gegenüberstehen. Seemännisch ist das nicht, und es geht nicht zuletzt auf das Konto dieser leichtsinnigen Leute, daß die gesamte Bordelektrik zu Unrecht einen so schlechten Ruf genießt. Es gehört heute zur Seemannschaft, mit der an Bord nun einmal vorhandenen Elektrik fachgerecht umgehen zu können, so wie es früher zum Handwerk eines Seemannes gehörte, Naturfasertauwerk zu spleißen oder die Petroleum-Ankerlaterne in Schuß zu halten.

Um die Elektrik überwachen zu können und rechtzeitig zu merken, daß ein Defekt vorhanden ist, brauchen wir ein paar Instrumente, die ungewohnt preiswert sind, weil sie normalerweise in Autos benutzt werden (wären sie speziell für Yachten gebaut, würden sie sicher das Doppelte kosten):

- Je Batterie benötigen wir ein festinstalliertes Voltmeter, das besonders für die „interessanten" Bereiche ausgelegt ist, also bei einer 12-Volt-Batterie von 8 bis 16 Volt.
- Je Lichtmaschine ist – neben der Ladelampe – dringend ein Amperemeter zu empfehlen, das anzeigt, mit wieviel Strom der Regler in die Batterie geht. Daß ein Säureheber an Bord ist, ist ohnehin eine Selbstverständlichkeit.

Mit diesen wenigen Instrumenten können wir beim Laden kontrollieren, ob die Lichtmaschine, der Regler und die Batterie arbeiten, wie aufnahmefähig, das heißt in welchem Zustand sich die Batterie befindet und wieviel wir ihr – ganz grob – seit dem letzten Laden entnommen haben.

Wann es Zeit wird, die Batterie nachzuladen, kann man nur herausfinden, wenn man die Batterie belastet. Erst wenn das Amperemeter einen Strom anzeigt, kann man mit der Aussage des Voltmeters etwas anfangen. Der Grund liegt in der Entladekennlinie der Bleibatterie, die nach einem anfänglichen kurzen, steilen Abfall in ei nen langen Teil übergeht, wo sie nur ganz langsam von 12 Volt auf 10,5 Volt absinkt. Eine bessere Auskunft gibt der Säureheber. Natürlich nicht, wenn man ihn einmal im Jahr benutzt, denn mit zunehmendem Alter reagiert die Batterie anders: Sie wird – ganz langsam – immer weniger Dichte erreichen können.

Auf vielen Yachten findet sich auch ein Amperemeter, das anzeigt, wieviel Strom (beim Entladen!) aus der jeweiligen Batterie fließt. Das Problem ist hierbei der Meßumfang. Nehmen wir beispielsweise ein Amperemeter mit einem Bereich bis 100 Ampere, dann wird es uns den Strom, den die Ankerwinde zieht, mit ungefähr 100 Ampere anzeigen. Wenn aber ein kleines Lämpchen beim Kompaß brennt, dann gibt es auf dem Instrument keinen Zeigerausschlag mehr. Ein Amperemeter, das im Milliamperebereich (1000 Milliampere sind 1 Ampere) arbeitet, könnte zwar anzeigen, daß der Kassettenrecorder 250 Milliampere benötigt und deshalb ruhig noch ein paar Stunden laufen kann, würde aber durch die Ankerwinde zerstört werden.

Seit ein paar Jahren sind Meßinstrumente für die Wandmontage erhältlich, die fortlaufend mit ihrer LCD-Anzeige den jeweils im Bordnetz fließenden Strom anzeigen, ohne daß der Meßbereich von Hand umgeschaltet werden muß. Damit kann also fortlaufend beobachtet werden, wieviel die einzelnen Stromverbraucher entnehmen. Dieses Instrument ist für die Bordelektrik fast unbezahlbar. Man kann mit einem Blick ablesen, ob beispielsweise abends in gemütlicher Runde nicht zu viele Lichter brennen. Leicht ist darüber hinaus ein vergessener Stromverbraucher auszumachen, etwa eine Lampe im Maschinenraum („Wieso zeigt das Ding 1,204 Ampere an, nachdem eigentlich alles ausgeschaltet ist?"). Und vor allem kann man Lecks im Bordnetz entdecken, wenn das Gerät nicht auf 0,000 zurückgeht, sondern bei 0,004 stehenbleibt. Ohne ein solches Instrument findet man bei einem Stahlschiff einen Leckstrom erst dann, wenn er in den Kiel ein Loch gefressen hat.

Bis jetzt war vor allem die Rede davon, wie unser Stromtank, die Batterie, mit Strom aufgeladen wird. Die „Verkabelung" dient dazu, den Strom aus der Batterie zu den einzelnen Verbrauchern zu transportieren, also zu Lampe, Radio, Ankerwinde usw. Bekanntlich braucht man für den „Stromtransport" zwei Leitungen, im Falle der Bordelektrik eine Leitung vom Minuspol der Batterie zum Minuspol des Verbrauchers und eine Leitung vom Pluspol der Batterie zum Pluspol am Verbraucher.

Ich betone das, weil es im Gegensatz zum Landstrom keineswegs gleichgültig ist, wie wir ein Gerät anschließen. Auch wenn die Werft das Bordnetz – hoffentlich – fachmännisch installiert hat, werden wir immer wieder in die Verlegenheit kommen, neue Verbraucher anzuschließen. Zu Hause macht es keinen Unterschied, wie herum wir den Stecker in die Steckdose schieben. An Bord dagegen könnten wir Steckdosen schon deshalb nicht benutzen, weil wir bei einer Falschpolung in den meisten Fällen die Geräte zerstören würden. Wir haben an Bord nämlich Gleichstrom, das heißt, positiver und negativer Pol bleiben immer gleich. Nur wenigen Geräten würde eine Falschpolung nichts ausmachen, beispielsweise Glühlampen. Leuchtstofflampen könnten wir damit schon zerstören.

Das ist der eine wesentliche Unterschied zum häuslichen Netz. Der andere liegt darin, daß zu Hause mit viel höheren Spannungen (220 und 380 Volt) gearbeitet wird. Diese hohe Spannung ist gefährlich (Berührung!), hat andererseits aber den Vorteil, daß zum „Transport" des Stromes dünne Leitungen ausreichen, um ihn ohne Leistungsverlust auch über weite Strecken fließen zu lassen.

Die Dicke der Stromleitungen ist von entscheidender Wichtigkeit

Je niedriger die Spannung, desto dicker müssen die Stromkabel sein, um Leistungsverluste zu vermeiden. Wenn bei einer 12-Volt-Leitung die beiden Kabel zu dünn sind, dann kommen beim Verbraucher nicht mehr 12 Volt an, sondern beispielsweise nur noch 10,8 Volt, also 90 Prozent der ursprünglichen Spannung. Man spricht dann von einem Spannungsverlust von 10 Prozent. Bei Lampen würde sich dieser Spannungsverlust so äußern, daß sie dunkler brennen.

Deshalb ist der zulässige Spannungsverlust bei Positionslampen mit vorgeschriebener Tragweite genau festgelegt. Außerdem wäre es natürlich unsinnig, mit der gesamten Elektrizität einen solchen Riesenaufwand zu betreiben, wenn dann ein Teil der Leistung in den zu dünnen Kabeln hängen bliebe.

Der Spannungsverlust ist aber nur ein Grund, um ausreichend dimensionierte Adern zu benutzen. Wenn Strom durch einen Leiter fließt, entsteht durch die Elektronen Reibung, und diese Reibung setzt sich in Erwärmung beziehungsweise Hitze um.

Man macht sich diesen Effekt bei Bügeleisen, Heizstrahlern, aber auch Glühlampen zunutze, wo der feine Draht bis zur Weißglut gebracht wird. Unerwünscht ist dieser Effekt aber in den elektrischen Leitungen, denn ein glühender Draht würde das ganze Schiff gefährden. Ein Kabelbrand ist auf einer Yacht eine der gefährlichsten Brandursachen überhaupt. Dem kann man dadurch begegnen, daß man die Leitungen ausreichend dimensioniert.

Merke: Eine Leitung im Bordnetz, die für einen Spannungsverlust von fünf Prozent richtig ausgelegt ist, kann durch den Strom nicht so weit erhitzt werden, daß gefährliche Temperaturen erreicht werden. Umgekehrt ist eine „feuersichere" Leitung noch nicht automatisch so dimensioniert, daß der Spannungsverlust in zuverlässigen Grenzen gehalten wird. Die einzige Ausnahme von dieser Regel ist das Ankerspill, wenn seine Zuleitung kürzer als fünf Meter ist, was selten vorkommen wird.

Einige wenige Werften sind unseriös genug – möglicherweise aus Unkenntnis –, daß sie dem Kunden eine Tabelle zeigen, in der die Leitungsdurchmesser für die zulässige, weil ungefährliche Erwärmung angegeben sind. Der Kaufinteressent glaubt dann, seine Leitungen seien die richtigen. Damit ist aber noch lange nicht gesagt, daß die notwendige Spannung auch beim Verbraucher wie dem Echolot, der Lampe usw. ankommt. Weil sie eigentlich dickere – und teurere – Leitungen hätte verwenden müssen, spart die Werft ein paar Mark ein. Die erforderliche Dicke des Drahtes läßt sich leicht ausrechnen, wenn bekannt ist, welcher Spannungsverlust in Prozenten hingenommen wird, wie weit das Gerät von der Batterie entfernt ist und welche Leistung beziehungsweise welchen Strom der Verbraucher zum Arbeiten benötigt.

Formel 1: Das Wort Kabellänge könnte zur Verwirrung führen. Es bedeutet: Länge einer zweiadrigen Leitung. Wenn also eine Lampe etwa vier Meter von der Batterie entfernt montiert ist und die Kabelverlegung ohne große Umwege erfolgte, dann beträgt die Kabellänge etwas über vier Meter. Für nahezu alle Verbraucher gibt es die notwendigen zweiadrigen Kabel.

Ein Beispiel: Unsere Ankerwinde soll bei einer Bordspannung von 12 Volt auf das Vorschiff montiert werden. Bei einer Schiffslänge von 13 Metern werden wir von der Batterie zur Winde ungefähr 14 Meter Kabel – sauber verlegt – benötigen. Die Winde hat eine Leistung von 1000 Watt, der Spannungsverlust darf 5 Prozent betragen. Welchen Querschnitt muß das zweiadrige Kabel haben?

Formel 2: Es ist also ein Querschnitt von 70 mm^2 erforderlich.

Wenn für die Formel die Wattzahl nicht bekannt ist, sondern nur der Strom in Ampere, dann kann die folgende Formel benutzt werden:

Formel 3: Ist der Strom in Milliampere angegeben, so dividiere man sie auf dem Rechner durch 1000, um auf Ampere zu kommen.

Ein weiteres Beispiel: Ein Kassettenrecorder am Kartentisch benötigt einen Strom von 750 Milliampere. Seine Entfernung zur Batterie beträgt 4,50 Meter, so

Formel 1:

$$\frac{\text{Querschnitt der Leitung}}{\text{(1 Ader) in mm}^2} = \frac{2 \text{ x Kabellänge in Meter x Leistung in Watt}}{0{,}56 \text{ x Spannungsabfall in \% x Spannung}^2}$$

Formel 2:

$$\text{Querschnitt} = \frac{2 \text{ x } 14 \text{ x } 1000}{0{,}56 \text{ x } 5 \text{ x } 12^2} \qquad \text{Ergebnis: } 69{,}44 \text{ mm}^2$$

Formel 3: Drahtquerschnitt = $\frac{\text{2 x Kabellänge in Meter x Ampere}}{\text{0,56 x Spannungsabfall in \% x Spannung}}$

Formel 4: Querschnitt = $\frac{2 \times 6 \times 0{,}750}{0{,}56 \times 5 \times 12}$ Ergebnis: 0,27 mm² ≙ 0,5 mm² technischer Querschnitt

daß ungefähr 6 Meter Kabel verlegt werden müssen. Bordspannung ist 12 Volt. Ein Spannungsverlust von 5 Prozent kann hingenommen werden.

Formel 4: Wie hoch darf der Spannungsverlust höchstens sein? Wenn wir bei Positionslampen zwei und bei allen anderen Geräten nur fünf Prozent zulassen, haben wir eine erstklassige Anlage.

Kabel in den berechneten Querschnitten sind meist nicht erhältlich; man nehme den nächst größeren, der angeboten wird. Folgende Querschnitte sind im Handel:

Querschnitt	**Durchmesser**
1,5 mm²	1,4 mm
2,5 mm²	1,8 mm
4 mm²	2,3 mm
6 mm²	2,8 mm
10 mm²	3,6 mm
16 mm²	4,5 mm
25 mm²	5,6 mm
35 mm²	6,7 mm
50 mm²	8,0 mm

Mit einer einfachen Schublehre läßt sich so auf dem Schiff gut nachprüfen, ob die Werft sachgerecht gearbeitet hat.

Wir können aber auch den tatsächlichen Spannungsverlust ermitteln. Mit einem Spannungsmesser (gibt es in Kaufhäusern schon für unter 50 DM) messen wir bei eingeschaltetem Stromverbraucher zunächst die Spannung an der Batterie, indem mit dem Minuskabel des Meßinstruments (meist schwarz) der Minuspol der Batterie (dort ist ein Minuszeichen eingeprägt) und mit dem Pluskabel (rot) der Pluspol (Pluszeichen) getastet wird. Machen wir anschließend dasselbe am Stromverbraucher, werden wir an dem geringen Unterschied zwischen beiden Messungen den Spannungsverlust ablesen können.

Stimmen die Dimensionen der Leitungen nach obigen Maßstäben, sollte der Unterschied in etwa den aufgestellten Erfordernissen entsprechen. Ist er größer, dann ist das ein Zeichen dafür, daß weitere Spannung verlorengegangen ist, weil an der Schalttafel, an den Sicherungen, an etwaigen Verteilerdosen oder an sonstigen Kabelverbindungen Übergangswiderstände aufgetreten sind. In einer guten Anlage sind solche Übergänge auf ein Minimum beschränkt.

Jedem Verbraucher sein eigener Stromkreis

Das Bordnetz sollte derart gestaltet sein, daß von der Batterie über den Hauptschalter (mit dem das gesamte Netz abgetrennt werden kann) eine entsprechend dicke Zuleitung zu einer Schalttafel geführt wird. Diese Schalttafel muß die Anschlußstelle für alle Stromkreise sein, wovon jeder einzeln abgesichert sein muß. Gleichzeitig ist erforderlich, daß die Schalttafel für jeden einzelnen Stromkreis einen Schalter hat, mit dem dieser abgeschaltet werden kann, gleichgültig, ob sich am betreffenden Gerät selbst noch ein Ein- und Ausschalter befindet. Dieser Schalter kann auch in die Sicherungen integriert sein, beispielsweise bei Sicherungsautomaten.

Die wichtigste Voraussetzung für ein sauberes Bordnetz ist, daß es für jeden Verbraucher einen eigenen Stromkreis gibt, daß also von der Schalttafel in der Nähe der Batterie zu jedem einzelnen Verbraucher eine Hin- und eine Rückleitung beziehungsweise ein zweiadriges Kabel läuft. Das dient der Sicherheit und erleichtert die Suche nach der Störung.

Viele Werften drücken sich darum. Man frage nur einmal nach der Anzahl der Sicherungen. Sind wesentlich weniger als Verbraucher vorhanden, ist das ein sicheres Zeichen dafür, daß mit Verteilerdosen gearbeitet wurde. Daß Stromkreise existieren, die überhaupt nicht abgesichert sind, sollte bei einer Werft, die sich zu Recht so nennt, nicht vorkommen.

Werften neigen aber dazu, Verteilerdosen zu benutzen, weil dadurch die Gesamtinstallation wesentlich billiger wird. Warum? Die Kosten für die einzelnen Kabel fallen nicht einmal so sehr ins Gewicht, wie die saubere Verlegung der Kabel zu jedem Verbraucher. Natürlich ist es einfacher, von der Schalttafel *ein* Kabel zu einer Verteilerdose im Vorschiff zu legen und dort zehn Verbraucher anzuschließen, als zehn Kabel von der Schalttafel über die ganze Schiffslänge zu installieren.

Der Nachteil einer Anlage mit Verteilerdosen ist klar: Einerseits werden zusätzliche Übergangswiderstände geschaffen, auch in wasserdichten Verteilerdosen. Es ist nämlich so, daß Kontakte nicht nur im Wasser zur Korrosion neigen, sondern bereits in der feuchten Luft eines Schiffes. Andererseits kann ein solcher Stromkreis nur schlecht abgesichert und dimensioniert werden.

Bleiben wir bei dem Beispiel, daß an eine Verteilerdose zehn Verbraucher angeschlossen sind. Die erste Frage, die mit einem dicken Fragezeichen versehen werden muß, ist die nach dem Querschnitt des Kabels, das von der Schalttafel zur Verteiler-

In einer guten elektrischen Anlage steht für jeden Verbraucher eigens eine abgesicherte Leitung zur Verfügung.

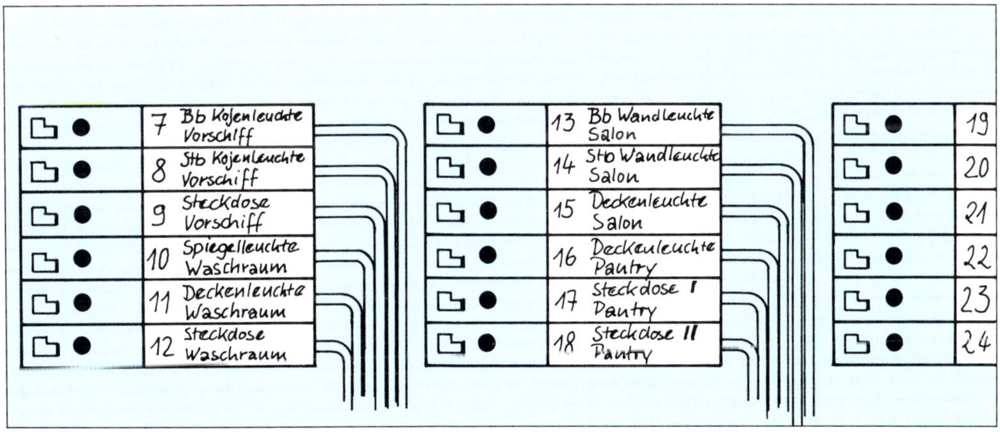

dose läuft. Ist es so dimensioniert, daß sich der Spannungsverlust auch dann in zulässigen Grenzen hält, wenn alle zehn Verbraucher eingeschaltet sind? Oder hat man da einen Mittelweg gewählt? Und wie ist die Sicherung bemessen? Für einen Verbraucher oder für zehn? Im ersteren Fall wird sie herausfliegen, wenn alle zehn Stromentnehmer eingeschaltet sind; im zweiten Fall wird sie viel zu träge dazu sein, wenn nur ein Gerät Ärger macht.

Die Verkabelung

Eine gewisse Mitschuld an diesem Dilemma tragen die Forderungen mancher Schiffs-Klassifikationsgesellschaften, die hinsichtlich der Kabelbeschaffenheit oft über das Machbare auf Blauwasseryachten hinausgehen. Meistens stammen sie noch aus einer Zeit, als die Isolierungen verrotten konnten und die Schiffe feucht waren. Außerdem richten sie sich viel zu sehr nach der Berufsschiffahrt aus, wo die Spannungen ungleich höher (ab 110 Volt) und damit die Kabelquerschnitte *wesentlich* kleiner als bei 12 oder 24 Volt sind.

Wer ein „Marinekabel" in die Hand nimmt, wird sich wundern, wie dick die sind und wie dünn die darin enthaltenen Kupferleitungen. Wollte man beispielsweise mit solchen Kabeln eine reichlich elektrifizierte 15-Meter-Yacht in 12 Volt ohne Verteilerdosen ausrüsten, so würde man baumdicke Kabelstränge bekommen, die nicht mehr zu verlegen wären. Abgesehen davon sind Kabel mit zwei Adern und einem Querschnitt von mehr als 25 mm^2 in Marinespezifikation kaum erhältlich.

Wir müssen mit Leitungen arbeiten, wie sie auch bei der Kraftfahrzeugelektrik benutzt werden. Wenn sie sauber verlegt werden, also nicht „fliegend", sondern in kurzen Abständen fixiert und gegen mechanische Beschädigungen von außen geschützt (man benutzt hierzu mit Erfolg Kunststoffrohre und -schächte), so sind die Voraussetzungen geschaffen, daß sie jahrzehntelang störungsfrei arbeiten.

Man kann sich bei Fragen der Bordelektrik ohne weiteres weitgehend an der Kfz-Elektrik orientieren. Eines sollte man freilich nicht tun: Autosicherungen verwenden. In der Bordelektrik eignen sich Sicherungsautomaten besser, weil deren Kontakte nicht so leicht korrodieren. In sie ist auch gleich ein Ein- und Ausschalter integriert, so daß wir auf einen getrennten Schalter für den Stromkreis verzichten können.

Wie Kabel auf einer Yacht verbunden werden sollen, ist eine alte Streitfrage. Die einen lehnen das Löten ab, weil die Lötstelle durch Korrosion brechen kann, die anderen sind – aus ähnlichen Gründen – gegen Quetschverbindungen. Ich meine, beides – fachmännisch ausgeführt – ist in Ordnung, weil man von beiden ohnehin eine Anzahl an Bord hat, wenn man sich elektrische Geräte anschafft. Welche Elektronik arbeitet schon ohne Lötstellen?

Bei der Planung einer elektrischen Anlage sollte man sehr großzügig Stromkreise vorsehen, denn die Erfahrung lehrt, daß mit der Zeit immer mehr Geräte (und sei es ein kleiner Autoventilator über der Koje) in eine Yacht eingebaut, nie aber welche entfernt werden. Ist man hier am Anfang zu sparsam, dann kann es nicht ausbleiben, daß man nach dem zusätzlichen Einbau von Geräten, vor allem in die Navigationsecke, doch eine Verteilerdose installieren oder, was viel schlimmer ist, beispielsweise das neue Radio mit an die Kartentischbeleuchtung hängen muß. Man sollte deshalb von Anfang an ein paar Stromkreise legen lassen, die noch nicht genutzt werden. Das ist nicht so teuer wie die nachträgliche Verlegung.

12 Volt oder 24 Volt

Wenn wir mit dem Rechner nach der Formel auf Seite 218 ein Beispiel eines Kabelquerschnittes sowohl für 24 als auch für 12 Volt durchprobieren, stellen wir fest, daß bei gleichen Voraussetzungen für 24 Volt nur halb so dicke Kabelquerschnitte erforderlich sind wie für 12 Volt. Oder daß bei 24 Volt bei gleicher Leistung die Zuleitung doppelt so lang sein darf wie bei 12 Volt. Dies ist natürlich ein beachtlicher Vorteil, der bei einem Neubau allein schon in den Kabelkosten mit einigen hundert Mark Unterschied zu Buche schlägt. Ein weiterer Vorteil von 24 oder gar 32 Volt, wie man öfters auf amerikanischen Yachten findet, ist, daß durch Korrosion erzeugte Übergangswiderstände an Schaltern, Verteilerdosen (!) oder anderen Kabelverbindungen zu viel geringeren Spannungsverlusten führen.

Andererseits setzt ein und dieselbe Leistung eines Verbrauchers dasselbe Batteriegewicht und dieselbe Maschinenlaufzeit voraus, so daß 24 Volt in dieser Hinsicht keinen Nachteil bedeuten. Sollte man deshalb lieber 24 oder 32 Volt einbauen?

Obgleich die meisten Fachbuchautoren diese Frage bejahen, bin ich auf Grund meiner Erfahrung mit beiden Bordnetzen ein ganz entschiedener Befürworter einer 12-Volt-Anlage geworden. Wenn Sie sich bei einer Blauwasseryacht für 24 Volt entscheiden, werden Sie mit einiger Sicherheit damit unglücklich. Warum?

Im Gegensatz zur 24-Volt-Anlage kann für die 12-Volt-Anlage praktisch alles überall dort gekauft werden, wo es auch Autos gibt. Ja, es sind für uns wichtige Geräte auf dem Markt, die in 24-Volt-Ausführungen gar nicht angeboten werden. Es ist auch nicht einmal technisch einwandfrei möglich, ein 12-Volt-Gerät an eine 24-Volt-Anlage anzuschließen, weil Gleichspannung nicht wie unsere Haushaltswechselspannung mit Hilfe eines Transformators beliebig verändert werden kann. Ich habe erlebt, wie auf den Kanarischen Inseln der Skipper einer mit einer 24-Volt-Anlage ausgestatteten Yacht sich tagelang vergeblich die Hacken nach Glühbirnen ablief. Schließlich fand er im Autozubehörhandel 12-Volt-Birnen. Es blieb ihm nichts anderes übrig, als für die betreffenden Lampen auf der 24-Volt-Batterie (zwölf Zellen) provisorisch nur die Hälfte der Zellen abzugreifen.

Einer meiner Freunde erwarb einen sehr teuren Kurzwellensender, der ebenfalls nur in 12 Volt erhältlich ist – mit dem Erfolg, daß er zusätzlich zu seiner 24-Volt-Anlage eine 12-Volt-Anlage betreiben muß. Ein anderer hat dasselbe Problem mit seinem Sender, für dessen Betrieb er nur die Hälfte der 24-Volt-Batterie benutzt, indem er den Sender an sechs der zwölf Zellen der Bordbatterie anklemmt. Auf diese Weise wird die Batterie ungleichmäßig entladen, was ihr sehr schadet. So wechselt er von Zeit zu Zeit von einer Batteriehälfte zur anderen. Manchmal vergißt er das Umklemmen; dann ist die eine Hälfte der Batterie leer, die andere voll. Ein schlechtes Provisorium.

Ganz schlimm aber sind diejenigen dran, die es besonders gut machen wollten und sich für 32 Volt entschieden haben. Die bekommen beispielsweise außer in Amerika fast nirgends Batterien. Dagegen kann ich 6 oder 12 Volt so zusammenschließen, daß eine Gesamtspannung von 12 beziehungsweise 24 Volt dabei herauskommt. Bei 32 Volt bleiben zwei Zellen übrig, wenn ich beispielsweise drei 12-Volt-Batterien zusammenhänge.

Damit sind die Probleme nur angedeutet, die dann entstehen, wenn man sich gegen die gebräuchlichste Niedervoltanlage der Welt, nämlich 12 Volt, entscheidet.

Wenn ich 12 Volt habe, dann kann ich alles Zubehör auf meiner Blauwasseryacht benutzen, das auch für Autos, Campingbusse und Wohnmobile angeboten wird. Man soll da nicht die Nase rümpfen, denn soweit es den Wohnkomfort anbetrifft, tut es seine Dienste an Bord genausogut (wenn es trocken bleibt) wie Yachtzubehör. Man denke zum Beispiel an Kassettenrecorder. Kein Mensch wird auf die Idee kommen, nach einem speziellen Recorder für Yachten zu suchen, abgesehen davon, daß es den meines Wissens gar nicht gibt. Beim Radio ist es schon wieder anders. Aber warum soll ein Marineradio, wenn es dieselben Bereiche abdeckt wie das Autoradio, besser sein? Wenn man sich die Preise ansieht, wird einem klar, warum von den Verkäufern von Autozubehör abgeraten wird: weil das Yachtzubehör um ein Vielfaches teurer ist.

Nur ein paar Beispiele für 12-Volt-Auto- und -Camping-Zubehör, das in Yachten ebensogut eingesetzt werden kann, wenn es nicht gerade um die Navigation geht: Radio, HiFi-Anlage, Staubsauger, Werkstattleuchte, Leuchtstofflampe, Suchscheinwerfer, Bohrmaschine, Lötkolben, Fanfaren (für Alarmanlage), Mini-Farbfernseher, Netzgeräte für Rechner, Lichtmaschinen, Rasierer, Mundddusche, Kartenlampen, Uhren, Instrumente, Ventilator und so weiter. Das meiste davon ist im Kaufhaus in 24 Volt nicht erhältlich; dann führt kein Weg am Yachtausrüster vorbei – wobei es ungewiß ist, ob er es führt. Wer sich das Leben leichtermachen möchte, entscheidet sich deshalb für 12 Volt.

220-Volt-Wechselstrom ohne Landanschluß?

Gleich das Wichtigste für uns: Wechselstrom kann im Gegensatz zu Gleichstrom, den wir sonst an Bord haben, nicht „gestaut", das heißt, nicht in Batterien „gefüllt" werden. Er muß also in dem Moment verbraucht werden, in dem er erzeugt wird. Das macht ihn auf einem Segelschiff für viele Zwecke unbrauchbar, beispielsweise für die Positionslampen.

Wohl aber kann Wechselstrom in Gleichstrom umgewandelt und dann in die Batterien geladen werden, das machen unsere Lichtmaschinen. Üblicherweise wird Wechselstrom auf Schiffen mit Hilfe von separaten Motoren und einem angebauten Dynamo erzeugt, im Sprachgebrauch auch Generator genannt. Die kleineren – tragbaren – werden meistens von einem Benzinmotor angetrieben, wie der verbreitete Mase (Zweitakter) oder die kleinen Hondas (Viertakter), während die größeren fast immer festinstallierte Dieselmotoren haben (Onan usw.). Man kann auch einen Dynamo auf die Hauptmaschine bauen, der dann ebenfalls Wechselstrom liefert. Doch ist im allgemeinen davon abzuraten, weil unsere Hauptmaschine ja meistens schon mit anderen – wichtigeren – Aggregaten überladen und durch mögliche Drehzahländerungen (Lastwechsel) keine konstante Frequenz (50 oder 60 Hz) erreichbar ist.

Für was benötigen wir Wechselstrom an Bord? Der Hauptvorteil dürfte wohl darin liegen, daß man aus einem Generator viel höhere Leistungen herausholen kann, als aus unseren Lichtmaschinen. Ein festinstallierter – und natürlich entsprechend großer – Generator liefert leicht 3, 6 oder 12 Kilowatt 220- oder 110-Volt-Wechselstrom. Ein Bügeleisen beispielsweise braucht schon 1000 Watt, also 1 Kilowatt. Eine elektrische Herdplatte noch mehr, und beim Heizofen liegt der Verbrauch bereits bei 3 Kilowatt. Aber das sind, wenn wir ehrlich sind, alles Sachen, die wir an Bord einer Blauwasseryacht nicht brauchen. Und wenn die Bordfrau protestiert, sei ihr gesagt, daß es (in England) ein Bügeleisen auch für Petroleumbetrieb gibt.

Was kann der Generator uns sonst noch bieten, was wir nicht auch aus der Batterie haben könnten? Eine Klimaanlage wäre etwas Feines. Im kühlen Norden habe auch ich gesagt, das sei nur etwas für Verweichlichte, „schließlich sind wir Segler“. Doch gerade bei der Klimaanlage müssen wir wohl einräumen, daß der technische Aufwand hinter diesem gemäldegroßen Gerät an der Wand in keinem Verhältnis zu unseren Möglichkeiten auf einer Blauwasseryacht steht. Sie funktioniert nämlich nur mit einem Dieselgenerator und – das ist der große Nachteil – auch nur dann, wenn dieser brummt.

Ob auf einer sehr großen Motoryacht eine Klimaanlage arbeitet, erkennt man meistens schon daran, daß der Auspuff blubbert, denn hören kann man die gut gelagerten und schallisolierten Generatoren sonst kaum mehr. Aber selbst dieses dezente Auspuffgeräusch geht einem nach einer gewissen Zeit auf die Nerven.

Die Klimaanlage müssen wir uns also, wie schon an anderer Stelle gesagt, aus dem Kopf schlagen.

Ist auf einer Blauwasseryacht ein Generator erforderlich?

Ein Generator auf einer Blauwasseryacht ist nur dann erforderlich, wenn es beispielsweise unwirtschaftlich wäre, nur wegen der Batterien am Ankerplatz die Hauptmaschine zu benutzen. Diese Grenze sollte aber auf einer Blauwasseryacht mit richtig dimensionierter Hauptmaschine sehr weit oben liegen. Wenn die Hauptmaschine beispielsweise 200 PS hat, dann wäre es nicht richtig, sie zum Batterieladen einzusetzen, schon weil sie nicht unbelastet laufen soll. Wenn sie aber weniger als die Hälfte PS hat, läßt sich das schon noch verantworten. Denn dann werden eben nur wenige PS in Anspruch genommen, was sich im Gegensatz zu einem Automotor dadurch ausdrückt, daß ein Bruchteil des bei Marschfahrt verbrauchten Treibstoffs erforderlich ist.

In den Prospekten wird der Verbrauch von Dieselmaschinen meistens in Gramm/PS angegeben (unsere Diesel liegen so bei 130 bis 150 g/PS). Gemeint ist dabei natürlich nicht die Stärke der Maschine, sondern die tatsächliche PS-Zahl. Wenn der Verbrauch auch nicht ganz linear verläuft, so kann man doch sagen, daß die Maschine an der unteren Leistungsgrenze nur einen Bruchteil (beispielsweise ein Drittel) von dem verbraucht, was bei „volle Kraft“ durchfließen würde.

Auch ist es falsch zu sagen, man schone die Hauptmaschine, indem man sie möglichst selten laufen läßt. Das führt bei einem Diesel unter dem Strich nämlich zu einer kürzeren Lebensdauer, als wenn man ihn – auch am Ankerplatz – regelmäßig in Betrieb hat. Es tut der Schiffsmaschine also nur gut, wenn sie zum Batterieladen eingesetzt wird. Natürlich ist es nicht gerade ideal, wenn sie häufig für längere Zeit mit niedriger Drehzahl betrieben wird, denn das erhöht den Verschleiß. Ähnlich wie bei der Einkreiskühlung fällt diese zusätzliche Belastung jedoch kaum ins Gewicht, nachdem eine Dieselmaschine auf einem Schiff ja kaum strapaziert wird.

Warum ich persönlich gegen einen Dieselgenerator (neben der Hauptmaschine) an Bord einer Blauwasseryacht bin, hat noch andere Gründe. Ohne Hauptmaschine kann heute die üblicherweise kleine Crew eine relativ große Blauwasseryacht nicht mehr sicher fahren. Es entspricht den Gesetzen der Seemannschaft, daß die Maschine, an der so viel hängt, immer tadellos in Schuß gehalten wird. Ein „die Maschine wollte nicht anspringen“ darf es auf unseren Yachten nicht geben (ein großer Prozentsatz von Schiffbrüchen in Riffgebieten ist darauf zurückzuführen, daß der Motor versagt hat oder, besser gesagt, vergammelt war). Wir werden also schon etwas Zeit für ihn aufbringen müssen.

Schwierig wird es, wenn ein zweiter, anderer Dieselmotor mit allem Drum und Dran an Bord ist. Das bedeutet einen weiteren Satz Ersatzteile, möglicherweise einen weiteren Satz Werkzeuge, zusätzlichen Ärger mit kaputten Auspufftöpfen, zusätzliche regelmäßige Wartungsarbeiten wie Ölwechsel usw. Vom Platz, den so ein Diesel wegnimmt, ganz zu schweigen. Es ist ja nicht nur der „Kasten“ – so sieht er in seiner Schallschluckhaube aus –, sondern es ist eine weitere Auspuffanlage, es ist ein zweiter Kühlkreislauf, ein weiterer Satz an Instrumenten und so weiter vorhanden.

Von den horrenden Kosten ganz zu schweigen – selbst wenn man die Spritersparnis in Rechnung stellt. Mit Einbau kommt so ein Generator auf mindestens 15 000 DM. Wenn er beispielsweise zwei Liter/Stunde benötigt, während die Hauptmaschine allein für das Batterieladen drei Liter schluckt, so ergibt das pro Stunde eine Preisersparnis von vielleicht einer Mark. Bei 300 Stunden Laufzeit pro Jahr hat sich der Generator theoretisch in 40 Jahren bezahlt gemacht. Selbst wenn sich der Preis für Dieselkraftstoff vervielfachen würde, rentierte sich der Generator nicht.

Jockel

Trotzdem kann ich – wenn Stauraum vorhanden ist – jedem einen Generator empfehlen, zwar keinen eingebauten, aber einen kleinen, tragbaren Jockel. Damit läßt sich eine leere Starterbatterie in relativ kurzer Zeit (eine Stunde vielleicht) soweit aufladen, daß sie die Maschine starten kann. Man achte beim Kauf eines solchen Generators darauf, wieviel Leistung er an Wechselstrom und Gleichstrom bringt.

Der verbreitete (und zuverlässige) Honda gibt nur Gleichstrom ab, ist im Bordgebrauch also nur zum Batterieladen zu benutzen. Seine Leistung liegt bei 14 Ampere für 12 Volt, was für dieses kleine Gerät reichlich ist. Sein Bruder, der mit gleichen Abmessungen auch Wechselstrom mit 220 Volt produziert, liefert aber nur 7 Ampere Gleichstrom, was zum Batterieladen kläglich ist. Dafür können wir Elektrogeräte von zu Hause benutzen, wenn ihre Leistung unter 300 Watt liegt, also keine Heizgeräte, wohl aber kleine Bohrmaschinen oder sonstige leichtere Heimwerkermaschinen. Das kann bei Bootspflegearbeiten oder bei Reparaturen sehr nützlich sein. Beide Hondas haben den Nachteil, daß sie als Viertakter waagerecht laufen müssen, weil sonst die Schmierung unterbrochen wird. Segelt man mit Lage, läßt sich das mit einer entsprechenden Unterlage notfalls ausgleichen.

Kleine Zweitakter sind wohl nicht so robust wie der Honda, leisten aber bei etwa gleicher Preislage fast das Doppelte: 20 Ampere zum Batterieladen und 600 Watt Wechselstrom, was für Werkzeuge wie Stichsäge, Schwingschleifer usw. schon ausreicht. Unterwegs sind sie wegen ihrer unkomplizierten Schmierung praktisch unempfindlich gegen Krängung.

Haushaltsstrom aus der Batterie?

Wer kein Benzin an Bord haben möchte (wie steht es mit einem Außenborder für das Beiboot?), hat immer noch die Möglichkeit, Wechselstrom mit einem Inverter oder mit einem batteriebetriebenen Generator zu erzeugen. Man sollte nicht von vornherein sagen, daß man keinen Wechselstrom braucht, denn oft hat man kleine Geräte von zu Hause an Bord, die zwar selten benötigt werden, aber dennoch recht wichtig sind, beispielsweise die vielen Lade- und Netzgeräte, die mit batteriebetriebenen Geräten mitgeliefert werden, wie Netzgeräte für Elektronenblitze, Taschenrechner, Filmkameras usw. Auch manch andere nicht unbedingt entbehrliche und sparsame Haushaltsgeräte gibt es nicht für 12 Volt oder zumindest nicht so, wie man es gerne hätte: Mundddusche, Zahnbürsten, Rasierer, kleinere Küchengeräte usw.

Hier hilft ein Inverter, der, an die Bordbatterie angeschlossen, lautlos aus 12-Volt-Batteriestrom 220-Volt-Wechselstrom macht. Die Leistung solcher Inverter ist aber meistens recht begrenzt (200 Watt). Außerdem ist der erzeugte Wechselstrom nicht identisch mit Haushaltsstrom, so daß Inverter nicht für alle Geräte benutzt werden können, jedenfalls nicht, wenn ein sinusförmiger Wechselstrom benötigt wird wie für viele Musikgeräte.

Diesen Nachteil schließen Konstruktionen aus, bei denen ein von der Bordbatterie angetriebener Gleichstrommotor einen Wechselstromgenerator betreibt. Solche Generatoren erzeugen einen sinusförmigen Wechselstrom von 220 Volt und bringen zum Beispiel eine Leistung von 800 Watt, was für die meisten an Bord benötigten Elektrowerkzeuge ausreicht. Sie haben den Vorteil, daß sie bei Anschluß eines Gerätes erst dann zu laufen beginnen, wenn dieses eingeschaltet wird. Sie sind nicht ideal für elektronisch geregelte Werkzeuge, also etwa für die ansonsten so eleganten Bohrmaschinen mit elektronischer Drehzahlregelung. Hier „paßt" eine einfache Maschine besser.

Wenn man aber stundenlang beispielsweise mit Elektrowerkzeugen arbeiten muß, empfiehlt es sich, die Maschine zum Nachladen der Batterie mitlaufen zu lassen, denn der Stromverbrauch dieser Generatoren ist außerordentlich hoch. Eine 220-Volt-Bohrmaschine mit einer Leistung von 660 Watt benötigt zwar zu Hause 600 geteilt durch 220, also 3 Ampere. Wird der Strom mit Hilfe eines Generators aus der 12-Volt-Bordbatterie bezogen, so verbraucht das Werkzeug 660 geteilt durch 12, also 55 Ampere. Das macht für ein paar Minuten nichts aus, belastet aber das Bordnetz wie sonst eine Ankerwinde. Deshalb generell Vorsicht, wenn man Geräte, die für 220 Volt gebaut sind, auf dem Schiff einsetzen will!

Die Energie zum Kochen

Kochen ist gefährlicher und zudem unterwegs auch viel schwieriger als alles andere beim Blauwassersegeln. Manchmal habe ich den Verdacht, daß sich die Männer nur deshalb zu ihren Spielzeugen in der Kartenecke drängen und Navigator spielen, damit sie der Kocherei entkommen, die sie allzugern der Bordfrau überlassen. Unsere Verpflichtung müßte es deshalb bei der Planung der Blauwasseryacht sein, die Küchenarbeit zu entschärfen, das Risiko also einzuschränken.

Es dürfen keinerlei heiße Gegenstände vom Kocher fliegen können, noch darf es passieren, daß die Bordfrau sich am Kocher verbrennt oder daß es gar zu Feuer oder einer Explosion kommt. Verbrennungen gehören an Bord zu den größten Gefahren für die Gesundheit!

Der Kocher muß halbkardanisch aufgehängt sein. Nur so läßt es sich vermeiden, daß sich der Inhalt der Töpfe, auch wenn es sehr hohe sein sollten, über den Smut entleert oder durch die Gegend fliegt. Eine Topfreling ist ebenfalls selbstverständlich. So müssen alle Kocher ausgestattet sein, wenn sie hochseetauglich sein sollen, gleich, mit welchem Brennstoff sie betrieben werden.

Es gibt eine Reihe von Kochmöglichkeiten, doch alle sind mit einem mehr oder weniger großen Sicherheitsrisiko behaftet. Das ist wahrscheinlich der einzige Grund, weshalb es um das Kochen schon so viele Diskussionen gegeben hat. Das Sicherheitsrisiko ist darin begründet, daß fast ausschließlich mit offener Flamme gearbeitet wird. Also doch ein Pluspunkt für einen Elektroherd?

Mit einem einstellbaren Motorrad-Stoßdämpfer wurde dieser halbkardanisch aufgehängte Kocher versehen, so daß er nicht aufschwingen kann.

Elektrisch kochen

Für das Kochen mit Elektrizität wird in erster Linie das Argument der Sicherheit ins Feld geführt. Von wem? Von den Herstellern von Einbaugeneratoren natürlich. Denn ein Elektroherd mit einer Leistung von jedenfalls über 2 Kilowatt kann in der Bordpraxis nur über einen separaten Dieselgenerator betrieben werden.

Ein elektrischer Herd ist in der Tat hinsichtlich der Sicherheit dem Petroleum- oder Gaskocher weit überlegen. Er ist auch praktischer als zumindest der Petroleumkocher. Eine Knopfdrehung, der Dieselgenerator beginnt automatisch zu schnurren, und kurze Zeit später ist die Herdplatte heiß. Ein Mikrowellenherd als Ergänzung kann auch gleich über den Generator betrieben werden.

Für besondere Gelegenheiten eignet sich dieser Grill, der eigens für Yachten hergestellt wurde. Je nach Windrichtung wird er irgendwo an einer Relingsstütze festgeschraubt. So kann man ihn sogar unterwegs betreiben.

Wenn man aber über Sicherheit redet, kann man nicht nur einen Teil der Gesamtanlage sehen, nämlich den Elektroherd, sondern man muß sich schon auch über

Auf großen amerikanischen Yachten wie auf der berühmten AMERICA wird elektrisch gekocht.

den Energieerzeuger Gedanken machen. Immerhin ist auch ein Diesel ein „Verbrennungs"-Motor, der zwar um einiges sicherer ist als ein Benziner, der aber einige Gefahren birgt. Man denke nur an den heißen Auspuff, der in kurzer Entfernung von den Dieselleitungen vorbeiläuft. Diesel ist schwer entflammbar, brennt aber recht gut. Jedenfalls ist es nicht richtig, von einem Elektroherd auf einem Schiff zu sagen, er sei absolut sicher.

Vor allem auf größeren amerikanischen Yachten wird elektrisch gekocht. Das liegt aber daran, daß diese meistens dafür gebaut sind, in den Staaten von Marina zu Marina zu segeln. Tatsächlich gibt es nichts Bequemeres, als elektrisch zu kochen, wenn die Yacht an der Steckdose der Marina hängt. Und das ist bei diesen Schiffen meistens so.

Unterwegs aber zeigt sich dann die Unverhältnismäßigkeit einer solchen Anlage, wenn man sich während der Nachtwache schnell mal eine Tasse Kaffee zubereiten möchte. Wegen 250 Kubikzentimeter Wasser müssen vier Dieselzylinder arbeiten, die von zwei Wasserpumpen gekühlt werden, während eine dritte Pumpe den Kraftstoff heranschafft und eine vierte ihn einspritzt. Von den Betriebskosten, den Wartungsarbeiten am Generator und dem nicht vollständig zu unterdrückenden Lärm ganz zu schweigen. Das ist in unserer heutigen energiebewußten Zeit ein Anachronismus.

Der Gaskocher

Der Gaskocher ist der populärste Kocher auch auf Blauwasseryachten, obwohl eini-

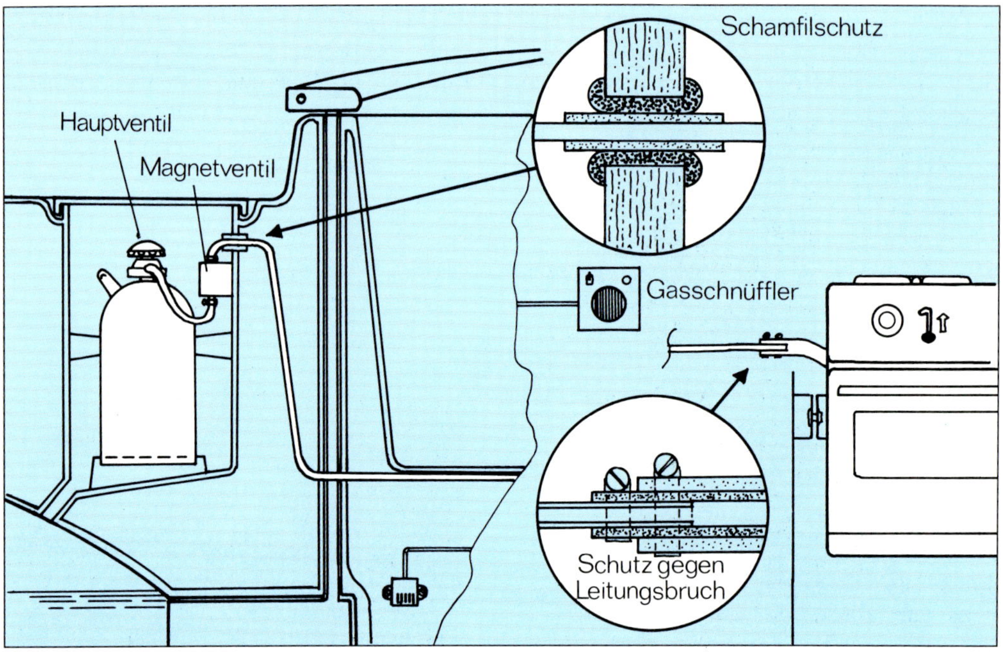

Eine Gaskochanlage sollte eine Reihe von Sicherheitselementen aufweisen: Magnetventile an der Gasflasche, Hauptventil, besonderer Schamfilschutz bei Schottdurchbrüchen, Brenner, die gegen unbeabsichtigtes Ausströmen von Gas gesichert sind, Schutz gegen Leitungsbruch durch die Schwingbewegungen des halbkardanisch aufgehängten Kochers und Gasschnüffler.

ge Bedenken gegen ihn bestehen. Das verwendete Butan- oder Propangas ist schwerer als Luft. Wenn es in der Pantry unverbrannt ausströmt, dann sammelt es sich auf dem Fußboden und sinkt von dort auf den tiefsten Punkt im Boot, also meist in die Bilge. Das Gas ist nicht geruchlos, aber man kann es nur dann riechen, wenn es sich in unmittelbarer Nähe befindet. In der Bilge nicht mehr! Bei entsprechender Konzentration reicht ein Funke aus, wie er beim Einschalten eines elektrischen Gerätes entsteht, um das Gas-Luft-Gemisch zur Explosion zu bringen, die so heftig sein kann, daß die Bootsinsassen nichts mehr davon mitbekommen, wenn ihr Deck davonfliegt.

Bei Verwendung des gleichen Gases zu Hause oder beim Camping ist diese Gefahr wesentlich geringer, weil es dort meistens eine Möglichkeit hat, ins Freie zu gelangen und sich zu verflüchtigen. Es ist freilich schon passiert, daß auch ein Campingbus durch so eine Explosion zerlegt wurde.

Es gilt also, einen Gaskocher so zu installieren, daß es nach menschlichem Ermessen ausgeschlossen ist, daß unverbranntes Gas in das Schiffsinnere strömt. Das Gas kann an der Flasche, an der Verbindung von der Flasche zur Rohrleitung, am Anschluß der Rohrleitung zum Kocher und am Brenner (wenn es dort nicht verbrennt) ausströmen.

Verantwortungslos wäre es, irgendeine Campinganlage zu installieren und in die Bilge den Schnüffler einer Gasalarmanlage einzubauen. Denn mit Sicherheit reicht das nicht aus, um die Gefahr einer Explosion für immer zu bannen. Der Alarmgeber spricht nämlich nur auf eine gewisse Konzentration an, so daß es immerhin möglich ist, daß sich durch den Luftstau bei entsprechender Lüftung in der Yacht schon woanders eine explosionsfähige Gasmenge angesammelt hat. Auch haben viele Alarmgeräte einen Stromverbrauch, der zwar nominell nicht besonders hoch ist, der aber über 24 Stunden durchaus ins Gewicht fällt.

Einen Teil der Anlage kann man dadurch entschärfen, daß man ihn ins Freie verlegt. Tatsächlich ist bei den meisten Yachten eigens eine Backskiste für die Gasflasche vorhanden, wo eventuell ausströmendes Gas durch eine Öffnung am Boden nach draußen abströmen kann. Bei den meisten Blauwasseryachten sieht man sofort, wo das Gas gestaut ist, denn ein Roststreifen verrät schon von weitem die Lenzöffnung mit den Flaschen dahinter, die nur verzinkt, nicht in Nirosta erhältlich sind.

Ich will diese wichtige Einrichtung nicht vermiesen, aber es ist auch schon vorgekommen, daß während der Fahrt durch den Wind kleinere, aber meßbare Mengen, die aus solchen Backskisten ausgeströmt sind, in das Schiffsinnere geblasen wurden. Trotzdem ist die Gefahr eines Lecks an Flasche und Leitungsverbindung damit weitgehend gebannt.

Gegen Lecks in der Leitung selbst kann man durch fachgerechte Installation (Kupferrohr) eine Menge unternehmen, wenn es auch den absoluten Schutz nicht gibt. Die Sicherheit jedenfalls aber wird erhöht, wenn an der Flasche noch ein Sicherheitsventil eingebaut wird, das vor der Inbetriebnahme des Kochers geöffnet werden muß. Bewährt hat sich ein Magnetventil, das vom Kocher aus elektrisch betätigt werden kann, denn – der Mensch ist schwach – nach einer gewissen Zeit erspart man sich doch den Gang zur Backskiste.

Daß am Brenner des Kochers selbst eine Zündsicherung vorhanden sein muß, die die Gaszufuhr abschaltet, wenn beispielsweise die Flamme ausgeblasen oder durch überkochendes Wasser gelöscht wird, ist eigentlich selbstverständlich. Aber auch dies ist keine Lebensversicherung, wie folgender Fall beweist: Eine Bordfrau hatte unmittelbar unter dem Kocher eine Plastiktüte für den Abfall hängen. Bei jedem Anzünden des Kochers strömte eine geringe Menge Gas aus, das sich unglücklicherweise in dieser Plastiktüte sammelte. Eines Tages war es dann soweit, es kam zur Explosion.

Es gibt für den rauhen Bordbetrieb keine speziellen Gasflaschen. Sie können auch mal durchrosten.

Aber auch wenn eine Kupferleitung leckt – das kann vorkommen –, ist das Sicherheitsventil an der Flasche noch kein hundertprozentiger Schutz, denn während des Kochens kann durch das winzige Loch natürlich Gas entweichen. Als zusätzliche Sicherung hat es sich bewährt, das Kupferrohr durch einen gewöhnlichen Gummischlauch zu führen.

Wenn man alle Vorsichtsmaßnahmen getroffen hat, ergibt dies eine recht aufwendige Konstruktion: Backskiste mit Abfluß nach draußen für die Flaschen, Magnetventil mit Fernbedienung, speziell geschützte Rohrleitung, Zündsicherung und Gasschnüffler. Dafür hat man den Vorteil einer leicht bedienbaren heißen und sauberen Flamme.

Ein anderes Problem ist die Versorgung mit Gas unterwegs. Die Flaschenanschlüsse sind in jedem Land anders, so daß einem gar nichts anderes übrigbleibt, jeweils neue Regler und Anschluß-Stücke oder Zwischenstücke zu kaufen. Irgendwie ist noch jeder mit Gas über die Weltmeere gekommen. Auf der holländischen Yacht Rik beispielsweise wurde der gesamte Vorrat an Gas für eine Weltumseglung in Flaschen mitgeführt. Skipper Claess mußte allerdings einräumen, daß er sich wie auf einer schwimmenden Atombombe gefühlt hat.

Warum eigentlich ist Gas trotz all dieser Unannehmlichkeiten so weit verbreitet? Warum sind Gaskocher in nahezu allen Serienbooten eingebaut? Weil die Bordfrau meistens die entscheidende Person beim Schiffskauf ist. Wenn beispielsweise der Verkäufer auf einer Vorführyacht einen Kaffee zubereiten will und zunächst damit beginnt, einen Kocher aufzupumpen, dann beim Vorwärmen eine offene hohe Flamme entzündet, bis der Kocher endlich nach mehreren Minuten brennt, dann wird die zukünftige und noch wenig erfahrene Skipperin oft genug wohl denken: „. . . und dann riecht es auch noch so penetrant!" Wie anders ist es dagegen, wenn der Verkäufer noch mitten in der Frage nach einem Kaffee mit seinem Feuerzeug die Flamme bereits angezündet hat.

Wenn man Gas schon hat, ist es schwer, sich wieder davon zu trennen. Und da die meisten Blauwasseryachten ursprünglich nicht zu Langfahrtzwecken angeschafft wurden, findet man Gaskocher auch auf ihnen.

In Amerika nimmt die Popularität von Propangas zugunsten von „Natural Compressed Gas" etwas ab, nachdem Versicherungsgesellschaften dazu übergegangen sind, für Boote, die mit Propangas ausgerüstet sind, Prämien zu verlangen, die doppelt so hoch sind wie für andere Boote. Aber für uns Blauwassersegler ist Natural Compressed Gas keine Alternative, obwohl es leichter als Luft und damit viel ungefährlicher ist. Denn es ist bis jetzt nicht in den Ländern erhältlich, die man – außer den Vereinigten Staaten – beim Langfahrtsegeln anläuft.

Im übrigen können sich Blauwassersegler mit Gas an Bord immer noch damit trösten, daß die meisten, die jahrelang damit lebten, zufrieden waren und fast alle es auch überlebt haben.

Der Spirituskocher

Vergällter Alkohol war noch vor 20 Jahren auf vielen Yachten zu finden, vor allem auf amerikanischen. Er ist weitgehend ungefährlich, wenn man von der Tatsache absieht, daß eine offene Flamme an Bord nie ganz harmlos ist. Übergeflossener Spiritus, der in Brand geraten ist, läßt sich leicht mit Wasser löschen und kann nicht explodieren. Sein Nachteil ist der niedrige Heizwert, der nicht mal dazu ausreicht, ein Steak zu braten.

Ungeeignet ist er aber hauptsächlich wegen des astronomischen Preises, den man mancherorts für Spiritus zahlen muß. Als ich zu einem Amerikaner, der in Panama gerade ein paar große Kanister Spiritus aufs Schiff schleppte, sagte: „Du mußt sehr reich sein, daß du dir das leisten kannst", antwortete er: „Das ist unrichtig, ich *war* reich, bevor ich einkaufen ging." In manchen Ländern kostet der Liter Spiritus umgerechnet 30 DM. Mit Spiritus kochen ist damit passé.

Der Petroleumkocher

Petroleum ist nach Gas auf Blauwasseryachten der beliebteste Brennstoff zum Kochen. Seine Vorteile sind schnell aufgeführt: Die Flamme ist nur etwas kälter als eine Gasflamme, die Installation des Kochers ist problemlos, und Petroleum ist überall auf der Welt erhältlich. Zudem ist es meist auch noch sehr preiswert und kostet oft weniger als Diesel. Ersatzteile wie Brenner oder Düsen sind in allen Ländern erhältlich, die noch nicht vollständig elektrifiziert sind, und das sind auf den üblichen Blauwasserrouten viele, wahrscheinlich die meisten. Aber selbst wenn man kein Petroleum nachkaufen könnte, so wäre das nicht tragisch, wenn man sich ausreichend damit verproviantiert hat, was mit Petroleum leicht möglich ist. Der Verbrauch ist im übrigen so gering, daß man zu zweit auf einer Weltumseglung mit 100 Liter auskommen kann.

Anders steht es – das sind die Nachteile – mit dem Spiritus, der zum Vorheizen erforderlich ist. Bei den hohen Preisen hierfür muß man fast soviel ausgeben wie für das gesamte Petroleum. Es gibt Brenner, die mit Petroleum selbst vorgeheizt werden konnen. Ähnlich wie bei einer Lötlampe wird durch Druck eine blaue Stichflamme erzeugt, die jedoch so heiß ist, daß ihr die Hartlötstellen am Brenner im Dauerbetrieb einer Blauwasseryacht nur ein halbes Jahr widerstehen können. Viele Langfahrtsegler, die solche Brenner besitzen, kommen deshalb auf das Vorheizen mit Spiritus zurück.

Warum überhaupt vorheizen? Petroleum verbrennt bei normaler Temperatur mit einer gelben rußigen Flamme. Erst wenn unter Druck ein feiner Strahl Petroleum auf den *heißen* Brenner trifft, ergibt das eine saubere, nahezu geruchlose blaue Flamme, die fast so heiß ist wie eine Gasflamme. Gelb brennendes Petroleum reicht nicht aus, um den Brenner so zu erhitzen, daß es darauf verdampft. Hierzu ist Spiritus nötig, der in ein Pfännchen unter dem Brenner gegossen und angezündet wird. Ausreichend bemessen, ist nach dem Abbrennen der Brenner so heiß, daß er wie ein Gasbrenner angezündet werden kann und eine blaue Petroleumflamme entsteht.

Ist der Brenner aber nicht heiß genug – das passiert, wenn man zu wenig Spiritus genommen hatte oder wenn er verbrannt war, ehe der Smut das bemerkte –, dann entsteht beim Anzünden und Aufdrehen eine gelb lodernde, etwa 30 Zentimeter hohe Flamme, die aber kurz nach dem Abdrehen des Brenners wieder verlischt. Das Ganze ist also vollkommen harmlos, vorausgesetzt, daß man nicht so töricht ist, weiterzuexperimentieren. Man warte ab, bis der Brenner abgekühlt ist, und heize erneut vor. Denn wenn man Spiritus auf den noch heißen Brenner gießt, verdampft er im Nu, abgesehen von der Feuergefahr.

Das Vorheizen hat dem Petroleumkocher zu Unrecht einen schlechten Ruf eingebracht. Die Schuld trifft jedoch nicht das Petroleum, sondern allein den Smut, der entweder nicht ausreichend Spiritus auffüllt oder der sich nicht um die offene Flamme kümmert und nicht mitbekommt,

Dieser Petroleumkocher wurde mit einem zusätzlichen Tank ausgerüstet, der mit einer Motorradpumpe unter Druck gesetzt wird. So kann man monatelang kochen, ohne aufzufüllen oder zu pumpen.

wann der Spiritus verbrannt ist. Wenn das passiert, muß eben einmal mehr vorgeheizt werden. Das dauert etwa zwei Minuten. Was spielt das schon für eine Rolle bei der Vorbereitung eines guten Essens?

Wer übrigens meint, er sei mit einem Petroleumkocher technisch überfordert, der sollte sich bewußt werden, daß auf Petroleumkochern der Marke Primus (oder Optimus) in weiten Teilen der Welt von einfachsten Menschen jahrzehntelang gekocht wurde und auch heute noch wird. Wer tatsächlich nicht fähig sein sollte, einen kinderleichten Optimus zu bedienen, wird durch die absolut notwendige Technik beim Blauwassersegeln generell überfordert sein.

Petroleum kann nur dann mit einer schönen blauen Flamme verbrennen, wenn es unter Druck auf den Brenner gespritzt wird. Deshalb haben Petroleumkocher einen kleinen Tank, der – meist von Hand – über eine Pumpe unter Druck gesetzt wird. Je voller der Tank, desto weniger Luft enthält er, so daß der durch das Pumpen erzeugte Druck um so schneller wieder abgebaut wird. Muß man bei einem Zwei-Liter-Tank nahezu täglich nachpumpen und alle paar Tage Petroleum nachfüllen, kommt man mit einem 20-Liter-Tank monatelang zurecht – mit einer Tankfüllung und mit einmaligem Aufpumpen. Hat man die Wahl, entscheide man sich also für einen so großen Tank wie möglich.

Eine Sammlung wertvoller Tips, ach was sage ich, ein richtiger Wissensschatz für den Umgang mit Petroleum, sei es in Lampen, Heizung oder Herd, findet sich in der Broschüre „Feuer und Flamme für Petroleumlampen und Herde an Bord" von Friedhelm Medbach und Ulrich Kronberg, erschienen im Palstek-Verlag. Selten habe ich eine technische Anleitung aus der Welt des Fahrtensegelns gesehen, die so praxisbezogen mit viel Liebe zum Detail geschrieben ist. Wenn Petroleum an Bord, dann ist dieses preiswerte Heftchen ein Muß.

Der Dieselkocher

In Europa wird nicht sehr häufig mit Diesel gekocht. Anders beispielsweise in Kanada, wo zahlreiche Yachten – dem kalten Klima entsprechend – Dieselöfen haben, um die Kajüte einigermaßen warmzuhalten. Diese Heizöfen werden auch mit einer Kochgelegenheit geliefert, die ebenfalls mit Diesel betrieben wird. Diesel ist an und für sich ein praktischer Brennstoff, denn nahezu alle Yachten haben Diesel an Bord. Es ist mindestens genauso sicher wie Petroleum, nur ist seine Heizleistung etwas geringer als die des verdampfenden Petroleums.

Wer einen Primus-Petroleumkocher besitzt und vermeiden möchte, neben Diesel für die Maschine noch einen weiteren Brennstoff, eben Petroleum, mitzuführen, kann den Kocher auf Diesel umstellen, indem er die Düsen austauscht. Sie werden in Deutschland auf Wunsch zum Petroleumkocher geliefert.

Kühlung an Bord

Bevor ich mit einem 10-Meter-Schiff zu meiner Weltumseglung startete, dachte ich, wenn man nicht mal auf kalte Getränke verzichten könnte, sei man zum Blauwassersegeln ohnehin zu verweichlicht. Trotzdem wurde noch ein elektrischer Kühlschrank installiert, weil er unkompliziert anzuschließen und weil er recht preiswert war. Als ich von der Weltumseglung nach Hause zurückkam, stellte ich eine Wunschliste für das neue Schiff zusammen. An erster Stelle stand „Tiefkühltruhe oder Kühlschrank".

Ein Kühlschrank ist nicht lebensnotwendig. Man kann durchaus von warmen Getränken (sogar von lauem Bier) leben; man ist auch nicht auf Fleisch aus dem Kühlschrank angewiesen; man kann frisches Obst auch ohne Kühlung längere Zeit an Bord lagern (wenn man keins aus dem Kühlhaus kauft), und man kann auch ohne Milch auskommen. Ob aber die ganze Segelei dann noch Spaß macht, nach vier Wochen, nach ein paar Monaten, nach ein paar Jahren, ist eine andere Frage. Selbst wenn man bereit ist, Verzicht zu üben, wird es doch nicht ausbleiben, daß man den einen oder anderen paradiesischen Ankerplatz nur deshalb verläßt, um wieder einmal frisches Fleisch, ein kaltes Getränk und so weiter zu sich zu nehmen. In den Tropen ist es besonders hart, ohne Kühlmöglichkeit auskommen zu müssen. Das vermag nur nachzuvollziehen, wer erlebt hat, wie das Thermometer monatelang nicht unter 30°C sinkt.

Vor meiner Weltumseglung konnte ich das nicht, obwohl ich mich schon viel im Mittelmeer aufgehalten hatte, das genauso heiß wie die Tropen sein kann. Aber es ist ein großer Unterschied, ob ich das Ende des Urlaubs vor mir habe beziehungsweise jederzeit in eine Bar gehen kann, um dort einen kalten Saft zu mir zu nehmen, oder ob ich monatelang auf Inseln lebe, wo weit und breit kein Eiswürfel erhältlich ist. Hier hilft auch die ansonsten unentbehrliche Eisbox nichts, die ich zumindest von Zeit zu Zeit – am Mittelmeer mit Stangeneis füllen kann und die mir dann für eine Woche den Luxus von Frischfleisch und kalten Getränken verschafft.

Es hat schon damals, als ich zum Blauwassersegeln aufbrach, genügend Stimmen gegeben, die auf die Notwendigkeit einer Kühlung an Bord hingewiesen haben. So hat zum Beispiel Eric C. Hiscock, dem wohl niemand vorwerfen kann, er sei besonders verweichlicht oder unsportlich, schon 1958 in seinem höchst empfehlenswerten Buch „Segeln über sieben Meere"* gesagt: „Kühlung an Bord ist kein Luxus!"

Aber ganz typisch: Wenn es einem nicht so recht in den Kram paßt, hört man ungerne auf erfahrene Ratgeber! Kurzum, der Unterschied zwischen dem Komfort an Land und dem auf dem Schiff wird nahezu alleine durch das Vorhandensein von Kühlmöglichkeiten bestimmt. In den Tropen gehört der Kühlschrank bei den Ärmsten zur zweiten Anschaffung nach dem Kochherd. Beide werden mit Petroleumbrenner betrieben.

* Die deutsche Ausgabe ist höchstens antiquarisch lieferbar.

Wie kühlt man an Bord – elektrisch?

Diese wunderbare Maschine! Jetzt, wo wir sie mit der Lichtmaschine und den Batterien haben, sollten wir gleich noch eine Eismaschine anschaffen! Eis in den Tropen ist wichtiger als Brot.

Jack London schrieb diesen Wunsch auf, als er im Jahre 1906 – man sollte es nicht glauben, daß die damals schon die gleichen Probleme hatten – zu einer Weltumseglung aufbrach. Überflüssig zu erwähnen, daß an Bord der SNARK niemals Eis produziert wurde.

Schauen Sie sich mal in einer Yachtzeitschrift Anzeigen an, in denen elektrische Kühlschränke angeboten werden. Ich behaupte, daß die Hersteller solcher nutzlosen Geräte nur existieren können, weil ihre Kunden nicht den Hauch eines technischen Verständnisses haben und die Hersteller auch nicht das Geringste dazu beitragen, den Kunden aufzuklären und vor einer Enttäuschung zu bewahren. Was steht in den Anzeigen? Das riesige Platzangebot wird gelobt, das moderne Verdichterprinzip, der Thermostat usw. Das Wichtigste und allein Maßgebliche aber wird verschwiegen: der Stromverbrauch. Statt dessen wird was von „sparsamem Verbrauch" gefaselt.

Wenn man die Gelegenheit hätte, diesen Verbrauch zu messen, käme man – das haben auch verschiedene Tests elektrischer Kompressorkühlschränke für Yachten ergeben – auf durchschnittlich 3 bis 5 Ampere. Dabei ist schon berücksichtigt, daß der Thermostat den Motor hin und wieder abschaltet. Das gilt jedenfalls für heiße Gegenden, in nordeuropäischen Gewässern wird der Verbrauch etwas günstiger ausfallen.

Wenn der Kühlschrank an Bord einer Blauwasseryacht nützlich sein und nicht nur den „Sundowner“ herunterkühlen soll, muß er ständig laufen. Das machen dann 24 Stunden x 5 A = 120 Ah aus. Eine mittelgroße Yacht freilich hat eine Bordbatterie, die nicht einmal diese 120 Ah Gesamtkapazität aufweist. Fährt sie einen Kühlschrank, so dient er mit Sicherheit zur Aufbewahrung von Konserven. Denn die 120 Ah würden die Batterie in 24 Stunden total leerfressen.

Der Stromverbrauch variiert von Yacht zu Yacht und natürlich auch von Segler zu Segler. Trotzdem kann man bei einer Blauwasseryacht auf dem Ankerplatz von folgenden ganz groben Werten ausgehen: Wenn nicht kleinlich mit dem Licht umgegangen wird und wenn kein Inverter angeschlossen ist, so wird der Verbrauch über längere Zeit hinweg bei 15 bis 30 Ah pro 24 Stunden liegen. Auf See hängt es sehr davon ab, ob die Positionslichter eingeschaltet werden und ob eine elektrische Selbststeueranlage in Betrieb ist. Wenn man aber auch hier nicht zu verschwenderisch ist, wird man kaum über 50 Ah kommen, was man sich natürlich nicht sehr lange leisten kann. Aber für die Sicherheit sollte man schon ein wenig Strom opfern. Dementsprechend empfehle ich für eine Blauwasseryacht, die ja nicht auf Landstrom spekulieren kann, eine Bordbatterie-Kapazität von 300 Ah an aufwärts. Hat man nun so einen Kompressorkühlschrank an Bord, so erhöht sich der übliche Verbrauch auf ca. 150 Ah/24 Stunden, so daß die Bordbatterien nach 48 Stunden theoretisch (in der Praxis geht es noch schneller) restlos leer sind und es nach der Zehn-Stunden-Regel notwendig ist, die Maschine zehn Stunden lang zum Batterieladen laufen zu lassen. Das macht wohl kaum jemand. Ich habe mal einen Amerikaner getroffen, der mit seinem Zwei-Zylinder-Motor die Herausforderung eines elektrischen Kühlschranks über sechs Monate angenommen und jeden Tag sechs Stunden lang seine Hauptmaschine orgeln lassen hat. Dieser Sportsfreund war schwerhörig, und jeder auf dem Ankerplatz hat gerätselt, ob er deswegen die Maschine aushielt oder erst wegen der Maschine schwerhörig geworden war.

Ich will niemandem seinen elektrischen Kühlschrank – gleich welchen Systems – madig machen, zumal er im Vergleich zu anderen Kühlmöglichkeiten in der Anschaffung recht preiswert ist. Aber ich rate jedem Leser, der meinen Worten skeptisch gegenübersteht, vor dem Kauf zwischen die 12-Volt-Versorgung und den Kühlschrank ein Amperemeter zu halten und den abgelesenen Wert mit 24 Stunden zu multiplizieren. Für Küstensegler mag so ein Gerät nützlich sein, wenn viel motort wird und wenn die Außentemperatur ohnehin nicht übermäßig hoch ist. Für Bier und kalte Butter reicht das allemal.

Auf Blauwasseryachten wurden schon zahlreiche Versuche unternommen, das Kühlproblem in den Griff zu bekommen, aber der elektrische Weg erwies sich als eine Sackgasse. Es gibt aber von der Wirtschaftlichkeit her gesehen zwei Möglichkeiten, relativ preiswert zur Kühlung zu kommen. Zumindest am Ankerplatz haben sich Gaskühlschrank und Kühlung mit Petroleum bewährt.

Gaskühlschrank

Ein mit Gas betriebener Kühlschrank funktioniert vorzüglich, solange das Schiff aufrecht segelt. Schon 20° Lage stellen die Funktion in Frage, deshalb ist er unterwegs höchstens auf einem Kat oder Tri einsetzbar. Die gleichen Bedenken, die gegen das Kochen mit Gas vorgebracht wurden, gelten freilich um so mehr für die Kühlung mit Gas, wobei ständig eine kleine Flamme brennen muß – im Gegensatz zum Kochen unbeaufsichtigt.

Petroleumkühlschrank

Für den Petroleumkühlschrank gilt das gleiche wie für den Gaskühlschrank, soweit es die Funktionsfähigkeit betrifft. Petroleumkühlschränke haben sich fast ein Jahrhundert lang bewährt. Beispielsweise besaß fast jede polynesische Familie einen solchen, bevor die einzelnen Inseln mit Elektrizität versorgt wurden. Es gibt eine Reihe von Yachtskippern, die hervorragende Erfahrungen mit Petroleumkühlschränken gemacht haben, vor allem, wenn sie kardanisch aufgehängt waren. Die offene Flamme ist im Gegensatz zu Gas kein besonderes Risiko, weil Petroleum nicht explodieren kann und auch nicht nachströmt, wenn die Flamme verlischt. Allerdings heizt die Flamme stark auf, und so kann die durch die Kühlung gewonnene Lebensqualität schnell wieder verlorengehen.

Kühlung mit Hilfe von Holding Plates

Mindestens 95 Prozent der Blauwasseryachten mit Kühlmöglichkeit haben eine Anlage an Bord, bei der mit Hilfe eines an die Hauptmaschine angebauten Kompressors sogenannte Holding Plates (Kälteplatten, auch Cold Banks genannt) heruntergekühlt werden. Dieses System wurde vor etwa 15 Jahren von den Amerikanern (wer sonst treibt für Eiswürfel so einen Aufwand?) auf Blauwasseryachten eingeführt und damit erstmals eine Kühlung benutzt, die sich für den Bordbetrieb gut eignet. In Amerika haben sich ein paar Firmen etabliert (Adler & Barber, Grunert), die dieses System einbaufertig für Yachten liefern. Die Nachteile seien vorweg genannt: Diese Anlagen sind sehr teuer und in den seltensten Fällen wartungsfrei.

Ein Elektrokühlschrank kostet um die 1000 DM, ein Petroleum- oder Gaskühlschrank liegt in derselben Preisklasse. Eine gute Kühlanlage mit Holding Plates kostet ein Vielfaches davon. In Deutschland wird dieses System von der Firma Frigoboot für ungefähr 3000 DM angeboten, von Adler & Barber und von Grunert für 5000 DM und mehr. Je nach Ausführung ist man dann schnell bei über 10 000 DM.

Man kann die Anlagen nach folgenden Leistungskriterien miteinander vergleichen:

- Halten sie Kühltemperatur oder Tiefkühltemperatur?
- Wie lange muß die Maschine für den Betrieb einer solchen Anlage täglich laufen?
- Wie lange dauert es, bis das Kühlgut ohne „Nachladen" mit der Maschine eine bestimmte Temperatur erreicht hat?
- Wieviel Kühlgut kann mit der angegebenen Leistung gekühlt werden?

Um aufzuzeigen, warum solche Anlagen mehrere tausend Mark wert sind, ein paar Angaben aus der Kühlpraxis:

Die Frigoboot-Anlage erfordert täglich etwa zweimal eine halbe Stunde Maschinenlaufzeit, um die Kühltemperatur bei normalem Kühlschrankgebrauch zu halten; entsprechend länger, um das Kühlgut herunterzukühlen. Wer immer noch skeptisch ist, möge bedenken: Das ist ein so guter Wert, daß die deutsche Vertriebsfirma die Frigoboot-Anlage zu einem fast viermal so hohen Preis anbietet, wie sie einen Elektrokühlschrank verkaufen möchte. Wohlgemerkt, die Anlage muß von der Hauptmaschine täglich zweimal eine halbe Stunde betrieben werden, einmal eine

Stunde reicht nicht! Gute und viel teurere Anlagen oder gar Tiefkühlanlagen kommen mit einer Stunde pro Tag aus, und die Spitzengeräte begnügen sich mit einer Stunde alle zwei Tage.

Natürlich wurden die Anlagen nicht etwa für Yachten konzipiert; vielmehr haben die Yachties sie den Kühlwagen und den Anlagen für Container mit Kühlgut abgeschaut. Ein Container, der beim Be- und Entladen eine gewisse Zeit von der Stromversorgung abgeschnitten ist, muß in der Lage sein, die Temperatur über eine längere Zeit zu halten. Ähnliches gilt für Lkws mit Kühlgut, die auch mal für ein paar Stunden abgestellt werden, so daß keine Kühlung mehr betrieben werden kann. Im Grunde genommen also die gleichen Probleme wie auf Yachten. Wir wollen nicht häufig kurzzeitig die Maschine laufen lassen, sondern die Energieerzeugung in einem Zug erledigen.

Fast jeder von uns kennt die Funktionsweise dieser Kühlanlagen vom Haushalt her. System: Kühlelemente für die Kühltasche, in der man am Wochenende auf dem Schiff das Bier kalthalten kann. Diese Kühlelemente funktionieren aber nicht etwa so, daß die in ihnen enthaltene Gefrierflüssigkeit (ein Liter) mit einer Temperatur von angenommen –10° sich auf 5° erwärmt und damit einen Liter Bier von 20°C auf 5°C abkühlt, sondern man macht sich hierbei eine physikalische Gesetzmäßigkeit zunutze, die einen viel stärkeren Kühleffekt hat:

Um eine Flüssigkeit, die ihren Gefrierpunkt bei 0°C hat, von 1°C auf 0°C abzukühlen, müssen an die Flüssigkeit beispielsweise 1000 Kältekalorien abgegeben werden (je nach Menge und Art der Flüssigkeit). Um aber dieselbe Menge und Flüssigkeit von flüssigem Zustand von 0°C in festen, gefrorenen Zustand bei 0°C zu bringen, muß ein Vielfaches an Kältekalorien investiert werden: etwa 80 000. Soll der gefrorene Stoff um ein weiteres Grad abgekühlt werden, sind wieder nur 1000 Kalorien erforderlich. Umgekehrt ergibt sich eine Menge „Kühlenergie" zwar noch nicht, wenn sich der gefrorene Stoff von –1°C auf 0°C erwärmt, denn das bringt nur 1000 Kalorien. Wenn er aber bei 0°C in flüssigen Zustand übergeht, werden wieder 80 000 Kalorien frei, die das Kühlgut in der Nachbarschaft abkühlen.

Das ist der Grund, weshalb die Kühlelemente für die Kühltasche in der Tiefkühltruhe *gefroren* werden müssen; nur so kann dieser besondere Kühleffekt zum Tragen kommen, der nur bei der Änderung des Aggregatzustandes (also fest – flüssig) entsteht. Den gleichen Effekt haben wir auch dann, wenn wir in einen Drink Eiswürfel geben. Verdünnen wir einen Whisky statt mit Eis mit Eiswasser, so wird er bei weitem nicht so kalt sein.

In speziellen Kühlanlagen macht man sich eben diesen Effekt zunutze. Dabei muß berücksichtigt werden – ähnlich wie beim Strom und der Batterie –, daß es bei *laufender Maschine* nicht schwierig ist, auch große Mengen Kühlenergie zu produzieren. Hierzu wird ein relativ preiswerter Kühlkompressor direkt auf die Hauptmaschine gebaut, der dann, angetrieben über Keilriemen, diese Kühlmengen liefert. Die sogenannten Holding Plates – man könnte sie auch Kälteenergie-Batterien nennen –, nehmen nun diese großen Mengen auf, gefrieren damit die in ihnen enthaltene Gefrierflüssigkeit und geben die Kälteenergie nach dem Abschalten der Maschine an das Kühlgut langsam ab und kühlen es damit herunter.

Das Ganze funktioniert nur dann effektiv, wenn die Gefrierflüssigkeit – „Sole" genannt – auch tatsächlich gefroren, also das zigfache an Kühlenergie aufgenommen wird, die sonst erforderlich wäre, die

Flüssigkeit um ein paar Grad abzukühlen. Dies ist das Geheimnis einer gut funktionierenden Kühlanlage an Bord einer Blauwasseryacht.

Warum hat man dieses System nicht zu Hause? Erstens steht dort genügend elektrischer Strom zur Verfügung, und zweitens schaltet sich bei der Tiefkühltruhe alle paar Minuten der Kompressor ein und aus, was man mit der Hauptmaschine natürlich nicht machen kann. Das Geheimnis liegt also nicht in einer guten Isolation der Truhe – sie ist selbstverständlich Voraussetzung für jede Kühlanlage –, sondern in der Ausnutzung des hohen Energiebedarfs, der erforderlich ist, um eine Flüssigkeit in festen Zustand zu versetzen.

Im Grunde genommen haben wir es mit einer – vom Prinzip her – üblichen Kompressorkühlanlage (wie zu Hause auch) und den Holding Plates zu tun, die von der Anlage möglichst effektiv heruntergekühlt werden sollen. Natürlich wäre es unsinnig, einen so kleinen Kompressor wie in unseren Haushaltskühlschränken zu verwenden, denn die leisten für diesen Zweck viel zu wenig. Wir haben mit der Hauptmaschine ja genügend Kraft, um auch größere Aggregate betreiben zu können. Ein Kompressor, wie wir ihn brauchen, benötigt eine Kraft, die in der Größenordnung von 1 bis 3 PS liegt.

Ähnliche Kompressoren werden auch in Autos für die Klimaanlagen eingesetzt und ebenfalls vom Motor direkt betrieben, was schon darauf hindeutet, daß sich diese Kompressoren für den Elektroantrieb nicht eignen. Würden wir sie auf dem Schiff mit einem Elektromotor betreiben, der aus der Bordbatterie gespeist würde, wären die meisten Batterien in zwei Stunden restlos leer. Das geht also nicht, während die Hauptmaschine die Belastung kaum spürt.

Wie in den Haushaltskühlschränken, muß für einen Abtransport der freigewordenen Wärme gesorgt werden – dort übernimmt meistens ein Ventilator diese Aufgabe. Bei der Bordanlage geschieht dies wesentlich effektiver durch einen wassergekühlten Kondensor, der meistens in den Kühlkreislauf für die Maschine mit eingebaut ist.

Am teuersten sind die Holding Plates, die im Kühlraum – Truhe oder Schrank – untergebracht werden. Sie sind mit einer ganz bestimmten Kühlflüssigkeit gefüllt, die einen genau festgelegten Gefrierpunkt hat. Durch die Behälter verlaufen dann meistens die Kühlschlangen, die die Sole abkühlen.

Wie schon erklärt, tritt der Speichereffekt der Holding Plates nur um den Gefrierpunkt der Flüssigkeit auf. Wenn die Sole einen Gefrierpunkt von 0°C hat, dann arbeitet die Anlage nur in der Nähe dieser Temperatur optimal, sie kann also lediglich als Kühlschrank betrieben werden. Verwendet man eine Sole mit einem Gefrierpunkt von –20°C, dann kann man die Anlage nicht ohne weiteres als Kühlschrank benutzen, weil die Flüssigkeit ja auf mindestens –20°C abgekühlt werden muß, um die von der Hauptmaschine mit dem angebauten Kompressor erzeugte Kälte speichern zu können.

Diese Speicherfähigkeit zeigt sich am besten im Verlauf der Kühlschranktemperatur während der Auftauphase. Nach dem Abschalten der Maschine beträgt die Temperatur beispielsweise –5°C. Stunden später sind bereits 0°C erreicht. Anschließend benötigt der Kühlraum immerhin 16 Stunden, um auf eine Temperatur von 3°C anzusteigen, und nach weiteren vier Stunden ist sie bei 7°C angelangt – die Anlage muß wieder heruntergekühlt werden. Ohne Holding Plates mit ihrem Speichereffekt könnte man sie sogar genauso schnell oder etwas schneller abkühlen. Nach fünf Stunden aber wäre die Temperatur von –5°C auf 7°C angestiegen; man müßte die Maschine erneut zum Kühlen starten.

Den gleichen Effekt liefert Eis, das in die Kühlbox (im Unterschied zu „Schrank“ oder „Truhe“) gebracht wird. Der Speichereffekt des Eises macht sich in einem sehr langen Halten der Temperatur um 0°C bemerkbar. Ist das Eis aber geschmolzen, steigt die Temperatur sprunghaft an.

Nachstehende Kurve zeigt die Auftautemperatur nach abgestellter Maschine bei einer Tiefkühltruhe, wobei die verwendete Sole auf eine Gefriertemperatur von –19,6°C eingestellt ist.

Wegen des Speichereffektes muß man sich also vorher festlegen, ob man einen Kühlschrank oder eine Truhe haben möchte. Tiefkühltruhen bieten den Vorteil der fast vollkommenen Unabhängigkeit von Corned-Beef-Dosen. Zu Hause sagt man leicht, heutzutage gäbe es so hervorragende Konserven. Wenn man aber ausschließlich auf Dosennahrung angewiesen ist, hängt sie einem schnell zum Halse heraus, zumal in vielen Ländern wegen deren produzentenfreundlichen Lebensmittelgesetzgebung die Qualität dieser Nahrung nicht im entferntesten an die der deutschen herankommt.

Eine Tiefkühltruhe kann auch mit Fleisch versorgen, wo überhaupt keines erhältlich ist. Auf vielen kleineren Inseln im Südpazifik beispielsweise gibt es kein Fleisch aus eigener Produktion. Die Bewohner ernähren sich vor allem von Corned Beef aus Dosen und selbstgefangenem Fisch. Ein Yachty hatte sich aus Amerika nach Antigua hundert Steaks per Luftfracht einfliegen lassen. Sie hielten sich in der Tiefkühltruhe ein halbes Jahr und waren trotz der hohen Transportkosten billiger als das Fleisch, das er später im Pazifik kaufen konnte. Von der Qualität ganz zu schweigen.

Der Speichereffekt der Holding Plates tritt bei der Auftautemperaturkurve der Truhe zwischen –15°C und –18°C deutlich auf. Über 20 Stunden bleibt die Temperatur annähernd konstant. Wenn der Speichereffekt „verbraucht“ ist, steigt die Temperatur rapide an.

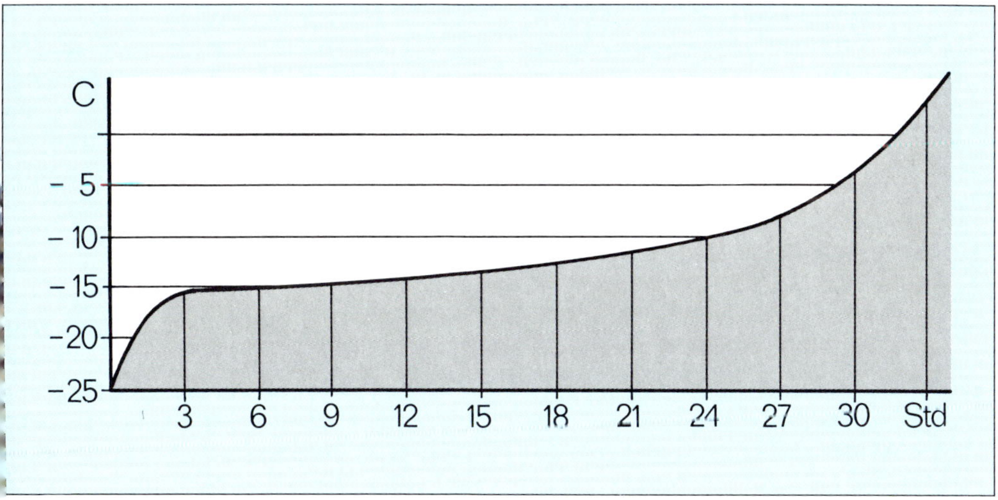

Für Fischliebhaber ist eine Tiefkühltruhe ebenfalls ideal. Denn meistens fängt man keine kleinen Fische, sondern größere Raubfische wie Thun, Tasar oder Goldmakrele. Sie sind fast immer viel zu groß für eine kleine Crew. So ist es schade um den schönen Fisch, wenn der größere Teil den Haien zum Fraß vorgeworfen wird. Hat man eine Tiefkühltruhe, ist das kein Problem; Fisch eignet sich vorzüglich zum Einfrieren. Wenn man dann größere Ortschaften anläuft, wird man sich meist wundern, wie wenig Fisch es dort gibt und wie teuer er im Geschäft ist. Der Inhalt der Tiefkühltruhe dagegen ist kostenlos. Am ärgerlichsten ist es aber, wenn man das Glück hat, an einem Platz zu ankern, wo es – noch – Langusten im Überfluß gibt, denn ohne Tiefkühltruhe hat man von dem Segen der Natur nur für ein paar Tage etwas.

Für manchen ist ein Kühlschrank wertvoller als eine Tiefkühltruhe. Nur im Kühlschrank lassen sich Getränke abkühlen, während man sich bei einer Truhe mit Eiswürfeln behelfen muß. Fleisch und Fisch halten sich auch in einem guten Kühlschrank eine Woche (dagegen ungekühlt in den Tropen allenfalls fünf Stunden). Der Hauptvorteil eines Kühlschrankes aber ist, daß man Obst und Gemüse viel länger lagern kann.

Wenn man seine Kühlanlage plant, sollte man sich hinsichtlich der Größe des Kühlraumes von den häuslichen Gegebenheiten lösen. Erstens fehlt auf Yachten meist der Platz, großzügig einen Schrank einbauen zu können, und zweitens bezahlt man Kühlraum, der nicht unbedingt erforderlich ist, mit längeren Maschinenlaufzeiten. Selbstverständlich sind auch Schränke, bei deren Öffnen die kalte Luft auf den Boden sinken kann, auf einer Yacht Unsinn. Nur Truhen, gleichgültig ob zum Kühlen oder zum Tiefgefrieren, sind von der Energienutzung her vertretbar. Bei der Größe hat man auch zu berücksichtigen, daß einen Teil des Innenraums die Holding Plates einnehmen und daß beim Einbau einer Truhe eine ganze Menge Platz die Isolierung erfordert. Styropor ist ungeeignet, man sollte schon PU-Schaum verwenden. Die Dicke der Isolierung sollte bei 20 Zentimeter liegen.

Bei einer Tiefkühltruhe wird man den Raum danach planen, wieviel Fleisch, Butter, Fisch und sonstiges Gefriergut (natürlich auch Eiswürfel) man gleichzeitig darin staut. Wenn man sich des Energieverbrauchs bewußt wird, so wird man sich für einen Nutzraum von ungefähr 50 Liter entscheiden – eine Miniaturausgabe von Kühltruhe nach Haushaltsmaßstäben, aber bei vernünftiger Nutzung ausreichend für eine kleine Crew, um monatelang auf Blauwasserfahrt unabhängig zu sein. Ein Kühlschrank kann in etwa die gleiche Größe haben.

Die Firma Grunert bietet seit einiger Zeit auch Systeme an, die sowohl eine Tiefkühlung als auch eine normale Kühlung ermöglichen. Nachdem die Art der Kühlung durch die Gefriertemperatur der Sole vorgegeben ist, behilft man sich mit einem einfachen Trick. Neben der Tiefkühltruhe wird eine Kühlbox mitisoliert, die mit der Truhe durch eine kleine Öffnung verbunden ist. Durch diese Öffnung gelangt Kälte von der Truhe in die Box, die weder Holding Plates noch eine sonstige Energieversorgung hat, was je nach Größe von Box und Öffnung einen Kühleffekt ergibt. Freilich, man bekommt auf einer Yacht nichts geschenkt, und so zahlt man dafür auch längere Maschinenlaufzeiten.

Das Kapitel Kühlung an Bord darf nicht abgeschlossen werden, ohne auf die technischen Schwierigkeiten dieser Anlagen mit Kompressor an der Maschine und Holding Plates hinzuweisen. Die meisten dieser Anlagen arbeiten nicht über mehrere

Jahre hinweg störungsfrei. Dazu sind sie zu kompliziert. Probleme entstehen meist durch die Tatsache, daß es relativ schwierig ist, Rohrleitungen so dicht zu bekommen, daß das in ihnen geleitete Kühlmittel, das zur Kälte*erzeugung* dient (nicht zu verwechseln mit der Sole!), nicht entweichen kann. Hat sich aber ein Leck gebildet, geht meist Kühlmittel verloren, und/oder Luft dringt in die Leitungen. Beides kann die Funktion der Anlage in Frage stellen. Ein ähnliches Problem ergibt sich bei Ölwechsel und -kontrolle am Kompressor, denn das Öl ist meistens, im Kühlmittel gelöst, im Kühlkreislauf, so daß die unter Druck stehende Anlage abgesaugt und geöffnet werden muß, um den Ölstand messen zu können.

Es gibt Blauwassersegler, die, obgleich sie viel von Kühlanlagen verstehen, gerade wegen der Kompliziertheit der Technik auf diese Art von Kühlung verzichten. Andererseits trifft man – selbst an abgelegenen Plätzen – in den heißen Gegenden häufig auf Fachleute für solche Anlagen, die auch das nötige Werkzeug haben. Freeon gibt es in jedem Hafen, den Fischerboote anlaufen, denn der Fang wird oft mit ähnlichen Anlagen gekühlt.

Kühlanlagen sind ins Gerede gekommen. Die besonders in den Kühlmitteln enthaltenen Gase (FCKW) haben sich leider als äußerst gefährlich für die Umwelt erwiesen, so daß demnächst (spätestens 1996 in Deutschland) die Verwendung von FCKW verboten wird. Deshalb steht Kühlanlagen mit Freeon 12 als Kühlmittel (ganz schlimmer Ozonkiller) und Freeon 22 (immer noch schlimm genug) eine schwarze Zukunft bevor. Das Problem liegt nun einerseits in dem Umstand, daß bestehende Anlagen nicht einfach mit einem neuen Gemisch gefüllt werden können und daß die neuentwickelten Kühlmittel, meist auf der Basis eines Propan-Isobutan-Gemisches, bei weitem nicht so effektiv wie Freeon sind und neue Probleme (z. B. Korrosionsgefahr) schaffen.

Es ist nicht anzunehmen, daß in nächster Zukunft in den Blauwasserhäfen mit den zahlreichen Fischerflotten rund um die Welt, deren Kühlanlagen alle noch mit Freeon betrieben werden, solche Anlagen nicht mehr gewartet und nachgefüllt werden können. Ein Grund zur Panik besteht somit nicht. Wenn wir allerdings vor der Neu-Anschaffung einer solchen Anlage stehen, müssen wir uns mit diesem Problem bereits jetzt auseinandersetzen.

Beispiel für eine gelungene Energieversorgung auf einer Blauwasseryacht

In meinen Augen wurde auf der 14,50 Meter langen amerikanischen Yacht ALTAIR die Energieversorgung so gelöst, wie sie heute unter Berücksichtigung des Komforts und der Energiekosten nicht besser möglich ist. Ziel des Eigners war es, nicht nur ausgedehnte Kreuzfahrten unternehmen, sondern auch lange an einem Ort verweilen zu können. An Landstrom wurde überhaupt nicht gedacht, der Eigner wollte so unabhängig wie möglich sein.

Als Strom- und Kühlenergieerzeuger sowie als Antrieb wurde eine Vier-Zylinder-Dieselmaschine mit 80 PS eingebaut, die der Yacht eine Höchstgeschwindigkeit von etwa acht Knoten unter Maschine und eine Marschfahrt von um die sechs Knoten verlieh. Die elektrische Anlage bestand aus zwei Drehstromlichtmaschinen mit je 55 Ampere bei 12 Volt. Die beiden Batteriesysteme hatten also je eine Lichtmaschine. Die Kapazität der Starterbatterie betrug 110 Ah, während für das Bordnetz ein Batteriepaket mit 480 Ah zur Verfügung stand. An und für sich hätte es für den Starterkreislauf auch eine schwächere Lichtmaschine getan, aber der Eigner wollte zwei gleichstarke Lichtmaschinen, damit etwa bei einem Defekt (was nicht vorkam) die eine gegen die andere ausgetauscht werden konnte.

Die Maschine wurde zusätzlich mit einem Kühlkompressor ausgerüstet, der eine Tiefkühlanlage mit ungefähr 60 Liter Kühlgut betrieb. Das Schiff war reichlich mit Elektrizität ausgestattet, aber man war sich bei der Installierung sehr wohl der besonderen Probleme bewußt. So wurden insbesondere Neonleuchten eingebaut. Ein Generator war nicht an Bord. Auf eine Druckwasseranlage wurde zugunsten von Fußpumpen verzichtet. Nachdem das Schiff vor allem für die Tropen gebaut wurde, bekam es auch keine Heißwasseranlage und keine Heizung. Gekocht wurde mit Petroleum. Der Frischwassertank hatte eine Kapazität von 1100 Liter, der Dieseltank faßte 900 Liter. Das Resümee nach 40 000 Seemeilen:

Im Normalfall lebte eine zweiköpfige Crew an Bord, häufig segelten aber auch Freunde mit. Die meisten von ihnen fanden das Bordleben angenehm, wenn sie auch bemängelten, daß es keine kalten, sondern nur lauwarme Getränke mit Eiswürfeln gab. Das war hinsichtlich des Komforts die Hauptklage. Die Maschine mußte über die drei Jahre hinweg alle zwei Tage etwa 70 Minuten laufen, um in der Tiefkühltruhe eine Temperatur zwischen –14°C und –20°C zu halten. Bei dieser Gelegenheit wurden auch die beiden Batterien geladen, wobei wegen der reichlichen Batteriekapazität die Maschine nie wegen der Stromversorgung, sondern immer wegen der Kühlung so lange laufen mußte. Schätzungsweise wären pro zwei Tage zehn Minuten weniger Laufzeit erforderlich gewesen, wenn nur die Batterien nachgeladen worden wären. So wird der Stromverbrauch bei etwa 20 Ah pro Tag am Ankerplatz gelegen haben, über drei Jahre hinweg gesehen. Es brannte ausschließlich elektrisches Licht und nicht etwa eine Petroleumlampe, die in den Tropen die Kajüte zu sehr aufgeheizt hätte.

Unterwegs wurde die Maschine in Flautengewässern manchmal 30 Stunden gefahren, bei weiten Ozeanstrecken bemühte man sich, sie über die für Kühlung und Strom nötige Laufzeit hinaus nicht zu benutzen. Positionslichter brannten abseits der Schiffahrtswege nur bei Insichtkommen anderer Schiffe.

Der Spritverbrauch betrug bei Höchstgeschwindigkeit ungefähr acht Liter, bei langsamer Marschfahrt etwa sechs Liter. Dagegen brauchte die Maschine zum Laden der Batterien und zum Kühlen wesentlich weniger Diesel, weil sie etwas über Leerlaufdrehzahl gefahren wurde. Reine Leerlaufdrehzahlen würden auf Dauer der Maschine schaden, aber hier war sie durch zwei starke Lichtmaschinen und einen größeren Kühlkompressor doch etwas unter Last.

Der Dieselverbrauch betrug über drei Jahre hinweg insgesamt 2940 Liter. Gemäß Betriebsstundenzähler war die Maschine 936 Stunden gelaufen. Dies ergibt einen Durchschnitts-Verbrauch von 3,1 Liter je Stunde für alle Betriebsarten.

Die interessanteste Zahl sind eigentlich die 2940 Liter, die einem monatlichen Durchschnittsverbrauch von 82 Liter entsprechen. Bei einem Dieselpreis für Yachten in diesen Gewässern von ca. 1 DM/Liter ergibt das monatliche Energiekosten für einen Zweipersonen-Haushalt von 82 DM – den größten Swimmingpool der Welt vor der Haustür inbegriffen.

Die Mindestausrüstung für eine Blauwasseryacht

Bis jetzt war viel die Rede davon, was man auf einer Blauwasseryacht alles realisieren kann – von der technischen Seite her. Das Finanzielle wurde nur gestreift. Dadurch mag der Eindruck entstanden sein, daß man schon Millionär sein muß, um auf Blauwasserfahrt gehen zu können. Das jedoch ist nicht zutreffend. Die Mehrzahl der Blauwassersegler ist alles andere als wohlhabend, vielmehr handelt es sich bei ihnen um echte Normalverbraucher, die ihrem Hobby und ihrer Lebensauffassung zuliebe allerdings Opfer bringen. Genaugenommen kann man es freilich nicht als Opfer ansehen, wenn man statt auf ein Auto oder eine kleine Eigentumswohnung auf eine Yacht spart. Auch dann nicht, wenn man gezwungen ist, sich etwas einzuschränken, was insbesondere Jüngeren nicht schwerfallen sollte, und seine Ansprüche hinsichtlich der Blauwasseryacht zurückzuschrauben.

Im folgenden wird geschildert, wie nach meiner Ansicht eine Blauwasseryacht ausgerüstet sein sollte, damit sie möglichst wenig Kapital verschlingt, andererseits aber dem Sicherheitsgebot voll Genüge getan wird. Manche Ausrüstungsgegenstände entsprechen diesem Sicherheitsgebot freilich nur indirekt, wie beispielsweise die Selbststeueranlage. Natürlich könnte der Blauwassersegler auch manuell steuern, aber bei kleiner Besatzung ist es aus Gründen der Sicherheit erforderlich, daß die wenigen vorhandenen Kräfte so effektiv wie möglich eingesetzt werden. Das Nachstehende kann auch beim Yachtkauf nützlich sein, denn oft genug ist nicht einmal die Mindestausrüstung für das Küstensegeln vorhanden, geschweige denn für das Langfahrtsegeln.

Die Yacht selbst ist dann am günstigsten, wenn sie eine gerade ausreichende Größe mit einem einmastigen Rigg hat. 7 Meter Länge über alles sollte sie schon haben. Eine Maschine, und zwar einen Einzylinder-Diesel mit Handstart, sehe ich als zwingend notwendig an. Und weil es gar so billig ist, sollte für den Fall dessen Versagens auch gleich noch ein langer Riemen an Bord sein, mit dem man bei Flaute ganz gut wriggen kann.

Bei dieser Größe reichen als Segel das Groß, eine Genua und eine Fock, wobei der Bootshaken sich zum Ausbaumen der Vorsegel eignen sollte. Sturmsegel sind nicht erforderlich, wenn noch eine Schwerwetterfock vorhanden ist. Ein Bindereff ist gut und preiswert. Zwei Schotwinden wären empfehlenswert. Als Ankergeschirr müssen ein Danforth und ein deutscher Stockanker an Bord sein, einer davon mit Trosse, der andere mit Kette.

Vier Fender und vier Festmacherleinen (je 15 Meter lang) sind zum An-die-Pier-Gehen notwendig. Die berühmten Panamaleinen von je 50 Meter Länge kann man sich sparen, weil dort sicher die Möglichkeit besteht, die Leinen von einer anderen Yacht auszuleihen.

Eine Selbststeueranlage ist ebenso ein Muß wie ein Klappverdeck, das das Cockpit und damit die Mannschaft vor überkommendem Wasser schützt. Auf Lifebelts (Sicherheitsgurte) und Ölzeug kann nicht verzichtet werden, wohl aber auf eine Seereling, die auf so einem kleinen Schiff ohnehin kaum vor dem Überbordgehen schützt.

Ein Bootsmannsstuhl muß ebenso vorhanden sein wie ein Beil und ein Wantenschneider. Ein Satz Signalkörper mit noch nicht abgelaufenem Verfallsdatum sowie *mehrere* Taschenlampen dienen der Sicherheit zusätzlich.

Auf einem kleinen Schiff müssen auch in puncto Sicherheit Kompromisse gemacht werden. Auf eine Rettungsinsel kann man verzichten, wenn das Beiboot, das zu einer Blauwasseryacht wie der Spinnaker zu einer Rennyacht gehört, schnell einsatzbereit ist, wenn man also ein festes Dingi aus Kunststoff, Holz oder Aluminium hat oder ein Gummidingi, das in Sekunden betriebsbereit sein muß (ausprobieren, auch wenn man eine wertvolle Kapsel für die Preßluft opfert). Schwimmweste, Signalhorn (mechanisch), Signalspiegel und Pfeife vervollständigen die Sicherheitsausrüstung.

Für den Wohnkomfort ist eigentlich nur eine bequeme Koje unbedingt notwendig. Man überlege sich sehr genau, ob die Mannschaft tolerant genug ist, auf eine Toilette verzichten zu können. Eine Pütz ist billig und kann nicht kaputtgehen. Der eingesparte Platz ist besonders auf einem kleinen Schiff kaum zu bezahlen. Ein Petroleumkocher, Pütt und Pann sowie Geschirr sind alles, was man zum Kochen braucht. Trinkwasser wird in Plastikkanistern gestaut und daraus abgefüllt. Pumpen halte ich für überflüssig auf einem kleinen Schiff, wenn man die Bilge mit der Pütz erreichen kann, die vor allem im Notfall viel wirkungsvoller ist.

Auf Elektrizität mit allem Drum und Dran (schwere Batterien) kann verzichtet werden, wenn man sich mit Petroleumlampen anfreundet. Aus Gründen der Sicherheit empfehle ich ohnehin, eine Drucklampe für Petroleum (Petromax) mitzunehmen, die viel heller ist als so mancher elektrische Scheinwerfer.

Unbedingt notwendig ist ein Radioempfänger, der ausreichend trennscharf das gesamte Kurzwellenband empfangen kann. Mit Geräten für die Navigation kann die Yacht sparsam ausgerüstet sein, wenn auch deswegen nicht schlechter als große Yachten. Kompaß, batteriebetriebenes Echolot (bei einem Einhandsegler, sonst reicht Handlot), Schlepplog, Fernglas, Barometer, Sextant (nicht aus Plastik), Nautisches Jahrbuch, Tafeln H.O. 249, GPS und eine Quarzuhr aus dem Kaufhaus sind das Handwerkszeug.

So eine Yacht sollte auch heute noch kein Vermögen kosten. Diese Ausrüstung reicht aus, um alle Weltmeere zu bezwingen. Halt, eines muß der Skipper noch mitnehmen: eine solide Kenntnis der Seemannschaft.

Die Reiseplanung

Wenn man von einer Blauwasserreise träumt, dann sieht man sich an langen Winterabenden über Stöße von Büchern gebeugt, Stecknadeln mit Fähnchen in die Weltkarte an der Wand stecken, Karten sortieren. In Wirklichkeit ist die gesamte Reiseplanung viel nüchterner. Ich rate sogar dringend davon ab, seine Zeit mit ausgedehnten Planungsspielen zu verschwenden, denn meistens wird die Planung von der Realität nicht abgedeckt. Zudem engt man sich zu sehr ein, wenn man eine Blauwasserreise bis in das kleinste Detail plant.

Oft auch sind zu Hause die neuesten Informationen gar nicht erhältlich. Als sich 1973 Israel im Krieg befand, mußten alle Yachten im Indischen Ozean – oft auf hoher See – ihre Reisepläne ändern und statt zum Roten Meer Richtung Südafrika segeln. Ein halbes Jahr später schon konnten die Yachties, die die Route von Madagaskar nach Moçambique auf ihrem Reiseprogramm hatten, dieses Land nicht mehr anlaufen, weil dort ein neues, damals yachtfeindliches Regime errichtet wurde. Und wieder kurz darauf konnte Madagaskar aus demselben Grund nicht mehr besucht werden. 1994 war praktisch von einem Tag auf den anderen der Weg ins Rote Meer wegen des Yemen-Konfliktes tabu.

Meist aber wird eine Änderung der Planung nicht durch politische Verhältnisse ausgelöst, sondern ganz einfach durch brandaktuelle Tips von anderen Yachtleuten, die gerade von einem „Superplatz" kommen. Es wäre schade, wenn man so einen Platz nur deswegen nicht anlaufen würde, weil man sich durch seine Planung zu sehr eingeengt hat. Aber Vorsicht bei Tips von anderen Yachties! Immer fragen, was der betreffende Ratgeber sonst schon gesehen hat. Oft ist der neue empfohlene Platz auch nicht besser als der vorher geplante, nur wirft er alles durcheinander. Wenn der Yachty allerdings beide Plätze kennt, dann kann man ihm wohl vertrauen.

So passierte es einmal einem Freund, dem bereits in den Westindies geraten wurde, unbedingt zu den Austral-Inseln zu fahren, das sei noch das letzte Paradies. Tatsächlich waren die Leute dort sehr gastfreundlich, so wie alle Polynesier, nur sind die Australs fast am Ende der Welt, bereits im Bereich der westlichen Winde und ohne einen einzigen sicheren Ankerplatz für Yachten. Das Schiff kann nicht für einen Tag alleingelassen werden, denn die Gefahr wäre zu groß, daß der Wind drehen würde. Also nicht gerade optimal! Erst viel später erfuhr mein Freund, daß sein Ratgeber, der es sicher gut gemeint hatte, ansonsten nicht einen einzigen Platz in der riesigen Südsee aufgesucht und somit überhaupt keine Vergleichsmöglichkeiten hatte.

Die Grundzüge einer Blauwasserreise – abhängig von der Zeit, die zur Verfügung steht – müssen immer geplant werden. Einen Überblick über die Blauwasserreviere der Welt (ausgenommen selten besuchte Gebiete in extremen Gegenden) geben die „Blauwasserinfos – weltweit“ auf Seite 411. Sie stellen nur Anhaltspunkte dar und haben lediglich die Aufgabe, einen groben Eindruck zu vermitteln, was einen Yachty dort ungefähr erwartet. Für die Planung einer Blauwasserreise sind sie sicher sehr hilfreich, können aber Detailmaterial vom betreffenden Gebiet oder aktuellere Tips von anderen erfahrenen Yachties nicht ersetzen.

Am besten entscheidet man sich für ein paar Hauptanlaufpunkte, die in jedem Fall besucht werden sollen. Was dazwischen ist, überlasse man den Informationen, die man unterwegs bekommt und die meistens aktueller sind, als was man sich zu Hause an Infos besorgen kann. Diese Hauptanlaufpunkte soll man so planen, daß man sich in deren Reichweite längere Zeit aufhalten kann. Sie sollten gute Einkaufsmöglichkeiten, Werkstätten und vor allem eine zuverlässige Postadresse bieten. Denn man wird ohne eine solche unterwegs kaum in Frieden leben können. Dorthin können dann Geld, Ersatzteile oder sonstige wichtige Dinge gesandt werden. Es gibt nichts, was die Planung derart über den Haufen werfen kann, als wenn man sich ein Teil für die Maschine „in den nächsten Hafen“ schicken läßt. Man könnte ganze Bücher darüber schreiben, wie Yachties wochenlang jeden Tag zum Postamt in einem Hafen am Ende der Welt marschieren und nach einem Paket aus dem Heimatland fragen, das ja schon längst da sein müßte. Dann kommen die telegrafischen Rückfragen, die Telefonate und schließlich das Paket – mit dem falschen Teil. Nur Krankheit kann einem das Blauwassersegeln mehr vermiesen.

Nicht jedes Postamt ist auch eine gute Postadresse. Manche Postämter heben Post für Yachten nur ein paar Tage auf, ehe sie beispielsweise eine wichtige Seekarte wieder zurückschicken. Deshalb wäre eine private Adresse optimal. Ein wahrer Segen sind in diesem Zusammenhang die TO-Stützpunkte, die vom Verein Trans-Ocean rund um die Welt eingerichtet wurden. Wenn man seine Hauptanlaufpunkte danach auswählt, kann man sich schon vorher mit dem betreffenden Stützpunktleiter in Verbindung setzen. Diese arbeiten ehrenamtlich; es ist deshalb selbstverständlich, daß man sie so wenig wie möglich belastet. Erwartet man Post, für die Gebühren bezahlt werden müssen, sollte man dem Stützpunktleiter schon vorab einen entsprechenden Betrag überweisen. Beruhigend für den Stützpunktleiter ist sicher auch eine schriftliche Erklärung, daß er mit Übernahme des Postdienstes keinerlei Haftung eingeht, auch nicht für „grobe Fahrlässigkeit“.

Es ist darüber hinaus ratsam, dem Stützpunktleiter adressierte Rückumschläge zu schicken, damit ihm die Arbeit möglichst erleichtert wird. Viele von ihnen machen diese Sache neben ihrem Beruf, und man sollte sie ohnehin bewundern, daß sie für Leute etwas erledigen, die – wie die Blauwassersegler ausschließlich, zumindest unterwegs – zu ihrem Vergnügen segeln. Vom Stützpunktleiter erfährt man auch spezielle Details, beispielsweise, ob den örtlichen Slip auch Kurzkieler benutzen können. Im übrigen ist es beruhigend, wenn man gleich bei der Ankunft einen Ansprechpartner hat.

Strom, Wind und Stürme bestimmen die Reiseroute

Für die Planung der Reise zu den Hauptanlaufpunkten ziehe man vor allem das hervorragende – uralte – englische Werk „Ocean Passages for the World" zu Rate. Es ist kein Lesebuch, sondern ein Nachschlagewerk, in dem alle Segelschiffsrouten (und Motorschiffsrouten, die uns nur dann interessieren, wenn wir wissen wollen, wo wir besonders aufmerksam Wache zu gehen haben) über die Welt verzeichnet sind. Man segelt nämlich auf den Weltmeeren nicht einfach die entfernungsmäßig kürzeste Verbindung zwischen beiden Punkten, sondern auf einer Route, die sicher und wegen der vorherrschenden Winde zeitmäßig die kürzeste ist. Man macht sich die für die Landratte ungewohnte Situation auf den Weltmeeren zunutze, daß man – je nach Jahreszeit – mehr oder weniger stetige Winde aus einer Richtung hat, die eben nicht durch Landmassen gestört werden. Ein solches Windsystem sind die Passatwinde, die fast ausschließlich aus östlichen in westliche Richtungen wehen.

Wie ungünstig es ist, sich nicht nach den vorherrschenden Winden zu richten, zeigt das Beispiel der amerikanischen Yacht OPTIKI, die per Schiff von Hongkong nach Fidschi geliefert wurde und von dort nach Hause in die USA gebracht werden sollte. Nur etwa 5000 Seemeilen wären zu segeln gewesen, aber gegen den Passat. Insgesamt sechsmal lief die Yacht mit ihrer unerfahrenen Crew aus Fidschi Richtung Osten aus, doch jedesmal kam sie nach ein paar Tagen entnervt zurück. Die weiteste Strecke, die sie nach Osten geschafft hatte, waren 275 Seemeilen. Schließlich sah man die Aussichtslosigkeit des Unternehmens ein und segelte die Yacht „andersherum", also durch den Indischen Ozean sowie über Kapstadt und Panama. Insgesamt also waren die rund 25 000 Seemeilen um Afrika „kürzer".

Neben den „Ocean Passages for the World" zeigen am besten die sogenannten Pilot Charts oder Monatskarten die vorherrschenden Windrichtungen. Darin sind Tausende von Beobachtungen auf allen Weltmeeren statistisch verarbeitet worden, so daß man wertvolle Hinweise bekommt, mit welchen Winden gerechnet werden *kann*. Wie mit allen Statistiken ist auch auf die Monatskarten kein hundertprozentiger Verlaß, doch sind sie für viele Gebiete sehr aussagekräftig. Wenn sie für ein bestimmtes Gebiet „0 % Flaute" und „80 % Ostwinde" angeben, so bedeutet das nicht, daß dort auch tatsächlich keine Windstille angetroffen werden kann; zumindest aber ist sie sehr unwahrscheinlich. Monatskarten gibt es für jeden Ozean getrennt, entweder für jeden Monat eine (einzeln beziehbar), oder es ist auf einer Karte ein Vierteljahr zusammengefaßt. Sie veralten nicht, genausowenig wie die „Ocean Passages for the World".

Die Hurrikansaison – das wichtigste Kriterium bei der Planung einer Blauwasserreise

In den „Ocean Passages for the World" ist auch angegeben, in welchen Teilen der Erde und zu welchen Zeiten Sturm- beziehungsweise Orkangefahr besteht. Diese Hinweise sind ernstzunehmen. Auch wenn die Orkanhäufigkeit nicht sehr hoch ist: Gute Seemannschaft verbietet es, während der Hurrikanzeit durch Gebiete zu segeln, die unsicher sind. Die einzige Ausnahme besteht dann, wenn jederzeit gewährleistet ist, daß ein hurrikansicherer Hafen angelaufen werden kann. Aber hier ist Vorsicht am Platze: Es gibt nur ganz wenige, denn die meisten Ankerplätze in den Tropen sind zur einen Seite hin vollkommen offen. Daran muß man sich erst gewöhnen, wenn man an die beruhigend geschlossenen Häfen Europas denkt. Aber in den Tropen ist das kein Problem, weil der Passat (Passatzonen sind nahezu identisch mit den Tropenzonen) nur aus einer Hauptrichtung weht. Anders bei einem tropischen Wirbelsturm, der aus allen Richtungen blasen kann.

Zwar haben die Wetterämter heute die Möglichkeit, Satellitenaufnahmen zu verwerten, doch kann so ein Hurrikan im Anfangsstadium durchaus unentdeckt bleiben. Als 1972 der schwerste Hurrikan im Südpazifik, Bébé, die Fidschi-Inseln heimsuchte, brachte der Rundfunk die ersten Meldungen, als es im 500 Meilen entfernten Funafuti bereits Tote gegeben hatte. Eine Yacht, die sich dort aufgehalten hätte, wäre mit Sicherheit verloren gewesen.

Einen vollausgewachsenen Hurrikan, der mit 150 Knoten Windgeschwindigkeit toben kann, wird eine Yacht auf offener See in der Nähe seines Auges nicht überleben. Man lasse sich nicht durch Berichte von Yachtleuten irritieren, die das Gegenteil behaupten, denn es gibt auch tropische Orkane, die nur etwa 100 Seemeilen Ausdehnung haben und „nur“ 50 Knoten Windgeschwindigkeit. Zur Erinnerung: Der Fastnet-Orkan 1979, dem viele Menschen und Rennyachten zum Opfer gefallen sind, hatte zehn Windstärken, also ungefähr 55 Knoten Windgeschwindigkeit.

Natürlich kann man durch ein Hurrikangebiet segeln und dabei heil auf der anderen Seite ankommen – wie wenn man mit dem Auto bei Rot über die Kreuzung fährt und unverletzt bleibt. Mit guter Seemannschaft hat das nichts zu tun. Deshalb wird man bei der Reiseplanung *zuerst* ermitteln, wo und wann Hurrikangefahr besteht, und den übrigen Zeitplan danach ausrichten.

Man kann generell mit einer Durchschnittsgeschwindigkeit von 100 Seemeilen pro Tag rechnen, „Etmal“ genannt. Das entspricht den Gegebenheiten auf Blauwasserstrecken. Denn dort segelt man meist mit achterlichen Winden, bei denen das Geschwindigkeitspotential von Schiffen unterschiedlicher Größe nicht so sehr zum Tragen kommt. So richtet sich die Dauer der Reise mehr danach, wie das Schiff den Passat antrifft und wie viele Tage durch Flaute verlorengehen. Ich habe den Nordatlantik einmal mit einem recht schnellen Schiff in 38 Tagen überquert, beim anderen Mal bei günstigen Winden und mit einer etwas behäbigen Yacht aber nur 19 Tage gebraucht.

Viele Blauwasserfahrten von Europa aus beginnen mit einer Überquerung des Nordatlantiks auf der Passatroute. Das ist für den Blauwassersegler fast wie eine „Autobahn“. Die erste Frage sollte dabei immer sein: Wie steht es mit tropischen Wirbelstürmen? Ganz grob kann gesagt werden, daß Hurrikane grundsätzlich im Sommer auftreten (ausgenommen im Südatlantik, wo es keine tropischen Wirbelstürme gibt). Wir haben in Westindien, das auf der Nordhalbkugel liegt (Barbados auf 13° N), Hurrikan-Zeit hauptsächlich in den Monaten Mai bis Oktober. Deshalb sollten wir die Karibik nach dem Monat Oktober erreichen und vor Mai wieder verlassen haben.

Für die 2700 Seemeilen lange Strecke über den Atlantik brauchen wir etwa 27 Tage, wir werden also frühestens Mitte Oktober von den Kanarischen Inseln absegeln, wo wir je nach Lust und Laune vorher eingetroffen sind. Wir werden dort zu dieser Zeit bereits eine ansehnliche Zahl von

„Hochseevögeln“ antreffen und möglicherweise die weiteren Reisepläne ändern, wenn wir von dem riesigen Erfahrungsschatz einiger dieser Yachtleute profitieren.

Seekarten und Handbücher

Wieweit man sich mit Seekarten eindeckt, ist vor allem eine Frage des Geldes und des Platzes auf der Yacht. Persönlich rate ich davon ab, des Guten zuviel zu tun. Man decke sich höchstens bis zum nächsten Hauptanlaufpunkt ein. Wenn die Reisepläne unterwegs Gestalt annehmen, ist es immer noch Zeit, bei einer Seekartenvertriebsstelle die betreffenden Karten zu bestellen. Man sollte sich bei so einem Geschäft noch vor der Abreise erkundigen, wie zuverlässig das Nachsenden von Karten ist und wie die Bezahlung abgewickelt werden soll.

Das Luftpostporto für die Seekarten wird man gerade noch bezahlen können, bei den Seehandbüchern überlegt man sich das schon. Ob man die freilich braucht, hängt vom befahrenen Gebiet ab. Es ist

Oft sind Postkarten bessere Informationsquellen als Handbücher, besonders in Gegenden, wo man ohnehin mit den „Augen“ navigieren muß, wie hier in Maupiti.

auch zu berücksichtigen, daß die Seehandbücher eigentlich für die Berufsschiffahrt konzipiert und nicht grundsätzlich auf dem neuesten Stand sind. Da man sie unterwegs nicht bekommt, empfiehlt es sich, sie von vornherein mitzunehmen.

Die meisten Gebiete, die man beim Blauwassersegeln anläuft, sind praktisch unbetonnt, so daß man ohne weiteres auf Seekarten älteren Datums zurückgreifen kann – ungeachtet dessen, daß von verschiedenen Seiten immer wieder empfohlen wird, stets nur auf den neuesten Stand berichtigte Karten zu benutzen. Kaum ein Yachty könnte das bezahlen. Nimmt man von Anfang an alle Karten mit auf die Reise, so befinden sie sich ja eines Tages auch nicht mehr auf dem letzten Stand.

Es ist in der Tat so, daß die Angaben in manchen Seekarten noch auf Vermessungen beruhen, die vor einigen hundert Jahren gemacht wurden, beispielsweise von dem englischen Weltumsegler James Cook, der im 18. Jahrhundert lebte.

Häufig kann man Karten auch mit einem Yachty austauschen, oder (Geheimtip) man bekommt sie vom Zweiten Offizier eines Handelsschiffes geschenkt, der die ausgemusterten Karten ansonsten in den Maschinenraum gibt (für Dichtungen!).

In jedem Fall aber ist es wichtig, den Gesamtkatalog einer Seekartenvertriebsstelle an Bord zu haben, damit man überhaupt weiß, welche Karten erhältlich sind. Deutsche Vertriebsstellen besorgen auch amerikanische, englische oder französische Karten.

Für die Sportschiffahrt wird immer mehr Navigationsmaterial angeboten, von der Sportbootkarte bis zum Sportbootführer. Letztere sollte man den Büchern für die Berufsschiffahrt vorziehen, denn sie enthalten eine Menge Tips, die gerade für Yachties hilfreich sind. So sind beispielsweise die amerikanischen Sportbootführer für die Karibik für einen Aufenthalt dort fast unentbehrlich. Die Verfasser haben jahrelang auf ihren Yachten in diesen Gewässern gelebt und kennen jeden Stein an den Ankerplätzen.

Neuerdings werden für manches Blauwasserrevier auch Fotokopien von Seekarten angeboten. Die Druckqualität ist dementsprechend, ansonsten aber läßt sich mit der gebotenen Sorgfalt auch damit gut navigieren. Es ist jedenfalls praxisfremd, dies mit dem Hinweis abzutun, daß neue Karten besser seien. Bezahlen muß schließlich der Yachtmann, dessen Reisekasse durch das absolut notwendige Material ohnehin überstrapaziert ist.

Traumrevier für Urlauber und Langfahrtsegler: Türkei

Unterwegs

Das Wetter

Beim Blauwassersegeln spielt das Wetter eine ganz andere Rolle als beispielsweise beim Küsten- oder sonstigen Fahrtensegeln. Wenn wir auf hoher See sind, haben wir uns mit den herrschenden Gegebenheiten zu arrangieren. „Schutzhäfen" sind meistens viel zu weit entfernt, als daß wir sie rechtzeitig anlaufen könnten. Andererseits muß man einräumen, daß auf den meisten Blauwasserstrecken das Wetter sehr viel günstiger ist als in Küstennähe in unseren Breiten. Das gilt selbst für windreichere Gegenden, denn auch dort gehen Wetterentwicklungen und -änderungen nur sehr langsam vor sich, so daß es keineswegs so ist – wie man öfters liest –, daß man plötzlich aufs Vorschiff „stürzen muß, um die Genua herunterzureißen". Eine „Bö aus heiterem Himmel" gibt es nicht, allenfalls dann, wenn die Crew geschlafen und die Entwicklung des Wetters nicht im Auge gehabt hat. Ein Sturm kommt niemals plötzlich auf, vielmehr nimmt der Wind immer mehr zu.

Das alles gilt nur für die offene See. In Küstennähe muß der Blauwassersegler mit den gleichen Wetterproblemen rechnen, mit denen es auch der Küstensegler zu tun hat.

„Segle nie in schlechtes Wetter" gilt auch für Blauwassersegler

Wie kann der Blauwassersegler sich „wettergerecht" verhalten? Eine seemännische Grundregel lautet: Segle nie in schlechtes Wetter. Dies gilt mit kleinen Einschränkungen auch für den Blauwassersegler. Er wird niemals bei schwerem Wetter zu einer Atlantiküberquerung starten, auch wenn der eine oder andere ortsansässige Segler da noch lange nicht im Hafen bleibt. Zwar muß man schlechtes Wetter auf offener See hinnehmen, doch noch an der Küste kann man ihm ohne weiteres aus dem Wege gehen, indem man seine Abfahrt um ein paar Tage verschiebt, was am Ende einer Langstreckenfahrt ohnehin kaum ins Gewicht fällt. Schweren Stürmen dagegen wird man auch auf hoher See auszuweichen versuchen, so gut es geht. Hilfreich ist dabei die Tatsache, daß in den Wetterberichten meistens auch die Zugbahn von Sturmtiefs angegeben wird.

Viele stellen sich auf den Standpunkt: „Ich kümmere mich nicht um das Wetter auf offener See, ich kann ja doch nichts dagegen tun“. Das ist nicht richtig. Zum einen ist eine gute Wettermeldung immer eine Beruhigung, so daß man die Blauwassersegelei ganz anders genießen kann. Zum anderen gibt es doch manchmal die Möglichkeit, das Schlimmste zu vermeiden, natürlich nur dann, wenn man die Wetterentwicklung einigermaßen verfolgt, und sei es auch nur, um sich physisch und psychisch auf Schlechtwetter vorbereiten zu können.

Wetterinformationen

Was kann der Blauwassersegler tun, um sich Informationen über das Wetter zu verschaffen? Das wichtigste Instrument zur Wetterbeobachtung ist sicher das Barometer, das sich ohnehin an Bord der meisten Yachten befinden dürfte und das nichts an-

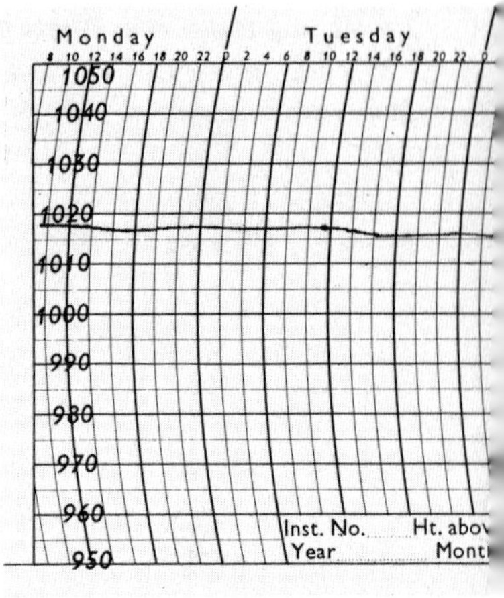

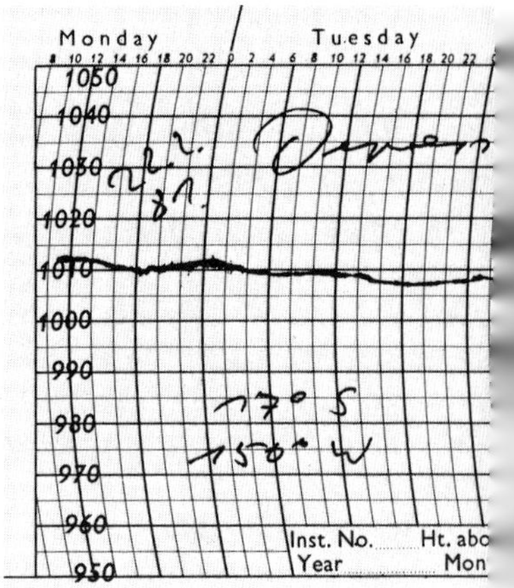

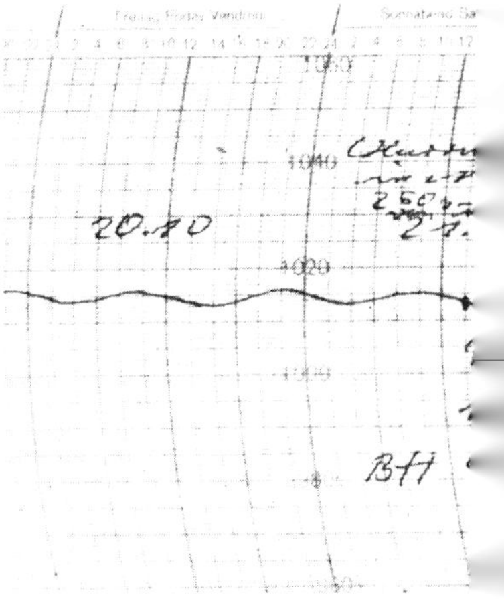

Der Barograph zeigt in den Tropen deutlich die um die Erde regelmäßig herumlaufenden Druckwellen an. In unseren Breiten werden diese Wellen vom übrigen Wettergeschehen überlagert.

Nur schwer ist in den Tropen eine Wetteränderung zu erkennen. Hier zeichnet sich – bei sehr genauem Hinsehen – eine Depression ab, die stürmische Winde brachte.

Einer der stärksten Hurrikane, die je in der Südsee verzeichnet wurden: Hurrikan Bébé mit über 150 Knoten Wind. Als er an der Barographenkurve erkennbar wurde, gab es längst keinen Zweifel mehr am Ernst der Situation. Auf hoher See wäre die Warnung durch den Barographen viel zu spät gekommen.

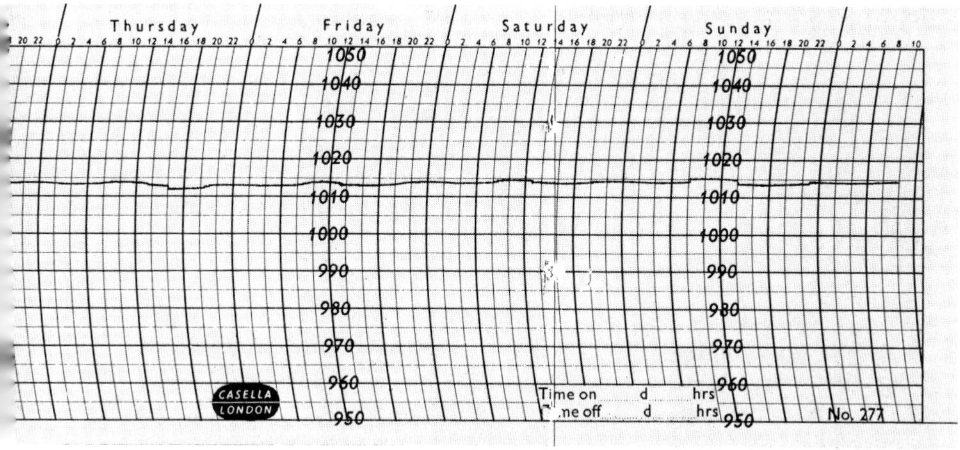
Thursday
Friday
Saturday
Sunday
CASELLA LONDON
Time on d hrs
Time off d hrs
No. 277

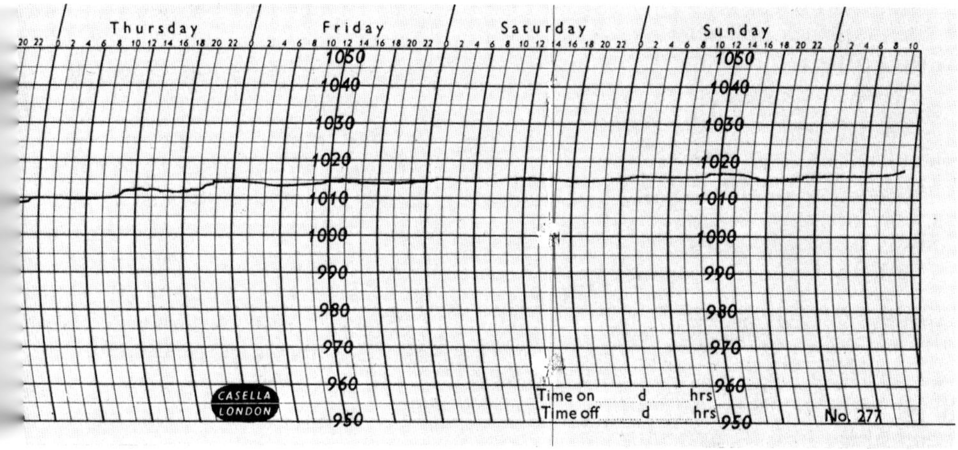
Thursday
Friday
Saturday
Sunday
CASELLA LONDON
Time on d hrs
Time off d hrs
No. 277

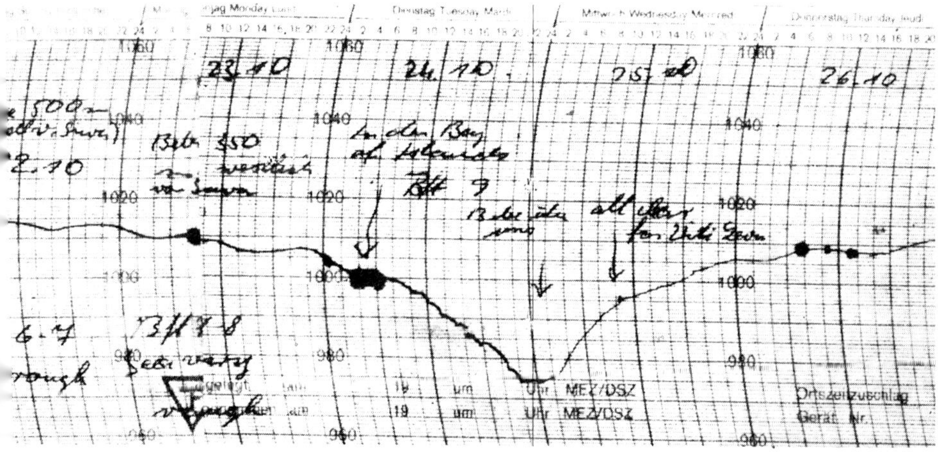
Dienstag Tuesday Mardi
Mittwoch Wednesday Mercredi
Donnerstag Thursday Jeudi
23.10
24.10
26.10
MEZ/DSZ
Ortszeitzuschlag
Gerät Nr.

deres angibt als den derzeitigen Luftdruck und vielleicht noch seine Tendenz, zu steigen oder zu fallen. Die hübschen Aufschriften wie „stormy“ oder „Regen“ sind für uns absolut wertlos; am besten denken wir sie uns weg, wenn wir das Barometer nicht als Schmuckstück, sondern zur Wetterbeobachtung benutzen.

Mit einem Barometer können wir allerdings viel weniger anfangen, als sich Laien das vorstellen. Es läßt sich anhand seiner Anzeige höchstens sagen, wo – innerhalb eines Wettergeschehens – die Yacht sich befindet. Wir können aus der Beobachtung des Barometers gerade noch gewisse Rückschlüsse ziehen, wie der Wind sich entwickeln wird, mehr nicht. Denn Wind ist ja nichts anderes als Bewegung von Luftmassen zum Druckausgleich, so daß bei schnell fallendem oder schnell steigendem Barometer „viel Wind“ vorausgesagt werden kann.

Das ist enttäuschend, aber ich bin der Meinung, man sollte sich da keine Illusionen machen. Ein Barograph ist etwas besser. Er zeichnet – meistens auf das um eine drehbare Walze gelegte Papier – für eine Wochen den Luftdruck auf, was besonders in den Tropen eine echte Hilfe sein kann. Dort zeigt der Barograph täglich zu verschiedenen Zeiten zwei Druckwellen auf, verursacht durch nur wenige Millibar Druckunterschied. Diese Druckwellen kann man auf einem Barometer kaum beobachten, selbst wenn man die Luftdruckwerte regelmäßig notieren würde. Wichtig ist für den Blauwassersegler, wenn der regelmäßige Verlauf nicht mehr besteht, wenn der Luftdruck nicht mehr steigt, wenn er steigen sollte, sondern weiter fällt und sich auf dem Barographen plötzlich ein deutlich anderes Bild als das gleichmäßige Auf und Ab ergibt. Denn das läßt auf eine Passatstörung schließen, die oft gleichbedeutend mit Hurrikangefahr ist.

Nachdem Orkane ganz selten (aber immerhin!) auch außerhalb der Saison entstehen können, gibt es kaum einen Blauwassersegler, der nicht ständig Barometer oder Barographen aufmerksam beobachtet. Ansonsten ist das Wettergeschehen in den Tropen weitgehend unkompliziert und friedlich, abgesehen von Gewitterböen, die wohl auch jeder Laie am drohend schwarzen Aussehen schon von weitem erkennt.

Von Wetterkunde braucht der Blauwassersegler nichts zu wissen

Was müssen wir sonst vom Wetter wissen, wenn wir auf Blauwasserfahrt gehen? Meine Antwort nach einem halben Leben Blauwassersegeln, lautet: nichts, außer, wie man einen Radioempfänger und vielleicht einen Computer bedient. Sicher wird diese Ansicht den einen erstaunen, den anderen wundern. Deshalb lassen Sie mich erklären:

Ich habe unendlich viele Stunden damit zugebracht, auf Grund von Stationsmeldungen Wetterkarten zu zeichnen (die meistens falsch waren) und daraus meine Schlüsse zu ziehen. Die Ergebnisse waren fast immer enttäuschend und stimmten kaum je mit dem Wetterbericht überein. An und für sich ist das einleuchtend.

Meteorologie ist eine Wissenschaft, und die Wetterfrösche haben ein kompliziertes Hochschulstudium hinter sich. Dazu verfügen sie über Ortskenntnis und die modernsten Hilfsmittel, die man sich denken kann, vom riesigen Computer bis zum Satellitenfoto. Und dennoch: Ist es nicht so, daß wir uns oft genug über die schlechten Wetterprognosen wundern?

Darum auch frage ich mich, warum ich mich mit meinen doch wahrlich bescheidenen Bordmitteln und dem noch bescheideneren Wissen um das Wetter um eine selbstgezeichnete Wetterkarte bemühen soll, aus der ich, selbst wenn sie stimmen würde, viel seltener als die Meteorologen die richtigen Schlüsse ziehen würde. Nichts als Zufall wäre eine richtige Wetterprognose. Nein, das überlasse man lieber den Fachleuten, wir können das nicht! Eine andere Meinung käme der gleichen Anmaßung gleich, wie wenn ich nach dem Studium eines Medizinbuches auf Blauwasserfahrt Arzt spielen würde. Letzteres wäre noch einzusehen, wenn ärztlicher Rat unerreichbar ist, was ja mal vorkommen kann.

Der Rat des Meteorologen aber ist immer präsent, wenn wir einen Radioempfänger haben. Wenn der mir für mein Revier vorhersagt: „Wind aus Ost 20 Knoten, keine Änderung“, so ist das viel mehr – gleichgültig von welcher Station –, als ich mit Bordmitteln je schaffen könnte. Deshalb mein Rat für diejenigen, die sich nicht aus Neigung für Wetterkunde interessieren: Vergeuden Sie Ihre Zeit nicht mit dem Anlesen von Halbwissen, mit dem Sie in der Praxis nicht das Geringste anfangen können!

Unser Wetterfrosch ist das Radio

Soweit es Wettervorhersagen an Bord betrifft, hat sich in den letzten Jahren eine Entwicklung abgezeichnet, die nur begrüßt werden kann. Jedermann kann heute ohne großen technischen Aufwand Wetterkarten, Vorhersagekarten, ja sogar Satellitenfotos rund um die Uhr erhalten. Benötigte man früher aufwendige Wetterkartenempfänger, die viele tausend Mark kosteten und deshalb nur den großen Yachten vorbehalten waren, kann heute jeder mit ein paar hundert Mark finanziellen Aufwandes Wetterkarten empfangen. Freilich, Voraussetzung hierfür ist das Vorhandensein eines Computers, der ohnehin bald zur Grundausstattung einer Blauwasseryacht gehört. Dieser wird mit seinem seriellen Ausgang über ein meist schon im Computer-Stecker integriertes Modem mit dem Bordempfänger verbunden. Den Rest besorgt eine spezielle FAX-Software, die je nach Bedarf die Funksignale in Satellitenfotos, geschriebene Wetterberichte oder Vorhersagekarten umwandelt. Daß hierzu der Bordempfänger aufs Kilohertz genau abstimmbar ohne Lücken im Frequenzband und einseitenbandtauglich sein muß, das setze ich beim Bordempfänger auf Blauwasseryachten voraus.

Die Software ist zum Beispiel bei DKSOFT oder SUPRATEC erhältlich. Die

Zum Empfang von Satellitenbildern ist nichts anderes nötig als ein guter Bordempfänger (hier FRG 100 von YAESU) und ein beliebiger DOS-Computer (hier der PC 3000, gerade brieftaschengroß und 480 Gramm schwer).

verschiedenen Programme leisten Vergleichbares, auch wenn mir das Programm SUPRA PC NAVFAX deshalb besonders gut gefällt, weil es gleichzeitig das entstehende Bild und die Abstimmungsgenauigkeit auf das Sendesignal grafisch darstellt.

Ohne Kenntnis der Sendezeiten und der genauen Frequenzen ist es unmöglich, Wetter- oder Vorhersagekarten zu empfangen. Deshalb sei das einzigartige Werk von Klingenfuss FACSIMILE GUIDE empfohlen, in dem alle einschlägigen Sendezeiten mit Frequenzen weltweit enthalten sind. Wer sich mit diesem lohnenden Thema intensiver auseinandersetzen möchte, kommt an WETTERKARTEN MIT PC-SOFTWARE von Dieter Karnetzki nicht vorbei.

Wem aber Computer an Bord noch (!) suspekt sind, wird sich wohl auf gesprochene Wetternachrichten verlassen müssen, auch wenn es entlegene Fahrtengebiete gibt, die nicht von Wetterberichten abgedeckt sind.

Das Sprachproblem? Gut, das existiert. Es ist nicht jedermanns Sache, einen Wetterbericht in einer fremden Sprache zu ver-

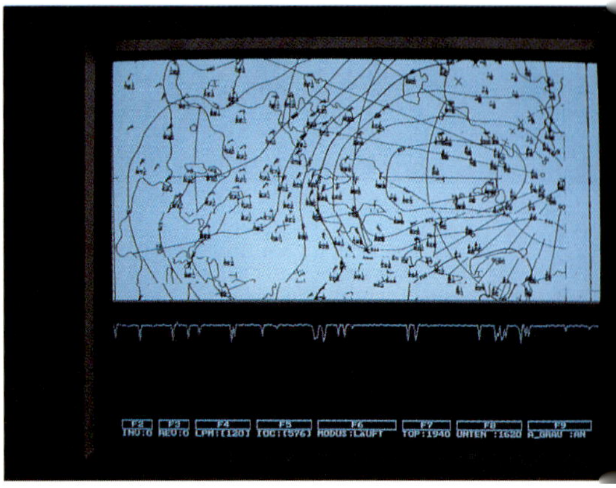

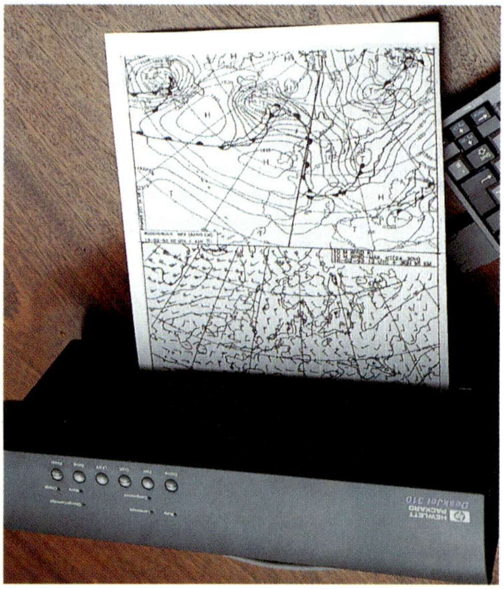

Eine hilfreiche Software zum Empfang von Satellitenfotos und Wetterkarten ist SUPRA PC NAVFAX von SUPRATEC. Auf dem Bildschirm ist gleichzeitig das entstehende Bild und – unten – die richtige Empfängerabstimmung zu sehen.

Mit Hilfe eines Druckers für Batteriebetrieb, hier der Hewlett Packard Deskjet 310, erhält der Blauwassersegler nunmehr auch auf hoher See perfekte Satellitenfotos oder Wetterkarten. Welch ein Unterschied zum mühseligen (und meist falschen) Konstruieren von Isobaren noch vor ein paar Jahren!

stehen, aber es geht, wenn man sich darum bemüht. Voraussetzung dafür ist ein einfacher Kassettenrecorder, der so an das Radiogerät angeschlossen sein muß, daß er jederzeit einsatzbereit ist (notfalls geht es auch über das Mikrofon). Im Nautischen Funkdienst Band III (Wetterfunk), in dem die Wetterdienste aller Wettersender um die Welt verzeichnet sind (nach Frequenz und Zeit), befindet sich auch eine Aufstellung der gebräuchlichsten meteorologischen Ausdrücke in fast allen Weltsprachen. Nachdem sich die Wetternachrichten – sprachlich – alle ähneln, sofern sie vom selben Sender kommen, kann man, selbst wenn man der jeweiligen Sprache nicht mächtig ist, schon nach wenigen Tagen Übung die wichtigsten Angaben wie Windrichtung und -stärke, Seegangshöhe und weitere Aussichten daraus entnehmen, wenn man mit Hilfe des Kassettenrecorders die Wettermeldung ein paarmal hintereinander hört. Man arbeitet ja stets längere Zeit mit ein und derselben Station, weil man sich in ihrer Reichweite doch immer ein paar Wochen aufhält.

Darüber hinaus geben die Stationen WWV (Colorado) und WWVH (Hawaii), die rund um die Uhr die Weltzeit senden, Sturm- und Hurrikanwarnung für die ganze Welt (in englischer Sprache).

Alle Wetterstationen, wie abgelegen sie auch sind, haben heutzutage für ihre Arbeit die modernsten Mittel zur Verfügung. Wenn wir mit denen konkurrieren wollten, so kann dabei nur Pfusch herauskommen.

Die Kommunikation mit der Außenwelt – Radioempfänger und Sender

In zahlreichen Ländern, darunter Deutschland, ist der Betrieb von Sendern *und* Empfängern an Bord von Yachten gesetzlich geregelt, auch wenn diese Geräte in jedem Fachgeschäft ohne weiteres zu kaufen sind. Die nachfolgenden Ausführungen über ihre Eignung und Notwendigkeit sind nur in elektro- und blauwassersegeltechnischer Hinsicht gemacht. Sie sollen keinesfalls zum illegalen Gebrauch dieser Geräte verleiten. Es wird empfohlen, sich über die gesetzliche Situation in den verschiedenen Ländern zu informieren, die man anlaufen möchte.

Der Bordempfänger

Das Radio an Bord soll einerseits der Sicherheit (Zeitzeichen, Wetterbericht), andererseits dem Vergnügen und der Information (Musik und Nachrichten) dienen. Nachdem wir fast immer Tausende von Meilen von den nächsten Sendestationen entfernt sind, muß der Empfänger über entsprechende Wellenbereiche verfügen. Wellenbereiche kann man ganz grob in Ultrakurzwelle, Kurzwelle, Mittelwelle und Langwelle unterteilen; es gibt eine Reihe von Geräten, die alle diese Bereiche auf der Skala haben.

Die Wellenbereiche unterscheiden sich nicht nur in ihrer Tonqualität (kreischende Musik auf Kurzwelle, Wohlklang auf UKW), sondern vor allem in ihrer Reichweite. Es ist allgemein bekannt, daß Kurzwelle die größte Reichweite hat, während UKW nur hundert Kilometer und weniger weit zu hören ist.

Die meisten Kurzwellengeräte sind auch für den Empfang von UKW und Mittelwelle ausgestattet, doch außer für Musiksendungen in unmittelbarer Nähe des Senders hat UKW für uns keine Bedeutung. Denn fast immer werden die gleichen Sendungen auch auf Mittelwelle ausgestrahlt, so daß wir die lokalen Wettermeldungen dort hören können. Für den Empfang der Mittelwelle ist jeder Empfänger eingerichtet. Nicht erforderlich ist Langwelle (zwischen 200 und 450 KHz), weil dort nur Flug- und Seefunkfeuer zu hören sind. Wenn wir allerdings keinen Funkpeiler an Bord haben, andererseits unser Radioempfänger mit einer richtungsempfindlichen Drehantenne ausgerüstet ist, was sich technisch ohne weiteres ermöglichen läßt, dann muß das Bordradio auch über die Frequenzen verfügen. Wenn man allerdings sich mit dem Empfang von Wetterfax-Aussendungen via Radio und Computer beschäftigt, ist das Langwellenband unter Umständen von großem Wert. So sendet der Deutsche Wetterdienst rund um die Uhr auf 134,2 KHz Wetterkarten, Vorhersagekarten und Satellitenfotos.

Der wichtigste Wellenbereich für die Blauwassersegelei ist der gesamte Kurzwellenbereich von 1,6 bis 30 MHz. Viele bei uns als sogenannte Seeempfänger angebotenen Radios eignen sich für die Blauwassersegelei jedoch nicht, wenn sich ihr Kurzwellenbereich nicht mindestens bis 25 MHz erstreckt – auch wenn sie mehrere tausend Mark kosten, während für die Radios, die für uns gerade richtig sind, nur ein Bruchteil davon ausgegeben werden muß.

Auf der Kurzwelle befinden sich sehr viel mehr Stationen als beispielsweise auf der Mittelwelle. Man sehe sich die Skalen auf einem Radioempfänger daraufhin einmal an. Wenn die Sender auf der Kurzwelle genauso bequem eingestellt werden sollen wie auf der Mittelwelle, müßte die Kurzwellenskala rund 25mal so lang sein wie die Mittelwellenskala. Meistens findet man auf den billigen (und ungeeigneten) Radios Skalen, die höchstens dreimal so lang sind wie die für die Mittelwelle, oft bezeichnet mit SW 1 (shortwave 1), SW 2 und SW 3. Das bedeutet, daß die Kurzwelle in drei Bänder unterteilt ist.

Wenn die Skala zu kurz ist, kann ein Sender nicht genau abgestimmt werden, weil die Mechanik für die Abstimmung viel zu grob ist. Die leiseste Erschütterung oder eine kleine Temperaturänderung, und schon ist der Sender verschwunden. Bei guten Empfängern ist das Band so „gespreizt“, daß man einen Kurzwellensender, und wir hören unterwegs kaum etwas anderes, genauso bequem einstellen kann wie einen kräftigen Mittelwellensender. Ein bewährtes Gerät, das diese Erfordernisse sehr gut erfüllt, sind der Grundig Satellit 3000 und seine Nachfolgemodelle.

Schon seit längerem sind kleine, kompakte Empfänger auf dem Markt, die statt einer Skala eine Tastatur wie ein Taschenrechner haben, um die Frequenz einzutippen. Das ist ein Bedienungskomfort, wie ihn sich die Erbauer von Kurzwellengeräten in den letzten 50 Jahren erträumt haben. Während die ersten Geräte noch zigtausend Mark kosteten, muß man heute für solche Taschenradios (zigarrenkistengroß) weniger als einen Tausender hinlegen. Man sucht aus seinen Unterlagen die Frequenz eines Senders heraus und tippt sie ein. Sendet die Station und sind die Ausbreitungsbedingungen einwandfrei, dann wird man den Sender auch hören.

Der Grund, warum ein Bordempfänger möglichst über das ganze Kurzwellenband verfügen soll, liegt darin, daß die Ausbrei-

Moderner Bordempfänger, der keine Wünsche offen läßt. Der FRG 1000 von Yaesu: Lückenlos durchstimmbar von 130 KHz bis 30 MHz, exakt und stabil einzustellen, Single-Side-Band-tauglich.

tungskapazität der Radiowellen von der Entfernung zwischen Sender und Empfänger abhängt, aber mehr noch von der Tages- und von der Jahreszeit. Darum senden viele Rundfunkstationen auf mehreren Frequenzen mit unterschiedlichen Ausbreitungseigenschaften, wie beispielsweise die Sender WWV und WWVH, die uns mit dem für die Navigation wichtigen Zeitzeichen versorgen, auf 2,5, 5, 10, 15 und manchmal auf 20 oder 25 MHz, damit sie möglichst rund um die Uhr überall auf der Welt empfangen werden können. Haben wir nur Frequenzen bis 4 MHz, dann können wir WWV gar nicht hören (2,5 MHz eignet sich nur für kurze Entfernungen), und wenn die Skala bis 11 MHz reicht, nur manchmal, und jeder Besitzer eines viel billigeren „Weltempfängers“ ist uns weit überlegen.

Die erwähnten Tastenempfänger haben noch einen Vorteil, der aus der Taschenrechner-Technologie stammt: Sie können mehrere Frequenzen speichern, ähnlich wie ein Autoradio, wo man seine Lieblingsstationen vorwählen und auf Tastendruck abrufen kann. Dies war bei den früheren Kurzwellensendern mit mechanischen Mitteln nicht möglich, zumindest nicht bei solchen unserer Preisklasse.

Eignen diese Geräte sich auch für den rauhen Bordbetrieb? Ja, wenn sie genauso schonend behandelt werden wie Radios zu Hause. Naß dürfen sie natürlich nicht werden, während sie gegen feuchte Luft weitgehend unempfindlich sind. Wenn man Vergleiche zu speziellen Seefunkempfängern zieht, sollte man sich vergegenwärtigen, daß beide mit den gleichen Bauteilen ausgestattet sind und daß es gar keine „Seetransistoren“ oder ähnliches gibt.

Viele dieser kleinen Wunderkästen sind auch für den Einseitenbandempfang tauglich. Das kann wichtig sein, denn der gesamte Seefunkverkehr ist auf Einseitenbandverkehr umgestellt, nicht aber Rundfunkstationen. Um herauszufinden, ob ein Gerät SSB-tauglich ist (SSB = single side band), brauchen wir nur am späten Nachmittag oder am Abend eine der Amateurfunkstationen einzustellen, die alle im Einseitenbandverfahren arbeiten. Wir finden sie zwischen 14,100 und 14,350 sowie zwischen 21,150 und 21,450 MHz. Gelingt es uns, eine starke Station abzustimmen und mit der Einstellung USB (upper side band) gut verständlich zu machen, dann handelt es sich um ein für uns geeignetes Gerät, vorausgesetzt, daß das Kurzwellenband *lückenlos* vorhanden ist (ein reiner Amateurempfänger wäre nicht geeignet). Hören wir keine Station, auch abends nicht, oder können wir sie nicht verständlich abstimmen, dann sollten wir auf dieses Gerät verzichten. Natürlich muß die Antenne bei dem Versuch in Ordnung sein.

Die Antenne

Um die Antenne auf dem Schiff sollte man sich keine allzu großen Gedanken machen. Verglichen mit den Bedingungen an Land oder gar in der Stadt, sind wir auf der Yacht ohnehin phantastisch dran, weil wir in Form des uns umgebenden Wassers eine hervorragende „Erde“ haben, die zum guten Empfang genauso wichtig ist wie eine leistungsfähige Antenne. Wir benutzen als Antenne das, was wir ohnehin haben: das Achterstag als Langdrahtantenne. Auf einem Kunststoffschiff muß es – zum Empfang, nicht zum Senden – nicht einmal isoliert sein, wenn wir keinen durchgehenden Mast haben, während es sonst oben und unten mit einem Porzellanei, einem Tufnolkörper oder speziell hierfür hergestellten Isolatoren vom Schiffskörper elektrisch zu trennen ist. Für den Empfang, also nicht für das Senden, ist die Länge des isolierten Drahtes nicht von Bedeutung. Irgendwelche Bedenken hinsichtlich einer Schwächung des Riggs sind nicht angebracht.

Diese Antenne ist so effektiv, daß zum Empfang (!) auf einen Draht als „Erde“, der mit dem Wasser über die Maschine (meistens) elektrische Verbindung hat, fast immer verzichtet werden kann (nach Gehör ausprobieren!). Auf einem Stahlschiff empfiehlt sich das sogar, weil bei vielen Empfängern die Buchse „Erde“ mit dem Minuspol in leitender Verbindung steht und somit über die „Erde“ eine für das gesamte Stromnetz unerwünschte Leitung zum Rumpf geschaffen würde.

Für den reinen Radioempfang sind Zusatzgeräte, die die Leistung der Antenne verbessern, wie Vorverstärker, Matchbox, Antennenverstärker usw., nicht erforderlich.

Ein Empfänger ohne Handbuch ist wertlos

Genauso wie zur Grundausrüstung einer Blauwasseryacht ein Weltempfänger gehört, muß auch entsprechende Fachliteratur an Bord sein, um aus dem Gerät den größtmöglichen Nutzen ziehen zu können. Das ist einmal der Nautische Funkdienst, von den vier Bänden besonders der Band III (Wetterfunk), in dem mit Frequenz die Stationen verzeichnet sind, die rund um die Welt Seewetterberichte senden, sowie das Buch „World Radio TV Handbook“ mit allen Rundfunkstationen der Welt (nicht aber Amateurfunkstationen). Es eignet sich hervorragend, um Zeitzeichensender ausfindig zu machen, und vor allem zum Nachrichtenempfang, denn wer möchte unterwegs vollkommen von der Welt abgeschnitten sein.

Je nach Ausbreitungsbedingungen bedient ein Sender sich verschiedener Frequenzen; bei der Deutschen Welle beispielsweise sind es rund 80 Wellenlängen zwischen 3,995 und 21,680 MHz, auf denen die Sendungen abgestrahlt werden. Alle Frequenzen und Sendezeiten sind in dem genannten Buch aufgeführt, das über Radiogeschäfte oder direkt über Billboard Publications, 7 Carnaby Street, London W1V1PG, U.K., zu beziehen ist.

Sender

Es ist grundfalsch anzunehmen, man brauchte in einem Notfall auf See nur zum Sender zu hasten, ihn einzuschalten und SOS zu rufen, um zu erreichen, daß aus allen Ecken des Ozeans Schiffe herbeiströmen und helfen. Denn der Sender, der nur nebenbei Sicherheitsfunktionen erfüllt, ist kaum im Ausnahmefall geeignet, auf hoher See „im Nu“ eine Rettungsaktion auszulösen. Das gilt jedenfalls für die Blauwassersegelei. Wer bei der Anschaffung eines Senders nur *daran* denkt, sollte gleich die Finger davon lassen.

Es gibt viele Stimmen, insbesondere unter den älteren Blauwasserseglern, die meinen, ein Sender sei auf einer Yacht unangebracht, denn wenn eine Langfahrtyacht in Seenot geraten würde, solle sie das gefälligst selbst ausbaden. Nachdem ich davon ausgehe, daß fast alle Blauwassersegler so verantwortungsbewußt sind, daß sie auch dann kein Risiko eingehen, wenn ein Sender vorhanden ist, kann ich diese Ansicht nicht teilen. Im übrigen dient ein Sender doch der Kommunikation, dem Gespräch mit anderen Menschen, was besonders für Blauwassersegler wichtig ist, die sich meist in einsamen Gegenden aufhalten – und das nicht nur auf dem Wasser.

Vielfach wird ganz einfach eine Abneigung gegen allzuviel Technik mit all ihren Konsequenzen der Grund für die Ablehnung eines Senders sein, oft aber auch die Tatsache, sich damit technisch überfordert zu fühlen. Beides ist zu respektieren.

Auf Blauwasseryachten werden im wesentlichen drei Arten von Sendern gefahren: UKW, Amateurfunk und Kurzwellenfunk.

CB-Funk

Der vor ein paar Jahren stark propagierte CB-Funk (CB = Citizen Band) hat sich nicht durchgesetzt, auch nicht auf Blauwasseryachten, obgleich da sein Hauptnachteil entfällt: die Überlastung des Bandes durch zuviel Verkehr, noch dazu undiszipliniertem. Trotzdem, wenn man genügend Kleingeld für ein solches Spielzeug hat, ist die Mitnahme von zwei preiswerten Walkie-Talkies nicht unnütz. Kann man doch am Ankerplatz einen Funkverkehr zwischen Land und Schiff aufrechterhalten, beispielsweise um von Land aus das Dingi weit draußen am Ankerplatz anzufordern. Viel mehr läßt sich damit nicht machen, es sei denn, auch eine andere Yacht hat CB-Funk an Bord, was aber die Ausnahme ist.

UKW-Funk

Gemeint ist nicht eine Amateurstation – die gibt es ebenfalls für UKW-Wellen –, sondern eine richtige Seefunkstelle. In Deutschland benötigt man zum Betrieb einer solchen Anlage ein Funksprechzeugnis, das nach entsprechender Prüfung von der Deutschen Bundespost ausgestellt wird; außerdem muß die Anlage von derselben Behörde abgenommen sein.

Andere Länder nehmen es nicht so ernst. In vielen Häfen wird man lediglich gefragt, ob eine Seefunkstelle an Bord sei, was als Pluspunkt (aus Sicherheitsgründen) gilt; nach einem Rufzeichen oder gar nach der Zulassung fragt fast niemand. Nahezu sämtliche amerikanischen Yachten sind deshalb mit einem UKW-Sender ausgerüstet.

Was leistet diese Anlage für den Blauwassersegler? Manche hören das nicht gerne, aber außerhalb der europäischen und nordamerikanischen Gewässer nicht so viel als in Europa. Das Hauptproblem ist die Reichweite: Sie entspricht ungefähr der Sichtweite von der Sendeantenne zur Empfangsantenne. Wenn also die Sendeantenne im Masttopp montiert ist, ergibt das eine Reichweite von vielleicht 25 Seemeilen. Die Reichweite ist von der Sendestärke nur wenig abhängig, so daß es weitgehend gleichgültig ist, ob man mit 20 oder mit 3 Watt Leistung arbeitet. Tatsächlich haben Vergleiche von Yacht zu Yacht kaum hörbare Unterschiede in der Lautstärke ergeben.

Durch die Reichweite bedingt, ist eine UKW-Anlage auch kein nennenswerter Sicherheitsfaktor auf hoher See, denn es ist höchst unwahrscheinlich, daß wir gerade dann ein anderes Schiff in unserer Nähe haben, wenn wir ein Leck entdecken, nachdem wir wochenlang überhaupt kein Schiff zu Gesicht bekommen haben.

Eine weitere Frage ist, ob es den Kanal 16 auch abhört, was garantiert nicht immer der Fall in den einsamen Gegenden ist, wo wir uns herumtreiben. Denn erfahrungsgemäß wird nur auf jedem fünften großen Schiff dieser Kanal abgehört und auch nur dann, wenn mit der Möglichkeit gerechnet wird, daß ein anderes Schiff Kontakt aufnehmen will, wenn es also wahrgenommen wird.

Wenn wir doch einmal einen Kontakt zu einem Großen in unserer Nähe zustande bringen, könnte von diesem aus ein Telegramm weitergeleitet werden, das wir über UKW übermitteln. Aber das sollte mehr sportlichen Charakter haben, denn wenn die Angehörigen von dieser Möglichkeit überhaupt wissen und dann kein Telegramm eintrifft (was sehr wahrscheinlich ist), sind sie viel mehr beunruhigt, als wenn man ihnen von Anfang an klarmacht, daß sie jetzt wochenlang nichts hören, weil man auf hoher See ist.

Ansonsten können wir – nicht so wie beispielsweise im Mittelmeer oder an unseren Küsten – kaum Telefongespräche führen, weil wir fast immer außerhalb der Reichweite der ganz wenigen Küstenstationen sind, die uns das Gespräch in das öffentliche Telefonnetz einspeisen könnten. Da kann es uns auch passieren, daß wir aufgefordert werden, doch mal selber ins Postamt herüberzukommen.

Ansonsten aber ist ein UKW-Sender in einsamen Gegenden recht gut geeignet, mit den Besatzungen anderer Yachten zu klönen, wofür er zwar nicht gedacht ist, wo es aber bei der extrem dünnen Belegung der Kanäle niemanden stört – ganz anders als in unseren Gewässern, in denen man einen derartigen Gebrauch schon als Mißbrauch bezeichnen müßte.

In Gewässern, wo unter Umständen mit Piraten gerechnet werden muß, dient der Funkkontakt zu anderen Yachten der Sicherheit. Ein regelmäßiges Äthertreffen hat einen beruhigenden Effekt. Außerdem schützt es bis zu einem gewissen Grad tatsächlich vor Booten, die Böses im Schilde führen, wenn sie nämlich mitbekommen, daß man sich in Funkbegleitung befindet.

Ein UKW-Gerät, das allerdings tragbar – also eine „Handfunke" – sein muß, kann die Sicherheit auch dann erhöhen, wenn die Rettungsinsel aufgesucht werden muß. Eine Reihe von Unglücken hat gezeigt, daß es für die Schiffbrüchigen ein besonderes Problem war, von vorbeiziehenden Schiffen wahrgenommen zu werden. Ein tragbares UKW-Gerät, das fast immer die Kanäle 6 und 16 gequarzt hat, kann lebensrettend sein, wenn der Funker Kanal 16 eingeschaltet hat. Keine Lebensversicherung, doch unter Umständen wirkungsvoller als Raketen!

Diese UKW-Walkie-Talkies, die in Amerika für wenige hundert Mark verkauft werden, leisten – rein technisch – auf Blauwasseryachten im übrigen dasselbe wie festinstallierte Stationen, zumal man an sie auch eine Außenantenne anschließen kann. Sie werden mit Batterien betrieben und bringen eine Sendeleistung von etwa 3 Watt. Freilich, Telefonieren und Telegramme absetzen ist mangels Zulassung nicht möglich. Aber die Position gibt der Funker von dem fünf Meilen entfernten Tanker garantiert durch, wenn er die Sprache versteht und auf Kanal 16 hört.

Kurzwellensender

Der wesentliche Vorteil einer Kurzwellenanlage als genehmigungspflichtige Seefunkstelle ist auf einer Blauwasseryacht der, daß praktisch von jedem Platz der Welt aus Telefongespräche geführt werden können. Das liegt in ihrer fast unbegrenzten Reichweite begründet. Es ist freilich nicht etwa so, daß man aus Übersee beispielsweise Bern Radio jederzeit erreichen kann, das das Telefongespräch in das öffentliche Fernsprechnetz in Deutschland einspeist. Das ist nur zu ganz bestimmten Tageszeiten möglich, wo zwischen der

Kurzwellenstation, mit der man Telefongespräche rund um die Welt führen kann.

Empfangsstelle und dem Schiffsort optimale Bedingungen herrschen.

Da die – im übrigen sehr teuren (ab 5000 DM) – Kurzwellenanlagen im wesentlichen nur zum Telefonieren (gegen entsprechende Gebühren) benutzt werden, sind sie vor allem für Geschäftsleute von Nutzen, die sich auch während einer Blauwasserreise von ihrem Betrieb nicht lösen können.

Amateursender

Ganz anders verhält es sich mit Amateurfunkanlagen, die zum gewohnten Bild einer Navigationsecke auf einer Blauwasseryacht gehören. Trotzdem ist dieses Thema höchst brisant.

Nach weltweiter Übereinkunft dient der Amateurfunk zur Förderung freundschaftlicher Kontakte unter Radioamateuren, *nicht* aber zur Übermittlung irgendwelcher Nachrichten, und das gar an Dritte, also Nichtamateure. Wenn die Radioamateure an Bord von Yachten sich strikt daran halten, werden sie am Sender nur Gespräche abwickeln, die zum Thema das Wetter, die Namen der Gesprächspartner, den Standort sowie die technischen Einzelheiten der Sender und Empfänger haben.

Bestimmt ist nach dem Wortlaut und nach dem Sinn der Vorschriften verboten, wenn sich beispielsweise zwei Segler über die nächsten Ankerplätze unterhalten, wenn ein Segler mit einem Amateur in seinem Heimatland spricht und den bittet, daheim mal anzurufen, oder gar, wenn der Amateur Ersatzteile besorgen und auf eine Insel im Indischen Ozean nachschicken soll. Das alles aber sind Gespräche am Amateurradio – man kann es nicht leugnen –, die sich in der Realität tagtäglich abspielen.

Eine schwierige Prüfung: die Eintrittskarte in die Welt des Radioamateurs

Radioamateure müssen eine schwere Prüfung ablegen, die nicht nur die Beherrschung des Morsealphabets mit einer gewissen Geschwindigkeit beim Geben und Senden beinhaltet, sondern auch das Wissen um die elektronischen Zusammenhänge von Sende- und Empfangsanlagen. Früher war es beispielsweise der Stolz eines jeden Radioamateurs, daß er sich seine Anlage selbst baute.

Diese Prüfung, nach deren Bestehen der Amateur sein Rufzeichen erhält, ist nicht etwa eine Erfindung der Bundespost, wie in der Segelliteratur in einem Werk behauptet wird, sondern sie wird weltweit von allen Ländern gefordert. Die Prüfung ist so schwer, daß man sich als Segler schon einige Monate – meistens ein halbes Jahr und mehr – darauf vorbereiten muß, fast immer in einer Zeit, wo man Wichtigeres zu tun zu haben glaubt.

Amateurfunkanlagen dienen der Sicherheit

Warum aber findet man Amateursender und Empfänger auf Blauwasseryachten? Die Antwort liegt in der hervorragenden technischen Leistungsfähigkeit und universellen Anwendbarkeit dieser Geräte begründet. Ja, sie eignen sich in so idealer Weise für eine Blauwasseryacht, daß man meinen möchte, sie seien dafür erfunden, was natürlich nicht stimmt.

Moderne Amateurfunkgeräte (gemeint sind hier nur die Kurzwellengeräte und nicht die UKW-Amateurgeräte) haben auf ihren Skalen alle Kurzwellenbänder für Amateure: das 160-Meter-Band (in Deutschland für den Amateurfunk nicht freigegeben), das 80-Meter-Band (3,5 bis 3,8 MHz), das 40-Meter-Band (7,0 bis 7,1 MHz), das 20-Meter-Band (14 bis 14,35 MHz), das 15-Meter-Band (21 bis 21,45 MHz) und das 10-Meter-Band (28 bis 29,7 MHz). Die neueren Amateurbänder bei 18 MHz und 24 MHz sind bei Funkamateuren auf Yachten nicht populär geworden. Irgendwo auf diesen Bändern, wo gerade Platz ist und wo keine andere Station gestört wird, kann der Amateur anfangen zu senden und mit jedem anderen Amateur sprechen, den er zufällig auf dem Band trifft oder mit dem er sich zu dieser Zeit und auf dieser Frequenz verabredet hat.

Er ist also keineswegs auf eine ganz bestimmte Frequenz festgelegt, wie etwa bei den Seefunkstellen, wo die Frequenzen aufs Zehntel genau gequarzt sind. Bei der Seefunkstelle muß man geduldig warten, bis die Frequenz frei ist, beziehungsweise man gerufen wird; bei der Amateurfunkstelle sucht man sich eine freie Frequenz neben einer anderen Station aus. Wenn man sich mit einem Radiofreund verabredet, so sagt man beispielsweise nicht: „auf 14214 KHz", sondern: „auf 14214 KHz plus/minus 5". Daß man sich bei der Sendung des modernen Einseitenbandverfahrens bedient, ist schon seit 25 Jahren selbstverständlich.

Echter Amateurfunk ist auch für Yachten zugelassen und auch dann wertvoll, wenn man sich strikt an die Bestimmungen hält. Man kann sich mit Freunden unterhalten, die dann zumindest von den Bekannten und Verwandten nach dem jeweiligen Aufenthaltsort gefragt werden dürfen. Damit verkürzt man eine Reise vom Gesichtspunkt der Sicherheit her ganz wesentlich.

Eine Atlantiküberquerung beispielsweise ist 2700 Seemeilen lang und dauert etwa 27 Tage. Ist man ohne Funk und haben die Angehörigen und Freunde nach fünf bis sechs Wochen noch kein Lebenszeichen, stellt sich also allmählich heraus, daß etwas passiert sein muß, so ist die Sache reichlich hoffnungslos. Denn wo soll man denn, falls man einen Suchdienst überhaupt unter diesen Umständen organisieren kann, anfangen, nach der Yacht zu fahnden? Ein Unglück kann ja auf der gesamten Strecke passiert sein.

Ganz anders mit Amateurfunk und täglichem Kontakt mit einem anderen Funkamateur, der die jeweilige Position festhält. Wenn beispielsweise eine Position 800 Seemeilen vor Westindien bekannt ist und der Kontakt dann abbricht, ist zunächst kein Grund zur Besorgnis gegeben, denn es kann ja auch am Sender etwas kaputtgegangen sein. Ist aber die Yacht

Amateurfunkgerät, über viele Jahre im rauhen Blauwasserbetrieb bewährt.

nach zwei bis drei Wochen noch nicht angekommen, läßt sich das Gebiet, wo nach menschlichem Ermessen etwas passiert sein könnte, doch recht genau eingrenzen. So stellt auch ein ordnungsgemäß betriebener Amateursender einen großen Sicherheitsfaktor dar.

Selbstverständlich braucht man sich im akuten Notfall nicht mehr an die Vorschriften zu halten. „Not kennt kein Gebot" stand in einer Stellungnahme der Deutschen Bundespost zu diesem Problem. Im Falle einer ernsten Erkrankung wird jeder Funkamateur, den man gerade im Äther trifft, zum Telefon greifen und einen Arzt konsultieren. Selbst wenn gar keine ärztliche Hilfe nötig wäre oder der ärztliche Rat allein, ohne die entsprechenden Medikamente, nicht helfen würde, wäre es doch inmitten von Wasser und ohne sonstige menschliche Hilfe eine große Beruhigung, die Meinung eines Fachmanns zu hören.

Mit dem Amateurfunk vermag man zu jeder beliebigen Zeit *irgendeine* Amateurstation zu erreichen. Natürlich ist es damit im Notfall nicht getan. Aber ein Funkamateur, der hilfswillig ist (wie Millionen Funkamateure auf der ganzen Welt), hat meistens ein Telefon in erreichbarer Nähe, mit dem er eine Hilfsaktion ins Rollen bringen kann. Bei einem Wassereinbruch beispielsweise läßt sich, solange die Batterien nicht auf Tauchstation gehen, noch ein Hilferuf abgeben, der sofort bestätigt wird. Ich könnte mir vorstellen, daß man dann – etwa auf einem einsamen Ozean – mit einem besseren Gefühl in die Rettungsinsel geht.

Drei Beipiele, die die Leistungsfähigkeit des Amateurfunks auf Yachten am besten verdeutlichen:

Als ich in einer menschenverlassenen Gegend bei Neuguinea glaubte, mein Ruder sei kurz vor einem Bruch, erwähnte ich das beiläufig bei meinem täglichen Äthertreffen mit Olaf, VE 7XS, in Kanada. Am nächsten Tag hatte Olaf in Erwartung eines Hilferufs gemeinsam mit acht Amateurstationen in Australien einen 24-Stunden-Service auf dieser Frequenz organisiert. Außerdem wurde der Radiosender in Port Moresby informiert, der auch prompt – was nicht beabsichtigt war – die Sensationsmeldung in sein Programm einschaltete: „Deutsche Yacht treibt ruderlos in dem stürmischen Korallenmeer." Wichtiger waren für mich die Informationen, die Olaf inzwischen gesammelt hatte: „Die nächste Bucht, die du anlaufen kannst, ist unbewohnt; aber vier Seemeilen östlich befindet sich eine Missionsstation mit einem Motorboot, das dich schleppen könnte. In der Westecke der Bucht ist klares Wasser, dort gibt es keine Krokodile, und die Haie sind harmlos."

Als die Yacht RIK ganz in der Nähe auf ein Riff lief, war das Amateurradio noch intakt. Der Skipper unterbrach das Gespräch zweier australischer Amateure, die sich gerade über die richtige Technik beim Gartengießen unterhielten. 60 Minuten später war bereits das erste Suchflugzeug über der gestrandeten Yacht, das von den beiden Australiern mobilisiert worden war.

Im Indischen Ozean motorte ein 25000-Tonnen-Frachtschiff. Bei Decksarbeiten wurde ein Mann der Besatzung so schwer am Bein verletzt, daß er so schnell wie möglich in ein Krankenhaus mußte, um überhaupt zu überleben. Der Bordfunker versuchte über normalen Kurzwellenfunk verzweifelt einen Hubschrauber zu organisieren. Als das nach ein paar Stunden immer noch nicht gelungen war, setzte sich der Kapitän, selbst Amateur, an seinen Sender und machte eine Reihe von Radioamateuren mobil. Allein ihren Anstrengungen war es zu verdanken, daß drei Stunden später ein Hubschrauber auf dem Deck aufsetzte. Der Verletzte wurde gerettet.

Der eine oder andere Leser könnte jetzt auf den Gedanken kommen, so ein Gerät für den „Notfall" auf seinem Schiff einzubauen, um es wirklich auch nur dann zu benutzen. Bitte nicht: Es ist menschlich, daß man doch mal an dem Gerät herumspielt und es vielleicht auch („nur ein einziges Mal") ausprobiert. Das aber ist bereits eine strafbare Handlung. Wenn man keine Übung im Umgang mit einem solchen Gerät hat, kann man im Notfall angesichts der vorhandenen Nervosität erst recht nicht damit umgehen. Die Existenz eines Amateursenders an Bord vermittelt also nur eine Scheinsicherheit.

Weitaus besser ist es, sich den Mühen zu unterziehen und eine Prüfung abzulegen. Einzelheiten erfährt man beim nächsten Amateurfunkverein, dessen Anschrift man beim Postamt erfragen kann.

Mit einer deutschen Lizenz läßt sich ein Amateursender auf hoher See und auch in fremden Hoheitsgewässern legal betreiben, wenn man sich eine Lizenz des betreffenden Landes geben läßt. Vor allem in den kleineren Ländern bekommt man sie formlos gegen Vorlage der deutschen Lizenz. Allerdings scheren sich selbst lizenzierte Funkamateure selten darum. Wenn sie in einem Hafen im Ausland am Gerät sitzen, so wird dies in den meisten nichteuropäischen Ländern (außer Amerika) offensichtlich auch stillschweigend geduldet. Korrekt ist es aber nicht.

Keine Lizenz ist nötig, um die Amateurbänder abzuhören. Das ist sogar denjenigen zu empfehlen, die sich allgemein für die Blauwassersegelei interessieren oder eine solche planen. Zumindest passiv kann man dann an den Gesprächsrunden erfahrener Yachtleute teilnehmen, schon zu Hause von deren Erfahrungen zehren oder sich über die Position bestimmter Yachten kundig machen. Schon seit vielen Jahren treffen sich traditionsgemäß Radioamateure unter den Yachtleuten auf der Frequenz 14313 KHz. Man höre ruhig mal rein. Morgens hören wir aus Mitteleuropa deutschsprechende Yachten, gegen Nachmittag kommen dann die englischsprechenden Yachties. Zuhören ist legal.

Die Funkpiraten

Es kann nicht übergangen oder verschwiegen werden, daß es auf Yachten – vor allem auf amerikanischen – immer mehr in Mode kommt, Amateurgeräte zu installieren und damit auch ohne entsprechende Lizenz zu arbeiten. Hierzu werden erfundene Rufzeichen benutzt. Angesichts der fantastischen Möglichkeiten, die der Amateurfunk bietet, meinte mein Freund Bill, selbst seit 45 Jahren eingefleischter Amateurfunker: „I can't blame them!" (Ich kann es ihnen nicht verdenken.)

Das Verständnis von Bill für die „Piraten" in Ehren, aber eine Warnung ist angebracht: Viele Amateure sind bereits mißtrauisch gegen Yachtstationen und prüfen im „Callbook", einem Verzeichnis aller Stationen, nach, ob die Station wirklich existiert. In Amerika munkelt man bereits von Beschlagnahmeaktionen. Und der Leiter des „Maritime Net", auf dem sich jeden Tag zur selben Stunde Yachten und große Schiffe mit Amateurfunkstationen treffen, gab resignierend den Piraten den Rat, sich zumindest um eine Amateurlizenz in einem kleinen Staat (nicht Panama!) zu bemühen, wo man sie unter Umständen weitgehend formlos erwerben kann.

Nach meiner groben Schätzung ist bereits jede dritte amerikanische Blauwasseryacht mit einer illegalen Station ausgestattet. Den Skipper stört es meist wenig, daß er nicht am regulären Amateurfunk-

Links: Amateursender Drake TR 7. Rein technisch kann man mit diesem Gerät auf allen Frequenzen über 1,5 MHz senden und empfangen. Gespräche um die Welt sind ohne weiteres möglich. Bis vor ein paar Jahren eines der Spitzengeräte!

Rechts: So klein kann eine Amateuranlage sein. Die Reichweite kann viele tausend Seemeilen betragen.

verkehr teilnehmen kann. Man trifft sich auf den Amateurbändern ganz einfach mit seinesgleichen, was wiederum manchmal nicht ganz leicht für die „echten“ Amateure ist, denn sie sind, wollen sie korrekt bleiben, von einem solchen Piratenverkehr ausgeschlossen. So wurde im Südpazifik ein „Marquesas-Netz“ eingerichtet – alles Nichtamateure –, auf dem beispielsweise Fred, ein Arzt unter den Yachties, jeden Morgen regelrecht Sprechstunde für die Segler im Umkreis von 2000 Seemeilen abhielt. Die Versuchung war groß, sich auch als Amateur mal zu melden und anzufragen, was man mit seinem geschwollenen Fuß machen solle.

Amateurtreffen auf hoher See

Auch Amateure haben ihre „Netze“, also tägliche Sammeltreffen von vielen Stationen zu bestimmten Zeiten auf einer bestimmten Frequenz. Einige kümmern sich speziell um die Segler unterwegs. So hielt beispielsweise Peter Schilsky, Amateurfunker, früherer deutscher Konsul und TO-Stützpunktleiter in Barbados, jährlich zur „Saison“ ein „Barbados-Netz“ ausschließlich für die Atlantiküberquerer ab. Jeder Skipper mit Amateurstation konnte, gebührenfrei wie alle Gespräche auf Amateurradio, an dieser Gesprächsrunde teilnehmen und erfuhr die Positionen der anderen Yachten, deren Wetter, das Wetter in Barbados, die Großwetterlage über dem Nordatlantik, neue Ködertips zum Fischen und sonstige wichtige Details für Yachties.

Es gibt so zahlreiche Netze für Funkamateure auf Yachten rund um die Welt, daß es müßig wäre, hier die Frequenzen und Uhrzeiten wiederzugeben. Wenn man auf seiner Yacht lebt und aktiv am Amateurfunk teilnimmt, ist man ohnehin, ehe man sich richtig versieht, plötzlich in so ein Netz gerutscht und nimmt regelmäßig an der Gesprächsrunde teil, bis man den nächsten Ozean erreicht hat und dort neue Freunde am Radio trifft.

Amateuranlagen sind preiswert und leicht zu installieren

Der Amateurfunk würde sicher nicht so viele Yachties anziehen, wenn die Geräte nicht auch noch preisgünstig und einfach zu installieren wären. Die meisten werden mit 12-Volt-Spannung angeboten, wie für uns maßgeschneidert. In 24 Volt gibt es sie kaum. Führende Markengeräte sind: Yaesu, Team und Kenwood. Der Stromverbrauch liegt beim *Senden* bei 20 bis 25 Ampere, aber nur in den Sprachspitzen, so daß sich ein durchschnittlicher Verbrauch von etwa 5 Ampere für ein Gespräch ergibt. Beim *Empfang* macht er nur 1 Ampere aus.

Der Mindestpreis der Geräte liegt bei etwa 2000 DM. Zur Grundausstattung gehören heute: Digitalanzeige, Frequenz-Synthesizer, Speichermöglichkeit für voreingestellte Frequenzen. Einige Geräte, die nach dem Synthesizer-Prinzip arbeiten, können *sämtliche* Frequenzen zwischen 0 und 30 MHz liefern, und zwar lückenlos. Auf den meisten von ihnen stehen sie – technisch gesehen – nicht nur zum Empfang, sondern auch zum Senden zur Verfügung. So ein Gerät ist also auch der ideale Bordempfänger. Da alle Frequenzen (meist über 1,5 MHz) auch zum Senden dienen, könnte man in einem echten Notfall, wo es um Menschenleben geht, beispielsweise auf 8,847 oder 13,304 MHz senden, einer Frequenz, die von Flugzeugen und vor allem von Flugplatzkontrollstationen aus ständig abgehört wird.

Freilich kann man mit dem Amateursender wie mit jedem Sender nur dann wirkungsvoll abstrahlen, wenn die Antenne in ihrer Länge abgestimmt ist. Beim Empfang spielt das keine so große Rolle, wohl aber beim Senden. Ist die Länge nämlich nicht in „Resonanz“, wird ein mehr oder weniger großer Anteil der Sendeenergie in den Sender reflektiert, was einerseits zur Folge hat, daß dieser Teil nicht mehr als ausgestrahlte Energie zur Verfügung steht, andererseits, daß der Sender unter Umständen durch seine eigene Kraft beschädigt oder gar zerstört wird.

Auf einer Segelyacht bietet sich das Achterstag als die wirkungsvollste Antenne an. Allerdings kann man die Länge des isolierten Teils (am besten nehme man zehn Meter) nicht willkürlich je nach Frequenz ändern. Das läßt sich am besten mit einer sogenannten (preiswerten) Matchbox erreichen, mit der die wirksame Länge des Stags auf elektrischem Wege verändert wird.

Dies ist beim Amateurfunk unbedingt notwendig, weil man nie auf einem Band allein arbeitet, sondern je nach der gewünschten Reichweite. Das 80- und das 40-Meter-Band eignen sich als Nahverkehrsband bis zu einer Entfernung von um die 500 Seemeilen (ganz grob gerechnet), während bei den anderen Bändern für diese Entfernung eine tote Zone um den Sender herum besteht, die sich ab einer Distanz von 20 Seemeilen bemerkbar machen kann. Für Interkontinentalverbindungen sind vor allem das 20-Meter-Band (abends) und das 15-Meter-Band (am Tage) geeignet.

Der Sicherheitscheck

Bevor ein Pilot – gleichgültig, ob Kapitän eines Jumbos oder Privatflieger – seine Maschine besteigt, prüft er ihren sichtbaren Zustand, um irgendwelche Fehler bereits vor dem Flug zu entdecken. Dieser Check ist gesetzlich vorgeschrieben. Beim Segeln gibt es diese Vorschrift nicht, und schon gar nicht beim Blauwassersegeln.

Trotzdem ist ein Rundgang über das Deck und durch das Boot *vor* Beginn eines Törns dringend zu empfehlen. Wieviel leichter läßt sich ein Schaden im Hafen oder auf dem Ankerplatz in Ordnung bringen, wo einem das entsprechende Werkzeug und vor allem der Rat der anderen Yachties zur Verfügung stehen, während auf See, auch wenn noch nichts Ernstes passiert ist, die Reparaturmöglichkeiten sehr beschränkt sind. Eine kurze Überprüfung dauert nur ein paar Minuten und gibt einem unterwegs ein Gefühl zusätzlicher Sicherheit, beispielsweise wenn man weiß, daß alle Splinte im Masttopp in Ordnung sind.

Der Sicherheitscheck sollte durchgeführt werden:

- vor jedem Auslaufen
- *und* alle 2000 Seemeilen (ob gesegelt oder motort)
- *und* alle drei Monate, gleichgültig, ob man dazwischen den Ankerplatz oder den Hafen verlassen hat.

Checkliste

An Deck:

Man gewöhne sich beim Check eine gewisse Reihenfolge an, beispielsweise beginne man achtern an Backbord, gehe zum Bug vor und kehre an Steuerbord zurück.

- ☐ Alle Splinte, Preßhülsen, Wanten und Stagen auf Spannung, Risse oder sonstige Beschädigungen.
  Die Splinte sollen mit Tape umwickelt sein, damit man sich an ihnen nicht verletzen kann.
- ☐ Die Selbststeueranlage. Steuerleinen noch nicht durchgescheuert? Windfahne und Servoruder gesichert und gefettet?
- ☐ Die Winschen. Trommel frei drehbar?
- ☐ Die Schoten. Schamfilstellen? Achtknoten?
- ☐ Umlenkblöcke für die Schoten frei drehbar? Schäkel gesichert?
- ☐ Die Fallen. Laufen sie klar? Fleischhaken? Sind die Blöcke für die Umlenkung der Fallen frei drehbar?
- ☐ Mastrutscher und Kopfbrett vom Großsegel okay? Latten und Taschen ebenfalls?
- ☐ Spi-Bäume oder Passatsegelbäume gesichert?
- ☐ Mann-über-Bord-Licht und -Boje funktionsfähig und einwandfrei gehaltert?
- ☐ Rettungsinselhalterung okay?
- ☐ Notvorrat Trinkwasser am richtigen Platz und okay?
- ☐ Rad oder Pinne frei drehbar? Spiel?
- ☐ Positionslichter funktionsfähig?
- ☐ Anker gesichert? Klüse geschlossen?
- ☐ Kompaß, Blasen? Kompaßbeleuchtung?
- ☐ Dingi, Surfbrett, Anker gut verzurrt?

Im Masttopp:

- ☐ Splinte, Preßhülsen, Wantensicherung an der Saling, Bolzen okay?
- ☐ Topplicht okay?
- ☐ Umlenkblöcke für Fallen frei drehbar? Fallen? Fleischhaken?

Unter Deck:

- ☐ Schwimmwesten, Lifebelts, Seenotkit, Raketen am Platz?
- ☐ Toilettenventile geschlossen?
- ☐ Wassertank gefüllt?
- ☐ Zustand der Bilge?
- ☐ Bilgepumpen okay?
- ☐ Spannung und Ladezustand der Batterien?

Maschinenraum:

- ☐ Zustand der Maschinenbilge? Öl?
- ☐ Ölstand Maschine?
- ☐ Springt Maschine einwandfrei an?
- ☐ Läuft die Maschine einwandfrei für zehn Minuten?
- ☐ Öldruck, Ladekontrolleuchte, Amperemeter?
- ☐ Stopfbuchse?

Der ganze Check dauert, wenn man sich eine Liste für sein Boot macht, allenfalls ein paar Minuten, je nachdem, ob am Mast Sprossen angebracht sind. Es ist aber selbstverständlich, daß auch in diesem Fall der Mann, der nach oben klettert, *zusätzlich* mit einem lose geführten Fall an seinem Lifebelt gesichert ist. Ansonsten würde sein Leben an ein paar Nieten hängen, die unter Seewassereinfluß durchaus korrodieren können, ohne daß man es ihnen von weitem ansieht.

Auch wenn ein Mann in einen Mast ohne Sprossen geht, also meistens mit der Winsch hochgehievt wird, sollte er doppelt

Wenn ein Mann in den Mast gewinscht wird, muß er stets doppelt gesichert sein.

abgesichert, also ein zweites Fall am Sicherheitsgurt angeschlagen sein. Ich habe mich einmal am Klüverfall in den Mast winschen lassen, das mit einem starken Patentschäkel eines namhaften Herstellers gesichert war. Am nächsten Tag, als mit dem gleichen Fall einschließlich Schäkel die Genua gesetzt wurde, kam der Schäkel in zwei Teilen herunter, bevor überhaupt Last auf ihn gekommen war. Bruchursache: Kristallisation im Nirosta.

Also, ein Sicherheitscheck wäre kein solcher, wenn hierbei ein Risiko eingegangen würde. Ist er aber ordnungsgemäß durchgeführt, hat man ein viel besseres Gefühl beim ersten schlechten Wetter und während der Nächte, wobei man nie so recht weiß, was im Mast oder sonstwo vorgeht.

Sicherheit an Bord einer Blauwasseryacht

Gibt es verschiedene Sicherheiten? Eine für Küstenyachten, eine für Blauwasseryachten?

Der wesentliche Unterschied zum Küstensegeln besteht darin, daß beim Blauwassersegeln im allgemeinen nicht mit Hilfe von außen gerechnet werden kann. Ein weiterer, wenn auch nicht so wesentlicher Unterschied ergibt sich aus der Tatsache, daß beim Blauwassersegeln die Anzahl der Crewmitglieder im Verhältnis zur Größe der Yacht außerordentlich gering ist. Schipperte das (damals schon ältere) Ehepaar Hiscock mit seiner früheren WANDERER IV allein über die Weltmeere, so sind an unseren Küsten auf einem (Charter-)Schiff gleicher Größe sechs bis zehn Mann an Bord. Da leuchtet es ein, daß die Frage der Sicherheit beim Blauwassersegeln unter äußerst unterschiedlichen Aspekten zu sehen ist.

Am deutlichsten kommt das wohl bei dem Stichwort „Rettungswestenzwang" zur Geltung. Es mag den Neuling überraschen, aber Tatsache ist, daß Blauwassersegler nahezu kaum Rettungswesten tragen, auch wenn sie sich – natürlich – an Bord befinden. So leicht es ist, in Büchern Rettungswestenzwang zu fordern, so schwer läßt sich das in der Blauwasserpraxis realisieren. Soll man die Rettungsweste unterwegs oder auch am Ankerplatz angelegt haben? Was ist, wenn man sich den Kopf bei ruhigem Wetter anstößt und dann über Bord geht? Natürlich sind solche Unglücke schon vorgekommen, aber man muß wohl im Zusammenhang mit der Frage nach der Sicherheit auch die Frage nach der Wahrscheinlichkeit stellen. Denn sonst könnte man verlangen, in der Stadt einen Schutzhelm zu tragen, weil mal ein Ziegel vom Dach fallen könnte.

Die Gefahr des Überbordgehens – das größte Risiko

Es gibt nichts, was Langfahrtsegler so sehr fürchten wie die Gefahr, von Bord zu fallen. Denn wenn dies nicht gleich bemerkt wird, besteht nur eine ganz geringe Hoffnung auf Rettung. Gerade aber auf einer üblicherweise schwachbemannten Blauwasseryacht kann es leicht passieren, daß so etwas erst nach Minuten oder gar nach Stunden auffällt, wenn nur einer an Deck ist.

Die einzige Versicherung gegen diese Gefahr ist, vorzubeugen. Nicht etwa dadurch, daß man eine Rettungsweste trägt, das hätte höchstens einen unerwünschten Beruhigungseffekt, sondern daß man alles mögliche tut, damit niemand über Bord gehen kann, auf keinen Fall unbemerkt. Möglicherweise wird das auf einigen Blauwasseryachten anders gehandhabt, aber eine der Sicherheits-Grundregeln sollte lauten:

Verlasse nachts niemals das Cockpit,
wenn du alleine an Deck bist!

Das gilt auch bei schönem Wetter. Selbst untertags sollte man sich dies zur Regel machen, zumal wenn die übrige Crew schläft, so daß ein Überbordgehen nicht *sofort* bemerkt wird.

Auch darüber muß man sprechen: Die meisten Fälle von Überbordgehen passieren dann, wenn ein männliches Besatzungsmitglied über die Reling Wasser läßt. Ganz logisch: Festhalten ist eine anspannende, das andere eine entspannende Tätigkeit. In diesem Moment kann das Koordinieren der natürlichen Reflexe gestört sein. Deshalb bei schlechtem Wetter nur die Toilette unter Deck benutzen!

Aber auch wenn mehrere an Deck sind, sollte so viel wie möglich der Sicherheitsgurt benutzt werden. Bei Sturm ist es sogar notwendig, ihn zu tragen, also auch im Cockpit, wo man sich einpickt, um bei einer einsteigenden See nicht herausgewaschen zu werden. Nachts wird man ihn bei jedem Wetter anlegen, wenn es auf dem Vordeck etwas zu tun gibt. Die Sicherheitsgurte (für jedes Crewmitglied einen) müssen griffbereit in der Nähe des Niedergangs unter Deck gestaut sein, damit sie bei ganz schlechtem Wetter schon angelegt werden können, bevor das Cockpit betreten wird.

Ob man ein Drahtseil entlang des Decks auf beiden Seiten des Masts spannt, ist Ansichtssache. So eine Vorrichtung hat den Vorteil, daß man vom Cockpit bis zum Vorschiff gelangt, ohne den Sicherheitsgurt umpicken zu müssen. Denn bei schlechtem Wetter werden zusätzliche Gefahrenmomente heraufbeschworen, wenn der Karabinerhaken in der Lifeline des Gurtes von der Reling zum Fall und von dort zum Kutterstag usw. jeweils umgesetzt werden muß, wenn man zum Vorsegel gelangen will. Andererseits sind diese Leitdrähte unter Umständen bei der Arbeit an Deck im Wege, so daß sie eine zusätzliche Stolpermöglichkeit darstellen.

Wenn man sich jeweils an „geeigneter“ Stelle einpicken muß, dann sollte man sich *nicht* die Reling aussuchen, sondern Punkte möglichst mittschiffs, damit man nicht über die Bordkante fällt, auch wenn man anschließend im Gurt hängt. Nicht jeder Gurt ist für den Fall richtig dimensioniert, daß ein schwerer Mann aus zwei, drei Meter Höhe hineinfällt. Überprüfen! Die Leine muß zwölf Millimeter Durchmesser haben, um auch einen schweren Ruck überstehen zu können. Die Reling muß entsprechend hoch genug sein, sonst kann man bei Dünung leicht über Bord kippen.

Diese KD-Matic-Kombination von vollautomatischer Rettungsweste und Sicherheitsgurt hat beim Fastnet-Rennen 1979 nachweislich Menschenleben gerettet.

Das Mann-über-Bord-Manöver

Wer auf einer der üblicherweise schwachbemannten Langfahrtyachten im Falle „Mann über Bord!“ eines jener Segelmanöver fährt, die auf den Segelschulen gelehrt werden, handelt grob fahrlässig. Ganz abgesehen davon, daß ein solches

Manöver wegen der Besegelung oftmals gar nicht gefahren werden kann. Denn wie will man denn mit Passatsegeln, die man in 40 Prozent aller Fälle gesetzt hat, einen Aufschießer machen? Aber auch unter konventioneller Besegelung, sagen wir Groß und Genua, kann man nicht in Sekundenschnelle manövrieren, was notwendig wäre, denn immer wird zunächst der Bullenstander klariert werden müssen. Ein weiteres Argument gegen alle Segelmanöver ist die Tatsache, daß sie mit einer großen Yacht viel zuviel Raum beanspruchen und deswegen nicht nur viel schwieriger zu berechnen sind, sondern auch dazu führen können, den Mann im Wasser aus den Augen zu verlieren.

Zu guter Letzt: Wir alle sind nicht so gute Segler, daß wir mit schwacher Besatzung – oft sogar allein, wenn der Partner im Wasser schwimmt – ein solches Manöver sicher ausführen könnten. Warum denn wohl wurden in zahlreichen französischen Mittelmeerhäfen Anlegemanöver unter Segel schlichtweg verboten? Weil Yachten unter Segel nicht beherrscht werden, wenn es gilt, exakte Manöver zu fahren. Was dort wegen des zu erwartenden Sachschadens angeordnet wurde, sollte uns im besonderen Maße zu denken geben, wenn es ganz konkret um ein Menschenleben geht.

Deshalb müssen wir genau das machen, was wir bei jedem Hafen- und bei den meisten Ankermanövern laufend üben: ein Manöver mit der Maschine. Ich verhehle nicht, daß Segelschulen hier oft anderer Ansicht sind. Warum wohl? Sicher auch deswegen, weil sie fälschlicherweise meinen, sie würden ihre Existenzberechtigung in Frage stellen, wenn sie ihre Schüler Maschinenmanöver für den Notfall lehren. Ein schwaches Argument gegen Maschinenmanöver in diesem Notfall ist das immer wiederkehrende „Was ist, wenn die Maschine nicht anspringt?".

Auf einem Schiff, das nach den Regeln der Seemannschaft geführt und unterhalten wird, kann das nicht vorkommen, weil gerade bei einem Dieselmotor undenkbar ist, daß er sich völlig unerwartet nicht starten läßt. Schwierigkeiten zeichnen sich nämlich immer über einen längeren Zeitraum ab, sei es, daß die Batterien schon altersschwach sind, sei es, daß immer Luft in der Leitung ist und so weiter. Natürlich kann auch ein Diesel einmal versagen, aber das ist höchst selten, und es wäre ein

Dieses Rettungskatapult achteraus „geschossen", eröffnet dem Über-Bord-Gegangenen eine Möglichkeit, eine Leinenverbindung zum Schiff herzustellen, vorausgesetzt, er schwimmt sofort ins Kielwasser und greift nach dem Schwimmkörper.

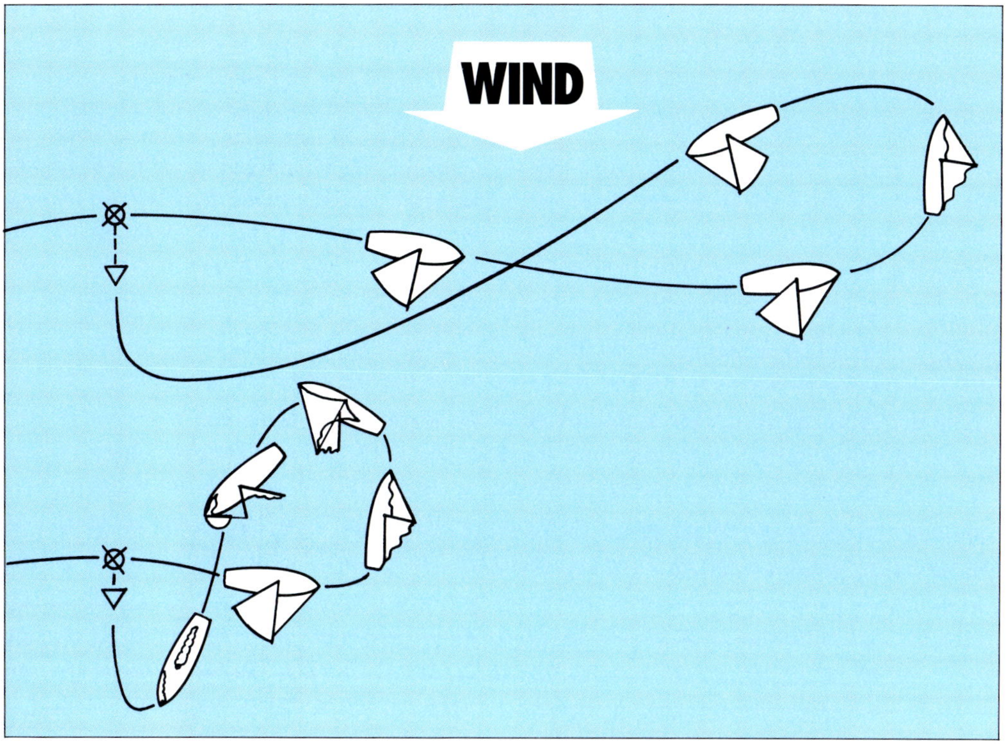

ganz unwahrscheinlicher Zufall, daß dies gerade dann passiert, wenn wir ihn im Unglücksfall dringend brauchen. Außerdem sind wir bei nachfolgend beschriebenem Manöver dann auch erst in der Situation, in der wir uns befänden, wenn wir von Anfang an auf ein Segelmanöver eingestellt gewesen wären.

Wer aber immer noch ein Segelmanöver für das bessere Mann-über-Bord-Manöver hält, der sollte sich ganz ehrlich die Frage stellen, was ihm lieber wäre, wenn er selbst auf dem offenen Meer ins Wasser fiele. Würde er seine Yacht lieber am Horizont Manöver unter Segel fahren sehen? Oder würde er es vorziehen, wenn auf seinem Schiff – fast noch in Rufweite – die Segel geborgen würden, er also wüßte, daß es unmittelbar darauf unter Maschine auf ihn zukommt?

Es wird empfohlen, sofort nach dem Kommando „Mann über Bord!" durch den Wind zu gehen, die Segel loszuwerfen und mit Maschine zu versuchen, den Mann zu bergen (unten). Gegenüber „Schulmanövern" (oben) hat das den Vorteil, daß die Yacht viel näher bei dem Verunglückten bleiben kann, wodurch man ihn nicht so leicht aus den Augen verliert. Dies wirkt auf den Verunglückten beruhigender. Bei Schulmanövern würde man mit größeren Yachten mehrere hundert Meter Platz benötigen. Bei schwerem Wetter ist kaum vorstellbar, daß der Kopf des Verunglückten nicht außer Sicht gerät.

Das Hauptproblem beim Mann-über-Bord-Manöver ist, daß wir den Kameraden im Wasser immer im Auge behalten müssen. In schwerer See kann ein menschlicher Kopf in einem Abstand von ca. 100 Meter bereits kaum noch ausgemacht werden. Deshalb gilt es, die Yacht so schnell wie irgend möglich zu stoppen. Durch den Seegang, der uns den Eindruck vermittelt, der Mann würde schnell „abgetrieben", brauchen wir uns ansonsten nicht irritieren zu lassen, denn tatsächlich wird er weniger abgetrieben als die Yacht.

Um den Abstand zu dem Verunglückten so gering wie möglich zu halten, muß *sofort* nach Bemerken des Unglücksfalles das Boot *durch den Wind* gedreht werden. Das nimmt einerseits die Fahrt aus dem Schiff, andererseits sollten die Segel anschließend back stehen.

Noch während man durch den Wind geht, also bevor irgend etwas anderes gemacht wird, startet man die Maschine, und erst wenn man sicher ist, daß sie auch wirklich kommt beziehungsweise läuft, werden die Fallen losgeworfen (andirken nicht vergessen!). Die Großschot wird dichtgenommen und geprüft, ob alle Schoten an Deck sind. Anschließend wird die Maschine eingekuppelt und langsam auf den im Wasser Treibenden zugefahren. Wenn man den Verunglückten in der Nähe des Rumpfes sieht oder wähnt, muß die Maschine ausgekuppelt werden, damit der Mann nicht verletzt wird.

Wie bekommt man den Kameraden an Bord?

Es ist eine alte Streitfrage, auf welcher Seite man den Verunglückten an Bord holen soll, wenn er selbst dazu nicht in der Lage ist. Einige meinen: auf der Leeseite. Ich halte das für außerordentlich gefährlich, weil die ungestützte Yacht in der Dünung leicht auf den Kopf des Schwimmers gesetzt werden kann oder ihn unter Wasser drückt. Für den Mann ist es zudem eine große Belastungsprobe, wenn er sich immer und immer wieder *gegen* die drohende Schiffswand abstützen muß, damit er von ihr nicht getroffen wird. Wenn man mal im Seegang probeweise versucht, in Lee einer stampfenden Yacht an Bord genommen zu werden, dann bekommt man eine Vorstellung davon, wie leicht einen eine solche Situation in Panik versetzen kann, obwohl die Rettung vor Augen ist.

Deshalb soll der Verunglückte auf der Luvseite an Bord genommen werden.

Vor einigen Jahren hat es in Deutschland einen tragischen Fall gegeben: Ein über Bord gefallenes Crewmitglied konnte von der zahlenmäßig und auch sonst schwachen Crew nicht mehr an Bord genommen werden. In letzter Verzweiflung wurde er beigebunden und in den Hafen geschleppt, wo nur noch der Tod des Mannes festgestellt werden konnte. Im Anschluß daran kam es zu unendlich langen Diskussionen in der Fachpresse über die beste Art, einen Mann wieder an Bord zu nehmen, der selbst dazu nicht mehr in der Lage ist. Ganze Bücher befassen sich mit diesem Thema.

Auf unseren Yachten sollte das kein Problem sein, denn wenn der Mann im Wasser durch einen Palstek um die Brust oder durch einen Gurt gesichert und mit dem Schiff verbunden ist, dann stellt es kein Problem dar, ihn beispielsweise mit Hilfe des Baumes und des am Traveller ausgeschäkelten Großschotblocks – mittels eines auf jeder Langfahrtyacht vorhandenen Flaschenzuges also – in Relingshöhe zu ziehen und an Deck zu schwenken, wozu die Reling unter Umständen geöffnet beziehungsweise mit dem Wantenschneider weggeschnitten werden muß. (Übrigens ist seit dem erwähnten tragischen Fall kein einziges ähnlich gelagertes Unglück bekanntgeworden.)

Der Vorteil des Maschinenmanövers für die Mann-über-Bord-Situation liegt einerseits in der Tatsache begründet, daß der Mann aus nächstmöglicher Nähe im Auge behalten werden kann, andererseits, daß das Durch-den-Wind-Gehen keine großen Entscheidungen verlangt, sondern als Reflex sogar antrainiert werden kann. Es wird immer einige Sekunden dauern, bis die Yacht in den Wind und durch den Wind dreht, Sekunden, die uns Zeit geben, die nächsten Schritte zu überlegen.

Ein gewisses Problem stellt auf einer Langfahrtyacht die Tatsache dar, daß sie praktisch ausschließlich unter Selbststeueranlage läuft und diese, bevor das Ruder bedient werden kann, zunächst ausgekuppelt werden muß. Die Steuerleinen sind deshalb vorsorglich mit Patentschäkeln zu versehen, so daß es eine Sache von Sekunden ist, die Pinne von den Steuerleinen zu befreien. Bei einem Rad wird die Verbindung zwischen ihm und der Selbststeuerung oft mit einem Pin hergestellt, der manchmal klemmen kann. Wenn der Skipper dies beobachtet hat, müssen auch hier die Leinen von der Selbststeuerung zum Rad mit Patentschäkel gesichert sein.

Ein weiteres Handicap auf einer Langfahrtyacht ist, daß sie mindestens genauso häufig wie unter Selbststeuerung unter Passatsegel oder anderer Vorwindbesegelung läuft, womit man nicht so ohne weiteres auf anderen Kursen segeln kann. Aber auch diese Segel erfordern kein anderes als das beschriebene Manöver, denn mit dem Drehen durch den Wind wird vor allem ein möglichst sofortiges Abstoppen bezweckt. Segelmanöver könnte man damit ohnehin nicht fahren.

Eine Episode am Rande, die vielleicht die Empfehlung stützt, ein Maschinenmanöver zu fahren. Vor ein paar Jahren ging während eines Rennens ein Mann über Bord. Seine Lage schien hoffnungslos, weil die 20 Meter lange Yacht unter großem Spinnaker mit neun Knoten Fahrt dahinbrauste. Ein Mann am Spi-Fall war so geistesgegenwärtig, dieses mit dem Messer zu kappen, so daß die Yacht mit Full Speed in die Blase hineinlief. Fast auf der Stelle wurde sie abgestoppt, das Deck klariert und der Mann gerettet.

Was kann man bei der „Mann-über-Bord"-Situation falsch machen?

Die Unfallstelle muß markiert werden, da bei unserer zahlenmäßig schwachen Besatzung beim Mann-über-Bord-Manöver oft gerade der Mann fehlt, der den Verunglückten im Auge behalten sollte. Am Tage geschieht das durch eine Boje sowie andere Gegenstände wie Rettungsringe. In der Nacht *muß* dem Verunglückten ein Licht – besser eine Blitzboje nachgeworfen werden. Wird das versäumt, hat der Mann kaum noch eine Chance. Es ist eine gute Sache, für jedes Mannschaftsmitglied einen wasserdichten Taschenblitz bereitzuhalten, den er ausgeschaltet in der Ölzeugtasche mit sich herumträgt. Wenn er über Bord geht, kann er mit dem Blitz, den man mehrere Meilen weit sieht, auf sich aufmerksam machen.

Ansonsten kann der Mann im Wasser wenig für sein Schicksal tun, außer sich möglichst kräfteschonend im Wasser treiben zu lassen. An Bord dagegen gilt es, koordiniert an seiner Rettung zu arbeiten.

Bei mehreren überraschenden Manövern auf größeren Yachten hat sich herausgestellt, daß die Reaktion des Rudergängers („Durch den Wind!") meistens prompt kam. Auch die Maschine startete sofort.

Woran die meisten Manöver bei den Übungen (und sicher auch im Ernstfall) krankten, war, daß niemand das Kommando an sich gerissen hatte. Das aber ist entscheidend. Es muß also vorher verabredet werden, wer das Kommando übernimmt, wenn beispielsweise der Skipper in den Bach geht.

Der auffälligste Fehler aber war der, daß Kommandos zwar gegeben wurden, aber mißverständlich, unklar und nicht personengerichtet. Beispielsweise rief der Mann am Ruder „Groß runter!“, worauf drei Leute zum Fall stürzten, der eine jedoch auf den anderen wartete, bis schließlich einer reagierte. Richtig wäre es gewesen, anzuordnen: „Rudi, andirken!“, „Fritz, Großfall los!“ usw.

Wenn man den Sichtkontakt zu dem Verunglückten verloren hat, sollte man die Hoffnung nicht aufgeben, ihn zu finden. Denn in den wärmeren Gewässern in den Tropen beispielsweise *kann* auch ein Mann ohne Rettungsweste von der Temperatur her bei guter körperlicher Verfassung 20 bis 40 Stunden überleben, wie Unglücksfälle bewiesen haben. Auch ist die Haigefahr gering, außer in verseuchten Gewässern (um Australien beispielsweise). Es rentiert sich deshalb allemal, einige Tage an der Unfallstelle zu bleiben, ehe man sich in das Unvermeidliche fügt. Es schadet auch nichts, wenn man die Rettungsinsel aufgeblasen ins Wasser wirft, damit besteht noch eine zweite ganz minimale Chance.

Das Mann-über-Bord-Manöver auf einer schwachbemannten Blauwasseryacht spielt sich also im Ernstfall in folgenden Schritten ab, wobei die Aufgaben nach der jeweiligen Mannschaftsstärke von einem oder von mehreren Crewmitgliedern übernommen werden müssen:

1. Mann geht über Bord – Alarmschrei: „Mann über Bord!“
2. Rudergänger legt hart Ruder, um *durch* den Wind zu drehen, und startet währenddessen die Maschine (Leerlauf!) oder:
   Der Steuerautomat wird ausgekuppelt oder die Steuerleinen zum Automaten werden aufgerissen, das Ruder wird hart gelegt, um durch den Wind zu gehen und gleichzeitig die Maschine gestartet (Leerlauf!).
3. Rettungsringe, Rettungsblitze, Rettungslampen und Rettungsboje werden über Bord geworfen – je mehr, desto besser.
4. Ist ein Crewmitglied hierfür frei, wird er angewiesen, den Mann im Auge zu behalten.
5. Großbaum andirken und alle Fallen loswerfen.
6. Segel und Schoten *nur* soweit klarieren, daß der Propeller ungehindert drehen kann.
7. Einkuppeln, auf den Verunglückten zudampfen, ihm in Luv eine Leine zuwerfen mit der Aufforderung, einen Palstek um die Brust zu machen.
8. In dem Moment, wo der Mann die Leine gefaßt hat, muß die Maschine ausgekuppelt werden.
9. Mann an Bord nehmen.

Keinesfalls ins Wasser springen, um dem Verunglückten zu helfen, in jedem Fall dem Verunglückten eine Leine zuwerfen, wenn er noch kräftig genug erscheint. Wenn der Mann mit einer Leine gesichert ist, kann nichts mehr schiefgehen, auch wenn er später beim Anbordklettern entkräftet ist oder gar ohnmächtig werden sollte.

Die obige Aufstellung hilft nichts, wenn man die einzelnen Schritte nicht gründlich überlegt und übt. Zumindest sollte so eine Liste, die nach den konkreten Möglichkeiten auf dem jeweiligen Schiff modifiziert werden kann, gut sichtbar in der Nähe des Ruders angebracht werden.

Das Schiff sinkt

Es kommt immer wieder vor, daß eine Blauwasseryacht untergeht. Es kann in diesem Zusammenhang gleichgültig sein, warum sie sinkt, ob von einem Wal gerammt, was nicht selten passiert, von einem treibenden Baumstamm leckgeschlagen oder aus anderen Gründen. Kaum jemals sinkt eine Yacht als Folge sehr schweren Wetters, was uns eigentlich beruhigen sollte, denn dann wird das Unglück sich zumindest unter Bedingungen abspielen, wo man das Schiff einigermaßen kontrolliert verlassen kann. Folgender Bericht veranschaulicht, wie so etwas vor sich geht – wohl ganz anders, als man sich das auf dem Trockenen vorstellt:

Skipper David H. und seine Frau befanden sich allein auf ihrem Schiff, einer Columbia 50 (15 Meter Länge über alles), ca. 40 Seemeilen von der Küste entfernt. Das Groß war als Stützsegel gesetzt, ansonsten lief die Yacht bei zwei Windstärken mit 7,5 Knoten unter Maschine über die relativ glatte See.

Als der Skipper zufällig aus dem Cockpit nach unten ging, sah er, daß Wasser die Bodenbretter bedeckte. Ohne Panik schaltete er elektrische Pumpen ein, um das Wasser nach draußen zu bringen. Wegen des Wassers in der Bilge konnte man das Leck oder eine andere Ursache für das Wasser im Schiff nicht ausmachen.

Als David nach einer weiteren halben Stunde feststellte, daß das Wasser nicht sank, sondern im Gegenteil weiter stieg, machte er sich energisch auf die Suche nach dem vermeintlichen Leck im Maschinenraum. Ohne Erfolg! Erst jetzt wurde sich seine Frau, die das Ganze bisher mehr als ein Ärgernis betrachtet hatte, bewußt, daß das Schiff möglicherweise sinken würde. David schaltete den Sender ein, um die Coast Guard zu alarmieren.

In dem Moment, als er die Sendetaste betätigte, um seine Position durchzugeben, sank der Zeiger, der die Ausgangsleistung des Senders anzeigen sollte, auf Null. Das Wasser hatte die Batterien erreicht. Nunmehr war klar, daß man das Schiff verlassen mußte. David warf die Rettungsinsel über Bord, die sich nach Betätigen der Reißleine nicht öffnete. Daraufhin wurde das Dingi klargemacht, und die Mannschaft begab sich mit nichts anderem in den Händen als dem Paß in das Schlauchboot. Nachdem die Yacht gesunken war, ruderten die beiden 30 Stunden in Richtung Küste, bis sie von der überraschten Besatzung eines Fischerbootes gerettet wurden. Bis heute kann David die Ursache für den Wassereinbruch nicht einmal vermuten.

Das Beispiel Davids sollte eigentlich optimistisch (und nachdenklich zugleich) stimmen, zeigt es doch, daß ein solcher Katastrophenfall äußerlich viel ruhiger abläuft als erwartet. Das englische Ehepaar Baily, das nach der Kollision mit einem Wal in die Rettungsinsel mußte und 116 Tage darin verbrachte, bis es gerettet wurde, hatte sogar beim Verlassen des Schiffes Zeit und Nerven, die untergehende Yacht zu fotografieren.

Andererseits zeigen diese Beispiele, daß ein Wassereinbruch keineswegs so abläuft, daß es von vornherein Anzeichen für höchste Gefahr gibt. Es ist sogar so, daß ein Wassereinbruch, der sich drastisch durch schnell sprudelndes Wasser im Schiffsinneren bemerkbar macht, auch gleich ein hoffnungsloser Fall ist. Denn – darüber müssen wir uns im klaren sein – ein größeres Leck ist mit Bordmitteln kaum zu beherrschen. Auch wenn es in vielen Veröffentlichungen so schöne Bilder mit Lecksegel usw. gibt, in der Praxis haben wir es immer mit Lecks zu tun, denen wir entweder vergleichsweise leicht beikommen oder für die unsere Mittel und Kräfte von vornherein nicht ausreichen. Dies zu unterscheiden, stellt uns meist vor ein schwieriges Problem. Denn realisieren wir zu spät die Hoffnungslosigkeit unseres Pumpens, dann haben wir auch keine Zeit mehr, uns entsprechend für das Verlassen des Schiffes vorzubereiten. Geben wir zu früh auf, verlieren wir das Schiff grundlos.

Das Wichtigste, meist aber auch das Schwierigste ist, das Leck zu entdecken. Befindet es sich bereits unter Wasser, können wir nur noch Vermutungen anstellen, und wenn wir Glück haben, finden wir es. Dann sollte es eigentlich kein Problem mehr sein, das Schiff zu retten, denn wenn das Leck so klein ist, daß wir danach suchen mußten, sind wir auch in der Lage, es abzudichten.

Pumpen haben nicht den Zweck, ständig gegen einströmendes Wasser anzukämpfen, sondern das einmal ins Schiff gelangte Wasser wieder herauszuschaffen und uns zusätzliche Zeit für die Suche nach dem Leck zu verschaffen. Daraus ergibt sich, daß eine handbetriebene Pumpe für eine schwachbemannte Blauwasseryacht im Notfall wenig Sinn hat. Denn wir können nicht eigens einen Mann zum Pumpen abstellen; er würde ohnehin bald ermüden. Die in den Prospekten angegebenen Pumpenleistungen hören sich immer ganz toll an, aber man muß sich bewußt werden, daß sie in der Praxis von einem Durchschnittsmenschen nur für kurze Zeit erbracht werden können. Ein Eimer ist tatsächlich meist leistungsfähiger. Nicht umsonst sagt man, daß die beste Pumpe gleichsam eine Pütz in den Händen eines ertrinkenden Mannes sei.

Welche Möglichkeiten haben wir, eine Pumpe anzutreiben? Eine elektrische Pumpe wird im Notfall nur so lange arbeiten, wie die Batterien noch nicht unter Wasser stehen. Eine von der Hauptmaschine direkt angetriebene Pumpe hat diesen Nachteil nicht. Der Diesel wird auch dann noch laufen, wenn er schon halb im Wasser steht. Aber wir sollten die Förderleistung der Pumpe genau beachten, denn viele sehen von außen recht imposant aus, sind auch robust und wenig störanfällig, ihre Leistung ist aber nicht beeindruckend. Das gilt besonders für die Kühlwasserpumpen, für die immer der Rat gegeben wird, man solle sie so anbauen, daß man sie mittels eines Zweiwegehahns auch als Bilgepumpe verwenden kann. Ihre Leistung als solche ist meist kläglich, wobei zudem die Gefahr besteht, daß mit dem Bilgewasser zur Kühlung auch Papier usw. angesaugt und damit Pumpe und Kühlung lahmgelegt werden.

Am besten ist zweifellos eine von einem eigenen Motor angetriebene Benzinpumpe, die wie ein Jockel gestartet wird, wobei der Ansaugschlauch ins abzusaugende Wasser und der zweite Schlauch außenbords gehängt wird. Eine solche Pumpe – nur 15 Kilogramm schwer und 1000 DM teuer – erfordert keine Installation, läßt sich überall auf dem Schiff einsetzen und schafft immerhin in zehn Minuten im Dauerbetrieb eine Tonne Wasser aus dem Schiff. (Auch Feuer an Bord kann sie – umgekehrt eingesetzt – mit Wasser bekämpfen.)

Es gibt freilich Lecks, bei denen wir an das Schlimmste denken müssen: das Verlassen des Schiffs. Wenn man auf einer Blauwasseryacht auf diesen Notfall entsprechend vorbereitet ist, dann hat man sogar – wie das Beispiel des Ehepaars Baily zeigt – fast hundertprozentige Chancen zu überleben.

Diese handliche Motorpumpe fördert im Notfall weit mehr als die stärkste handbetriebene Pumpe. Sie läßt sich auch zum Feuerlöschen einsetzen.

Die Rettungsinsel

Die gewöhnlichen Rettungsinseln sind für eine Blauwasseryacht nicht eingerichtet. Sie sind zwar mit ein wenig Notverpflegung ausgerüstet, selten aber mit Wasser. Versuche und praktische Fälle haben jedoch eindeutig bewiesen, daß Schiffbrüchige immer verdurstet, nie verhungert sind. Der Mensch kann nur zwei bis sieben Tage ohne Flüssigkeit auskommen, doch mehrere Wochen ohne feste Nahrung. Deshalb ist nichts wichtiger, als Wasser in die Rettungsinsel mitzunehmen. Denn auf dem Ozean müssen wir immer damit rechnen, daß es mehrere Wochen dauern kann, bis wir gerettet werden. Es ist nicht möglich, in die Rettungsinsel die entsprechenden Flüssigkeitsmengen einpacken zu lassen, denn dafür ist kein Platz, und zwei, drei zusätzliche Liter wären nur ein Tropfen auf den heißen Körper.

Es bleibt uns also nichts anderes übrig, als an einer gut zugänglichen Stelle im Schiff gefüllte Wasserkanister griffbereit zu haben, die man beim Aussteigen mitnimmt.

Auch ansonsten ist die Rettungsinsel nicht optimal für unsere Zwecke ausgestattet. Angelzeug fehlt meistens. Der Hersteller wird uns aber einen zusätzlichen Kit mit einpacken, der folgendes in einer Plastiktüte enthalten sollte:

- Angelhaken und -leine, Blinker
- Planktonnetz
- Nagelschere oder Schweizer Offiziersmesser (Klappmesser)
- Spiegel
- Tabletten gegen Seekrankheit

Eine Rettungsinsel geht nicht von selbst auf, sie muß vielmehr aufgerissen werden.

Unmittelbar nach dem Aufreißen platzt der Container ab.

Nach etwa fünf Sekunden sind die beiden Bodenkammern bereits aufgeblasen.

Die vermeintliche Rauchentwicklung rührt von dem Treibgas her, mit dem die Insel aufgeblasen wird.

Schon nach etwa zehn Sekunden ist die Rettungsinsel einsatzbereit.

Der Spiegel dient dazu, um vorbeifahrende Schiffe anblinken zu können, während die Plastiktüte unter Umständen dazu benutzt werden kann, mit Hilfe der Sonne Süßwasser zu kondensieren. Es gibt auch spezielle Süßwasserbereiter, die ebenfalls mit Sonnenstrahlen arbeiten. Sie sind unter der Bezeichnung Solar-Still im Handel und nicht ganz billig. Praktische Versuche haben gezeigt, daß die im Prospekt angegebenen Werte zu optimistisch sind. Trotzdem ist es empfehlenswert, solche Geräte mit einpacken zu lassen. Zwar reichen sie kaum, um den gesamten Süßwasserbedarf zu decken, doch wird man Trinkwasser darüber hinaus aus den getrennt mitgebrachten Vorräten beziehen, aus den paar Litern, die Bestandteil der Rettungsinsel sind, und aus den sehr seltenen (!) Regenfällen. Pro Person ist mit einem Bedarf von ungefähr einem Liter pro Tag zu rechnen.

Die Tabletten gegen die Seekrankheit sind zu Beginn sehr wichtig, denn der Körper ist an die viel heftigeren Bewegungen in der Rettungsinsel nicht gewöhnt, so daß auch seefeste Personen sich leicht übergeben, wobei gerade in diesem Fall Flüssigkeitsverlust gefährlich ist.

Immer wieder hat es Apostel gegeben, die beweisen wollten und nach ihrer Meinung auch bewiesen haben, daß der Genuß von Seewasser das zum Überleben notwendige Wasser zum Teil ersetzen kann. Doch es ist wissenschaftlich erwiesen, daß selbst kleine zusätzliche Mengen Seewasser nur Schaden angerichtet und nichts genützt haben. Deshalb gilt, gleichgültig, wie verlockend diese Idee ist, daß in der Rettungsinsel auf keinen Fall Seewasser getrunken werden darf. Die Nichtbefolgung dieses Rates von Wissenschaftlern und Ärzten hat schon vielen Menschen das Leben gekostet.

Das größte Problem ist die Tatsache, daß Rettungsinseln nicht gesegelt werden können. Dafür sind sie auch gar nicht gedacht; vielmehr sollen sie den Überlebenden eines Schiffbruchs ein paar Tage Aufenthalt gewähren, bis sie gefunden werden. Das funktioniert auch in den heimischen Gewässern, nicht aber auf den Routen, auf denen wir über die Weltmeere wandern. Dort kann es Tage oder Wochen dauern, bis wir überhaupt ein Schiff zu Gesicht bekommen, wobei noch lange nicht gesagt ist, daß es uns auch wahrnimmt.

Nachdem wir die Rettungsinsel also nicht segeln können, muß unsere Strategie sein, solange wie möglich auf der betreffenden Position auszuharren. Dazu brauchen wir Lebensraum, den uns die Rettungsinsel allein nur in unzureichendem Maße gibt. Fast allen Fällen in der Praxis, wo Yachtbesatzungen einen längeren Aufenthalt in der Insel überlebten, war gemeinsam, daß *auch* das Beiboot von Bord der sinkenden Yacht mitgenommen wurde. Damit war man in der Lage, viel mehr Vorräte mitzunehmen als mit der Insel allein. Das Wichtigste nach der Sorge um das Trinkwasser sollte also unbedingt sein, daß wir auch das Beiboot fertigmachen und ins Wasser werfen.

Um in der Stunde der Not nicht durchzudrehen, empfiehlt es sich dringend, eine Checkliste zurechtzumachen, nach der man sich an eine exakte Reihenfolge hält. Am besten wird sie neben dem Niedergang und auf (!) der Rettungsinsel aufgeklebt. Ein weiterer Sicherheitsfaktor ist es, wenn ganz genau die Rollen verteilt sind. Einer kümmert sich um die Rettungsinsel, der andere um das Beiboot, der nächste um das Trinkwasser.

Man kann so eine Checkliste beliebig lang werden lassen, wenn man sie genau nach Prioritäten führt, wenn also die hinteren Punkte immer unwichtiger werden. Denn je mehr Zeit wir haben, um so mehr wollen wir mitnehmen. Bei der Aufstellung dieser Liste löse man sich unbedingt von seinen bürgerlichen Gewohnheiten. Es wäre beispielsweise ein Wahnsinn, wenn man seinen Paß in die Insel mitnehmen würde, nicht aber Wasser.

Was ist wichtig für einen Überlebenskit für die Rettungsinsel? Nachstehendes ist nicht nach Prioritäten geordnet. Denn jeder muß für sich selbst entscheiden, was für ihn das Richtige ist. Für den Skipper der Yacht KIWI beispielsweise ist das Wichtigste der Sender. Er ist Amateurfunker und hat, in einem wasserdicht abzuschließenden Plastikeimer verstaut, eine ganze Amateurfunk-Ausrüstung mit Motorbatterie, Antenne, Morsetaste und Mikrofon an Bord. Im Notfall würde er damit garantiert innerhalb weniger Minuten einen Sprechkontakt zu einer Amateurfunkstation herstellen können. Tatsächlich wurde unlängst nach der Kollision mit einem

Ein kleiner Amateursender ist hier fertig für die Rettungsinsel vorbereitet.
Der Amateursender wird in einem wasserdicht verschließbaren Eimer verstaut, damit er trocken in der Rettungsinsel ankommt.

Fast eine Lebensversicherung, wenn diese beiden Leistungszwerge mit in die Rettungsinsel gepackt werden: Ein GPS-Gerät und ein Funkgerät, das auf Kanal 16 Schiffe erreicht, die im Umkreis von 10 bis 15 Meilen vorbeiziehen. Wertvoller als Feuerwerkskörper im Notfall!

Wal in einer einsamen Gegend die Besatzung der aufgegebenen Yacht nach einem Notruf über Amateursender innerhalb eines Tages in ihrer Rettungsinsel gefunden.

Ein Nichtamateur hätte – bitte glauben Sie mir das – keine Chance, mit diesem Gerät einen Funkkontakt unter diesen Bedingungen herzustellen.

Navigationsgeräte? Nachdem wir uns wenig von der Stelle bewegen können, muß die Frage nach dem praktischen Nutzen gestellt werden. Immerhin ist es heute besonders leicht, mit Hilfe von GPS auch von der Rettungsinsel aus ganz präzise seinen Schiffsort festzustellen. So läßt sich leicht festellen, ob wir uns zum Beispiel in der Nähe eines Schiffahrtsweges befinden. Deshalb sollte auch eine (Übersegler-)Karte ins Notgepäck gesteckt werden. Ideal eignen sich hierzu auch die Karten, die

dem Buch OCEAN PASSAGES FOR THE WORLD beigelegt sind. Ein geeigneter GPS-Empfänger ist kaum größer als die Handfläche, zum Beispiel der Trimble Ensign, und kostet um die 1000 DM. Klar, daß die dazugehörigen vier Alkaline-Batterien, Größe AA, nicht etwa in das Gerät eingelegt sein dürfen, sondern getrennt vom GPS-Gerät – wasserdicht verpackt. Wenn es finanziell machbar ist, könnte man sich überlegen, einen GPS-Empfänger mit Batterien in die Rettungsinsel einpacken zu lassen. Er ist dann auch Reservegerät, wenn der Haupt-GPS an Bord ausfallen sollte und man glaubt, ohne GPS verloren zu sein (was nicht vorkommen sollte!).

Eine Situation ist denkbar, wo wir dringend auf die Navigation angewiesen sein würden: wenn die Rettungsinsel nach ein paar Wochen oder sonstwie kaputtgehen (lange halten sie nicht, das haben die Seenotfälle bewiesen) und wir mit dem Beiboot allein unterwegs sein würden. Immer war das Beiboot der stärkere Teil des Gespanns. Dann könnten wir mit Hilfe einer Notbesegelung tatsächlich versuchen, die Küste zu erreichen. Rekordfahrten von ruhmsüchtigen Surfseglern über den Atlantik zeigen, daß man sich unter ganz ungewöhnlichen Umständen über weite Wasserstrecken bewegen kann und daß das Meer dem Menschen gegenüber nicht so feindlich eingestellt ist, wie man anzunehmen geneigt ist.

Ich würde auch ein Handfunkgerät in die Rettungsinsel mitnehmen, das auf Kanal 16 arbeitet, noch besser, ähnlich wie ein GPS-Gerät von vornherein in die Insel einpacken lassen! Dann hätte ich, neben dem Spiegel und den Raketen, noch eine weitere Möglichkeit, ein vorbeifahrendes Schiff auf mich aufmerksam zu machen. Denn keines dieser Mittel allein ist eine Gewähr, daß wir auch wahrgenommen werden.

Eine Bordapotheke für diesen Notfall wird sich jeder selbst zusammenstellen. Ganz besonders wichtig sind Mittel gegen die Sonne und gegen gesundheitliche Schäden, die durch sie direkt verursacht werden. Man sollte sich dabei von einem Arzt beraten lassen, der diese Problematik kennt.

Zusätzliche Kleidung dient auch dem Zweck, den Körper gegen übermäßige Erhitzung und Flüssigkeitsverlust durch Schwitzen zu schützen. Bewährt haben sich in diesem Zusammenhang für kurze Zeit Säcke aus Metallfolie, die unter der Bezeichnung „Überlebensbag" im Handel sind.

Diese Checkliste ist nur dann sinnvoll zusammengestellt, wenn die einzelnen Gegenstände griffbereit und vorbereitet sind. Es hat keinen Sinn, im Katastrophenfall im ganzen Schiff nach Navigationsausrüstung zu suchen oder gar die einzelnen Bestandteile zusammenzupacken. Sie müssen in einem Plastikbeutel – gut lesbar beschriftet, etwa „Notnavigation" – in der Nähe des Niedergangs an einem ganz bestimmten, nur dafür vorgesehenen Platz bereitliegen.

Idealer wäre für uns ein Rettungsfloß, das auch gesegelt werden kann. Aber nachdem so etwas von der Industrie nicht angeboten wird, ist es müßig, darauf Gedanken zu verschwenden. Einige Blauwassersegler verzichten deshalb überhaupt auf ihre Rettungsinsel und vertrauen allein auf ihr Dingi, das sie entsprechend präpariert haben. Für die meisten Schlauchboote gibt es beispielsweise Preßluft- oder Sauerstoffflaschen, damit sie in Sekundenschnelle aufgeblasen werden können. Ich bezweifle aber, ob das Schlauchboot auch immer als Rettungsinsel vorbereitet ist, wenn es gleichzeitig als Beiboot benutzt wird.

Mag sein, daß eine Rettungsinsel viele Schwächen hat, aber sie gibt uns auf jeden

Fall zusätzliche Sicherheit. Wenn wir mit dem Dingi und der Rettungsinsel im Wasser sind, können wir uns immer noch überlegen, was für uns nun besser ist.

Die Wartung der Rettungsinsel

Auf einer Blauwasseryacht ist es ein besonderes Problem, die Rettungsinsel in den vorgeschriebenen Einjahresabständen warten zu lassen. Die Wartung aber ist für die Funktionstüchtigkeit unerläßlich. Selbst kann man sie (auch wenn man handwerklich noch so geschickt ist) auf keinen Fall durchführen. Weil ich das nicht glauben wollte, habe ich mich bei Wartungsstationen mehrfach davon überzeugt. Es bleibt uns deshalb nichts anderes übrig, unsere Route so zu planen, daß wir auch einmal Stellen anlaufen, wo es eine Station gibt. Der Hersteller muß eine Liste von Stationen mitliefern, in der verzeichnet ist, wo speziell unser Rettungsinsel-Typ gewartet werden kann. Deshalb sollte man bei Rettungsinseln nur zu weltweit verbreiteten Fabrikaten greifen. Übrigens wird man überrascht sein, wie preiswert die Wartung im Vergleich zu Deutschland in vielen anderen Ländern sein kann.

Eine Gewissensfrage ist es, wie weit man die Wartungszeit überziehen kann. Denn manchmal ist es wirklich nicht möglich, sie genau einzuhalten. Ich möchte hierzu auch niemandem einen so folgenschweren Rat geben, aber ich persönlich würde mich bei einer nicht zu alten Insel (jünger als zwei Jahre) trauen, die Wartungszeit um weitere zwölf Monate zu überziehen.

Viele Wartungsstationen gestatten, daß man dabei ist, wenn die Insel geöffnet wird. Dann kann man sich selbst vom Zustand der Insel überzeugen und sich vom Servicepersonal beraten lassen. Oft geben sie auch Tips, was man sonst noch zur Erhöhung der Sicherheit mit einpacken könnte. Außerdem weiß man im Notfall, wo man anpacken muß, wenn man seine Insel im „Ernstzustand“ gesehen hat.

Strandung

Im Gegensatz zum – vergleichsweise harmlosen – Auflaufen in Küstengewässern ist eine Grundberührung beim Blauwassersegeln meist tödlich, nicht für die Besatzung, aber für das Schiff. Denn nur selten hat man es mit flachen Sandstränden oder -bänken ohne Schwell zu tun. Meistens sind es Korallenriffe, die steil aus mehreren hundert Meter Tiefe ansteigen und die Yacht, die sich auf sie verirrt, in eisernem Griff halten. Tödlich wird die Untiefe meist im Zusammenwirken mit der Brandung, selbst dann, wenn die See vermeintlich spiegelglatt ist. Mit jeder Brandungswelle wird die Yacht ganz wenig angehoben und ein kleines Stück weiter vom freien Wasser wegversetzt. Mit jeder Brandungswelle also wird die Situation hoffnungsloser.

Tatsächlich gehen durch Strandungen von der offenen See aus – grob gerechnet – fünfzigmal mehr Blauwasseryachten verloren als durch alle anderen Gefahren, die den kleinen Schiffen auf den Weltmeeren drohen – Stürme und Wale eingeschlossen. Diese Unfälle sind nur deshalb nicht so spektakulär, weil – Gott sei Dank – häufig keine Menschenleben zu beklagen sind, nur Totalverluste.

Ganz klar, daß die in unseren Lehrbüchern so schön beschriebenen Methoden zum Abbergen einer auf Grund gelaufenen Yacht nicht mehr angewendet werden können, wenn die Brandung schon verhindert, daß ein Anker mit dem Beiboot ausgebracht wird, selbst wenn die Tiefe um das

Oft erkennt man ein Riff nur an dem Wasserstaub, der darüberhängt.

An ein Riff, erkennbar an der Brandung, sollte man nur mit allergrößter Vorsicht so nahe herangehen.

Häufig bricht eine See unvermittelt über ein Riff.

Riff das ausnahmsweise zuläßt. Ohne fremde Hilfe ist man auf einem Riff im allgemeinen chancenlos!

Doch oft genug passieren Schiffbrüche dieser Art meist in Gegenden, wo es aussichtslos ist, auf fremde Hilfe zu warten. Es gibt beim Blauwassersegeln eben Situationen, in denen es nicht mehr möglich ist, irgend etwas für das Schiff zu unternehmen, und in denen es besser ist, sich Gedanken über seine eigene Rettung zu machen. Ein paar Beispiele aus meiner nächsten Umgebung:

Die Yacht RIK lief bei voller Fahrt und unter Selbststeuerung in Richtung eines Riffes am Eingang zur Torres-Straße. Bevor Skipper Claess noch irgend etwas unternehmen konnte, folgte eine – wie Claess das beschreibt – „Explosion". So hart war der Aufprall. Immer wieder von der Brandung hochgehoben und auf das Riff geschmettert, setzte sich die RIK, ein Kimmkieler aus Stahl, über das mehrere Meilen breite Riff in Bewegung und fiel nach vielen Stunden auf der anderen Seite wieder in tiefes Wasser. Schiff und Besatzung waren gerettet – ausnahmsweise!

Die Stahlyacht BRAVE JENNY, eine schöne Jongert, lief in den polynesischen Tuamotus auf ein Riff. Wie durch ein Wunder kam die Yacht in kürzester Zeit frei. Auf Grund des größeren Lecks, das sie beim Aufprall auf die Korallen davongetragen hatte, sank sie dann aber in Minutenschnelle. Die Besatzung wurde gerettet.

Wolfgang Hausner segelte mit seinem 10-Meter-Katamaran TABOO aus Sperrholz auf ein nicht in der Karte verzeichnetes Riff bei Neuguinea. Obwohl er versuchte, sein Schiff zu retten, mußte der nicht zimperliche Wolfgang in sein Beiboot flüchten, weil er Angst hatte, vom Mast seines

Wenn ein aufgelaufenes Schiff wieder ins freie Wasser gebracht werden soll, ist es viel zweckmäßiger, sich die Kraft des Ankerspills oder sonstiger Winschen zunutze zu machen als die im Wasser drehende Schraube. Selbstverständlich wird die Schraube zusätzlich eingesetzt.

auseinanderbrechenden Kats erschlagen zu werden.

Die wunderschöne 15 Meter lange Betonyacht AURA – ihre Eigner hatten sie in siebenjähriger Arbeit selbst gebaut – lief unter Selbststeueranlage auf das Außenriff von Maupelia. Der Eigner gab über Amateurfunk Hilferufe ab, so daß kurz darauf ein Bergeschiff in Richtung Maupelia losdampfen konnte. Noch ehe die Retter eintrafen, lag die AURA in sechzehn Teile zerlegt auf sechs Meter Tiefe in der Lagune. Eine Autoladung Winschen, Blöcke und Leinen war alles, was von der möglicherweise schönsten Yacht, die in letzter Zeit die Südsee besuchte, übrigblieb. Immerhin soviel, daß der Eigner und seine Frau sich von dem Erlös ein Flugticket in die Heimat kaufen konnten.

Sandbänke sind meist gnädiger als Riffe, aber man kann kaum hoffen, sein Schiff ohne fremde Hilfe herunterzubekommen. Falls Sie aber das Glück haben sollten, über Funk einen Helfer herbeiholen zu können, solange Ihre Yacht noch nicht aufgegeben werden muß, oder wenn Sie selbst einer gestrandeten Yacht helfen können, empfiehlt sich folgendes:

Unmittelbar nach der Strandung müssen, so gut es eben geht, alle Anker seewärts ausgebracht werden. Sie sollen verhindern, daß die Yacht vom Seegang noch weiter aufs Trockene versetzt wird. Mit jedem Meter landeinwärts vermindert sich die Chance für eine Rettung drastisch. Wenn es wegen des Seegangs nicht möglich ist, die Anker mit dem Beiboot auszubringen, hilft es möglicherweise sogar, sie an Ort und Stelle ins Wasser zu lassen, denn wenn die Yacht weiter landeinwärts versetzt wird, *werden* sie noch zum Tragen kommen.

Es ist nahezu ausgeschlossen, eine gestrandete Yacht mit der Maschinenkraft des helfenden Schiffes allein von der Bank herunterzuholen. Einen viel größeren Zug kann der Helfer, auch wenn es ein größeres Kümo ist, dann ausüben, wenn es, lotbare Tiefe vorausgesetzt, selbst seine Anker ausbringt und mit Ankerwindenkraft – von der Schraube unterstützt – versucht, den Havaristen ins tiefe Wasser zu ziehen.

Feuer an Bord

Wenn man Feuer an Bord hat, ist es meistens schon zu spät, um noch etwas zu retten. Man wird sehr schnell merken, ob man das Feuer erfolgreich bekämpfen kann oder nicht. Ist es nicht mehr unter Kontrolle zu bringen, gilt es, sich schnellstens um die Rettungsinsel zu kümmern. In diesem Fall muß die Rettungsinsel *sofort* klargemacht werden, denn wenn uns der Weg zu ihr durch Feuer oder Rauch abgeschnitten ist, gibt es keine Rettung mehr. Daß die Rettungsinsel möglicherweise umsonst aufgeblasen wurde, weil das Feuer doch noch erfolgreich bekämpft worden ist, läßt sich verschmerzen.

Ansonsten muß alles getan werden, um den Ausbruch des Feuers zu verhindern. Voraussetzung ist der vorsichtige Umgang mit der offenen Flamme von Petroleumlampen, Kocher oder Holzkohlengrill. Letzterer wird am Ankerplatz immer populärer, meist in Form eines an der Reling befestigten Niro-Grills. Vor Anker liegend, ist seine Benutzung meist kein Problem, weil dann das Feuer automatisch immer aus der richtigen Richtung kommt. Anders ist es, wenn Strom setzt. Dann bläst der Wind unter Umständen glühende Kohleteilchen über das Deck, was eine erhöhte Brandgefahr mit sich bringt. In diesem Fall sollte man lieber auf die Steaks vom Grill verzichten. Man kann den Grill bei sehr gleichmäßigem Wind auch unterwegs in Lee an der Reling benutzen, sollte aber in jedem Fall einen Eimer mit Wasser danebenstehen haben.

Beruhigend ist die reichliche Ausstattung der Yacht mit Feuerlöschern. Empfehlenswerte Plätze: neben dem Kocher, im Maschinenraum, im Achterschiff, im Vorschiff und an Deck. Letztere sind für den Fall gedacht, daß kein Feuerlöscher wegen der Rauchentwicklung *im* Schiff oder in der Nähe des Brandherdes erreichbar ist.

Auf einer Blauwasseryacht können wir die Feuerlöscher nicht in regelmäßigen Abständen warten lassen. Unerläßlich ist deshalb auf jedem Gerät ein Manometer, das den Druck in der Flasche anzeigt. Befindet die Nadel sich im grünen Bereich, können wir davon ausgehen, daß der Feuerlöscher noch funktionsfähig ist.

Im Maschinenraum muß ein automatischer Feuerlöscher installiert sein. Er sollte bei einer Raumtemperatur von 80°C auslösen. Feuerlöscher mit festmontierter Automatik sind zum leichten Einbau erhältlich.

Automatischer Feuerlöscher im Maschinenraum

Die Gefahr, überlaufen zu werden

Ein Einhandsegler, befragt, ob er viele Schiffe auf seiner Atlantiküberquerung gesehen habe, meinte treuherzig: „Nachts nicht ein einziges.“ Es stellte sich heraus, daß er jeden Abend brav in die Koje gegangen war, während die Selbststeueranlage das Schiff auf Kurs hielt. Lichter konnte er nicht führen, weil seine Batterien schon nach zwei Tagen leer waren. Diese Verhaltensweise nenne ich nur deswegen nicht kriminell, weil der Mann fast ausschließlich sich selbst gefährdete. Das ist auch der Grund, warum Einhandregatten mit Recht immer mehr in Verruf geraten.

Es ist einer der elementarsten Grundsätze der Seemannschaft, daß man nach anderen Schiffen Ausschau hält. Das gilt besonders für Blauwassersegler, die, wie schon gesagt, die vorgeschriebenen Lichter bei ihren Langfahrten kaum führen können. Keine mir bekannte Blauwasseryacht hat nachts die Positionslampen und das Hecklicht brennen, was 50 Ah bei 12 Volt zusätzlicher Verbrauch wären. Das höchste der Gefühle ist ein weißes Rundumlicht im Masttopp, zwar gut sichtbar, aber weit davon entfernt, den Vorschriften der Seestraßenordnung zu entsprechen.

Als zweckmäßiger und praktischer Kompromiß hat sich bewährt, daß man rund um die Uhr abwechselnd Wache geht, auch wenn eine Selbststeueranlage das Schiff auf Kurs hält. Am Tage braucht man weniger aufmerksam zu sein; da genügt ein Rundblick alle 15 Minuten. Nachts sollte man sich alle fünf Minuten umsehen, wenn man selbst keine Lichter führt. Dann hat man eine sichere Chance, ein anderes Schiff so früh zu entdecken, daß man die Beleuchtung einschalten kann, und zwar von dem anderen noch so weit entfernt, daß dieser nicht plötzlich von einer Segelyacht erschreckt wird.

Nach 60 Tagen auf See der erste Sichtkontakt mit einem anderen Schiff – Glück gehabt! Der Skipper schlief unter Deck, als er durch lautes Rufen geweckt wurde. Zwei Minuten später entstand dieses Foto. Unter Selbststeueranlage war die Yacht sozusagen unter dem Heck des Tankers durchgelaufen, von dem aus sie warnend angepreit worden war. Sie hätte Wegerecht gehabt . . .

Sehr zu empfehlen ist ein Elektronenblitz im Masttopp, der bei viel geringerem Stromverbrauch viel weiter und deutlicher zu sehen ist als ein weißes Rundumlicht. Besonders bei schwerem Wetter, wo es also aus unserer niedrigen Augeshöhe ausgeschlossen ist, früh genug ein anderes Schiff hinter den Wellenbergen auszumachen, hat dieser Blitz eine hervorragende Warnfunktion, viel besser als Positions- und Hecklichter.

Als Sicherheitsfaktor am meisten überschätzt wird der Radarreflektor. Schon die Art seiner Anbringung ist umstritten. Die üblichen würfelförmigen Blechgebilde sollen in „Regenauffangstellung“ angebracht werden. Aber schon eine kleine Veränderung dieser Position, was beim Segeln (Lage!) ganz normal ist, macht ihn fast wirkungslos. Ich habe einmal versucht, eine in drei Seemeilen Entfernung segelnde Yacht mit Reflektor auf dem Radarschirm zu orten. Obwohl sie optisch gut zu sehen war, konnte ich auf dem Bildschirm kein Echo ausmachen. Erst in einer Entfernung von 2,5 Seemeilen war das Echo der Betonyacht so stark, daß es nicht mehr zu übersehen war.

Es ist ein Irrtum zu glauben, daß, wenn wir auf den großen Schiffen die Radarantenne kreisen sehen, der Schirm auch tatsächlich nach Echos abgesucht wird. Da würde also der beste Reflektor nichts helfen. Anders natürlich im Nebel, wo der Bildschirm mit Sicherheit besetzt ist. Über drei Seemeilen Entfernung hinaus jedoch hilft der Reflektor kaum etwas, höchstens der Rumpf der Yacht, wenn aus Metall. Viel ist ein Radarreflektor also nicht wert, jedenfalls nicht soviel, daß man sich auf ihn verlassen könnte, statt aufmerksam Wache zu gehen.

Noch einem weitverbreiteten Irrtum möchte ich begegnen: Es besteht für die großen Schiffe keine gesetzliche Pflicht, ihr vorhandenes Radar auch zu benutzen.

Ich rate ganz dringend davon ab, auf dem offenen Ozean auf dem Wegerecht als Segelschiff zu bestehen. Das würde bedeuten, daß wir zunächst den Kollisionskurs beibehalten *müßten,* bis der andere seiner Ausweichpflicht nachkäme. Das wäre beispielsweise im Mittelmeer richtig, auf dem offenen Ozean mit ganz wenig Schiffsverkehr jedoch sehr riskant. Denn es ist nicht sicher, daß der andere uns sieht. Er läuft mit Autopilot, und das wenige Personal auf der Brücke, das schon seit Tagen kein anderes Schiff mehr gesehen hat, ist nicht so aufmerksam, wie es eigentlich sollte. Ganz ausschließen kann man jedenfalls nach vielen Berichten von Augenzeugen nicht, daß der Mann auf der Brücke pennt, während sein Kollege sich gerade eine Tasse Kaffee zurechtmacht.

Es ist doch so einfach für uns, unseren Kurs so zu ändern, daß wir uns nicht mehr auf Kollisionskurs befinden, daß also die Frage nach dem Wegerecht gar nicht mehr aufkommt. Die bangen Minuten, in denen wir uns ängstlich fragen, ob der andere uns wohl sieht, ersparen wir uns damit.

Was aber passiert, wenn sich zwei unbeleuchtete Yachten begegnen, wovon jede natürlich auf die Lichter der anderen zählt? Auf den Weltmeeren gibt es viel weniger Yachten als große Schiffe. Vor allem ist es nahezu ausgeschlossen, daß zwei Yachten auf Gegenkurs sind; meistens werden sie etwa den gleichen Kurs laufen. Im Nordatlantik haben zwischen Oktober und Februar und zwischen 40° N und 10° N alle Yachten Westkurs, zumindest hat dort bis jetzt noch keine Yacht den Atlantik in der Gegenrichtung überquert. Wenn sich hier also zwei Yachten zu nahe kommen, geschieht das im Schneckentempo. Meist sieht man am Abend den anderen schon voraus und hat ihn um Mitternacht noch nicht eingeholt. Daß eine so unwahrscheinliche Situation zu einer ernsten Kollision führen kann, ist nahezu augeschlossen, zumal auch eine unbeleuchtete Yacht in ungefähr gleicher Richtung von einer aufmerksamen Besatzung selbst ohne Mondlicht in der klaren Passatluft rechtzeitig ausgemacht (auch gehört) werden kann.

Daß in Küstennähe oder wenn mit Großschiffahrt gerechnet werden muß, auch auf einer Blauwasseryacht die vorgeschriebenen Lichter geführt werden müssen, ist selbstverständlich.

Waffen an Bord

Vor ein paar Jahren hätte man dieses Thema allenfalls im Zusammenhang mit dem Jagen besprochen, niemals aber unter der Überschrift „Sicherheit an Bord." Inzwischen aber kann längst nicht mehr als Seemannsgarn abgetan werden, daß es nahezu in allen Teilen der Erde Seeräuber gibt, Piraten also.

The Straits Times

Estd. 1845 | THURSDAY, APRIL 21, 1994 | 50 CENTS MITA(P) 045

Pirates fire at three fishermen

20 shots ring out, but none hurt in South China Sea attack

THREE Singaporean fishermen fled when their vessel was shot at and chased by pirates in a speedboat in the South China Sea last week.

None of the Singaporeans was hurt in the attack, which took place on the evening of April 11, about 10 nautical miles east of Horsburgh Lighthouse.

Three men on a speedboat, who were armed with automatic rifles and revolvers, fired more than 20 shots at the fishing boat as they circled it about 30 m away.

The fishermen, who were netting fish when the shots began, quickly cut their nets loose and hid from the bullets in the wheelhouse of their boat, from where they were able to steer the vessel away.

The pirates chased them, firing repeatedly.

Pinned to the floor of the wheelhouse by gunfire, the fishermen were unable to see where they were going, but relied on the boat's compass to guide the vessel safely.

Their pursuers abandoned the chase after a few minutes. The whole encounter lasted about 15 minutes.

The wooden hull of the 15-metre-long fishing boat was pockmarked with bullet holes in more than 10 places.

The captain of the fishing boat, Mr Ng Chia Tong, 49, said yesterday that the crew remained calm while under fire.

Speaking in Hokkien, he said: "Ironically, it was only after the pirates had gone that we felt fear."

The fishermen had set out that morning from Punggol Fishing Port on a five-day fishing expedition.

The hull of the fis[...] was pockmarked [...] holes like this.

After the attac[...] continued their f[...] returned to Sing[...] last Saturday.

Yesterday, th[...] the matter to the [...] Guard.

When asked if [...] had left him an[...] fearful about goin[...] Mr Ng said: "Fis[...] livelihood, so how [...] afraid?"

Seeräuber-Überfall bei Singapur auf ein kleines Fischerboot auch in „modernen" Zeiten.

Die Schweizer Yacht Follow Me wurde in Kolumbien von Behörden ausgeraubt. Da hätten auch keine Waffen geholfen.

So ist der bekannte deutsche Segler Wilfried Erdmann in Asien von Piraten überfallen worden, freilich, ohne daß ihm oder seiner Familie etwas geschehen ist. Ein Yachty wurde in den Philippinen von „Fischern" beschossen, die erst aufhörten und flüchteten, als auf der Yacht gut hörbar schwere Waffen durchgeladen wurden. Und so wurde schließlich die bildhübsche Frau des Norwegers Peter Tangvald bei einem Überfall auf offener See erschossen. Es gibt heute Piraten, die auf hoher See vollbesetzte Tanker überfallen und ausrauben. Daß in der Karibik ganze Yachten mit ihren Besatzungen wie die deutsche NORDSTERN spurlos verschwanden, ist leider eine Tatsache.

Daß das Seeräuberproblem nicht etwa im Abnehmen ist, zeigt nebenstehender Zeitungsausschnitt aus der Tageszeitung von Singapur vom 11. April 1994, wonach wenige Seemeilen von einem der größten Handelshäfen der Welt entfernt ein kleines Fischerboot von Piraten beschossen wurde. Wenn ein armseliges Fischerboot, bei dem es nicht viel zu holen gibt, schon Opfer von Seeräubern wird, sind „reiche" Yachten um so mehr in Gefahr.

Also Waffen an Bord? Ich vertrete da folgende Ansicht:

Schußwaffen gleich welcher Art sind schon dann gefährlich, wenn man unsachgemäß damit umgeht. Das gilt aber auch für Messer, Harpunen und ähnliches. Deshalb ist dies kein Argument, sie abzulehnen. Auch kann man nicht generell sagen, daß man gegen Profis ohnehin keine Chance habe. Es kommt ganz darauf an, wie man die Waffe einsetzt. Das heißt freilich nicht, daß man mit Piraten Seegefechte führen sollte; da wird man sicher den kürzeren ziehen, und zwar mit verheerenden Folgen.

Ich betrachte eine Schußwaffe als Mittel der Abschreckung. Wenn sich auf hoher See ein Boot meiner Yacht nähert, werde ich nicht so ohne weiteres auf böse Absichten schließen können. Tritt der Fall ein, daß der andere mir folgt, nachdem ich den Kurs geändert habe, und er zusätzlich auf Kanal 16 nicht reagiert, muß ich wohl mit der Möglichkeit rechnen, Piraten im Nacken zu haben. Wenn ich nun Warnschüsse oder eine Salve über die Köpfe der anderen hinweg abgebe, dann ergeben sich folgende Spielarten:

- Der andere wird seinen Weg in meine Richtung nicht fortsetzen, wenn er nichts Böses im Schilde führt.
- Oder er hat Böses im Sinn, denkt sich aber, daß diese Beute doch nicht so bequem zu haben ist, weil sich offensichtlich eine Waffe an Bord befindet, und dreht ab.
- Oder er denkt sich: „Auch wenn die Yacht bewaffnet ist, werde ich mit denen schon fertig. Unsere Waffen sind sicher besser."

Die letztgenannte Spielart halte ich zwar für nicht ausgeschlossen, aber auch nicht für sehr wahrscheinlich. Gegen solche Leute hat man mit oder ohne Waffen keine Chance, und sie werden mit einem tun, was sie wollen. Daß die Behandlung nur deshalb schlechter ausfällt, weil man sie mit ein paar Warnschüssen verärgert hat, glaube ich nicht. In diesem Zusammenhang wird häufig auf das Beispiel von Frau Tangvald verwiesen, die mit der Pistole in der Hand erschossen wurde.

Auch mit einer Waffe in der Hand hat man sicher kaum noch eine Chance, wenn die Gauner bereits auf der Yacht sind oder in nächster Nähe. Es gilt deshalb, vor allem das zu vermeiden. Hierzu eignet sich aber bestimmt nicht irgendeine leichte oder aber eine höchst wirkungsvolle Waffe, wenn sie keine Warnfunktion hat. Eine Signalpistole, auf die einige schwören, ist nach meiner Meinung ungeeignet: Aus nächster Nähe abgefeuert, tötet sie mit einiger Sicherheit, was wir vermeiden wollen, und aus größerer Entfernung verschossen, nimmt die roten oder weißen Sterne niemand richtig ernst.

Um keine Mißverständnisse aufkommen zu lassen: Ich bin für eine Waffe an Bord in gefährlichen Gewässern, wenn sie auch zur Warnung eingesetzt werden kann. Es gibt Gewässer, und dazu zähle ich alle europäischen und die Inselwelt im Südpazifik, wo ich generell auf Waffen verzichten würde. In anderen Gewässern fühle ich mich auf offener See mit einer Waffe auf der Backskiste wesentlich wohler, wenn am Horizont ein rostiges Boot auftaucht, von dem ich nicht weiß, was es im Schilde führt.

Noch ein Wort zur gesetzlichen Situation, die aus Mißtrauen zu Behörden generell verkannt wird: Einen Revolver oder ein Gewehr an Bord zu haben, muß nicht illegal sein. Illegal verhält sich die Besatzung einer Yacht dann, wenn mit der Yacht die Waffe in einen fremden Hafen gelangt und nicht bei der ersten Gelegenheit bei den Behörden angemeldet wird. Was auf eine Deklaration (Angabe) der Waffen hin geschieht, ist von Land zu Land unterschiedlich. Hier wird die Waffe im Zollschrank versiegelt, dort nehmen die Behörden sie für die Dauer des Aufenthalts unter Verschluß, andernorts begnügen die Hafenbehörden sich mit einer Zeigefingerwarnung, sie ja nicht zu benutzen. Ich war noch in keinem Land, in dem es mit der Waffe Schwierigkeiten gegeben hätte.

Ganz dumm finde ich deshalb das Verhalten mancher Yachties, beim Anlaufen eines Hafens ihre Waffe zu verstecken. Denn wenn sie – beispielsweise im Zusammenhang mit einer Routinefahndung nach Rauschgift – entdeckt wird, ist man sie los, möglicherweise sogar auch das Schiff. Denn das Ganze nennt sich dann Waffenschmuggel.

Blitzschutz

Um es gleich vorweg zu sagen: Auf Blauwasserrouten sind Gewitter nicht so häufig wie bei uns. Es kommt ganz selten vor, daß ein Blitz in eine Yacht einschlägt. Selbst wenn das passieren sollte, ist noch lange nicht gesagt, daß es dann auch zu schweren Schäden kommt.

Nach dem Prinzip des Faradayschen Käfigs am wenigsten gefährdet sind Stahl- und Aluyachten, bei denen der Blitz ins Wasser gezwungen wird. Bei den anderen Yachten geht es vor allem darum, dem Blitz einen bequemen elektrischen Weg ins Wasser anzubieten, auf dem möglichst wenig passieren kann. Beim Kunststoffschiff und bei der Holzyacht wird er meistens im Masttopp einschlagen, durch die Wanten, Stagen und durch den Metallmast zum Deck gelangten und dann erst Schaden anrichten, weil für ihn von dort aus der nächste Weg ins Wasser möglicherweise durch das Deck zum Bleikiel führt. Dies gilt es zu vermeiden, wobei man sich bewußt sein sollte, daß bei einer Segelyacht der perfekte Schutz technisch so aufwendig wäre, daß er nicht durchführbar ist. Außerdem würden hierdurch so viele Gefahren in bezug auf elektrolytische Korrosion heraufbeschworen, daß die Nachteile den Vorteil insgesamt überwiegen.

Eine Lösung, die dazwischenliegt, ist vielleicht die, daß man unten an den Hauptwanten und an den Stagen dicke Kupferbänder – wie die Masseleitung von der Autobatterie – elektrisch gut leitend verbindet, sie bei normalem Wetter „aufschießt“, am Stag festbändselt und bei Gewitter durchs Wasser schleppt. Zumindest ist man dann beim Donnern und Blitzen mehr beruhigt, als wenn man ganz ohne Schutz wäre.

Segelmanöver unterwegs

Segelmanöver auf Blauwasseryachten unterscheiden sich von den Manövern auf Küstenyachten gleicher Größe wegen der (meistens) viel höheren und längeren Ozeandünung und den damit verbundenen anderen Schiffsbewegungen, wegen der zahlenmäßig meist sehr viel kleineren Besatzung, wegen der speziellen Besegelung und wegen der Bedeutungslosigkeit einer halben „verlorenen“ Stunde.

Was folgt, sind Vorschläge, keine Vorschriften. Denn es wäre zu vermessen, von einem „richtigen“ oder einem „falschen“ Manöver zu sprechen. Erinnern Sie sich an die Segelschule, wo Ihnen „schulmäßige“ Halsen beigebracht wurden? Hat man Ihnen damals auch gesagt, daß Sie sich mit so einem Manöver bei einer Jollenregatta lächerlich machen würden? Und mit einem Regattamanöver erst recht beim Fahrtensegeln? So sind Segelmanöver von Bootstyp und -größe, vom Zweck des Manövers, von der Anzahl der Mitsegler und vor allem vom Seegang abhängig.

Beim Blauwassersegeln trifft man – vor allem im Passat – Windverhältnisse an, von denen der Küstensegler nur träumen kann. So ein stetiger Wind ändert seine Stärke und seine Richtung nur ganz allmählich. Außerdem segelt man auf Strekken, auf denen Wind aus der günstigen Richtung wahrscheinlich ist. So habe ich mehrere Yachten getroffen, die auf dem 3200 Seemeilen langen Kurs von Galapagos nach den Marquesas-Inseln immer auf demselben Bug gelaufen sind. Man stelle sich vor: drei Wochen mit einer Durchschnittsgeschwindigkeit von sechs Knoten und nicht einer einzigen Wende oder Hal-

Beim Umgang mit Winschen kann man sich die Hände schwer verletzen, was fernab vom Krankenhaus tragisch ausgehen kann.

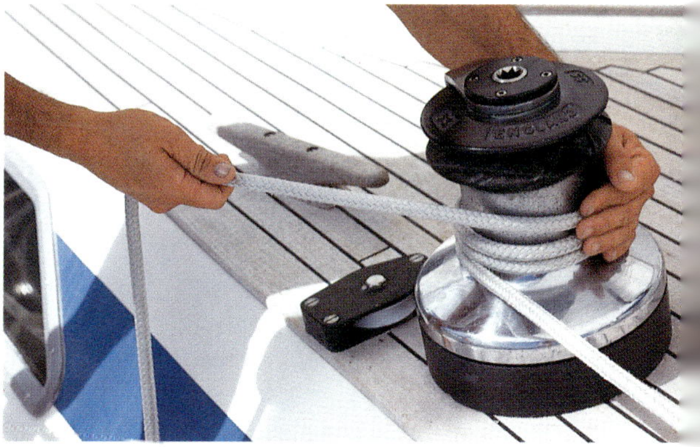

So muß die Schot gefiert werden, um auszuschließen, daß man sich die Finger verletzt.

se. Auf so einem Törn verbringt man kaum ein Prozent der Zeit mit einer reinen Segeltätigkeit.

Wenn dies auch bei weitem nicht die Regel ist, so kann man sich doch auf offener See darauf einstellen, mit ein und derselben Segelstellung zumindest für einige Stunden zu laufen, einer Segelstellung, die auch nicht mehr ständig kontrolliert wird. Das bedingt jedoch, daß der Großbaum gegen *sämtliche* Eventualitäten gesichert werden muß, und zwar auf allen Kursen. Es ist zwar nicht gefährlich, wenn die Yacht beispielsweise am Wind segelnd den Wind für einen Moment wegen einer Regenwolke verliert, denn der Großbaum ist durch die dichtgeholte Schot einigermaßen gesichert, doch reichen in der Dünung ein paar Schläge mit dem Großbaum, um den Großschotblock zu beschädigen.

Auf anderen Kursen ist die Gefahr wegen der aufgefierten Großschot größer, und vor dem Wind muß man mit einer Patenthalse rechnen, weil die Yacht in der Dünung zu leicht für einen Moment oder auch zwei Strich aus dem Ruder laufen kann. Deshalb sollte man es sich zur Gewohnheit machen, *stets* einen Bullenstander oder eine Bullentalje zu fahren.

Auf einer Blauwasseryacht ist der Bullenstander Standard

Ein Bullenstander ist eine starke Leine, die je nach Stellung des Großsegels von der Großbaumnock zum Vorschiff oder zu einer Springklampe mittschiffs verläuft und die nur die Aufgabe hat, den Großbaum möglichst fest zu fixieren. Besonders wichtig ist der Bullenstander auf reinen Vorwindkursen, wo er verhindern muß, daß der Großbaum bei einer Patenthalse zur anderen Seite knallt, wo er meistens schweren Schaden anrichtet.

Ohne Passatsegel ist jeder Kurs vor dem Wind problematisch. Auch beim Schmetterling-Segeln. Das Groß deckt beim heftigen Rollen häufig die Genua ab, schamfilt an der Saling, und ständig besteht wegen des geringen scheinbaren Windes und des fehlenden Drucks im Segel die Gefahr des Halsens. Nur der Bullenstander schützt davor. Das ist kein Kurs für die Selbststeueranlage!

Am Wind führt man den Bullenstander natürlich nicht mehr zum Vorschiff, weil der Angriffswinkel an der Baumnock wirkungslos wird. Hier ist es besser, ihn auf einer Schotklemme zu belegen.

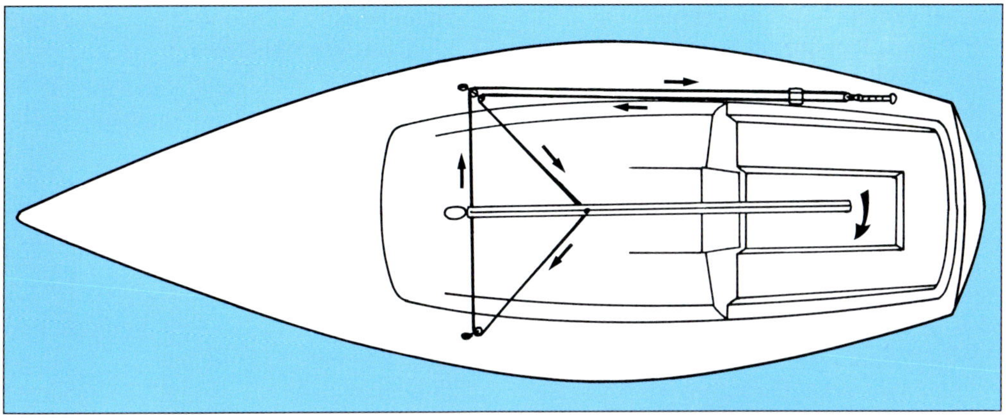

Das Durchsetzen des Standers geschieht niemals, indem man versucht, ihn so dicht wie möglich auf einer Klampe zu belegen, sondern immer mit Hilfe der Großschot. Hierzu wird der Großbaum über das notwendige Maß hinaus etwas gefiert, der Bullenstander ohne großen Kraftaufwand belegt und anschließend die Großschot wieder etwas dichtergenommen.

Wenn der Bullenstander zum Vorschiff oder zu einer Springklampe geführt wird, ist es empfehlenswert, ihn dort nur über einen Block oder, einfacher, über eine Klampe umzulenken und zur Leeschotklampe im Cockpit zurückzuführen. So kann man die Großsegelstellung vom Cockpit aus verändern, ohne auf das Vorschiff zu müssen. Dies ist besonders nachts bei einer Zweiermannschaft wichtig, wo aus Sicherheitsgründen das Cockpit nicht verlassen werden sollte, solange der andere schläft.

Der von Michael Naujok entwickelte Patentbullenstander. Eine Leine verläuft vom Baum nach Backbord zum Pütting, an dem ein einscheibiger Block sitzt, von dort quer über Deck zu einem zweischeibigen Block am Steuerbord-Pütting und nach achtern zur Cockpitseite. Hier sitzen zwei Easylock-Klemmen und eine Lochschiene mit verstellbarem Umlenkblock. Weiter führt die Leine zur zweiten Scheibe am Steuerbord-Pütting und hinauf zum Baumbeschlag. Soll der Baum in einer bestimmten Stellung festgesetzt werden, braucht lediglich die Seilklemme geschlossen zu werden.

Zum Segelwechseln in den Wind?

Generell muß es auf einer Blauwasseryacht möglich sein, die Segelstellung oder die Segelführung – außer bei Wenden und Halsen – zu ändern, ohne den Kurs zu verlassen. Das spart einen Mann der Besatzung, denn die Selbststeueranlage hält das Schiff auf Kurs, so daß die gesamte Mannschaft an den Segeln arbeiten kann. Es darf also nicht notwendig sein, zum Reffen an den Wind zu gehen. Außer bei extremen Wetterbedingungen müssen die Mastrutscher und die Mastschiene so leichtgängig sein, daß das Großsegel sich auch auf einer reinen Vorwindstrecke verkleinern oder vergrößern läßt.

Das widerspricht dem, was in A-Schein-Kursen gelehrt wird: immer schön in den Wind zu gehen, wenn am Großsegel gearbeitet werden soll. Freilich fällt das Segel dann auch von selbst, wenn man das Fall loswirft. Die Segel einer Langfahrtyacht jedoch werden auf diese Weise allein im Hafen bedient, nur dann darf das Groß im Wind geborgen oder gesetzt werden. Unterwegs dagegen haben wir Zeit, und es kommt auf die paar Minuten nicht an, wo das Groß gegen die Want drückt. Auf Vorwindkursen wird die Yacht soviel rollen, daß das Großsegel immer mal für einen Moment durch den beim Rollen schwächer werdenden scheinbaren Wind von den Wanten abhebt oder doch mit viel weniger Druck aufliegt. Durch einen stetigen Zug am Vorliek des Großsegels mit den Händen rutscht es dann in der Mastschiene langsam nach unten.

Wird das Groß vor dem Wind gerefft oder ausgerefft, so ist es besonders wichtig, daß der Bullenstander und die Dirk durchgesetzt sind, damit die Mannschaft, die am Baum arbeitet, einen guten Halt hat. Beim Ausreffen muß das Achterliek im Auge behalten werden, damit die Segellatten nicht unter die Saling oder zwischen Mast und Toppwanten nach vorne durchrutschen. Wenn beim Aufheißen das Fall nur dann ein Stück geholt wird, wenn gleichzeitig ein Mann das Achterliek zurückzieht, läßt sich das leicht vermeiden.

Würde man beim Setzen und Bergen sowie beim Reffen des Großsegels in den Wind gehen, so hätte das eine Reihe von Nachteilen: Die Yacht würde alle Fahrt verlieren und in der Dünung zunächst stampfen und anschließend nur noch unkontrolliert und ungestützt hin und her torkeln. Bei schwererem Wetter wäre das Vorschiff sofort naß, was ein weiteres Sicherheitsrisiko beim Arbeiten ist. Die Mannschaft hätte an dem Großbaum nur schlechten Halt, weil er mittschiffs heftig hin und her schlägt, bis das Groß wieder mit Wind gefüllt ist.

Bei viel Wind kann es sich manchmal freilich als unmöglich erweisen, das Groß bis zum Topp durchzusetzen, weil es zu stark auf Wanten und Mastschiene gedrückt wird. Dann geht man für einen kurzen Augenblick an den Wind, nicht in den Wind, fiert das Groß und setzt es durch, wenn es zu killen beginnt, um anschließend gleich wieder abzufallen.

Als ich vor kurzem mit einer 16-Meter-Slup über den Nordatlantik gesegelt bin, wurde ich vor dem Auslaufen dringend darauf hingewiesen, das Roll-Großsegel nur im Wind in den Mast zu reffen. Als ich bei bewegter See dies zum ersten Mal versuchte, stampfte die Yacht im Wind so stark, daß das Segel wild schlug und sich nur sehr ungleichmäßig einrollte. Deshalb bildeten sich an einigen Stellen des Vorlieks dicke Bäuche, was das vollständige Einrollen verhinderte. Es blieb also nichts anderes übrig, auch hier die „Vor-Wind-Methode“ (siehe oben) zu versuchen. Das Ergebnis war erstaunlich: Immer wenn die Yacht vor dem Wind im Seegang weich rollte, setzte sich das Groß ein paar Millimeter von der Mastnut ab, wurde lose. Wir nutzten diese Augenblicke, um das Groß immer weiter ein Stückchen einzudrehen, was wunderbar funktionierte. Ebenmäßig rollte sich das Groß ein. Auf der ganzen Atlantiküberquerung wurde ab da das Rollgroß ebenfalls nur noch vor dem Wind eingerollt – ohne jedes Problem und Stampfen.

Keine Probleme mit den Vorsegeln

Über das unproblematische Wegrollen von Rollfocks brauchen wir kein Wort mehr zu verlieren. Aber auch Vorsegel mit Stagreitern am Vor- oder Kutterstag sind immer komplikationslos zu bergen oder zu setzen, gleichgültig, auf welchem Kurs zum Wind sich das Schiff befindet. Das Schlimmste, was beim Loswerfen des Fockfalles passieren kann, ist, daß die Genua ins Wasser fällt und nicht trocken weggestaut werden kann. Auf einer schwachbemannten Yacht darf die Fockschot nicht mit einem Schäkel am Segel angeschlagen sein. Wenn bei viel Wind das Vorsegel während des Vorheißens killt und schlägt, könnte der Schäkel üble Verletzungen verursachen. Gleiches gilt im besonderen Maß für eine Sturmfock.

Wenn man es sich ganz bequem machen möchte, kann man sogar eigens für Segelmanöver noch weiter abfallen, bis auf einen Kurs fast vor dem Wind.

Jeder, der diesen Ausführungen skeptisch gegenübersteht, sollte es selbst einmal versuchen, nicht aber in glattem, geschütztem Wasser, sondern bei einigem Seegang: Er möge das Groß zunächst im Wind setzen und dann bei halbem Wind. Noch deutlicher werden die Unterschiede, wenn man bei hartem Wetter auf dem Vorschiff zu tun hat. Nimmt die Yacht am Wind dauernd Wasser über und setzt sie hart in die gegenan rollende See ein, so wird es plötzlich ruhig und warm, wenn sie abfällt, und man kann ohne Ölzeug und Lifeline vorne arbeiten. Ich habe das über 80 000 Seemeilen so praktiziert, ohne – allerdings in den Tropen – auch nur ein einziges Mal Ölzeug anziehen zu müssen, wenn ich auf dem Vorschiff zu tun hatte.

Wenden

Zu diesem Manöver ist nicht viel zu sagen, außer, daß es Yachten, vor allem Mehrrumpfboote gibt, die bei Seegang schwer durch den Wind zu bringen sind. Sie luven an, die Segel beginnen zu killen, und die Yacht verliert wegen des Seegangs die Fahrt, noch bevor der Wind von der anderen Seite einfällt. Nach einer gewissen Zeit fällt sie auf den alten Bug zurück, das Spiel beginnt von neuem. Oft hilft es, das Vorsegel stehen zu lassen, über das Backstehen hinaus. Erst wenn das Schiff deutlich auf dem anderen Bug ist, wird es herübergeholt. Wenn auch das nichts hilft, sollte man halsen.

Halsen

Wie wir sie in der Segelschule gelernt haben, wird die Halse auf einer Blauwasseryacht kaum gefahren. Sie würde bedingen, daß der Großbaum für eine gewisse Zeit ungesichert ist, während die Yacht platt vor dem Laken läuft. In der Ozeandünung wäre das deshalb riskant, weil bereits ein Unglück heraufbeschworen werden könnte, wenn der Wind geringfügig dreht *und* die Yacht gleichzeitig wegen der Dünung um wenig Grad aus dem Ruder läuft. Ich empfehle deshalb eine Methode, die allein schon deshalb in Segelkursen nicht gelehrt wird, weil sie bei Jollen zum Kentern führen kann, was bei Yachten, zumal größeren, ausgeschlossen ist.

Bevor man halst, geht man auf einen „sicheren" Kurs, das heißt, nicht genau vor dem Wind, sondern auf einen raumen Kurs. Jetzt kann man gefahrlos den Bullenstander lösen, denn eine Patenthalse ist auf diesem Kurs nicht möglich. Anschließend wird – immer noch nicht vor dem Wind – der Traveller zur Mitte gebracht und das Großsegel dichtgeholt. Jetzt kann nichts mehr passieren, denn der Großbaum befindet sich fast mittschiffs. Man kann gefahrlos mit dem Heck durch den Wind drehen, bis der Baum überkommt. Auch auf dem anderen Bug bleibt man nicht vor dem Wind, sondern geht gleich weiter bis zum Raumschotskurs, wo gefahrlos der Großbaum aufgefiert und der Bullenstander ausgebracht wird. Erst wenn er belegt ist, kann man die Vorsegel herübernehmen und – wenn gewünscht – auf Vorwindkurs gehen.

Dieses Manöver – strikt so ausgeführt wie geschildert – läßt sich praktisch bei allen Windstärken fahren, die das Großsegel überhaupt noch zulassen. Sein größter Vorteil ist der, daß es die Wende voll ersetzen kann, wenn sie wegen zuviel Wind und Seegang (Yacht geht nicht mehr durch den Wind) nicht mehr gefahren werden kann. Man erinnere sich daran, wenn man sich einmal bei Sturm von einer Leeküste freikreuzen muß!

Setzen und Bergen von Passatsegeln

Passatsegel machen Arbeit, bis sie gesetzt sind, und sparen Arbeit, wenn sie stehen. Je nach System ist das Setzen der Doppelfock leicht bis gefährlich. Dem Risiko, daß im Seegang einer der beiden Bäume außer Kontrolle gerät, kann man nur dadurch begegnen, daß man sich seine Technik genau zurechtlegt und zwar so, daß alle Handgriffe *nacheinander* ausgeführt werden. Im Idealfall sollte ein Mannschaftsmitglied auf dem Vorschiff ausreichen, um die Doppelfock anzuschlagen und zu setzen.

Abzulehnen sind Bäume, die nicht fest am Mast gefahren werden, auch wenn es sich nur um eine kleine Yacht handelt. Das Anschlagen der Bäume auf dem schwankenden Vorschiff kann hundertmal gutgehen, ohne daß man daraus auf seine Gefahrlosigkeit schließen darf. Deshalb sind Bäume, die am Mast *hängend* gefahren werden, sicher (neben Rollfocks) noch das ungefährlichste, weil sie, außer Kontrolle geraten, nicht so viel Unheil anrichten können wie beispielsweise Bäume, die unten am Mast befestigt sind und abgeklappt werden.

Das Passatsegelsetzen erfolgt am besten im Windschatten des Großsegels. Es sollte deshalb nicht geborgen werden, weil die Yacht dann im Seegang haltlos herumrollt, was das Arbeiten auf dem Vorschiff unnötig erschwert. Wenn die Doppelfock nicht mit einem Fall vorgeheißt, sondern die Segel einzeln gesetzt werden, zieht man sie hinter dem Großsegel hoch. Anschließend kann man in aller Ruhe mit der beschriebenen Halsentechnik den Großbaum schiften und dahinter das zweite Segel setzen.

Wenn der Wind nicht genau von achtern einfällt, ist es nicht gesagt, daß man nur unter Passatsegel fahren muß. Man kann durchaus das Groß stehenlassen, was nicht nur die Geschwindigkeit etwas erhöht, sondern die Yacht auch mehr stützt. Vielfach wird nämlich das Rollen unter Passatsegel als besonders quälend empfunden. Ein wirksames Gegenmittel gibt es nicht. Einige setzen ein Trysegel, sozusagen als Stützsegel, aber ich bezweifle, ob der Nutzen die zusätzliche Arbeit wert ist.

Segelmanöver sind mühsam

Die große Schwäche unserer Takelagen zeigt sich bei achterlichem Wind. Kommt er so weit achterlich ein, daß bei normaler Besegelung, also Vorsegel und Groß, die Fock vom Groß abgedeckt wird, zieht sie nicht mehr. Andererseits kommt er noch von zu weit vorne ein, als daß man schon die Doppelfock setzen könnte. Birgt man nun das Groß, zieht die Fock oder Genua zwar wieder, die Geschwindigkeit geht jedoch schlagartig um mindestens 30 Prozent zurück. Das gleiche passiert, wenn wir das Vorsegel wegnehmen.

Es gibt zwar keine Patentlösung. Aber es läßt sich leicht ausrechnen, daß ein geringfügiger Kurswechsel mit entsprechend längerem Weg viel günstiger ist als der Fahrtverlust.

Noch ein Tip, den man vor dem Segelwechseln beziehungsweise Reffen beherzigen sollte: Auf hoher See ändern sich Windstärke und -richtung im allgemeinen nicht schlagartig, sondern allmählich, wobei es immer wieder vorkommt, daß der Wind sich nur für ein paar Minuten zu ändern scheint. Da Segelmanöver viel Arbeit machen, hat es sich bewährt, von der Idee zum Segelwechseln bis zur Ausführung stets 20 Minuten Bedenkzeit vergehen zu lassen. Das nämlich schließt in der Regel aus, daß man sich vergeblich der ganzen Mühe unterzogen hat, weil der Wind wieder aus der alten Richtung und mit der gleichen Stärke weht.

Zum Beispiel Regenböen. Als Anfänger refft man, geht über Stag, fällt ab und so fort, um nach einer Viertelstunde wieder bei der Ausgangssegelstellung zu landen. Gutgemacht hat man gerade eine Seemeile. Als alter Hase läßt man die Bö drüberwegziehen und beobachtet am Kompaß, wie die Yacht einen Vollkreis unter Selbststeueranlage beschreibt. Die Zeit nutzt man besser zum Wasserauffangen und zum Duschen. Der Verlust: eine Seemeile oder zehn Minuten.

Achtung: Schamfilgefahr!

Unsere Segel sind heute viel robuster als zu Baumwollzeiten. Gleiches gilt für das Kunstfasertauwerk, das unter normaler Belastung praktisch unverwüstlich ist. Das einzige, was Segel und Schoten zerstören kann – und zwar innerhalb von Minuten –, ist das Schamfilen. Wenn eine Schot am Heckkorb oder an einem Want scheuert, müssen wir die Stelle mit Stoffresten umwickeln und regelmäßig kontrollieren, ob sie nicht verrutscht sind.

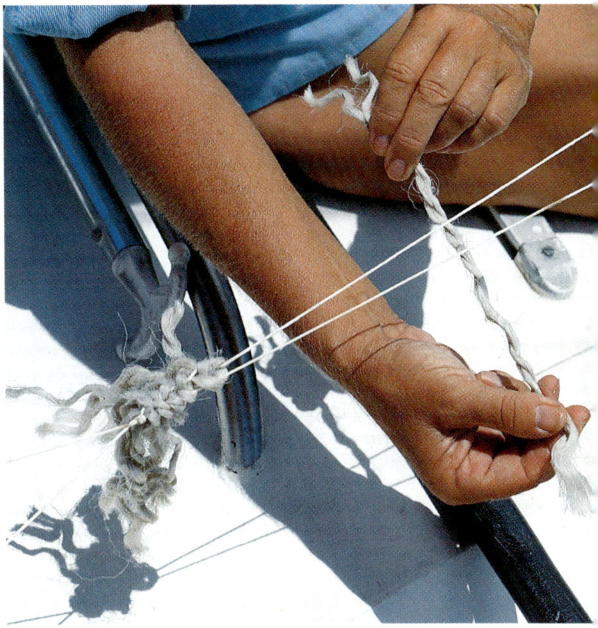

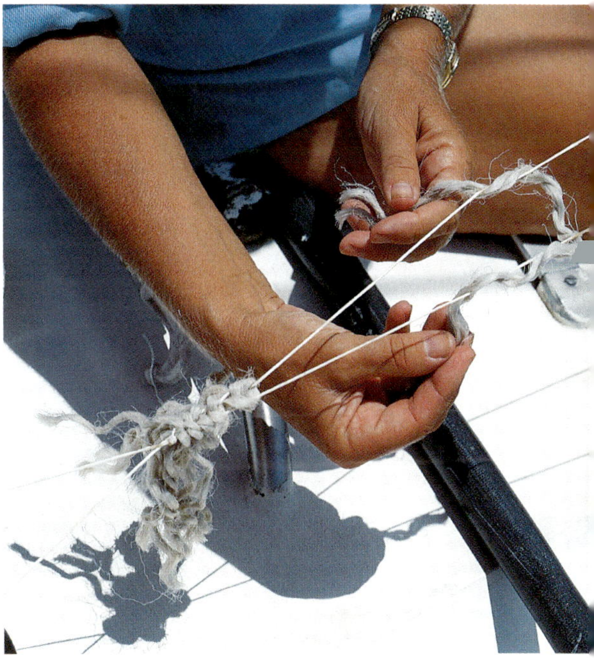

So werden Tausendfüßler „hergestellt“. Alte Tampen eignen sich gut dazu.

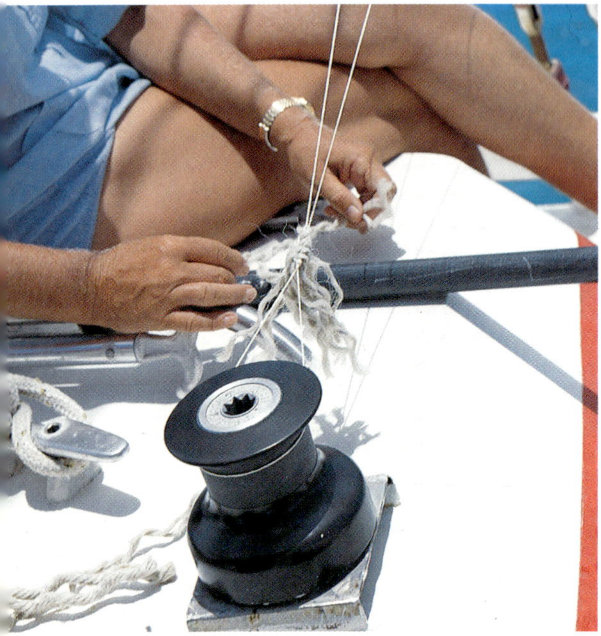
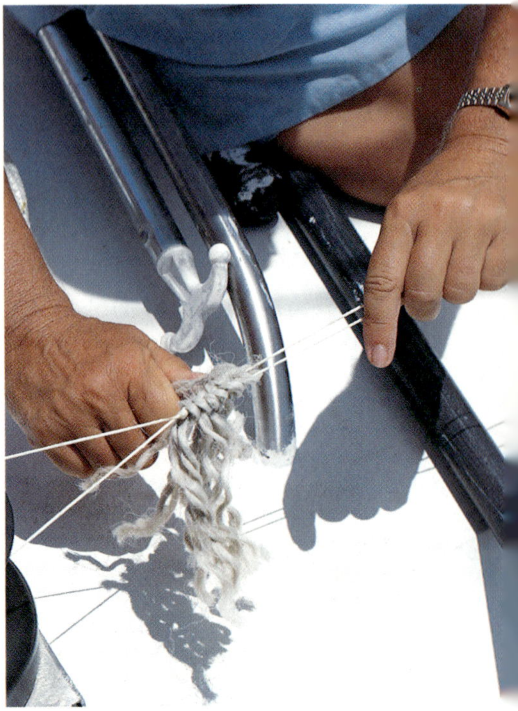

Es läßt sich nicht vermeiden, daß das Großsegel auf den Wanten aufliegt. Hier müssen in Abständen von etwa einem Meter „Tausendfüßler" angebracht werden, die man selbst anfertigen kann. Ohne „Tausendfüßler" hält das Segel keine 3000 Seemeilen lang. Daß alle Splinte, die die Segel in Bruchteilen von Sekunden zum Reißen bringen können, mit Tape umwickelt sein müssen, ist selbstverständlich.

Verhalten in schwerem Wetter

Schweres Wetter ist, solange man Blauwassersegeln betreibt, außerordentlich selten. Wenn man natürlich die Gefahr sucht, beispielsweise im Südwinter um Kap Hoorn segelt, dann findet man sie auch. Dies halte ich aber für unseemännisch. Der Seemann wird immer versuchen, sein Ziel auf möglichst sicherem Wege und zu einer sicheren Zeit zu erreichen. Man könnte jetzt einwenden, daß die Segler der alten Tage auch zu ungünstigen Jahreszeiten in gefährlichen Gewässern unterwegs waren. Das ist etwas ganz anderes. Erstens war es deren Beruf, beispielsweise aus Chile Salpeter zu holen, und zweitens gab es für die Salpeterfahrer keinen anderen Weg als den um Kap Hoorn. Außerdem waren es weitaus größere Schiffe als unsere Nußschalen.

Was man heute bei vielen unternehmungslustigen Menschen, die mal „einen richtigen Sturm erleben" wollen, vermißt, ist die Ehrfurcht vor der See. Ganz abgesehen davon, daß mich der Aberglaube schon davon abhalten würde, so zu denken, hat das Segeln, speziell das Blauwassersegeln, ganz andere Dinge zu bieten als den Kampf ums Überleben. Ein älterer deutscher Weltumsegler wollte nonstop südlich der Sturmkaps „die Welt bezwingen". Wegen der geringen Geschwindigkeit seines Schiffes aber war abzusehen, daß er Kap Hoorn viel zu spät in der Jahreszeit erreichen, er also schon die Winterstürme mitbekommen würde. Darauf angesprochen meinte er schlicht: „Ich fürchte mich nicht vor Stürmen." Er segelte weiter. Man hat nie mehr etwas von ihm gehört.

Nicht einmal Bergsteiger, die meines Erachtens manchmal sinnlos ihr Leben aufs Spiel setzen, stellen sich auf den Standpunkt, daß ihnen das Wetter nichts anhaben könne. Wenn im Himalaya Rekordbesteigungen versucht werden, wird die Zeit so gewählt, daß der für sie gefährliche Monsun vermieden wird. Und wenn er zu früh für die Jahreszeit einsetzt, wird die Expedition abgebrochen, wie schon häufig geschehen.

Ein Blick in die Monatskarten zeigt, daß ausgewachsene Stürme auf unseren Wanderrouten über die Meere selten sind, was nicht ausschließt, daß wir tatsächlich einmal in einen solchen geraten. Unter Sturm versteht man eine Windstärke von Bft 9, also mehr als 40 Knoten Windgeschwindigkeit. Das bedeutet, daß der Windmesser *ständig* über 40 Knoten anzeigt.

Welche Sturmtaktik ist die richtige? Küstennähe verlangt eine ganz andere Technik als das viel einfachere Abwettern eines Sturms auf offener See. Das Gefährliche ist nämlich die Leeküste, auf die das Boot zugetrieben wird. Deshalb muß man bei den ersten Anzeichen für einen Sturm alles tun, um das zu vermeiden, also: freikreuzen, unter Segel allein oder mit Maschinenhilfe, aber nur, wenn der Motor bei Krängung nicht sauer gefahren wird (Schmierung!). Andere Techniken kommen überhaupt nicht in Frage.

Anders auf hoher See, wo der Sturm *uns* meistens erwischt. Nachdem wir vor unserem ersten Sturm kaum einschlägige Erfahrungen sammeln konnten, hatten wir auch keine Gelegenheit, uns ein Verteidigungskonzept zurechtzulegen, und wenn, geschieht es allzu häufig, daß dies durch die Natur über den Haufen geworfen wird. Jedes Schiff wird sich in schwerem Wetter etwas anders verhalten, und selten wird man einen Sturm „schulmäßig" abwettern können.

Man sollte sich auch hüten, Sturmerfahrungen anderer Segler kritiklos zu übernehmen. Ich erinnere an die aufsehenerregende Theorie von Bernard Moitessier, der das Ablaufen unter blanken Masten ohne fahrthemmende Gegenstände achteraus

Sturmfahrt verlangt äußerste Konzentration am Ruder.

und das Abrutschen auf jeder See in einem Winkel von 20° empfahl. Ein paar Jahre später, nach einer weiteren Weltumseglung in den gleichen Gewässern, meinte Moitessier mir gegenüber recht locker, jetzt habe er diese Technik gar nicht mehr angewendet, weil seine JOSHUA, die er schon bei seiner ersten Sturmfahrt benutzte, „ein ganz anderes Schiff" sei.

Bei einem Sturm gilt es nicht mehr, Kurs zu halten, sondern zu überleben, das heißt, nicht über Bord gewaschen zu werden und das Schiff vor dem Durchkentern oder vor dem Überkopfgehen zu bewahren. Beides ist Yachten bis 20 Meter über alles schon widerfahren und hat häufig den Mast gekostet. Aber auch wenn dieses Mißgeschick passiert, ist noch nicht allzuviel verloren, wenn man verhindert, daß der Maststummel, der durch die Wanten und Stagen im Wasser noch gehalten wird, noch mehr Schaden anrichtet, vielleicht sogar das Boot leckschlägt. Deshalb muß für diesen Fall ein Wantenschneider an Bord sein, mit dem jedes Besatzungsmitglied, also auch die Bordfrau, in der Lage ist, die dicksten Stagen oder Wanten durchzuschneiden.

Versuche haben gezeigt, daß viele Wantenschneider der Materialstärke, für die sie verkauft werden, nicht gewachsen sind, selbst in der Hand von sehr kräftigen Seglern nicht. Deshalb lasse man sich vor dem Kauf eine Probe des entsprechenden Materials geben und versuche, es durchzuschneiden. Acht-Millimeter-Drahtseil scheint mir das stärkste zu sein, das man noch mit handlichen Drahtscheren kappen kann. Darüber geht es nur noch mit der Stahlsäge, die deshalb bei größeren Schiffen an Bord sein muß.

Oft genug wird in einem Sturm das Manöver nicht von der See oder von der Sturmstärke allein vorgegeben, sondern auch von der Stimmung der Mannschaft. Es ist ein glücklicher Zufall, daß ein Manöver, bei dem sich die Mannschaft noch am wohlsten fühlt, fast immer auch das sicherste ist.

Beidrehen und Beiliegen

Das Beidrehen dient dem kurzzeitigen Stoppen eines Bootes bei leichtem und bei schwerem Wetter, beispielsweise um etwas zu klarieren, aber auch, um sicher zu liegen (beiliegen), beispielsweise weil die Crew übermüdet ist oder weil der Anbruch des Tages abgewartet werden soll, ehe man in einen Hafen einläuft.

Manche Schiffe können nur bei Windstärken bis etwa 7 Bft beiliegen, andere – ganz selten – auch bei Sturmstärke. Die Besegelung beim Beidrehen ist je nach Bootstyp verschieden. Immer aber muß eine Fock – am besten die Sturmfock – backgesetzt werden, während das Groß ganz weggenommen wird. Man erreicht diese Stellung bei Sturm selbstverständlich nicht mehr durch eine Wende, das Boot würde mit dem Bug nicht mehr durch den Wind gehen. Es schadet dem Segel auch nur, wenn man es mit Hilfe einer Winsch backsetzt. Viel einfacher ist es, ohne Groß eine Halse zu fahren und das Vorsegel dabei nicht auf den neuen Bug zu nehmen. Zum Beiliegen muß das Ruder nach Luv genommen werden, das heißt, die Pinne zeigt nach Lee. Zur Stabilisierung kann man, wenn vorhanden, noch das Trysegel setzen.

Im Idealzustand treibt die Yacht breitseits vor dem Wind, wobei sie – so die Theorie – in Luv eine Blasenbahn erzeugen sollte, um dadurch die heranrollenden Seen zu entschärfen. Ich habe das aber in der Praxis noch nie beobachten können, weil entweder das Boot für eine Blasenbahn nicht schnell genug nach Lee trieb oder aber der Wind viel zu stark wurde, um sich überhaupt auf diese Position verlassen zu können. So ist das Beiliegen auch nur etwas für die Anfangsphase eines Sturms, und die Besatzung einer Yacht wird diesen nicht ungefährlichen Zustand gerne beenden, wenn der Wind zunimmt und die Seen höher und steiler werden.

Vor dem Wind treiben

Gleichgültig, ob man vor dem Wind abläuft, sich vor dem Wind treiben läßt, den Treibanker benutzt oder andere Gegenstände nachschleppt: Die Taktik dient immer dazu, eine Kenterung zu vermeiden, die entweder durch eine brechende See oder durch ein „Stolpern" den Wellenabhang hinunter, meist aber durch beides verursacht wird. Häufig wird man den Kampf gegen die Sturmgewalt damit beginnen, daß man unter kleiner Besegelung, meistens mit einer kleinen Fock oder mit der Sturmfock allein vor dem Wind abläuft. Nach einer gewissen Zeit hat der stürmische Wind eine so hohe See aufgebaut und sie steiler werden lassen, daß die Yacht auf den Wellenabhängen ihre Rumpfgeschwindigkeit weit überschreitet, weil sie kurzzeitig ins Surfen gerät. Das ist der Moment, wo man spürt, daß es so nicht weitergehen kann. Man wird die Segel ganz wegnehmen, weil die Yacht selbst soviel Windwiderstand bietet, daß sie auch so Rumpfgeschwindigkeit läuft. Tut sie das nicht, dann können wir relativ beruhigt sein, denn dann haben wir auch keinen ausgewachsenen Sturm.

Die hohe Geschwindigkeit ist das eigentliche Problem. Die Wassermassen bewegen sich, wie schon mehrfach gesagt, auf und ab. In einem überkippenden Kamm aber sind sie nach vorne gerichtet und übertragen ihre Geschwindigkeit auf die Yacht. Die Speedonadel nicht selten im Anschlag, erreicht sie dann beim Hinuntersurfen einer Welle gelegentlich doppelte Rumpfgeschwindigkeit. Wenn in diesem rasenden Zustand die Yacht im Wellental mit dem Rumpf in die See gerammt wird, kann es zur Kenterung kopfüber oder zumindest zu einem gefürchteten Knockdown kommen. Es gilt deshalb, die Geschwindigkeit so zu vermindern, daß die Yacht nicht von einem Kamm mitgerissen wird, dieser also außer einem dumpfen Schlag (meistens) der Yacht nichts antun kann.

Wer schon einmal Wellensurfer beobachtet hat, weiß, um was es geht. Der Surfer wartet auf dem Brett liegend weit draußen auf „seine" Welle. Viele läßt er unter dem Brett durchziehen, denn die See nimmt ihn nicht gegen seinen Willen mit. Erst wenn ihm eine heranrollende See zusagt, wird er – mit beiden Händen kraulend – versuchen, sein Brett so zu beschleunigen, daß die Geschwindigkeit ausreicht, um vom Wellenkamm mitgerissen zu werden. Bei der Yacht vollzieht sich die Taktik umgekehrt. Wir müssen die Geschwindigkeit so vermindern, daß die heranrollenden Seen unter uns hindurchrollen, die Yacht sachte anheben und wieder absenken.

Zum Abbremsen der Fahrt haben wir mehrere Möglichkeiten. Der Treibanker (über das Heck!) ist eine davon; er wird heutzutage aber kaum noch benutzt, denn er ist sehr umständlich zu handhaben. Sein Hauptnachteil ist der, daß er in seiner Wirkung nicht variiert werden kann. Entweder ist er zu klein und mindert kaum die Geschwindigkeit, oder er ist zu groß, nimmt also das Heck zu sehr in den Griff, so daß die Steuerungsfähigkeit der Yacht eingeschränkt wird. Deshalb eignen sich andere fahrthemmende Gegenstände besser, weil es mir überlassen bleibt, wieviel ich davon achteraus ausbringe. Schleppe ich beispielsweise Leinen und Trossen in Buchten nach, kann ich je nach Situation zusätzliche ausbringen oder Leinen wieder an Bord nehmen, beziehungsweise die Buchten auflösen. Beliebt sind auch nachgeschleppte Autoreifen, die einen ganz beachtlichen Wasserwiderstand haben, aber auch sehr klobig und schwer sind. Auf einigen Yachten sind sie ohnehin an Bord, weil sie auch als Fender benutzt werden können.

Nachgeschleppte Gegenstände beugen auch dem Querschlagen der Yacht vor. Denn es besteht die Gefahr, daß sie seitlich einen steilen Wellenhang herunterrutscht und von einem nachfolgenden Wellenkamm überrollt wird. Dabei handelt es sich nie um massives Wasser, sondern um Wasser mit einem hohen Schaumanteil. Erfahrungsgemäß entstehen hierbei nicht nur Schäden am Rigg, sondern vor allem am Kajütaufbau und an den Fenstern. Dieses Überrollen ist nämlich nicht eine gemächliche Bewegung, sondern entspricht – bei besonders steiler See – mehr dem freien Fall aus mehreren Metern Höhe, wobei die Yacht unter Umständen mit dem seitlichen Kajütaufbau aufprallt.

Es versteht sich von selbst, daß das verhindert werden muß. Und das ist nur möglich, wenn stets Ruder im Schiff und der Rudergänger äußerst aufmerksam ist. Schleppt die Yacht freilich soviel Wasserwiderstand nach, daß die Ruderwirkung stark reduziert ist, dann werden Schiff und Besatzung alsbald vom Regen in die Traufe kommen. Die Kunst der Sturmtaktik ist es also, hier das richtige Mittelmaß zu finden.

Eine ganz andere Situation ergibt sich, wenn die Seen sich brechen. Eigentlich kann das auf See nur bei einer ganz ungewöhnlichen Konstellation vorkommen und ist auch nur selten beobachtet worden. Denn brechen kann die See sich nur an Hindernissen. Wir können das an einem Strand beobachten. In dem Moment, wo die See Grund unter sich hat, baut sie sich auf und kippt dann insgesamt vornüber – also nicht nur der Schaumkamm. Unter Umständen stellt so ein Hindernis auch das verwirbelte Kielwasser eines großen Schiffes dar oder querlaufende Seen oder auch eine alte Dünung.

Hier hilft keine Sturmtaktik mehr, wir müssen die Urgewalt der See hinnehmen. Und weil brechende Seen Wassermassen sind, die sich vorwärts bewegen, ist leicht vorstellbar, was mit einer Yacht geschieht, auf die plötzlich Hunderte von Tonnen massiven Wassers einstürzen. Die Chancen zu überleben sind genauso gering wie die, von einer brechenden See getroffen zu werden.

Die Selbststeueranlage im Sturm

Es gibt genügend Segler, die berichten, daß sie sich bei „Sturm“ in die Kajüte gesetzt und die Arbeit ihrer Windfahnensteuerung überlassen haben. Aber das ist sicher kein Beweis dafür, daß diese Anlagen im Sturm so sicher arbeiten wie ein aufmerksamer Rudergänger, sondern nur dafür, daß es sich gerade noch um erträgliche Bedingungen gehandelt oder die Yacht ganz einfach Glück gehabt hat.

Eine Windselbststeueranlage kann im Extremfall nicht sicher Kurs halten. Wenn die Yacht ins Surfen kommt, verändert sich durch ihre schlagartig erhöhte Eigengeschwindigkeit der scheinbare Wind nach Stärke und Richtung (wenn der wahre Wind nur wenig anders als genau achterlich ist). Die Folge: Die Anlage bekommt für die besonders wichtigen Momente während der rasanten Talfahrt vollkommen „falsche“ Kursinstruktionen. Sie kann gar nicht richtig reagieren.

Das Ganze macht nur dann nichts aus, wenn dieser Gefahrenzustand nicht allzu lange andauert und die gesamte Ruderanlage zu träge ist, dem Kommando der Windfahne auf Anhieb zu gehorchen. Wenn man aber mal einen ungewöhnlich langen und damit einen besonders gefährlichen Wellenhang erwischt hat, kann der eiserne Rudergänger die Yacht leicht zum Querschlagen bringen – mit den bekannten Folgen.

Hurrikane

Selbst wenn man als Blauwassersegler sehr vorsichtig ist, kann es einmal passieren, daß man zur Unzeit in den Tropen mit einer Hurrikanwarnung konfrontiert wird. Nach allgemeiner Definition sind Hurrikane tropische Orkane mit einer Stärke von mindestens 11 Bft. Sie variieren auch in ihrer Ausdehnung und Zuggeschwindigkeit sehr stark. Manche messen nur 100 Seemeilen im Durchmesser, manche 500 Seemeilen. Ihre Zuggeschwindigkeit bewegt sich in einem Bereich von 2 bis 30 Knoten; die Regel sind 10 bis 20 Knoten, so daß sich leicht ausrechnen läßt, wann einen bei ungünstiger Zugrichtung das Auge des Orkans erreichen kann. Wird er plötzlich schneller, ist er meist am Absterben begriffen. Glück gehabt.

Man erkennt die Gefahr eines Hurrikans – häufig viel zu spät – am Barographen, wo das regelmäßige Auf und Ab der Druckwelle plötzlich um mehr als 3 Millibar nach unten gebogen ist. Besser ist es, schon kurz vor und noch nach der Hurrikansaison die Wetterberichte abzuhören, denn meist wird ein Hurrikan bereits in der Entstehung auf Satellitenfotos geortet. Hat die „tropische Depression" einen Namen, wird es ernst. Es gibt dann nur eine Taktik: die sofortige Flucht. Dank der geringen Zuggeschwindigkeit der Hurrikane ist es auch einer Segelyacht oft noch möglich, aus der Zugbahn zu segeln, so daß man höchstens die Ausläufer mitbekommt.

Jeder Hurrikan hat einen sogenannten gefährlichen Quadranten – vom Auge aus gesehen –, dem es unter allen Umständen aus dem Wege zu gehen gilt. In *jedem* amtlichen Seehandbuch, das ein wirbelsturmgefährdetes Gebiet beinhaltet, sind genaue Angaben darüber, wo sich der gefährliche Quadrant befindet und wie man ihn am besten aussegelt.

Unter Umständen kann es auch die Rettung bedeuten, einen sicheren Hafen zu erreichen. Aber Achtung: Nicht jeder Hafen ist auch im Falle eines Hurrikans ein sicherer Schlupfwinkel! Das sind, wie schon gesagt, die sogenannten „Hurrican holes". Hält man sich in einem hurrikangefährdeten Gebiet auf, so kann einem jeder Hafenkapitän oder ortsansässige See- beziehungsweise Yachtmann die entsprechenden Ankerplätze oder Häfen nennen.

Ein hurrikansicherer Hafen allein ist noch keine Gewähr, daß die Yacht unbeschädigt bleibt. Wie kann man sich dort am besten gegen die Naturgewalten schützen? Meistens wird man nicht in der Lage sein, die Yacht so vor Anker zu legen, wie man es sich gerne wünschen würde, denn man ist nicht allein in diesem Loch. Man kann also nur hoffen, daß man genügend Platz zum Schwojen hat und kein anderes Boot in der Nachbarschaft ins Treiben kommt. Je nachdem, wie das Auge des Orkans zieht, wird man mit einer Winddrehung rechnen müssen. Allzu große Rücksicht sollte man beim Ankern noch nicht darauf nehmen, denn zunächst gilt es, den ersten Teil der Katastrophe zu überleben. Zieht das Auge ganz in der Nähe vorbei, dann hat man immer noch Zeit, sich auf die andere Windrichtung vorzubereiten, denn vor dem Windsprung wird der Sturm merklich

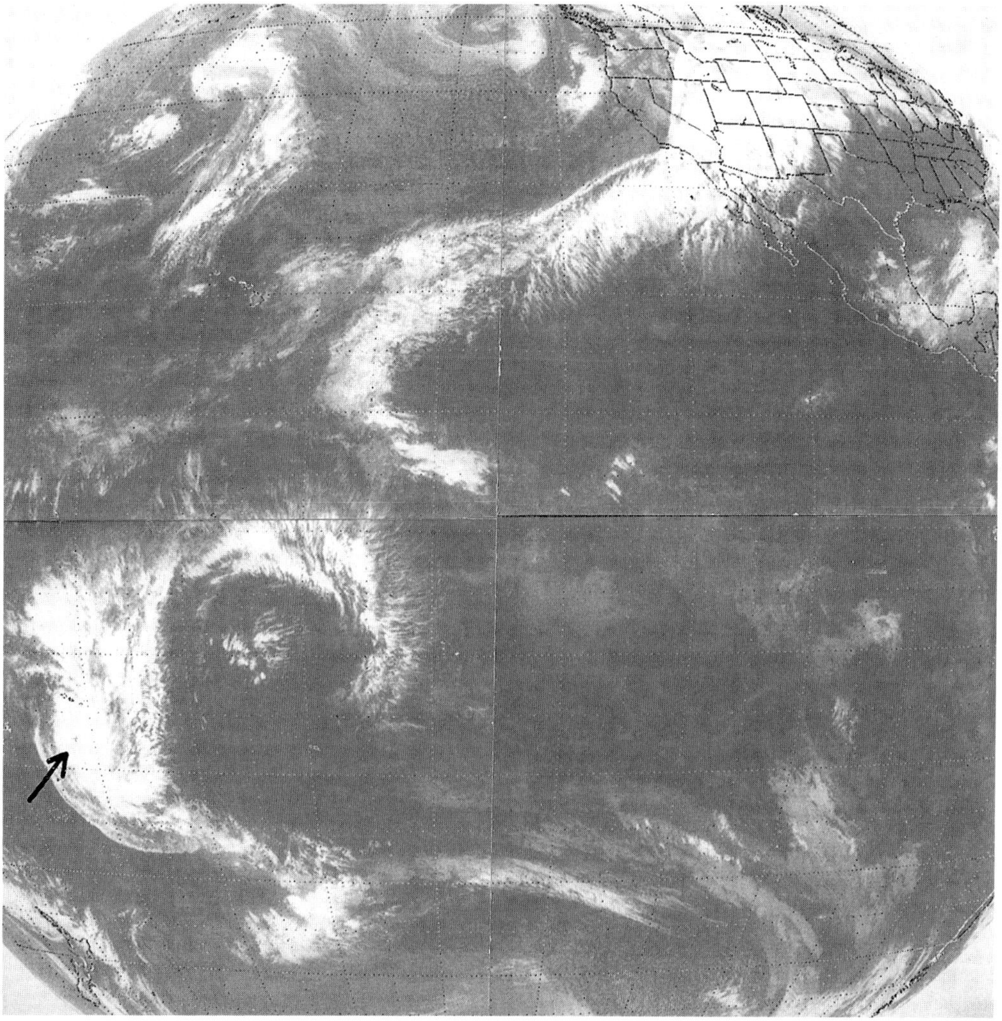

Für den Fachmann ist links unten das Auge des Zyklons Isaac zu erkennen (siehe Seite 294).

nachlassen, oder eine kurze Flaute sorgt für eine Gnadenfrist.

Man bringe alle, aber auch wirklich alle Anker aus, und zwar jeden an einer eigenen Trosse oder Kette. Eine Bojenleine für den Fall, daß ein Anker aufgegeben werden muß, empfiehlt sich ebenfalls. Ist man in Landnähe (der schlechteste Platz wäre freilich der an der Pier), bringe man auch sämtliche Festmacher aus, die an Bord sind, um die Yacht so gut wie möglich zu fixieren. Alles, was an Deck Windwiderstand bietet, baue man ab, also insbesondere die Windfahne der Selbststeuerung und das Großsegel. Man rechne grundsätzlich mit dem Schlimmsten.

Ich habe einen der schwersten Hurrikane erlebt, von dem die Südsee je heimgesucht worden ist. 150 Knoten Windgeschwindigkeit – das übersteigt die Vorstellungskraft eines Seglers bei weitem. Und so war der Hurrikan Bébé denn auch viel wuchtiger, als es die Yachties erwartet hatten, die an jenem 22. Oktober 1972 vor Fidschi vor Anker lagen. Als alles vorüber war, wurde einhellig festgestellt, daß man auf offener See keine Überlebenschance gehabt hätte.

Am 2. März 1982 befanden sich 20 Yachten im Hafen von Neiafu auf Tonga, als im Radio ein Zyklon mit Windgeschwindigkeiten bis zu 50 Knoten und einer Zuggeschwindigkeit von 5 Knoten gemeldet wurde. Joan D. Pease von der Yacht KIRSTEN, einem Colin-Archer-Typ, 10 Meter lang und aus Stahlbeton, berichtete in der Zeitschrift „South Pacific Monthly“:

Um 2030 entfernte Stan den Außenborder vom Schlauchboot und befestigte einen zweiten Festmacher. „Was ist, wenn wir mit dem Dingi jemandem helfen müssen?“ kritisierte ich. 30 Minuten später war klar, daß wir ohne Kentergefahr niemandem mehr helfen konnten.

„Du mußt dich jetzt hinlegen, ich brauche dich später“, meinte Stan.

So krabbelte ich ins Vorschiff und versuchte zu entspannen. Aber auch das war unmöglich. Wenn ich nicht gerade ängstliche Stimmen am UKW-Gerät hörte, wurde ich durch die Kette wachgerüttelt, die gegen das Wasserstag hämmerte.

Ich begann, die Barometerstände aufzuschreiben. Um 2045 wies der Zeiger noch auf 1026 mb. Jedesmal, wenn ich auf das Instrument blickte, war er weiter gesunken. Dann setzte ich mich ins Cockpit, um ein paar Landmarken zu peilen. Die Lichter in dem Ort brannten nicht mehr, der Wind heulte, und der durch die Luft fegende Regen machte es fast unmöglich, noch etwas zu sehen. Trotzdem merkte ich, daß unsere Anker nicht mehr hielten.

Während Stan aufs Vordeck hastete, startete ich die Maschine. Er warf den 35-Pfund-Danforth und rief seine Instruktionen nach achtern: „Vorwärts, rückwärts...“

Ich war erstaunt, daß ich ihn noch hören konnte.

Mit dem 16-PS-Volvo kamen wir nicht gegen den Wind an, hatten aber immerhin Ruder im Schiff.

In diesem Moment wurde mir klar, daß wir KIRSTEN verlieren würden. Selbst wenn der Anker halten würde, würde sie sicherlich durch ein anderes Schiff zertrümmert.

Um Mitternacht übernahm Stan das Ruder, und ich fühlte mich richtig hilflos. Um 0007 blickte ich noch einmal auf das Barometer. Die Nadel war so tief, wie ich sie in meinem Leben noch nie gesehen hatte.

Um 0010 begannen wir schnell wegzurutschen. Stan lief zum Vorschiff, um mehr Trosse zu geben, aber es war zu spät. KIRSTEN raste auf das Land zu. Ich war ärgerlich, aber nicht ängstlich, solange ich das Ruder bediente. Aber jetzt war ich wütend, weil ich wußte, daß unser Schiff nicht gerettet werden konnte.

Allmählich bekam ich Angst. Jede Minute konnte ein anderes Boot in das unsere knallen. Wie konnten wir an Land gelangen?

KIRSTEN wurde auf die Pier geworfen. Stan sprang hinüber. „Spring!“ schrie er. „Ich fürchte mich“, antwortete ich.

Da nahm er meine Hand und zog mich hinüber. Eine Familie in einem nahen Haus hörte unsere Hilferufe und nahm uns auf. Obwohl wir sahen, wie andere Häuser zusammenfielen, waren wir froh, daß wir ein Dach über dem Kopf hatten. Aber das dauerte nicht lange. Die Leute hatten zwar das Dach mit Trossen gesichert, trotzdem wurde es mit einem lauten Knall weggeblasen.

Das Tageslicht ließ bis 0615 auf sich warten. Wir liefen gleich zum Hafen, um nach KIRSTEN zu sehen. Plötzlich stöhnte Stan: „Nein, o nein!“ Er deutete auf den Strand. Dort lagen Yachten durcheinander wie umgefallene Dominosteine. Von einer Flotte von 20 Yachten schwammen noch vier.

Stan hatte KIRSTEN über fünf Jahre lang aus Stahlbeton gebaut. Als wir uns den Schaden besahen, war uns klar, daß wir aus den Trümmern nie mehr ein Boot bauen konnten, dessen Seetüchtigkeit uns Vertrauen geschenkt hätte.

Alles, was ich mir wünschen würde, wäre, daß wir KIRSTEN *weit weg vom Land, auf hoher See, gehabt hätten – während des Zyklons „Isaac".*

Eine entgegengesetzte Meinung zu der Frage also, ob ein Orkan besser auf See abgewettert wird. Vielleicht läßt sie sich auch so beantworten: Das Risiko, auf hoher See sein Schiff zu verlieren, ist kleiner als im Hafen, wenn man es mit einer „milderen" Ausgabe eines Hurrikans zu tun hat. Wenn man aber sein Boot auf See verliert, kostet es auch meistens das Leben, das im Hafen jedoch kaum mehr gefährdet ist als das von Landbewohnern.

Navigation auf Blauwasserfahrt

In den letzten Jahren hat es in der Navigation für Yachten mehr Neues, nämlich GPS, gegeben als in den vergangenen 200 Jahren. Das Faszinierende dabei ist jedoch die Tatsache, daß alle herkömmlichen Systeme immer noch ihre Daseinsberechtigung haben. Noch immer ist es nämlich nicht gelungen, ein optimales System zu entwickeln, das – unabhängig von außen – die Yacht bei vertretbarem Stromverbrauch zuverlässig zu jeder Zeit und an jedem Ort mit einem möglichst genauen Schiffsort versorgt.

Die Luftfahrt verfügt seit Jahren über so ein System. Jumbojets beispielsweise werden durch ein Trägheitssystem vollautomatisch von Kontinent zu Kontinent geleitet. Mindestens zwei solcher Systeme sind in jedem Cockpit gleichzeitig montiert, zeigen fortlaufend die auf drei Meilen genaue Position an und errechnen daraus den Kurs und die Entfernung zum Ziel. Die Trägheitssysteme vergleichen sich untereinander und stellen so ihre einwandfreie Funktion fest. Die Elektronik ist so zuverlässig, daß ein Jumbo *ausschließlich* auf dieses Navigationssystem vertraut. Würden die Geräte ausfallen, wäre das Flugzeug in höchster Gefahr.

Ich habe das vorab erwähnt, um jenen den Wind aus den Segeln zu nehmen (was mir wahrscheinlich nicht gelingen kann, da sind die zu stur), die alle Elektronik verdammen mit der Begründung, sie könne ausfallen. Das kann jedoch nicht nur transistorgesteuerte hochwertige Elektronik, sondern jeder Ausrüstungsgegenstand. Was ist wohl mechanisch empfindlicher, eine quarzgesteuerte Taucheruhr oder ein altmodischer mechanischer Schiffschronometer, auf den man rund 150 Jahre lang bei der Schiffsortbestimmung angewiesen war?

Weit über 2000 DM kostete damals so ein feinmechanisches Kunstwerk, das so empfindlich war, daß man es nicht aus seinem Holzkasten herausnehmen durfte, weil ein leichter Stoß die Genauigkeit in Frage gestellt hätte.

Trotzdem leugne ich nicht, daß Elektronik ausfallen kann. Das ist aber noch lange kein Grund, sie abzulehnen, vielmehr muß für ein Ersatzsystem gesorgt sein.

Die Grundausrüstung für die Blauwassernavigation

Das Fernglas

Im Gegensatz zu anderen Autoren bin ich nicht der Meinung, daß an Bord ein Glas mit einer Vergrößerung von mehr als 8 x nichts zu suchen hat, weil man es nicht mehr ruhig genug halten kann. Das mag für den Küstensegler gelten, der mal am

Wochenende herausfährt und im Seegang Mühe hat, sein Gleichgewicht zu halten. Als Blauwassersegler dagegen ist man viel besser an die Bewegungen seines Schiffes gewöhnt. Die meiste Fertigkeit im Umgang mit einer stärkeren Vergrößerung bezieht der Blauwassersegler jedoch aus dem häufigen Gebrauch seines Sextanten, bei dem es gilt, sowohl den Horizont als auch ein feines Sternchen im Glas zu behalten, dabei aber nur zu messen, wenn der Sextant genau senkrecht ist. Diese regelmäßige Übung vermittelt eine viel größere Fertigkeit auch im Umgang mit dem Fernglas (oder einer Videokamera).

Ich empfehle eine Vergrößerung von 10 x oder gar von 12 x, wobei freilich die Größe des Schiffes und damit die Bewegungen im Seegang eine Rolle spielen. Für gut halte ich ein Glas mit eingebautem Zoom, wo also die Vergrößerung je nach Bedarf verstellt werden kann. Diese Zooms (es gibt sie beispielsweise für acht- bis 15fache Vergrößerung) haben allerdings den Nachteil, daß ihre Lichtstärke nicht besonders gut ist. Vor allem aber nachts sind wir auf ein helles Bild oft angewiesen. Die Lichtstärke ist die zweite Zahl, die die Leistung eines Fernglases beschreibt. Ein Glas von 10 x 50 ist heller, lichtstärker als eines von 10 x 30. Die Vergrößerung ist jeweils zehnfach.

Ich will keinem Fernglashersteller zu nahe treten, aber ich finde es nicht nötig, ein teures Markenglas zu kaufen, wenn es ein Glas mit gleicher Leistung aus japanischer Fertigung zum halben Preis oder noch weniger gibt. Nicht, daß die Qualität des teureren Glases nicht besser wäre, erfahrungsgemäß aber wird das Fernglas auf einer Blauwasseryacht derart strapaziert, daß es ohnehin nach drei bis vier Jahren reif zum Wegwerfen ist. Das Gehäuse fast aller Gläser ist nämlich aus Aluminium, das nach den ersten Salzwasserspritzern zu vergammeln anfängt. Und wenn das Gehäuse in Ordnung bleibt, bildet sich auf den Gläsern mit der Zeit ein spinnwebartiger Pilzbelag, der die Funktion beeinträchtigt.

Wenn also der Qualitätsunterschied so gering ist, daß ich ihn höchstens messen kann, sehe ich nicht ein, warum ich den dreifachen Preis bezahlen soll.

Ein Argument spricht allerdings für ein Markenglas: Man kann es unbesehen – also auch auf dem Versandweg im Ausland – kaufen, während man ein Billigglas immer erst ausprobieren muß, um nicht reinzufallen.

Global Position System (GPS)

Ganz eindeutig ist GPS heute die Grundausrüstung in der Navigation schlechthin. Es ist einfach zu bedienen, liefert wetterunabhängig weltweit fortlaufend hochgenaue Standorte und ist preiswert. Es gibt Empfänger, die unter 1000 DM kosten.

Bei der Geräteauswahl gilt meine Vorliebe den kleinen tragbaren Geräten, die nicht ans Bordnetz angeschlossen werden. Handelsübliche Batterien sollten immer

Dieser Mitschrieb von einem Törn in der Türkei wurde mit Hilfe eines weniger als 1000,– DM teuren GPS-Gerätes mit angeschlossenem kleinen Notebook-Computer gefertigt. Die geraden Linien sind die geplante Route, die unregelmäßige Linie ist die tatsächlich gesegelte Route. (Programm: GPSNavTools)

Die Dokumentation des Türkei-Törns ist so detailliert, daß selbst solche Ausschnitte mit dem batteriebetriebenen Drucker ausgedruckt werden können.

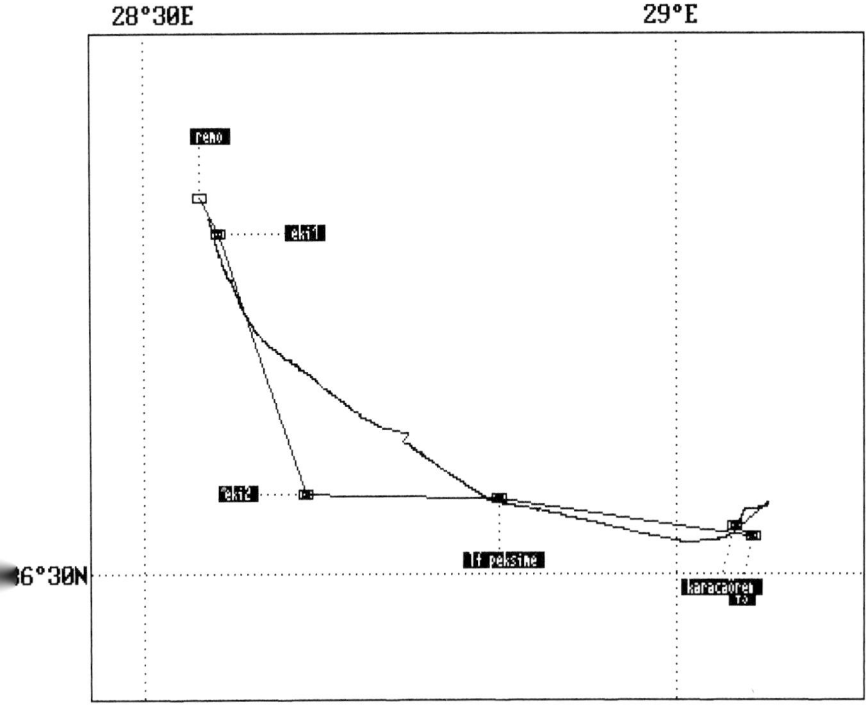
28°30E
29°E
36°30N
reno
eki1
eki2
lf peksine
karacaoren
f3

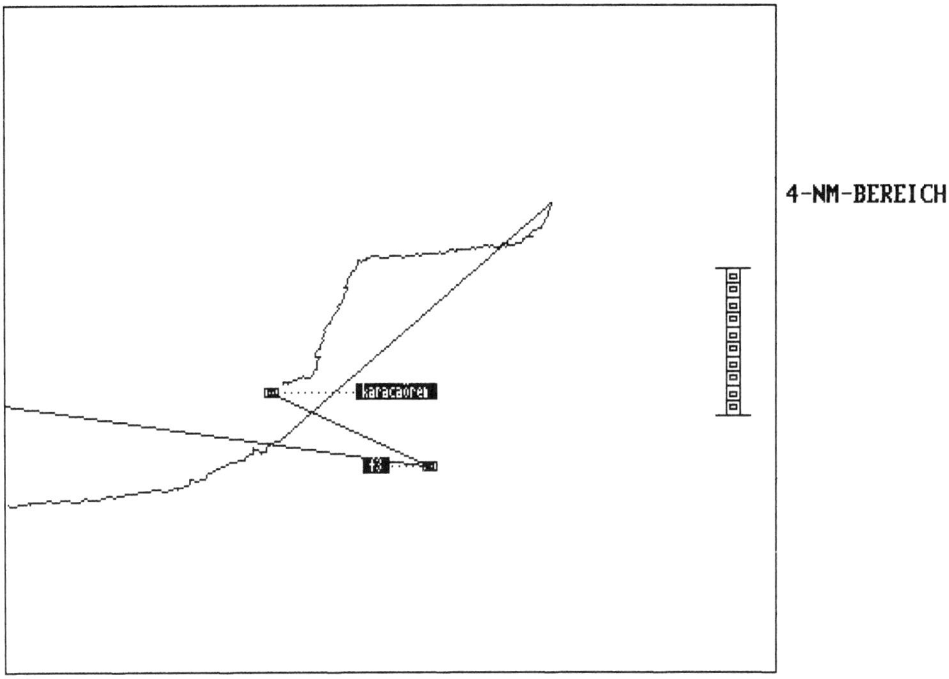
karacaoren
f3
4-NM-BEREICH

zur Hand sein, können also – im Gegensatz zum Bordnetz – nicht versagen. Und wenn schon mal alle Batterien verbraucht sind, dann kann man sich zur Not immer noch einen Anschluß ans Bordnetz basteln.

Jetzt ganz was Wichtiges: Alle GPS-Geräte, gleich welcher Preisklasse, sind für unsere Verhältnisse bestens geeignet, weil gleich genau. Sie unterscheiden sich lediglich in den zusätzlichen Leistungen, also zum Beispiel in der grafischen Anzeige oder in der Schnelligkeit, mit der sie neue Standorte berechnen. Was für uns völlig uninteressant ist, weil es beim Blauwassersegeln nicht darauf ankommt, ob ein Gerät jede Sekunde oder alle fünf Sekunden einen neuen Standort berechnet.

Ein tragbarer, höchstleistungsfähiger GPS-Empfänger. Funktioniert am Bordnetz und mit eingelegten „Walkman-Batterien". Zwar für die Luftfahrt bestimmt, taugt er für die Seefahrt ebenfalls bestens. Auf der Grafik der Anzeige ist auch die Empfangsbedingung plastisch zu sehen. Hier stehen drei Satelliten zur Verfügung, was zu einem genauen Standort auf See bestens ist.

Eines empfehle ich: Das GPS soll einen Datenausgang (NMEA 0183) besitzen. Dann kann es am Computer angeschlossen werden, um zum Beispiel den Ablauf einer Reise mitzuprotokollieren. Freilich muß das GPS dazu immer mitlaufen, sollte also in diesem Fall ans Bordnetz angeschlossen sein, der Batterieverbrauch geht sonst ins Geld.

Einer der großen Vorteile zu den meisten früheren Navigationsmethoden ist ansonsten bei GPS, daß der Empfänger nur eingeschaltet werden muß, um die Position abzurufen.

GPS ist so genau, wie Seefahrer noch vor ein paar Jahren sich das nicht träumen lassen haben. Entgegen allen Prospektzusicherungen verlasse ich mich derzeit (1994) aber nur auf eine Genauigkeit von 500 Meter. Aber das kann sich ändern. Die Genauigkeit war schon mal besser, wurde dann aber von den Betreibern künstlich verschlechtert. Es schadet nicht, wenn die Genauigkeit vor Reisebeginn durch Beobachtung am Ankerplatz überprüft wird.

GPS kann sehr gut auch als Logge eingesetzt werden, was aber heute mehr dazu dient, um die Segelführung zu beurteilen als zum Navigieren. Der größte Vorteil von GPS liegt wahrscheinlich in der Tatsache, daß es den Seemann der Koppelnavigation enthoben hat, also der Feststellung eines (höchst fragwürdigen) Schiffsortes auf Grund abgelaufener Strecke und Kurs. Es sollte Vergangenheit sein, zur Warnung wird darauf hingewiesen: Zu Zeiten der Koppelnavigation, also bis vor wenigen Jahren, sind laut zuverlässiger Statistik auf Grund unberechenbarer Stromverhältnisse ungefähr vier Prozent aller durch die Süd-

see ziehenden Blauwasseryachten aufs Riff als Totalverlust gegangen.

Bei soviel Lob für GPS muß darauf hingewiesen werden, daß sein Funktionieren vom Bordempfänger, von den Satelliten, von Computern an Land und vor allem vom Willen der Betreiber, also von amerikanischen Militärs abhängt. Zwei GPS-Empfänger an Bord stellen also noch lange keine 100%ige Sicherheit dar. Das ganze System kann versagen oder ohne Vorwarnung abgeschaltet werden – was auch zur Überraschung zahlreicher Yachtleute gelegentlich passiert ist.

Der Urteilsspruch des Seeamtes Flensburg zum Untergang einer deutschen Yacht vor der Küste Australiens bezog sich zwar auf das frühere Transit-Satelliten-System, hat aber auch bei GPS noch Gültigkeit. Die Richter warfen dem Skipper Fahrlässigkeit

Dieser handliche GPS von Trimble leistet ebensoviel wie alle „großen" GPS-Empfänger: Er kann fortlaufend die genaue Position angeben. Mit Hilfe eines Datenausgangs steuert er einen batteriebetriebenen Computer an, um dessen zusätzliche Leistungen auszuschöpfen, zum Beispiel einen ganzen Törn mitprotokollieren.

vor, weil er sich alleine (!) auf die Satelliten verlassen hatte. Er hätte auch astronomisch navigieren müssen.

Wenn das GPS ausfällt, unterscheidet sich der Blauwassersegler von vielen Freizeitseglern, die dieser Situation ziemlich hilflos gegenüberstehen.

Der erfahrene Ozeansegler aber wird halt – etwas mühseliger mit den althergebrachten Navigationsmethoden weiternavigieren. Nichts Besonderes also!

Die Korallenköpfe sind aus der Höhe – auch aus der Saling – gut zu erkennen, verschwinden aber vom Deck aus hinter der Wasserspiegelung. Eine Polaroidbrille hilft etwas.

Mastleiter

Nachdem in Korallengewässern viel mit den Augen navigiert wird und die Wassertiefe mit zunehmender Augeshöhe besser abgeschätzt werden kann, muß eine Vorrichtung vorhanden sein, um bequem, auch auf hoher See, mindestens bis zur Saling zu gelangen. Mastsprossen sind ideal; eine Leiter tut es aber auch, die man mit Holzlatten oder auch Leinen zwischen den Unterwanten knüpft. Die Belastung des stehenden Gutes ist jedoch so groß, daß sich diese Lösung nur bei Yachten von über 10 Meter Länge empfiehlt.

Der Kompaß

Bei der Anschaffung eines Kompasses sollten wir dem Hersteller oder einem geschulten Verkäufer sagen, daß das Instrument nicht nur in Europa, sondern möglicherweise auch auf der Südhalbkugel oder sonstwo in der Welt eingesetzt wird. Je nach Gegend wird der Kompaß nämlich anders gewichtet, um ein Hängen der Rose (Dip) zu vermeiden. Es gibt Kompasse, die beispielsweise in Südafrika funktionieren, in Westindien aber bereits nicht mehr, weil ihre Rose so hängt, daß sie an der Glaskuppel anstößt.

Die Ursache liegt in den geographisch-magnetischen Gegebenheiten begründet. Es gibt keinen Kompaß, der in allen Teilen der Welt einwandfrei arbeitet, deshalb werden die für den Export anders gebaut als jene für den heimischen Markt. Es läßt sich aber sicher ein Gerät finden, das überall *einigermaßen* funktioniert. Denn ganz unerwünscht ist natürlich die Notwendigkeit, unterwegs einen neuen Kompaß kaufen zu müssen.

Auf Stahlschiffen muß häufiger als sonst de Deviation nachgeprüft werden, denn sie verändert sich auf Blauwasserreisen mit zunehmender Entfernung vom Ort des Kompensierens, vor allem in Nord-Süd-Richtung.

Der Peilkompaß

Ein kleiner, tragbarer Kompaß mit Visier zum Peilen von Landmarken ist auch für den Blauwassersegler nach dem Landfall das unentbehrlichste Navigationsinstrument. Damit bekommt man die leichtesten Standlinien auf einem Kunststoffschiff, wo man die Deviation vernachlässigen kann. Anders bei einem Stahlschiff, auf dem der Peilkompaß nur bedingt einsetzbar ist. Hier wird besser „mit dem ganzen Schiff" gepeilt, weil dann die Fehlweisung berechenbar wird.

Echolot

Für die Navigation hat das Echolot vor allem in tropischen Gewässern nicht dieselbe Bedeutung wie bei uns. Denn markante und lotbare Tiefenlinien fehlen meistens, während der Grund oft steil und unvermittelt wie eine Felswand in den Dolomiten ansteigt. Beim Ankern jedoch ist das Echolot von unschätzbarem Wert, um nämlich die „richtige" Tiefe zu finden. Als untauglich erweist es sich dagegen, um vor Riffen und Korallenköpfen zu warnen, denn meistens ist es bei der ersten Anzeige einer geringeren Tiefe bereits zu spät.

Sextant

Der Sextant als ein seit Jahrhunderten bewährtes Winkelmeßinstrument wird auch in den nächsten Jahrzehnten nicht von einer Blauwasseryacht wegzudenken sein. Denn die astronomische Navigation wird immer *das* einfache, störunempfindliche Navigationsverfahren bleiben, das nur von Wolken am Himmel abhängig ist. In unseren Breiten mit dem vielen schlechten Wetter kann man sich kaum vorstellen, daß in der Praxis des Blauwassersegelns diese Einengung eines Navigationsverfahrens, ein bedeckter Himmel, sich so wenig auswirkt. In meinem Blauwasserleben gab es höchstens zehn Tage, an denen es unmöglich war, eine astronomische Beobachtung zu machen.

Man sollte sich gleich für einen Metallsextanten entscheiden, auch wenn er das Bordbudget noch so sehr belastet. Er arbeitet genauer und ist vom Anfänger viel leichter zu handhaben. Sternen- und Planetenmessungen sind mit fast allen Plastiksextanten unmöglich. Aber auch sonst erfordert ein Plastiksextant viel Übung und Erfahrung.

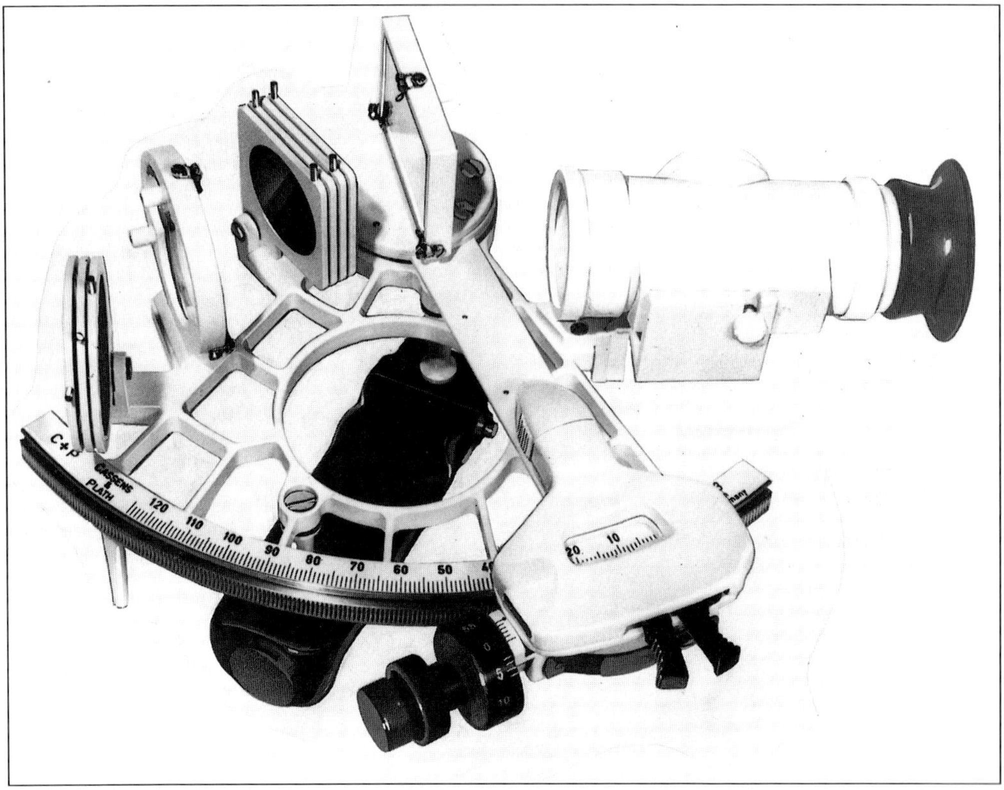

Ein speziell für den Blauwassersegler hergestellter Vollsichtsextant von Cassens & Plath. Weiße Farbe, damit das Instrument sich in der Hitze nicht ausdehnt. Ins Fernglas ist ein Kompaß eingebaut (Azimut!), und der Indexfehler läßt sich an der Trommelschraube leicht korrigieren.

Die herkömmlichen Metallsextanten waren mit einem Halbspiegel ausgerüstet, der sich über ein Jahrhundert bewährt hat. Seit einigen Jahren aber gibt es Sextanten, die statt dessen über einen sogenannten Vollsichtspiegel verfügen, so daß man im Fernrohr kein geteiltes Bild mehr hat.

Eine der Schwierigkeiten beim Messen liegt darin, daß man das Gestirn *auf* den Horizont setzen muß. Beim Halbspiegel sieht man im Fernrohr den Horizont nur in der einen Hälfte und das Gestirn nur in der anderen, so daß man es in die Nähe der Bildmitte bringen muß, nämlich dorthin, wo die Horizontlinie gerade aufhört. Bei der Sonne ist das kein großes Kunststück, wohl aber bei einem feinen Sternchen, das man ohnehin immer wieder verliert.

Mit dem Vollsichtsextanten hat man dieses Problem nicht mehr, denn der Horizont verläuft durch das ganze Bild, während auch der Stern über das ganze Bild zu verfolgen ist. Seit ich ein solches Exemplar an Bord habe, wurde mein alter, über eine ganze Weltumseglung hinweg bewährter Sextant nie mehr benutzt. Übrigens lassen sich manche älteren Sextanten verschiedener Fabrikate nachträglich mit einem Vollsichtspiegel ausrüsten. Auskunft hierüber geben die Hersteller von Vollsichtsextanten.

Das Fernrohr am Sextanten kann mit einem integrierten Peilkompaß geliefert werden. Ich halte diese Idee von Michael Naujok für bestechend, denn damit kann zwar für die Auswertung der Messung nicht die Richtung zum Gestirn gemessen werden (die müssen wir schon auf ein Grad genau berechnen), aber der Peilkompaß erleichtert es doch ungemein, wenn abends in der Dämmerung mit Hilfe der vorausberechneten Himmelsrichtung ein Stern zum Messen gesucht wird.

Der Peilkompaß kann natürlich auch in der terrestrischen Navigation eingesetzt werden, am besten im Zusammenhang mit einer Horizontal- oder Vertikalwinkelmessung, so daß wir zwei oder mehrere Standlinien gleichzeitig und damit einen Schiffsort bekommen.

Metallsextanten sind empfindliche Präzisionsgeräte, die genau nach Anweisung behandelt werden müssen. Schon ein harter Stoß stellt die Genauigkeit einer Messung in Frage, doch ist es bis zur völligen Unbrauchbarkeit ein weiter Weg. Selbst wenn ein Sextant so gestaucht worden ist, daß die Alhidade gerade noch bewegt werden kann, liegt die Genauigkeit einer Messung immer noch bei 30 Winkelminuten, also 30 Seemeilen, was im Notfall ausreichend ist. Die Länge kann sogar noch auf einige Minuten genau bestimmt werden, und zwar nach der Methode „Mittagslänge aus zwei gleichen Höhen" (s. Schenk, „Yachtnavigation", Bielefeld 1994).

Navigationsuhr

Die Navigationsuhr ist heute kein Problem mehr. Es eignet sich jede Quarz-Armbanduhr. Sie sollte freilich wasserdicht sein. Da die Batterie oft nur von einem Uhrmacher ausgewechselt werden kann, eine Ersatzbatterie aber nicht überall erhältlich und auch nicht unbegrenzt lagerfähig ist, ist man besser bedient mit einer Uhr mit Lithiumbatterie, die eine Laufzeit von fünf Jahren hat. Keine Uhr ist so gut, als daß man ganz ohne Radiogerät auskäme, und sei es nur zur Beruhigung. Die genaueste Uhrzeit zeigt das GPS an, solange es noch funktioniert.

Nautische Tafeln oder Computer

In der Fachpresse wurden viele Jahre erbitterte Diskussionen über das Pro und Contra von Computern beziehungsweise Nautischen Tafeln in der Astronavigation geführt.*

Jede Methode hat ihre positiven und ihre negativen Seiten, die in den einschlägigen Navigationslehrbüchern meistens ausführlich dargestellt sind. Bevor ich versuche, noch weitere Gesichtspunkte ins Feld zu führen, sei hier ein an mich gerichteter Brief wiedergegeben, der nach meiner Ansicht die richtigen Akzente setzt:

Lieber Bobby Schenk,

von Palma bis Gibraltar gab's nur terrestrische Navigation. Ab „Gib" sollte es zur Sache gehen. Wir liefen bei Flaute aus – und was liegt näher, als die Gelegenheit zu nutzen, um die Karten zu studieren? Ich ziehe die erste Karte raus und – Bobby, eben lag Dein Computer

* Immer dann, wenn ich mich in irgendeiner Form zu diesem Thema äußere, ob nun für die Taschenrechner oder für die Tafeln, erhalte ich erregte Briefe. (Wobei es für mich interessant ist, daß die Rechnerfans eine Spur bösartiger reagieren, wenn man Argumente für die guten alten Tafeln vorbringt.) Dem Praktiker zur See sei dazu gesagt, daß er es nicht nötig hat, sich vorschreiben zu lassen, wie er seinen Schiffsort findet – schließlich segelt er über die Weltmeere, damit er frei leben kann. Man benutze also die Tafeln, wenn man den Elektronen mißtraut, oder aber den Rechner, wenn man sich leicht verrechnet oder wenn man es sich etwas bequemer machen möchte.

noch auf der Karte, jetzt liegt er am Boden. Der Fall war zu hart – der Computer spuckt nur noch Unsinn.

Raus aus der verkehrsreichen Straße von Gibraltar, nahm ich mir den Ersatz-Computer NC 2 vor, legte neue Batterien ein und … hatte ein nicht unbeachtliches Herz-Rhythmus-Versagen, als er aus 3 + 3 = 5 machte. Au Backe! Ich mußte jetzt an meinen Opa denken, der bei jeder prekären Situation nuschelte: „Und jetzt auf See, in jeder Hand 'nen Koffer und dann kein Schiff."

Der einzige astronomische Strohhalm war nun Dein Buch über Astronavigation. Ich maulte Bettina an, mich erst dann wieder anzusprechen, wenn ich es ihr erlauben würde, und verstieg mich mit all meinem mathematischen Unverständnis in Dein Buch und mein H.O. 249-Tafelwerk. Nach sechs Stunden Bücherbüffeln und dreimaligem Besuch an Deck mit Stoppuhr und Sextant entkrampfte sich meine Maske, und gegen 1600 UTC zuckte ein für Dritte nicht erkennbares Lächeln über meine Mundwinkel: Der Pfennig war gefallen. In der nächsten Stunde fielen noch neun weitere Pfennige, und um 1700 UTC hatte ich außer Kopfschmerzen auch einen – vermeintlichen – Standort.

Vier Tage später preie ich einen 2 sm entfernten Tanker an und frage ihn scheinheilig nach dem Wetterbericht, um in Wahrheit meine Position zu erhalten. Bobby, was soll ich Dir sagen, Seine Position war 2 sm westlich von uns!

Sicherlich wird diese Geschichte allen Verteuflern von Computern und Elektronik schlechthin Wasser auf ihre Mühlen sein. Aber gemach – wer wird denn gleich so gehässig sein? Es ist doch ganz einfach: Was Du nicht im Computer hast, das hast Du im Kopf.

Dein Klaus Hympendahl

Die Lehre daraus: Es ist wichtig, stets auf ein Back-up-System zurückgreifen zu können. Wenn mit Rechnern gerechnet wird, dann müssen auch Tafeln und vor allem das Nautische Jahrbuch an Bord sein. Mit Hilfe einer Anleitung läßt sich Astronavigation im Notfall in ein, zwei Tagen lernen – wenn man muß (siehe den Brief von Klaus Hympendahl).

Der Computer als Navigator

Die Überschrift stimmt nicht ganz. Denn der Computer alleine kann gar nichts. Es kommt auf das entsprechende Programm an. Ein Computer ist nichts anderes als ein Abspielgerät, ähnlich einem Plattenspieler.

Computer sind heute schon fast Standardausrüstungsgegenstände auf Yachten, denn sie haben zum Beispiel die Schreibmaschine ersetzt, dienen dem Vergnügen an verregneten Tagen am Ankerplatz und lassen sich hervorragend zum Navigieren einsetzen.

Nachdem heute die Astronavigation im Ernstfall dann eingesetzt wird, wenn das GPS ausgefallen ist (bord- oder satellitenseits), ist meines Erachtens die puritanische Einstellung „Computer nur dann, wenn auch Tafeln an Bord sind" nicht mehr so zwingend. In jedem Fall aber ist es für den Benutzer wichtig, daß er sowohl ein gutes Programm für die manchem umständlich (nicht schwer) erscheinende Berechnung von astronomischen Standlinien an Bord hat und (!) damit auch umgehen kann.

Jedes gute Astro-Programm sollte mit allen Navigations-Gestirnen ohne die Benutzung von Tafeln umgehen können und immer gleich das endgültige Ergebnis auswerfen. Unten ein Beispiel hierfür.

Das sind die Berechnungen des Computers (mit Programm GPSNavTools) in einer Sekunde. Der Computer zeigt dem Navigator, der sich am 18. Dezember 1998 auf 22°13,8'N und 48°24,6'W glaubt, den Zeitpunkt für die Abenddämmerung mit 20 Uhr 57 Minuten an. Gleichzeitig bietet der

DÄMMERUNG UND STERNE - Mittagszeit: 15h 10m 09s Sonne in Kimm: 20h 33m 44s

BREITE/ORTSNAME	22°13.80'N	WELTZEIT abends:	20h 57m 50s
LÄNGE	48°24.60'W	DATUM	18 - 12 - 98

STERN	Winkel	Azimut	STERN	Winkel	Azimut
1)Sirrah	79°35.5'	47°	57)Enif	61°08.3'	249°
2)Ankaa	24°22.9'	169°	58)Alnair	18°16.3'	195°
3)Schedir	53°35.3'	16°	59)Formalh	37°29.7'	190°
4)DenebKa	46°18.8'	155°	60)Markab	80°17.8'	225°
5)Mirach	65°10.4'	52°	JUPITER	62°42.2'	184°
7)Nordste	22°50.1'	1°	SATURN	55°36.2'	109°
8)Hamel	54°41.4'	80°			
9)Menkar	36°23.0'	102°			
10)Algenib	37°28.8'	43°			
11)Aldebar	19°11.9'	79°			
13)Capella	18°40.6'	47°			
50)Eltanin	20°50.8'	319°			
52)Wega	25°50.4'	304°			
54)Altair	35°07.7'	265°			
56)Deneb	48°15.0'	314°			

<ESC> drücken, um zum Menü zurückzukommen!

So leistungsfähig sind heute Computerprogramme (GPSNavTools). Der ungefähre Schiffsort und Datum werden eingegeben, ein paar Sekunden später hat der Navigator eine komplette Übersicht über die astronomischen Verhältnisse zur Dämmerung auf dem Borddrucker schwarz auf weiß.

Computer 19 aus 60 Fixsternen und zwei Planeten als günstig zum Messen an. Der Navigator muß also nur seinen Sextanten auf 54°40' stellen und den Horizont in östlicher Richtung absuchen. Sieht er dort einen Lichtpunkt im Fernrohr, handelt es sich mit großer Wahrscheinlichkeit um den Menkar. Dann kann er diesen Stern genau messen, hierbei die exakte Weltzeit feststellen und diese Werte in den Computer eintippen. Fertig ist die Menkar-Standlinie. Eine weitere Messung ergibt eine weitere Standlinie, die sich mit der Menkar-Standlinie zum Schiffsort schneidet.

So einfach ist die Astronavigation heute geworden. Aber Achtung: Es gibt zahlreiche Computerprogramme, die durchaus Fehler enthalten können. So wie sich früher jeder Navigator mal verrechnete, so kann sich – nicht unwahrscheinlich – auch der Programmierer (der häufig nicht mal aus der Seemannspraxis kommt) leicht vertun. Deshalb sollten die Programme von jedem, der ihnen später sein Schiff anvertraut, vor Abfahrt ausgiebig getestet werden.

Das Nautische Jahrbuch

Verläßt man sich nicht auf die Elektronen, sondern zieht es der Navigator nach Ausfall von GPS vor, per Hand die Gestirne zu berechnen, muß das Nautische Jahrbuch für das betreffende Jahr an Bord sein. Ob der Könner die Standlinien mit Hilfe von Taschenrechnern, Logarithmen-Tafeln, den H.O.249 oder sonstigen astronomischen Tafeln errechnet, bleibt sich im Ergebnis gleich. Hilflos wird aber auch der Top-Navigator sein, wenn er nicht den genauen Verlauf der Gestirnsbahnen für eben diesen spezifischen Tag weiß, was für jede Sekunde eines Jahres eben nur aus dem

Nautischen Jahrbuch herauszulesen ist. Gleichgültig ist es, ob wir hierzu die amerikanischen, englischen, französischen Almanache benutzen oder das deutsche Nautische Jahrbuch.

Ein Tip: Im Nautischen Jahrbuch finden sich vorne Anweisungen, wie das Buch auch noch im darauffolgenden Jahr zur Not benutzt werden kann. Das gilt zwar nur für die Sonne, doch wahrscheinlich werden wir ohnehin nichts anderes zur Navigation benutzen.

Die Tafeln H.O.249 enthalten übrigens ebenfalls so eine Art ewiges Nautisches Jahrbuch, mit dem sich – mit geringfügigen Genauigkeitsverlusten – für jeden beliebigen Zeitpunkt die Koordinaten der Sonne errechnen lassen.

Radar

Radar ist das sicherste, einfachste und leistungsfähigste Navigationsinstrument, wenn sich Land oder Navigationsmarken innerhalb seiner Reichweite befinden. Deshalb mein dringender Appell: Wenn man sich Radar von der Schiffsgröße und vom Geldbeutel her leisten kann, dann sollte man auf einer Blauwasseryacht nicht darauf verzichten. Es vergrößert die Sicherheit der Navigation wie kein anderes Navigationsgerät, denn es gibt seine Meßergebnisse nicht etwa digital verschlüsselt an wie die meisten elektronischen Geräte, sondern man sieht auf einem Bildschirm, wo der Schiffsort liegt und wie die Küste verläuft – ob bei Dunst, Nebel oder Nacht.

Oft werde ich in den Tropen gefragt: „Brauchst du denn hier Radar? Hier gibt es doch nie Nebel." Der Fragesteller hat den Sinn dieses Navigationsgerätes vollkommen verkannt. Die Orientierung im Nebel ist nur eine von vielen Möglichkeiten. Für die Navigation macht man sich zunutze, daß man am Schirm die genaue Entfernung zu Landmarken ablesen kann, die allerdings vorher identifiziert werden müssen,

Dieses Foto veranschaulicht, wie wertvoll Radar sein kann. Trotz eines Regenschauers zeigt das Radarbild deutlich die Umrisse des sehr niedrigen Atolls Ahe.

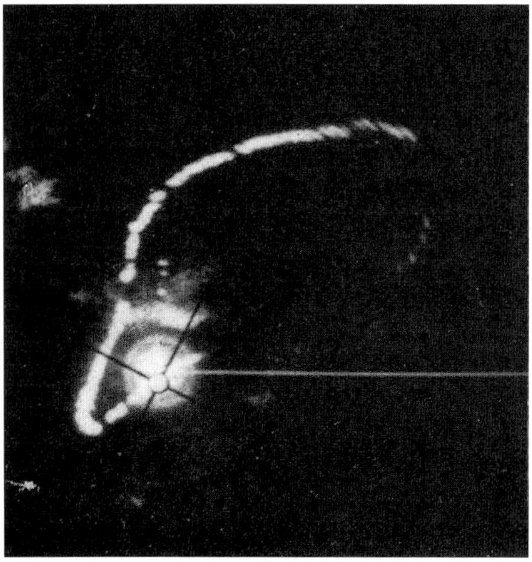

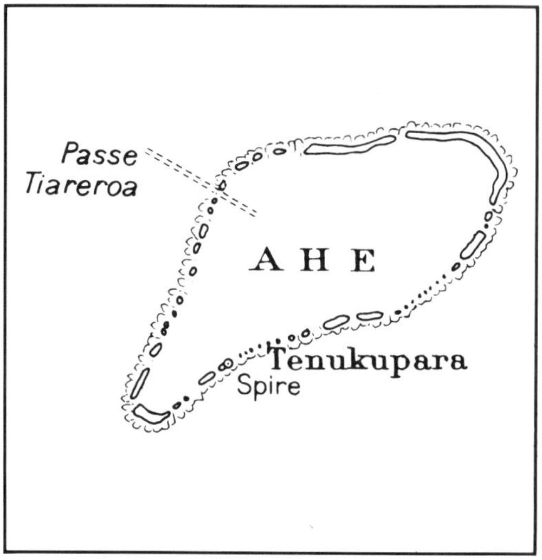

Beim Einmaster bleibt als Ausweg für die Radarantenne das Achterschiff. Die Antennenhöhe reicht für die Praxis vollkommen.

was – und das ist die einzige Schwierigkeit bei der Arbeit mit dem Radargerät – nicht immer unproblematisch ist, weil das von den Radarstrahlen erzeugte Bild nicht immer mit der Realität übereinstimmt, je nachdem, was für Echos die Küste abgibt.

Wie leistungsfähig dieses System ist, ersieht man schon aus der Tatsache, daß die Großschiffahrt in Küstennähe meist ausschließlich nach Radar navigiert. Denn es gibt nichts Besseres. Wer ein Radargerät an Bord seiner Yacht aus ästhetischen Gründen ablehnt, der ist möglicherweise eines anderen belehrt, wenn er einmal nachts in schwerem Wetter auf eine Küste zugetrieben wird, ohne einen sicheren Standort zu haben, und jede Sekunde erwartet, das Donnern der Brandung aus dem Lärm herauszuhören. Ein Radargerät würde in einer solchen Situation in wenigen Minuten hundertprozentige Klarheit über die Lage verschaffen.

Der hohe Stromverbrauch (etwa 10 Ampere) wirkt sich schon deshalb nicht besonders aus, weil man zumindest unter Segel das Gerät nur zur Standortbestimmung laufen läßt.

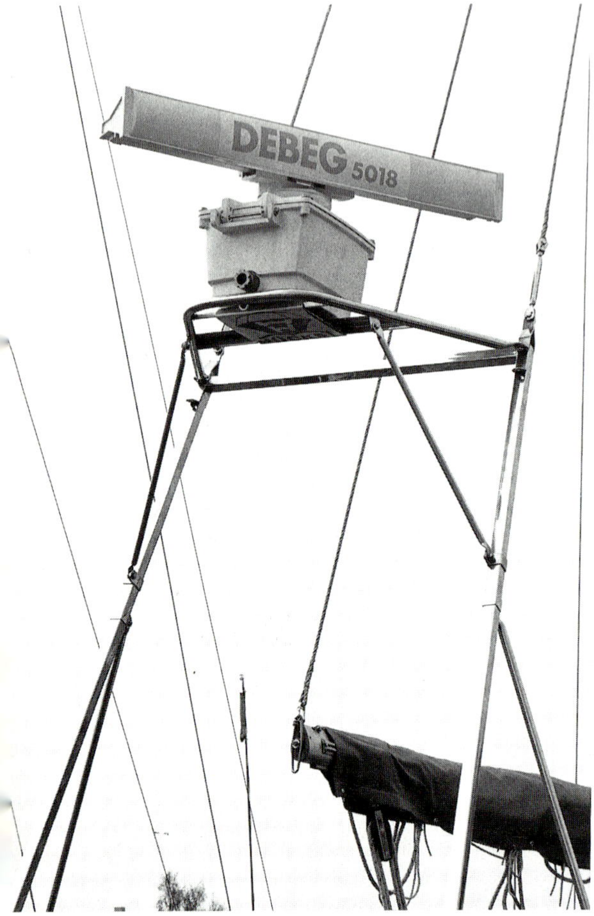

Gute Anbringung der Radarantenne beim Einmaster: in das Achterstag integriert (Hückel-Achterstag-Antennenstuhl).

Radar- und Satellitenantenne.

Die Vorteile des Radargerätes scheinen sich herumzusprechen, denn im Gegensatz zu der Situation vor einigen Jahren, als noch kaum eine Blauwasseryacht mit Radar ausgerüstet war, sieht man die „Torte“ heute schon auf mehr als 50 Prozent der Yachten über 12 Meter Länge. Mindestens 30 Prozent davon haben zusätzlich ein Satellitennavigationsgerät an Bord.

Essen und Trinken unterwegs

Dieses Thema spielt heute keine so große Rolle mehr wie beispielsweise vor 30 Jahren, als es noch keine Kühlmöglichkeiten gab, als über weite Strecken hinweg keine Einkaufsmöglichkeiten vorhanden und die Schiffe noch feucht waren, so daß Nahrungsmittel verfaulten und Konserven verrosteten. Trotzdem kann man sich das Leben von Anfang an erleichtern, wenn man ein paar Tips beachtet:

Die Kochmöglichkeiten an Bord sind – fast – so wie zu Hause, und wer dort gut bekocht worden ist beziehungsweise zufriedenstellend gekocht hat, wird auch unterwegs keine Schwierigkeiten haben.

An Bord ist freilich alles ein wenig anders als daheim. Die Bordfrau wird sich – zumindest zu Beginn – mit der Technik ihres Kochers auseinandersetzen und sich an die offene Flamme gewöhnen müssen, die für ihre Großmutter selbstverständlich war. Und sie hat sich damit abzufinden, daß Teller und Töpfe nie zuverlässig dort stehenbleiben, wo man sie abgestellt hat. So wird denn auch der Speisezettel vom Wetter – sprich: den Schiffsbewegungen – diktiert. Das hat man schon beim Einkauf des Geschirrs zu berücksichtigen, wobei es allerdings übertrieben wäre, zugunsten von Plastik auf Porzellan beziehungsweise Glas ganz zu verzichten.

Zweckmäßigerweise wird man unterwegs ein anderes Geschirr benutzen als im Hafen. Darf bei letzterem die Ästhetik im Vordergrund stehen, sollte das Geschirr für unterwegs den praktischen Bedürfnissen

Zum Warm- und Kalt-Halten hat sich an Bord und unterwegs eine Thermoskanne aus Nirosta bewährt.

entsprechen. Suppenteller beispielsweise sind schon bei wenig Seegang unbrauchbar, denn mit Sicherheit wird man sich die heiße Brühe im Cockpit über die Finger schütten. Tiefe Töpfe sind besser, aber nicht solche aus Metall oder Emaille, weil das so gut leitet, daß man den Topf mit der heißen Suppe nicht mehr in die Hand nehmen kann. Bei hartem Wetter sind Einmal-Papierteller ideal, denn wer stößt sich in Momenten, wo er überhaupt froh ist, etwas Warmes zu bekommen, schon am Karton, oder wer wird da noch abspülen? Hier muß jede Bordfrau ihre eigenen Erfahrungen sammeln.

Die größte Arbeitserleichterung hat sie freilich dann, wenn im Hafen zweckmäßig und gut für unterwegs eingekauft wurde und wenn ein Kühlschrank oder eine Kühltruhe an Bord ist.

Traumankerplatz in der Südsee, jedoch ohne Versorgungsmöglichkeiten.

Früher wurde empfohlen, Konservendosen zu lackieren und das Blech selbst zu beschriften, weil sich im Bilgewasser die Dose in Rost auflösen würde. Das sollte heute nicht mehr nötig sein. Ist das Schiff nicht so trocken, daß man die Dosen unpräpariert in der Bilge stauen kann, so wird sich auch ein anderer, trockener Ort finden. Gut haben sich Plastikkörbe bewährt, in denen die Konserven – schon vorsortiert – beispielsweise nach Gemüse, Obst und Fleisch – weggestaut werden. Läßt es sich aber trotzdem nicht ganz vermeiden, daß die Dosen naß werden, dann genügt meines Erachtens auch eine Markierung nach Kategorien, also „S“ für Saft und so fort.

Konserven halten sich meist mehrere Jahre, so daß man nicht allzu besorgt sein soll, daß etwas verderben könnte. Ist trotzdem der Boden oder Deckel aufgebogen, dann werfe man die Dose in jedem Fall weg. Denn auch wenn Geruch und Aussehen noch einigermaßen gut sind, ist nicht

Bananenstauden halten sich – aufgehängt – sehr lange. Dann aber werden die Bananen schnell reif – alle auf einmal.

auszuschließen, daß der Inhalt hochgiftig geworden ist (das betrifft vor allem Gemüsekonserven). Aber das kommt nicht häufig vor.

Nachdem in abgelegenen Gegenden der Welt zum Teil so schlechte Einkaufsmöglichkeiten bestehen, wie es sich der Mitteleuropäer gar nicht vorstellen kann, sollte man sich während einer Langfahrt überall da gut mit Konserven eindecken, wo einem die Auswahl gut und die Preise niedrig erscheinen. Wenn die Vorratsschapps immer randvoll sind, so ist das ein großer Sicherheitsfaktor.

Man achte darauf, ob Konservendosen vor dem Verkauf in Kühltruhen gelagert wurden. Dann handelt es sich um eine Halbkonserve, die an Bord je nach Wassertemperatur (bei 27°C ist es in der Bilge bestimmt nicht kühler!) unter Umständen nur ein paar Wochen oder Tage haltbar ist. Konserven mit eingeprägtem „gekühlt haltbar bis...“ sind im allgemeinen bald zu öffnen.

Es empfiehlt sich, eine Konserve zu probieren, ehe man zum Beispiel drei Dutzend Corned-beef-Dosen kauft.

Unterwegs sollte man seinen Speisezettel so einrichten, daß man möglichst lange ohne Dosen auskommt. Obst und Gemüse müssen so eingekauft und gelagert werden, daß sie nicht verderben, bevor sie gegessen werden. Es ist beispielsweise nicht richtig, den frischen Kohl schon nach acht Tagen zu verzehren, wenn er sich noch weitere drei Wochen gehalten hätte, während die Tomaten, die nach zehn Tagen schlecht werden, dann weggeworfen werden müssen. Ein großes Problem bei Gemüse und Obst ist die Tatsache, daß sie meist in Kühlhäusern gelagert wurden. Das hat zur Folge, daß beispielsweise Äpfel, die man früher bedenkenlos zehn Wochen und länger aufheben konnte, manchmal schon nach ein paar Tagen zu faulen beginnen. Es ist deshalb wichtig zu wissen, ob die Nahrungsmittel gekühlt waren oder nicht.

Kohl, Kartoffeln und vor allem Zwiebeln halten sich über mehrere Wochen. Bei Tomaten gewinnt man ein paar Tage, wenn man sie grün einkauft. Das gleiche gilt für Bananen, die allerdings innerhalb von zwei Tagen gegessen werden müssen, wenn sie reif sind. Man versorge sich deshalb reichlich mit Bananenrezepten.

Kann man sich mit Obst und Gemüse einigermaßen eindecken, so braucht man sich um die früher so gefürchteten Krankheiten wie Skorbut, die auf Vitaminmangel zurückzuführen waren, keine Gedanken zu machen. Ja, nicht einmal Vitamintabletten sind erforderlich. Wenn man allerdings sehr lange Törns fährt, so daß über mehrere Monate keine natürlichen Vitamine zur Verfügung stehen (in den Konserven sind keine!), dann gehören Vitamine in Tablettenform regelmäßig zum Bordmenü.

Stark geräucherter Schinken im ganzen hält sich in heißen Gegenden zwar nicht ewig, aber doch ein paar Wochen. Wenn man ein Stück davon entsprechend lang wässert, kann man sogar eine Art Schweinebraten daraus produzieren. Speck hält sich nicht so lange. Beides muß luftig – also möglichst hängend – gelagert werden.

Mit Eiern an Bord wurde früher ein rechter Kult getrieben. Jeder wußte irgendein anderes Rezept, das die Haltbarkeit von mehreren Monaten gewährleisten sollte, sei es das Einreiben mit Vaseline oder das sekundenlange Eintauchen in kochendes Wasser. Da galt es freilich auch, sie für eine oft monatelange Reise ohne Verproviantierungsmöglichkeiten zu präparieren. Heute brauchen sie meistens nur für die Dauer eines Törns haltbar zu sein. Wenn man das Glück hat, frische Eier, also nicht aus der Kühlung, zu bekommen, halten sie eine Atlantiküberquerung allemal, auch unpräpariert. Man frage deshalb im Supermarkt nach der Hühnerfarm und hole sie dort direkt.

Eier müssen im Kühlschrank aufgehoben werden. Ansonsten müssen sie vor dem Verzehr 5 Minuten gekocht werden. Oder man verzichtet wegen einer möglichen Salmonelleninfektion ganz darauf.

Frisches Brot – das größte Problem

Brot, so wie man es im Ausland bekommt, hält sich nur wenige Tage, die sich auch nur dann strecken lassen, wenn man einen wesentlichen Geschmacksverlust durch Trocknen in der Sonne und Aufbacken in der Pfanne hinnimmt. Als Brotersatz kommen trockene, geschmacklose Bisquits oder nicht gesüßter Zwieback in Frage.

Wer aber unbedingt besseres Brot aus eigener Fertigung haben möchte, dem seien zwei Rezepte empfohlen, die sicher nicht den Beifall eines Bäckers finden, dafür aber mit Bordmitteln möglich und erprobt sind.

Auf die Schnelle und ohne großen Aufwand lassen sich in der Pfanne sogenannte *Scones* produzieren:

Zutaten: 2 Tassen Mehl, eine Prise Salz, 2 Teelöffel Backpulver, 1 Tasse Milch (angerührt aus Milchpulver oder verdünnter Kondensmilch) oder Wasser-Milch-Gemisch.
Zubereitung: Alle Zutaten zu einem Knetteig verarbeiten und zu einem Fladen plattdrücken. In einer heißen, trockenen Pfanne auf beiden Seiten backen, bis der Fladen eine braune Farbe angenommen hat.

Das zweite, aufwendigere Rezept setzt einen Dampfdrucktopf voraus (der ohnehin Bestandteil einer jeden Pantry sein sollte, weil die Garzeiten bedeutend kürzer sind und die Wasserdampf- und Geruchsentwicklung auf ein Minimum reduziert ist. Im übrigen bleiben die Nährstoffe am besten erhalten. Darüber hinaus kann man mit dem Dampfdrucktopf Frischfleisch und Fisch sterilisieren und so mehrere Tage haltbar machen, wenn man den Topf zwischenzeitlich nicht öffnet). Das Yachtbrot-Rezept stammt von Vera Spooner von der Yacht TERN III:

Zutaten: 4 bis 5 Tassen Mehl, 1 ½ Tassen Meerwasser, 1 Eßlöffel Zucker, 1 ½ Teelöffel Trockenhefe (in Dosen erhältlich).

Zubereitung: Die Hefe zusammen mit dem Zucker in wenig lauwarmem Salzwasser auflösen. Dann nach und nach die restlichen Zutaten hinzufügen und kräftig durcharbeiten. Zum Kneten bestäubt man die Hände mit etwas Mehl. Bleibt der Teig an den Fingern kleben, streut man erneut Mehl auf Teig und Hände. Der Teig darf an der Schüssel nicht mehr klebenbleiben. Den Drucktopf gut einfetten und danach mit Mehl bestäuben. Den Teig zum Ballen formen und in dem Topf zugedeckt gehenlassen, bis er sich etwa um das Doppelte seines Umfangs vermehrt hat. Anschließend den Topf mit geschlossenem Deckel, aber ohne Druckventil auf kleine Flamme stellen. Nach einer halben Stunde den Topf öffnen – er braucht vorher nicht abgekühlt zu werden, weil sich wegen des fehlenden Ventils kein Druck entwickeln konnte –, den Teig umdrehen und auf dieselbe Weise weitere 30 Minuten Backen.

Eine „Backhaube“ eignet sich ebenfalls hervorragend zum Brotbacken.

Ohne Kühlmöglichkeit werden wir auf frische Butter verzichten müssen, ebenso auf Milch. Die Qualität der Butter in Dosen ist erträglich, aber sie ist bei weitem kein Ersatz für frische Ware. Milchtrinker sind auf Langfahrten nicht zu beneiden, denn auch pasteurisierte Milch hält sich nicht mehrere Wochen lang, abgesehen davon, daß sie in Ländern, in die sie importiert werden muß, sehr teuer ist. Milchpulver oder Kondensmilch ist ein ausreichender Ersatz für Frischmilch, solange man sie nur als Zutat verwendet. Nimmt man zu Kaffee und Tee Milch und Zucker, eignet sich am besten gezuckerte Kondensmilch, denn die bleibt längere Zeit genießbar, auch in angebrochenem Zustand.

Jede Bordfrau wird hierzu ihre eigenen Ansichten haben, aber ganz allgemein kann gesagt werden, daß die Verpflegung unterwegs eintöniger ist als zu Hause, selbst wenn man sich noch so sehr um Abwechslung bemüht. Deshalb kommt Gewürzen eine besondere Bedeutung zu. Man decke sich reichlich damit ein. Im allgemeinen halten sie sich unbeschränkt, wenn sie in verschließbaren Dosen aufbewahrt werden. Die Aufbewahrung offener Lebensmittel, Mehl, Zucker usw. kann etwas problematisch werden, weil sie hochempfindlich gegen Feuchtigkeit sind. Ein weiteres Problem sind kleine schwarze Käfer, von denen kaum ein Boot verschont bleibt und die sich gerne unter Mehl, Reis und Nudeln mischen. Sie sind ungefährlich, aber es ist nicht jedermanns Sache, von der Nudelsuppe zunächst die gekochten Käfer chen abzuschöpfen. Man bringt sie meist aus den Geschäften mit, wenn man Waren kauft, die sich nicht in einer undurchdringlichen Verpackung befinden. Die Käfer beißen sich sogar durch das dicke Plastikmaterial von Tupperware-Eimern, worauf man diese Gefäße, mit Frischwasser gefüllt, ganz gut als Decksdusche verwenden kann. Die Käfer machen auch nicht vor dem Silberpapier von Schokolade und ähnlichen Süßigkeiten halt, so daß man sich mit solchen Knabbereien nicht auf lange Zeit eindecken sollte, obgleich lange Nachtwachen sich leichter überstehen lassen, wenn man irgendwelche Süßigkeiten zu sich nimmt.

Frische Fische

Fischesser sind glückliche Leute auf Yachten. Man sollte sich jedoch keine übertriebenen Hoffnungen machen: Es ist nicht so ganz einfach, mit Erfolg zu fischen. Unterwegs werden hauptsächlich Raubfische wie Thun, Bonito oder Goldmakrele gefangen. Damit sind wir schon etwas gegen Fischvergiftung versichert, denn diese Raubfische sind höchstens in Küstennähe so giftig, daß es nach dem Genuß auch beim Menschen zu einem ernsten Krankheitsbild kommen kann.

Wie oft ein Fisch unterwegs an die Schleppangel geht, darüber machen sich viele Illusionen. Natürlich kann es sein, daß man in einen Thunschwarm gerät und innerhalb einer halben Stunde ein paar herausholen könnte, aber das hilft uns wenig, denn einer ist wahrscheinlich schon zu groß. Die offenen Meere sind jedenfalls nicht allzu fischreich für unsere amateurhaften Mittel. Nach Schleppangelerfahrung über viele tausend Seemeilen hinweg schätze ich, daß man ungefähr alle fünf Tage mit einem Fisch an der Angel rechnen kann, wenn sie zumindest untertags ununterbrochen gefahren wird. In der Nacht ist das nicht unbedingt zu empfehlen, weil man einerseits oft nicht merkt, daß ein Fisch gebissen hat, und es andererseits in der Dunkelheit bei kleiner Mannschaft zu schwierig ist, den Fisch ins Cockpit zu bekommen und ihn dort zu schlachten. Wenn man vor hat zu fischen, sollte man sich ein entsprechendes Buch mitnehmen, um den Fang identifizieren und fachgerecht ausnehmen zu können.

Bei der Angelausrüstung kann man sparen. Man verzichte auf die teuren Rollen. Ein paar Blinker oder Thunfischköder, wie sie die Berufsfischer verwenden, ausreichend Stahlvorfächer und eine starke Kunststoffschnur mit mindestens zwei Millimeter Durchmesser und einer Länge

Fische können giftig sein. Nur die essen, die man kennt!

von über 100 Meter sind eine preiswerte Ausrüstung, die unseren Anforderungen genügt. Sie ist so stark, daß auch ein großer Fisch nur selten die Leine abreißen kann, selbst wenn wir den Biß nicht gleich bemerken. Man lege sich Lederhandschuhe zurecht, um den Fisch Hand über Hand oder, bei großen Brocken, über die Winsch an das Schiff heranholen zu können. Mit einer *Gaff* läßt sich der Bursche dann ins Cockpit befördern. Bei einer derartigen Aktion machte S. Bebe eine Halse und verlor den Mast, er hatte noch 600 Seemeilen vor sich bis Tahiti.

Sind Neulinge im Blauwassersegeln an Bord, die sich wundern, daß auch noch nach mehreren Stunden nichts gebissen hat, taucht immer wieder die Frage auf, ob die Yacht nicht zu langsam oder zu schnell zum Fischen sei. Dazu ist zu sagen, daß ich schon bei jeder Geschwindigkeit über zwei Knoten einen Fisch gefangen habe, so daß wohl Geschwindigkeiten bis zu acht Knoten nicht ganz als ungeeignet zum Fischen angesehen werden können.

Hat man keine Kühlmöglichkeiten an Bord, dann ist der Fisch meist zu groß für eine kleine Mannschaft. Im Drucktopf gekocht, kann man ihn zwei Tage halten, oder man dost ihn ein. Es gibt – produziert in der Schweiz – handliche Geräte, mit denen man selbst vollwertige Konserven herstellen kann. Man benötigt hierzu einen gewissen Vorrat an passenden Dosen und einen noch größeren an Deckeln, denn man kann die Dosen wiederverwenden – auch wenn sie mit einem groben Dosenöffner aufgemacht worden sind –, nicht aber die Deckel. Bei der erneuten Verwendung wird die Dose etwas kürzer, weil der Rand entfernt und ein neuer Deckel aufgesetzt wird. Diese Maschine eignet sich in sehr guter Weise auch dazu, um im Hafen Frischfleisch einzudosen. Manchmal bekommt man es ja zu kaufen oder auch in größeren Mengen geschenkt. Einige Blauwassersegler werden vielleicht die Möglichkeit haben, an einer Ziegen- oder Schweinejagd teilzunehmen, nach der dann viel mehr Frischfleisch vorhanden ist, als man gleich verzehren könnte.

Der Flüssigkeitsbedarf

Getränke machen an Bord weniger Probleme als feste Nahrungsmittel, wenn man einmal davon absieht, daß man sich an warmes Bier meist erst gewöhnen muß (was ganz gut geht). Heutzutage braucht man mit Frischwasser nicht mehr derart sparsam umzugehen wie früher, denn normalerweise sind so viele Getränke, Säfte und sonstige Konserven an Bord, daß man gar nicht verdursten könnte. Trotzdem muß man sich unterwegs Gedanken um das Frischwasser machen.

Die Tanks sollten geruchsfrei und geschmacksneutral sein. Ist das Wasser beim Bunkern in Ordnung, hält es sich bis zu einem Jahr, wenn man ihm die vorgeschriebene Menge Micropur beigibt. Ich verwende dieses keimtötende Mittel auf Silberionenbasis seit Jahren und habe nicht den geringsten Beigeschmack festgestellt, im Gegensatz zu Mitteln auf Chlorbasis.

Zur Reserve wird man auch Wasser in Plastikkanistern mitführen, das aber nur für den Notfall gedacht sein sollte. Denn Trinkwasser sollte man nicht darin aufbewahren, wie aus einer Stellungnahme der BASF hervorgeht:

Die heute auf dem Verpackungsmarkt anzutreffenden Kunststoffkanister bestehen vorwiegend aus dem Rohstoff Polyethylen, einem Werkstoff mit äußerst geringer Wasserdampfdurchlässigkeit, jedoch mit einer gewissen Permeation für Sauerstoff. Die Durchlässigkeit für Gase hängt in starkem Maße von der Kristallinität der Polyethylenmarke (Dichte) und von äußeren Ein-

flüssen – wie Temperatur, Größe und Dichte der Behälterwandung – ab.

Durch eine Temperaturerhöhung um 10°C steigt die Durchlässigkeit beispielsweise auf das 1,4- bis 2,0fache des Ausgangswertes.

Einer allgemeinen, breiteren Anwendung der Trinkwasserverpackung und -lagerung in Polyethylenbehältnissen steht somit die Sauerstoffdiffusion und die dadurch bedingte Oxidation entgegen. Die Aufbrauchfrist verkürzt sich dadurch, abhängig von den geschilderten Einflußgrößen, auf Wochen. Hier spielt natürlich auch die subjektive Beurteilung eine wichtige Rolle. Naturfarbene Polyethylenkanister enthalten keinen Weichmacher, der in das Trinkwasser übergehen kann. Bei eingefärbten Behältnissen können abhängig vom verwendeten Farbzusatz geringe Mengen weichmachender Stoffe im Polyethylen enthalten sein.

Hier werden also naturfarbene Plastikkanister empfohlen. Dem steht die Tatsache gegenüber, daß die Algenbildung in einem Kunststoffkanister ganz erheblich gefördert wird, wenn UV-Licht hinzutreten kann. So schreibt denn auch ein Hersteller von Kunststoffkanistern, die Firma Mauser:

Neben einem geringen Zusatz von Farbe werden keinerlei weitere Zusätze, wie zum Beispiel Weichmacher, zugesetzt, so daß eine Mikration von Stoffen in der Behälterwandung in das Füllgut nicht stattfinden kann.

Uns ist bekannt, daß unsere Kanister auch für die Trinkwasserversorgung bei Expeditionen bereits erfolgreich getestet wurden. Um einen optimalen Lichtschutz gegen UV-Einwirkung zu erreichen, empfehlen wir den Einsatz blau eingefärbter Kanister. Diese blaue Farbe verhindert einen UV-Angriff sowohl auf das Polyethylen als auch auf das Füllgut selbst. Unseres Erachtens wird hierdurch, auch und insbesondere bei Trinkwasser, ein Algenwachstum verhindert, zumindest jedoch verzögert.

Ohne Zweifel widersprechen sich die beiden Stellungnahmen. Fazit: Gleichgültig, welchen Kanister wir verwenden: Für Süßwasser, das nur im Notfall getrunken wird, tut es jeder, denn den Verdurstenden werden ein paar Algen wenig stören.

Noch ein Problem gibt es bei der Aufbewahrung von Getränken. Aluminiumdosen, speziell solche mit Bier und Cola also, sind besonders gegen Salzwasser empfindlich. Wenn nur eine in der Bilge im Salzwasser liegt, wird sie, im Gegensatz zu normalen Blechdosen – in kürzester Zeit korrodieren, wodurch die aggressive Flüssigkeitsmenge vergrößert wird. So können in ein paar Tagen Hunderte von Dosen kaputtgehen, von der Schweinerei in der Bilge ganz zu schweigen.

Getränke sind in den Tropen für den Elektrolythaushalt des Körpers besonders wichtig; man nehme deshalb bewußt große Mengen Flüssigkeit zu sich. Durch das Schwitzen leidet der Körper unter Salzmangel, der sich durch Kreislaufstörungen und Abgespanntheit bemerkbar macht. Das kann durch die rechtzeitige Einnahme von Salz – auch in Tablettenform erhältlich – verhindert werden. Das ist wichtig, denn Seetörns mit kleiner Mannschaft sind auch dann anstrengend, wenn sie an und für sich – wie es sein sollte – ereignislos verlaufen.

Wacheinteilung und Lebensrhythmus unterwegs

Angst? Wir hatten uns bei dieser Frage verschämt wie Schulbuben, denen der Lehrer auf die Schliche gekommen ist, angesehen und gelauert, wer wohl zuerst etwas zugab. Jemand sagte schließlich: „Na ja, 'n komisches Gefühl ist das schon, wenn man dreitausend Meilen Wasser vor sich hat!"

Jetzt, eingeklemmt in dunkle Wellentäler, kriecht dieses Gefühl, das ich seit meiner Schreckensregatta mit dem auseinanderbrechenden Vierteltonner auf der Nordsee nicht mehr kannte, wieder in mir hoch. Das Zittern der Knie – ist das Angst? Oder das Würgen in der Magengegend? Ich übergebe mich wie die anderen auch. Mein Gott, ich bin richtig seekrank! Und dabei habe ich immer allen Leuten erzählt, ich werde niemals seekrank.

Ich habe Angst vor der Nachtwache. Allein hocke ich in der Plicht mit dem Rücken zur Fahrtrichtung und starre auf die schwarzen Seen, die sich rauschend heranwälzen. In der Dunkelheit leuchten nur die meterhohen Kämme milchig weiß. Dazu ist es kalt und regnerisch. Die Geschichte von einem Freund fällt mir ein, der genau auf dieser Position im Januar einen Südwester mit Sturmstärke erwischte und für 78 Stunden beidrehen mußte. Nur das nicht!

Unser Wind kommt zum Glück von achtern und schiebt uns 150 Seemeilen in 24 Stunden voran. Das stimmt tröstlich. Am nächsten Morgen, nach einer unruhigen Nacht ohne Schlaf, wird es handiger. Wir kauen ein paar trockene Kekse und lachen uns gequält an: 's wird schon werden!

Das schrieb Harald Schwarzlose über die ersten Tage seines Transatlantiktörns auf dem Blauwasserhighway Kanaren – Westindien.

Eine der preiswertesten und wirkungsvollsten Einrichtungen für das Wohlergehen der Mannschaft ist ein Klappverdeck über dem Niedergang. Untertags spendet es Schutz vor der brennenden Sonne, in der Nacht verhindert es, daß sich die Feuchtigkeit der Nacht ins Cockpit absenkt, und im harten Wetter verhindert es, daß Rudergänger und Mannschaft überkommendem Wasser ausgesetzt sind.

Mit Sicherheit wird der Neuling, der jahrelang seinen Blauwassertörn vorbereitet hat, während der ersten Tage auf See enttäuscht sein. Denn meistens wird die Seekrankheit zwar nicht voll nach ihm greifen, aber er wird Symptome spüren, die er dieser Krankheit möglicherweise gar nicht zuordnet. Müdigkeit, Nervosität, Kopfschmerzen und eine depressive Grundeinstellung werden sich bemerkbar machen. Kaum einer bleibt davon verschont. Ich bin sicher, daß Ernst-Jürgen Koch in seinem Buch „Hundeleben in Herrlichkeit" mit „Hundeleben" vor allem die ersten Tage auf See nach jedem längeren Hafenaufenthalt gemeint hat. Besonders in diesen Tagen aber darf man sich nicht gehenlassen, sonst findet man kaum den gewohnten Rhythmus für das Bordleben.

Das einzige Mittel, das neben Tabletten gegen die Seekrankheit hilft, ist Sturheit und pflichtgemäße Routine. Die Wacheinteilung soll so durchgeführt werden, wie sie von vornherein geplant war. In der Nacht am besten drei oder vier Stunden, wobei die Länge der Wachen so bemessen sein soll, daß sie gleichmäßig auf die Crewmitglieder verteilt sind. Denn Nachtwachen sind wesentlich ermüdender als Wachen am Tag, wo man in Ruhe im Cockpit ein Buch liest und nur alle 20 Minuten Ausschau hält.

Es ist schwierig, hierzu Vorschläge zu machen, denn meistens kennen sich Blauwassercrews selbst gut genug, um eine allen gerecht werdende Form des Zusammenlebens finden zu können. Doch einen Tip möchte ich geben: Jeder sollte seine Wache in voller Länge gehen, ohne dem anderen etwas zu schenken oder auch sich etwas schenken zu lassen. Denn erfahrungsgemäß führt das einerseits dazu, daß die Wacheinteilung durcheinandergerät, andererseits zum Gefühl des Verpflichtetseins.

Zu Beginn der Reise wird es schwierig sein, ausreichend Schlaf zu finden, besonders auf Kursen hart am Wind, wenn der Bug einkracht, und vor dem Wind, wenn das Schiff rollt, zu jeder Seite im Winkel von 20 oder 30°. Dann hat man am Ende seiner Schlafenszeit das Gefühl, kein Auge zugedrückt zu haben, wenn man nicht – wie in den ersten Tagen auf See meistens – gerade quälende Träume durchgemacht hat. Das bessert sich, wenn man sich an das Bordleben erst gewöhnt hat. Dem schnellen Einschlafen förderlich ist es, auch wenn man nur zweieinhalb Stunden Schlaf vor sich hat, daß man sich ganz entkleidet und einen Schlafanzug anzieht. Legt man sich mit den Kleidern von der Nachtwache in die Koje, ist es viel schwerer, zu entspannen und Schlaf zu finden.

Noch etwas, mit dem der Neuling nicht rechnet: Auch wenn man glaubt, sich an die Schiffsbewegungen gewöhnt zu haben, also selbst noch nach Wochen auf See, ist man nicht so leistungsfähig und unternehmungslustig wie an Land. Ich mache keinen Hehl daraus, daß ich die meiste Zeit meines längsten Törns von 72 Tagen in der Koje lesend zugebracht zu haben. Man nimmt sich zwar vor, das eine oder andere am Schiff zu erledigen, doch dann träumt man wochenlang in den Tag hinein und verschiebt es auf die Hafenzeit. Ich habe mit vielen Yachtleuten gesprochen, die ähnliche Erfahrungen gemacht haben. Bestätigen können dies freilich nur jene Segler, deren Schiff in Ordnung ist und die es sich deshalb leisten können, tagelang zu träumen oder Sternen und Wellen zuzusehen.

Gesundheit unterwegs

Beim Blauwassersegeln ist der Mensch in einer Situation, die man sich als Großstädter gar nicht mehr richtig vorstellen kann:

Die Nabelschnur zum Hausarzt ist abgeschnitten. Es ist tröstlich zu wissen, daß man auf der Yacht unterwegs an und für sich in einer gesunden Umgebung lebt, viel gesünder jedenfalls als in der Großstadt. Keine Abgase, saubere Luft, blauer Himmel und klares Wasser sind Dinge, von denen man zu Hause nur träumt. Deshalb ist es eigentlich höchst unwahrscheinlich, daß man unterwegs krank wird, es sei denn, man kränkelt ohnehin oder man hat einen Unfall.

Die Unfallgefahr ist natürlich ständig gegenwärtig. Wie leicht kann man auf dem rollenden Schiff ausrutschen und sich einen Knochen brechen. Zu Hause wäre das kein Problem, unterwegs, 3000 Seemeilen von der nächsten Küste entfernt, kann das leicht zur Katastrophe ausarten. Ist ein Ausrutschen meist noch selbst verschuldet (Verstoß gegen die Regel „Eine Hand fürs Schiff, eine Hand für dich"), gibt es auch sonst genügend latente Unfallgefahren: Ein Schäkel bricht, der Block fliegt wie ein Geschoß durch die Gegend. Der Mast kommt von oben, die Trümmer können die Besatzung verletzen. Eine Schot reißt wegen Überlastung, der Tampen peitscht in das Gesicht des Mannes an der Winsch.

Das Problem bei Yachten ist, daß es keine Unfallverhütungsvorschriften gibt und daß die Hersteller vollkommen freie Hand haben. Man muß deshalb allein seiner eigenen Kritikfähigkeit vertrauen, ob beispielsweise Blöcke, Schäkel, Klampen und so fort die entsprechende Bruchlast besitzen, und gegebenenfalls ohne Rücksicht auf Kosten verdächtige Teile gegen nächst größere austauschen.

Dennoch kann und wird etwas passieren, was eigentlich die Anwesenheit eines Arztes erfordern würde. Für einen solchen Fall muß man gerüstet sein. Es gibt nur wenige Bücher, die einem da weiterhelfen können, denn meistens geben sie gerade dann, wenn es drauf ankommt, den Rat, den nächsten Arzt aufzusuchen. Ausnahme: das zweibändige Werk „Anleitung zur Gesundheitspflege auf Kauffahrteischiffen", Dingwort-Verlag. (Demjenigen, der Englisch versteht, empfiehlt sich das praxiserprobte Buch „Where there is no Doctor" von David Werner, verlegt von der Hesperian Foundation, P.O. Box 1692, Palo Alto, California 94302.)

Es ist nicht möglich, im Rahmen dieses Buches durch einen Arzt diesbezüglich Hilfestellung geben zu lassen, denn auf jeder Yacht sind die Verhältnisse etwas anders gelagert. Der eine hat keinen Funk an Bord, ist also im Krankheitsfall von der Außenwelt abgeschnitten. Der *muß* für jeden denkbaren Fall einigermaßen vorbereitet sein. Der andere hat beispielsweise Kurzwellen- oder Amateurfunk, mit dem im Notfall jederzeit ein Arzt erreicht werden kann. Das sind Umstände, die der Arzt bei seiner Beratung berücksichtigen kann.

Der Arzt wird auch Maßnahmen demonstrieren, die weit über den Erste-Hilfe-Kurs (den jeder Blauwassersegler besucht haben muß) hinausgehen. Der unverletzt gebliebene Blauwassersegler muß sozusagen auch die Zweite Hilfe leisten können. Warum soll er, wenn geschickt, zum Beispiel keine intravenösen Spritzen verabreichen, keine Rißwunden nähen, keinen Zahn füllen oder ihn im äußersten Fall gar ziehen? Wunderdinge darf man dabei freilich nicht erwarten. Einen ansonsten großzügigen Chirurgen, der beispielsweise die Amputation eines Fingers und die lokale Betäubung durch einen Laien im Notfall für machbar gehalten hat, fragte ich nach der berühmten und immer wieder in anderen Versionen herumgeisternden Story von der Blindddarmoperation durch einen Laien mit Funkbegleitung. Sein trockener Kommentar: „Das wird höchstens eine Notschlachtung!"

Soll man sich vorsorglich einer Blinddarmoperation unterziehen? Mit dieser Frage setzen sich viele zukünftige Blauwassersegler auseinander. Die Vorstellung ist in der Tat furchterregend: akute Blinddarmentzündung und für Wochen keine medizinische Hilfe in Sicht. Ich habe mir vor meiner Weltumseglung den Blinddarm entfernen lassen, worauf ich heute verzichten würde. Denn jede Operation, auch harmlos erscheinende Eingriffe, ist mit einem gewissen gesundheitlichen Risiko behaftet. Außerdem kann heute eine akute Blinddarmentzündung durch bestimmte Antibiotika eingegrenzt werden.

Wenn also noch nie Blinddarmbeschwerden aufgetreten sind, ist es insgesamt ein geringeres Risiko, mit Blinddarm auf Blauwasserreise zu gehen. Zumal wenn Funk an Bord ist, so daß jederzeit Kontakt mit der Außenwelt aufgenommen und medizinischer Rat zu einer akuten Situation eingeholt werden kann.

Die Vorbereitung einer Blauwasserreise aus medizinischer Sicht

Es ist eigentlich selbstverständlich, daß man eine Reise, bei der man möglicherweise jahrelang in medizinisch unterversorgten Gebieten unterwegs ist, nur dann antritt, wenn man sich vorher von einem Arzt durchchecken lassen hat. Nicht deshalb, weil man möglicherweise gesundheitlich gar nicht in der Lage ist loszufahren, sondern weil man sich unter Umständen etwas arrangieren muß.

Der eine hat erhöhten Blutdruck, sollte also wenig Salz zu sich nehmen, und bekommt deshalb in den Tropen, für die die Einnahme von Salztabletten empfohlen wird, Schwierigkeiten. Der andere hat erhöhte Harnsäurewerte und darf nicht zuviel Fisch essen, und der dritte hat eine Allergie, so daß er sich gegen Sonne besonders schützen muß. Zähne sollten tipptopp in Ordnung sein, denn es ist kein angenehmes Gefühl, unterwegs mit einem glühenden Draht den Zahnnerv töten zu müssen (altes Matrosenrezept), weder für den Kranken noch den Laienhelfer. Ich kann mir denken, daß diese Vorstellung auch denjenigen zum Zahnarzt treibt, der ansonsten um dessen Praxis einen großen Bogen macht.

Brillenträger lassen sich in jedem Fall eine Ersatzbrille anfertigen, am besten gleich als Sonnenbrille, die man unterwegs ohnehin viel häufiger braucht. Nicht in jedem Land gibt es Optiker, die eine Brille individuell herstellen. Kurzsichtigen sei darüber hinaus eine Tauchbrille mit geschliffenen Gläsern empfohlen. Selbst wenn man kein begeisterter Schnorchler ist, benötigt man unter Umständen dringend einmal eine Tauchbrille für Unterwasserreparaturen.

Beim Gesundheitsamt erfährt man, welche Schutzimpfungen für welche Länder erforderlich sind. Es ist wichtig, sich lange vor Beginn der Reise darum zu kümmern, weil einige Impfungen wiederholt werden müssen, zum Beispiel gegen Tetanus. Tetanus ist auch heute noch eine ernste Erkrankung, die häufig zum Tode führt. Man muß sich dreimal – über ein Jahr verteilt – impfen lassen. Der Impfschutz beginnt erst ein Jahr nach der ersten Impfung und hält für etwa zehn Jahre an. Typhusschutz in Form von Typhoraltabletten besteht dagegen nur für ein halbes Jahr, genauso wie für Cholera. Die Impfung gegen Gelbfieber wiederum macht für zehn Jahre immun.

Für manche Staaten ist immer noch eine Pockenschutzimpfung vorgeschrieben. Es kann bei der Pockenschutzimpfung zu leichten Komplikationen kommen, so daß man sie nicht unmittelbar vor Beginn der Reise machen lassen soll.

Gegen Malaria gibt es keine Schutzimpfung, vielmehr betreibt man an malariagefährdeten Plätzen Prophylaxe durch Einnahme von Tabletten (Resochin). Unter Umständen kann es dabei zu Magenbeschwerden kommen. Man teste diese ansonsten recht harmlosen Tabletten also vorher zu Hause.

Dringend empfohlen wird der Bezug von Merkblättern für den Tropenaufenthalt, die die Tropeninstitute in Hamburg und München herausgeben. Hingewiesen sei auch auf das Büchlein von Dr. Ernst Haller „Ärztlicher Rat für Tropenreisende".

Die Bordapotheke

Auch was die Bordapotheke betrifft, lasse man sich durch einen verständnisvollen Arzt beraten, denn sie muß viel umfangreicher sein als die vielfach veröffentlichten Vorschläge. Hier spielen die Dauer der Reise und die Reiseziele eine Rolle. Und natürlich kommt es auch auf den Kenntnisstand der Besatzung an.

Es empfiehlt sich, über alle Medikamente und die entsprechenden Empfehlungen des Arztes genau Buch zu führen. Eine Bordapotheke, die sich für Blauwasserreisen eignen soll, wird auch Medikamente enthalten, die nur im äußersten Notfall angewendet werden dürfen, wenn also der Zustand eines Besatzungsmitglieds sehr ernst und kein Arzt erreichbar ist. Solche Medikamente gehören unbedingt von den anderen getrennt aufbewahrt – mit einer entsprechenden Aufschrift versehen.

Es werden Medikamente darunter sein, die unter das Betäubungsmittelgesetz fallen. Der Skipper muß sich des hohen Risikos dieser Medikamente bewußt sein, wenn sie nicht sachgerecht angewendet werden. Solche Medikamente sind, bei Anwesenheit mehrerer Besatzungsmitglieder, *immer* unter sicherem Verschluß zu halten. Der Gesetzgeber hat bei der Abfassung des Betäubungsmittelgesetzes bestimmt nicht an Blauwassersegler gedacht, so daß ganz eindeutig eine Lücke im Gesetz besteht. Danach können Betäubungsmittel nur für den *akuten* Notfall verschrieben werden.

Wenn in den Häfen nach Drogen oder Medikamenten gefragt wird, *müssen* sie angegeben werden. Hafenbehörden auf der ganzen Welt sind mit Recht allergisch gegen Drogenmißbrauch, den sie vermuten müssen, wenn Betäubungsmittel nicht deklariert werden. Ich habe freilich noch nie Schwierigkeiten bekommen; offensichtlich wird die Notwendigkeit dieser Medikamente auf Yachten eingesehen, die ohne medizinische Betreuung der Besatzung wochen- oder monatelang auf den Weltmeeren segeln.

Die Bordapotheke ist an einem trockenen Platz unterzubringen und muß regelmäßig, am besten alle sechs Monate, kontrolliert werden. Selbst kann man aber auch einiges für die Ordnung tun, beispielsweise indem man solche Medikamente rechtzeitig ersetzt, deren Verfallsdatum überschritten ist (sie sollten ohnehin nicht mehr verwendet werden). (Inhaltsverzeichnis mit Verfallsdatum anlegen.)

Meine Frau Carla als Apothekerin rät, gelegentlich die Bordapotheke zu überprüfen und verdorbene Medikamente auszusondern, z. B. Tabletten, die zerfallen sind, durch intensiven Geruch auffallen oder sich verfärbt haben, Salben oder Emulsionen, die sich zersetzt haben, ebenso stark eingetrübte Tropfen oder Säfte. Verbandstoffe und Instrumente sind nur dann steril, wenn die Verpackung einwandfrei ist. Es ist dringend anzuraten, eine größere Menge Einmalspritzen unterschiedlicher Größe an Bord zu haben. Muß man sich in einem unterentwickelten Land, in dem die hygienischen Verhältnisse unvorschriftsmäßig und die Aids-Rate hoch ist, in ärztliche Behandlung begeben, kann man seine eigenen Spritzen mitbringen.

Von den ärztlichen Ratgebern in Buchform, die auf die spezifischen Bedingungen an Bord abgestellt sind, seien folgende genannt: Dr. K. Bandtlow „Medizin an Bord", F. W. Ahnefeld „Sekunden entscheiden – lebensrettende Sofortmaßnahmen" und Dr. Walter Dirr in Schenk „Fahrtensegeln in Theorie und Praxis".

Dankbar bin ich, daß endlich einmal ein ärztlicher Ratgeber erschienen ist, der sich speziell für Blauwassersegler eignet. Dr. med. Walter Rose: „Was nehme ich, wenn…?"; eine Lektüre, die jeder Blauwassersegler mit sich führen muß: „Ein kleiner Medikamentenratgeber für Reisende ohne ausreichende ärztliche Versorgung" .

Am Ankerplatz

Tropischer Ankerplatz.

Anlegemanöver

Pier

Mit unseren großen Yachten können wir, gemessen an der Zahl der Besatzungsmitglieder, keine schneidigen Anlegemanöver unter Segel fahren, wenn wir in einen Hafen einlaufen, was allerdings beim Blauwassersegeln selten vorkommt. Selbst ein Maschinenmanöver kann bei ungünstigen Windverhältnissen schwierig sein. Es gibt jedoch ein sehr einfaches Manöver, das zwar Zeit beansprucht (davon sollten wir als Blauwassersegler genug haben), sonst aber den Vorteil hat, daß man es mit kleiner Mannschaft – auch als Einhandsegler – machen kann, ohne jede Hast und ohne, daß es mit einem Unsicherheitsfaktor behaftet wäre. Es ist eigentlich so einfach, daß es wundert, warum es nicht häufiger praktiziert wird, vor allem auf manchen Urlaubsyachten, wo Anlegemanöver öfters mit einem mittleren Chaos an Deck und auf der Pier enden.

Man gehe vor dem Platz an der Pier unter Segel oder unter Motor in ein paar Schiffslängen Entfernung vor Anker. Sodann klariere man seine Yacht, bringe mit dem Dingi eine Leine zum Land und verhole sich unter gleichzeitigem Fieren der Ankerkette oder -trosse zur Pier. Steht der Wind ungünstig, hole man die Verholtrosse mit der Genuawinsch. Das erfordert zwar Zeit, strengt aber nicht an. Es ist nicht nötig, den Anker anschließend zu holen (was mit dem Dingi schwierig sein kann), sondern man gebe – an der Pier dann gut vertäut – einfach genügend Kette oder Trosse, so daß man den Schiffsverkehr im Hafen nicht stört.

Mancher wird über dieses Manöver lächeln, das mit Leinenhilfe von Land durchgeführt wird. Tatsache aber ist, daß genau dieses Manöver von den alten Segelschiffen gefahren wurde, die keinen Motor hatten. Denn einem Rahsegler war es unmöglich, unter Segel sicher an die Pier zu manövrieren. Genaugenommen sind die Manöver der Großschiffahrt, wo die Biggies von Schleppern in den Hafen gebracht werden, auch nichts anderes. Hier wie dort werden mit kleinen Booten die Leinen ausgebracht; alsdann wird das große Schiff mit Leinenhilfe – nicht mit eigenem Antrieb – an die Pier verholt.

Man darf im Zusammenhang mit einem solchen Manöver natürlich nicht an die Marinas im Mittelmeer denken, wo es oft nicht ratsam ist, seinen Anker auf das zahlreiche Bojengeschirr zu werfen oder wo die Lücken zum Einrangieren so schmal sind, daß man mit einem größeren Schiff allein oder zu zweit nicht klarkommt. Aber in den wenigen Häfen, die wir bei einer Blauwasserreise anlaufen, ist fast immer genügend Platz und Zeit für so ein Manöver der Sicherheit vorhanden.

Ankermanöver

Beim Blauwassersegeln legt man sich selten an eine Pier, sondern meist vor Anker. Der Grund besteht darin, daß es in den dünnbesiedelten weitabgelegenen Gebieten eine Pier häufig gar nicht gibt. Und wenn, dann ist sie den Versorgungsschiffen vorbehalten. In vielen Buchten wäre es auch ziemlich schwierig, eine Pier zu bauen, weil sie oftmals einen Wellenbrecher erfordern würde, an dem sich der Schwell brechen könnte, der häufig in offene Buchten steht. Denn rundum geschlossene Buchten sind sehr selten. Oft befindet sich der Ankerplatz an der Leeseite einer Insel, weil der Passat stets aus ein und derselben Richtung weht. In den Tropen hat es häufig nur den Anschein, als sei der Ankerplatz nach drei Seiten hin offen. Tatsächlich aber ist er durch das Korallenriff gegen den Seegang geschützt, wenn auch nicht gegen den Wind. Das macht die Plätze jedoch so angenehm. Man liegt ruhig vor Anker, der Passat aber kann in der Hitze der Yacht und ihrer Besatzung Kühlung zufächeln.

Wer die Wahl hat zwischen Pier und Ankerplatz, entscheidet sich meist für das Ankern, denn es hat eine Reihe von Vorteilen. Man braucht sich um keine Fender zu kümmern, die Festmacherleinen können nicht schamfilen, und bei Schwell liegt man wesentlich ruhiger. In tropischen Gewässern bleibt man zudem von Ratten, Kakerlaken (meistens) und von anderem Getier verschont.

Die Wahl des Ankerplatzes

Meist wird man schon von anderen Yachties genügend Informationen darüber bekommen haben, wie an den einzelnen Ankerplätzen die Lebensmittelversorgung funktioniert und welche Landemöglichkeiten es gibt. In manch einer herrlichen Ankerbucht hat man freilich kaum eine Chance, an Land zu kommen, denn der Schwell macht es dem Beiboot unmöglich, ohne Kenterung durch die Brandung zu gelangen. Aber auch an einem sonst recht friedlichen Strand kann sich bei ungünstigen Windrichtungen soviel Brandung aufbauen, daß ein Durchkommen für Tage unmöglich wird.

Ankerplätze in Korallengewässern sind meistens nur durch die sogenannte Riffpassage zu erreichen. Man muß natürlich wissen, wie und wann dieser Paß passierbar ist. Es gibt nämlich zwar recht bequeme Pässe, die aber bei einer bestimmten Schwellkonstellation für Wochen nicht passierbar sind. Dann ist man auf diesem Ankerplatz gefangen und kann ihn selbst dann nicht verlassen, wenn es wegen zu erwartender Wetteränderung aus Sicherheitsgründen eigentlich notwendig wäre.

Angaben für die Berufsschiffahrt über Ankerplätze in Seehandbüchern und Seekarten (Ankerplatzbezeichnung durch das Ankersymbol) sind für uns fast immer wertlos, denn wer von uns fühlt sich beispielsweise in einer ein Meter hohen Dünung fünf Seemeilen vom Land und auf 60 Meter Wassertiefe schon wohl? Was wir brauchen, sind geschütztes und deshalb glattes Wasser, gute Versorgungs- und Landemöglichkeiten und ein Ankergrund – am besten Sand oder nicht zu weicher Schlick – in nicht mehr als höchstens 30 Meter Tiefe. Ideal sind fünf oder sechs Meter Wassertiefe. Auf den Ankerplätzen am Rande der meisten Blauwasserstraßen gibt es keinen ausgeprägten Tidenhub wie etwa in der Nordsee; meist sind es weniger als 1,50 Meter, was man nur selten einkalkulieren muß.

Die Ankertiefe

Man liest gelegentlich, daß man das Dreifache der Wassertiefe für Kette oder Trosse nehmen sollte. Das soll gewährleisten, daß auf den Anker ein möglichst waagerechter Zug kommt. Denn alle Anker sind so konstruiert, daß sie ihre größte Haltekraft bei waagerechtem Zug entwickeln, bei senkrechtem Zug – wenn also die Yacht drüber beziehungsweise der Anker „kurzstag“ steht – aber am leichtesten auszubrechen sind.

Nach meinen Erfahrungen reicht die dreifache Länge in der Regel nicht aus. Am besten ist es eigentlich, soviel Kette oder Trosse zu benutzen wie nur irgend möglich. Die Grenze wird meistens von der

Anzahl der anderen Yachten auf dem Ankerplatz vorgegeben, wieviel Platz man also zum Schwojen hat.

Hierbei spielt es auch eine Rolle, was für ein Ankergeschirr die anderen Yachten benutzen. Fahren sie sehr lange Trossen, werden sie bei einer Winddrehung sehr schnell und sehr weit schwojen, mit nicht zu langer Kette dagegen gemächlich, ohne viel Platz zu benötigen. Besonders muß darauf geachtet werden, ob Yachten an einem Muring- oder Bojengeschirr hängen. Letzteres ist nämlich oft so kurz, daß sich die Yachten bei Richtungsänderung von Wind oder Strom kaum vom Platz bewegen. Es wäre also gefährlich, kurz hinter dem Heck einer solchen Yacht zu ankern, weil man bei einer Winddrehung sicher auftreiben würde.

Unabhängig davon aber sollte man bei Tiefen unter acht Meter stets die fünffache Länge geben, bei größeren Tiefen auch dann, wenn man – was nicht gut ist – Trosse benutzt. Denn Tauwerk, das wegen des Auftriebs im Wasser kaum noch wesentliches Eigengewicht hat, wird bei viel Wind immer eine fast gerade Linie zwischen Bug und Anker bilden, so daß auch der Zug in gleicher Weise angreift. Etwas anderes ist es bei Kette (je schwerer, desto besser). Sie wird wegen ihres erheblichen Eigengewichtes ziemlich stark durchhängen, so daß der Zug auf den Anker fast parallel wird. Es ist schon richtig, daß bei der Trosse wegen ihrer Elastizität das gefährliche Einrucken wie bei der Kette nicht auftritt, aber die größte Haltekraft des Ankers nutzt sie nicht aus.

Wenn wir also auf einen Ankerplatz segeln, müssen wir die zu erwartende Ankertiefe in Erfahrung bringen. Am besten läßt sie sich mit dem Echolot feststellen, wenn wir zuvor schon mal über den ausgewählten Platz hinwegsegeln. In klaren Gewässern kann man die Tiefe auch an der Farbe des Wassers abschätzen. Es bedarf jedoch großer Erfahrung, um zu einem genauen Ergebnis zu kommen. Denn es spielen dabei Faktoren eine Rolle, die oft nicht berücksichtigt werden, nämlich der Sonnenstand, die Beschaffenheit des Grundes und in tropischen Gewässern vor allem die Farbe der Korallen. Man sollte das Schätzen der Wassertiefe häufig üben, indem man bei Fahrten durch flache, aber bekannt sichere Gewässer das Echolot mitlaufen läßt und – am besten aus Salinghöhe – die Tiefe abschätzt. Bei sehr klarem Wasser wird man oft den Eindruck haben, daß es bereits gefährlich niedrig sei. Aber ein Blick auf den Grund und eine grobe Schätzung, wie schnell Steine, Korallen usw. vorbeiziehen müßten, wenn es tatsächlich nur noch zwei Meter wären, wird einem schnell Gewißheit geben, daß es noch sichere sechs Meter sind.

Unter Segel oder unter Maschine an den Ankerplatz

Unter Segel vor Anker gehen, ist kein großes Kunststück. Trotzdem ein paar Hinweise:

Man mache nicht den Fehler von vielen gehetzten „Großstadt-Seglern" im Urlaub, die glauben, sie müßten schon beim ersten Anlauf direkt auf den Ankerplatz zuschießen und das Eisen werfen. Ganz zackig also! Vielleicht denken sie, daß man ihnen sonst nicht glaubt, daß sie das Ankern auf der Segelschule gelernt haben. Das Gegenteil ist der Fall.

Der erfahrene Blauwassersegler wird draußen in Ruhe die Segelfläche so verkleinern, daß das Schiff sich mit weniger Fahrt immer noch gut manövrieren läßt. Es ist nicht richtig, einfach die Genua wegzunehmen, denn ohne Vorsegel kann man unter Umständen nicht mehr über Stag gehen, was in Küstennähe zu brenzligen Situationen führen kann. (Wenn es trotzdem passiert, wenn also die Küste zu schnell näherkommt, eine Wende jedoch mangels Vorsegel nicht mehr gefahren werden kann: halsen! Aber unbedingt das Großsegel vorher weit auffieren, um die Yacht schneller auf Vorwindkurs zu bringen, das ist ganz wichtig.) Es ist also besser, die Genua gegen eine kleine Fock auszutauschen. Dann kann man mit „Anker klar zum Fallen" den ausgewählten Ankerplatz einmal oder zweimal abfahren, um sicherzugehen, daß auch alles seine Richtigkeit hat. Damit vermeidet man, daß man den Anker vergeblich fallen läßt, und unter Segel (!) wieder ankeraufgehen muß, um das Ganze nochmals durchzuspielen.

Mit einem Aufschießer an den Ankerplatz heranzukommen, ist einfach und ungefährlich, wenn nicht zu viele Yachten zu eng zusammenliegen. Man schießt auf, läßt – auch oder gerade wenn noch etwas Fahrt im Schiff ist – den Anker fallen, gibt der Wassertiefe entsprechend gleich die ganze Kettenlänge nach, wirft das Fockfall los und wartet, bis Zug auf die Kette kommt und die Yacht in den Wind dreht.

Das Groß wird erst dann geborgen, wenn man das Gefühl hat, daß der Anker hält. Daß die Yacht bei diesem Manöver noch etwas Fahrt voraus gemacht hat, ist eher nützlich, weil damit einerseits verhindert wurde, daß die Kette auf den Anker fiel, andererseits wurde mit der Restfahrt der Anker in den Grund gefahren.

Dieses Manöver sollte man aber nur dann machen, wenn man ausreichend Platz hat, damit man beim Ankern seinen zukünftigen Nachbarn nicht gleich Furcht einjagt. Denn wenn der Anker unten ist, die Yacht aber noch Fahrt voraus macht, hat man mit dem Ruder keine Kontrolle mehr. Nur *wenn* der Anker hält, wird der Bug je nach Restfahrt herumgerissen.

Auf einem dichtbelegten Ankerplatz muß man seinen Platz mit möglichst wenig Fahrt anlaufen, die im Moment des Ankerfallens gleich Null sein sollte. Anschließend läßt man die Yacht bei gleichzeitigem *langsamem* Nachgeben der Kette achteraus treiben. Wird der Bug, der als erstes wegtreibt, wieder in Richtung Anker gezogen, bedeutet das, daß der Anker gefaßt hat, aber noch lange nicht, daß er auch hält.

Mit einem Aufschießer läßt sich dieses Manöver auf einer größeren Yacht, die je nach Wind und Seegang schon mal einen 100 Meter langen Auslauf haben kann, nicht mit der nötigen Genauigkeit fahren. Verliert sie, ohne ihren Platz zu erreichen, die Fahrt noch mitten unter den anderen Yachten, kann es zu peinlichen Situationen kommen, denn es fehlt der nötige Weg, um Fahrt aufnehmen und wieder Kontrolle über das Schiff erlangen zu können. Dann bietet sich als Alternative an, das Ankermanöver aus einem Vorwindkurs heraus zu fahren. Die Fock kann auf diesem Kurs, auf dem die Yacht ohnehin am langsamsten ist, schon weggenommen werden. Man passiert – immer noch platt vor dem Wind – den angepeilten Ankerplatz mit eineinhalb Bootslängen Abstand und dreht bei voller Ruderlage in den Wind, wenn der Ankerplatz sich genau in eineinhalb Bootslängen querab vom *Heck* befindet. Durch diese harte Drehung wird erreicht, daß die ohnehin geringe Fahrt „totgedreht" wird. Dieses Manöver läßt sich auch mit großen Yachten fahren, bei denen ein Aufschießer wegen des unberechenbaren Auslaufwegs gefährlich wäre.

Den alten Segelschiffen ohne Maschine blieb nichts anderes übrig, als unter Segel an den Ankerplatz zu gehen. Wenn wir aber auf Nummer Sicher gehen wollen, dann empfiehlt sich dringend die Verwendung der Maschine. Nicht, um den Ankerplatz präzise ansteuern zu können, das sollten wir als Langfahrtsegler, sozusagen als Profis unter den Amateurseglern, auch unter Segel schaffen. Aber ohne Maschine gibt es, außer bei sehr viel Wind, kaum eine Möglichkeit zu überprüfen, ob der Anker auch einigermaßen hält. Haben wir die Maschine nämlich nach dem Ankern laufen, dann verlangt gute Seemannschaft, den Anker auch gleich ordentlich in den Grund zu fahren. Das aber nicht zu vorsichtig, sondern mit „voll zurück", nachdem die Kette oder Trosse steifgekommen ist.

Ob der Anker hält, zeigt ein Blick auf nicht zu weit entfernte Landmarken querab sehr deutlich. Ein weiteres Indiz ist das Dingi im Wasser, das erst dann wieder achtern hängt, wenn die Yacht keine Fahrt mehr achteraus macht.

Es ist in meinen Augen ganz unverständlich, daß sich viele Segler um das Reinfahren des Ankers drücken oder es viel zu zaghaft machen, ganz offensichtlich deshalb, weil sie Angst haben, sie könnten ihn wieder herausreißen. Dabei sollten sie dankbar sein, wenn das passiert, denn wenn der Anker nicht einmal den gleichmäßigen Zug der Maschine bei „voll zurück" aushält, wird er erst recht ausbrechen, wenn ein viel stärkerer Zug auf die Kette bei viel Wind und Seegang mit dem entsprechenden Einrucken kommt.

Wie viele Anker?

Der Hauptanker und der Reserveanker sollen jeweils allein in der Lage sein, die Yacht unter allen Umständen sicher zu halten. An und für sich wäre also kein zweiter Anker erforderlich. Es ist jedoch nicht unbedingt gesagt, daß der Grund, in den der Anker sich eingegraben hat, auch der beste Haltegrund im Umkreis ist. Befindet sich möglicherweise ein größerer Felsen unter dem Sand? Oder wickelt sich die Kette um einen Korallenblock und bricht dann im Sturm, weil sie wegen der Verkürzung zu stark einruckt? Das sind Möglichkeiten, die schon manches Schiff zum Treiben gebracht haben. Ich hätte jedoch keine Bedenken, auch einen Sturm vor meinem Hauptanker abzureiten, wenn sich keine Felsen und Korallenblöcke unter dem Ankergrund befinden und genügend Platz in Lee vorhanden ist, damit der Anker auch mal 50 Meter schlieren kann, bevor er wieder faßt.

Trotzdem kann ich nur empfehlen, auch bei einwandfrei scheinenden Verhältnissen einen zweiten Anker mit Trosse zu benutzen. Denn gerade bei gutem Wetter ist es ein Aufwand von ein paar Minuten, den Zweitanker mit dem Dingi auszurudern, das man ohnehin klarmachen muß. Meistens hat man damit alle seine Hauptwaffen gegen schweres Wetter am Ankerplatz schon eingesetzt, und man kann sich nachts beruhigt auf die andere Seite drehen, wenn der Wind in der Takelage heult und die Kette am Bugbeschlag reißt: „Es ist nichts mehr zu tun!"

Früher habe ich mir den zweiten Anker meistens erspart, aber unzählige Male mußte ich ihn dann wegen einer Wetterverschlechterung doch noch ausbringen. Dann aber – meistens nachts natürlich – blies der Wind so stark, daß es mit dem Beiboot kaum noch möglich war, etwas Luv zu gewinnen. Die Sicht war immer schlecht, und das Ganze geschah in Aufregung. In diesem Moment kommt es dann: „Hättest du doch…!"

Was ist das wirksamste Ankergeschirr gegen schlechtes Wetter oder gar Sturm? In der Fachliteratur werden eine ganze Reihe von Möglichkeiten genannt: Vermuren, Verkatten, mehrere Anker an getrenntem Geschirr, mehrere Anker an ein und derselben Kette und so weiter. Nach meinen Erfahrungen gibt es nur eine erfolgversprechende Methode, um in schwerstem Wetter am Ankerplatz heil zu überleben, und das ist die Verwendung von mehreren Ankern an getrennten Trossen oder Ketten. Sie sollen so ausgebracht werden, daß die Trossen einen Winkel von ungefähr 30° bilden, soviel also, daß beim Rutschen des einen Ankers der andere nicht herausgerissen werden kann.

Mehrere Anker sind nicht etwa deshalb sicherer, weil die Zuglast sich gleichmäßig auf sie verteilen würde. Wenn man sieht, wie bei hartem Wetter am Ankerplatz der Bug der Yachten immer und immer wieder vom Wind weggedrückt wird, dann wird einem klar, daß zwei Anker nur jeweils für Sekundenbruchteile gleichzeitig zu tragen haben und auch nur dann, wenn es gelungen war, sie symmetrisch zum Wind auszubringen und der Wind zwischenzeitlich nicht gedreht hat.

Der Vorteil von mehreren Ankern liegt vielmehr darin, daß man gewissermaßen mehrere Verteidigungslinien hat. Hält der Stockanker nicht, dann vielleicht der Danforth. Oder bricht der Pflugscharanker aus, ist immer noch ein anderer Anker da. Als die Yacht SKYLARK von der Mannschaft auf einem ziemlich exponierten Ankerplatz einem Hurrikan überlassen werden mußte, war sie zuvor vor insgesamt fünf Anker gelegt worden. Jeder Anker hatte eine eigene Trosse oder Kette. Von fünf Ankern brachen vier. Der letzte rettete die wunderschöne 16-Meter-Yacht.

Zu Beginn meiner Laufbahn als Segler habe ich mir viel Gedanken gemacht, wie wohl in der Praxis ein Vermuren oder Verkatten oder das Ausbringen eines Reitgewichts funktionieren würde. Inzwischen bin ich dieser Sorge enthoben, denn ich habe noch nicht ein einziges Mal erlebt, daß es auf einer anderen Yacht praktiziert wurde; ich werde es wohl auch niemals müssen. Denn gerade bei einem Sturm, bei dem niemand mehr in der Lage ist – am Ankerplatz wohlgemerkt –, aufrecht zum Vorschiff zu gehen, halte ich es für ausgeschlossen, daß man noch mit einem komplizierten Ankergeschirr hantieren kann.

Ausnahmsweise kann man einen zweiten Anker auch am Heck fahren, wobei er aber nur die Aufgabe hat, die Yacht senkrecht zum Schwell zu halten, falls Wind und Schwell aus verschiedenen Richtungen kommen. Hat man zwei Anker am Bug, reicht am Heck ein leichter Verwarpanker.

Ankeraufgehen

Das Ankerausbrechen macht, wenn er überhaupt kommt, meist keine großen Schwierigkeiten. Man setze Trosse oder Kette soweit wie möglich steif und warte geduldig. Selbst wenig Seegang in der Bucht reicht bereits aus, den kurzstag gesetzten Anker aus dem Grund zu lösen. Damit läßt sich mehr Kraft auf das Geschirr bringen als mit einem Spill oder gar mit der Hand. Wenn das Wasser sich nicht einmal kräuselt, nehme man den Anker ebenfalls so gut es geht kurzstag, wobei die ganze Mannschaft auf dem Vorschiff sein muß, auch wenn es nur zwei Personen sind. Begibt sie sich anschließend ins Cockpit, wird durch die Gewichtsverlagerung nach achtern der Bug ein paar Zentimeter angehoben – genügend Kraft, um den Anker auszubrechen.

Ein stetiger geringer Zug auf den Anker senkrecht nach oben ist wirkungsvoller als ein kräftiger Ruck. Selbst wenn man minutenlang glaubt, es würde sich am Grund nichts abspielen, sollte man Geduld haben.

Besonders bei Schlick dauert es eine Weile, bis der Anker die Zähigkeit des weichen Grundes überwunden hat.

Rechnet man von vornherein mit Schwierigkeiten beim Ankeraufgehen, weil der Grund zu gut hält, so bringt man mit dem Anker eine Bojenleine aus, die freilich gekennzeichnet sein muß. so daß sie nicht von einem anderen Boot abgefahren wird, was häufig vorkommt. Eine Bojenleine setzt nicht am Ankerschaft an, sondern am Ankerkreuz, so daß damit der geringste Widerstand zu überwinden ist, um den Anker herauszuziehen.

Wenn nicht schlechtes Wetter bevorsteht, sollte man bereits beim Ankern berücksichtigen, daß man das Geschirr bequem wieder aufsammeln kann. Hat man einen zweiten Anker ausgebracht, klariert man ihn sorgfältig. Ist er nicht zu groß oder, was häufig vorkommt, gar nicht zum Tragen gekommen, benutzt man dazu das Beiboot.

Ist die Yacht während einer längeren Zeit mehrfach im Vollkreis geschwojt, dann ist das Klarieren der Trosse des zweiten Ankers kein großes Problem, wenn man mit der Trosse die Kette ein paarmal unterfängt und das Ganze so aufdreht. Größerer Wuling läßt sich dadurch vermeiden, daß man den zweiten Anker bis zum Ende der Trosse ausfährt und die Trosse jeden Tag klariert.

Das ist übrigens das Hauptargument gegen die gleichzeitige Verwendung von zwei Ankern jeweils mit Kette. Ein Klarieren der Ketten wäre mit großen Schwierigkeiten verbunden und bei schlechtem Wetter wohl gar nicht mehr möglich.

Das Ankeraufgehen ist zwangsläufig schwieriger, als den Anker irgendwo fallen zu lassen, denn beim Start ist man stets für eine gewisse Zeit manövrierunfähig. Dann nämlich, wenn der Anker zwar ausgebrochen, doch noch nicht an Deck ist. Weht kein Wind und setzt kein Strom, ist das nicht besonders schlimm, und man kann sich gut Zeit lassen. Bläst es aber und ist kein Platz in Lee, kann so ein Manöver zur härtesten körperlichen Anstrengung werden. In tropischen Gewässern ankert man noch dazu häufig in großer Tiefe, wobei in ein paar Metern Abstand zum Schwojkreis oftmals Korallenriffe drohen. Wenn der Anker aber in großer Tiefe hängt, ist auch noch das ganze Gewicht der Kette mit hochzuziehen. Leichteres Ankergeschirr macht es dann oft erforderlich, auf das sehr langsame handbetriebene Ankerspill zu verzichten und den Anker in ein paar Sekunden von Hand hochzuholen. Bei schwerem Ankergeschirr kann es notwendig werden, zunächst einen Hilfsanker auszubringen, dann das Hauptgeschirr aufzuholen und zum Schluß den Hilfsanker, der die Yacht zwischenzeitlich an einer Trosse gehalten hat.

Sehr schweres Wetter kann es bei beengten Platzverhältnissen erforderlich machen, das gesamte Ankergeschirr mit einer Boje gesichert zurückzulassen und später zu bergen.

Das Ankeraufgehen unter Segeln kann eines der leichtesten, aber auch eines der schwierigsten Manöver überhaupt sein. Hat man genügend Platz nach Lee, beispielsweise beim Ankern in Lee einer Insel, setzt man das Groß, holt den Anker auf und segelt davon. Es kann ja nichts passieren, ob man eine halbe Stunde zum Ankeraufgehen braucht oder zwei Minuten. Auch macht es keinen Unterschied, ob das Groß den Wind von Steuerbord oder Backbord bekommt.

Ganz anders ist es, wenn man auf einem beengten Ankerplatz in eine bestimmte Richtung absegeln muß. Dieses Manöver kann mit kleiner Mannschaft und großem Schiff so schwierig oder besser unberechenbar sein, daß es sich nicht durchführen

läßt. Einerseits muß man den Anker unter Großsegel kurzstag holen, wobei er aber noch nicht ausbrechen darf. Andererseits muß er genau in dem Moment ausbrechen, wenn man die Kette weiter durchholt. Kommt er nicht, ist noch nicht viel verloren. Man beginnt von neuem. Kommt er aber mit etwas Verspätung, fällt die Yacht, die mangels Fahrt noch keine Ruderwir-

An manchen Ankerplätzen wird es zuweilen so unruhig, daß es keine Möglichkeit mehr gibt, ankerauf zu gehen. Ja, man kann bei diesem Schwell nicht einmal mehr an Land übersetzen. Hoffentlich halten die Anker.

kung hat, zu der unerwünschten Seite hin ab, mit der Folge, daß sie auf ein anderes Schiff oder ein Riff zutreibt, wogegen man machtlos ist. Muß das befürchtet werden, gebietet es gute Seemannschaft, auf das Ankeraufgehen unter Segel zu verzichten und statt dessen das Manöver unter Maschine zu fahren, sich von einer anderen Yacht ins freie Wasser schleppen zu lassen oder, seemännisch einwandfrei, sich mit Verholanker, der mit dem Beiboot ausgebracht wird, auf eine bessere Stelle zu verholen. Eine sicherlich zeitraubende Methode.

Trotz aller Vorsichtsmaßnahmen besteht die Möglichkeit, daß beim Einholen des Ankers entweder die Trosse oder auch mal die Kette bricht oder der Anker nicht auszubrechen ist. Besonders zwischen Felsen oder Korallenköpfen kann er so unglücklich verkanten, daß er zwar hält, daß aber der Zug der Kette nicht in der gewünschten Richtung angreifen kann. Unter diesen Umständen ist es oft nicht mehr möglich, den Anker auszubrechen, und es bleibt dann nichts anderes übrig, als ihn aufzugeben oder ihn tauchenderweise zu bergen.

Ankerbergen mittels Tauchen

Nachdem in vielen dünnbesiedelten Gebieten nicht einfach zum Telefon gegriffen werden kann, um einen Taucher herbeizuholen, muß auf einer Blauwasseryacht zur Selbsthilfe gegriffen werden, wenn es gilt, den Anker, den man täglich braucht, zu retten.

Glücklicherweise ankern wir meist auf sauberem klarem Wasser. Selbst wenn es in den Buchten durch einfließendes Süßwasser an der Oberfläche etwas getrübt sein sollte, herrscht oft genug in einer Tiefe von ein oder zwei Meter wieder klare Sicht. Vielfach reicht es bereits aus, unmittelbar unter der Wasseroberfläche zu schnorcheln, um den Anker zu sichten und zu erkennen, warum er unklar ist. Durch geschicktes Übersegeln läßt er sich dann meistens ausbrechen. Soweit sollte also jeder Blauwassersegler mit Schnorchel und Maske umgehen können.

Etwas anderes ist es, mit Maske, Schnorchel und Flossen in eine Tiefe von ein paar Metern abzutauchen, um den Anker an Ort und Stelle zu klarieren. Man sollte sich von einem Taucher erklären lassen, wie es zum Ausgleich des Drucks kommt, der in den Ohren schon in einer Tiefe von einem Meter zu spüren und in zwei Metern unerträglich schmerzhaft sowie gesundheitsschädlich ist. Wer diese Tauchtechnik beherrscht, kann je nach Sportlichkeit bis zu einer Tiefe von etwa zehn Metern abtauchen, um den Anker zu klarieren, freilich nur dann, wenn das eine Sache von Sekunden ist.

Viele Blauwasseryachten führen zum Zweck des Ankerbergens (und für Unterwasserreparaturen) eine Preßluftflasche mit, mit deren Hilfe ein gesunder Mensch ohne weiteres bis zu 20 Meter Tiefe abtauchen und den Anker klarieren kann. Benötigt man sie nur ein einziges Mal, hat sie sich meistens schon rentiert. Ich habe deshalb immer eine Preßluftflasche an Bord, die ich aber ansonsten mangels Kompressor und anderer Füllmöglichkeiten nicht benutze. Sie hat sich schon mehrfach bezahlt gemacht.

Wer die Tauchtechnik mit Preßluftgerät nicht beherrscht, sollte die Finger davon lassen! Bereits in einer Tiefe von drei Metern kann es zu tödlichen Unfällen kommen, wenn man nicht entsprechend geschult ist. Das ist schon oft genug passiert.

Es empfiehlt sich also dringend, vor Törnbeginn einen (meist sehr preiswerten) Tauchlehrgang im Schwimmbad zu absolvieren. Erst dann kann man bedenkenlos zur Flasche greifen.

Das Grundgesetz der Taucher lautet: „Tauche nie allein!" Ich meine aber, daß die Situation auf einer Yacht, die ihren Anker zu verlieren droht, eine Ausnahme zuläßt, wenn nur zwei Mann an Bord sind, von denen der eine Maschine und Ruder bedienen muß. Es läßt sich dieser – ansonsten unumstößliche – Grundsatz vielleicht umgehen, wenn nur bis in Tiefen getaucht wird, die zur Not auch ohne Gerät erreicht werden können, wo aber wegen Luftmangels nicht mehr am Anker gearbeitet werden kann. Ein zusätzlicher Sicherheitsfaktor besteht darin, daß der Mann im Wasser gute Führung und Halt durch die Ankertrosse hat. Ob er darüber hinaus durch eine Leine gesichert werden soll, hängt von den Umständen ab. Wenn sie irgendwo hängenbleiben kann, verunsichert sie den Taucher eher.

Wenn man mit der Möglichkeit rechnet, daß Trosse oder Kette bei weichem Ankergrund bricht, andererseits das Ausbringen einer Bojenleine vermeiden möchte, befestigt man statt dessen eine zwei Meter lange Polypropylenleine am Anker, die die Eigenschaft besitzt, nicht auf den Grund abzusinken, sondern zu schwimmen. Hat der Anker sich bis zur Unsichtbarkeit in den Grund gegraben, dann kann man ihn beim Tauchen an eben diesem Stückchen Leine ausmachen.

Aus eigener Erfahrung noch ein paar Tips, wie man den Anker in trübem Wasser tauchenderweise wiederfindet, wenn etwa der abgerissene Tampen oder eine Leine sichtbar ist.

Man sollte eine möglichst genaue Peilung vom Ankerort haben. Am besten nimmt man noch beim Ankern mehrere Deckpeilungen zum Ufer, die man gleich notiert, zum Beispiel „hoher Baum im Vordergrund mit linkem Eck vor rotem Haus" usw. Einfacher ist es, mit der Videokamera oder – natürlich auch teurer –, mit einer Polaroidkamera Aufnahmen von verschiedenen Richtungen zu machen. Damit hat man dann eine ganze Reihe von Deckpeilungen, und das Wiederauffinden des Ankers ist sehr wahrscheinlich.

Doch selbst wenn man den Ort ziemlich genau eingekreist hat, kann trübes Wasser mit einer Sichtweite von ein oder zwei Metern die Suche außerordentlich erschweren. Dann hilft ein Trick, den mir ein Taucher verraten hat und dem ich bereits eine Brille, einen Anker, eine Winschkurbel und noch ein paar andere in der Ferne unersetzliche Dinge verdanke: An der Stelle, wo der verlorene Gegenstand vermutet wird, läßt man an einer Leine, die am Dingi festgemacht ist, einen schweren Gegenstand, am besten einen Anker, herunter, an dem sich darüber hinaus eine mindestens 10 Meter lange schwimmfähige Leine (Polypropylen) befindet. Während des Suchens am Grund hat man diese Leine in Buchten in der Hand und gibt jeweils soviel Lose, wie es der Sichtweite in dem trüben Wasser entspricht (geschätzt). Dann schwimmt man Kreise um den Gegenstand, mit dem die Leine verbunden ist, wobei man, hat man einen Kreis schätzungsweise vollendet, jeweils immer wieder entsprechend der Sichtweite Lose gibt. Dadurch ist gewährleistet, daß man tatsächlich jeden Quadratzentimeter Grund absucht, und man nutzt seine Atemluft sinnvoll.

Eine schwimmfähige Leine ist deshalb erforderlich, weil sie sonst am Boden entlanggeschleppt und Sand oder ähnliches aufwirbeln würde, so daß man nichts mehr sehen könnte.

Umgang mit Behörden

Leider ist es so, daß einige Yachties – es sind nicht wenige – ausländische Behörden bisweilen nicht für voll nehmen. Wohlgemerkt, keine rechtsfeindlichen Leute an und für sich, sondern solche, die zu Hause immer schön gesetzestreu leben. Nun kann man natürlich über die Rechtsstaatlichkeit mancher Staaten durchaus geteilter Meinung sein, doch ist das noch lange kein Grund, sich als Gast nicht den Vorschriften gemäß zu verhalten. Abgesehen davon, daß man als Außenstehender überhaupt nicht in der Lage ist, den Sinn mancher in fremden Ländern geltenden Vorschriften zu begreifen. Man muß es einfach hinnehmen wie es ist.

Ein Beispiel von vielen soll aufzeigen, was damit gemeint ist: Da besuchte eine Yacht vor ein paar Jahren eine Inselgruppe im Pazifik, deren Anlaufen ohne besondere Genehmigung aus Gründen des Naturschutzes strengstens untersagt ist. Diese Yacht kümmerte sich nicht darum und wurde prompt erwischt. Die Behörden fackelten nicht lange und brachten die Besatzung in eine Arrestzelle, bis der Fall geklärt war. Peinlich! Noch peinlicher aber war die Tatsache, daß die Crew sich mit diesem Erlebnis rühmte und für ihre Reise sogar noch eine Auszeichnung erhielt, was den Eindruck erweckt, daß auch manche Segelfunktionäre jenes fremde Land nicht besonders respektieren.

Ich leugne nicht, daß es Länder gibt, die Yachten unfreundlich gegenüberstehen. Doch in den meisten Fällen geschieht das nicht ohne Grund. Wer hat denn auf Galapagos angefangen, die überall in der Welt bestaunten Naturwunder namens Leguan aufzuessen? Yachtleute. Wer beschreibt in einem seiner Bücher den Genuß von Leguanfleisch und ermuntert dazu, es zu probieren („schmeckt wie Hühnchen")? Irving Johnson, vielfacher und zum Teil mit Recht berühmtester Weltumsegler. Wer hat denn den Eingeborenen Samoas und Polynesiens gezeigt, wie Marihuana schmeckt? Amerikanische Hippies auf Trimaranen. Oder wer hat sich in einem Buch gerühmt, daß er auf einer Südseeinsel säckeweise Limonen mitgenommen hat (die Privateigentum sind)? Ein deutscher Weltumsegler. Oder wer versorgt die Insulaner mancher Südseeparadiese mit Munition? Yachtsegler aller Nationalitäten. Oder wer bringt Crewmitglieder in ein fremdes Land und läßt sie beim Absegeln mittellos zurück, worauf sie den Einheimischen zur Last fallen, auf Kosten der – armen – Regierung medizinisch versorgt und für ein paar tausend Mark heimgeflogen werden müssen?

Die Beispiele ließen sich beliebig fortsetzen, und immer wieder würde man darauf gestoßen, daß sich die Yachties die meisten Probleme selbst eingebrockt haben. Was Wunder, daß die Behörden scharf reagieren, wenn ihre Gastfreundschaft so ausgenutzt wird.

In Französisch-Polynesien, das einst von Hippies überlaufen war (mir tut die Bezeichnung leid für die echten Blumenkinder, aber mir fällt keine andere ein), ließ man deshalb ein altes Gesetz wiederaufleben, nach dem jeder Besucher des Landes für seine Heimreise garantieren muß. Bei Flugtouristen ist das kein Problem, denn die haben ein Rückflugticket, aber Segler können als Sicherheitsgarantie nur auf ihre Yacht verweisen. Das reicht den Behörden nicht aus, und so verlangen sie eine Kaution, die den Kosten für ein Ticket in die Heimat entspricht. So bezahlt die Besatzung einer deutschen Yacht –

Ehepaar mit zwei Kindern – 12 000 DM, die in bar abverlangt werden. Da hilft kein Protestieren, denn diesem Gesetz unterliegen selbst die eigenen Landsleute, französische Yachties also. Wenn der Skipper das Geld nicht hat, dann: Südsee ade!

Die Ausrede, das habe man nicht gewußt, überzeugt heute keinen Gendarmen mehr, denn der steht mit Recht auf dem Standpunkt, wenn man fremde Länder besuche, müsse man sich über die Vorschriften informieren.

Gleiches gilt bezüglich der Einklarierungshäfen. Es ist zu einer Unsitte geworden, zunächst einmal in den Hafen einzulaufen, der am günstigsten liegt. Aber haben sich die Yachtleute, die so etwas tun, schon mal Gedanken darüber gemacht, daß das dem Verhalten eines Fremden gleichkommt, der bei Nacht und Nebel weitab von einem Posten die Grenze überschreitet? Mit Recht werden Segler, die nicht als erstes einen Einklarierungshafen aufsuchen, in einigen Ländern vor Gericht gestellt.

Normalerweise reichen der gültige Reisepaß und „irgendwelche" Schiffspapiere aus. Ein Visum wird in der Regel nicht verlangt und wenn, sollte man rechtzeitig vorsorgen. Was das „richtige" Schiffspapier ist, kann kaum beantwortet werden. In jedem Falle anerkannt wird der Auszug aus einem *amtlichen* Schiffsregister, der allerdings eine aufwendige und teure Vermessung voraussetzt. Alle anderen „Zertifikate" sind mehr oder weniger private Schiffspapiere von Vereinen (ADAC) oder Verbänden (DSV), auch wenn die das Papier amtlich nennen. Es hängt meist von der

In den größeren Häfen verstehen es die Barkassenfahrer, mit ihren Fahrzeugen umzugehen, wenn sie längsseits kommen und die „Behörden" absetzen, wie hier in Panama.

Hilflosigkeit des ausländischen Beamten gegenüber einem amtlich erscheinenden Dokument in einer für ihn fremden Sprache ab, ob er es durchgehen läßt oder nicht.

Es erweist sich als sinnvoll, wenn der Kaufvertrag oder die Rechnung für das Schiff an Bord ist, woraus die Eigentumsverhältnisse zu ersehen sind. Die Rechnung kann übrigens auch aus einem anderen Grund von Nutzen sein: Nicht wenige Blauwassersegler beschließen, für mehrere Jahre in einem bestimmten Gebiet zu bleiben. Oft erfordert das eine Verzollung der Yacht oder die Hinterlegung eines Pfands, dessen Wert der Höhe des Zolls entspricht. Die Rechnung dient dann als Grundlage für entsprechende Berechnungen.

Führerscheine sind schon deshalb meistens nicht erforderlich, weil in dem besuchten Land selbst keine Führerscheinpflicht besteht. Und wenn, dann könnte das bei Yachten, die über die hohe See eingelaufen sind, nicht durchgesetzt werden, weil sie unter Umständen aus einem Land kommen, das selbst keine Führerscheinpflicht kennt. Deshalb sollte man sich, wenn man keine besonderen Befähigungsnachweise besitzt, keine allzu großen Gedanken machen.

Für die Behörden ist es immer gut, wenn man eine Crewliste vorbereitet hat. Segelt man ständig mit gleicher Besatzung, kann man im voraus eine größere Anzahl Listen vorbereiten. Oft haben die Beamten eigene Formulare, doch die Crewlisten mit Name, Vorname, Geburtsdatum, Geburtsort, Beruf und Funktion an Bord sind dennoch eine gute Verständigungshilfe.

Noch eines: In vielen Gegenden stehen die Yachties in dem Ruf, reich zu sein (was sie im Vergleich zu der einheimischen Bevölkerung oft auch sind) und den ganzen Tag nicht zu arbeiten (was kaum jemals stimmt). Der Beamte hingegen verbringt einen vollen Arbeitstag im Büro, ärgert sich über den Papierkram, über seinen Vorgesetzten und vielleicht auch darüber, daß er bei großer Hitze Uniform mit Krawatte tragen muß. Wetten, daß es ihn nicht gerade freut, wenn so ein Yachty frisch von der hohen See, wo Süßwasser Mangelware ist und sich auch niemand über übelriechende Ausdünstungen aufgeregt hat, in zerschlissenen Shorts und barfuß zur Türe hereinkommt? Nicht, daß wir vor den Behörden zu katzbuckeln haben, aber eines sollte uns schon klar sein: Der Beamte sitzt immer am längeren Hebel – zumindest für die ersten Tage unseres Aufenthalts –, gleichgültig, ob wir im Recht oder im Unrecht sind.

Fast immer aber wird man auf korrekte Beamte treffen, so meine Erfahrung, die nicht nur das Offizielle erledigen, sondern auch gerne Informationen darüber geben, wo es an Land längs geht. Die besten Informationen jedoch bekommt man stets von den anderen Yachties auf dem Ankerplatz, die schon längere Zeit da sind.

Probleme mit der Sonnenstrahlung auf tropischen Ankerplätzen

In unseren Breiten vermag man sich kaum vorzustellen, wie gleichbleibend die Sonne in den Tropen tagaus, tagein scheinen kann, nur selten unterbrochen von warmen Regenfällen. Es ist nicht etwa so, daß man als Blauwassersegler vollkommen unempfindlich gegen Sonnenstrahlen wird und keinen Sonnenbrand mehr bekommen kann. Eigenartigerweise ist man auf See im tiefblauen Wasser wenig gefährdet. Das ändert sich aber in dem Moment, wenn wir nach längerer Zeit wieder in den flachen Gewässern einer smaragdgrünen oder hellblauen Lagune liegen. Das hängt mit der Reflexion der UV-Strahlen zusammen, die bei flachem Wasser mit hellem Sand darunter offensichtlich effektiver ist. Je nach persönlicher Empfindlichkeit wird man sich gegen die intensive Sonneneinstrahlung mit Sonnenschutzcremes, insbesondere aber mit entsprechender Kleidung schützen. Helle Kleidung, langärmelig, vor allem aber aus Naturfaser wie Baumwolle – das ist die Waffe gegen die Tropensonne. Sogar, besser gesagt: Besonders beim Schwimmen sollte man sich mit einem T-Shirt schützen. Wenn man die ersten paar Tage heil hinter sich gebracht hat, geht es wieder ohne.

Allein Wind und Schatten machen das Leben auf einem Ankerplatz in den Tropen erträglich, wo das Thermometer auch nachts kaum unter 30°C sinkt. Wind ist meistens als mehr oder weniger starke, jedoch fast immer spürbare Brise vorhanden. Ihn gilt es in das Cockpit und in das Schiffsinnere zu lenken. Man sollte den entsprechenden Vorrichtungen schon bei der Planung des Schiffes Gewicht geben, denn sie machen auf dem Ankerplatz den Unterschied aus zwischen angenehmem Wohlbefinden oder einer ständig schweißnassen Koje, in der man sich Nacht für Nacht schlaflos wälzt.

Wenn man große Luken hat – nicht bloß eine! –, die sich nach vorne öffnen lassen, hat man schon gewonnen. Der Wind wird zur vordersten hereinkommen und durch das Schiff streichen. Meistens wird es aber so sein, daß das Luk auf dem Vorschiff sich nur nach achtern öffnen läßt – aus Sicherheitsgründen, wie es in Prospekten immer so schön heißt. Als ob es beim Segeln so wäre, daß ununterbrochen Wasser überkäme oder ein paar Tropfen schon die Gefahr des Sinkens heraufbeschwören würden.

Aber auch bei Luken, die klein oder durch Gegenstände an Deck abgedeckt sind, wie zum Beispiel ein großes Ankerspill, müssen wir uns nach einem anderen Hilfsmittel umsehen, um die Brise nach unten zu leiten. Es gibt regelrechte Windsäcke, die man mit Hilfe des Fockfalls so aufspannt, daß sie im Schiffsinneren einen dauernden Windzug verursachen. Die Amerikaner nennen die Dinger treffend „Ghost", weil sie nachts tatsächlich wie ein Geist im Wind hin und her tanzen. Man kann sich einen Windsack aber auch ganz gut selbst schneidern, und zwar aus leichtem Spinnakertuch. Ein Ghost hat im Gegensatz zum Luk den Vorteil, daß der Wind sich damit umlenken läßt, wenn die Yacht nicht genau im Wind, sondern beispielsweise an der Pier, vor Bug- und Heckanker oder im Strom liegt, der eine andere Richtung als der Wind hat.

Die üblichen Lüfter kann man sich schenken. Sie reichen keinesfalls aus, um soviel Luft ins Schiff zu bringen, daß sie eine spürbare Kühlung verschafft. Das Klappverdeck darf nicht vollständig abgeklappt werden können, und die Windschutzscheibe des Ruderhauses muß über eine Aufstellscheibe verfügen. Sonst ist der Aufenthalt im Cockpit bzw. Ruderhaus in den Tropen unerträglich.

Wenn tropische Regengüsse vom Himmel fallen, dann müssen die Luken nicht nur heruntergeklappt, sondern auch wasserdicht und damit luftdicht verschraubt werden. Wer so eine Nacht in den Tropen schon einmal erlebt hat, wo es ein dutzendmal angefangen hat zu regnen, weiß, wovon ich spreche. Immer wieder müssen die Luken geschlossen und wieder geöffnet werden. Zum Schlafen kommt man so nicht.

Ich muß den Leser enttäuschen, der glaubt, ich hätte ein Patentrezept dagegen gefunden. Es gibt kein Luk, das nicht nur dicht, sondern gleichzeitig auch luftdurchlässig ist. Wenn hier jemand eine kluge Idee hätte, könnte er sich bei Blauwasserseglern eine goldene Nase verdienen. Einstweilen behelfen sie sich mit Plastikplanen, die mit Wäscheklammern über oder unter die offenen Luken gespannt werden, oder mit Pkw-Ventilatoren, deren Betrieb die Batterie schon ein paar Stunden verträgt.

Nur wenige Luken sind dicht. Die von Goiot sind es. Luken sollten wegen der Belüftung nach vorn zu öffnen sein.

Der „Ghost“, über dem Vorluk aufgespannt, sorgt für Durchzug.

Ein Sonnensegel ist meist zu hoch angebracht, um Regen abhalten zu können, denn häufig fällt er nicht senkrecht, sondern wird vom Wind schräg durch die Luft getrieben.

Das Sonnensegel

Ein tropischer Ankerplatz läßt sich erst dann richtig genießen, wenn die Mannschaft an Deck oder im Cockpit im Schatten sitzen kann. Man benötigt dazu ein Sonnensegel, das für die Blauwassersegelei genauso wichtig ist wie beispielsweise die Selbststeueranlage. Es ist aber gar nicht so leicht, ein Sonnensegel zu bekommen, weil die meisten Segelmacher damit überfordert sind. Denn dem einen Blauwassersegler reicht ein einfacher Sonnenschutz für das Cockpit, für den anderen ist ein Sonnensegel über das ganze Schiff gerade gut genug. Ein Kompromiß kommt stets dabei heraus: Ist das ganze Schiff bedeckt, bleibt das Deck kühl und bei leichtem Regen auch trocken. In der Nacht findet man auf dem Vorschiff sogar einen luftigen und selbst bei Regen trockenen Platz zum Schlafen. Doch ein solches Sonnensegel ist kaum so zu spannen, daß die Beweglichkeit an Deck nicht allzusehr eingeschränkt wird.

Ein kleines Sonnensegel über dem Cockpit dagegen kann nicht verhindern, daß sich das übrige Schiff in der prallen Sonne aufheizt. Es ist indessen einfacher zu spannen und wieder wegzunehmen. Und es bietet weniger Windangriffsfläche, so daß man nicht gleich besorgt sein muß, wenn mal eine Regenbö über den Ankerplatz fegt.

Je größer das Sonnensegel, um so besser, weil das ganze Schiff kühl bleibt.

Ein Sonnensegel sollte „Stehhöhe" zulassen und andererseits einfach zu setzen sein.

Ein Sonnensegel soll auch dann Schatten spenden, wenn die Sonne niedrig steht. Das läßt sich nur durch eine große Fläche erreichen. Doch wie soll man sie ausspreizen? Würde man die Unterwanten und die beiden Achterstage zur Befestigung heranziehen, so ergäbe das einen kümmerlichen Schutz. Was das betrifft, ist der Eigner eines Zweimasters mit Mittelcockpit im Vorteil. An dem Besan ließe sich, quergelegt, etwa der Spinnakerbaum festmachen, so daß das Sonnensegel mit einer Seite daran und mit der anderen an den Unterwanten angeschlagen werden könnte. Auch leichtere Spieren sind dazu geeignet, doch besteht dabei die Gefahr, daß sie in starkem Wind verbiegen. Es ist freilich mit viel Arbeit verbunden, das Segel zu setzen.

Das Sonnensegel muß aus hellem, starkem synthetischem Segeltuch bestehen, am besten aus wasserdichtem oder zumindest wasserabweisendem Material, so daß es sowohl als Regenschutz als auch zum Wasserauffangen am Ankerplatz dienen kann. Es muß dazu eine leichte Trichterform bilden, so daß in der Mitte der Fläche ein Schlauchanschluß und eine Öse befestigt werden können, mit der man das Segel im Regen nach unten spannt.

Das Beiboot

Ein Dingi gehört zu den unentbehrlichen Ausrüstungsgegenständen einer Blauwasseryacht. Denn der Normalfall wird immer der Ankerplatz und die Ausnahme die Pier sein. Vielfach wird dieser Umstand unterschätzt, weil man das von unseren Küsten her nicht kennt. So kann man dann auch immer wieder Neulinge in der Blauwasserszene sehen, die mit Gummibooten aus dem Kaufhaus aufkreuzen, die sie noch schnell vor der Abfahrt erworben haben. Nichts gegen diese preiswerten Bötchen, meistens sind das ganz hervorragende Badehilfen; als lebenswichtige Verbindung zum Land an Ankerplätzen mit Korallenstränden sind sie jedoch absolut untauglich.

Man muß sich bei der Auswahl eines Beibootes darüber klarwerden, daß jedes Beiboot nur ein Kompromiß sein kann. Manche sind schlechte Kompromisse. Einerseits wünscht man sich ein möglichst seetüchtiges Boot mit großem Fassungsvermögen, andererseits soll es leicht zu rudern und leicht zu verstauen sein. Es soll auch möglichst keinen Platz wegnehmen. Ein solches Beiboot gibt es natürlich nicht, denn ein Dingi, das auch im Seegang gerudert werden kann, muß über eine gewisse Mindestgröße verfügen, wofür auf unseren

Bei den Beibooten hat sich noch keine einheitliche Konstruktion durchgesetzt. Von Kunststoff über Gummi, Aluminium bis hin zum Holz findet sich jeder Baustoff. Das Beiboot wird immer ein Kompromiß bleiben.

Yachten kaum Platz bleibt. So wird die Wahl des Beibootes denn auch meist gar nicht vom Gesichtspunkt der Tüchtigkeit her bestimmt, sondern fast immer von der Fragestellung: Wo haben wir auf der Yacht Platz für welches Beiboot?

Staumöglichkeiten gibt es an Deck, am Heck, an der Reling und in der Backskiste. Davits am Heck sind eine feine Sache. Man kann dann ein festes und damit meist robustes Dingi wählen, weil seine Unterbringung – wenn es wieder auf See geht – keine Probleme und vor allem keine Anstrengungen macht. So weit, so gut. Hat das Schiff jedoch eine Selbststeueranlage, so wird durch ein Beiboot am Heck die Windfahne abgedeckt – die Anlage arbeitet nicht mehr. Darüber hinaus kann ein an Davits gefahrenes Beiboot nur für größere Yachten empfohlen werden, und auch nur dann, wenn die Gefahr gering ist, daß eine See über das Heck einsteigt. Das Beiboot würde das kaum ohne Schaden überstehen, wenn es nicht ohnehin ganz weggerissen würde.

Das Banana-Boot stellt einen guten Kompromiß als Beiboot dar. Es ist unempfindlich gegen Korallen.

Das Banana-Boot läßt sich in wenigen Minuten zusammenlegen und an der Reling fahren.

Der Platz zwischen Cockpit und Mast bietet sich an. Damit ist auch die Größe des Beibootes vorgegeben. Der Nachteil dieses Platzes ist der, daß die Luken nicht betätigt werden können, solange das Beiboot auf Deck gestaut ist. Das ist jedoch nur unterwegs der Fall, wo man bei schlechtem Wetter die Luken ohnehin geschlossen hält oder über den Niedergang durch den Fahrtwind mit Frischluft versorgt wird.

Auf dem Kajütdach sieht man auch häufig Schlauchboote, die eigentlich in zusammengelegtem Zustand in die Backskiste gehörten. Wie die Erfahrung lehrt, ist der Auf- und Zusammenbau eines Schlauchbootes indessen nicht so einfach, wie uns die Hersteller glauben machen wollen. Jedenfalls haben die meisten meiner Bekannten resigniert und fahren das Gummiboot einsatzklar an Deck, nachdem etwas Luft abgelassen wurde. Darüber hinaus ist das Wegstauen bei sachgemäßer Behandlung des Schlauchbootes häufig gar nicht möglich, weil es eigentlich nur vollkommen trocken zusammengelegt werden sollte. Wann trocknet es aber, wenn salzwassernaß, schon nach kurzer Zeit? Die Forderung vieler Schlauchboothersteller, daß man vor dem Zusammenlegen das Beiboot mit Süßwasser abwaschen soll, ist ohnehin nicht erfüllbar, weil auf vielen Ankerplätzen Süßwasser Mangelware ist.

Ansonsten kommt für manche Boote noch die Reling in Frage, wenn das Boot sich zusammenfalten läßt. Doch ist Vorsicht geboten, weil eine überkommende See wegen des großen Widerstandes, den das Boot bietet, die Reling leicht verbiegen kann. Allerdings kommt das recht selten vor – sonst würden nicht Surfbretter so gefahren werden.

Nun zu den einzelnen Baustoffen. Am beliebtesten sind ohne Zweifel Schlauchboote, wobei ich mich des Verdachts nicht

Ausbooten am Kap Hoorn, eine nasse Angelegenheit auf den rutschigen Steinen. Der Skipper bleibt an Bord, weil sich in diesen gefährlichen Gewässern das Wetter von Minute zu Minute ändern kann.

Sieht wie die Ideallösung aus. Auch schwere Gummiboote mit Außenborder können so leicht den Strand raufgezogen werden . . .

. . . und im Wasser stören die aufgeklappten Räder nicht mehr.

ganz erwehren kann, daß die meisten ursprünglich deshalb gekauft wurden, weil sie sich leicht verstauen lassen.

Gummiboote aus dem Kaufhaus, also jene mit nur einer Kammer, eignen sich auf keinen Fall als Beiboot. In der Praxis überleben sie kein ganzes Jahr. Dementsprechend sieht man auf Blauwasseryachten auch fast ausschließlich Avon- oder Zodiac-Boote.

Schlauchboote sind recht stabil und können kaum kentern. Sie sind zudem unsinkbar, was ein großer Vorteil ist, weil der eine oder andere Ankerplatz am Ufer soviel Schwell hat, daß so ein Boot schon mal kopfüber geht. Wenn man nicht gerade mit dem Paß in der Tasche auf dem Weg zum Einklarieren war, ist das in der heißen Tropensonne meist kein Problem.

Nur selten kann man am Ankerplatz das Beiboot im Wasser lassen, wenn man an Land geht. Fast immer muß es den Strand hochgezogen oder -getragen werden. Hier sind Schlauchboote eindeutig im Nachteil. Denn die ohnehin nicht allzu große Lebensdauer (ganz grob gerechnet fünf Jahre) wird drastisch verkürzt, wenn man das Boot über den Korallensand zieht. Aber was soll eine Person schon anderes machen? Zum Tragen ist das Schlauchboot nicht zu schwer, aber zu unhandlich. Aus Amerika kommt zu diesem Problem eine patente Erfindung. Achtern am Beiboot werden abklappbare Räder anmontiert, die im Wasser nach oben zeigen, aber vor dem Stranden runtergeklappt werden. Auch eine Person ist dann in der Lage, das ansonsten unhandliche Beiboot den Strand raufzurollen, selbst mit dem Außenborder dran. Bezugsquelle für dieses Super-Patent ist: Recreation Industries Company, P.O. Box 68386, Oak Grove, Oregon 97268, USA.

Ein Tip noch, wie man die Lebensdauer eines an und für sich wegwerfreifen Schlauchbootes etwas verlängern kann: Man schäumt es mit PU-Schaum aus der Dose aus. Anschließend verklebt man die Lecks, denn PU-Schaum nimmt – in geringem Maße – Wasser auf. Natürlich läßt sich so ein Boot nicht mehr zusammenlegen, aber was macht das schon, wenn man es auch früher in aufgeblasenem Zustand transportiert hat.

Feste Beiboote aus Holz oder mit Polyester überzogene Sperrholzboote sind etwas robuster, obwohl auch sie nicht gegen scharfe Felskanten unempfindlich sind, über die sie gezerrt werden. Darüber hinaus sind sie schwerer als Schlauchboote. Beim Anbordnehmen kann man sich mit dem Fall helfen, was selbst den Einhandsegler befähigt, ein schweres Dingi auf Deck zu stauen und zu verzurren. Beiboote aus Holz sind meist viel wackliger als Gummiboote, dafür aber besser zu rudern. Man kann auch ein kleines Segel riggen, doch nur selten herrschen ideale Windverhältnisse, um seinem Hobby selbst im Beiboot nachkommen zu können. Etwas anderes ist es, wenn Kinder an Bord sind. Für die ist ein zu segelndes Beiboot auf jedem Ankerplatz eine Bereicherung.

In Deutschland kaum zu haben, sind Aluminiumbeiboote aus neuseeländischer und amerikanischer Fertigung auf den Blauwasserankerplätzen der Welt sehr verbreitet. Ihre Vorteile sind das relativ leichte Gewicht und die Wartungsarmut. Ein oder mehrere Luftkästen machen sie unsinkbar wie alle bewährten Beiboote. Da ihre Außenhaut aber relativ dünn ist, sind sie ebenfalls nicht unempfindlich gegen spitze Korallen.

Der eine oder andere Leser mag einwenden, daß man ein Beiboot nicht alltäglich über Felsen oder ähnliches zieht. Doch, es gibt nämlich kaum Ankerplätze, wo beispielsweise eine kleine Holzpier zum Anlegen vorhanden ist.

Sehr verbreitet waren bis vor ein paar Jahren auch feste Kunststoffbeiboote (unter der Bezeichnung „Padillac“ und „Sportyak“) aus Polypropylen. Jetzt sieht man sie seltener, was daran liegen mag, daß sie nur eine begrenzte Lebensdauer haben (die allerdings jene von Schlauchbooten übertrifft) und die irgendwann auftretenden Risse kaum zu reparieren sind. Tüchtig sind diese Kunststoffboote jedenfalls, und unempfindlich gegen mechanische Beschädigungen. Dazu sind sie noch so leicht, daß sie auch von der Bordfrau fast allein getragen werden können.

Ich mache keinen Hehl daraus, daß ich das in Deutschland hergestellte Bananaboot für einen guten Kompromiß ansehe, wenn man ein viersitziges Beiboot für groß genug hält. Der größte Vorteil ist seine leichte Staubarkeit. Es läßt sich der Länge nach so falten, daß man es für einen Windsurfer halten könnte. Dementsprechend sieht man es trotz der entgegenstehenden Bedenken häufig an der Reling festgezurrt. Es ist nahezu kratzunempfindlich, auch wenn es über den Strand gezerrt wird.

Ich habe ein solches Bananaboot fünf Jahre lang in täglichem Gebrauch gehabt und konnte am Kunststoff noch keine Alterungsspuren entdecken, obwohl man gerade Polypropylen eine hohe Lichtempfindlichkeit nachsagt. Es läßt sich gut rudern, notfalls auch segeln und trägt in ruhigem Wasser ohne weiteres vier Personen. Zusammengelegt ist es in zwei oder drei Minuten, so daß man sich um das Aufbauen nicht drückt, wie etwa beim Schlauchboot. Eine Schwäche dieses Bootes besteht darin, daß es, mit nur einer Person besetzt, nur mit einem leichten Außenborder von 2 PS gefahren werden kann. Durch ein Gewicht im Vorschiff oder durch eine zweite Person läßt sich aber auch ein schwererer Außenborder ausgleichen.

Außenborder für das Dingi

Sind die Staumöglichkeiten auf der Blauwasseryacht groß genug, sollte man sich einen Außenborder für das Beiboot zulegen, ungeachtet des Benzins, das man dann an Bord mitführen muß. Es gibt jedoch sichere Kanister. Ein Außenborder ist kein Luxus, denn er dient außer der Bequemlichkeit auch der Sicherheit. Man wird seine Ankerplätze nicht mehr nach dem Gesichtspunkt wählen müssen, wie weit es

Auch eine Bei„boot“-Lösung ist dieses Ultraleicht-Flugzeug. Dürfte aber in der Praxis viele Probleme bereiten, denn in den meisten Ländern sind Vorschriften über Fluggeräte jeder Art sehr eng.

Ist unlogisch: Zusammenlegbares Beiboot und trotzdem stationär gefahren.

mit dem Dingi bis zum Landeplatz ist, sondern nur noch danach, ob der betreffende Platz auch wirklich sicher ist. Denn mit einem Außenborder spielt es keine Rolle, ob wir drei oder zehn Minuten brauchen, um an Land zu kommen. Man bleibt im übrigen selbst dann beweglich, wenn man wegen Gegenwind nicht mehr rudern kann, was nicht selten vorkommt. Wenn es darum geht, bei Sturm mit dem Beiboot einen Anker auszubringen, wobei auch die meist nicht leichte Trosse mitzuschleppen ist, dann stellt das mit Motor in der Regel kein Problem dar, während der Ruderer keinen Meter gegen den Wind gewinnen würde.

Auch beim Einkaufen und Verproviantieren ist ein Beiboot mit Motor eine große Hilfe. Oft kann man direkt bis vor das Geschäft fahren, während man als Ruderer den kürzesten Weg zum Ufer nimmt und den Rest mit Bus oder Taxi zurücklegt. Im Gegensatz zu kleinen klappbaren Motorrädern, die man möglicherweise an Bord hat, gibt es beim Außenborder keine Versicherungsprobleme und auf den Ankerplätzen der Blauwassersegler auch sonst noch keine Beschränkungen.

Je größer das Beiboot, um so unproblematischer ist die Auswahl des Außenborders. Das ist noch ein Pluspunkt für die Schlauchboote, die ziemlich gutmütig reagieren, wenn man ihnen ein paar Pferdestärken aufhängt. Bei den meisten Beibooten in „unserer" Größe wird man sich für einen 2-PS- oder höchstens 3-PS-Motor entscheiden. Mehr ist absolut sinnlos, denn die kleinen Beiboote bekommt man ohnehin nicht ins Gleiten. Man achte besonders darauf, ob die Zündanlage entsprechend gegen Wasser geschützt ist. Das ist der schwache Punkt der meisten Außenborder für kleine Boote. Ist das Boot nur mit einer Person besetzt und taucht das Heck tief ins Wasser ein, ist es um die Zündanlage meistens schon geschehen.

Außenborder fahren mit einem Benzin-Öl-Gemisch, wobei das Verhältnis dieser Mischung für uns keine primäre Rolle spielt, solange der Motor nur zuverlässig ist. Für uns von Bedeutung aber ist die Tatsache, daß viele Hersteller die Benutzung von Normalbenzin vorschreiben. Es gibt nämlich weite Inselgebiete, wo nur Superbenzin erhältlich ist. Darüber muß man mit dem Hersteller sprechen, bevor man sich einen Außenborder zulegt.

Wenn für den Motor in Achterpiek oder Backskiste kein Platz vorhanden ist (das Schiffsinnere scheidet wegen des Benzins aus), fährt man ihn unterwegs an der Reling oder am Heckkorb. Dann können die Benzingase ins Freie entweichen. Eine gelegentliche Salzwasserdusche sollte ihm nichts anhaben können, das kann ihm auch am Ankerplatz passieren.

Verkehrsmöglichkeiten an Land

Wen hat es nicht schon fasziniert, wenn beispielsweise in Monte Carlo vom Deck einer großen Luxusyacht ein Auto abgeladen wurde. Oder ein Hubschrauber startete, der bei manchen Yachten unter arabischer Flagge schon fast zur Standardausrüstung gehört. Unser Rolls-Royce ist das Klappfahrrad, und den Hubschrauber ersetzt ein Mini-Motorrad. Indes, brauchen wir diese Spielzeuge?

Notwendig sind sie nicht. Denn überall auf der Welt gibt es öffentliche Verkehrsmittel. Und auf einer Insel, die so dünn besiedelt ist, daß der Betrieb von Bussen nicht lohnt, sind die Einheimischen erfahrungsgemäß so freundlich, Anhalter mitzunehmen. Die Schwäche eines Fahrrades liegt schon darin, daß Häfen sich auf Meereshöhe befinden und es ringsum meist stets bergauf geht. Oft übt ein Fahrrad auch eine unwiderstehliche Anziehungskraft auf die Dorfjugend aus, so daß es wahrscheinlich nicht lange dauert, bis es verschwindet.

Selbst zusammengeklappte Fahrräder werden in dem engen Vorschiff häufig zu einem sperrigen Monstrum. Also erst mal ausprobieren, wie sich das Fahrrad verstauen läßt! Fahrräder sind selten aus Nirosta, auch wenn sie noch so schön glänzen. Das ist Chrom, und zwar von recht schlechter Qualität, wenn wir unsere besonderen Maßstäbe zugrunde legen. Selbst wenn es gelungen ist, das Fahrrad so zu verpacken, daß kein Seewasser herankommt, wird man sich wundern, wie es nach sechs Monaten Aufenthalt in der Vorpiek aussieht, nachdem man inzwischen einen Ozean überquert hat. Doch die Rostflecken sind nur Schönheitsfehler, und mit reichlich Öl lassen sich die Räder wieder zum Drehen bringen.

Das Motorrad birgt echte Probleme. Ohne Sozius eignet es sich nicht für Inselrundfahrten, denn welcher Skipper unternimmt so was schon gerne ohne Crew. Und mit Sozius ist es zu schwer, um in einem Winkel der Yacht untergebracht werden zu können. Deshalb wird das Motorrad häufig an die Reling gezurrt. Der Benzingestank bleibt draußen, aber das Salzwasser setzt dem guten Stück genauso zu wie einem Fahrrad.

Das aber würde mich weniger vom Kauf eines Motorrades abhalten als die Probleme mit Versicherung, Steuer und Führerschein, die in fast allen außereuropäischen

Ländern etwas anders gehandhabt werden. Wer ist schon so charakterstark, daß er in jedem neuen Land die Mühe auf sich nimmt, zunächst die Formalitäten zu erledigen, statt einfach loszufahren. Wenn man Pech hat und dann einen selbstverschuldeten Unfall baut, hat man möglicherweise alles verspielt, für was man jahrelang gearbeitet hat. Ich kenne eine Reihe von Blauwasserseglern, die aus diesem Grunde preiswert ein zusammenlegbares Motorrad abzugeben haben.

Und was die Anschaffungskosten eines Motorrades betrifft: Geht es nur um die Inselrundfahrt, so ist es auf Dauer sicher billiger, sich mit anderen Yachties zusammenzutun und einen Mietwagen zu nehmen. Achtung: Fast alle Länder schreiben einen internationalen Führerschein vor!

Die unangenehme Tierwelt auf den Ankerplätzen

Die Inselwelten, in denen wir umherwandern, sind meistens Oasen der Ruhe und des Friedens. Trotzdem gibt es kleine Störenfriede, die uns das Leben manchmal recht vergällen können. Ich spreche von Ungeziefer in jeder Form, dessen Existenz man in den sterilen Hochhäusern unserer Großstädte schon fast vergessen hat. Wir sollten uns dieses Übels bewußt sein, denn nur dann können wir entsprechend Vorsorge treffen beziehungsweise unsere Yacht wieder davon befreien.

Mosquitos, Stechmücken

Von Mosquitos und Stechmücken bleibt man fast immer verschont, wenn man nicht zu nahe am Ufer ankert. Interessanterweise kommen sie nicht etwa dann angeflogen, wenn der Wind von Land her weht, sondern gerade umgekehrt, wenn sie nämlich durch den Wind Witterung vom Menschen bekommen. Wie wir vom Urlaub wissen, kann man gegen Mücken Tabletten (Vitamin B1) nehmen, sich einreiben, elektrische Summer betreiben und was es sonst noch für totsichere Mittelchen gibt. Freilich, ein Mosquitonetz über der Koje ist dicht, aber wer hält das in tropischer Hitze schon aus. Ganz zu schweigen von den Mosquitonetzen unter den Lüftern, die natürlich auch ein geschlossenes Luk voraussetzen.

Die elektrischen Summer haben bei mir nie funktioniert, aber vielleicht habe ich immer, aber auch wirklich immer gerade jene seltene Mückenart erwischt, die nach der Angabe auf der Verpackung unempfindlich gegen diesen deutlich hörbaren und nachts störenden Summton ist. Einreiben hilft mäßig, aber man kann sich während seines Blauwasserdaseins schließlich nicht jeden Tag einreiben.

Die einzige wirksame Waffe gegen diese Plagegeister sind Spiralen („Coils"), die angezündet über ein paar Stunden hinweg vor sich hinglimmen und dabei einen aromatischen Duftstoff abgeben, der die Mücken in der Nähe wirkungsvoll vertreibt. Sie werden auf der ganzen Welt unter verschiedenen Firmennamen – meist „made in Hongkong" – verkauft, sind also überall erhältlich, wo es Mosquitos gibt, was beweist, daß sie sich über Jahrzehnte hinweg bewährt haben. Ihr schwerwiegender Nachteil ist, daß sich ihr Rauch spürbar auf die Lunge legt, und zwar so, daß auch Nichtraucher frühmorgens zehn Minuten lang von „Raucherhusten“ geplagt werden. Als Nichtraucher vor die Wahl gestellt, entscheide ich mich gegen die Mosquitos und für das Husten.

Ein letzter Trost: Mosquitos haben meist einen festen Stundenplan.

Nonofliegen

Auch die Nonofliege hat einen Dienstplan, der meistens am späten Nachmittag beginnt und am frühen Abend endet. Sie ist nur ein oder zwei Millimeter lang und sieht aus wie eine Miniaturausgabe unserer Hausfliege. Ach, wäre sie das doch! Es gibt kaum schlimmere Plagegeister als die Nonos. Ihr Stich ist nur wenig schmerzhafter als der einer Mücke, aber das fast unerträgliche Jucken nachher bleibt für Tage. Mit Einzelangriffen geben sie sich kaum zufrieden; ehe man es richtig merkt, ist man schon dutzendemal gestochen worden. Man kann das Tage später noch nachzählen, weil die Stiche meistens etwas nacheitern.

In manchen Gegenden (Marquesas) ist die Nonofliegenplage so schlimm, daß sich die Bewohner mit ihnen arrangieren mußten. Pünktlich, wenn die Nonos kommen, wird ein Feuer aus Kokosfaser entfacht, das die Fliegen abhalten soll.

Nonofliegen gibt es auf vielen Inseln des Südpazifiks, und vor allem da, wo in die Ankerbucht ein Süßwasserbach mündet. Eigenartigerweise kann die Nachbarinsel wieder völlig frei sein. Auf die Yacht kommen sie praktisch nie, man müßte dann wohl auch einen anderen Ankerplatz suchen.

Kakerlaken

Kakerlaken sind besungene („La Cucaracha“) und bemerkenswerte Tiere. Es gibt sie in verschiedenen Ausführungen: von fünf Millimeter (wie unsere Schaben) bis zu zehn Zentimeter Länge. Sie sind eigentlich harmlos, das heißt, sie beißen und zwicken nicht und sind ungiftig. Was sie so unbeliebt macht, ist die Tatsache, daß sie in unvorstellbaren Massen aufkreuzen, wenn man sie einmal ungebetenerweise an Bord gelassen hat. Untertags verbergen sie sich ganz dezent, aber nachts schwärmen sie aus. Es gibt Yachten mit soviel von diesem Getier, daß die Kajütwände schwarz davon sind, wenn man das Licht andreht. In einer solchen Situation ist es längst zu spät, mit ihnen einen Krieg mit konventionellen Waffen wie Sandalen oder Fliegenklatsche zu führen.

Dann helfen nur noch Maßnahmen, die eigentlich für die Großschiffahrt gedacht sind: Die Yacht wird von einer Spezialfirma ausgeräuchert. Das ist eine ziemlich einschneidende Sache, denn es müssen alle offenen Lebensmittel beseitigt werden; außerdem muß man das Schiff für ein oder zwei Tage verlassen. Wenn man aus dem Hotel wieder an Bord zurückkehrt, ist man alle Sorgen los, aber nur für einige Wochen, so lange nämlich, bis neue Kakerlaken aus den unzerstörten Eiern ausgeschlüpft, aber noch nicht vermehrungsfähig sind. Es muß noch einmal ausgeräuchert werden.

Man sollte jedoch versuchen, die Kakerlaken mit weniger einschneidenden Mitteln auf einem bestimmten Level zu halten. Ihre totale Ausrottung ist allerdings meistens nicht mehr möglich, es sei denn, man segelt in kalte Gebiete.

Rezepte gegen Kakerlaken werden unter Yachties wie Kochrezepte weitergereicht. Zum Beispiel: Eine Mischung aus Kakao und Borax wird auf mehrere Schüsseln verteilt, die im Schiff aufgestellt werden. Ich habe jedoch schon Kakerlaken-Völker erlebt, denen das offensichtlich hervorragend schmeckte, ohne daß sie Schaden nahmen. Ein anderes, angeblich totsicheres Mittel soll eine Mischung aus Puderzucker und Ammonium Carbonicum (Pulver) im Verhältnis 1 : 1 sein.

Es gibt nur ein einziges wirksames Mittel gegen Kakerlaken an Bord: sie nicht an Bord kommen lassen. Freilich, auch das ist schwer genug. Denn sie sitzen gerne in Bananenstauden und ähnlichen Verstecken. Bananenstauden kann man, bevor man sie an Bord nimmt, ins Wasser tauchen, worauf die Tierchen gleich sichtbar werden, aber mit Kartons aus dem Supermarkt läßt sich das nicht machen. Da hilft nur eines: alle Kartons noch im Beiboot auspacken.

Die größten Exemplare kann man sich auf diese Weise vom Halse halten, freilich nicht mehr dann, wenn sie angeflogen kommen, was zu bestimmten Jahreszeiten geschieht. Doch die wird man vergleichsweise einfach wieder los, weil man sie wegen ihrer auffälligen Größe leicht erwischt. Den etwa einen Zentimeter langen Tieren gegenüber ist man dagegen auf die Dauer machtlos.

Ratten

Es gibt viele Yachten, die nur aus dem Grunde nie an der Pier liegen, weil die Crew Angst hat, daß Ratten an Bord kommen. Das kann übrigens auch am Tage und über die Festmacherleinen geschehen. Man erfährt es meistens erst, wenn man die ersten beschädigten Gegenstände oder Rattenkot findet. Eine Ratte an Bord ist eine ernstzunehmende Gefahr für das Schiff – oft schlimmer als Rost und Elektrolyse. Denn diese Nager gehen an alles heran, ob freßbar oder nicht. Kunstfasersegel, Seekarten und vor allem Elektrokabel scheinen sie anzuziehen.

Wenn man eine Ratte an Bord hat, muß sofort etwas unternommen werden, am besten natürlich Rattenfallen aufstellen. Deshalb gehört eine billige Rattenfalle an Bord einer Langfahrtyacht, weil man anders kaum Chancen hat, das Viech zu erwischen. Mir ist es trotzdem einmal gelungen, und der Leser möge mir verzeihen, daß ich das kurz schildere, obgleich ich sonst jeden warne, sich die Geschichte eines Seglers über eine Rattenjagd anzuhören, weil die Storys jedesmal ermüdend lang werden – je nach Größe des Schiffes und der Anzahl der Schlupfwinkel. Also meine Rattenstory:

Alle Yachties – auch wir – wußten, daß an der Pier in Takaroa (Tuamotus) nahezu sämtliche Yachten von Ratten heimgesucht werden. Aber wer nimmt das schon ernst – und wenn schon.

30 Seemeilen weiter in dem Südseeparadies bemerkten wir die Bescherung: Eine Ratte war an Bord. Natürlich hatten wir keine Falle dabei. Wer denkt schon an so was? Der Versuch, sie in ihrem mutmaßlichen Versteck in der Backskiste mit Insektenvertilgungsmittel aus der Sprühdose zu vergasen, schlug fehl. Also fragten wir auf der Insel, ob man uns eine Falle leihen könne. Fehlanzeige! Ein anderer Yachty erzählte uns, Moitessier sei mit 30 Katzen an Bord als Geschenk für die Einheimischen hierhergekommen, um sie von der Rattenplage zu befreien. Die Katzen waren den guten Leuten von Ahe, dem Nachbaratoll von Takaroa, willkommen – eine nach der anderen landete im Kochtopf. Eine einzige sollte noch übriggeblieben sein. Aber die war für Jägerdienste nicht einzusetzen – einen Tag vor der Niederkunft.

So mußte ich mir – Hunderte von Kilometern von der nächsten Stadt entfernt – selbst etwas einfallen lassen. Meine

Alarmanlage endete – elektrisch – in einer Fanfare. Wenn die also einen Kompressor für eine Fanfare betätigen konnte, mußte sie auch eine Falle schließen können. Also schloß ich statt der Fanfare einen starken Elektromagneten an, der mittels Schnur an einem Schraubenzieher ziehen konnte. Der Schraubenzieher kam unter das Steckschott, so daß dieses vom Schraubenzieher hochgestemmt wurde. Und vor das Steckschott wurde eine Keksdose gebunden, in der unter einem Stück Käse ein hitzeempfindlicher Widerstand lag, der wiederum – der Kreis schließt sich – an die Alarmanlage gekoppelt war.

Der Plan: Ratte geht bis ans Ende der Keksdose zum Käse, Widerstand erwärmt sich durch deren Körperwärme, Alarmanlage schaltet Elektromagneten, der zieht am Schraubenzieher, Steckschott fällt runter, Ratte ist eingeschlossen und wird an Land gebracht.

Nachts gab es alsbald den entsprechenden Lärm. Steckschott war gefallen, hatte Ratte aber das Genick abgeschlagen, weil der Widerstand zu empfindlich war.

So hat jeder Prototyp seine Fehler.

Haie

Eine häufig gestellte Frage ist die nach der Gefährlichkeit der Haie am Ankerplatz. Diese Gefahr ist lange nicht so groß, wie man allgemein glaubt. Nicht, daß es in wärmeren Gegenden keine Haie gibt, aber die meisten sind harmlos. Aber welche?

Es gibt auf der Welt nur wenige Plätze, wo es gefährlich ist, ins Wasser zu gehen, weil man von einem Hai angegriffen werden könnte. Diese sind bekannt; die Handbücher, die Yachties und die Behörden warnen davor. Auf den meisten Plätzen aber gibt es Haie, die entweder am Tage nicht in die Bucht kommen oder die nicht angreifen. Am ungefährlichsten sind Ankerbuchten innerhalb eines Korallenriffs mit glasklarem Wasser. Dort hat der Hai soviel natürliche Nahrung, daß er auf Segler nicht scharf ist. Trotzdem gilt auch dort eine Regel, die die meisten Yachtleute befolgen: Niemals nachts oder in der Dämmerung ins Wasser gehen, denn dann macht der Hai sich auf die Jagd. Auch kurz nachdem Fleischabfälle über Bord geworfen wurden, gehe ich nicht ins Wasser, weil der Hai davon angezogen wird, freilich weit weniger als von rohen Fischresten.

Meist wird man feststellen, daß sich die Einheimischen nicht sehr um solche Vorsichtsmaßregeln kümmern, ja, sie hängen sich beim Schnorcheln sogar geschossene Fische um die Taille, damit die Hände frei bleiben. Nicht selten kämpfen sie dann noch mit dem Hai, der etwas von ihrer Beute abhaben möchte. Aber das ist eine Praxis, vor der sogar die Behörden warnen. Ein Yachtmann wird niemals in der Lage sein, beurteilen zu können, welcher Hai gefährlich ist und welcher nicht.

In meinen Augen ist jeder Hai lebensgefährlich, der angreift, unabhängig von seiner Größe. Deshalb wird man immer das Wasser verlassen oder gar nicht erst hineingehen, wenn man einen so Burschen sieht. Es ist übrigens nicht gesagt, daß ein Hai nur in tiefem Wasser gefährlich ist. Es gibt eine Reihe von Berichten, in denen von einem Haiangriff in knietiefem Wasser die Rede ist.

Noch ein Rat: Vorsichtig sein mit den Auskünften von Einheimischen, wenn sie allzu beruhigend sind! Sie haben ein ganz anderes Verhältnis zu diesen Tieren, nahmen Haie oft gar nicht sehr ernst, auch nicht in Gegenden, wo es nachweisbar zu Unfällen gekommen ist. Als wir in eine Bucht auf den Neuen Hebriden gesegelt waren, fragten wir gleich mal einen Schwarzen am Ufer, wie es denn mit Haien

aussehe. „Ich habe hier noch nie einen gesehen“, war seine freundliche Auskunft.

Nach einem erfrischenden Bad machten wir einen kleinen Spaziergang ins Dorf. Als wir zum Schiff zurückkamen, lag davor ein etwa zwei Meter langer Hai am Strand, den ein Einheimischer gerade mit

Haie lauern auch in seichten Gewässern.
Mit solchen Gefahren braucht man normalerweise nicht zu rechnen. Dieser Mantarochen freilich verfing sich in der Ankertrosse und schleppte die Yacht in Richtung Riff.

Ein gefährlicher Hai in der Nähe der Yacht, obwohl die Einheimischen meinten, man könne unbesorgt baden.

einem Gewehr erlegt hatte. Er sagte mir, daß es hier jede Menge Haie gäbe, denn sie würden mit blutigen Kuhfellen angefüttert. Verwundert erzählte ich ihm von der Auskunft, die mir sein Landsmann gegeben hatte. Mein Gesprächspartner fing an zu lachen und meinte: „Kein Wunder, daß der hier noch nie einen Hai gesehen hat, der ist ja auch erst heute morgen zum erstenmal in seinem Leben auf diese Insel gekommen.“

Andere gefährliche Wassertiere

Wasserschlangen, gelb-schwarz geringelt, sind die giftigsten Schlangen der Welt, die noch dazu gar nicht einmal so selten vorkommen. Ihr Gift ist um einiges wirkungsvoller als das der Kobra. Aber tatsächlich sind sie harmlos, weil sie ein so kleines Maul haben, daß sie den Menschen praktisch nicht beißen können. Auf Fidschi habe ich Kinder mit ihnen spielen sehen.

Unter den Fischen an Ankerplätzen stellen der auffällige Rotfeuerfisch und (selten) der Steinfisch eine Gefahr dar, wenn

Eine hochgiftige Seeschlange in den fachkundigen Händen des deutschen Weltumseglers Otto Zimmermann.

man im Sand auf sie tritt. Schuhe helfen dagegen. Die Einheimischen würden aber ohnehin warnen, wenn er bei ihnen verbreitet wäre.

Ansonsten können Fische nur dann gefährlich werden, wenn man sie ißt. Ciguatera heißt das teuflische Gift, das sie enthalten können. Welche Fische? Ja, das ist das Problem. Niemand weiß es bestimmt. Ein und derselbe Fisch kann auf der einen Insel giftig sein, auf der nächsten nicht.

Das leuchtet ein, wenn man sich die Theorie für die Entstehung dieser Fischvergiftung überlegt. Danach ist das Gift in einer Algenart enthalten, die an Riffen in warmen Gewässern lebt. Fische, die diese Algen fressen, sind also giftig, und Raubfische, die wiederum die Algenfresser fressen, auch. Deshalb ist man auch auf hoher See vor dieser Art Fischvergiftung nicht immer sicher. Auf Ankerplätzen esse man keinen selbstgefangenen Fisch, bevor man nicht Einheimische gefragt und ihnen den Ort des Fangs gezeigt hat.

Symptome einer Fischvergiftung sind Kälteempfindlichkeit, Kribbeln in Händen und Füßen, ein pelziges Gefühl im Rachen, Durchfall, Krämpfe und Atembeschwerden, die bis zur Atemlähmung gehen können. Therapie mit Bordmitteln: Sofort zu erbrechen versuchen und Arzt aufsuchen. Ein spezielles Gegengift gibt es nicht.

Nicht jeder Fisch, den ein Einheimischer als gut befindet, ist einwandfrei. Deshalb gebe ich hier noch eine Polynesier-Regel weiter, die ich allerdings nicht nachgeprüft habe. Sie scheint logisch: „Wenn der erlegte Fisch Fliegen anzieht, ist er in Ordnung.“

Hobbys und Unterhaltung auf Blauwasseryachten

Fast alle Menschen, die sich für das Blauwassersegeln interessieren oder davon träumen, haben irgendwelche Klischeevorstellungen, wie sich das Leben an Bord so abspielt. Die meisten sehen die Yachties sich an Deck in der Sonne aalen, ab und zu mal schwimmen oder sich sonstwie vergnügen. Nichts kann falscher sein als diese Vorstellung. Oft verbringt man die Zeit am Ankerplatz nämlich damit – nicht immer, nur acht Stunden täglich –, sein Schiff zu pflegen, zu überholen, zu reparieren, damit, Ersatzteile zu besorgen, und sofort. Das ist der Preis für unsere Freiheit. Auf einem Schiff bekommt man nie etwas geschenkt!

Aber ich will nicht allzusehr jammern. Natürlich gibt es auch Tage der Unbeschwertheit, wo wir tun und lassen können, was uns beliebt. Wir können irgendwelchen Hobbys nachgehen oder uns an Bord wohlfühlen, so wie wir das von zu Hause gewohnt sind. Denn es ist ein Irrtum zu glauben, daß die Segler weltfremde Naturapostel sind, jedem bürgerlichen Vergnügen abhold.

Deshalb habe ich ein paar Hobbys zusammengestellt, die auch – oder gerade – an Bord und von Bord aus möglich sind – die entsprechenden technischen Erfordernisse vorausgesetzt.

Musik und Fernsehen an Bord

Einen Fernseher an Bord generell als Luxus zu bezeichnen, ist genauso dümmlich, wie heute noch davon zu reden, daß der Fernseher das Familienleben störe. Ein solches Kommunikationsgerät gehört ganz einfach zum täglichen Leben. Ich gebe ganz ehrlich zu, daß mir ein Fernseher bei Blauwasserfahrten manchmal fehlt. Man kann nicht immer nur Strand, Palmen und die Sterne anstarren, auch das wird langweilig. Wenn ich dennoch keinen Fernseher habe, so liegt das einzig und allein daran, daß an Bord die Möglichkeiten sehr beschränkt sind.

Natürlich gibt es Fernseher, die von der Autobatterie betrieben werden, also 12 Volt, wie sie unsere Schiffsbatterie haben sollte, doch muß auch das Empfangssystem auf die Sender des jeweiligen Landes abgestimmt sein. Nicht nur bei der Farbe gibt es mehrere Systeme, sondern auch beim ganz gewöhnlichen Schwarzweiß-Fernseher. So kann es geschehen, daß in einem Land gar nichts, im anderen wiederum nur das Bild und kein Ton da ist.

Tatsächlich werden Fernseher angeboten, die auf die verschiedenen Normen umschaltbar sind, die sich also technisch für den Bordbetrieb durchaus eignen. Meistens kann einem der Verkäufer im Geschäft hierzu keine Auskunft geben; deshalb sollte man sehr genau den Prospekt studieren oder – besser noch – beim Hersteller schriftlich anfragen. „Französische Norm“ kann beispielsweise bedeuten, daß das Ding wohl in Frankreich funktioniert, nicht aber mehr in Französisch-Polynesien.

Ansonsten braucht man keine Bedenken zu haben, daß das Gerät etwa nicht bordtauglich sei, weil es nicht speziell – spritzwassergeschützt – für den Bordbetrieb hergestellt wurde. Ganz bestimmt ist es ebenso funktionstauglich wie ein Echolot oder sonst ein maritimes Gerät.

Soweit die technische Seite.

Der eigentliche Mangel sind die bescheidenen Empfangsmöglichkeiten. Auf hoher See geht freilich ohnehin nichts, weil die Sender nur eine ganz geringe Reichweite haben – eine Tatsache, der wir uns nur deshalb nicht bewußt werden, weil Europa so dicht mit Sendern abgedeckt ist. Über wirklich befriedigende Erfahrungen mit Satelliten-Antennen fürs Fernsehen habe ich von Segelyachten noch nichts gehört. Die Antenne müßte nämlich exakt in einem bestimmten Winkel und in einer genauen Richtung ausgerichtet sein, was sich an einer vor Anker schwojenden Yacht nicht erreichen läßt, auf offener See erst recht nicht. Auf weiten Gebieten der Erde, nicht nur Wasserflächen, bleibt der Apparat meistens stumm. Und dann das Sprachproblem: Nur wer die Landessprache beherrscht, hat Vergnügen am Fernsehen. Der einzige Nutzen, den wir daraus ziehen können, ist die Wetterkarte, die sich übrigens mit jeder Polaroid-Kamera abfotografieren und dann in Ruhe studieren läßt.

Ein nennenswerter Prozentsatz amerikanischer Yachten ist bereits mit einer Videoanlage ausgestattet, die es ebenfalls schon – klein und handlich – für 12 Volt gibt. Hat man dann gute Verbindungen zur Heimat und dort Freunde, die die hohen Portokosten nicht scheuen, kann man sich unterwegs mit dem Neuesten aus der Heimat versorgen lassen. Wetten, daß da auch das eine oder andere Band von einer Sportsendung dabei ist? Und sei es über das letzte Fastnet Race.

Jede Videokamera eignet sich grundsätzlich auch dazu, Videobänder wiederzugeben. Für die meisten Compact-Kameras (Super-Acht-System, Beta oder VHS) gibt es jedoch keine bespielten Bänder zur Unterhaltung. Besser sind hierfür Kameras geeignet, die normal große Cassetten abspielen, die sogenannten Vollformater. Sie haben aber alle den Nachteil, daß sie ziemlich klobig sind, wohl aber meist eine etwas bessere Qualität aufweisen.

Bord-HiFi und Tonbandgerät

Fast jede Yacht hat eine Musikanlage an Bord. Unter „Anlage" sind natürlich nicht jene Wunderdinge mit den hundert Knöpfen zu verstehen, die als das Nonplusultra an Klangqualität angepriesen werden. Die wären viel zu klotzig, und sie könnten an Bord nicht optimal genutzt werden. Von der Stromversorgung ganz zu schweigen. Für unsere Zwecke sind jene Geräte am besten geeignet, die für den Betrieb in Autos angeboten werden: leicht einbaubare Lautsprecher, klein in den Abmessungen und doch „HiFi-Qualität", unkomplizierte Stromversorgung von 12 Volt und leichte Bedienung. Und preiswert sind sie auch. Eine komplette Anlage mit UKW-Radio und Kassettenspieler gibt es schon zum Preis einer mittleren Winsch. Sogar Compact-Disc-Player gibt es für Autos und damit auch für uns.

An Bord haben wir den großen Vorteil, daß sich in der Kajüte meistens viele Holzflächen befinden, wo die Lautsprecher einen hervorragenden Klang ergeben, der an HiFi erinnert. Verstärker brauchen wir nicht, denn an Bord ist kein Motorenlärm zu übertönen, so daß 2 x 3 Watt (natürlich Stereo) ausreichen.

So gut die Anlagen, so miserabel die Tonträger. Es hapert nicht bei der Elektronik (Radio), sondern bei der Mechanik – wie immer an Bord. Denn die Kassetten machen häufig Schwierigkeiten, indem sie anfangen zu quietschen, zu jaulen oder ganz einfach nicht mehr drehen. Nicht alle, aber doch einige. Die Mechanik in der Kassette *und* das Bandmaterial reagieren auf die feuchte Hitze oft empfindlich.

Ich habe mich bei einem Kassettenhersteller erkundigt, und der hat zugegeben, daß seine Produkte unter tropischen Bedingungen möglicherweise Probleme machen. Das habe ihm sein Labor mitgeteilt. Die mechanisch robustesten Kassetten würde die Firma TDK herstellen, hat er mir gesagt, ganz im Vertrauen natürlich, denn er repräsentierte nicht die Firma TDK. Ich konnte diese Behauptung nicht nachprüfen.

Auf der deutschen Yacht ALGOL gab es mit den Kassetten keine Schwierigkeiten, gleich welchen Fabrikats. Das Rezept: Die Kassetten wurden in wasser- und luftdichten Munitionskästen aufbewahrt, worin sich Säckchen mit feuchtigkeitsbindendem

Silicagel befanden. Aber wer treibt schon diesen Aufwand, um mal seinen Lieblingsschlager zu hören. Mit CDs hat man diesen Ärger nicht mehr.

Ein Tip am Rande: Man kaufe sich in jedem besuchten Land Kassetten oder CDs mit Volksmusik. Es gibt kaum Souvenirs, die so lebendige Erinnerungen wecken. Oder man überspiele vom Radio auf Kassette. Hierzu benötigt man ein Auto-„Radio", mit dem man auch aufnehmen kann. Oder man kauft sich gleich einen zweiten Recorder, der tragbar, also mit Batterien ausgestattet sein sollte. Es ist nicht übertrieben, wenn man zwei Recorder hat, denn es gibt auf der Blauwasseryacht so unendlich viele Verwendungszwecke dafür, daß sich die Mehrausgabe von um die hundert Mark wie für kaum sonst etwas an Bord bezahlt macht. Nur einige wenige Beispiele, was man mit einer Kassette alles anfangen kann:

Für einen Brief an Freunde braucht man 30 Minuten mindestens. Wie wäre es, sich ins Cockpit zu setzen und seine Eindrücke auf Band zu sprechen? Freunde haben Verständnis, wenn man sich verspricht. Der Informationsgehalt ist ungleich größer als der eines mühsam formulierten Briefes. Und wenn der Stoff ausgeht, nimmt man noch lokale Musik auf. Garantiert wird so ein Tonbandbrief, der etwas mehr Porto kostet, schneller beantwortet werden als ein gewöhnlicher Brief. Freilich, noch viel lebendiger sind Video-Aufnahmen.

Wetternachrichten schneidet man am besten immer auf Kassette mit, dann kann man sich das in Ruhe vergegenwärtigen. Wie oft quatscht jemand genau im falschen Moment dazwischen.

Läßt man sich von anderen Yachties Informationen über die Ankerplätze voraus geben, bittet man darum, den Recorder mitlaufen lassen zu dürfen. Dann braucht man nichts zu notieren. Man denke nur daran, wieviel Papier es erfordern würde – von der Arbeit ganz abgesehen –, um all das niederzuschreiben, was einem ein Gesprächspartner in einer Stunde über fremde Reiseziele erzählt. Die Kassette hebt man auf und hört sie sich einen Tag vor dem Landfall an. Dann ist die Erinnerung ganz frisch.

Oder: Die Maschine ist repariert worden. Der Mechaniker gibt anschließend noch ein paar Tips, wie die Ventile nachgestellt werden. Kassette rein und Band mitlaufen lassen! Nach 200 Betriebsstunden, wenn die Ventileinstellung fällig ist, kann die Belehrung voll aufgefrischt werden.

Oder: Man fängt Erinnerungen ein. Der Spanier mit der Gitarre im Cockpit ist später viel mehr wert als Julio Iglesias in seinen besten Zeiten.

Oder: Man redet sich seine Nervosität während eines Sturms von der Seele. Ein Yachty hatte sogar die Nerven, in einem Hurrikan mit 150 Knoten Windgeschwindigkeit seine Eindrücke auf Band zu sprechen.

Schnorcheln

Eine Grundausrüstung für das Schnorcheln sollte ohnehin an Bord jeder Blauwasseryacht sein. Denn wie sonst kann man überprüfen, ob der Anker sich richtig eingegraben hat (geht natürlich nur bei klarem Wasser) oder ob Entenmuscheln am Unterwasserschiff hängen. Sie besteht aus Flossen, Maske (bei Fehlsichtigen mit geschliffenen Gläsern) und Schnorchel. Zur Benutzung braucht man, wie schon an anderer Stelle gesagt, keine besondere Schulung, auch wenn beschäftigungslose Tauchschulen weismachen wollen, daß man auch das lernen muß.

In den Tropen versäumt man wirklich viel, wenn man von der Unterwasserlandschaft nichts mitbekommt. Auf der Innenseite des Riffs in der Lagune (man ist also durch das Riff gegen das offene Wasser geschützt), nahe genug, um an die lebenden Korallen heranzukommen, lohnt sich das Schnorcheln immer. Die toten Korallen sind weniger interessant; man erkennt sie daran, daß sie grau in grau oder braun sind. Die tropischen Wassertemperaturen von 26 bis 28°C lassen stundenlanges Schnorcheln zu, auch ohne Taucheranzug. Gefahr droht mehr von der Sonne, denn die Wasserperlen auf der Haut haben Brennglaswirkung. Besonders wenn das Wasser grün leuchtet, wird es gefährlich. Ein T-Shirt zur Badehose verhindert den schlimmsten Sonnenbrand. Gesicht, Hals und Beine sollten mit Sonnenschutzöl (hoher Schutzfaktor) auch dann eingerieben werden, wenn man sich schon länger in den Tropen aufgehalten hat. Überhaupt sollte man jede Möglichkeit ausnutzen, sich vor Sonneneinstrahlung zu schützen. Experten warnen vor zu viel Sonne (Hautkrebsrisiko!), und Segler sind extrem gefährdet.

Schnorchelt man „defensiv", läßt man also die Korallenpracht in geringer Tiefe nur auf sich wirken, riskiert man keine Verletzungen. Lederhandschuhe verhindern, daß die scharfkantigen Korallen sehr schlecht heilende Wunden verursachen, die zur Qual werden können, wenn man monatelang daran laboriert. Bis zur völligen Abheilung sollte man eigentlich nicht mehr ins Wasser gehen. Nebenbei: Die Polynesier empfehlen hiergegen ein Hausmittel, das eine wesentlich schnellere Heilung gewährleisten soll. Danach soll ein Korallenkratzer mit dem Saft einer Limone beträufelt werden.

Unter die Korallen greifen wir besser nicht. Ein Seeigel könnte dort sitzen oder eine der zahlreichen bissigen Muränen, die

Ein T-Shirt schützt vor der Sonne. Selbst dann zu empfehlen, wenn man meint, man sei an die tropischen Verhältnisse gewöhnt!

Eine Harpune ist gut zum Schutz vor den scharfkantigen Korallen und gibt Selbstvertrauen, wenn man größere Fische in der Nähe wähnt.

ansonsten harmlos sind, wenn man sie nicht reizt.

Ein Stock oder eine entladene Harpune gibt Selbstvertrauen, wenn ein Hai auftauchen sollte. Immer wird der Bursche verschwinden, wenn man ein paar Schwimmstöße auf ihn zumacht, vorausgesetzt, das Wasser ist klar, und wir schnorcheln nicht in der Dämmerung.

Wieviel Sicherheitsspielraum in dieser Empfehlung liegt, beweisen die Polynesier, die nachts mit Taschenlampe nach Langusten tauchen. Ein amerikanischer Yachty, der sie einmal begleitete, gab Nachahmern folgenden Rat: „Wenn du die Korallenwand runtergehst, blicke dich nicht um. Du könntest hinter dir was se-

Ein Abfallkorb an der Reling dient zur Unterbringung der Schnorchelausrüstung.

hen, was du dir nie dorthin wünschen würdest!" Gemeint war ein vier Meter langer Hai.

Mit Flasche zu tauchen ist, wie schon gesagt, ohne Schulung lebensgefährlich. Und was bringt Tauchen mit Preßluft schon? Die Korallen verlieren eh schon in ein paar Metern Tiefe an Farbe, alles wird dunkler und das Riff nur langweiliger. Außerdem bräuchten wir einen – sehr teuren – Kompressor, denn Füllmöglichkeiten sind außer in speziellen Tauchzentren sehr beschränkt. Eine volle Flasche an Bord ist nur für Notfälle da.

Man sollte nicht auf Fische schießen! Das ist keine Kunst, und allzu oft wirft man den Fisch hinterher doch weg, aus Furcht vor einer Fischvergiftung. Außerdem sind Riff-Fische nicht gerade schmackhaft, und die Raubfische erwischt man doch nicht. Besser, man schießt einen Fisch mit der Kamera. Es gibt spezielle Unterwasser-Filmkameras und auch -Fotoapparate. Die sind natürlich ideal, weil sie gleichzeitig gegen Sand geschützt sind. Für gewöhnliche Apparate gibt es unter dem Namen Ewa-Marine preiswerte Unterwassergehäuse aus Plastikfolie im Handel, mit denen man beim Schnorcheln ebenfalls filmen oder fotografieren kann.

Ein paar Grundregeln: Möglichst ein Weitwinkel-Objektiv nehmen beziehungsweise beim Vario nur die kurzen Brennweiten verwenden. Durch den Vergrößerungseffekt unter Wasser haben wir dann die Wirkung eines Normalobjektivs. Die Verschlußzeiten können etwas länger gewählt werden – bis zu einer dreißigstel Sekunde –, weil durch die kurze Brennweite und die langsamen Bewegungen unter Wasser Verwacklungsgefahr nicht sehr groß ist. Aufnahmen nur bei Sonne und in ganz geringer Wassertiefe machen. Ran an das Objekt, immer näher als einen Meter! Nur so kommen die Farben einigermaßen heraus. Möchte man Aufnahmen von professioneller Qualität machen, was nicht einfach ist, soll unbedingt ein Blitz und auf keinen Fall das Pocketformat benutzt werden. Nur mit einem Blitz werden die Farben auf dem Foto so leuchtend, wie man sie in Erinnerung hat.

Muschelsammeln

Auch wenn man kein Interesse an Muscheln hat, wird man im Laufe einer Blauwasserreise in die Tropen mit diesem Hobby konfrontiert. Der österreichische Einhandsegler Wolfgang Hausner war davon so fasziniert, daß er nicht nur zu einer herrlichen Sammlung kam, sondern später auch angefangen hat, damit zu handeln. Schließlich konnte er – inzwischen ist er ein Experte für Schnecken geworden – mit dem Erlös sogar einen Teil seines neuen 17-Meter-Katamarans finanzieren.

Die Konusschnecken (das sind die kegelförmigen) und die Cowries (das sind hochglänzende Schnecken), die auch treffend Porzellanmuscheln genannt werden, finden sich gewöhnlich in knöcheltiefem Wasser. Andere Arten wiederum leben in ein bis zwei Meter Tiefe. Naturgemäß werden sie nicht so häufig gefunden und sind deshalb von besonderem Wert. Viele sind untertags unter Korallenblöcken, so daß man diese eigentlich umdrehen müßte, um an die Schnecken heranzukommen. Damit aber würde man eine Unzahl Mikroorganismen töten, weil sie bei direkter Sonneneinstrahlung sofort absterben.

Für den ernsthaften Sammler sind nur Lebendfunde interessant. Abgestorbene Tiere verlieren sehr schnell ihre natürliche Schönheit, weil der Glanz des Gehäuses durch Sand, der immer wieder darübergewaschen wird, in kurzer Zeit – ein bis

Straubschnecke (links) und Cowry (Mitte) sind Schnecken, die in den warmen Zonen des Pazifiks weit verbreitet sind. Daneben eine kleine Flügelschnecke aus der Karibik.

Eine ungewöhnlich große Triton – ebenfalls in der Karibik häufig. Der Bäcker bläst in so eine Muschel, wenn er das Brot bringt.

Gehäuse eines Nautilus-Polypen, der sich in diesem „U-Boot" fortbewegt (Pazifik).

zwei Wochen – zerstört wird. Lebende Schnecken sind nicht aus dem Gehäuse zu bringen. Man muß das Tier schon, beispielsweise in Süßwasser, abtöten und anschließend entfernen. Aber das ist eine ziemliche Schweinerei. Kochen ist sicher falsch, weil dadurch das Gehäuse Sprünge bekommen kann. Die Einheimischen vergraben die Schnecken im Sand, worauf die Ameisen die Arbeit übernehmen, das verfaulende Tier herauszutransportieren. Der Nachteil dabei ist, daß die durch die Fäulnis entstehenden Säuren allzuleicht das Gehäuse angreifen. Man kann die Schnecken auch in einem über das Heck ausgebrachten Netz ins Wasser hängen; durch die Bewegung des Wassers werden die Tiere herausgespült. So erkennt man am Gestank bereits die Yacht eines Muschelsammlers.

Ich habe eines der reichsten Muschelgebiete, nämlich Polynesien, im Abstand von zehn Jahren besucht. An den Stellen, an denen früher Schnecken im Überfluß zu finden waren, suchte ich ein Jahrzehnt später vergeblich. Nicht eine einzige *Cyprea moneta* war noch zu finden (das ist eine jener Schnecken, die als „Muschelgeld" dient, und zwar die verbreitetste). Alles war leergesammelt, meist von den Yachties.

Deshalb ein anderer Vorschlag, dieses Hobby zu pflegen. Man sucht nach schönen Exemplaren, bringt sie an eine geeignete Stelle und fotografiert sie. Anschließend legt man das Tier wieder an den Fundort zurück. Das Entdeckererlebnis bleibt das gleiche. Wenn man schon ein Souvenir in Form einer Schnecke mitbringen möchte, ist es besser, von den Einheimischen ein paar „fertige" Exemplare zu kaufen. Die attraktivsten – Nautilus, Tigercowry, Textile-Konus, Argusauge, Mapcowry und *Conus geographus* – sind meist auch die preiswertesten.

Noch mehr Spaß macht es, wenn man ein kleines Muschelbestimmungsbuch an Bord hat, zum Beispiel „Muscheln und Schnecken der Weltmeere" von Gert Lindner. Darin sollte man sich auf jeden Fall den *Conus geographus* ansehen, der deshalb bemerkenswert ist, weil sein Stich auch einen Menschen ohne weiteres in kurzer Zeit töten kann, wie einige Todesfälle der letzten Jahre bewiesen haben. Freilich ist er nur dann gefährlich, wenn man ihn am spitzen Ende anfaßt, denn dort schießt er eine kleine Fleischharpune heraus. Beim gewöhnlichen Tauchen und Schnorcheln ist man jedoch nicht gefährdet.

Windsurfen

Der Sport des Windsurfens scheint für das Blauwassersegeln erfunden zu sein. Wir haben die schönsten Surfreviere der Welt vor unserer Tür, meistens sogar menschenleer. Dementsprechend ist auch auf fast jeder zweiten Blauwasseryacht so ein Sportgerät vorhanden.

Vor ein paar Jahren noch war es einfach, jemandem ein Brett zu empfehlen, da gab es auf der ganzen Welt nur wenige verschiedene Modelle. Heute werden weltweit möglicherweise über tausend verschiedene Typen angeboten. Außerdem fährt fast jeder Blauwassersegler ohne Surfbrett los in der Annahme, das Wasser sei eh zu kalt, und weil man ohnehin reichlich unnützen Ballast mit herumschleppe. Wahrscheinlich dauert es dann nicht lange, bis er vom Surffieber angesteckt ist: Ein Brett muß her.

Es bleibt nichts anderes übrig, als das Brett zu kaufen, das an Ort und Stelle zu haben ist. Aber wenn man die Wahl hat, sollte man auf folgendes achten: Polyesterbretter kann man zwar mit Bordmit-

Selbst auf kleinen Yachten haben Surfbretter Platz.

Es ist leichter, schnell mal mit dem Brett einen Schlag zum Zeitvertreib zu segeln, als die Yacht deswegen flottzumachen.

teln reparieren, doch sind sie viel empfindlicher als Boards aus Polyethylen (PE), die sich deshalb besser eignen. Die Finne sollte abschraubbar sein, denn sie ist an Deck eine beliebte Schotenfalle.

Für den Anfänger ist ein einfaches Allroundbrett günstiger als beispielsweise ein Funboard, auch wenn die Schlaufen die Sache zu vereinfachen scheinen. Das Gegenteil ist der Fall. Das Schwert muß unbedingt hochklappbar sein, denn wir werden auch über flache Stellen surfen und schon mal Grundberührung haben. Ist das Schwert fest, kann dabei der Schwertkasten herausgerissen werden. Das Tragen eines Kälteanzugs ist meist nicht erforderlich. Wegen der Sonne befinden wir uns jedoch in einem Dilemma. T-Shirts schützen dagegen zwar, doch wenn sie naß sind, entziehen sie dem Körper zuviel Wärme, erst recht bei Wind. Das ist schädlich für die Nieren, die auch in heißen Gegenden zugempfindlich sind.

Surfen lernt man am besten in einer Schule, doch werden wir unterwegs keine Gelegenheit dazu haben. Mit einem Lehrbuch kommt man aber auch weiter. Als Blauwassersegler sind uns die Zusammenhänge von Windrichtung und Segelstellung ohnehin bekannt. Dennoch werden wir uns nicht ganz leichttun, denn so ein Brett reagiert im Gegensatz zu einer schweren Yacht sofort auf einen Bedienungsfehler. Das ist positiv, denn wir können daraus lernen. Windsurfen ist Segeln in seiner reinsten Form.

Man sollte mit dem Üben aber nur bei einer leichten Brise beginnen. Und das Beiboot muß stets einsatzklar sein, denn der Anfänger kommt gegen den Wind nicht zurück zum Ausgangsort. In Häfen sowie deren Ein- und Ausfahrtsbereichen ist das Surfen in den meisten Ländern verboten. Man würde ohnehin bei Schiffsverkehr zu unsicher sein, die einfachsten Manöver zu fahren, falls man unter Druck steht. Später kann man dann in Begleitung weitere Strecken in geschützten Gewässern zurücklegen. Keinesfalls darf man allein aufs offene Wasser, wenn der Wind nicht auflandig ist, denn im Falle eines Schwertbruchs treibt man schnell ab und kann schon außer Sichtweite sein, bis das jemand merkt.

Kaum einer der „normalen“ Surfer hat es so bequem wie der Blauwassersegler, der diesen Sport am Ankerplatz ausüben kann. Da aber der Mensch von Natur aus träge ist, neigt er dazu, das Brett nach Gebrauch mit einer Festmacherleine an Beiboot oder Yacht gesichert im Wasser liegenzulassen. Davon ist abzuraten, denn erstens schadet ein langes Wasserbad auch Kunststoffsegeln, und zweitens kann das Board durch den Schwell eines vorbeifahrenden Motorbootes unter das Heck der Yacht oder unter die Selbststeueranlage geraten und beschädigt werden. Außerdem hat sich unter dem Brett schon nach wenigen Tagen soviel Bewuchs gebildet, daß es nicht nur merklich langsamer, sondern auch schwierig zu reinigen ist.

Auf den meisten Yachten wird das Brett an der Reling gefahren; es gibt aber bereits spezielle Halterungen außenbords, so daß an Deck kein Platz hergegeben werden muß. Ideal ist das aber auch dann nicht, wenn die Finne, an der immer wieder die Schot hängenbleibt, abnehmbar ist. Wenn nämlich eine See einsteigt, stellt ein aufrechtes Board einen erheblichen Widerstand dar, und so wird selten das Brett, meistens aber die Reling verbogen.

Filmen, Videografieren und Fotografieren an Bord

Es wird kaum eine Yacht geben, auf der dieses Hobby nicht betrieben wird. Auf der einen Seite möchte man die Reise für sich selbst dokumentieren, andererseits läßt sie sich später mit Bildmaterial anschaulicher schildern. Und wer aus einer Blauwasserreise Kapital schlagen möchte – dagegen ist nichts einzuwenden –, braucht sich gar nicht erst zu bemühen, wenn er keine Fotos hat. Diese Hobbys haben an Bord so ein paar Eigenheiten, auf die man eingehen muß. Am besten macht man sich damit von Anfang an vertraut.

Sowohl für das Filmen als auch besonders für das Fotografieren gilt, daß es nicht schwieriger ist, gute Fotos zu machen, als mittelmäßige Ergebnisse mit nach Hause zu bringen. Für einen Amateur ist es aber ausgeschlossen, Meisterwerke zu schaffen, dazu fehlt ihm, mehr als die Ausrüstung, das Können. Dafür haben wir fast immer Motive, an die der Berufsfotograf und der Kameramann ohne einen riesigen Aufwand nicht so leicht herankommen.

Filmen und Videografieren

Heute ist die Entscheidung leicht geworden, ob wir auf die große Reise einen Filmapparat oder eine Videokamera mitnehmen. Filmsysteme für Amateure sind im Aussterben. Das früher so populäre Super-Acht-Format ist nahezu vollkommen durch die Videokameras verdrängt worden. Deshalb kann Super-Acht nicht mehr empfohlen werden. Also eine Videokamera?

Haben wir von vornherein vor, nur für unsere eigenen Zwecke einen lebendigen Bericht über die Reise herzustellen, dann kommt nur eine Videokamera in Betracht. Wollen wir allerdings später unsere „Story" kommerziell nutzen, dann können wir eine Videokamera vergessen, wir sollten ans Filmen denken. Das klingt paradox: Alle Videosysteme, zum Beispiel auch Super-VHS, können technisch nur Amateur-Standard erreichen, kommen also von vornherein zur professionellen Verwertung nicht in Frage. Man lasse sich da nicht beirren, auch wenn Prospekte das Gegenteil versichern und vom „semi-professionellen Einsatz" sprechen. Fernsehanstalten nehmen VHS nur bei hochaktuellen oder sensationellen Aufnahmen von kurzer Zeitdauer ausnahmsweise, keinesfalls ganze Reiseberichte. Wirklich professionelle Videokameras sind kaum unter 20000 Mark erhältlich. Zudem sind sie sperrig und hochempfindlich gegen Feuchtigkeit. Ähnlich wie die Amateur-Videokameras! Doch diese sind in der Anschaffung so preiswert geworden, daß es möglich sein sollte, sich im Falle des Versagens unterwegs eine Ersatzkamera zu besorgen. Auch, wenn es nur der eigenen Erinnerung dient: Die Weiterverarbeitung, also elektronischer Schnitt mit Vertonung, bringt einen erheblichen Qualitätsverlust mit sich, so daß die Anfertigung einer ersten Kopie gerade noch zumutbar ist, eine zweite Kopie niemand mehr sehen möchte.

Wenn man mit einer professionellen Verwertung rechnet, kommt deshalb nur 16-Millimeter-Film in Betracht. Die hohen Filmkosten werden dadurch ausgeglichen, daß die früher fast unerschwinglich teuren Kameras second-hand äußerst preiswert geworden sind.

Je einfacher die (Video-)Kamera, um so besser. An Bord können wir irgendwelche Gags der teuren Kameras kaum ausnützen. Das Objektiv muß nicht besonders lichtstark sein, jedoch über eine kurze Brennweite verfügen, die Aufnahmen an Bord erst ermöglicht, da es dann einen ausreichend großen Ausschnitt zuläßt. Tonkameras können an Bord kaum genutzt werden, sind auch zu empfindlich und zu klobig. Die Kamera sollte klein genug sein, daß sie schnell in eine Plastiktüte gesteckt werden

Eine Unterwasser-Videokamera ist wie geschaffen fürs Blauwasser-segeln. So bekommt man auch Sturmaufnahmen aufs Band, ohne die Kamera zu ruinieren.

kann, damit sie auf dem Weg auf das Vorschiff nicht naß wird. Seewasser ist der schlimmste Feind optischer Geräte!

Blauwassersegler bringen gewöhnlich mehr oder weniger nette Filmchen mit nach Hause. Sie haben hohen Erinnerungswert, könnten aber um vieles interessanter sein, wenn nur ein paar Hinweise beachtet würden: Der größte Mangel sind die fehlenden Außen- und Sturmaufnahmen. Klar, wer soll denn die Yacht filmen, wenn die ohnehin kleine Mannschaft alle Hände voll zu tun hat. Ein Beiboot taugt auf hoher See höchstens zum Fotografieren, nie aber zum Filmen. Deshalb nutze man die Gelegenheit, wenn man auf offener See mit einer anderen Yacht zusammen ist. Entweder tauscht man die Kameras aus – oder für kurze Strecken die Crew. Oder: Wenn beide das gleiche Format benutzen, dreht man gegenseitig ein paar Rollen herunter. Die optimale Aufnahmeposition, um die Yacht am Wind von ihrer besten Seite zu zeigen, ist, wenn sich Kamera und Sonne in Lee befinden.

Viele Filme wirken deshalb etwas eintönig, weil Detailaufnahmen fehlen. Deshalb – insbesondere bei kleinen Formaten – immer ran an das Motiv! Landschaftsaufnahmen sind meist enttäuschend, weil das Format oft nicht genügend Schärfe bringt.

Beim Filmen ist ein besonderes Problem der ruhige Bildstand. In den Gebrauchsanweisungen wird empfohlen, mit Stativ zu filmen. Das gilt auf dem Schiff unterwegs nicht uneingeschränkt, denn bei Stativaufnahmen wirkt die Yacht eingefroren, während der Horizont sich auf und ab bewegt. Man sollte die Kamera also ruhig in der Hand halten und versuchen, daß der Horizont immer waagerecht an der gleichen Stelle im Bild bleibt. Wir sind für diese Aufnahmetechnik allein schon durch die Arbeit mit dem Sextanten trainiert, wobei wir auch nichts anderes machen, gleichgültig wie die Yacht auch rollt.

Am schwierigsten sind Aufnahmen von schlechtem Wetter. Es gibt wohl kaum einen Segler, der sich – noch in frischer Erinnerung an den schweren Seegang – nach ein paar Tagen über die Fotos oder den Film gefreut hätte, den er dabei gedreht hat. Wirkt meistens zu friedlich. Der Grund liegt darin, daß sich die Wellenhöhe zwischen Schiff und Horizont auf dem Bild fast immer als langweilige graue Fläche mit ein paar weißen Streifen darin darstellt. Eigentlich müßte man für so was ein Tele nehmen, aber damit bekommt man wieder so wenig vom Schiff aufs Bild, daß der Gesamteindruck im wahrsten Sinne des Wortes verwässert wird. Auch hat ein Tele nicht genügend Tiefenschärfe. Mehr Dramatik erreicht man, wenn der Horizont im Bild nicht mehr zu sehen, er also vom Seegang abgedeckt ist. Also in die Hocke und nur dann filmen, wenn zwischen Horizont und Kamera Seen sind!

Eigentlich sind für solche Aufnahmen nur Kameras geeignet, mit denen man ins Wasser gehen kann. Denn eine normale Kamera ist, wie schon gesagt, gegen Salzwasser empfindlich. Wenn sie auch nur für Sekunden im Seewasser war, ist es am besten, sie gleich über Bord zu werfen. So ärgert man sich wenigstens nicht lange über Reparaturkosten, die den Wert der Kamera meistens übersteigen – wenn sie überhaupt noch zu reparieren ist.

Fotografieren

Beim Fotografieren gelten ähnliche Regeln. Benutzen Sie kein Pocketformat; es wäre zu schade, auf die vielfach bessere Bildqualität des Kleinbildformates zu verzichten. Das gilt auch dann, wenn man glaubt, man könne ohnehin nicht fotografieren. Mit den automatischen Kameras bringt jeder gute Bilder zustande, wenn er

Die Fotoausrüstung kann durch einen Tropfen Salzwasser ruiniert werden. Deshalb sollte man sie schützen, wenn man sie beispielsweise im Beiboot transportiert. Am besten eignet sich ein Tupperware-Eimer.

nur darauf achtet, daß er immer einen Vordergrund hat oder an das Motiv hautnah herangeht. An Bord ist das 35er das Standardobjektiv; an Land sollte häufig das Tele benutzt werden, vor allem dann, wenn Menschen das Motiv sind. Um die Ausrüstung klein zu halten, gibt es Zoomobjektive (Gummilinsen), so daß zwei Objektive meistens ausreichen. Wer seine Fotos allerdings professionell nutzen möchte, den wird die Schärfe der Zoomobjektive – noch – nicht befriedigen.

Der wichtigste Rat: Nur Diafilme verwenden und verschwenderisch mit dem Filmmaterial umgehen! Ruhig von einem guten Motiv ein paar Bilder mit verschiedenen Belichtungszeiten machen. Oder bei einem Sturm ein paar Filme durchjagen.

Nikonos-Unterwasserkameras eignen sich für den Bordgebrauch am besten, auch an Deck.

Wenn nur eine einzige Aufnahme dabei ist, die den Sturm so wiedergibt, wie er wirklich war, sind hierfür auch drei ganze Filme nicht zu teuer. Man muß es freilich fertigbringen, großzügig auszusondern. Hinter fast jedem Meisterfoto, das in den Illustrierten abgedruckt ist, stehen zig Bilder, die weggeworfen wurden. Ein Dia kostet ungefähr 25 Pfennig. Wenn jemand auf einer Weltumseglung statt 2000 Dias großzügig 4000 geschossen hat, dann hat er 500 DM extra ausgegeben, was kaum mehr als ein Objektiv kostet, aber bestimmt ist die Ausbeute viel besser.

Das Filmmaterial ist so gut verpackt, daß es ohne besondere Umstände längere Zeit an Bord gelagert werden kann, nicht aber über das Verfallsdatum hinaus. Deshalb nur frische Ware einkaufen! Wenn die Filme freilich belichtet sind, dann müssen sie so schnell wie möglich zur Entwicklung. In vielen Ländern kann Kodak-Film entwickelt werden, den ich schon allein aus diesem Grund dringend empfehle. Dagegen gibt es Agfa in zahlreichen Ländern überhaupt nicht, von einem Entwicklungsdienst ganz zu schweigen. Wer mit Agfa beginnt, wird mit Sicherheit über kurz oder lang zu Kodak übergehen, denn Kodak-Filme sind weltweit erhältlich (wenn es in einer abgelegenen Gegend überhaupt welche gibt).

Bis der Film zur Entwicklung kommt, sollte er in möglichst luftdichten Behältern aufbewahrt werden, denen *blaues* Silicagel beigegeben ist (gibt es in der Apotheke). Geht die Farbe der Chemikalie, die am besten in einer luftdurchlässigen Blechdose gelagert wird, in Rosa über, dann ist sie mit Feuchtigkeit gesättigt, kann also nicht mehr vor Feuchtigkeit schützen. Silicagel läßt sich jedoch durch Erhitzen in der Bratpfanne regenerieren. In einem feuchten Behälter würden Filme und Dias in wenigen Tagen ruiniert sein.

Häufig wird es in der Nähe des jeweiligen Ankerplatzes keine Möglichkeit geben, Filme entwickeln zu lassen. Deshalb müssen sie nach der Belichtung so schnell wie möglich nach Hause geschickt werden. Würden sie noch ein paar Wochen oder gar Monate an Bord herumliegen, würden sie mit Sicherheit verderben, zumindest aber beschädigt werden (Farbveränderungen). Vor unserer Abreise sollten wir deshalb Freunde bitten, sich um unsere Fotos zu kümmern. Es reicht schon, wenn sie die Filme zum Entwickeln bringen und die Ergebnisse kurz überfliegen. Es wäre nämlich schade, wenn wir munter weiterknipsen würden, obwohl beispielsweise der Verschluß kaputt ist, was wir nicht merken können, wenn wir die Fotos nicht sehen. Besser wäre noch, wenn ein Fachmann die Fotos begutachten und uns mit Tips versorgen würde.

In jedem Fall sollten Freunde die Filme zumindest numerieren und je nach Eingang mit Datum versehen. Dann lassen sich später nicht nur die Verluste auf dem Postweg (kommen leider vor!), sondern auch die meisten Motive rekonstruieren.

Der Vorzug von Unterwasserkameras – zum Beispiel der Nikonos, die auch wie eine normale Kamera benutzt werden kann (die meisten Fotos in diesem Buch sind mit einer Nikonos gemacht) – liegt darin, daß man sie nicht besonders aufzubewahren braucht. Andere Kameras müssen ebenso sorgfältig gestaut werden wie Filme, denn in einer auch nur wenig feuchten Umgebung im Dunkeln bildet sich auf den Linsen ein Pilz, der sich in das Glas einfrißt, also nicht mehr entfernt werden kann, auch wenn das Objektiv sich öffnen ließe. UV-Licht zerstört diesen Pilz; deshalb sollte man Objektive und Gehäuse – entgegen der üblichen Gebrauchsanweisung – von Zeit zu Zeit für eine halbe Stunde in das grelle Sonnenlicht legen.

Spinnakerfliegen

Sicher ein ausgefallenes Hobby ist das Spinnakerfliegen, aber es macht soviel Spaß und ist so ungefährlich, daß ich es als Zeitvertreib am Ankerplatz noch aufführen möchte. Wir benötigen natürlich einen Spinnaker, der wegen seiner wenig guten Eignung für das Blauwassersegeln nicht unbedingt an Bord ist. Er muß mindestens 180 Quadratmeter groß sein. Das sonstige Zubehör gibt es auf allen Blauwasserankerplätzen: ein paar Schoten, einen Bootsmannsstuhl, einen großen Block und vor allem eine gleichmäßige Brise von mindestens 4 Bft.

Die Yacht wird zu diesem Zweck vor Heckanker gelegt. Zwischen den Schothörnern des Spinnakers wird eine Schot gespannt, die wiederum durch einen Block läuft, an dem der Bootsmannsstuhl hängt. An einem Schothorn wird noch eine freie „Notleine" mit mindestens 20 Meter Länge festgemacht. Nun wird der Spinnaker am Fall frei fliegend (das Fall nicht ganz durchsetzen, sondern den Spinnaker nur bis auf fünf Meter in den Masttopp holen!), also ohne Baum vorgeheißt, während schon mal der Mutigste in den Bootsmannsstuhl schwimmt. Meistens wird der Spinnaker kaum von selbst Wind fangen, sondern von zwei Schwimmern geöffnet, die die Schothörner auseinanderziehen. Wenn dann der Wind einfällt, sollte der Schwimmer im Bootsmannsstuhl mit Fahrstuhlgefühl aus dem Wasser nach oben gerissen werden.

Ist der Wind nicht zu böig, wird der Flieger ein paar Sekunden hin und her baumeln und dann sachte ins Wasser zurücksinken,

Den Spinnaker-Akrobaten sind keine Grenzen gesetzt. Spinnakerfliegen sieht gefährlich aus, ist aber ein harmloses Vergnügen.

GARUDA II

weil der Spinnaker zusammenfällt. Man kann im Bootsmannsstuhl das Fliegen wesentlich verlängern – bei günstigem Wind stundenlang –, wenn man dabei die Schoten „bedient“. Das ist ganz einfach: Der Bootsmannsstuhl läßt sich mit Hilfe des Blocks und der durchgehenden Schot von einem Schothorn zum anderen rollen. Man braucht sich also nur nach der Seite zu ziehen, wo das Segel gerade einzufallen beginnt, fast so, wie man den Spinnaker auch segelt. Sollte der Spi trotzdem zusammenfallen, kommt es zu einem sachten Fall, weil er durch die riesige Tuchmenge abgebremst wird. Ändert der Wind seine Richtung nicht plötzlich, kann es nicht passieren, daß man beispielsweise dem Vorschiff zu nahe kommt.

Und die Sicherheitsleine? Sie dient dazu, daß man den Spi auch vom Wasser aus zum Einfallen bringen kann, indem man mit der Sicherheitsleine auf das Schothorn einen ständigen Zug ausübt. Im Normalfall darf aber niemand unter dem Spinnaker im Wasser herumschwimmen, denn der Mann im Bootsmannsstuhl kann mit beachtlicher Geschwindigkeit vom Segel über die Wasseroberfläche geschleift werden. Es empfiehlt sich auf jeden Fall, eine Rettungsweste zu tragen.

Reparaturen

Zurück zum Ernst des Lebens auf dem Ankerplatz. Ich möchte niemanden verschrecken, aber ein guter Teil der erhofften „Freizeit vom Segeln“ geht nicht etwa mit Sonnenbaden, Kneipenbesuchen oder Landausflügen drauf, sondern mit Reparaturarbeiten an Bord. Das sind dann die Momente, wo der Blauwassersegler sich fragt, warum er denn eigentlich losgesegelt sei, denn zu Hause hätte er zumindest eine geregelte Arbeitszeit gehabt. Der eine oder andere wird jetzt sagen, das könne ihm nicht passieren, er kaufe nur vom Besten und vom Feinsten, das Bewährteste auf Langfahrten. Auch er wird dran glauben

Wer mit Werkzeug umgehen kann, ist gegenüber den anderen Blauwasserseglern im Vorteil.

müssen, und zwar je unverhoffter, um so mehr. Am Ende der Blauwasserfahrt wird er ebenso wie alle anderen erfahrenen Yachties an ein Naturgesetz für Langfahrtsegler glauben: Was kaputtgehen kann, wird auch kaputtgehen.

Damit hier nicht nur meine Meinung im Raume steht, gebe ich den Erfahrungsbericht von Günther Voigt wieder, der nach einem Jahr Blauwasserfahrt abgefaßt wurde. Deprimierend ist, daß die Beschwerden des befahrenen Skippers der PUSTEBLUME keine Ausnahme sind. Bei einigen hat Günther erwähnt, worin er ihre Ursache sieht. Daraus sieht man, daß es vielen Firmen geradezu gleichgültig ist, was für Ärger sie ihren Kunden bereiten. Wenn sich das Ganze nach der üblichen Gewährleistungsfrist von nur sechs Monaten abspielt! Die Hersteller der beanstandeten Ausrüstungsgegenstände sind nicht etwa irgendwelche Billiganbieter – klangvolle Namen befinden sich darunter. Um meinen Verlag von dem Ärger, den einstweilige Verfügungen einbringen, zu verschonen, habe ich die Firmennamen aus Günther Voigts Bericht gestrichen. Denn mit gerichtlichen Schritten sind viele Firmen schneller zur Hand als mit Abhilfe der von ihnen verursachten Fehler. Trotzdem wird der eine oder andere Leser von diesem Bericht profitieren, indem er erkennt, auf was er beim Kauf zu achten hat.

Erfahrungsbericht

Segelyacht PUSTEBLUME, Typ Germania 40, Ketsch deutscher Konstruktion, gebaut 1980 in Taiwan bei Ta Chao Bros. (CT-Yachten)

Schäden durch Korrosion

- *Ankerwinde wirft unter der Lackierung schon nach wenigen Monaten Blasen. Bei der deutschen Yacht PINOCCHIO fiel sie nach drei Jahren durch Korrosion des Gehäuses völlig auseinander.*
- *Beim Außenborder sind Pinne, etliche Schrauben und Muttern sowie die Zündspulen aus rostendem Eisen. Die weiße Farbe am Schaft löst sich unter Blasenbildung ganz ab. In der Gebrauchsanweisung steht dann noch wie zum Hohn: „Nach Gebrauch in Seewasser mit Süßwasser spülen." Wie stellt sich so ein namhafter Hersteller das vor?*
- *Nichtrostende Zündkerzen scheint es trotz einiger Millionen Außenborder auch immer noch nicht zu geben.*
- *Der Benzintank des Generators war nach einem Jahr so stark verrostet, daß das Benzin nicht mehr zündet. Auch das schalldämpfende Gehäuse besteht aus rostendem Eisenblech, das lediglich lackiert ist.*
- *Für unser Dingi haben wir eine Besegelung. Bei Schwert und Ruder bestehen alle Schrauben aus rostendem Eisen. Die dünne Pinne aus Alurohr brach nach kurzer Zeit.*
- *Ein faltbarer Dieseltank von 20 Liter zum Preise von fast 100 DM, der keine Stauprobleme gibt, war am Einlauf mit einer Aluverschraubung versehen, die sich nach einigen Monaten im Ankerkasten nicht einmal mehr mit einer großen Wasserpumpenzange lösen ließ.*
- *Alle Niroschrauben in unserem Alurigg lassen sich nach einigen Monaten kaum noch lösen, obwohl man das durch etwas Teflonband um das Gewinde leicht verhindern könnte.*
- *Verzinkte Gasflaschen scheint es ebenfalls bis heute nicht zu geben.*
- *Der Beschlag unseres Passatbaumes aus Niro und Alu korrodiert regelmäßig in kurzer Zeit so fest, daß man keine Schot mehr ausklinken kann.*
- *Unsere Vorsegel haben jeweils oben und unten am Vorliek für die Rollreffanlage Patentschäkel, die beim Verpacken in Säcke große Rostflecken ins Segeltuch bringen. Dabei würde es genügen, wenn diese Schäkel direkt an der Rollreffanlage und nicht am Segel selbst säßen.*
- *Alle außen angebrachten Steckdosen und Schalter sind regelmäßig nach wenigen Monaten so stark korrodiert, daß sie nicht mehr funktionieren. Das gilt für fast alle Fabrikate, die ausdrücklich für Außenmontage hergestellt sind. Dabei gibt es seit einiger Zeit Steckdosen*

aus Plastik, die absolut dicht und beständig sind.

● *Bei einem Handscheibenwischer war sowohl eine Klemm-Mutter als auch die Feder aus einfachem Stahl.*

● *Ein Kompressor-Signalhorn bestand fast nur aus Kunststoff, außer den die Töne erzeugenden Teilen. Die aber sind schon nach wenigen Wochen völlig aufgelöst.*

Mangelhaftes Material

● *Die größten und stabilsten Ausführungen von Teleskop-Spibäumen sind bei allen uns bekannten Yachten bereits auf der Atlantiküberquerung gebrochen, weil die Alurohre viel zu dünn waren. Dabei waren die ausgebaumten Segel noch kleiner als die vom Hersteller erlaubten Größen.*

● *Zwei Bilgehandpumpen brachen bei uns bereits beim ersten Gebrauch, weil das Gehäuse mitsamt Scharnier für den Pumpenhebel aus viel zu dünnem Kunststoff bestand.*

● *An allen Anzeigegeräten (Windmeßanlage, Amperemeter, Voltmeter) löste sich unter dem Schauglas eine Beschichtung gegen das Beschlagen.*

● *Bei den Kontrollampen unserer zentralen Schalt- und Sicherungstafel bestehen die Einfassungen der Lampen aus einem Kunststoff, der langsam verkohlt und zerfällt. Bisher war nirgendwo Ersatz dafür zu bekommen.*

● *Unsere Rettungsboje zur Kennzeichnung einer über Bord gefallenen Person hat einen Auftriebskörper aus Styropor, der sich nach gut einem Jahr völlig auflöst. Die orangefarbene Flagge am Topp ist stark verblichen, und ihre Einfassung zerfällt.*

● *Die Heißstropps unserer Niro-Davits bestanden aus verzinktem Draht. Nach wenigen Wochen waren sie angerostet und zerbrachen. Der jetzt verwendete Nirodraht hält schon die zehnfache Zeit.*

● *Eine Winschkurbel hatte nach kurzem Gebrauch einen Riß an dem Vierkant, der in die Winsch gesteckt wird.*

Mangelhafte Konstruktionen

● *Unser Dingi ist aus derart dünnem Plastik gefertigt, daß die Innenschale die ersten Löcher schon vor der Benutzung allein durch den leichten Druck der Riemen erhielt, die mit Gummistropps gehaltert sind. Die Dollen brachen nach der dritten Benutzung heraus. Inzwischen ist das Dingi an so vielen Stellen ausgebessert, daß es hoffentlich keiner mehr stehlen wird.*

● *Unsere selbstholenden Winschen fressen selbst in der Ostsee pro Saison mindestens ein Paar Schoten. Zudem rutscht die Schot durch, wenn sie feucht ist. Alle zwei bis drei Monate müssen sie total zerlegt werden, weil das eindringende Seewasser nicht richtig abfließen kann. Durch Verwendung von Bronze direkt neben Alu kommt es zu tiefen Korrosionslöchern an einigen Bauteilen.*

Die dazugehörigen Ratschenkurbeln überdrehen schon beim ersten Gebrauch, weil sie höchstens für Segel von 25 m^2 zu gebrauchen sind. Sie wurden mir jedoch für eine Genua von 50 m^2 verkauft.

● *Was Positionslaternen betrifft, so ist mir kein Fabrikat bekannt, das wirklich wasserdicht ist. Außerdem korrodieren im Inneren die Messingschrauben an den Elektrokontakten.*

● *Bei unserem Gasherd sind die Topfklemmen an das Kochgestell zu schrauben, das nur lose auf dem Herd liegt. Beim Kochen auf See hüpfen Töpfe mit den Haltebügeln und dem ganzen Gestell vom Herd.*

Die Einstelldrehknöpfe bestehen aus einem Kunststoff, der beim Erwärmen des Backofens so weich wird, daß die Knöpfe auf der Welle überdrehen. Der Herd rostet an allen nicht emaillierten Stellen sehr stark.

● *Die Bulleyes haben Scheiben aus Plexiglas ohne Rahmen. Alle fünf bei uns an Bord leckten, weil die Scharniere aus einem zu weichen Kunststoff bestehen. Dadurch lassen sich die Scheiben nicht fest genug an die Dichtung pressen.*

● *Tannoy- oder auch Ufo-Lüfter genannte Belüfter sind bei überkommendem grünem Wasser eigentlich nur als Duschen unter Deck zu verwenden. Auch ein Versuch, sie bei schlechtem Wetter mit Nirodeckeln von außen zu verschließen, ist völlig gescheitert. Wir muß-*

ten alle drei völlig und auf Dauer verschließen, wodurch das Vorschiff keine permanente Belüftung mehr hat.

● *Unser 4-PS-Außenborder bedarf zum Säubern des Vergasers und zum Wechseln des Starterriemens verschiedener Schlüssel. Auch zum Lösen der Motorhaube wird schon ein Schraubenzieher benötigt. Ich meine, daß folgende Wartungsarbeiten einfach und jederzeit auch auf See ausführbar sein müssen:*

– Kerzen reinigen
– Vergaser reinigen
– Starterseil wechseln
– Scheerstift wechseln

Die hierfür nötigen Werkzeuge sollten jederzeit erreichbar angeklemmt sein, beispielsweise unter der Motorhaube. Die Muttern des Vergasers sollten so angebracht sein, daß man für eine Montage keinen Satz von Spezialfingern an den Händen braucht. Der eingebaute Tank muß von außen den Stand der Füllung erkennen lassen (Sichtglas).

● *Der Kicker des Großbaumes sollte die verölten Bereiche durch Plastikhauben oder Schläuche so verdeckt haben, daß nicht ständig das Großsegel eingeschmiert wird. Die Halterung am Baum sollte nur mit seitlichen Nieten befestigt werden, weil Bohrungen an der schmalen Unterseite den Baum entscheidend schwächen. Bei uns gab es an dieser Stelle, ausgehend von zwei Bohrungen, Bruch.*

● *Unser Wassergenerator hat außer starken Korrosionsproblemen (kein seewasserbeständiges Alu neben Niroteilen) eine Halterung an nur zwei Punkten. Dadurch kommt er bei Fahrt in starke Schwingungen, die sich so lautstark auf den Spiegel übertragen, daß man nicht mehr in der Achterkajüte schlafen kann.*

Defekte Elektronik

Folgende Ausrüstungsgegenstände mußten jeweils nach kurzem Gebrauch zur Reparatur gegeben werden:

– UKW-Gerät
– Amateurfunkgerät
– Autopilot
– Satellitennavigator
– Echolot
– Quarz-Schiffsuhr

Defekte am Sextanten

Unseren teuren Metall-Sextanten besaß ich schon einige Jahre; er lag auf dem Schrank zu Hause und war noch nie benutzt worden. Vor der Reise ließ ich ihn routinemäßig kontrollieren. Für über 300 DM wurde ein Spiegel ausgewechselt. Bei ersten Messungen hatte er dann eine unterschiedliche Indexberichtigung (Ib) zwischen –1' und 7', weil die Führung am Gradbogen so festgezogen war, daß das ganze Gerät unter Spannung arbeitete. Die Ib hing von der Richtung ab, aus der man sich dem Meßwert näherte.*

Für den Langfahrtsegler ist es bitter, daß er nicht einfach in ein Geschäft gehen und ein Ersatzteil mitnehmen kann, daß im allgemeinen kein Fachmann am Ort ist und daß die Werksvertretung, deren Adresse man aus der Liste der weltweiten Vertretungen herausgesucht und deretwegen man einen Umweg von 600 Seemeilen gesegelt hat, zwar schon mal etwas von der Mutterfirma gehört hat, außer ein paar Prospekten aber nichts anbieten kann. Kurzum: Zum Ärger mit dem Gerät kommt noch der nagende Frust, der einem den malerischsten Ankerplatz vermiesen kann. Hier hilft nur eines: sich mit der Tatsache, daß auf jedem Schiff etwas kaputtgehen kann, abfinden und vorsorgen. Diese Vorsorge beginnt bereits beim Kauf des Ausrüstungsgegenstandes.

Ganz wichtig ist es, an die Serviceunterlagen heranzukommen. Diese sind zwar für „Fachleute" geschrieben, aber wenn keine Fachleute greifbar sind, müssen wir soweit als möglich versuchen, mit den Problemen fertig zu werden. Natürlich sind uns Grenzen gesetzt. Ich bin nicht so vermessen zu glauben, daß der Fachmann so ohne weiteres ersetzbar ist; es gibt aber Arbeiten, die wir mit der nötigen Sorgfalt und Vorsicht zur Not auch selbst ausführen können und müssen.

* Nicht von der Firma Cassens & Plath

Denken wir nur an den Ölwechsel bei der Maschine. Beim Auto überlassen wir das dem Fachmann, der Werkstätte, unterwegs auf dem Schiff müssen wir da wohl selber ran. Oder einen Filterwechsel. Oder ein gerissenes Segel und so fort. Aber selbst wenn wir das Glück haben, einen Fachmann am Ort aufzutreiben, hat der, beispielsweise in Indonesien, womöglich noch nie einen kaputten Motor der Marke X gesehen. Wenn wir jedoch ein Servicemanual über diese Maschine haben, kann er sie bestimmt zerlegen.

Es ist eine Tatsache, daß viele Hersteller Serviceunterlagen nicht herausrücken, weil sie einerseits vermeiden wollen, daß jeder an ihren Kunstwerken herumbastelt, andererseits ihren autorisierten Werkstätten das Geschäft mit der Reparatur zukommen lassen wollen. Es bleibt uns also nichts anderes übrig, den Firmen genau zu erklären, worum es geht. Vielleicht haben sie dann Verständnis und geben die Unterlagen heraus (gegen Erstattung der Kosten natürlich). Als letzte Waffe, die meistens zieht, können wir dann immer noch den Kauf davon abhängig machen. Mit Recht, denn beispielsweise ein Radargerät mit einem ausführlichen Servicemanual ist mir lieber als eine andere Marke mit vielleicht einer etwas größeren Reichweite, aber ohne technische Unterlagen.

Bei elektronischen Geräten ist die Chance, daß man selbst etwas richten kann, ohne Fachwissen sehr gering. Aber immerhin könnte es sein, daß wir den Fehler ziemlich eingrenzen können, wenn wir über technische Unterlagen verfügen. Das kann von großem Vorteil sein, weil wir dann nämlich nicht das ganze Gerät zum Hersteller schicken müssen, was oft wegen der hohen Portokosten unmöglich sein wird, sondern vielleicht nur eine leichte Steckplatine.

Häufig sind Servicemanuals – die guten zumindest – so geschrieben, daß man mit gesundem Menschenverstand auch recht weit kommen kann. Ganz klar, denn in Werkstätten arbeiten ja nicht nur Hochschulingenieure, sondern manchmal auch angelernte Kräfte, die mit diesen Unterlagen zurechtkommen müssen.

Ich wehre mich gegen die häufig vertretene Ansicht, daß man, auch wenn keine andere Hilfe möglich ist, unbedingt die Finger von der Technik lassen soll. Das ist so wie beim Thema „Medizin an Bord". Auch hier wird man einräumen müssen, daß es Sache des Arztes ist, eine intravenöse Spritze zu verabreichen, daß es aber auch Notfälle fernab von jeder ärztlichen Hilfe gibt, wo auch der Laie mit Mitteln des Arztes eingreifen soll und muß. Bei der Technik gilt das in viel weiterem Maße, denn da läßt sich Schaden später mit Geld immer wieder reparieren.

Fast ähnlich wie mit schriftlichen Unterlagen – über die Gebrauchsanweisung für die Landratte oder den Küstensegler hinaus – ist es mit Ersatzteilen. Ich weiß bereits die Antwort des Geräteherstellers, wenn man ihn nach notwendigen Ersatzteilen für sein Erzeugnis fragt: „Sie brauchen gar nichts, denn unsere Produkte gehen nicht kaputt!"

Daß dies nicht richtig ist, liegt auf der Hand, und so werden wir hier mit unserer Weisheit ziemlich alleingelassen. Besser fragt man da eine Werkstätte oder eine Werft, die oft weiß, wo die Schwachpunkte mancher Geräte liegen. Entsprechend sollte man dann aber auch großzügig mit dem Einkauf von Ersatzteilen sein, mögen sie im Moment noch so teuer erscheinen. Diese Ausgabe rentiert sich schon, wenn man unterwegs nur ein einziges Teil braucht. Vom viel besseren Schlaf ganz zu schweigen.

Das technische Logbuch

Viel wichtiger als das übliche Logbuch, in dem schön langweilig und nichtssagend die jeweilige Segelführung und die Windrichtung eingetragen werden und das später ohnehin niemand mehr liest (außer vielleicht irgendwelche Medaillenverleihungsorganisationen), ist ein technisches Tagebuch. Warum? Erfahrungsgemäß wird ein Segel-Logbuch immer nur unterwegs geführt und nicht am Ankerplatz. Dort aber kommen die für die Schiffstechnik wichtigeren Dinge vor wie Ölwechsel, Filtersäuberungen, Überprüfen der Schlauchverbindungen usw. In einem normalen Logbuch findet man gar keinen Platz für derartige Eintragungen, die viel wichtiger für die Schiffssicherheit sind als beispielsweise der Vermerk „0817: Leinen fest."

Auf eine Blauwasseryacht gehört in jedem Fall ein technisches Logbuch, in das alle Daten eingetragen werden müssen, die in technischer Hinsicht bedeutsam werden können. Nur so läßt sich die Technik wirklich in den Griff bekommen.

Manche führen sogar mehrere technische Logbücher, nach Sachgebieten geordnet, also jeweils für die Maschine, für die Elektrizität, für den Wasserhaushalt und so fort. Das hat den Vorteil, daß man eine viel bessere Übersicht bekommt. Man kann auch mit mehreren Farben arbeiten, um später gewisse Vorgänge leichter rekonstruieren zu können. Denn im Gegensatz zu dem gewöhnlichen Logbuch muß man in einem technischen Logbuch viel häufiger zurückblättern.

Nachfolgend einige Anregungen für Eintragungen in ein technisches Logbuch:

- Alle Maschinenarbeiten (Ölwechsel, Ventileinstellung, Ölnachfüllung, Tanknachfüllung) mit Datum, Ort und Betriebsstunden
- Beobachtung beim Batterieladen, Nachfüllen von destilliertem Wasser
- Überprüfungen der Rettungsinsel, der Rettungswesten und sonstiger Sicherheitsmittel
- Zustand der Bilge
- Zugabe von Chemikalien ins Trinkwasser
- Nachfüllen von Hydrauliköl in die Ruderanlage
- Ersetzen der Steuerleinen bei der Selbststeueranlage
- Verwendete Farben und Anzahl der Anstriche bei Slipaufenthalten

Und so weiter. Verbraucht die Maschine mehr Öl als früher? Wann müssen die Patronen der Rettungswesten erneuert werden? Ist die Hydraulik undicht? Welche Unterwasserfarbe hat sich beim letzten Mal so gut bewährt? Das alles sind Fragen, die man mit einem Blick in das technische Logbuch beantworten kann.

Wartung, Pflege und Reparatur

Jedes Schiff, jede elektrische Anlage, jede Maschine ist etwas anderes. Bei den nachfolgend empfohlenen Ersatzteilen handelt es sich also um eine Mindestausrüstung für Blauwasserfahrt, wobei eine mehrjährige Dauer der Fahrt unterstellt wird, fern ab von guten Versorgungsmöglichkeiten. Wenn der zukünftige Blauwassersegler diese Empfehlungen beherzigt, ist er jedenfalls für die am häufigsten auftretenden Probleme gewappnet.

Empfohlene Ersatzteile für die Maschinenanlage	
Ölfilter	je Ölwechsel einer
Getriebeöl	wird so selten gewechselt, daß man sich für längere Zeit damit eindecken kann
Maschinenöl	möglichst beim gleichen bleiben; beim Langfahrtsegeln ist das jedoch nicht möglich – andere Länder, andere Marken. Einen allzu großen Vorrat kann man nicht mitnehmen, weil Öl, genauso wie Diesel, altert
2 komplette Dichtungssätze, zusätzlich Auspuffdichtungen und Kupferdichtungen für Treibstoffleitungen	zwei Stück deshalb, weil man manchmal nur einen speziellen O-Ring braucht, worauf der Satz nicht mehr komplett ist; außerdem kann eine Dichtung in Laienhand schon mal kaputtgehen
1 Satz Einspritzdüsen	sehr empfindlich gegen Rost, deshalb in Fett lagern
Treibstoffleitungen	beschädigt man leicht, wenn man die Terminals unsachgemäß anzieht
Filterpatronen für alle Treibstoffleitungen	altern, auch wenn man stets sauberen Diesel verwendet; müssen also auf jeden Fall alle zwei Jahre ausgetauscht werden
Seewasserpumpe und mehrere Impeller	
Thermostat	
1 Satz Gummischläuche für Kühlkreislauf	Gummi altert, deshalb sind selbst intakt erscheinende Schläuche nach spätestens drei Jahren auszutauschen
1 Dichtungssatz für Getriebe	
Ersatzpackung für Stopfbuchse	

An Werkzeugen für die Maschinenanlage benötigt man über den normalen Werkzeugsatz für das Blauwassersegeln (siehe später) hinaus kaum etwas, höchstens einen Griff, um die Ölfilter abzuschrauben, was sich auch dadurch bewerkstelligen läßt, daß man den Ölfilter mit einem Schraubenzieher durchsticht. Das Einstellen der Ventile erfordert ein genaues Maß, um das Ventilspiel auf wenige hundertstel Millimeter genau zu ermitteln.

Es gibt an Bord kaum ein zuverlässigeres mechanisches Gerät als den Dieselmotor. Störungen daran, das ist sein größter Vorzug, sind selten, wenn man regelmäßig die wenigen erforderlichen Pflegearbeiten macht. Hierzu gehört in erster Linie der Ölwechsel, genau nach Vorschrift. Auch das empfohlene Öl muß verwendet werden, zumindest aber von dem entsprechenden Viskosegrad. Man erkundige sich beim Hersteller rechtzeitig, ob und welche Mehrbereichsöle eingesetzt werden dürfen. Viele Firmen schreiben für unsere kalten Gegenden dünnflüssiges Öl vor, beispielsweise HD 20, das in den Tropen überhaupt nicht zu bekommen ist. Darf dann ein Mehrbereichsöl, beispielsweise HD 20/50, eingesetzt werden?

Trägt ein regelmäßiger Ölwechsel zur langen Lebensdauer einer Maschine bei, dann garantiert bei einem Diesel die absolute Dichtigkeit der Treibstoffleitungen seine Funktionssicherheit. Es ist deshalb außerordentlich wichtig, daß die Bilge unter der Maschine trocken ist. Denn nur dann kann man Undichtigkeiten sofort entdecken. Dieselgeruch im Maschinenraum deutet auf ein Leck in der Treibstoffleitung hin, das beseitigt werden muß, weil selbst kleine Luftblasen im Treibstoff den Motor zum Stillstand bringen können. Er wird erst wieder anspringen, wenn die Leitungen entlüftet worden sind.

Mit diesem Problem wird der Blauwassersegler mit Sicherheit irgendwann konfrontiert werden; er sollte sich deshalb unbedingt zeigen lassen, wie man die Maschine fachmännisch entlüftet. Dann verliert er auch ein wenig die Scheu vor den vielen Schrauben – die er zu Recht hat, denn das Wahrscheinlichste, was Laienhände an einem Motor anstellen können, ist, eine Schraube abzudrehen. Nach dem Hebelgesetz hängt es nicht nur von der Kraft ab, mit der man einen Schraubenschlüssel dreht, sondern auch von seiner Länge. Mit anderen Worten: Man kann jede Schraube abdrehen, worauf man meistens recht hilflos ist und erst recht in Schwierigkeiten kommt.

Am besten wäre es deshalb für einen Laien, wenn er nur mit Drehmomentschlüssel arbeiten würde. Aber das allein reicht eben nicht aus, wenn die zulässigen Drehmomente nicht bekannt sind. Denn kaum eine Maschine ist auf dem Markt, bei der für jede ihrer zahllosen Schrauben das Drehmoment angegeben ist. So erübrigt sich die Anschaffung solcher teuren Schlüssel für uns fast immer, denn am Zylinderkopf eines Diesels, wo das Drehmoment genau festgelegt ist, haben Laien nichts zu suchen. Gleiches gilt für die Einspritzpumpe, an der nicht einmal der Fachmann ohne Spezialausrüstung an Bord etwas machen kann.

Das Einstellen der Ventile aber bleibt uns vorbehalten. Das können wir auch, wenn wir es einmal gezeigt bekommen haben. Falls das nicht schon in der Werft geschehen ist, holen wir uns noch vor dem Lossegeln einen Mechaniker an Bord, der uns das vorführt. Die hundert Mark rentieren sich, vor allem wenn er uns noch zeigt, wie fest man eine Treibstoffleitung anziehen darf und wie man eine Kupferdichtung auf dem Primus ausglüht, damit man sie wiederverwenden kann.

Fehlersuche bei der Maschine

Nachfolgend einige Hinweise zur Fehlersuche bei einer Dieselmaschine. Es wurden nur solche Ursachen aufgenommen, gegen die wir mit Bordmitteln etwas unternehmen können. Das ist auch gerechtfertigt, denn fast immer handelt es sich um harmlose Fälle.

Fehler	**Ursache**
Starter dreht sich nicht	Batteriehauptschalter nicht eingeschaltet Batteriekontakte verschmutzt
Starter rastet hörbar ein, dreht aber Maschine nicht durch	Batteriekontakte verschmutzt Batterie leer Wasser im Zylinder
Starter dreht sich nur zögernd	Batterie entladen letzter Versuch bei gleichzeitigem Betätigen des Dekompressionshebels (wenn vorhanden)
Starter dreht sich normal, Maschine springt nicht an	zu kurz vorgeglüht Luft in der Treibstoffleitung kein Diesel im Tank Stopphebel nicht auf Stellung „Start"
Maschine startet und stoppt nach kurzer Zeit wieder	Luft in der Treibstoffleitung Treibstoffilter verschmutzt Treibstofftankentlüftung verstopft oder geschlossen
Maschine läuft nicht gleichmäßig	Luft oder Schmutz in der Treibstoffleitung Treibstoffilter verschmutzt zu wenig Treibstoff im Tank, deshalb Überlastung der Förderpumpe wegen zu hoher Saughöhe
Maschine kommt nicht auf volle Leistung	Luftfilter verschmutzt Luft in der Treibstoffleitung
Maschine raucht stark (schwarz)	falscher Treibstoff
Maschine nagelt stark	Luft in der Treibstoffleitung falscher Treibstoff
Maschine wird zu heiß	nicht genügend Frischwasser im Wärmetauscher Lecks in der Kühlwasserversorgung Keilriemen für Kühlwasserpumpe zu lose Thermostat defekt zu wenig Motoröl
zu niedriger Öldruck (unter 2 kg/cm^2) bei mittlerer Drehzahl	zu wenig Öl (ansonsten Vorsicht: Ernstzunehmende Probleme kündigen sich an!)
hoher Ölverbrauch (über 1 l/15 h)	Maschine leckt (Motorbilge überprüfen), sonst ernste Ursache

Elektrische Anlage

Empfehlenswerte Werkzeuge: Lötkolben, Lötzinn, Zange zum Aufsetzen von Quetschverbindungen und Kabelschuhen, Abisolierzange, Krokodilklemmen mit Überbrückungskabel, Vielfachmeßinstrument.

Letzteres ist ein Muß auf einer Blauwasseryacht. Ein reiner Durchgangsprüfer reicht nicht aus, dagegen schon ein preiswertes Vielfachmeßgerät aus dem Kaufhaus. Wenn man aber mehr Geld ausgeben möchte, ist es zweckmäßig, ein Instrument zu kaufen, mit dem auch hohe Ströme (beispielsweise bis 10 Ampere) gemessen werden können. Zeigerinstrumente sind für unsere Zwecke geeigneter als die wesentlich teureren Geräte mit Digitalanzeige.

Eine einwandfreie elektrische Anlage bedarf bis auf das gelegentliche Prüfen, Nachfüllen oder vielleicht auch Auswechseln der Batterien keiner Wartungs- und Pflegearbeiten. Sie muß aber laufend überwacht werden, denn oft stellt ein Fehler sich zur unpassenden Zeit heraus, während er vorher relativ leicht zu beseitigen gewesen wäre.

Man kann an der elektrischen Anlage mit ganz wenig Grundwissen schon sehr viel anfangen, auch wenn einem nur Bordmittel zur Verfügung stehen. Man muß nur logisch vorgehen.

Die gesamte Bordelektrik läßt sich in vier Abteilungen einteilen:

Stromerzeugung
Stromspeicherung
Stromleitung
Stromverbrauch

Bei der Stromspeicherung treten fast nie Fehler auf, aber die Batterie wird einmal so altern, daß sie ersetzt werden sollte, was billiger ist. Die meisten Störungen haben wir bei den Verbrauchern, wo wir aber selten etwas ausrichten können. Nicht häufig, dafür aber um so ernster sind Mängel bei der Stromerzeugung, die deshalb schwerwiegend sind, weil sie die gesamte Elektrik betreffen.

Stromerzeugung und -speicherung

Unerläßlich zur Überwachung sind ein festinstalliertes Voltmeter und ein Amperemeter hinter jeder Lichtmaschine. Oft kann man schon mit einem Blick feststellen, ob hier etwas nicht stimmt. Eine einwandfreie Funktion wirkt sich auf den Instrumenten folgendermaßen aus, wobei unterstellt wird, daß die Batterie gerade eben nach ein paar Tagen wieder aufgeladen wird (12-Volt-Anlage, Verbraucher sind nicht in Betrieb):

Maschine steht	Voltmeter zeigt zwischen 11 und 12 V an, Amperemeter zeigt 0 A
Maschine wird angelassen und die Drehzahl etwas über Leerlaufdrehzahl eingestellt	Amperemeternadel springt schlagartig fast bis auf vollen Anschlag, Voltmeter steigt kaum merklich
Maschine läuft einige Minuten	Amperemeter steht immer noch hoch, während Voltmeter langsam auf über 12 V ansteigt

Maschine läuft eine halbe Stunde	Voltmeter ist in der Nähe von 13 V, während Amperemeter immer noch deutlichen Ausschlag hat, doch nicht unter 10 A anzeigt
Maschine läuft einige Stunden	Voltmeter sollte in der Gegend von 14 V stehen, während Amperemeter nur noch etwa 5 A anzeigt

Situation bei alter Batterie: Zunächst fließt für kurze Zeit aller Strom, den die Lichtmaschine bringen kann, also 35 oder 55 Ampere, je nach Typ. Aber: Amperemeter geht einige Minuten nach dem Anlassen bereits auf etwa 5 Ampere zurück, was anzeigt, daß die Batterie nicht mehr genug Kapazität hat, um mehr Strom aufzunehmen. Wenn trotz stundenlangen Laufens in der anschließenden Entladephase die Voltmeternadel schon nach kurzer Belastung unter oder in die Nähe von 11 Volt rückt, ist dies das Signal zum Austauschen der Batterie. Man sollte hier nicht am falschen Ende sparen, denn mit so einer Batterie hat man keine Freude mehr, vor allem dann nicht, wenn man – in diesem Fall unwirtschaftlich – die Hauptmaschine zum Nachladen der Batterien benutzt.

Fehler oder Defekte in der Stromerzeugung sind einfach zu erkennen und ebenso leicht zu beseitigen, wenn man ein klein wenig mehr in die Ersatzteile investiert. So mag es übertrieben erscheinen, wenn ich empfehle, nicht nur einen Ersatzregler, der zwischen 30 und 50 DM kostet, sondern auch eine ganze Lichtmaschine mitzunehmen. Lichtmaschinen gehen bei sachgemäßer Behandlung zwar kaum kaputt, doch wenn es passiert, ist es bitter, weil nach ein paar Stunden Stromverbrauch die gesamte elektrische Anlage lahmgelegt ist.

Man kann solche Alternatoren, die samt und sonders auch in Pkws verwendet werden, für wenig Geld beim Autoausschlachter bekommen.

Wenn ein Keilriemen reißt, kann man sich mit diesem zu jeder beliebigen Größe zusammensetzbaren Riemen behelfen.

Die häufigsten Fehler in der Stromversorgung sind daraus ersichtlich, daß das Amperemeter keinen oder nur ganz wenig Strom anzeigt. Beruhigen Sie sich in diesem Moment nicht damit: „Wahrscheinlich ist die Batterie eben voll“, oder: „Wahrscheinlich rutscht der Keilriemen“, oder: „Wahrscheinlich ist das Amperemeter kaputt.“ Ein einziger Blick sagt einem, daß dies „wahrscheinlich“ nicht die Ursache für die fehlende Amperemeteranzeige ist. Den rutschenden Keilriemen würde man sofort am Geräusch und am Geruch nach verbranntem Gummi erkennen und wahrscheinlich auch sehen. Ein Blick darauf lohnt sich aber deshalb, um auszuschließen, daß er abgesprungen oder gerissen ist. Ob das Instrument defekt ist, erkennt man auch daran, ob nach einigen Minuten Laufzeit der Maschine das Voltmeter über 12 Volt oder überhaupt ansteigt. Wenn es unter der 12-Volt-Marke bleibt, ist das ein sicheres Zeichen, daß der Fehler woanders zu suchen ist.

Nun kann der Defekt nur noch im Regler, in der Lichtmaschine, in der Ladeanzeigelampe (oder dem entsprechenden Widerstand) und an den Kabeln liegen. Sind wir entsprechend ausgerüstet (Ersatzregler, Ersatzlichtmaschine), ist die Fehlersuche nicht besonders frustrierend, denn wir wissen zumindest sicher, daß wir den Fehler finden werden:

Am einfachsten läßt sich die Ladeanzeigelampe überprüfen. Wenn sie bei abgestellter Maschine und eingeschalteter „Zündung“ hell brennt, dann ist sie auch in Ordnung. Nicht alle Anlagen haben diese Lampe, dafür ist immer ein Widerstand von etwa 75 Ohm vorhanden. Fehler an diesem Widerstand wirken sich wie eine defekte Ladeanzeigelampe aus, die Batterie wird nicht geladen. Wenn es auch nicht häufig vorkommt, daß an diesem Widerstand Probleme entstehen, rentiert es sich doch, seine Anschlüsse zu überprüfen.

Als nächste Fehlerursache kommt der Regler in Betracht. Er wird nur bei *stehender* Maschine ausgetauscht! Vorher fertige man sich eine Zeichnung der Anschlüsse an, damit sie auf keinen Fall verwechselt werden. Noch besser ist es, mit Blitz ein Polaroidfoto zu schießen oder mit der Videokamera zu dokumentieren, dann kann es zu Mißverständnissen gar nicht erst kommen.

Wenn die Anlage nach dem Einbau des Reglers einwandfrei arbeitet, steht fest, daß die Ursache im Regler liegt. Eine Reparatur des Reglers ist ausgeschlossen. Man soll das auch gar nicht probieren, sondern das Ding gleich über Bord werfen.

Arbeitet die Anlage nach dem Austausch des Reglers immer noch nicht, können nur noch defekte Leitungen oder eine kaputte Lichtmaschine in Frage kommen.

Wichtig: An der Lichtmaschine soll nicht herumhantiert werden, solange die Maschine läuft. Wird nämlich die Verbindung zur Batterie unterbrochen – auch nur für Sekunden –, sind mit Sicherheit die Dioden in der Lichtmaschine zerstört. Bevor wir die Lichtmaschine austauschen, ist es also zweckmäßig, zuerst die Leitungen von der Lichtmaschine zur Batterie zu überprüfen, denn wenn diese beispielsweise defekt sind, würde dadurch eine ausgetauschte Lichtmaschine auch sofort wieder beschädigt. Erst wenn sichergestellt ist, daß die Leitungen in Ordnung sind, wird die Lichtmaschine (nach Aufzeichnen oder Fotografieren der Anschlüsse) ausgetauscht und die Maschine gestartet.

Drehstromlichtmaschinen – und nur von solchen war bisher die Rede, weil Gleichstromlichtmaschinen für das normale Bordnetz kaum noch benutzt werden – sind sehr robust. Man hat keinen Ärger mehr mit den Kohlebürsten, weil durch sie nur noch so wenig Strom fließt, daß sie kaum belastet und damit auch nicht abgenutzt werden. Was bei einer Drehstromlichtmaschine wahrscheinlich kaputtgehen kann, sind die Dioden. Möchte man sich also die Anschaffung einer Ersatzlichtmaschine ersparen, kann man sich auch mit einem billigeren Satz *passender* Dioden behelfen.

Fehler in der Stromzuführung

Fehler in der Stromzuführung können sich auf der Strecke von der Batterie zur Schalttafel und anschließend befinden. Liegen sie vor der Schalttafel – eine ordnungsgemäße, fachgerechte elektrische Anlage vorausgesetzt –, dann merkt man das leicht daran, daß auch andere Verbraucher nicht funktionieren. Hat man eine Anlage, bei der das Fehlersuchen, übertrieben ausgedrückt, regelrecht Spaß macht, hat also jeder einzelne Verbraucher seinen eigenen Stromkreis, dann dürfte in diesem Fall überhaupt kein Verbraucher mehr arbeiten. Der Fehler kann dann nur in der Batterie selbst liegen – was ziemlich ausgeschlossen ist, daß er so plötzlich kommt, das Voltmeter müßte es anzeigen – oder in den Verbindungen beim Hauptschalter und bei der Schalttafel.

Fehler in einer Leitung von der Batterie zum Verbraucher erkennt man daran, daß im Gegensatz zu anderen Geräten ein Verbraucher nicht funktioniert, weil bei ihm kein Strom ankommt. Aber nicht zu vorschnell: Der Fehler kann auch im Verbraucher selbst liegen, wobei dadurch die Sicherung ausgelöst wurde, die diesen Stromkreis absichert. Deshalb gehe man so vor:

Prüfen, ob beim Verbraucher Strom ankommt. Dies läßt sich am besten mit einem Meßinstrument durchführen, Einstellung „Volt DC“, wobei der Meßbereich etwas höher als die Bordspannung zu wählen ist, also beispielsweise bei 12 Volt nicht der Bereich bis 10 Volt (da könnte das Meßinstrument beschädigt werden), sondern bis 15 Volt oder 20 Volt oder 25 Volt, je nach Modell. Anschließend suche man am Verbraucher nach der Stelle, wo er angeschlossen ist. Kommt man mit den Prüfspitzen an das Metall der Stromleitung, so messe man die Spannung, wobei die Plusleitung (meistens rot) des Meßinstruments mit der Plusleitung der Stromzuführung und die beiden Minusleitungen getastet werden. Jetzt passiert folgendes:

● Entweder schlägt die Nadel des Meßinstrumentes nach links, also in die falsche Richtung auf der Skala aus. Dann ist Spannung auf der Stromführung, jedoch hat man mit der Plusleitung des Meßinstrumentes die Minusleitung des Bordnetzes erwischt, was falsch ist.

● Oder die Nadel schlägt nach rechts in die Gegend von 12 Volt aus, dann ist Strom da, was aber noch nicht bedeutet, daß die Zuführung auch in Ordnung ist.

● Oder die Nadel zeigt gar nichts an. Dann liegt eine Unterbrechung der Leitung von der Schalttafel bis hierher vor.

In diesem Fall können die Fehlerquelle die Sicherung oder die Verbindungen von der Schalttafel zu dem überprüften Stromkreis sein. Das, was der Laie am häufigsten vermutet, nämlich einen Defekt am Kabel selbst, irgendwo in der Mitte, kommt bei der hohen Qualität der heutigen Kunststoffisolierungen praktisch nicht mehr vor.

Man überprüfe die Kontakte und säubere sie immer dann, wenn sie optisch keinen guten Eindruck machen. Ein grünlicher Belag auf dem Kupfer zeugt von Korrosion an der Leitung. Das Kabel muß deshalb mit Messer, Sandpapier, Feile oder ähnlichem so lange gesäubert werden, bis es wieder einwandfrei kupfern glänzt. Wenn man das Gefühl hat, das Kabel könnte auch unter der Isolierung vergammelt sein, schneide man ein paar Zentimeter ab und versuche es noch mal. Meist wird die Qualität besser.

Eine verdächtige automatische Sicherung tausche man aus. Wenn kein Ersatz an Bord ist, so nehme man kurzfristig – nur zur Fehlersuche – eine aus einem anderen Stromkreis, die aber für die gleiche Stromstärke ausgelegt sein muß.

Wenn die Spannung bei dieser Messung nicht annähernd 12 Volt erreicht hat, dann kann der Defekt entweder im Gerät (Verbraucher) oder in der Stromzuführung liegen. Am einfachsten erkennt man das, indem man das verdächtige Gerät mit beiden Adern von der Leitung abklemmt und statt dessen ein einwandfrei funktionierendes anschließt. Dieses sollte ungefähr eine Leistung und damit einen Stromverbrauch haben wie das verdächtige.

Zeigt bei eingeschaltetem Verbraucher das Meßinstrument wiederum nicht einmal 11 Volt an, so liegt in der Stromzuführung ein unzulässig hoher Übergangswiderstand vor, der höchstwahrscheinlich an einer Klemme oder an einer Kabelverbindung zu suchen ist. Erreicht das Voltmeter aber die Bordspannung und funktioniert das Prüfgerät, dann liegt der Fehler im Verbraucher.

Fehler im Verbraucher

Die einfacheren elektrischen Verbraucher wie Leuchten mit Glühlampen (also nicht Leuchtstofflampen) sollte wohl jeder an Bord selbst reparieren können. Wer hier nach einem Elektriker ruft, gehört wirklich nicht auf eine Blauwasseryacht. Bei solchen Verbrauchern gibt es nicht sehr viele Fehlerquellen. Die Glühlampe kann kaputt sein (was man mit dem Vergrößerungsglas am Glühdraht sieht, was man aber auch messen könnte), oder es sind die Kontakte vergammelt. Das ist eigentlich die häufigste Ursache für das Versagen einzelner Verbraucher, besonders bei jenen, die nicht im Schiffsinneren, sondern an Deck oder im Mast montiert sind.

Es wäre vermessen, wenn ich versuchen würde, Tips für die Fehlersuche in den verschiedenen elektronischen Verbrauchern zu geben. Meistens werden wir hier resignieren müssen. Heute ist die Elektronik so kompliziert geworden, daß manche Geräte nicht einmal ein ausgebildeter Elektroniker reparieren kann. Und wenn er den Fehler finden sollte, dann hat er mit Sicherheit das richtige Bauteil nicht zur Hand.

Was wir aber immer tun sollten, wenn uns ein elektronisches Gerät im Stich läßt, ist, die Steckverbindungen und Sicherungen zu überprüfen. Ist der Verbraucher wie tot, gibt er also keinen Mucks mehr von sich, dann liegt es häufig „nur" an der Stromversorgung, und wir haben schon noch eine kleine Chance, da etwas zu entdecken. Wenn ich eine Servicestation in der Nähe hätte, dann würde ich meine Finger davon lassen, aber auf einem Ankerplatz am Ende der Welt ist dies noch einen letzten Versuch wert, zumal – und das muß man sich einmal zu Hause vorstellen – die Kosten für eine Rücksendung an den Hersteller per Luftfracht oft schon fast den ganzen Wert des Gerätes ausmachen.

Es gibt Hersteller, denen es noch etwas ausmacht, wenn ihre Geräte den Geist aufgeben. Dann lohnt sich vielleicht die Korrespondenz, in der der Fehler genau geschildert wird. Häufig kann die Firma auf Grund dieser Beschreibung den Fehler einkreisen und mit einer Platine, einem Mikroprozessor oder einem IC aushelfen. Man sollte deshalb auch gleich mitteilen, ob man selbst in der Lage ist, dieses Teil auszutauschen.

Aber Vorsicht: Wenn man zwei Drähte zusammenlöten kann, beherrscht man den Ein- und Ausbau eines ICs mit 20 und mehr Beinchen noch lange nicht! Vielleicht hat man jemanden auf dem Ankerplatz zur Hand. Oder es gibt gar im Dorf einen Laden, in dem Fernsehapparate repariert werden. Auch dort kann die Löterei gemacht werden. Oder – man freundet sich im Hafen mit dem Funkoffizier von einem Frachter an, der kann bestimmt soweit mit dem Lötkolben umgehen.

Wenn aber der Hersteller sagt, er könne aus der Ferne gar nichts machen, dann muß man ihm schon glauben, auch wenn es hart ist. Wenn man auf das Gerät angewiesen ist, bleibt als letzte – sehr kostspielige – Maßnahme die Zusendung eines Austauschgerätes per Luftfracht. In diesem Fall muß man sich aber vorher mit dem Zoll absprechen, denn es ist keinesfalls selbstverständlich, daß man ein wertvolles elektronisches Gerät so einfach durch den Zoll bekommt, selbst wenn es mit dem Vermerk „Yacht in Transit" deklariert ist.

Pflege des Riggs

Ein Rigg sollte eigentlich wartungs- und pflegefrei sein. Ab und zu kontrolliert man die Blöcke im Mast, denn wenn sie sich nicht mehr frei drehen, dann ist es um die Fallen bald geschehen. Fleischhaken in einem Drahtfall sind ein Alarmzeichen hierfür. Von Zeit zu Zeit wird man das Fall um ein kurzes Stück verkürzen, damit bei gesetzten Segeln nicht immer dieselbe Stelle oben um die Blöcke läuft. So hält es länger.

Meist sind die Fallen der einzige Verschleißgegenstand im Rigg, so daß sie während eines Blauwassertörns unter Umständen ausgetauscht werden müssen. Man sollte, wenn der Verdacht auf einen baldigen Bruch besteht, nicht damit zögern, denn so eine Arbeit ist im ruhigen Hafen wesentlich angenehmer als unterwegs. Reservefallen müssen an Bord sein, denn Niro-Material bekommt man fast nirgends. Zur Not kann man sich aber mit reinen Taufallen gut behelfen.

Die wunde Stelle schlechthin beim Rigg sind die Terminals von Wanten und Stagen, wobei ich speziell die Walz- oder Preßterminals meine. Bei den Schraubterminals, meist unter dem Namen Norseman im Handel, habe ich bis jetzt noch keine Versager gesehen. Deshalb halte ich diese Terminals nicht für einen Notbehelf, den man mit Bordmitteln aufsetzen kann, sondern für die besten Terminals überhaupt.

Entdeckt man bei einem Terminal ein oder zwei gebrochene Kardeele, so ist das allein kein Grund, das Drahtseil sofort auszutauschen, denn die Stärke ist nur um etwa zehn Prozent reduziert. Da die gebrochenen Kardeele aber ein Symptom für eine andere Fehlerquelle sind und man somit um den Austausch auf die Dauer ohnehin nicht herumkommt, zögere man nicht, es gleich zu tun.

Auf einer Blauwasseryacht sollte ein fertiges Reserve-Vorstag vorhanden sein. Denn erstens bricht das Vorstag am häufigsten, und zweitens läßt sich mit Hilfe von zusätzlichen Norseman-Terminals aus einem Vorstag (das neben dem Achterstag am längsten ist) durch Verkürzen jederzeit ein anderes Want anfertigen, nicht aber umgekehrt. Ein Bruch des Achterstags ist nicht so schwierig mit Bordmitteln zu beheben, weil es (wegen des günstigen Angriffswinkels) am wenigsten Belastungen auszuhalten hat.

Unterwegs kann man gebrochene Wanten oder Stagen am besten mit „Fröschen" (das sind U-förmige aufschraubbare Metallbügel) und einem Stück Kette notdürftig reparieren. Die Kette wird ohnehin an Bord sein.

Beim Hantieren mit Wanten und Stagen achte man darauf, daß das Drahttauwerk in großen Buchten zusammengelegt und keinesfalls über scharfe Kanten gezogen wird. Niro-Material 1 x 19 ist außerordentlich knickempfindlich. So ein Knick ist die Ursache für einen späteren Bruch, denn unter Belastung wird das Drahttauwerk ununterbrochen auf Biegung beansprucht – entgegen der Knickrichtung.

Das ist die Reihenfolge für das Aufbringen des Terminals:

Zum Aufsetzen eines Norseman-Terminals wird der Niro-Draht an der Schnittstelle mit Tape umwickelt. Der Draht wird mit der Stahlsäge zugeschnitten.

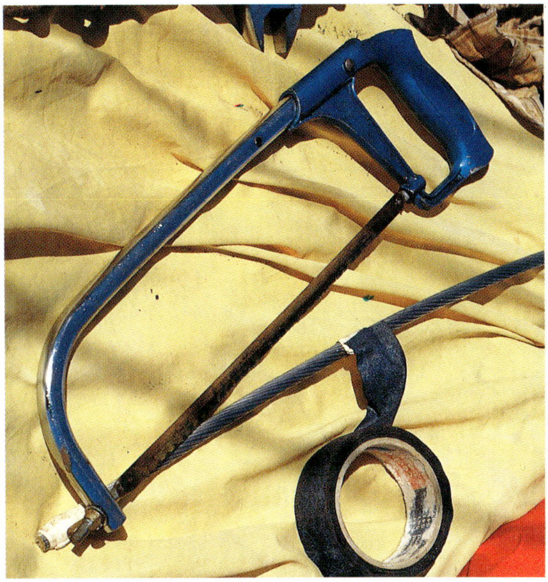

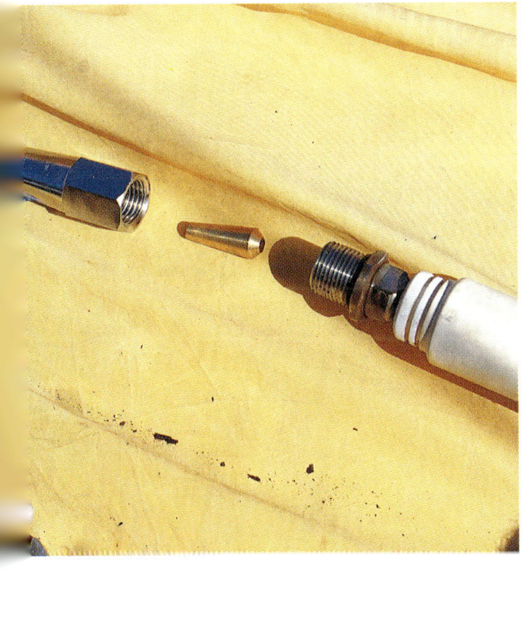

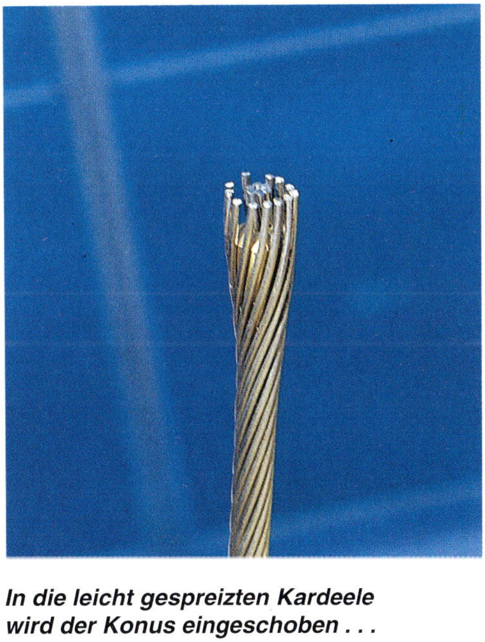

In die leicht gespreizten Kardeele wird der Konus eingeschoben . . .

. . . worauf die Kardeele mit
der Zange hingebogen werden . . .

. . . bis die Kardeele den Konus
gleichmäßig umschließen.

Vor dem Zusammensetzen wird das
Drahtende satt mit Silikonmasse
getränkt, damit keine Feuchtigkeit

eindringen kann. Anschließend
wird das Terminal maßvoll fest
zugedreht.

Beim Bruch einer Want bewährt sich ein mit Fröschen aufgesetztes Kettenstück.

Wartung der Winschen

Winschen bedürfen der regelmäßigen Pflege und Wartung. Dessen ist man sich meist nicht so recht bewußt, aber dies gilt besonders für den Blauwassersegler. Denn die Haupt-„Pflege", nämlich das regelmäßige Abspritzen und Abwaschen mit Süßwasser, findet so gut wie nie statt, weil wir nur selten an einen Süßwasserschlauch herankommen. Beim Küstensegeln werden die Winschen oft nach jeder Kaffeesegelei abgespritzt; zumindest kommen sie in den Genuß von häufigen Regengüssen, was bei der Blauwassersegelei nur selten der Fall ist.

Hat man ein mit Winschen reichlich ausgerüstetes Boot, so ist man allein mit deren Pflege ganz schon beschaftigt. So schreibt beispielsweise der Winschenhersteller Lewmar vor, die Winschen

- *jeden Monat* zu fetten und zu ölen,
- zwei- oder dreimal während der Segelsaison (was für den Blauwassersegler bedeutet: alle zwei Monate) zu öffnen, zu säubern und zu fetten und
- am Ende und am Beginn jeder Segelsaison (für uns: alle sechs Monate) vollkommen zu zerlegen und zu warten.

Ich kenne eigentlich keinen Blauwassersegler, der sich das zeitlich leistet. Allerdings sitzt man ganz schön auf, wenn man eine Winsch vergammeln läßt und sie unerwartet ihren Geist aufgibt.

Es gibt immer noch Winschenhersteller, die ihren Kunden keine Serviceanleitungen mitgeben. Ohne schriftliche Unterlagen ist es aber riskant, eine Winsch auseinanderzunehmen. Denken wir nur an eine Mastwinsch: Allzu leicht kann uns ein Teil entgegenkommen, wenn das Gehäuse abgenommen wird. Und wie leicht ist es dann im Bach verschwunden. Hat man noch die Wahl, so sollte man keine Winschen ohne Serviceanleitung kaufen.

Ich gebe aber zu, daß man häufig zu spät zu dieser Einsicht kommt, denn entweder liefert die Werft nur das oder jenes Fabrikat, oder wir haben ein Gebrauchtboot gekauft, dann können wir hinterher auch nichts mehr ändern. Weil es eine so positive Ausnahme ist, sei es hier erwähnt: Lewmar liefert automatisch eine Serviceanleitung mit, macht Vorschläge für einen Ersatzteilkit und beschreibt auch das notwendige Werkzeug.

Pflege des Ankergeschirrs

Es ist eine Tatsache, daß Ankerwinden – vor allem elektrische – (man wagt es kaum zu schreiben) „witterungsempfindlich" sind. Ganz besonders die, deren Gehäuse aus Aluminium besteht. Man achte also darauf, daß der Farbanstrich oder die schützende Plastikschicht unbeschädigt bleibt. Wenn der Kunststoff nach ein paar Jahren brüchig wird, bleibt uns nichts anderes übrig, als die alte Schutzschicht komplett zu entfernen und die Winde mit Alu-Farben neu zu malen. Unterläßt man das, so kann man zusehen, wie das Aluminium langsam zerfällt – ein teurer Spaß.

Eine elektrische Ankerwinde muß wasserdicht auf das Deck aufgesetzt sein, damit die Elektrik, die von unten her häufig zugänglich ist, trocken bleibt. Die Wirksamkeit der Dichtung läßt jedoch im Laufe der Zeit vielfach nach, so daß vor allem überkommendes massives Wasser von unten in die Ankerwinde eindringen kann. Eine Versicherung hiergegen ist ein kleines Loch, von unten durch das Deck gebohrt, das verhindert, daß Wasser, das durch die Dichtung gelangt ist, in der Ankerwinde hochsteigt und damit unter Umständen den Motor ruiniert. Wenn wir ein paar Tropfen ins Schiff bekommen, ist das vergleichsweise harmlos.

Auch eine gut verzinkte Ankerkette beginnt nach drei oder vier Jahren harten Gebrauchs zu rosten. Dann hilft nur noch ein neuerliches Verzinken (preiswert) oder eine neue Kette (sehr teuer). Nicht überall auf der Welt kann ein Ankergeschirr neu verzinkt werden. Man erkundige sich also rechtzeitig, wo solche Möglichkeiten bestehen. Eine Elektroverzinkung ist nicht viel wert und gibt nur Schutz für ein paar Monate. Der englische Ausdrück hierfür ist „electroplating". Befriedigend ist nur „hotdipping".

Segel

Wir können über unsere Kunstfasersegel heute nur froh sein. Gemeint sind nicht ihre „Segeleigenschaften", sondern die Pflegearmut im Vergleich zu den früheren Baumwollsegeln. Die härteste Belastung – das ist äußerst wichtig – für die meisten Kunstfasersegel sind die in heißen Gegenden reichlich vorhandenen UV-Strahlen. Ein Segelmacher hat einmal gemeint, daß ein Kunstfasersegel, an einem sonnigen Tag ohne Persenning am Großbaum aufgetucht, mehr beansprucht wird als „im Dienst" auf hoher See bei hartem Wetter und bedecktem Himmel. Diejenigen Blauwassersegler, die ohne Segelpersenning losgefahren sind, oder jene, die eine Rollfock ohne besonderen Sonnenschutz benutzt haben, können ein trauriges Lied davon singen, wie stark die Lebensdauer des Segeltuchs dadurch verkürzt wird.

Im allgemeinen ist ein Segel, das ohne Schutz ständig der Sonne ausgesetzt ist, in drei Jahren hinüber, ohne Rücksicht auf die gefahrenen Seemeilen. Das ist viel weniger als ein gut gearbeitetes Fahrtensegel unter entsprechender mechanischer Belastung aushalten kann. Es gibt deshalb vor allem eine eiserne Behandlungsvorschrift:

Das Groß, das nie abgeschlagen wird, muß immer gegen die Sonne geschützt sein, wenn sich die Yacht nicht auf hoher See befindet.

Wie man die Segel ansonsten im Hafen behandelt, ist von der Lebensdauer her gesehen zweitrangig. Ob man sie naß wegpackt oder schmutzig werden läßt, ob man sie zusammenfaltet oder einfach das Luk runterstopft, ist höchstens eine Frage der Optik. Ausgenommen sind lediglich Segel mit einem Drahtliek aus normalem oder verzinktem Draht, den aber ein guter Segelmacher kaum noch verwendet.

Segel müssen von Zeit zu Zeit kontrolliert werden. Denn oft entdeckt man kleinere Mängel, die man noch selbst beseitigen kann. Wenn nämlich unterwegs das Segel wegen einer losen Kausch, die man vorher nicht beachtet hat, mit einem lauten Knall reißt, hat man gleich die vielfache Arbeit, wenn man es überhaupt noch selbst richten kann.

Ein ewiges Problem stellen Segellatten und Lattentaschen dar. Eine Reihe von Autoren haben immer wieder die Forderung erhoben, Großsegel ohne Latten zu schneiden. Ich kann mich aber nicht erinnern, daß ich je ein solches Segel gesehen hätte. Die Segelmacher weigern sich einfach – aus ihrer Sicht verständlich –, ein schlecht stehendes Segel anzufertigen, was optisch gesehen wahrlich keine gute Werbung für sie wäre. Möglicherweise ist auch das Problem mit den ewig brechenden Segellatten heute etwas in den Hintergrund getreten, nachdem sie aus Kunststoff gefertigt sind (trotzdem muß Ersatz an Bord sein!). Dafür sind sie viel scharfkantiger als früher und arbeiten sich entsprechend leichter durch die Taschen durch. Also häufiger kontrollieren!

Blauwassersegeln ohne Schamfilschutz für das Großsegel ist nicht möglich, weil das auf den Wanten aufliegende Segel innerhalb von ein paar tausend Meilen schon durchgescheuert sein könnte. Wen dies aber noch nicht sonderlich erschüttert, der möge sich bewußt sein, daß auch die Wanten durch das aufliegende Segel beschädigt werden können. Es müssen also beide geschützt werden, was am bewährtesten durch jene buschigen Tausendfüßler geschieht.

Mit Stagreitern decke man sich reichlich ein. Denn sie sind so konstruiert, daß sie sich am Nirostadraht des Vorstags abnutzen, nicht umgekehrt. Ein Stagreiter an einer vielgefahrenen Genua hält kaum länger als 5000 bis 10000 Seemeilen.

Auch wer es nicht gelernt hat, bringt mit Hilfe von richtigem Werkzeug (Marlspieker, Nadeln, Handschuh und Segel- beziehungsweise Takelgarn) und guten Büchern zum Thema Takelarbeit und Segelreparaturen einwandfreie Reparaturen zustande, die zumindest bis zum nächsten Segelmacher halten.

Eine große Arbeitserleichterung bei größeren Rissen ist eine Nähmaschine, was jeder ermessen kann, der schon mal zehn Meter Naht mit der Hand nähen mußte. Es gibt sie sogar für 12 Volt. Man braucht aber nicht eine spezielle Maschine für Segelmacher (die mit dem schönen langen Arm ist ohnehin zu teuer und zu groß für eine Yacht), sondern es genügt jede, die Zickzack beherrscht. Hat sie nur 220 Volt, brauchen wir einen kleinen Jockel oder einen Umformer, der aus dem Batteriestrom den gewünschten Haushaltsstrom herstellt. Daß sein Stromverbrauch zig Ampere ausmacht, ist nicht weiter schlimm, denn es wird ja nur jeweils Sekunden oder höchstens Minuten genäht.

Unterwasserschiff

Der Segler an unseren Küsten schleift und malt sein Unterwasserschiff jede Saison neu. Ein Blauwassersegler kann sich das häufig nicht leisten, sowohl vom Geldbeutel als auch von der Gelegenheit her. In Gegenden, wo es nur vereinzelt Yachten gibt, wie in fast allen Blauwassergegenden, sind Möglichkeiten rar, sein Schiff aufzuslippen. Man wird sogar seine Reiseroute etwas nach den Slipmöglichkeiten einrichten. Natürlich strebt man meist an, jedes Jahr auf den Slip zu gehen, aber ich halte das unter bestimmten Voraussetzungen für nicht nötig.

Gleich, welche Unterwasserfarbe man verwendet: Man kann schon nach wenigen Monaten wieder Bewuchs haben. Das hängt nicht nur mit der Wirksamkeit der jeweiligen Giftfarbe zusammen, sondern auch mit der Wassertemperatur und vor allem der biologischen Situation.

Bewuchs am Unterwasserschiff *muß* entfernt werden. Als ich einmal mit einem frischgestrichenen Schiff fünf Wochen auf See war, hatten sich bis zum Ende der Reise am Unterwasserschiff so viele Entenmuscheln angesiedelt (es sah gar nicht so schlimm aus), daß die Yacht statt der sonstigen sieben Knoten Höchstgeschwindigkeit nur noch vier lief und außerdem so schlecht auf das Ruder reagierte, daß sie nicht einmal mehr eine Wende zustande brachte. Das ist dann doppelt schlimm: Wegen des Bewuchses verlängert sich die Reise, wodurch sich noch mehr Bewuchs ansammeln kann. Da hilft also nichts: ob Slip vorhanden oder nicht: Der Bewuchs muß weg. Mit Schnorchel, Maske und Wurzelbürste dauert es je nach Größe des Schiffes eine bis mehrere Stunden.

Ist der Bewuchs schon ziemlich fortgeschritten, wird man in dem Algenwald neben Schnecken und Muscheln auch kleine Wasserkrebse antreffen. Sie sind auf eine recht unangenehme Art lästig: Werden sie durch die Bürste aus ihren Schlupfwinkeln aufgescheucht, suchen sie sich sofort eine neue Höhle, wo sie sich verkriechen können. Und das ist nicht selten das Ohr des Schwimmers. Unangenehm! Deshalb sollte man am Unterwasserschiff nur mit einem Tuch um die Ohren arbeiten, zumindest, solange man dabei schwimmt.

Je länger man das Unkraut sprießen läßt, um so schwieriger wird es, damit fertig zu werden. Wenn man also bei jedem Bad einen kurzen Blick auf das Unterwasserschiff wirft und hier und dort darüberwischt, erleichtert man sich das Leben auf dem Ankerplatz. Nach einer gewissen Zeit wird man feststellen, daß es dann – vor-

Wenn Schraube und Unterwasserschiff durch die Tauchermaske gesehen einen solchen Anblick bieten, muß etwas getan werden.

Ein patenter Sauger, um sich beim Arbeiten unter Wasser (Unterwasserschiff putzen) festhalten zu können.

ausgesetzt, man hat keine Schäden am Unterwasserschiff – eigentlich auch ganz gut für nicht zu lange Zeit ohne wirksame Unterwasserfarbe geht. Warum sollte man sich nicht die Reise zum Slip, das Aufslippen, die Arbeit und vor allem das Geld sparen? Ich kenne Yachten, die schon fünf Jahre nicht mehr auf dem Trockenen waren. Leicht auszurechnen, was das für Vorteile für die Bordkasse bringt!

Natürlich läßt sich das Aufslippen nicht für immer ersparen, aber man sollte sich von dem Binnenseglerschema „jede Saison auf den Slip“ freimachen. Eine Kunststoffyacht mit einwandfreiem Gelcoat könnte sogar mehrere Jahre im Wasser bleiben, ohne Schaden zu nehmen. Übrigens hatte man früher gar keine andere Möglichkeit, als die Schiffe mangels Slipgelegenheit längere Zeit im Wasser zu lassen. Das führte schließlich dazu, Kupferplatten am Unterwasserschiff anzubringen, die einerseits den Teredowurm abhielten, andererseits den Bewuchs verhinderten (denken wir an die Kupferfarben für das Unterwasserschiff).

Ich will nun freilich keineswegs dazu ermuntern, überhaupt nicht mehr auf den Slip zu gehen. Vielmehr sollte nur aufgezeigt werden, daß man das Problem so tragisch nicht nehmen soll. Wenn ein guter Slip vorhanden ist, wird man die Chance zum Aufslippen zweifellos in nicht zu kurzen Zeitabständen nutzen.

Aber es ist anders als zu Hause: Man weiß nicht, wie auf einem fremden Slip das Personal ist, ob man sich mit Sportbooten auskennt, ob man Farben kaufen kann, ob man versichert ist (meistens nicht), ob es gestattet ist, weiterhin auf der Yacht zu wohnen, ob es erlaubt ist, selbst zu arbeiten, oder ob man das teure Personal anstellen muß, und ob genügend Reservezeit vorhanden ist, wenn es draußen zu naß zum Streichen ist. All das muß geklärt wer-

Nur wenige Slips am Rande der Blauwasserstraßen können so große Yachten wie diese hier aufnehmen (vorher erfragen!).

So leichtfertig sollte man sein Schiff, in dem man oft sein ganzes Vermögen stecken hat, nicht abstützen.

den, wobei ich voraussetze, daß man schon Informationen von anderen Yachtleuten bekommen hat.

Das Wichtigste aber ist, daß der Manager oder Boß der Slipanlage sich ein komplettes Bild vom Unterwasserschiff machen kann, damit die Yacht möglichst unbeschädigt auf das Trockene gelangt. Hierzu eignen sich Fotos und ein Plan vom

Unterwasserschiff. Ist die technische Leitung des Slips über das Unterwasserschiff informiert, macht sich das immer in einer kürzeren Arbeitszeit und damit niedrigeren Kosten bemerkbar.

Wenn irgend möglich, sollte man sich reichlich Zeit für die Arbeiten am Unterwasserschiff nehmen. Ich halte nicht viel davon, nur mal schnell auf einen Slip zu gehen, um ein neues Antifouling draufzuschmieren. Das kann man sich, wie schon an anderer Stelle gesagt, mit ein paar Tauchgängen ganz gut ersparen. Wichtiger ist es, das Unterwasserschiff einer peinlich genauen Inspektion zu unterziehen, damit all jene Dinge erledigt werden können, die man sonst im Wasser nicht oder nur schlampig machen kann: Stopfbuchsenpackung erneuern, Simmerringe an Ruder- und Propellerschaft überprüfen, Echolot-Halterung kontrollieren, Unterwasserventile überprüfen, Zinkanoden erneuern, Ruderspiel kontrollieren und so weiter.

Eine alte Frage ist die nach der richtigen Unterwasserfarbe. Die Farbenhersteller wissen die jeweilige Antwort – allein mir fehlt der Glaube. Zu viele Versager habe ich erlebt, bei jedem Fabrikat. Am besten wissen es die ortsansässigen Fischer. Die haben nämlich über Jahrzehnte hinweg ausprobiert, welche Farbe in ihren Gewässern am besten wirkt. Fischer sind außerdem sparsame Leute; sie können es sich nicht leisten, nur deswegen häufiger auf den Slip zu gehen, weil die Farbe nicht mehr wirkt. Und weil sie so sparsam sind, können die Farbenhersteller von ihnen auch nicht die Preise verlangen, die „reiche" Yachtleute hierfür bezahlen. Ruhig mal „wie ein Fischer" einkaufen!

Ein anderes Problem ist die chemische Verträglichkeit der Farben. Nicht unbedingt vertragen sich nämlich die alte verbrauchte und die frische Unterwasserfarbe. Sich für die ganze Reise einzudecken, ist schlechthin unmöglich, zumal wenn diese lang und der Stauraum klein ist. Zudem altern Unterwasserfarben. Hier hilft nur, die Herstellerangaben zu beachten oder die neue Farbe gleich zu Beginn der Arbeiten auf einem kleinen Fleck aufzutragen und das Ganze 24 bis 48 Stunden zu beobachten. Eine Garantie ist das nicht.

Kocher

Gaskocher

An einem Gaskocher dürfte eigentlich nie etwas defekt sein. Entdeckt man einmal, daß Gas ausgeströmt ist (Geruch, Bilgealarm), so dürfen keine elektrischen Schalter mehr bewegt (Funken, Explosionsgefahr) und darf schon gar nicht der Kocher nochmals ausprobiert werden. Zunächst ist die Gasflasche zu schließen, besser noch zu entfernen, wenn auch nur die geringste Möglichkeit besteht, daß das Ventil an der Flasche leckt. Anschließend muß das Gas aus der Bilge entfernt werden, wozu kein motorbetriebener Staubsauger, Ventilator oder ähnliches Instrument benutzt werden darf. Möglicherweise kann man einen Blasebalg (vom Schlauchboot) benutzen. Das ist zwar eine Riesenarbeit, aber immer noch besser, als in die Luft zu fliegen. Erst wenn der Gasschnüffler nicht mehr anspricht, kann man mit einiger Sicherheit davon ausgehen, daß die Gefahr beseitigt ist.

Ein Leck in den Leitungen läßt sich unter Umständen dadurch ausfindig machen, daß man die Leitungen oder andere verdächtige Stellen mit einer schaumig geschlagenen Mischung aus Spülmittel und Wasser einpinselt. Zu diesem Zweck muß die Flasche selbstverständlich wieder kurzzeitig angeschlossen und auch das Ventil geöffnet sein.

Petroleumkocher

Für den Petroleumkocher müssen wir Ersatzteile dabeihaben. Für den Primus- und Optimusbrenner gibt es fertige Ersatzteilpakete, die für unsere Zwecke nicht ausreichen. Es ist zwar alles darin enthalten, aber nur einmal. Mit Sicherheit aber brauchen wir eine Ersatzdüse oder eine Reinigungsnadel häufiger als irgend etwas anderes. Mein Vorschlag ist:

- 1 Ersatzteilpackung
- 1 Ersatzbrenner, komplett
- 10 Düsen und Düsennadeln

Das sollte ein paar Jahre reichen. Mit ein wenig Übung sind Düse und Nadel in fünf Minuten aus- und wieder eingebaut. Das wird dann erforderlich, wenn die Reinigungsnadel zu lange in der Düse belassen wird, sich abkühlt, nachdem die Flamme verlöscht ist, und dadurch einklemmt. Beim Zurückdrehen reißt sie ab und blockiert die Düse.

Besitzt man einen Primus, bei dem das Vorheizen mit Spiritus nicht mehr erforderlich ist, so wird man über kurz oder lang doch zu Spiritus übergehen, denn die Petroleum-Vorheizflamme ist so heiß, daß dadurch die Lötstellen des Brenners angegriffen werden. Also entweder einen ausreichenden Vorrat Brenner mitnehmen oder wieder mit Spiritus vorheizen.

Hydraulische Ruderanlage

Eine Hydraulik dürfte kein merkbares Spiel haben, es sei denn, daß der Bolzen, der die Verbindung des Hydraulikzylinders mit dem Ruder darstellt, nicht genau angepaßt oder etwas ausgeschlagen ist, was nicht besonders tragisch ist. Spiel aus einem anderen Grund läßt sich auf Luft in der Hydraulik und diese wiederum auf ein Leck zurückführen. Das ist die häufigste Fehlerursache. Es wäre falsch, in diesem Falle einfach „Öl" nachzufüllen, bevor man das Leck gefunden hat. Denn dadurch beseitigt man nur das Symptom, nicht aber die Ursache. Ausnahme: auf hoher See, um die Anlage bis zum nächsten Ankerplatz benutzen zu können.

Fast immer ist das Leck am Zylinder zu suchen, weil die Dichtungen nicht mehr halten. Sie altern, und so werden sie nach drei bis fünf Jahren zu lecken beginnen. Dies gilt auch für Ersatzdichtungen, die nach ein paar Jahren Lagerzeit nicht mehr verwendet werden können. Deshalb sollte man sich rechtzeitig mit Ersatz eindecken. Die Dichtungen des Hydraulikzylinders auszutauschen, erfordert schon etwas mechanisches Geschick, so daß man sich da nach einem Helfer umsehen sollte.

In jedem Fall muß ausreichend Hydraulikflüssigkeit in Reserve sein, auch für den Notfall, und zwar von der gleichen Marke und Type, wie sich schon in der Anlage befindet. Wenn es uns ausgeht, dann werden wir kaum irgendwo in der Welt das gleiche nachkaufen können. In diesem Fall muß das gesamte „Öl" in der Anlage ausgetauscht werden.

Langzeitcheckliste

Eine gut ausgerüstete Blauwasseryacht schleppt heute selbst dann eine Menge Technik mit sich herum, wenn der Eigner sie mit dem Hintergedanken konzipiert hat, von der Technik möglichst unabhängig zu sein. Nun sind zwar im Vergleich zu früher die Ausrüstungsgegenstände wesentlich zuverlässiger geworden, aber man kann nicht sagen, daß sie unempfindlich gegen Verschleiß, Salzwasser, UV-Licht, Schamfilen, Feuchtigkeit und Hitze sind. Kurzum, die Zeit in dieser harten Umgebung arbeitet gegen uns. Meistens passiert aber nicht viel, wenn wir den Anfängen eines Zerstörungs- oder Auflösungsprozesses durch häufige Kontrollen begegnen. Daß dies der ganzen Sicherheit auf dem Schiff zugute kommt, bedarf wohl kaum einer Erwähnung.

Ohne eine Checkliste kommen wir da nicht mehr durch. Ich halte nichts davon, je nach Lust und Laune zu sagen: „Wann habe ich denn zum letztenmal die Ankerwinde geölt? Die ist wohl mal wieder fällig."

Nur dann ist Gewißheit gegeben, daß kein wichtiger Punkt übersehen wird, wenn man streng nach einer Liste vorgeht. Diese Liste soll nicht nach Wichtigkeit der verschiedenen Punkte geordnet sein, sondern nach den Zeiträumen, in denen die Überprüfungsarbeiten erledigt werden müssen. Nachfolgende Liste ist ein Vorschlag; sie kann keinen Anspruch auf Vollständigkeit erheben, denn jedes Schiff und nahezu jeder Ausrüstungsgegenstand darauf ist unterschiedlich. Für die Überprüfungszeiträume ist je nach Fabrikat auch die Anweisung des Herstellers maßgeblich.

In der Checkliste nicht enthalten ist das, was bei der Motorenwartung erledigt werden muß, wenn eine bestimmte Laufzeit überschritten ist, wofür also die Betriebsstunden maßgeblich sind.

Langzeitcheckliste

Jeden Montag

- ☐ Barographenblatt einlegen
- ☐ Batteriespannung überprüfen
- ☐ Maschine laufen lassen – Kühlwasser überprüfen – Werden die Batterien geladen?
- ☐ Stopfbuchse checken
- ☐ Gasschnüffler auf Funktion prüfen
- ☐ Bilgestand

Jeden Monatsersten

- ☐ Positionslichter überprüfen
- ☐ Ölstand Hauptmaschine überprüfen
- ☐ Maschinenbilge nachsehen
- ☐ Ruderanlage Spiel?
- ☐ Wasser in der Batterie
- ☐ Fotos, Filme und andere mit Silicagel verwahrte Gegenstände checken. Wenn Silicagel rosa, regenerieren
- ☐ Bilgepumpen auf Funktion prüfen
- ☐ Fettpresse an Stopfbuchse, Ruderkoker nachdrehen
- ☐ Kühlwasser in der Hauptmaschine (Süßwasser)
- ☐ Taschenlampen nachprüfen
- ☐ Trinkwasservorrat messen, Treibstoffvorrat messen, Benzinkanister auf Dichtigkeit prüfen
- ☐ Mann-über-Bord-Lampe prüfen
- ☐ Unterwasserschiff checken
- ☐ Echolot säubern, Zinkanoden säubern

Alle drei Monate

- ☐ Navigationsinstrumente auf Funktion prüfen
- ☐ Sextant, Kameras, Ferngläser und andere optische Geräte an die Sonne, um Pilzbefall zu vermeiden
- ☐ Leckstromüberprüfung (Amperemeter zwischen Batterie und Schalttafel darf keinen Strom in Milliamperegröße anzeigen, wenn alle Verbraucher abgeschaltet sind)
- ☐ Steckverbindungen an Deck und Antennenanschluß überprüfen
- ☐ Winschen auf einwandfreie Funktion prüfen
- ☐ Ankerwinde überprüfen
- ☐ Ankerkette prüfen
- ☐ Selbststeueranlage ölen oder fetten
- ☐ Salinglampen und elektrische Scheinwerfer prüfen

- ☐ Gasanlage abpinseln und checken
- ☐ Petroleumtank auf Dichtigkeit prüfen
- ☐ Alarmanlage auf Funktion prüfen
- ☐ Schlauchbinder an der Hauptmaschine nachsehen
- ☐ Hilfsmotoren (Jockel) laufen lassen und anschließend zur Konservierung ein paar Tropfen Öl in den Verbrennungsraum über die Zündkerze geben
- ☐ Motorenpumpe laufen lassen und wie Hilfsmotor konservieren
- ☐ Rettungswesten überprüfen
- ☐ Signalpistole und andere Waffen neu ölen
- ☐ Elektromotoren, die selten benutzt werden (Lüfter, Heizer usw.), auf Funktion prüfen
- ☐ Werkzeuge pflegen
- ☐ Brennstofftank vollkommen entleeren und reinigen
- ☐ Öl in der Maschine wechseln, ohne Rücksicht auf Betriebsstunden
- ☐ Bordapotheke überprüfen und Medikamente ausmustern, wenn Verfallsdatum überschritten
- ☐ Segel überprüfen (hochziehen!)
- ☐ Rigg vom Masttopp bis zum Deck auf Beschädigungen absuchen
- ☐ Winschen zerlegen und fetten
- ☐ Fernbedienung für Maschine zerlegen und fetten
- ☐ Lukenverschlüsse fetten
- ☐ Dichtungsgummi an Fenstern überprüfen
- ☐ Polyester oder Epoxidharz überprüfen, ob noch verwendungsfähig

Alle zwölf Monate

- ☐ Konservenlast auf verdächtige Dosen untersuchen
- ☐ Farb- und Spraydosen auf äußeren Zustand untersuchen
- ☐ Nautische Unterlagen auf Gültigkeit überprüfen (Nautisches Jahrbuch, Pub. Nr. 249 usw.)
- ☐ Kompaß auf Deviation überprüfen
- ☐ Tauchausrüstung checken, Flasche neu füllen lassen
- ☐ Relingsdurchzüge überprüfen
- ☐ Bootsmannsstuhl checken
- ☐ Sicherheitsgurte überprüfen
- ☐ Signalmunition und Raketen erneuern
- ☐ Rettungsinsel warten lassen
- ☐ Feuerlöscher warten lassen oder überprüfen
- ☐ Preßluftpatronen in Rettungswesten erneuern
- ☐ Batterien in selten benutzten Elektrogeräten (Blitzlicht, Walkie-Talkie usw.) erneuern, unter Umständen auch NC-Akkus

Werkzeug und Ersatzteile

Wer es noch nicht gemacht hat, sollte es unbedingt einmal tun: einen kleinen Einkaufsbummel zunächst bei einem Schiffshändler und dann in der Werkzeugabteilung eines großen Kaufhauses. Man wird überrascht sein, wie preiswert Werkzeug für den Hausgebrauch oder für das Auto im Vergleich zu Yachtzubehör ist. Ich will damit nicht behaupten, daß man Werkzeug geschenkt bekommt, doch stellen die Kosten dafür innerhalb der sonstigen Ausgaben für das Schiff eigentlich einen Klacks dar, vor allem, wenn man den hohen Nutzwert des richtigen Werkzeuges im richtigen Moment berücksichtigt.

Wenn ich den zukünftigen Blauwassersegler zum Werkzeugkaufen also in ein Kaufhaus oder gar in ein Haushaltswarengeschäft und nicht zum Schiffshändler schicke, so hat das neben dem Preisunterschied auch noch den Grund, daß es spezielles Werkzeug für eine Yacht gar nicht gibt.

Zuviel Werkzeug hat noch nie geschadet, deshalb kaufe man lieber ein paar Dinge zuviel ein als zuwenig.

Man soll nicht etwa aus Platzgründen auf bestimmte Werkzeuge verzichten. Wenn man ein einziges Mal ein bestimmtes Gerät wirklich braucht, hat es sich vom Anschaffungspreis und vom Stauraum her immer schon rentiert. Ein anderes Problem ist die Frage, wie man Werkzeug aufheben soll.

Es gibt nahezu kein Werkzeug, das aus Nirosta gefertigt ist, das heißt, es wird in der mit Salzwasser geschwängerten Luft an Bord mehr oder weniger rosten, jedoch nicht verrosten. Das läßt sich nicht völlig vermeiden, aber einschränken. Am ungeeignetsten zur Aufbewahrung sind Plastiktüten, gar noch verschlossene oder verklebte. Darin wird die Feuchtigkeit zurückgehalten, und das Werkzeug wird wesentlich mehr Rost ansetzen, als wenn es an der Luft liegen würde. Nach meiner Erfahrung sind auch Rostschutzsprays der Korrosion eher förderlich als umgekehrt. Verantwortlich ist das in den Spraydosen enthaltene Treibgas.

Am besten ist es immer noch, das Werkzeug mit einem Korrosionsschutzöl leicht einzureiben und in offenen Plastikkästen zu lagern. Kleinere Gegenstände, die sehr rostempfindlich sind, wie beispielsweise Segelnadeln, kann man in ein leeres Glas mit Plastikdeckel geben, das randvoll mit Maschinenöl gefüllt wird.

Ein Wantenschneider ist ein sperriges und selten gebrauchtes Werkzeug. Ist aber im Falle eines Mastbruchs effektiv zum Wantenabschneiden. Jedenfalls viel schneller als die Metallsäge. Vor dem Notfall ausprobieren, ob die Größe für das Nirostagut an Bord ausreicht! Wantenschneider werden oft überschätzt.

Die nachfolgende Aufstellung stellt die nach meiner Meinung notwendige Mindestausrüstung für eine Blauwasseryacht dar:

- ☐ 1 Satz Steckschlüssel
- ☐ 1 Satz Ringschlüssel
  Beide Sätze metrischen Systems. Man achte darauf, daß auch Schlüssel über 20 mm dabei sind. Da sparen die Firmen gerne. Befindet sich eine amerikanische oder englische Maschine an Bord, sollte man unbedingt nachprüfen, ob die Schrauben metrisch sind. Sonst braucht man natürlich nochmals zwei Sätze.
- ☐ 2 oder 3 verstellbare Schlüssel
- ☐ Schraubenzieher aller Größen und Längen. Uhrmacherschraubendrehersatz für die ganz kleinen Schrauben nicht vergessen. Kurze Schraubenzieher können wichtig sein, wenn man keinen Platz hat. Die ganz großen Schrauben-

zieher gibt es unter Umständen nur in einem speziellen Werkzeuggeschäft.

- ☐ Feilen für Holz und Stahl aller Größen. Von den feinen Stahlfeilen braucht man mindestens zwei, weil sie bald abstumpfen, wenn man mal etwas in Nirosta zu feilen hat.
- ☐ Schraubstock. Dazu gehört natürlich auch ein Platz, wo er angebracht werden kann. Ideal ist eine kleine Werkbank. Wenn nicht, reicht unter Umständen die Stufe am Niedergang oder irgendein Brett aus, das quer über das Cockpit gelegt wird.
- ☐ Schraubzwingen verschiedener Größe
- ☐ Gewindeschneider und -bohrer
- ☐ Hammer aus Eisen und Gummi oder Kunststoff
- ☐ Beil
- ☐ Schraubstock
- ☐ Beißzange
- ☐ Flachzange
- ☐ Gripzange (feststellbar)
- ☐ Stemmeisen
- ☐ Holzsäge (Fuchsschwanz)
- ☐ Stahlsäge mit mehreren Sägeblättern
- ☐ Spitzzange
- ☐ Pinzette
- ☐ Durchschläge
- ☐ Nietenanschläger
- ☐ Bohrmaschine (ganz wichtig). Eine mechanische (Hand-)Bohrmaschine ist zwar nicht so störanfällig wie eine elektrische, aber wesentlich unhandlicher. In manchen Winkeln können wir nur mit einer elektrischen arbeiten. Es gibt recht starke mit 12-Volt-Antrieb. Das Bohrfutter nimmt Bohrer bis 10 mm auf.
- ☐ Sätze von Bohrern in verschiedenen Härtegraden
- ☐ Biegsame Greifer (um Schrauben aus der Bilge zu holen oder Fallen im Masttopp einzufädeln)
- ☐ Laubsäge
- ☐ Lötlampe (die mit der anschiebbaren Gaskartusche reicht)
- ☐ Quetschzange für Elektrokabel
- ☐ Lötkolben für 12 Volt und Lötzinn
- ☐ „Swage-it-tool", um Drahttauwerk-Preßhülsen aufzuquetschen
- ☐ Bewegliche Neonlampe (12 Volt) für Reparaturzwecke
- ☐ Rohrzange klein und groß
- ☐ Nietzange und Nieten
- ☐ Schublehre
- ☐ Zinkanoden (als Reserve)
- ☐ Schere in Niro mit Sägezahnung
- ☐ Segelmacherhandschuh
- ☐ Marlspieker
- ☐ Segelnadeln
- ☐ Scharfes Messer mit auswechselbaren Klingen
- ☐ Blechschere
- ☐ Drahtschere
- ☐ Kriechöl in der Spraydose (ohne Treibgas!)
- ☐ Batterien für Rechner, Blitzgeräte, Radio, Kassettenrecorder, Taschenlampen
- ☐ Klebebänder in großen Mengen
- ☐ Klebstoffe (je mehr, um so besser: Cyanid-Kleber, Kunststoffkleber, Gummilösung, Epoxidkleber)
- ☐ Teflonband
- ☐ Polyester (Harz und Härter sind auf jedem Schiff einsetzbar, selbst wenn es nicht aus Kunststoff ist)
- ☐ Schrauben und Muttern sowie Unterlegscheiben aus Niro in großen Mengen
- ☐ Schlauchbinder in Niro
- ☐ Gewindestangen aus Niro
- ☐ Vielfachmeßinstrument (Multitester) mit Zeigeranzeige – kann ganz einfach (und preiswert) sein
- ☐ Silikongummi in Kartusche mit Spritzpistole
- ☐ Schweißelektroden für Niro
- ☐ Glühstrümpfe und Zylinder für Petroleumlampen

☐ Taschenlampen (viele), am besten Tauchlampen aus Kunststoff, alle anderen sind nach einem Jahr kaputt

Werkzeug, das sehr nützlich sein kann:

☐ Bohrmaschine mit mindestens 400 Watt, zweigängig ja, elektronische Drehzahlregelung nein. Bei größeren Objekten rentiert es sich, mit Hilfe von 220 Volt (Jockel oder Umformer) zu bohren. Das Bohrfutter ist ausreichend groß, meist bis 13 mm.
☐ Stichsäge (erst wenn man sie mal in der Hand gehabt hat, weiß man, wie schnell mit Holz gearbeitet werden kann; ebenfalls nur mit 220 Volt zu betreiben)
☐ Schwingschleifer (220 Volt), um beispielsweise größere Flächen (Unterwasserschiff, Deck) abzuschleifen. Die kleinen Aufsätze für die Bohrmaschine aus dem Werkzeugkasten reichen nicht aus. Er sollte schon 500 Watt haben.
☐ Kleine Flex – 400 Watt reichen
☐ Staubsauger
☐ Radabzieher
☐ Wagenheber
☐ Steckschlüsselsatz groß (ab 12 mm) und klein (unter 12 mm)
☐ Heißschneider, um Tauwerk besser schneiden und verschweißen zu können. Läuft nur mit 220 Volt.

Nützliches Zubehör, an das man vielleicht nicht denkt

Tragbares Kassettengerät.

Polaroidkamera. Man kann sie ähnlich vielfältig einsetzen wie ein Tonbandgerät. Zum Vergnügen, zur Erinnerung, aber auch um ein Gerät zu fotografieren, das man zwecks Reparatur auseinandernimmt; das erleichtert den späteren Zusammenbau in der richtigen Reihenfolge. Fügt man der Bestellung bei dem Zubehörlieferanten ein Foto des zu ersetzenden Teiles bei (Zollstab mitfotografieren), dann ist die Sicherheit größer, daß auch das richtige Ersatzteil geliefert wird.

Eine Ankerpeilung mit zwei Polaroidaufnahmen ist zwar teurer, in Sonderfällen aber auch zuverlässiger. Mit einer guten Kamera mit Polaroidzusatz kann man sogar schnell mal eine Seite aus einem geliehenen Hafenhandbuch abfotografieren und

Ein „Mini-Blumenbeet" im Vorschiff sorgt auf Atlantikfahrten für frischen Salat und Landgeruch. Die Blumen haben die eben abgeschlossene Atlantiküberquerung gut überstanden.

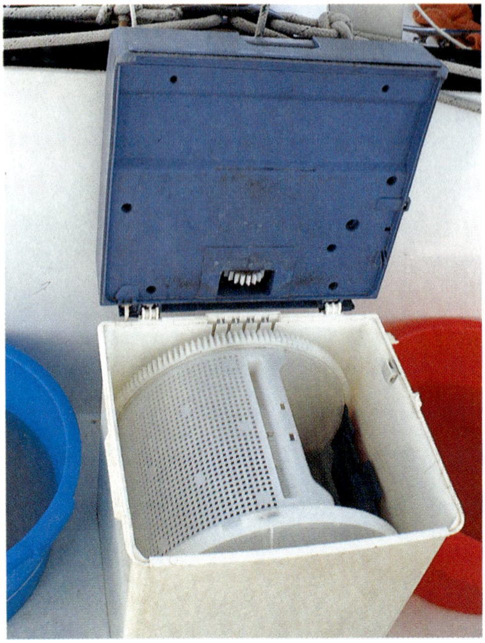

Eine Waschmaschine aus Belgien. Die Hausners haben sie schon jahrelang in Gebrauch und äußern sich begeistert. (Süß-)Wasserverbrauch ist minimal.

dann mit der Lupe lesen, wenn man keinen Kopierer in der Nähe hat. Zudem wird das Logbuch abwechslungsreicher, wenn man die Landhuk fotografiert statt beschreibt, und das Gästebuch lebendiger, wenn man die Gäste auch ablichtet. Viele Gastgeber auf abgelegenen Inseln freuen sich im übrigen über ein Polaroidfoto, das die Gäste von ihnen machen und ihnen schenken. Ist schließlich Not am Mann, kann man für Behörden Paßfotos mit der Polaroidkamera anfertigen und auf richtiges Format zuschneiden.

Kurzum: Film und Kamera rentieren sich.

Schreibmaschine. Selbst wenn man eine sehr schöne Handschrift hat, gibt es Gelegenheiten, wo es besser ist, eine Maschine zu benutzen, zum Beispiel für Schriftwechsel mit Firmen oder um Crewlisten für Behörden zu erstellen. Man denke daran, daß man sich auf fremden Ankerplätzen eine Maschine häufig deswegen nicht ausleihen kann, weil die Schriftbilder sich unterscheiden (keine Umlaute, meist andere Tastenfolge).

Computer. Wenn man einen Computer an Bord hat und dieser funktioniert, wird man die Schreibmaschine nicht mehr benutzen. Denn die heutigen Mini-Computer, die unter den Bezeichnungen „Notebook“, „Laptop“ oder „Subnotebook“ auf dem Markt sind, machen die Schreibmaschine überflüssig, wenn auf ihnen ein Textverarbeitungssystem läuft. StarWriter ist so ein „deutsches“ System, das den Vorteil bietet, eine Sparversion installieren zu können. Manche tragbaren Computer leiden nämlich noch an beschränktem Speicherplatz. Steht man noch vor der Anschaffung eines Bord-Computers, sollte man vor allem darauf achten, daß die Spannung, mit der der Computer an Bord gespeist wird, unter 12 Volt liegt. Im Kaufhaus erkennt man das am Aufdruck am Netzteil, das auf der einen Seite mit 220 Volt betrieben wird, auf der anderen Seite einen „Output“ zwischen 8 und 20 Volt hat. An Bord müssen wir mangels 220 Volt direkt ans Bordnetz gehen, was (eventuell mit Spannungsteilung) nur geht, wenn weniger als die Bordspannung benötigt wird.

Es gibt keinen brauchbaren Computer, der auf die rauhen Verhältnisse an Bord hin gebaut worden wäre. Brauchen wir auch nicht, denn solange der Computer trocken betrieben wird, sollte er auch ein langes Leben in der salzhaltigen Luft haben. Ich habe jedenfalls mit gewöhnlichen elektronischen Industrieerzeugnissen, die in hoher Stückzahl gebaut wurden, immer beste Erfahrungen gemacht.

Es liegt am Geldbeutel, für welchen Typ man sich entscheidet. Allerdings, die ganz schnellen, nämlich diejenigen mit einem 486er Prozessor, werden am Prozessor ziemlich heiß, so daß ihnen entsprechend viel (feuchte) Luft zum Kühlen ins Innere zugeführt werden muß. Man erkennt es an den Lüftungsschlitzen. Mir wäre an Bord lieber einer, der vom Hersteller kälter gefahren wird und deshalb hermetisch abgeschlossen ist. Ich bin sicher, daß so einer an Bord länger hält.

Als Betriebssystem rate ich dringend zu DOS, denn dann steht einem das größte Software-Angebot der Welt offen. Je nach Software läßt es sich dann mit dem Computer navigieren, einen Törn sekundengenau mitprotokollieren, Wetterkarten oder Satellitenfotos empfangen, von der Telefonzelle aus ein Fax mit Ersatzteillisten nach Hause senden, an langweiligen Ankertagen spielen, das Logbuch führen, die Lebensmittel an Bord verwalten oder Reiseberichte schreiben.

Auch die Frage nach dem Drucker ist heute kein Problem mehr. Tintenstrahldrucker wie der Canon BJ10e oder der Hewlett Packard 310 (Farbe!) laufen mit weniger als 12 Volt und haben ein feines Schriftbild. Die Ersatz-Druckköpfe (unbedingt mitnehmen) sind luftdicht verpackt und halten auch an Bord lange.

Prägedrucker. Das sind die handlichen Maschinen, mit denen man auf verschiedenfarbige Bänder Beschriftungen prägt, die dann irgendwo aufgeklebt werden können. Man braucht sie immer wieder an Bord, beispielsweise um die Stellung von Hähnen oder gewisse Kabel zu kennzeichnen und so fort.

Langer Wasserschlauch. Ganz wichtig ist es, neben dem normalen Wasserschlauch einen besonders langen mitzuführen, denn wir kommen nur selten nahe an einen Wasserhahn heran. Wenn wir aber insgesamt um die 50 Meter oder mehr haben, sieht es schon besser aus, und wir ersparen uns die Schlepperei von Kanistern. Es muß kein „lebensmittelechter“ Schlauch sein (der keine Weichmacher absondert), denn oft bestehen die Leitungen zum Wasserhahn aus gewöhnlichem Gartenschlauch. Lebensmittelechte Schläuche haben neben dem höheren Preis den Nachteil, daß sie empfindlich gegen UV-Strahlen sind, so daß man sie nicht längere Zeit herumliegen lassen kann.

Kabeltrommel mit 50 Meter Kabel. Man kann in die Situation geraten, an fremdem Ort dort gebräuchliches Werkzeug benutzen zu müssen, für dessen Betrieb der Strom an Bord nicht geeignet ist. Dann kommen wir ohne Landstromanschluß nicht aus. Für solche Zwecke erweist sich eine Kabeltrommel als wahrer Segen.

Zubehörkatalog. Selbst wenn man glaubt, man sei komplett ausgerüstet, so kann sich im Laufe der Reise herausstellen, daß man dieses oder jenes doch noch braucht, was aber am Ort nicht erhältlich ist. Dann bewährt sich der Zubehörkatalog eines Ausrüsters, mit dem man schon gute Erfahrungen gemacht hat, so daß man sich das Teil schicken lassen kann.

Safe. Es kann nicht ausbleiben, daß sich auf der Yacht unterwegs Geldbeträge befinden, die für manchen Insulaner ein kleines und unwiderstehliches Vermögen darstellen. An Ankerplätzen, die von Yachten häufiger besucht werden, könnten die Einheimischen die üblichen Verstecke für Paß und Kleingeld schon kennen. Es empfiehlt sich also ein Safe an Bord. Auf einer Stahlyacht ist das kein Problem: Man läßt ihn an ein Schott schweißen. Die Wertsachen sind dann mit Bordmitteln nicht mehr zu entwenden, denn Strom für einen Schweißbrenner ist nicht vorhanden. Aber auch auf einer Kunststoffyacht kann man einen Safe aus einem besseren Haushaltsgeschäft einlaminieren und damit weitgehend sichern lassen.

Alarmanlage. Eine Yacht muß heutzutage gegen Einbruch und Diebstahl (des ganzen Schiffes gar) gesichert sein. Vor ein paar Jahren noch brauchte man sich darüber keine Gedanken zu machen, denn auf den meisten Ankerplätzen konnte man die Yacht selbst nachts unverschlossen lassen. Nicht die Moral der einheimischen Landbevölkerung hat sich geändert, sondern die der Yachtleute. Fast alle Diebstähle von Ausrüstungsgegenständen gehen auf deren Konto.

Die originellste Lösung zum Einbruchproblem fand sicher Wolfgang Hausner, der die Reling seiner 17 Meter langen TABOO III unter Strom setzen kann, ähnlich einem Weidezaun. Einmal mußte er diese Anlage schon einsetzen, nachdem sich der einheimische Eindringling, der sich an der Reling festhielt, auch nicht durch deutliche Warnungen (I send you the bad spirit – Ich schick dir einen bösen Geist!) beeindrucken lassen hat. Kaum hatte Wolfgang in der Kajüte den Schalter umgelegt, war der ungebetene Gast unter lautem Geschrei auf der Flucht.

Bei der Auswahl der Alarmanlage lasse man sich von Fachleuten beraten; berücksichtigt werden müssen vor allem die Schwierigkeiten bei der Installation und der Mangel an Strom. Die Anlage sollte sich gleichzeitig zur technischen Überwachung der Yacht eignen (Maschine, Wasserstand in der Bilge usw.).

Vorschläge für die Bordbibliothek. Die Bordbibliothek erfüllt eine wichtige Aufgabe. Auf hoher See stellt sie bei technischen oder sonstigen Problemen mitunter unsere einzige Auskunftsstelle dar. Niemand ist so gescheit, als daß er auf den Rat anderer – auf einer Blauwasseryacht in Form von Büchern – ganz verzichten könnte. Deshalb werden in der Bordbibliothek vor allem informative Bücher stehen.

Sie erfüllt aber auch den Zweck, die Mannschaft zu erbauen. Deshalb nenne ich anschließend die Titel einer Reihe von Büchern, die in meiner Bordbibliothek stehen; es ist also ein persönlicher Vorschlag! Navigationsunterlagen und die im Kapitel „Gesundheit unterwegs“ erwähnten Bücher sind nicht mehr aufgeführt.

Nachschlagewerke
- „Ocean Passages for the World“
- Weltatlas
- Polyglott-Reiseführer (preiswert)
- Fremdsprachen-Lexika
- Umfangreiches und vollständiges Buch über Yachtnavigation
- „World Radio TV Handbook“
- „Christiani Datenbank“ (enthält technische Daten über Elektrotechnik, Maschinenbau, Mathematik, Physik, aber auch allgemeine Daten wie Maße usw.)
- „Elektrizität auf Yachten“ (Muhs)
- „Knoten – Spleißen – Takeln“ (Sondheim)
- Bestimmungsbuch für Schnecken
- Bestimmungsbuch für Fische
- Kochbücher
- „Segeln über sieben Meere“ (Hiscock; nur antiquarisch zu beziehen)
- „Schwerwettersegeln“ (Coles)
- „Yachten im Orkan“ (Domizlaff)

Lesebücher
- „Hundeleben in Herrlichkeit“ (Koch)
- „Gegenwind im Paradies“ (Erdmann)

– „Kap Hoorn – der logische Weg“ (Moitessier)
– „Entdeckungsfahrten im Pazifik“ (Cook)

Für den Fall, daß es mal so richtig unangenehm bläst oder wieder irgend etwas kaputtgegangen und keine Lösung für das Ersatzteilproblem in Sicht ist, habe ich noch zwei aufheiternde Bücher im Schapp stehen, die ich so lustig finde, daß ich sie allen meinen Besuchern zum Lesen aufdränge:

– „Barawitzka segelt nach Malta“ (Vettermann)
– „Das Boot, das nicht schwimmen wollte“ (Mowat)

Betty Ann und Larry Moore.

Erfahrungsbericht: „Nach dem ersten Jahr Blauwassersegeln“

Es gibt eine ganze Menge Literatur, in der Weltumsegler ihre Erfahrungen zum besten geben. Die meisten von ihnen sind so erfahren, daß sie schon wieder vergessen haben, wie es „am Anfang“ war, inwieweit ihre Erwartungen von einem anderen Leben von der Realität enttäuscht oder übertroffen wurden.

Ungleich aufschlußreicher für eventuelle Nachahmer ist dagegen der weiter unten zitierte Bericht der Amerikanerin Betty Ann Moore, in dem sie ganz offen schildert, wie es ihr und ihrem Mann im ersten Jahr auf Blauwasserfahrt ergangen ist.

Es scheint nicht ganz leicht zu sein, ungeschminkte Erlebnisberichte unter die Leute zu bringen, denn die größte amerikanische Segelzeitschrift, „Sail“, lehnte die Veröffentlichung ab. Sie ließ Betty Ann Moore sinngemäß wissen: „Wir sind nicht an Berichten interessiert, in denen über Fehler und Pannen geschrieben wird. Wir möchten unseren Lesern nur Berichte offerieren, an denen sie sich erfreuen können und die sie zum Träumen anregen.“

Eine andere Zeitschrift, „Latitude 38“, deren Motto es ist: „Say, like it is“ (Erzähle es genauso, wie es ist), veröffentlichte den Bericht schließlich unter der Überschrift „Unschuld verloren“, den ich mit freundlicher Genehmigung der Autorin auszugsweise wiedergebe.

Neun Naturgesetze für das Blauwassersegeln

1. Wenn du willst, kannst du alles tun.

Als wir die DOVE *gekauft hatten, kam es uns in den Sinn, daß wir eigentlich auf Langfahrt gehen könnten. Aber wollten wir das wirklich? Larry schon, aber ich?*

Drei Monate spielten wir an dem Schiff herum, installierten neue Ausrüstungen und dachten an einen Urlaub von einem Jahr. Im Dezember freilich bekam Larry einen neuen Superjob in Kalifornien angeboten, und ich betätigte mich immer mehr in der Gemeindepolitik. Es sah so aus, als ob es vier oder fünf Jahre dauern würde, bis wir mal lossegeln konnten.

Der Gedanke jedoch, so lange warten zu müssen, war einfach nicht mehr zu ertragen. Deshalb sagten wir uns, wir müssen jetzt aufbrechen, also sobald wir fertig sind. Bis Mai müßte alles zu schaffen sein, wenn auch September besser sein würde, aber da würden wir im Pazifik in die Hurrikansaison kommen.

Vier Monate waren eine kurze Zeit. Unsere Vorbereitungslisten wurden immer länger statt kürzer, und es schien so, als ob wir den Termin nie einhalten könnten. Wir mußten nun – das war klar – Nägel mit Köpfen machen, und so setzten wir uns einen definitiven Termin: Abreise erste Maiwoche.

Freitag, der 2. Mai, war unser letzter Arbeitstag, und wir beschlossen, am Montag auszulaufen. Sonst hätten wir sicher noch ein halbes Jahr herumgesessen. Und in der Tat, wir schafften es: Am 5. Mai machten wir die Leinen los.

Dieser Zeitplan – das aber wußten wir in dem Moment noch nicht – war die Ausnahme von der Regel, die wir bald darauf lernen sollten:

2. Ein Segelschiff läßt sich niemals nach einem festen Programm fahren.

Du kannst es zwar ausprobieren, über kurz oder lang aber wirst du frustriert sein. Zwei Wochen hatten wir für die nächsten 1000 Seemeilen nach Cabo San Lucas eingeplant; anschließend wollten wir nicht später als am 1. Juni mit Kurs Tahiti weiterlaufen.

Eine Reihe kleinerer Probleme am Boot machte es jedoch erforderlich, den 15. Juni anzupeilen. Schließlich liefen wir am 22. Juni aus, nachdem sich südlich von Mexiko bereits zwei Hurrikane gebildet hatten. Hurrikan Celia zwang uns, unsere Pläne für Tahiti für dieses Jahr ganz aufzugeben, und wir verbrachten deshalb die nächsten sechs Monate in der Cortez-See. Das war eigentlich ein glücklicher Umstand, denn so konnten wir in relativ geschützten Gewässern eine Menge über das Blauwassersegeln lernen. Wir fischten, wir schnorchelten, kurz: Es war einfach super.

Probleme mit dem Schiff und das Wetter haben uns bis heute immer wieder gezwungen, jeden Plan zu ändern, den wir einmal gefaßt hatten. Deshalb mein Rat: Wenn du schon nach Programm segelst, dann plane die Zeit sehr großzügig oder sei zumindest darauf vorbereitet, das Programm ändern zu müssen.

3. „Wenn etwas kaputtgehen kann, wird es auch kaputtgehen – und natürlich im ungünstigsten Augenblick“, gilt für alle Segelyachten.

Zum Beispiel: An der mexikanischen Küste brach eine Kühlschlange, genau in dem Moment, als die Maschine gerade anfangen wollte zu brennen, weil der Vorglühschalter in der Stellung „An“ steckengeblieben war.

Während unseres ersten Blauwasserjahres wurden wir mit etwa 35 technischen Pannen konfrontiert; für die Hälfte war die Maschine verantwortlich. Meist gab es Ärger mit der Treibstoffleitung. Die Anlage war zwölf Jahre alt und nicht besser geworden davon, daß schon häufig daran herumgebastelt und -geschraubt worden war. Mit der Zeit bekam Larry Routine im Entlüften, so daß wir die 75 Dollar für die Mechanikerstunde einsparen konnten.

Auch mit dem Rigg hatten wir Probleme. Mit schöner Regelmäßigkeit traten sie unterwegs auf, und das bei schlechtem Wetter. Unser Baumniederholer war erst während unserer Reise montiert worden. Die Niro-Schnappschäkel einer namhaften Firma brachen, und die Aluminiumteile korrodierten.

4. Not macht erfinderisch.

Jedes technische Problem machte uns ein wenig erfahrener, und wir wurden immer genialer im Erfinden von Ersatzlösungen. Wir lernten auch die Vorteile rechtzeitiger Wartung und Pflege zu schätzen. Wenn du aber zu faul dazu bist, dann ärgert dich ein unerwartet auftretendes Problem natürlich ungleich mehr.

5. Nichts ist jemals einfach.

Wenn Yachties ihre Art zu leben beschreiben, dann übergehen sie dieses bittere Gesetz meistens, das man mit ein paar Unterparagraphen verdeutlichen kann:
- *Du mußt immer etwas wegräumen, um an etwas heranzukommen.*
- *„Diese Kleinigkeit ist in einer Viertelstunde erledigt" – auf einer Blauwasseryacht gibt es solche Kleinigkeiten nicht.*
- *Man kann das Blauwassersegeln auch so definieren: „Zu Fuß und irgendwelche schweren Gegenstände schleppend endlose Kilometer zurücklegen".*
- *Wenn man kräftig gebaut ist, geht alles etwas leichter.*

Gerade das letzte ist ganz interessant. Viele Leute kommen aus ihrem bürgerlichen Leben als Städter zum Blauwassersegeln. Vor allem die ersten Wochen können, besonders für eine Frau, zur Hölle werden. Die Energie, die erforderlich ist, um allein auf dem sich immer bewegenden Schiff (denke daran, du lebst den ganzen Tag auf dem Schiff, jeden Tag, nicht nur ein paar Stunden an einem Wochenende) Gleichgewicht zu halten oder die Toilette auch bei Kälte oder Nässe zu benutzen, ist unwahrscheinlich groß; wie man auch alle Kraft aufwenden muß, um über Rettungsleinen in ein wackliges Beiboot zu klettern, zu rudern oder einen Außenborder zu starten, schwere Plastiksäcke mit Gemüse oder schmutziger Wäsche oder unförmige Kanister herumzuschleppen. Das ist sicher gut für die Figur, aber wir waren die ersten drei Monate physisch eigentlich immer erledigt.

6. „Gentlemen don't go to windward" (Segle nicht gegenan).

Das ist ein Tip von dem Skipper eines Trimarans, den wir in Mexiko trafen. Wir dachten, der habe gemeint, Trimarane seien schlechte Am-Wind-Segler. Aber dann haben wir einen vollen Tag damit zugebracht, gegenan zu einem 16 Seemeilen entfernten Ankerplatz zu gelangen. Unser Log zeigte 45 Meilen an, die wir über die rauhe See gebolzt waren. Am nächsten Tag kam dann gemütlich bei einer günstigeren Windrichtung der Tri nach. Er hatte nur zwei Stunden gebraucht.

Der tiefere Sinn dieses Gesetzes ist, daß es, wohnt man ständig an Bord, sehr wichtig ist, ein Mindestmaß an Wohnkomfort zu haben und halbwegs zivilisiert zu leben. Das aber ist unmöglich, wenn das Schiff auf dem Ohr liegt und alles naß wird, wie etwa beim Aufkreuzen.

So machten wir jeden Abend unsere Betten, richtig schön mit Kopfkissen und Zudecke – auch auf See. Ein Jahr lang im Schlafsack zu nächtigen, zeugt nicht von sehr viel Zivilisation.

Eine funktionierende Toilette mit Stehhöhe davor ist wichtig. Wir kennen eine Menge Leute – uns eingeschlossen, auch solche, die ein neues Schiff hatten –, die aus Frust über eine ständig leckende Toilette zum Eimer gegriffen haben. Endlich bekamen wir alle Ersatzteile zusammen, um unsere zu reparieren. Glaubt mir, es ist besser so!

Kühlung ist eine wundervolle Beigabe zum zivilisierten Leben (kalter Wein, frisches Fleisch und so fort), aber du mußt selbst entscheiden, ob das den ganzen Ärger wert ist. Für einige ist es sicher nicht das richtige, unter heißer Sonne über weite Wege Eisblöcke zu schleppen oder Freeonlecks zu reparieren. Zur Zeit funktioniert unser Kühlschrank, der von einem Kompressor an der Hauptmaschine angetrieben wird, und wir sind begeistert.

7. Wirf dein Vermögen ins Meer.

Das ist eine Zeile aus dem Lied „Sail Away", aber sicher ist damit nicht der bekannte Spruch vom Geldscheinzerreißen unter der kalten Dusche gemeint, mit dem man das Segeln manchmal definiert. Doch es trifft wohl zu.

Als wir lossegelten, dachten wir, das Schiff sei vollkommen ausgerüstet. Jeder Bootseigner aber weiß, daß yachtspezifische Dinge alle sehr teuer sind. Was unseren Haushaltsplan tatsächlich durcheinanderbrachte, das war das Leben „an Land“, also Restaurantbesuche, Taxis, Mietwagen und so weiter. Wir gaben allein für diese Dinge im ersten Jahr 4000 Dollar aus.

Ich glaube, wir könnten mit insgesamt 5000 Dollar auskommen, aber wir müßten die genannten Annehmlichkeiten vollkommen streichen und uns die Anschaffungen für das Boot sehr sorgfältig überlegen. Wir trafen zwei Paare, die von 200 Dollar im Monat lebten. Sie fischten viel, wuschen die Wäsche an Bord und wußten immer, wo es etwas umsonst gab.

8. Frage danach, und du wirst es bekommen.

Das paßt auf Auskünfte von anderen Yachties, Visumverlängerungen, Langusten von einem Fischerboot und auf eine Menge anderer Dinge.

9. Viel lieber ist man am Ankerplatz.

Blauwassersegeln spielt sich viel mehr am Ankerplatz als auf hoher See ab. Von 345 Tagen haben wir nur 61 Nächte auf See verbracht. 51 Nächte waren wir an der Pier (meistens in Kalifornien und auf Hawaii). Die anderen 233 lagen wir vor Anker.

An der Küste entlangzuschippern oder von Insel zu Insel zu segeln, ist ein viel größerer Spaß als die langen Überfahrten. Aber die sind nun mal notwendig, um an die schönen Plätze heranzukommen; deshalb mußt du die Technik hierfür auch beherrschen. Oft segelten wir nur fünf Meilen am Tag und an 218 Tagen überhaupt nicht. Am Ende des Jahres wurde zu unserer Lebenseinstellung: „Make love, not sail!“ Aber wenn du wirklich gar nicht segeln magst, dann fahre am besten nicht los. Wir segelten im Durchschnitt 20 Meilen am Tag, die Ankerei mit eingeschlossen. Das ist eine Menge Segeln.

Zu guter Letzt: Ich bin überzeugt, daß Blauwassersegeln schöner als arbeiten ist.

Trotz aller Probleme, die wir hatten, und in dem Bewußtsein, daß wir das bequeme Städterleben gegen vergleichsweise große Unbequemlichkeiten und Dürftigkeiten eintauschen würden, haben wir unser Haus und unseren Beruf aufgegeben. Unschlagbar ist nämlich die Freiheit, daß du jede Stunde von neuem entscheiden kannst, wie du deine Zeit zubringen willst. Und das Hoch, das du bei der unbeschwerten Segelei nach einem Sturm erlebst oder wenn du einen schönen Fisch gefangen hast, oder wenn du gemeinsam mit neuen Freunden bei einem Glas Wein den Sonnenuntergang beobachtest – das alles sind Dinge, die durch nichts von dem übertroffen werden, was wir früher hatten.

Statt Nachwort – Brief an die Daheimgebliebenen

Liebe Freunde,
nicht nur die Blauwassersegler, sondern auch die Daheimgebliebenen gewinnen im Laufe einer Blauwasserfahrt an Erfahrung dazu. Ich habe zwar noch nicht gehört, daß sich jemand der Seemeilen gerühmt hat, die sein unterwegs befindlicher Freund, den er betreut, auf den Weltmeeren abgesegelt hat, so ganz abwegig ist das aber wohl gar nicht. Denn je mehr Seemeilen die Yacht zurücklegt, je mehr Ozeane überquert werden und je mehr Länder sie anläuft, um so geringer wird die Chance, Fehler zu machen, sowohl für den Langfahrtsegler als auch für seine Bodenstation. Erlauben Sie mir, daß ich Ihnen für die Betreuung „Ihres“ Seglers Tips gebe, bis Sie selbst genug Erfahrungen gesammelt haben, um es noch besser zu machen.

Vielleicht konnte ich auch Sie, wenn Sie das Buch bis hierher überflogen haben, überzeugen, daß jene Laienansicht ganz falsch ist, die meint, wir Blauwassersegler lägen den ganzen Tag in der Sonne und würden dem lieben Gott den Tag stehlen. Oft arbeiten wir hart, um unsere Schiffe seetüchtig zu halten. Ich erzähle Ihnen das nicht, um Ihnen das Zuhausebleiben zu erleichtern, sondern um für manche unserer Probleme etwas mehr Verständnis zu erbitten. Ja, ja, wir haben uns dieses Leben selber ausgesucht, deshalb verdienen wir natürlich kein Mitleid. Aber es besteht auch meistens kein Grund, uns besonders zu beneiden, denn Sie müssen sich mit den Sorgen im Beruf und wir uns mit technischen Problemen herumschlagen. Sie können uns ohne großen Aufwand manchmal bei der Lösung eines Problems helfen. Ganz sicher aber wird auch die Zeit kommen, wo wir uns revanchieren können.

Für Sie ist es oft ganz einfach, einem Blauwassersegler eine große Freude zu machen: Erledigen Sie seine Bitten um Besorgungen – oft reichen ein paar Telefonate – prompt, und versorgen Sie ihn mit soviel Post wie möglich! Die Post ist eigentlich eines der größten Erlebnisse unterwegs neben den herrlichen Eindrücken, die so eine Reise in die Welt hinaus vermittelt. Zuviel Arbeit? Nein, es müssen nicht immer seitenlange Briefe mit Belanglosigkeiten sein, obwohl auch die für uns weit draußen so wichtig sind. Sie glauben gar nicht, wie man auf einem abgelegenen Ankerplatz ohne Zeitung und Fernsehen förmlich nach Informationen dürstet, gleichgültig, welches Gewicht sie haben.

Ich würde Ihnen überhaupt das einmalige Erlebnis wünschen, nach einer mehrmonatigen Reise endlich wieder Post zu bekommen – Briefe, Zeitschriften, Prospekte und so weiter, die ein gutmütiger Postbeamter auf einer abgelegenen Insel für uns gesammelt hat. Es ist nicht nur aufregend, es ist ein richtiges Fest, wenn der riesige Umschlag mit dem Schiffsnamen darauf an Bord kommt. Schöner als ein Fußballänderspiel im Fernsehen! Die Briefe werden nicht einfach geöffnet und überflogen. Das ginge ja viel zu schnell. Zuerst sortiert man sie nach Absender. Die Briefe mit den erwarteten unangenehmen Nachrichten liegen obenauf, dann kommen die erfreulicheren. Je nach Sympathie gegenüber dem Absender.

Wenn man sich nicht einigen kann, wird gelost. Und dann wird jeder Brief ganz langsam, aufmerksam und mehrfach gelesen. Wie schade wäre es nun, wenn ausgerechnet Ihre Post bei diesem Hochamt nicht dabei wäre, weil Sie beispielsweise zu wenig Porto draufgeklebt haben, was Sie erst in ein paar Monaten erfahren werden, weil dann der Brief an Sie zurückkommt. Oder Sie waren zu früh mit dem Schreiben dran, der Brief ist schon wieder an Sie zurückgesandt worden mit dem Vermerk „Nicht abgeholt".

Aber das sind Dinge, die allenfalls einem Anfänger mit nur wenig Seemeilen „Bodenstationerfahrung" passieren.

Sie sind mit mehreren Sendungen dabei. Alle Briefe sind da und auch Zeitungen, rechtzeitig als Zeitungsdrucksache per Luftpost abgeschickt. Besonders freuen wir uns natürlich auch über das Päckchen mit dem Schokoladenosterhasen, der sogar heilgeblieben ist, weil er aus bitterer Schokolade besteht. Vollmilch wäre in der tropischen Hitze geschmolzen. Das Verpackungsmaterial im Karton löst ein „Hallo!" aus. Kein albernes Seidenpapier, sondern eine zerknitterte Bildzeitung, zwei Monate alt, für die Besatzung brandaktuell, denn woher hätte sie sonst erfahren, daß der berühmte Filmschauspieler Maier die Prinzessin von Müller geheiratet hat.

Auch die kleineren Ersatzteile sind da, wie die Dichtungen für die Toilette und (endlich!) auch die Kondensatoren für die Neonlampen. Vorbildlich, wie das alles geklappt hat.

Eine schlecht funktionierende Bodenstation kann da doch eine Menge versieben. Da kommen die falschen Ersatzteile, da kommen keine Zeitungen („was brauchen die die letzten Ausgaben der ‚Yacht', die haben ja genügend Yachten um sich herum"), oder die Post wird zu spät abgeschickt („die haben doch nichts zu tun, die können noch ein paar Tage warten"). Schlimm ist auch, wenn Fragen unbeantwortet bleiben. Ich verstehe das schon, wenn man einen Brief erst ein paar Wochen später beantwortet, aber nicht mehr genau weiß, was dringestanden hat. Aber wir haben die Fragen ja noch im Kopf, warten auf den Brief vielleicht auch gerade deshalb, weil wir mit einer Antwort rechnen. Oft Fehlanzeige! Warum machen sich manche Bodenstationen nicht bewußt, daß wir nicht einfach zum Telefonhörer greifen können: „Du hast vergessen, mir zu schreiben, ob..."

Natürlich freut sich jeder Blauwassersegler, wenn seine Betreuer zu einem entfernten Fleckchen der Erde nachfliegen und ihn für ein paar Wochen besuchen, vielleicht sogar ein Stück mitsegeln. Das ist eine Gelegenheit, einen preiswerten Urlaub zu machen. Die Hotelkosten entfallen, weil man ja auf der Yacht lebt.

Liebe Freunde, wahrschau! Damit so ein Urlaub ein Traumurlaub wird, sollten ein paar Dinge beachtet werden. Zu oft passiert es nämlich, daß man in den Ferien nur zwei schöne Tage hat: den ersten und den letzten, wenn sie wieder zu Ende sind. So ein Urlaub ist etwas ganz anderes, als zusammen mit Freunden für ein paar Wochen zu segeln und dann wieder zusammen nach Hause zu fahren.

Sie haben nur eine ganz begrenzte Zeit, nämlich Ihren Urlaub. Sie haben einen festen Rückflugtermin, und Sie sind erholungsbedürftig. Ihr Freund, der Blauwassersegler, dagegen teilt seine Zeit nicht mehr nach Tagen oder Monaten ein, sondern höchstens nach Jahreszeiten. Er ist lange Törns mit kleiner Mannschaft gewohnt, Sie nicht. Umgekehrt ist für ihn sein Schiff sein Zuhause, für Sie vielleicht nur ein Sportinstrument oder ein Fortbewegungsmittel.

Aus dieser gegensätzlichen Betrachtungsweise ergeben sich leicht Kontroversen, es sei denn, man übt sich – was nicht jedermann gegeben ist – in Toleranz. Zudem kann das jeweilige Revier für einen Urlaubstörn ganz ungeeignet sein, weil die einzelnen Ziele zu weit auseinanderliegen, was dann leicht zur Enttäuschung wird: „Nur segeln, das hätte ich zu Hause besser können."

Aber vielleicht sind Sie ganz anders als die meisten Besucher auf Blauwasseryachten, die ich beobachtet habe. Vielleicht wollen Sie einen Urlaub bei Ihrem Freund verbringen, um hautnah einen Einblick in das Leben der Blauwassersegler zu bekommen, wollen nur einmal die Atmosphäre auf einem Ankerplatz irgendwo am Ende der Welt erleben und wollen die Yachties und ihre Schiffe kennenlernen, kurz: Sie wollen herausfinden, ob das wirklich noch die ganz große Freiheit ist, das letzte bißchen, was uns auf der Welt des 20. Jahrhunderts geblieben ist. Wenn Sie das wissen wollen, dann sind Sie herzlich willkommen – auf jedem Ankerplatz der Welt.

Dazu wünsche ich Ihnen
Smooth Sailing und Happy Cruising.

Blauwasser-Infos weltweit

von Carla Schenk

Folgende stichwortartigen Informationen erheben keinerlei Anspruch auf Vollständigkeit. Sie dienen der Vorplanung, sollen Appetit machen, Anhaltspunkte verschaffen. Sie beruhen meist auf eigenen Erfahrungen, aber auch auf Berichten anderer Yachtsegler. Auch können im Laufe der Zeit in dem einen oder anderen Fall Veränderungen aufgetreten sein.

Karibisches Meer

Wenn man in Europa über die Karibik spricht, denkt man an die Kleinen Antillen. Die Karibik bietet jedoch weit mehr – Venezuela, Costa Rica, Honduras, Yucatan, die Großen Antillen und Panama. Es ist ein Segelrevier mit ungeahnten Möglichkeiten, meist guten Windverhältnissen und schönem Wetter. Die Hurrikansaison ist von Juni bis einschließlich November; die gefährlichsten Monate sind August, September und Oktober. Passatwinde blasen das ganze Jahr aus östlichen Richtungen, am härtesten von Dezember bis April. In diesem Gebiet fallen kaum Hafengebühren an, denn man liegt meist vor Anker. Dafür muß man eine beträchtliche Summe für das Ein- und Ausklarieren einkalkulieren. Die meisten Inseln sind unabhängig geworden, und man hat diese Formalitäten unentwegt aufs neue zu erledigen.

Kleine Antillen

Landschaftlich wunderschöne tropische Inseln, umgeben von herrlich klarem Wasser in den Farben Azurblau bis Türkis. Diese Inselkette bietet unzählige gute Ankerplätze, meist in Lee der Inseln, so daß daysailing möglich ist. Ausreichende Versorgungsmöglichkeiten findet man in den größeren Orten auf Barbados, Martinique, Guadeloupe, Antigua und St. Martin. Auf den französischen Inseln kauft man wesentlich besser ein als auf den ehemals englischen. Die Kleinen Antillen sind mit Urlaubsseglern oder Charteryachten überfüllt.

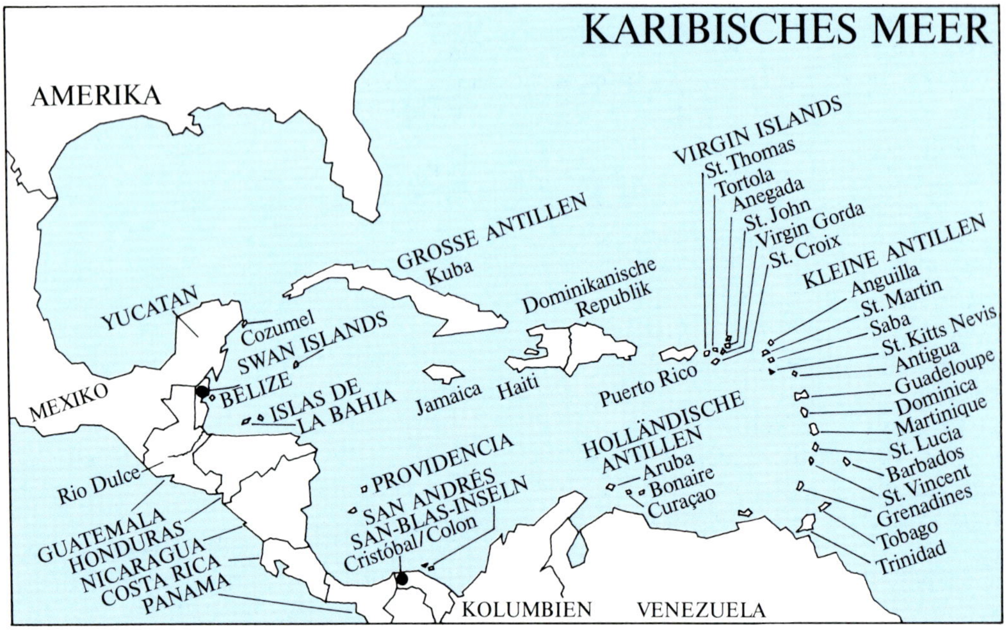

Trinidad und Tobago: Landschaftlich schöne Inseln, noch nicht allzu sehr von Touristen überlaufen, man trifft auch nicht viele Yachtleute, wie auf manch anderer Karibik-Insel. Herrliche Festveranstaltungen während des Karnevals.

Barbados: Es war früher von Dezember bis Februar Treffpunkt vieler Yachtleute, die, von Europa kommend, den Atlantik überquert haben. Das hat sich inzwischen geändert, das Ein- und Ausklarieren ist eine ziemliche Prozedur, der Ankerplatz ist oft rollig, das Anlanden in der Dünung meist eine feuchte Angelegenheit, und außerdem gibt es genügend Inseln, die schöner und interessanter sind.

Grenadines: Vor allem der nördliche Teil ist von Charterflotten überlaufen. Viele hübsche Ankerbuchten innerhalb der Inselgruppe; empfehlenswert sind Tyrell Bay auf Carriacou, Petit St. Vincent, Union Island, Prune Island, Saline Bay auf Mayero, Tobago Cays (guter Platz zum Tauchen und Schnorcheln), Mustique (nettes Restaurant), Bequia (Frangi Pani, reizendes Restaurant mit Steelband).

St. Vincent: Einige malerische Ankerbuchten, die an die Südsee erinnern, sind Wallilabo Bay und Cumberland Bay. In letzter Zeit wird vor den aggressiven Eingeborenen gewarnt.

St. Lucia: Ein sicherer, zauberhafter, doch häufig mit Yachten überfüllter Platz ist Marigot Bay. Die Einheimischen können ziemlich aufdringlich werden. In Rodney Bay ist eine große Marine entstanden mit Einkaufsmöglichkeiten, Duschen, einigen Restaurants und Reparaturmöglichkeiten. Ein österreichisches Ehepaar, Uli und Alexandra Meixner, selbst Fahrtensegler, haben in der Marina eine Firma gegründet, die sich sehr zuverlässig um die

Wartung von Schiffen kümmert und Reparaturen organisieren kann.

Martinique: Hervorragende Einkaufsmöglichkeiten und nette Restaurants in Fort-de-France, allerdings ziemlich teuer. Sonst findet man noch genügend hübsche, einsame Ankerbuchten auf der Insel.

Dominica: Nur ein guter Ankerplatz auf der Insel, die Prince Rupert Bay.

Guadeloupe: Große Marina in Pointe-à-Pitre, empfehlenswert ist Deshaies Bay, schon allein wegen des guten Restaurants. Die Iles des Saintes erfreuen sich in letzter Zeit zunehmender Beliebtheit.

Antigua: Eines der großen Yachtzentren der Karibik, hurrikansicherer Hafen in English Harbour mit guter Werft, Slipanlage, einigen Geschäften für Lebensmittel und Yachtzubehör, gutem Restaurant mit Steelband (Admiral's Inn) und preiswerter Pizzeria. Weitere reizvolle Liegeplätze in Falmouth Harbour (Yachtclub), Deep Bay, Great Bird Island, Barbuda.

St. Kitts, Nevis: Wenig empfehlenswert, die Ankerplätze können recht unruhig sein.

Saba: Die holländische Insel mit ihren im niederländischen Stil erbauten Häuschen hat viel Atmosphäre und freundliche Einwohner.

St. Martin: Sehr gute, preiswerte Einkaufsmöglichkeiten, so daß es lohnend ist, sich hier zu verproviantieren. Auch Yachtzubehör erhältlich.

Anguilla: Immer noch ein Hit. Sehr hübsch, wunderbare weiße Strände und klares Wasser; ein guter Platz zum Tauchen und Schnorcheln.

Virgin Islands

Diese Inselgruppe ist eines der berühmtesten Cruising-Reviere der Welt. Es gibt unzählige Ankerplätze und Buchten; deshalb findet man, trotz der vielen Charterboote (über 1000 liegen hier, vielleicht sind es inzwischen schon viel mehr geworden), noch genügend hübsche, einsame Plätze. Die Virgin Islands zeichnen sich durch herrliche Sandstrände, klares Wasser und eine vielfältige Unterwasserwelt aus.

U. S. Virgin Islands

Dazu gehören St. Thomas, St. John, St. Croix und an die 50 kleinere Inseln. Deutsche müssen bei der Einreise ein Visum vorlegen. Am besten besorgt man sich auch noch ein Cruising Permit, das erspart Zeit und Geld.

St. Thomas: St. Thomas Harbour, der größte Handelshafen der Virgin Islands, bietet gute Einkaufsmöglichkeiten für Ersatzteile und Yachtzubehör. Außerdem noch verschiedene Ankerplätze auf der Insel – am beliebtesten ist die Long Bay mit ihrem modernen Yachtclub. In Charlotte Amalie findet man große Supermärkte, gute Restaurants, ausreichende Möglichkeiten für Reparaturen und den Einkauf von Yachtzubehör.

St. John: Viele hübsche Ankerbuchten auf dieser Insel.

St. Croix: Hier gibt es nur einen einigermaßen geschützten Hafen: Christiansted; für Yachtleute wenig interessant.

British Virgin Islands

Diese Inselgruppe besteht aus fünf großen (Tortola, Virgin Gorda, Anegada, Jost van Dyke, Peter Island) und 23 kleineren Inseln.

Tortola: Gute Einkaufsmöglichkeiten und nette Restaurants in Road Harbour, dem größten Handelshafen der British Virgin Islands, der jedoch als Liegeplatz für

Yachten wenig geeignet ist. Dafür gibt es auf Tortola selbst wie auch auf den Nachbarinseln genügend hübsche und geschützte Buchten.

Virgin Gorda: Landschaftlich sehr schön, mit herrlichen Sandstränden, klarem Wasser und guten Ankerplätzen. In St. Thomas ist eine sehr gute Marina mit allen erdenklichen Annehmlichkeiten.

Große Antillen

Hispaniola: Haiti und die Dominikanische Republik liegen auf einer wenig befahrenen Route und werden nur selten von Yachten angelaufen. Beim Einklarieren muß das Clearance Paper vom letzten Hafen vorgelegt werden. Man sollte sich ein Cruising Permit geben lassen, das erleichtert den Verkehr mit den Behörden. Die Insel ist landschaftlich schön, die Einwohner sind freundlich, und man hat ausreichende Einkaufsmöglichkeiten; Ersatzteile und Yachtzubehör sind jedoch kaum aufzutreiben.

Haiti: Einklarierungshäfen sind Port-de-Paix, Cap Haitien, Gonaives, St. Marc, Jérémie, Jacmel, Aux Cayes oder Port-au-Prince. Letzterer wird von den Yachtleuten bevorzugt. Man ankert im südlichen Teil des Hafens, nahe dem Handelsdock. In der Nähe des Ortes befinden sich die Buchten Caye Sable und Caye du Pelican mit klarem Wasser und Gelegenheit zum Schwimmen und Schnorcheln.

Dominikanische Republik: Einklariert wird in Puerto Plata, einer alten Stadt mit modernem Touristenzentrum und schönen Sandstränden. An der Südküste liegt die Hauptstadt Santo Domingo, der Hafen ist für Yachten wenig geeignet. Nahe der Stadt ist eine hübsche Bucht, Boca Chica (Puerto de Andres) mit klarem Wasser, schönem Strand und attraktivem Yachtclub.

Puerto Rico: Einklarieren kann man in Mayagüez, Guanica, Ponce oder San Juan. Die ersten beiden sind Handelshäfen und für Yachten wenig geeignet. In der Nähe von Mayagüez bietet sich Boqueron mit einer hübschen Bucht und nettem Ort als Liegeplatz an, sehr gut geschützte Marina mit Geschäften, Wäscherei, Bar und Restaurant, auch in Salinas sehr schöner Platz mit guten Einkaufsmöglichkeiten. Ponce hat einen gut eingerichteten Yachtclub in schöner Lage. San Juan ist einer der sichersten Häfen der ganzen Karibik (gastfreundlicher Yachtclub). Der alte Ort mit wunderbaren Parks und interessantem Museum ist durchaus sehenswert.

Jamaica: Die Hauptstadt ist Kingston. Hier sind die Eingeborenen so unfreundlich und aggressiv gegenüber dem weißen Mann, daß man diesen Platz besser meidet. Ein sicherer Hafen in der Nähe ist Port Royal. Zum Einklarieren kann man auch nach Port Antonio fahren, ein gut geschützter Hafen, netter Yachtclub, die Stadt ist noch ein Stück altes Jamaica. Einige hübsche und gut geschützte Buchten findet man an der Nordküste von Jamaica, Discovery Bay und Montego Bay („Mo-Bay" hat netten Yachtclub, Bar und Restaurant), Ocho Rios ist ein Touristenort mit dementsprechenden Preisen.

Kuba: Diese Insel wurde aus politischen Gründen bisher nur selten von Yachten angelaufen. In Havanna ist eine gute Marina, Marina Hemingway: Restaurants, Bars, Geschäfte, Schwimmbad, Whirlpool. Wäschewaschen und Reparaturen können organisiert werden. Es gibt dort Seekarten für Kuba. Auf der Halbinsel Varadero gibt es drei Marinas, die nicht unbedingt empfohlen werden können.

Yucatan, Mexiko

Über die Küstenregion liegen kaum Berichte vor, die bevorzugten Ankerplätze findet man auf der Insel Cozumel.

Cozumel: Hier sind die Leute freundlich, die Strände schön und das Wasser klar. (Viele Touristen, Restaurants, Einkaufsmöglichkeiten, recht luxuriös.) Flugverbindung zum Festland.

Isla Mujeres: Diese schöne Insel ist noch nicht überlaufen, guter, sicherer Hafen. Es verkehrt eine Fähre zum Festland.

In Cacun ist ein großes, modernes Touristenzentrum entstanden.

Belize

Belize (gute Einkaufsmöglichkeiten) ist als Ankerplatz für Yachten ungeeignet; man findet einen besseren Liegeplatz in der nahegelegenen Robinson Cay. Vor Belize liegt das zweitgrößte Barriereriff der Welt mit zahlreichen herrlichen Ankerplätzen, klarem Wasser, schönen Sandstränden und einer sehenswerten Unterwasserwelt. Man kann weite Strecken innerhalb des Riffes in geschütztem Wasser segeln. Besonders hübsch ist das Glover Riff.

Guatemala

Rio Dulce: Der Fluß ist auf 50 Seemeilen schiffbar, allerdings nur für Yachten bis 1,7 Meter Tiefgang. Die Flußfahrt ist ein einmaliges Erlebnis: großartiger Dschungel, unzählige Vogelarten, herrliche Papageien. Einen Ankerplatz findet man beim Katamaran-Hotel, inzwischen gibt es auch Marinas.

Honduras und die Islas de la Bahia

Das Festland hat wenig Interessantes zu bieten, und die Häfen geben nicht genügend Schutz. Anders ist es in den Islas de la Bahia, wo es herrliche, sichere Buchten gibt.

Islas de la Bahia, Roatan: Zum Einklarieren muß man nach Coxen Hole, einem netten Ort mit ausreichenden Einkaufsmöglichkeiten (mit Frischproviant sieht es allerdings schlecht aus). Ein guter Platz für Taucher und Schnorchler ist Port Royal.

Nicaragua

Great Corn Island und Little Corn Island: Wunderschöne tropische Inseln mit freundlichen Einwohnern. Man ankert in Brig Bay und Pelican Bay.

Costa Rica

Die Küste ist landschaftlich sehr eindrucksvoll mit schönen Sandstränden und klarem Wasser.

Swan Island, San Andres, Providencia

Alle drei Inseln bieten gutgeschützte Ankerplätze.

Swan Island: Hier befindet sich eine Wetterstation. Auf der Insel leben nur wenige Menschen, die sehr freundlich sind und sich über den Besuch von Yachtleuten freuen.

San Andres: Hier gibt es zahlreiche Hotels und Restaurants; die Insel ist ein Urlaubsort für die Kolumbianer.

Providencia: Bei den durchreisenden Yachten ist Providencia äußerst beliebt wegen seines geschützten Ankerplatzes und der netten Einwohner.

Panama

Will man von der Karibik in die Südsee segeln, muß man durch den Panamakanal. Die Einfahrt zum Kanal ist Cristobal/Colon, Limon Bay. Man ruft „Signal Radio" auf VHF 12 oder 16 und setzt die gelbe Flagge. Ein Beamter kommt an Bord zum Einklarieren und Vermessen. Dann kann man bei den Behörden die Kanalpassage bestellen. Je nachdem, wieviel Yachten auf der Warteliste stehen, dauert die Wartezeit bis zu drei Wochen. Für die Kanalfahrt müssen außer dem Skipper und dem Lotsen (stellt die Kanalgesellschaft) vier Leute an Bord sein, die die Leinen bedienen. (Vier Leinen von je 50 Meter Länge werden als Ausrüstung vorausgesetzt.) Der Cristobal Yachtclub ist ein gemütlicher, gastfreundlicher Club, wo man billig essen und trinken kann (die Bar ist rund um die Uhr geöffnet) und sich mit anderen Fahrtenseglern trifft. Im Yachtclub in Colon liegt man sicher, er ist gut bewacht. Außerhalb des Clubs kann man sich nur im Taxi bewegen, geht man zu Fuß, ist die Gefahr außerordentlich groß, überfallen und ausgeraubt zu werden. Verproviantieren tut man sich sowieso besser in Panama City. Diese Stadt ist nicht ganz so gefährlich, obwohl es auch angeraten wird, sich per Taxi zu bewegen.

Porto Bello: Ein Stop zwischen San Blas und Panama. Guter und hübscher Hafen, sehenswert das Fort, die Stadtruinen und die Kirche mit der schwarzen Christusstatue.

San Blas-Inseln

365 Inseln innerhalb einer Distanz, die man in zwei Tagen segeln kann. Hier sollte man keinesfalls vorbeifahren, denn auf diesen herrlichen tropischen Inseln findet man schöne Sandstrände, klares Wasser und die Cuna Indians, die letzten Kariben-Indianer, deren Lebensweise und Kultur hochinteressant sind. Sie bieten wunderschöne Handarbeiten (Molas) zum Verkauf oder Tausch an.

Man trifft nahezu keine Touristen und wenig Yachten. Einklarieren muß man in Porvenir (Restaurant). Die Versorgungsmöglichkeiten sind gleich null, außer einer Bäckerei wird fast nichts geboten. Was von Panama angeliefert wird, brauchen die Cunas selber. Langusten kann man von den Eingeborenen kaufen. Empfehlenswerte Plätze: die Dörfer Wichupwala und Nalunega, wo viele Cunas leben (kann man von Porvenir mit dem Dingi erreichen), Lemon Cays, Chichime Cays, Cays Hollandes, Karti-Inseln, Rio Diablo (kleines Restaurant), Ciedras und Raton.

Kolumbien *(karibische Seite)*

Früher hieß es, man soll sich der Küste fernhalten, wegen der Piraten, wozu auch die Ofiziellen gehörten. Wir haben einige befreundete Segler, die dort in Gefahr kamen und übelste Erlebnisse hatten.

Inzwischen hat sich da wohl etwas geändert, denn Cartagena gehört zum Geheimtip der amerikanischen Yachtleute.

Venezuela

Da Hurrikane praktisch nicht vorkommen, eignet sich dieses Gebiet, um dort die Hurrikansaison zu verbringen. Allerdings gibt es zuweilen starke Norder und auch heftige Passatwinde (von Dezember bis März), die an der Küste eine gefährliche Grundsee verursachen können. Am Festland findet man gute Einkaufsmöglichkeiten, die Einwohner sind äußerst freundlich und hilfsbereit. Die Kriminalität in Venezuela ist hoch, leider muß man sein Dingi im Auge behalten. In Puerto Azul befindet sich einer der elegantesten und aufwendigsten Yachtclubs in der Karibik. Eine Bustour zu den Anden ist empfehlenswert.

Die Venezuela vorgelagerten Inseln sind weitgehend unberührt und versprechen Ankerplätze auf klarem Wasser, schöne Strände und ausgezeichnete Möglichkeiten zum Fang von Fischen und Langusten (keine Versorgungsmöglichkeiten). Die Inseln erstrecken sich in Ost-West-Richtung, was man bei der Törnplanung bedenken sollte. Die Inselgruppen Los Roques und Aves sind am attraktivsten.

Holländische Antillen

Diese Inseln sind sehr europäisch und bieten gute Einkaufsmöglichkeiten; hier sollte man sich für lange Reisen verproviantieren.

Aruba: Die Insel hatte nur einen Hafen, der für Yachten geeignet war, und so hat man eine kleine Marina gebaut in Oranjestad Paarden Bay, sie liegt in der Stadt, und so kann man gut Proviant nehmen.

Curaçao: Ankerplätze findet man in Spanish Water und Piscadera Bay.

Bonaire: Eine Marina, die guten Service bietet, liegt nordwestlich von Kralendijk. Wegen Tausender Flamingos lohnt es sich, einen Ausflug nach Gotomeer zu machen.

Südpazifik-Inseln

Galapagos-Inseln

Nachdem die Inseln zum Naturschutzgebiet erklärt worden sind, erhalten Yachtleute eine Aufenthaltsgenehmigung nur für 48 Stunden, in Ausnahmefällen für einige Tage mehr. Zum Einklarieren muß man nach Wreck Bay oder Santa Cruz. Auf keinen Fall darf man ohne Genehmigung auf anderen Inseln des Archipels anlanden, das könnte zu größten Schwierigkeiten führen. Will man mehr von den Inseln sehen, muß man sich einen Führer nehmen, was sich für die kurze Zeit, die einem genehmigt wird, nicht lohnt. Man kann höchstens ein einheimisches Fischerboot chartern oder mit einem der Touristenschiffe für einen Tag nach Plaza oder Santa Fe fahren, um die dortige Tierwelt zu bewundern. Wenn man von Panama nach Galapagos gegen den Wind kreuzen muß, was nicht selten der Fall ist, ist es eine Überlegung wert, Galapagos zu vergessen und einen eventuell günstigeren Kurs auf die Marquesas zu nehmen.

Manchmal ist auf Galapagos das Wasser knapp, so daß man sich nicht darauf verlassen kann, dort genügend für die lange Reise bis zu den Marquesas zu bekommen. Obst und Gemüse, Lebensmittel, Konserven, Brot, Eier und Getränke sind in beschränktem Maße zu bekommen. In Santa Cruz gibt es einige ursprüngliche und preiswerte Restaurants, die ein einfaches, aber schmackhaftes Essen anbieten (auch Langusten werden angeboten).

Osterinseln

Die Osterinseln waren früher ein äußerst attraktiver Platz für Yachties, doch seitdem

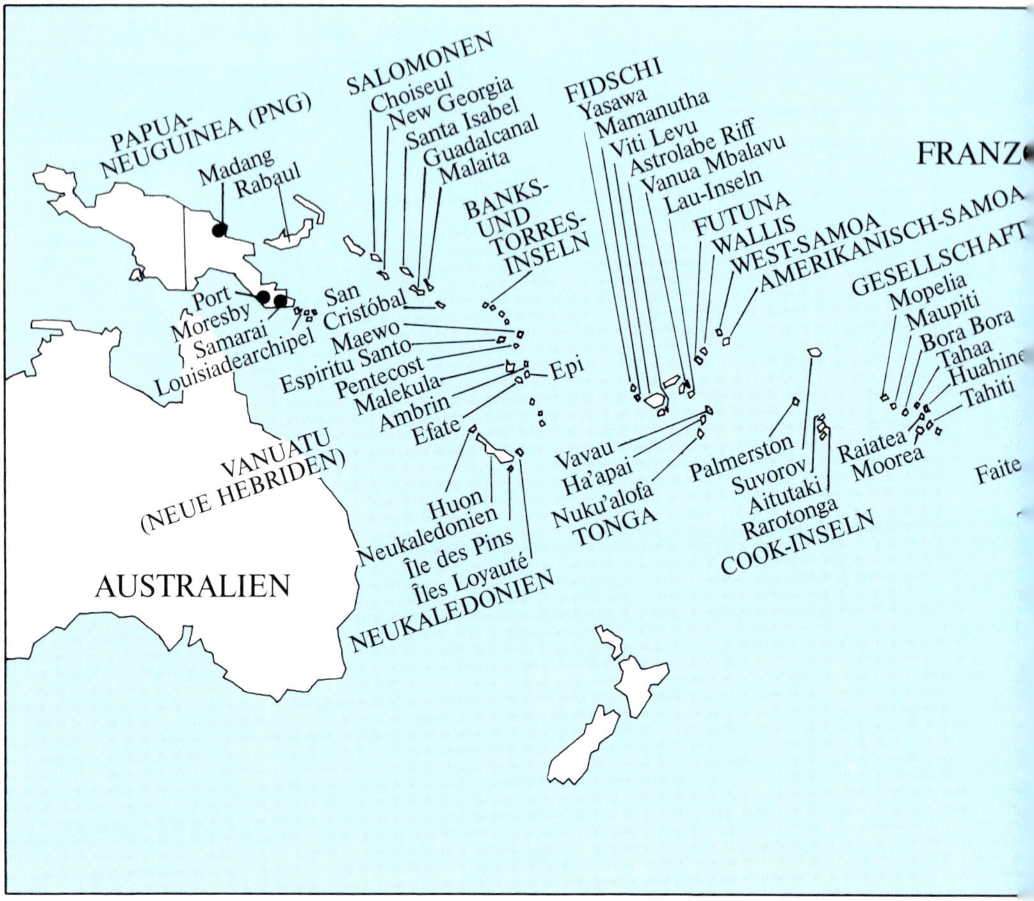

der Tourismus dort zugenommen hat, haben die Einwohner das Interesse an den Yachtleuten verloren. Da die Inseln in der Zone wechselnder Winde liegen und es keine ausreichend geschützten Ankerplätze gibt, sollte man sich nicht zu weit von seiner Yacht entfernen oder für den Notfall eine ständige Besatzung zurücklassen.

Pitcairn

Hier leben die Nachkommen der Meuterer von der Bounty, die sich in ihrer Einsamkeit über jeden Besuch freuten; inzwischen werden sie allerdings von Kreuzfahrtschiffen besucht. Der Besuch dieser Insel wäre sicher trotzdem ein einmaliges Erlebnis, wenn es nur einen einigermaßen sicheren Ankerplatz gäbe.

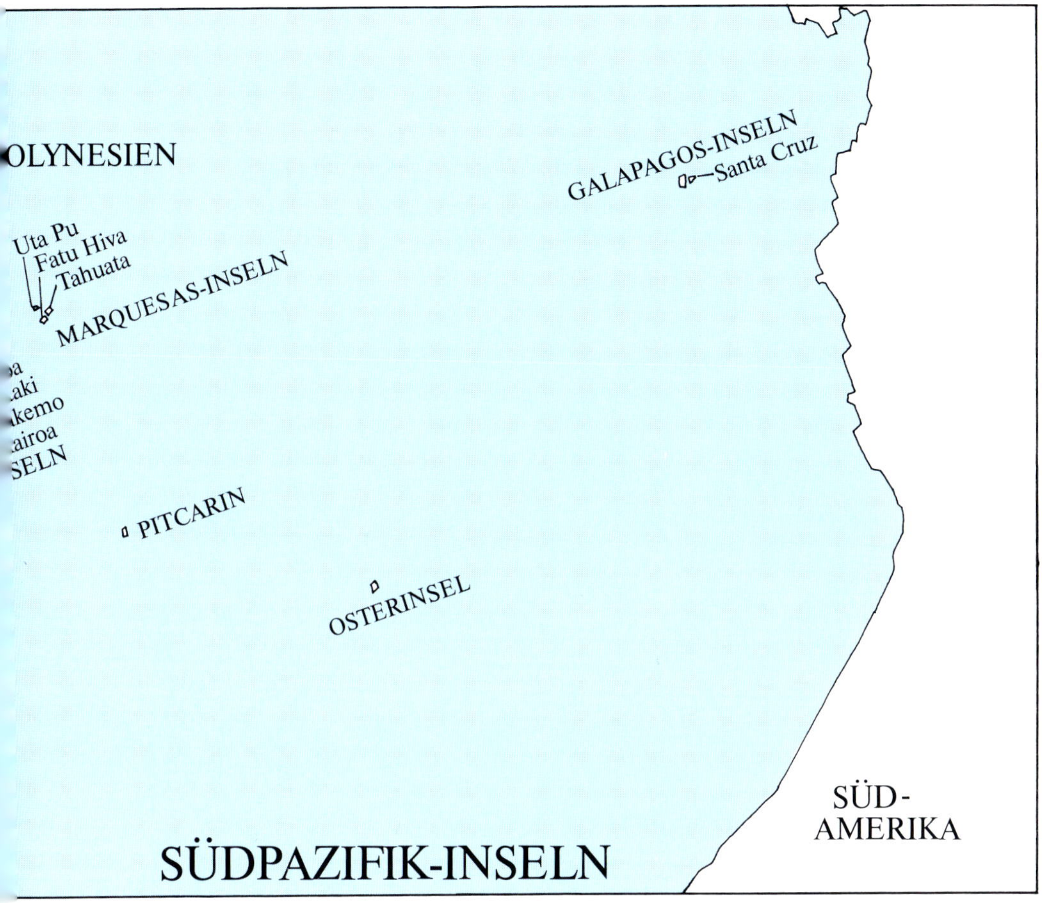

Französisch-Polynesien

Marquesas-Inseln

Sehr eindrucksvolle tropische Inseln („das große grüne Schweigen", wie Moutissier sie treffend nennt) mit freundlichen, fröhlichen Einwohnern. Leider können die Ankerplätze recht rollig sein, z. B. Hiva Oa. Zu gewissen Tageszeiten sollte man nicht an Land gehen, wegen der Nonos, kleine Insekten, die einen ziemlich böse herrichten können. In Französisch-Polynesien muß für jedes Crewmitglied (einschließlich Skipper) ein Pfand hinterlegt werden, was im Wert der Höhe des Flugpreises in die Heimat entspricht. Das wird beim Ausklarieren zurückerstattet. In Polynesien muß auf jeder Insel ein- und ausklariert werden. Auf den großen Inseln Nuku Hiva und Hiva Oa, ebenso in Oa Pou kann man Lebensmittel einkaufen; allerdings können auch Versorgungsschwierigkeiten auftreten, z. B. Benzin und Diesel. In den letzten Jahren ist die Versorgung besser geworden, die sehr hohen Preise etwas gesunken. Gemüse erhält man am ehesten in Hiva Oa. Orangen, Limonen, Papaya und Mangos erhält man im Tauschverfahren von den Einheimischen.

Die Ankerplätze auf den Marquesas sind meist sicher, oft aber etwas unbequem. Traumhaft schön sind Fatu Hiva (man muß es gesehen haben), Hana Moe Noe auf Tahuata, Ua Pu und Hiva Oa (leider in der Hauptsaison inzwischen teilweise überfüllt).

Tuamotu-Inseln

Die Angst vor dem Anlaufen dieser Atolle hat sich in den letzten Jahren etwas gelegt. Mit genügend Vorsicht und bei gutem Wetter sollte es möglich sein, ein oder mehrere Atolle anzulaufen und ihre gastfreundlichen Einwohner kennenzulernen. Die besten Seekarten für dieses Gebiet sind die französischen. Die Lagunen mit herrlich klarem Wasser sind ein Paradies für Taucher, Schnorchler, Muschelsammler und Fischer. Günstig anzulaufen sind: Takaroa (man macht an der Pier fest), Rangiroa, Apataki, Makemo, Rairoa, Kauehi und Faite Faite. Ahe ist inzwischen von Yachten überlaufen, es war für viele Jahre der am meisten besuchte Platz auf den Tuamotus. Ein Geheimtip ist die Bay Amyot auf Toau.

Die bezaubernde Gastfreundschaft der Einheimischen hat durch die vielen Besucher der letzten Jahre etwas gelitten.

Wenn die Passatwinde heftig blasen und viel Wasser über die Riffe in die Lagunen schlägt, kann der Strom in den Pässen sehr stark sein. Kaum Versorgungsmöglichkeiten in den Tuamotus.

Gesellschafts-Inseln

Tahiti und die Nachbarinseln sind ein Höhepunkt jeder Pazifikreise, tropisch grüne, sehr eindrucksvolle Inseln, glasklares Wasser von hellstem Türkis bis zu dunklem Blau, viele sichere Ankerplätze, ein Paradies für Taucher und Schnorchler. Die Preise in Französisch-Polynesien sind sehr hoch, die Einkaufsmöglichkeiten in Papeete außerordentlich gut, was Qualität und Auswahl betrifft. Man findet viele gute Restaurants.

Tahiti: Man macht in Papeete Hafen mit dem Heck zur Pier fest und liegt mitten in der Stadt, wo es allerdings laut und schmutzig ist. Außerhalb des Ortes gibt es gute Liegeplätze bei den Hotels Beachcomber und Maeva Beach; von dort hat man günstige Busverbindung (Le Truck) nach Papeete.

Moorea: Die beliebtesten Ankerplätze sind in Cook's Bay und Opunohu Bay. Wesentlich hübscher ist es direkt hinter den Pässen, innerhalb des Riffes. Die Pässe in den Gesellschafts-Inseln sind einfach zu befahren und gut gekennzeichnet.

Huahine: Diese liebenswerte Insel zeichnet sich durch schöne Strände, Ankerplätze auf türkisfarbenem, klarem Wasser und nette, vom Tourismus noch nicht verdorbene Einwohner aus. Man ankert beim Dorf Fare im Nordwesten der Insel. Ein Geheimtip war die Bucht d'Avea im Süden, jetzt gibt es dort Hotels.

Raiatea: In Uturoa ist eine neue Marina entstanden, einige hübsche Ankerplätze findet man im Süden der Insel.

Die Fa. Moorings hat einen Travellift für 20 t, Motorshop und Segelreparaturmöglichkeiten. Die Carinage Boatyard genießt einen guten Ruf.

Tahaa: Die Insel ist noch recht ursprünglich, und die Einwohner freuen sich über den Besuch von Yachtleuten. Man kann die Insel innerhalb des Riffes umrunden. Einige hübsche Ankerplätze findet man bei den zahlreichen Motus; in den vielen Buchten ist das Wasser zum Ankern häufig zu tief. Inzwischen gibt es einige Moorings in Hurepiti Bay und ebenso in Bay Apu. (Auf unserer ersten Weltreise war unsere THALASSA die erste Yacht, die hier ankerte, und wir hatten eine fantastische Zeit mit den Einheimischen.)

Bora-Bora: Attraktive Ankerplätze sind vor dem Hotel Bora Bora, nordwestlich von Toopua, und zwischen Toopua und Motu Tapu, ansonsten gibt es Moorings vor dem netten Yachtclub oder dem Oa Oa Hotel. Gute Einkaufsmöglichkeiten in Vaitape.

Maupiti: Der Paß kann bei Schwell aus südlichen Richtungen unpassierbar sein, was an etwa 100 Tagen im Jahr der Fall ist; sonst ist Maupiti ein zauberhafter Platz.

Mopelia: Einige Ankerplätze innerhalb der Lagune (Vorsicht: Korallenköpfe!).

Cook-Inseln

Rarotonga: Landschaftlich eine der schönsten Inseln im Pazifik, leider kann es im Hafen ziemlich ruppig werden. Die Einwohner sind Polynesier und außerordentlich freundlich. Die anderen Inseln oder Atolle innerhalb der Cooks sind schwierig anzulaufen. Wer sich trotzdem dorthin wagt, dem widerfährt nette Gastfreundschaft.

Palmerston: Das Atoll hat keinen Paß, der mehr als 1,20 Meter tief ist, bei östlichen Winden kann man am Außenriff ankern.

Suvarov: Das Atoll ist durch die Strandung einiger Schiffe, die Storys über verborgene Schätze und den früher dort lebenden Tom Neale bekannt geworden und wird in letzter Zeit häufig von Yachtseglern aufgesucht. Der Paß ist einfach befahrbar und tief, man muß jedoch auf Felsbrocken achten. Auf dem Ankerplatz hinter Anchorage Island liegt man nicht bei jedem Wetter sicher; schon einige Yachten gingen hier verloren. Die Lagune ist voller Korallenköpfe und hungriger Haie. Es gibt keinerlei Versorgungsmöglichkeiten.

Aitutaki: Die Einfahrt in die Lagune ist schwierig; wenn man Glück hat, wird man von Einheimischen eingewiesen.

Tonga

Vavau: Diese im Norden liegende Inselgruppe wird von Yachten am häufigsten besucht. Man dachte für viele Jahre, der hübsche Ankerplatz Neiafu sei ein sicheres „hurrican hole", bis im Jahre 1982 beim Hurrikan Isaac 16 von 21 dort ankernden Yachten am Strand landeten. Außerhalb der Hurrikansaison herrliches Segeln innerhalb der Inseln auf glattem, ruhigem Wasser, viele gutgeschützte Ankerplätze.

Ha'apai: Ein sicherer Ankerplatz ist Lifuka; die Einfahrt ist gut bezeichnet.

Nuku'alofa: Die Hauptstadt von Tonga liegt im Süden der Inselgruppe. Es gibt dort einen kleinen Hafen und einen Yachtclub. Die Leute von Tonga sind sehr freundlich, jedoch ziemlich arm, so daß mit Diebstählen gerechnet werden muß. Gemüse, Fleisch und auch Langusten sind billig. Die südlichen Inseln werden kaum von Touristen besucht und sind noch ziemlich ursprünglich.

Amerikanisch-Samoa

Pago Pago: Dieser Hafen auf der Insel Tutuila wird häufig von Amerikanern angelaufen, um dort die bei ihnen bekannten und beliebten Konserven einzukaufen. Pago Pago ist ein sicherer Hafen; auch in der Hurrikansaison, allerdings ziemlich schmutzig, mit viel Regen, Gestank von den Fischfabriken, und außerdem heiß und schwül. Man sollte versuchen, eine Mooring zu bekommen, da der Ankergrund schlecht ist. Man findet eine Slipanlage und Reparaturmöglichkeiten. Bei längerem Aufenthalt gibt es keinerlei Schwierigkeiten mit den Behörden. Gute, preiswerte Einkaufsmöglichkeiten (zollfreie Spirituosen).

Wallis und Futuna

Wallis: In der Lagune findet man einige gute Ankerplätze wie die kleine Bucht vor dem Dorf Gahi, die vor den vorherrschenden Passatwinden geschützt ist. Wer etwas mehr Abwechslung sucht, geht in der Nähe der Pier vor Mata Utu vor Anker. Im Ort gibt es Versorgungsmöglichkeiten und Restaurants. Freundliche Einwohner, kein Tourismus.

Futuna: Eine hohe vulkanische Insel, deren Hafen an der Südwestseite liegt und nach Südwesten offen ist.

Fidschi

Die Inselgruppe mit ihren 320 Inseln bietet ungeahnte Möglichkeiten und erfreut sich bei den Yachtleuten großer Beliebtheit. Das Segeln innerhalb der Fidschis ist nicht ungefährlich; jährlich bleibt eine Anzahl von Yachten auf den zahlreichen Riffen zurück. Grund dafür sind die vielen Regenschauer und das dadurch bedingte trübe Wasser, schlechte Sichtverhältnisse, unberechenbare Strömungen und zahlreiche isolierte Riffe. Es wird geraten, den Karten nicht hundertprozentig zu trauen, ebenso unzuverlässig sind die Feuer.

Viti Levu: Die Hauptstadt der Insel ist Suva. Dort findet man mehrere Ankerplätze, beispielsweise beim Royal Suva Yacht Club (in der Nähe der Stadt gelegen, netter Club, Bar, Restaurant, Duschen), beim Tradewind Hotel (Bar, Restaurant, Duschen; gut geschützt, Busverbindung nach Suva), bei Mosquito Island (Dusche; gut geschützt, auch im Falle eines Hurrikans, Busverbindung nach Suva), bei Nukulau Island (sehr hübsch, am Wochenende von Badegästen überlaufen). Suva bietet gute Versorgungsmöglichkeiten (relativ preiswert), Duty Free Shops, preiswerte Möglichkeiten zum Einkauf von Elektronik, Foto- und Filmkameras, Ferngläsern und Uhren, eine günstige Slipanlage (Wartezeiten), Reparaturmöglichkeiten. Kartenmaterial vom Fiji Navy Department erhält man beim Hydrographic Office in Suva. Trotz der vielen Vorteile, die diese Stadt bieten, wählen einige Yachtleute für einen längeren Aufenthalt Lautoka, denn in Suva ist das Klima heiß und schwül, und es gibt unendlich viel Regen.

Lau-Inseln: Viele schöne Ankerplätze innerhalb dieser Inselgruppe.

Vanua Mbalavu (Exploring Islands): In der Lagune gibt es einige Inseln; hübsch ist die Bay of Chuckling Waters, mit herrlicher Vegetation und klarem Wasser, so recht geeignet, um Fische und Langusten zu fangen sowie Muscheln zu sammeln. Auch Mbavatu ist ein guter Liegeplatz. Im Dorf Lomo Lomo gibt es einige kleine Geschäfte, doch der dortige Ankerplatz ist nicht besonders gut.

Katafanga: Eine der am üppigsten bewachsenen Inseln des Pazifiks mit guten

Ankermöglichkeiten, da die Lagune ziemlich flach ist. Auch hier wunderbar klares Wasser.

Astrolabe Riff (von Nukulau in einem Tagestörn zu erreichen): Innerhalb des großen Riffes findet man einige gute Liegeplätze bei den verschiedenen Inseln. Schöne Sandstrände, freundliche Einwohner.

Auf dem Weg von Suva nach Lautoka (day-sailing möglich) sind viele landschaftlich schöne Plätze: Nandronga Harbour (Fijian Hotel), Momi Bay, Tavarua Island, Malobo Lailai, Mana Island.

Mamanutha und Yasawa: Schöne Plätze innerhalb dieser Inseln sind: Castaway, Plantation Village auf Malolo Lailai, Yalobi, Waya Island (Blue Lagoon Cruise Ships). Für den Besuch dieser Inseln braucht man ein Permit, das es in Lautoka gibt.

West-Samoa

Apia: Zum Einklarieren muß man an der Handelspier anlegen. In Apia Bay geht es turbulent zu – viele einheimische Fischerboote und schwimmende Kinder. Beim Landgang empfiehlt es sich, das Dingi an Land zu ziehen, gut festzumachen sowie die Riemen zu sichern oder mitzunehmen. Obst, Gemüse und Fleisch sind billig, sonst hat Apia wenig zu bieten, außer Aggie Grey's Hotel.

Neukaledonien

Neukaledonien besteht aus der Hauptinsel Île des Pins, den Iles Loyaute und Huon. Hier gibt es noch unzählige unberührte Ankerplätze und ausgezeichnete Möglichkeiten zum Schnorcheln und Tauchen.

Île des Pins: Landschaftlich sehr schön, herrliche Strände, klares Wasser, ein Unterwasserparadies. Die Île des Pins ist selbst für weitgereiste Leute eine Attraktion.

Die Hauptstadt ist Noumea, eine moderne, hübsche Stadt mit guten Einkaufsmöglichkeiten (sehr teuer), gastfreundlichem Yachtclub und Marina. Auf einer Strecke von 100 Seemeilen kann man die Insel innerhalb des Riffes umrunden und hat keinerlei Schwierigkeiten, einen Ankerplatz für die Nacht zu finden. Die Ostseite der Insel ist landschaftlich schöner. Empfehlenswerte Plätze: Port Yate, Port Bouquet, Canala Bay, Bogota Bay, Touho, Hyenghen, Pam Bay, Harcourt Bay, Banaré Bay, Koumac (Einkaufsmöglichkeiten), Bourail Bay, St. Vincent Bay.

Vanuatu (Neue Hebriden)

Die Einwohner sind Melanesier, einfacher und weniger kontaktfreudig als die Polynesier. Die südlichen Inseln werden nur selten von Yachten angelaufen.

„Hurrican holes" sind die Eracor Lagune auf Efate und Port Sandwich, Malekula.

Efate: Auf dieser Insel liegt die Hauptstadt Vila, ein netter Ort mit guten Einkaufsmöglichkeiten, freilich entsprechend teuer. Die Einfahrt ist gut befeuert, so daß Einlaufen auch nachts möglich ist. Andere Ankerplätze auf Efate sind nördlich der Insel Mele (Bar, Restaurant) und Ai Creek in Havannah Harbour.

Epi: Wenig interessant, man ankert auf offener Reede, und das ist reichlich unbequem.

Malekula: Hier leben die als sehr kriegerisch angesehenen Stämme der „Big Nambas". Ein ausgezeichnet geschützter Hafen ist Port Sandwich (Vorsicht, Haie in der Bucht); in Crab Bay und südwestlich von Mala Island findet man hübsche Ankerplätze. An der Ostseite von Malekula gibt es einige gute Ankergründe, day-sailing möglich.

Ambrin: Man findet hier zwei noch tätige Vulkane, jedoch keinen guten Ankerplatz.

Pentecost: Der Platz ist für seine „Landdiving ceremonies" weltweit bekannt. Junge Männer stürzen sich von 25 Meter hohen, eigens für diesen Zweck hergestellten Aufbauten. Ihr Fall wird gestoppt durch Wein-Lianen, die an ihren Fußgelenken festgebunden und mit der Spitze der Aufbauten verbunden sind. Die Ankerplätze auf der Westseite der Insel liegen ziemlich offen und sind unbequem.

Maewo: Wie auf Pentecost ankert man in offenen Buchten in Lee der Insel. Auf beiden Inseln herrliche Wasserfälle.

Espiritu Santo: Man kann beim Ort auf offener Reede ankern. Der Ort bietet außer Einkaufsmöglichkeiten wenig Interessantes. Sehr hübsch ist Hog Harbour mit dem herrlichen Sandstrand Champagne Beach.

Banks- und Torres-Inseln

Empfehlenswerte Ankerplätze sind: Diver's Bay auf Ureparapara, Loloware und Lakona Bay auf Santa Maria, Hyter Bay auf Tegua Island.

Salomonen

Die größten Inseln sind San Cristobal, Guadalcanal mit der Hauptstadt Honiara, Malaita, Santa Isabel, New Georgia und Choiseul. Unzählige Ankermöglichkeiten für eine Handvoll Yachten. Man muß eine gute Maschine haben, denn es gibt nur selten genug Wind, um die Segel zu füllen. „Tract Charts" sind beim Marine Department in Honiara erhältlich. Will man die Inseln näher kennenlernen – und das lohnt sich –, sollte man sich diese Detailkarten unbedingt besorgen. Beim Einklarieren wird eine Leuchtfeuersteuer von ca. 40 US-Dollar erhoben. Die Inseln sind von üppiger tropischer Schönheit, hier gibt es die größten Lagunen der Welt. Die Einwohner (Melanesier) sind freundlich, jedoch etwas zurückhaltend.

Guadalcanal, Honiara: Eine nette kleine Stadt mit guten Einkaufsmöglichkeiten und gastfreundlichem Yachtclub. Der Ankerplatz freilich ist nicht ausreichend geschützt und häufig unangenehmem Schwell ausgesetzt.

Weitere interessante Plätze innerhalb der Inselgruppe sind: Ugi Island, Apauni Village, Guadalcanal in den Marau Sounds in einer kleinen Lagune hinter Tavanipupu Island, Florida Islands, Tulagi Island bei Sasapi Werft, Hana Savo Harbour, Bugana Island an der Nordwestseite, Russel Island, Lingatu Cove, Auki Harbour, Lana Langa Lagune, New Georgia Group, Marovo Lagune, Batuna Village, Chea Village. In Telina gibt es die besten Schnitzereien.

Papua-Neuguinea (PNG)

Malaria-Prophylaxe ist notwendig. Man braucht für die Einreise ein Visum.

Port Moresby: Dort erwarten einen ein gastfreundlicher Yachtclub und gute Einkaufsmöglichkeiten (Münchner Weißwürste); sogar einige Seekarten sind erhältlich.

Samarai: Hübscher Ort. Belesana Slipway wird sehr empfohlen.

Madang: Netter Ort mit zwei Supermärkten. Madang ist ein geeigneter Platz, um dort die Regenzeit zu verbringen.

Rabaul: Unter den Insidern wird dieser Platz empfohlen als angenehmer Aufenthaltsort für die Dauer der Regenzeit. Ein

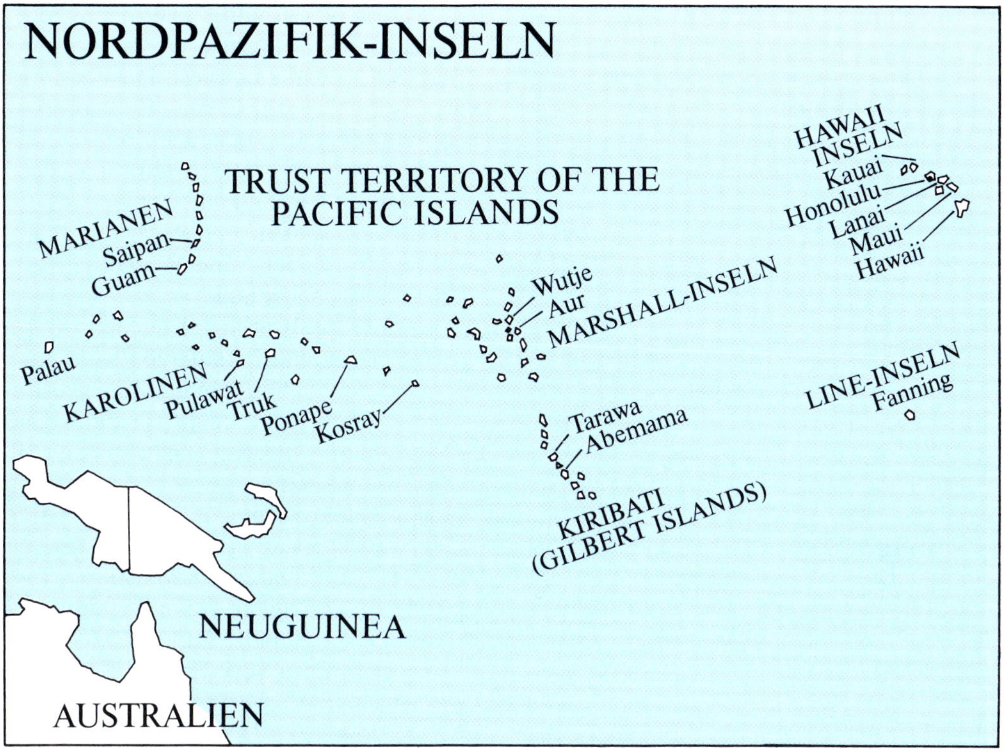

hübsches Städtchen mit guten Versorgungsmöglichkeiten und nettem Yachtclub.

Viele einsame und unberührte Plätze findet man im Louisiade Archipel und auf den zahlreichen Inseln: New Ireland, Kaut Harbour, Kavieng, New Hannover, Analova, New Britain, Rabaul, Tobriand, Gawa, Egum Atoll, Kaileuna, Vakuta Island, Kuia Island, Lasceine Group, Dawson Island.

Landschaftlich attraktiv ist die Milne Bay; entlang der Nord- und Südküste findet man zahlreiche Ankerplätze (Kana Kopi Bay).

Hawaii

Landschaftlich ist Hawaii durchaus mit den Inseln im Südpazifik zu vergleichen, doch ist es ein recht rauhes und unbequemes Segelrevier. Oft weht, vor allem zwischen den Inseln, ein starker böiger Wind, der eine unangenehme See verursacht und das Ankern auf vielen Plätzen ungemütlich werden läßt. Tauchen und Schnorcheln sind relativ uninteressant. Empfehlenswerte Plätze: Hawaii Yachtclub/Honolulu (relativ preiswert), Hanalei Bay/Kauai, Honolua/Maui, Maneli Bay/Lanai.

Kiribati (Gilbert Islands)

Tarawa: Der Paß dieses dichtbesiedelten Atolls sollte nur bei gutem Licht befahren werden. Auf der Insel Betio gibt es einen kleinen Hafen. Eine weitere Insel innerhalb der Lagune ist Bairika. Behörden sind auf beiden Inseln, es verkehrt eine Fähre.

Abemama: Beide Pässe, im Süden wie im Westen, sind einfach zu befahren. Sehr eindrucksvoll ist die Unterwasserwelt innerhalb der Lagune.

Line-Inseln

Fanning: Dieser Platz gilt als Geheimtip.

Trust Territory of the Pacific Islands

Dazu gehören die Karolinen, Marshall-Inseln und Marianen. Zum Besuch der Inseln braucht man eine Einreiseerlaubnis und ein Visum; beides muß im voraus (möglichst lange) beantragt werden. Die Nördlichen Marianen sind vom Trust Territory getrennt, so daß man für diese eine extra Einreiseerlaubnis braucht.

Marianen: Die nördliche Gruppe besteht aus sehr schönen, tropisch grünbewachsenen Inseln mit klarem Wasser und schwarzen Stränden. Die meisten Ankerplätze sind jedoch ziemlich unbequem und die Fliegen zahlreich.

Saipan: Gute Einkaufsmöglichkeiten, Restaurants und Hotels.

Guam: Ein netter Platz ist Apra Hafen mit dem gastfreundlichen Marianas Yachtclub. Gute Versorgungsmöglichkeiten am Ort. In den letzten Jahren starke touristische Entwicklung.

Marshall-Inseln

Hier gibt es noch genügend einsame und unberührte Plätze, die Einwohner sind freundlich.

Wutje: Ankerplatz findet man hinter dem unbewohnten Goat Island auf klarem Wasser, das gute Gelegenheit zum Schnorcheln und Tauchen bietet.

Aur: Ein ruhiger Ankerplatz liegt bei Tabal Island.

Majuro: Netter Yachtclub.

Karolinen

Kosray: Landschaftlich sehr schön, freundliche Leute.

Ponape: Empfehlenswerter Platz, man ankert in Metalamim oder Kolonia.

Ant: Ausgezeichneter Platz zum Schwimmen, Schnorcheln und Tauchen, herrlicher Sandstrand.

Lukunor: Landschaftlich hübsch, freundliche Einwohner.

Truk: Guter Ankerplatz vor dem Hotel Continental auf der Insel Moen. Mit einem Führer kann man interessante Tauchgänge zu den verschiedenen Wracks machen. Die Einwohner der Truk-Inseln sind als angriffslustig bekannt, Vorsicht ist geboten.

Pulawat: Die Insel ist durch ihre Navigationsschulen und ihre Navigatoren bekannt geworden, ebenso durch die Kanu-Hausgemeinschaften. Jeder Clan hat ein Kanuhaus und mehrere Kanus.

Palau bietet einige hübsche und geschützte Ankerplätze: in Koror vor dem Hotel Continental, bei Malakal Island an der Nordwestseite bei der Bootswerft, in den Rock Islands (Urukthapel und Apurashokoru).

Asien

ASIEN
JAPAN
Tokio
Osaka
CHINA
HONGKONG
THAILAND
Bangkok
Sattahip
Ko Chang
Ko Kut
Prachuap
Khiri Khan
Samui
Songkhla
GOLF VON THAILAND
MALAYSIA
Weh
Penang
Terengganu
Port Swettenham
Tioman Island
Singapur
SUMATRA
BORNEO
PHILIPPINEN
Manila Bay
Cebu
INDONESIEN
Bali
Sumbawa
Flores
Lombok
Sumba
Tannibar

Japan

Viele Fischerhäfen in relativ kurzen Entfernungen (day-sailing möglich). Man liegt häufig zwischen Fischerbooten und braucht gute Fender. Yachthäfen sind in der Nähe von Tokio und Osaka, Yachtzubehör und Ausrüstung nur dort erhältlich. Die Beamten sprechen häufig Englisch. Die Leute sind sehr entgegenkommend und gastfreundlich. Viele kleine preiswerte Restaurants. In den Häfen findet man Warmwasserbäder, Eis ist an nahezu jeder Pier erhältlich. Versorgungsmöglichkeiten nur in Städten, gut und sehr teuer.

Indonesien

Cruising Permit und Visum unbedingt erforderlich. (Cruising Permit muß spätestens drei Monate vor der Ankunft in Indonesien beantragt werden; man wendet sich am besten an die Deutsche Botschaft in Djakarta. Da der Postweg in Indonesien äußerst unzuverlässig ist, wird geraten, die Anfrage zu kopieren und in getrennten Briefen dorthin zu schicken.) Malariaprophylaxe ist notwendig. Der größte Teil Indonesiens ist hurrikanfrei. Zwischen den Inseln kann sehr starker Strom setzen, bis zu acht Knoten. Vorsicht beim Schwimmen! Indonesien ist landschaftlich sehr eindrucksvoll, vor allem die östlichen Inseln. Die Leute sind meist freundlich, auf den selten von Yachten besuchten Plätzen jedoch manchmal etwas lästig. Leicht ist man von einer Menschenmenge umringt, die alle dem Boot einen Besuch abstatten wollen.

Bali: Eine einmalig schöne und interessante Insel, an der man auf keinen Fall vorbeifahren sollte. Bali ist bemerkenswert preiswert. Es lohnt sich kaum, an Bord zu kochen, denn es gibt dort gute und preiswerte Restaurants. Man sollte ein Auto mieten und eine Inselrundfahrt machen, sogar für einige Tage, um die vielen Tempel und einige der Dörfer zu besuchen. Auch darf man sich Theateraufführungen und Tanzveranstaltungen nicht entgehen lassen.

Im Hafen betreiben seit vielen Jahren junge Leute einen Yachtservice. Sie helfen bei Verhandlungen mit Behörden, besorgen Diesel und Wasser und machen Überholungsarbeiten auf den Schiffen. Sie arbeiten gut, zuverlässig und zu angemessenen Preisen.

Auf den im Osten gelegenen Inseln gibt es kaum Versorgungsmöglichkeiten, außer in Sumlalci/Tannibar (sehr primitiv), Ende/Flores (offene Reede), Waingapu/Sumba (hier gibt es Frischverpflegung).

Viele gute Ankerplätze findet man auf Sumbawa, auf der Westseite von Lombok (schwarze Strände), und auf der Insel Flores ist ein netter Fischerhafen, Lambuambadyo, mit kleiner Stadt.

Von Singapur durch die Malakkastraße kommend, liegt am Nordwestzipfel von Sumatra die Insel Weh mit dem Hafen Sabang. Dieser ist ein Freihafen und kann für einige Tage ohne Cruising Permit angelaufen werden.

Philippinen

Eine Unzahl von tropischen Inseln. Im Süden, vor allem in der Sulu-See, wird vor Piraterie gewarnt. Versorgungsmöglichkeiten abseits der größeren Städte beschränkt. Sehr billig, auch die Restaurants.

Die größeren Städte sind ziemlich heiß und staubig, wenig Sehenswertes.

Boracay: Winzige Insel an der Nordwestspitze Panays, herrliche weiße Strände, kleine Restaurants, unter Insidern ein Geheimtip.

Porto Galera: Einer der schönsten Plätze der Philippinen.

Manila Bay: Man liegt nicht besonders gut, außerdem ist das Wasser ziemlich verschmutzt. Besser wäre es im Yachtclub, der jedoch meist überfüllt ist.

Cebu: Uninteressante Stadt, aber gute Versorgungsmöglichkeiten. Der Ankerplatz ist schmutzig und nicht einmal sicher.

Thailand und Malaysia

Der Golf von Thailand ist hurrikanfrei, man kann das ganze Jahr hindurch segeln. In der Zeit des Südwest-Monsuns, vor allem im Oktober, kann es plötzlich heftige Stürme geben, die jedoch meist nur von kurzer Dauer sind.

Singapur: Moderne Stadt, hervorragende Busverbindungen und MTR. Sehr saubere Stadt, kaum Kriminalität. (Nichtdeklarieren von Waffen hat Gefängnisstrafe zur Folge.) Verschiedene Liegeplatzmöglichkeiten: Ponggol Dock, Busverbindung nach Singapur, gute, preiswerte Restaurants in der Nähe, Changi Sailing Club, man kann eine Mooring mieten oder vor Anker gehen (ziemlich tief, starker Strom), netter Club, Bar, Restaurant; Raffels Marina, ziemlich anonym, eine Marina für die Reichen von Singapur, man trifft keine Leute auf den Yachten.

Golf von Thailand

Viele Fischerboote entlang der Küste, Vorsicht ist vor allem nachts geboten, denn häufig sind die Boote unbeleuchtet.

Tioman Island: Man findet zahlreiche gutgeschützte Buchten auf der Insel und kann bei netten Fischerdörfern ankern.

Terengganu: Ein hübscher Ort, die Ansteuerung jedoch ist schwierig (Sandbänke).

Songkhla: Hier ist das Einklarieren wesentlich einfacher als in Bangkok.

Samui: Es gibt einige gute Ankerplätze und hübsche Fischerdörfer.

Prachuap Khiri Khan: Ein gutgeschützter Platz mit Einkaufsmöglichkeiten.

Bangkok: Ziemlich schwierige Ansteuerung (Sandbänke), Detailkarte und Gezeitentafel sind unbedingt erforderlich. Samut Prakan ist der Hafen, in dem einklariert werden muß; die Pier ist gekennzeichnet.

Pattaya: Ankern ist nur bei ablandigem Wind möglich. Im Ort Touristenrummel.

Sattahip: Einkaufsmöglichkeiten.

Ko Chang, Ko Kut: Hübsche Inseln mit guten Tauchgründen, unberührter Natur und schönen Sandstränden.

Malaysia/Thailand Westküste

In der Mallaka-Straße bleibt man nahe der Malaysischen Küste, die gut von der dortigen Navy bewacht wird, so daß man vor Piraten sicher ist.

Port Swettenham: Im Yachtclub steht eine Slipanlage zur Verfügung.

Port Kelang: Vorort von Kuala Lumpur. Der Selangor Yacht Club ist für asiatische Verhältnisse etwas teuer, aber sehr gastfreundlich. Von hier kann man Kuala Lumpur besuchen und bekommt einen Eindruck vom alten Kolonialreich in einem islamischen Staat.

Penang: In der Einfahrt steht starker Strom. Penang ist ein hübscher Ort mit Einkaufsmöglichkeiten. Es lohnt sich ein Besuch auf den Nachtmärkten.

Phuket: Sehr schöne Sandstrände an der Westseite. Viele kleine Restaurants, die Meeresfrüchte im Thai-Stil anbieten, sehr billig. Das Einklarieren ist problemlos.

Hongkong

Man liegt in der Causeway Bay beim Royal Hong Kong Yacht Club direkt in der Stadt. Ein Travellift ist vorhanden. Gute Verkehrsverbindungen, billige Taxis. Man kann sich gut versorgen und hervorragend essen gehen, sowohl billig als auch exclusiv. Man kann auch im Fischerhafen von Aberdeen beim Yachtclub liegen, kleinerer Ort, Busverbindung nach Hongkong. Liegt man in Causeway Bay, ist ein Ausflug nach Aberdeen empfehlenswert, schon um in einem der Floating-Restaurants zu speisen; ebenso genossen wir den Ausflug nach Macao mit einem Hydrofoil in eine andere Welt (ehemalige portugiesische Kolonie). In den Gewässern um Hongkong gibt es etwa 220 Inseln.

Torresstraße

Die Torresstraße war berüchtigt und gefürchtet. Man muß den Eingang zur Straße Bramble Cay, eine winzige, flache Insel finden, und das war früher die große Schwierigkeit. Heute mit GPS geht es einfacher. Es erwartet einen herrliches Segeln auf glasklarem hellblauem Wasser. Problemlos, wenn die Sicht gut ist.

Auf die Seekarten kann man sich nur auf den empfohlenen Routen verlassen.

Die Leuchtfeuer liegen weit auseinander, so daß man sich für die Nacht besser einen Ankerplatz in Lee der zahlreichen Inseln sucht.

Darymple: Man ankert östlich vom Feuer.

Sue Island: Ankerplatz westlich vom Feuer.

Thursday Island: Am Ende der Torresstraße. Am Ankerplatz steht starker Strom und weht oft heftiger Wind. Wem das nicht paßt, kann bei Horn Island oder York Island ankern.

Australien

Sydney: Man liegt in der Rushcutter's Bay beim Cruising Yachtclub of Australia. Außerdem kann man in Ball Head Bay vor Anker gehen, man liegt geschützt und hat gute Möglichkeiten, in die Stadt zu kommen. In der Cammeray Marina in Middle Harbour gibt es ruhige Liegeplätze in schöner Umgebung.

Von Sydney bis nach Brisbane segelt man entlang einer recht unfreundlichen Küste. Wenige Häfen, oft mit vorgelagerten Sandbänken, so daß das Einlaufen bei schlechtem Wetter nicht empfehlenswert ist.

Brisbane: Netter Ort, man ankert beim Botanischen Garten. Die Häfen nördlich von Brisbane sind häufig überfüllt, so daß es ratsam ist, sich in Brisbane zu verproviantieren.

Großes Barriere-Riff

Die Reise durch das Große Barriere-Riff kann nervenaufreibend und ermüdend werden, wenn man in Eile ist. Sie ist also nur denen zu empfehlen, die Interesse am Tauchen und Schnorcheln haben und genügend Zeit, auf diesem oder jenem Platz einige Tage zu verweilen. Auf dem größten Teil der Strecke ist nur day-sailing möglich, da die Leuchtfeuer zu weit auseinanderliegen, um nachts von einem zum anderen segeln zu können. Die Passatwinde blasen kräftig, teilweise mit Sturmstärke. Die Ankerplätze in Lee der Inseln sind häufig dem Schwell ausgesetzt und bringen nicht die erwartete Ruhe. Gute Ausrüstung mit Detailkarten, ständige Vorsicht und Wachsamkeit sind erforderlich.

AUSTRALIEN UND NEUSEELAND

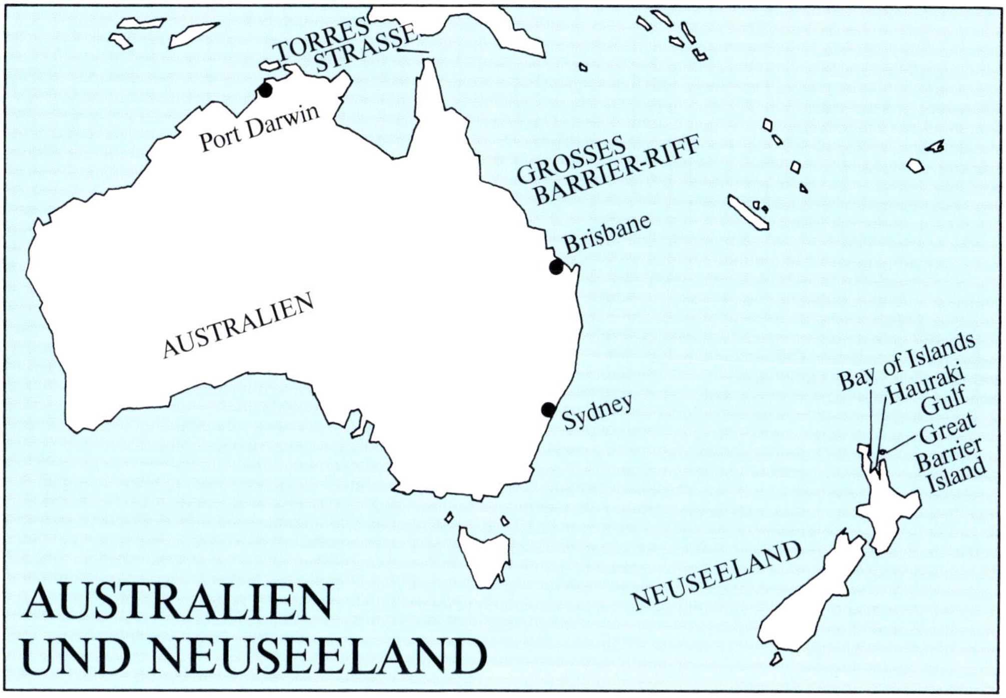

Das Große Barriere-Riff ist ein Paradies für Taucher und Schnorchler; vor allem im nördlichen Teil findet man noch zahlreiche, einsame, unberührte Inseln. Gute Plätze sind: Maloolooba, Pearl Bay, Middle Percy, Zoe Bay, Hinchinbrook Island, Mt. Adolphus, Great Palau Island, Dunk Island.

Die Nordküste Australiens ist wenig zum Fahrtensegeln geeignet; die See ist kabbelig, das Wasser trüb. Von Thursday Island (Torresstraße) nach Darwin segelnd, gibt es einige hübsche Stops: Garove Island, Port Essington, Wessel Islands, Croker Island (viele Vogelarten, Papageien, Krokodile).

Port Darwin: Man ankert in der Faunie Bay (netter Yachtclub). Darwin ist ein guter Platz, sich zu verproviantieren.

Die Westküste von Australien ist ein rauhes Segelrevier, vor allem der südliche Teil, wo die Winde meist stürmisch und Luft und Wasser kühl sind. Es gibt nur wenige Häfen. Ein Yachtzentrum ist in Perth; dort hat man auch Möglichkeiten für Reparaturen und den Einkauf von Yachtzubehör. Diese Küste wird von Fahrtenseglern kaum angelaufen.

Neuseeland

Landschaftlich sehr schönes Cruising-Revier, vor allem im Norden der Nordinsel die Bay of Islands, Russell, Hauraki Gulf, Great Barrier Island. Es gibt genügend gute Häfen und Ankerbuchten. Ausgezeichnete Möglichkeiten für Reparaturen und Überholungsarbeiten. Die meisten

Werften gestatten den Yachties sogar, Arbeiten am Schiff selbst durchzuführen, und stellen Werkzeug und Maschinen zur Verfügung. Die Neuseeländer sind außerordentlich hilfsbereit und gastfreundlich. In Neuseeland gibt es gute Arbeitsmöglichkeiten für Yachties, allerdings bei niedrigen Löhnen. Die Lebenshaltungskosten sind in den letzten Jahren gestiegen und die Inflationsraten hoch, so daß Neuseeland keineswegs mehr als billig anzusehen ist.

Die Südinsel soll sehr eindrucksvoll sein, die Leute von umwerfender Gastfreundlichkeit; das Wetter dort ist allerdings mit Vorsicht zu genießen.

Eine Sommersaison ist zu kurz, um Neuseeland mit dem Schiff kennenzulernen. So mieten sich die meisten Yachties ein Auto (einigermaßen preiswert), um eine Zeitlang Ferien vom Schiff zu machen und Land und Leute kennenzulernen.

Inseln im Indischen Ozean (mit Sri Lanka)

Will man den Indischen Ozean überqueren, hat man verschiedene Möglichkeiten, je nachdem, ob man um Südafrika oder durchs Rote Meer segeln will:

- Christmas Island – Kokos-Inseln – Mauritius – Südafrika
- Chagos-Inseln – Nord-Madagaskar – Canal de Mocambique – Südafrika
- Christmas Island – Kokos-Inseln – Chagos-Inseln – Seychellen – Rotes Meer
- Singapur – Sri Lanka – Malediven – Rotes Meer (im Nordost-Monsun)

Christmas Island

Landschaftlich sehr schön, jedoch unbequemer Ankerplatz. Netter, gastfreundlicher Yachtclub. Sehr gute Verproviantierungsmöglichkeiten.

Kokos-Inseln

Herrlicher Ankerplatz auf klarem Wasser bei Direction Island (unbewohnt), schöner Sandstrand, gutes Revier zum Tauchen, Schnorcheln und Fischen. Auf den bewohnten Inseln sind Yachtleute nicht gern gesehen, in den Geschäften Preisaufschläge für Fremde von 150 Prozent.

Rodrigues

Die Einfahrt ist eine ausgebaggerte Rinne im Riff, die in ein kleines Bassin führt; dort macht man an der Pier fest.

Mauritius

Port Louis ist der Handelshafen, den man zum Einklarieren anläuft; anschließend segeln die meisten Yachties nach Grand Bay. Dort findet man einen netten Yachtclub und Einkaufsmöglichkeiten.

Reunion

Sehr schöner Platz, aber leider ziemlich teuer.

Cargados Carajos Shoals

230 Seemeilen nordöstlich von Mauritius liegt eine große Korallenbank, deren drei

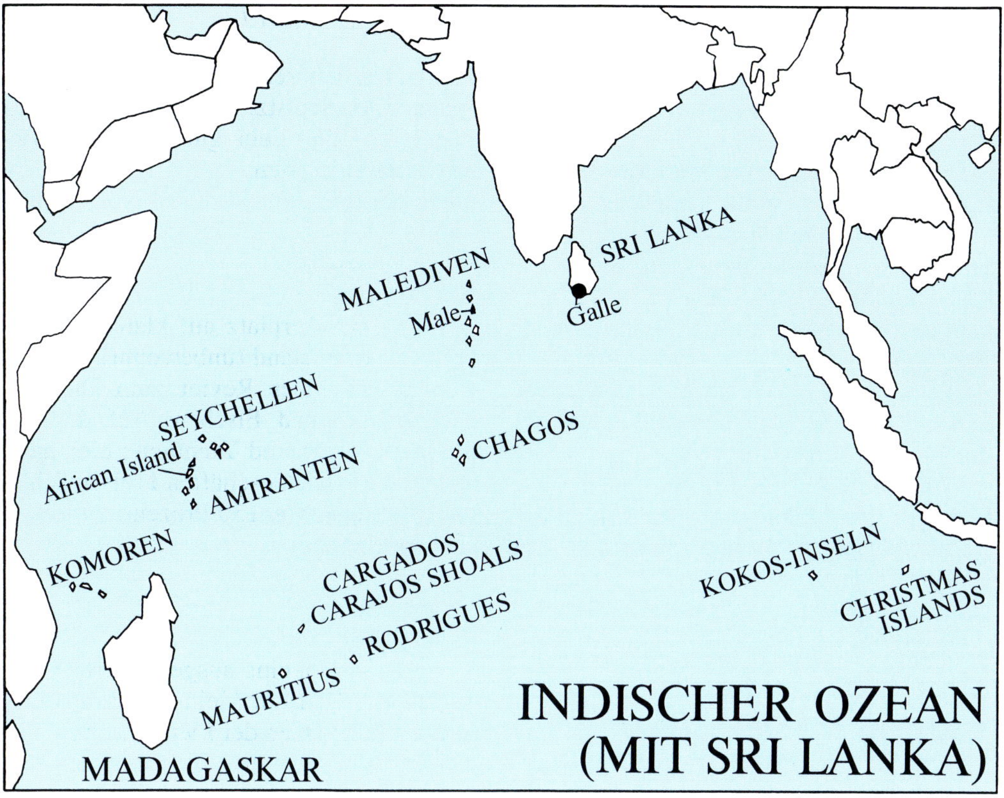

Hauptinseln Sandbänke sind. Sie werden von einigen Fischern bewohnt. Die Ankerplätze sind meist unruhig, bei schönem Wetter allerdings sind die Cargados Carajos Shoals ein herrliches Revier zum Tauchen, Schnorcheln und Muschelsammeln.

Chagos

Diego Garcia ist eine amerikanische Marinebasis unter britischer Verwaltung. Yachten sind dort unerwünscht; trotzdem erhält man eine Aufenthaltsgenehmigung für wenige Tage. Keinerlei Versorgungsmöglichkeiten.

Die Salomon-Inseln im Chagos Archipel gehören zu dem völlig unberührten Cruising-Teil der Welt. Herrliche tropische Inseln, zahlreiche Ankerplätze.

Egmont
Ein unbewohntes Atoll. Der Paß ist gut bezeichnet, der Ankerplatz liegt an der Südostseite. Um dorthin zu kommen, muß man vier Seemeilen durch die Lagune fahren. (Vorsicht, viele Korallenköpfe!) Die Lagune ist offen nach Norden, auf dem Ankerplatz kann unangenehmer Schwell sein.

Malediven

Yachten sind gerade noch geduldet, keinesfalls darf man anlanden oder ankern, bevor man in Male einklariert hat.

Die Ankerplätze sind verhältnismäßig tief und oft dem Schwell ausgesetzt, da die Lagunen groß sind und man somit recht ungeschützt liegt. Es gibt kaum Einkaufsmöglichkeiten.

Male: Hier muß man einklarieren; dazu ankert man vor der Stadt. Der Ankerplatz ist ziemlich tief und schlecht geschützt, so daß man am besten nur so lange bleibt, bis die Formalitäten erledigt sind.

Wataru Riff: Dies ist einer der besten Plätze in den Malediven. Man ankert auf Sandboden und findet herrlich klares Wasser zum Tauchen und Schnorcheln. Die Lagunen sind reich an Fischen und Muscheln.

Sri Lanka

Ein sehr interessantes und schönes Land.

Galle an der SW-Seite der Insel ist der Ort zum Einklarieren, und hier bleibt man auch. Man hat gute Möglichkeiten, Ausflüge ins Landesinnere zu machen, allerdings muß die Yacht bewacht sein (Militärhafen). Es gibt preiswerte Restaurants, wie überhaupt die Lebenshaltungskosten verhältnismäßig gering sind.

Oman

Ein typisch arabisches Land. Der Hafen ist Mina Razute, gut geschützt. Man braucht ein Visum, sonst darf man nur zu bestimmten Zeiten den Hafen verlassen bzw. in die Stadt Salalah, dort gute Einkaufsmöglichkeiten. Nur Schnaps und Bier bringt man besser mit.

Yemen

Mokha und Hodeida konnte man problemlos anlaufen, war allerdings in seiner Bewegungsfreiheit sehr eingeschränkt. Derzeit allerdings kriegerische Auseinandersetzungen zwischen Süd- und Nordyemen.

Seychellen

Das Einlaufen ist nur bei Tage erlaubt. Es werden Hafengebühren erhoben. Die Seychellen sind sowieso ein sehr teurer Platz. Stellenweise Touristenrummel, aber auch noch viele einsame, unberührte Buchten. Die Meinungen über diese Inseln gehen sehr auseinander.

Amiranten

Außer bei African Island sind die Ankerplätze recht unruhig. Es ist ein herrliches Revier zum Schnorcheln, Tauchen und Fischen.

Komoren

Diese Inseln werden von Yachten selten angelaufen, deshalb freuen sich die Einwohner über jeden Besuch.

Für eine Reise durch das Rote Meer in Süd-Nord-Richtung eignen sich am besten die Monate von Dezember bis April, denn zumindest in dieser Zeit kann man für die Hälfte der Strecke bis ungefähr Port Sudan mit achterlichen Winden rechnen. Dann jedoch dreht der Wind meist auf Nord und bläst auch noch recht kräftig, so daß man gegen Wind und eine steile See ankreuzen muß. Diese Strecke wird als eine der zähesten Passagen für kleinere Yachten angesehen. Hat man ein größeres, schweres

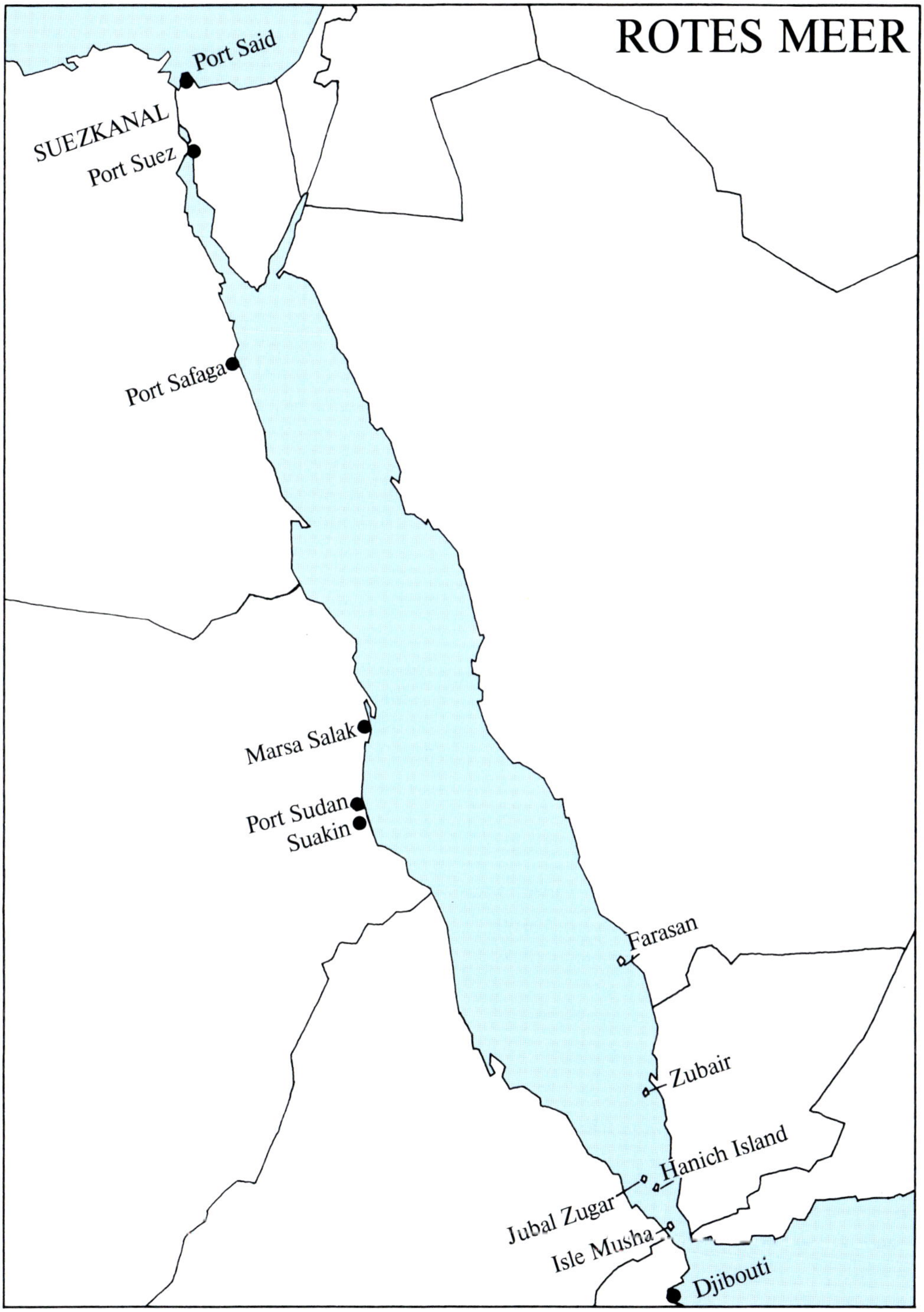
ROTES MEER
Port Said
SUEZKANAL
Port Suez
Port Safaga
Marsa Salak
Port Sudan
Suakin
Farasan
Zubair
Hanich Island
Jubal Zugar
Isle Musha
Djibouti

Schiff mit guter Maschine, bietet sich immerhin die Möglichkeit, mit Motor gegenanzudampfen.

Außer der unangenehmen Fahrerei muß man auch noch ständig auf der Hut sein, um nicht einem der großen Pötte vor den Bug zu laufen, denn durch das Rote Meer zieht sich eine vielbefahrene Großschifffahrtsstraße. Die großen Brüder fahren im Konvoi, das heißt, daß für etwa zwei bis drei Stunden kein Schiff zu sehen ist, und dann kommen mehrere hintereinander.

In den letzten Jahren hat es sich immer mehr durchgesetzt, die Passage von Port Sudan nach Norden innerhalb des Riffes in Tagestörns zu absolvieren. Letzteres hat den Vorzug, die Land- und Seebrise nutzen und in ruhigem Wasser segeln zu können. Auch dieser Törn kann anstrengend und ermüdend werden, wenn man unter Zeitdruck steht, oder aber zu einer einigermaßen vergnüglichen Reise, wenn die Crew keine Eile hat und sich gerne die Unterwasserwelt anschaut. Denn für Taucher und Schnorchler ist das Rote Meer ein Paradies.

Djibouti: Dieses ist der Startplatz für die Fahrt durch das Rote Meer. Hier findet man einen netten Yachtclub. Nimmt man die Annehmlichkeiten oder die Postadresse in Anspruch, muß man dafür bezahlen. Ansonsten hat Djibouti wenig zu bieten und ist zudem einer der teuersten Plätze der Welt.

Isle Musha: Sie liegt sechs Seemeilen von Djibouti entfernt und bietet einen schönen Ankerplatz auf klarem Wasser.

Die Strecke zwischen Perim (Jemen, militärisches Sperrgebiet) und der äthiopischen Küste (Yachten unerwünscht) segelt man am besten tagsüber und hält sich gut in der Mitte, denn es ist bekannt, daß die Wachboote nicht gerade zimperlich mit den Yachten umgehen, die ihrer Grenze zu nahe kommen. Es wird empfohlen, sich auf der Fahrt nach Norden zunächst mehr auf der Ostseite zu halten, um gut von der äthiopischen Grenze freizusegeln. Manche Yachtleute fahren gleich durch bis Port Sudan, doch für den, der Zeit hat, gibt es einige lohnenswerte Ziele: Hanich Island, Jubal Zugar, Zubair, Gabal at-Tayr, Farasan (gehören zu Saudi-Arabien; Cruising Permit und Visum nötig) und Suakin.

Port Sudan: Die Einwohner und Beamten sind höflich, es gibt einen guten Markt für Fleisch und Gemüse, ansonsten ist es dort recht schmutzig und sandig.

Auf der Reise nach Port Suez innerhalb der Riffe findet man viele hübsche, geschützte Ankerplätze, wie beispielsweise Marsa Arakiyai, Marsa Salak, Taila Island, Widi Gimal Island, Port Safaga. Man sollte früh starten, um die Landbrise zu nutzen; bis drei Uhr nachmittags sollte man einen Platz für die Nacht gefunden haben, denn dann wird die Sicht für die Riffnavigation unzureichend.

Port Suez: Dieser Ort bietet keinen ausreichend geschützten Liegeplatz, man muß dort aber einige Tage zubringen, um den Papierkram für die Kanalfahrt zu organisieren. Es wird empfohlen, einen Agenten zu nehmen, der diese Formalitäten erledigt. Vorsicht: Die verschiedenen Agenten haben unterschiedliche Preise, und ihre Geschäftsgebaren entsprechen oft nicht unseren korrekten Vorstellungen!

Suezkanal

Die Entfernung von Port Suez bis Port Said beträgt 87 Seemeilen. Der Kanal ist relativ breit und hat keine Schleusen. Da es Yachten verboten ist, ihn nachts zu passieren, dauert die Fahrt zwei bis vier Tage. Die Lotsen wechseln täglich. Einige der Lotsen sind erfahren und aufmerksam, andere wegen ihrer Unkenntnisse gefährlich. Keinesfalls sollte man, selbst bei Aufforderung durch den Lotsen, an den Checkpoints anlegen. Einige Yachten, denen diese Tatsache unbekannt war, erlitten Schäden, denn die Großschiffahrt fährt an diesen Stellen schnell und nah vorbei und erzeugt einen gefährlichen Schwell.

Port Said: Hat man die Kanalfahrt glücklich hinter sich gebracht, fährt man in Port Said in den Yachtclub und wird von netten Leuten betreut.

Afrika – Ostküste (mit Madagaskar)

Somaliland

Hier sind Yachten unerwünscht. Von der Insel Sokotra halte man sich ausreichend fern, denn schon seit eh und je wird von Piratenüberfällen berichtet.

Tansania und Kenia

Entlang der Küste von Tansania und Kenia gibt es viele kleine Inseln und Riffe und somit ausreichend Ankerplätze, es ist ein angenehmes Revier für Tagestörns. Man kann mit konstanten Winden rechnen, die jedoch selten mehr als fünf Windstärken erreichen und je nach Jahreszeit aus Südost oder Nordost blasen.

Detailkarten sind erforderlich; man kann sie beim Hafenamt in Mombasa käuflich erwerben. In diesen Gebieten finden wir keine Marinas, ebenso fehlen Einkaufsmöglichkeiten für Yachtzubehör, Ausrüstung oder Ersatzteile.

Malindi: Hier hat man einigermaßen gute Einkaufsmöglichkeiten, auch für Frischverpflegung.

Mombasa: In Mombasa findet man einen Yachtclub, der Duschen, eine Bar und ein Schwimmbad zu bieten hat.

Tanga: In Tanga gibt es einen Markt für Fleisch und Gemüse, außerdem einen Yachtclub mit Duschen und Bar.

Sansibar: Sehr gut geschützter Platz.

Daressalam: In Massana Bay ist ein Yachtclub mit Duschen und Bar.

Lamu: Ein hübscher, interessanter Ort.

Kilifi Shimoni: Gute Plätze zum Tauchen und Schnorcheln.

Mozambique

Früher war Mocambique ein interessanter Platz, an dem man kaum Touristen und wenig Yachtleute traf, gut geeignet, um im November und Dezember dem Rummel im südafrikanischen Durban zu entgehen. Man ankerte im Matola River (Lourenco Marques) und lag dort absolut sicher. Der Weg in die Stadt ist jedoch ziemlich weit, aber es stehen beschränkte Einkaufsmöglichkeiten in der Nähe des Liegeplatzes zur Verfügung. Die Ansteuerung von Lourenco Marques ist gut bezeichnet, kann aber langwierig sein, wenn man zwischen den zahlreichen Sandbänken aufkreuzen muß. Der Hafen des dortigen Yachtclubs ist nur für kleinere Yachten geeignet. Wegen der veränderten politischen Situation empfiehlt es sich derzeit nicht, dieses Land anzulaufen.

Madagaskar

Wer diese Insel anlaufen will, braucht ein Visum. Die Behörden verlangen, daß das Visum bereits im Paß eingetragen ist. Die-

se große Insel ist noch relativ unberührt, herrliche Landschaft, wenig Touristen, an der Westküste kaum Wind und sehr heiß.

Nossi-Bé: Diese kleine Insel, die nordwestlich von Madagaskar liegt und „Tahiti des Indischen Ozeans“ genannt wird, ist einer der landschaftlich schönsten Plätze, die man sich denken kann. Der nette kleine Ort Hellville hat einen sicheren Hafen, ausreichende Einkaufsmöglichkeiten und Restaurants. Ein Paradies für Leute, die gerne Meeresfrüchte essen, denn im Canal de Mocambique werden jede Menge Langusten, Shrimps in allen Größen, Austern und Muscheln gefangen.

Tany Kely: Ein sehr offener Ankerplatz, wo man gut tauchen und schnorcheln kann. Bereits seit über 20 Jahren Naturschutzgebiet.

Ambanatovy: Gut geschützte Bucht, in der man jede Menge Austern an der Felsküste finden kann.

Canal de Mozambique

Kann ein rauhes Segelrevier sein, vor allem, wenn der Wind aus südlicher Richtung kommt. Der Strom setzt nach Süden, und wenn Wind gegen Strom steht, muß in diesem stellenweise flachen Gewässer mit einer steilen, kurzen See gerechnet werden. An der Westküste Madagaskars ist es meist windstill und heiß.

Südafrika

Die politischen Verhältnisse haben sich geändert, hoffentlich bleibt dieses schöne Land für uns Yachtleute weiter so attraktiv.

Landschaftlich eindrucksvoll, sehr sauber und modern, gastfreundliche Leute, hervorragende Einkaufsmöglichkeiten zu einigermaßen günstigen Preisen, viele gute Restaurants, angenehmes Klima. Als Segelrevier ist die südafrikanische Küste mit Vorsicht zu genießen; die Passage von Durban ums Kap der Guten Hoffnung ist mit Recht berüchtigt und gefürchtet. Der Wind weht abwechselnd einige Tage aus südlichen und einige Tage aus nördlichen Richtungen. Der Strom setzt nach Südwest und wird um so stärker, je stärker der Wind dagegensteht, und der ist in diesen Breitengraden häufig unangenehm stark. So entsteht eine kurze, steile See, die sogar der Großschiffahrt gefährlich werden kann. Um dieser Gefahr zu entgehen, segeln die meisten Yachties bei Nordwind von einem Hafen zum anderen, aufmerksam den Wetterbericht verfolgend, um bei aufkommenden südlichen Winden Schutz zu suchen. Die Monate mit der geringsten Sturmhäufigkeit in diesem Gebiet sind jene von Januar bis März.

In Südafrika gibt es einiges zu unternehmen: einen Nationalpark besuchen und dabei die wunderschönen, sehr großzügigen Hotels und ihre vorzügliche Küche kennenzulernen, auf den Tafelberg fahren oder eine Tour in die Weinberge von Stellenbosch, Paarl oder Fnschhoek machen.

Einige Häfen zwischen Mocambique und Kapstadt

Richard's Bay: 83 Seemeilen nordöstlich von Durban. Im Hafen gibt es Liegeplätze beim Zululand Yachtclub. Der Yachtclub bietet einigen Komfort (Swimmingpool), auch eine Slipanlage bis 50 Tonnen ist vorhanden. Einkaufsmöglichkeiten gibt es nur weitab vom Yachtclub.

Durban: In Durban liegt man mit vielen anderen Yachten an der Pier im Päckchen und ist mitten in der Stadt. So hat man nicht nur gute, sondern auch äußerst bequeme Einkaufsmöglichkeiten. Der dortige Yachtclub ist unter den Fahrtenseglern als sehr gastfreundlich bekannt. In den Monaten November und Dezember sind die Liegeplätze mit Yachten überfüllt.

East London: Kann bei ungünstigen Windverhältnissen recht schmutzig sein, weil Staub und Sand aufgewirbelt werden. Aber wen interessiert das schon, wenn man einen Schutzhafen sucht. Der Yachtclub liegt am Eingang zum Hafen.

Port Elizabeth: Gute Liegeplätze beim Algoa-Bay Yachtclub.

Knysna: Die Einfahrt nach Knysna kann bei ungünstigen Wind- und Wetterverhältnissen gefährlich sein. Auf jeden Fall braucht man eine Detailkarte. Knysna ist sicher einer der empfehlenswertesten Liegeplätze an der südafrikanischen Küste, mit einem netten Yachtclub in hübscher Umgebung.

Mossel Bay: Kleiner, sicherer Fischerhafen.

Kapstadt: Auch hier genießt man die Gastfreundschaft eines der nettesten Yachtclubs. Der Weg zur Stadt, zu den Supermärkten und Geschäften ist jedoch weit, und es gibt keine Busverbindung. Meist bläst auf den Liegeplätzen ein strammer Wind und verteilt den Staub der Eisenbahn über das Schiff. Doch nach der gefürchteten Umrundung des Kaps stören einen diese kleinen Unzulänglichkeiten wenig, man fühlt sich wohl in der freundlichen Atmosphäre des Yachtclubs und seiner Mitglieder.

Hout Bay: Pittoresker Fischerhafen. Inzwischen ziehen viele Yachties diesen Platz Kapstadt vor. Er liegt südlich von Kapstadt und hat gegenüber diesem folgende Vorteile: In der Hout Bay Marina ist es wesentlich sauberer als in Kapstadt, vor allem das Wasser. Die Einkaufsmöglichkeiten liegen vom Royal Cape Yachtclub eine halbe Stunde Fußweg durch die industriellen Docks entfernt, während man von Hout Bay 40 Minuten mit dem Bus entlang der hübschen Küste fährt, um zum Einkaufen zu kommen. Im Hout Bay Yachtclub ist die Stimmung legerer als in Kapstadt, wo man auf Etikette achtet.

Afrika – Westküste

Diese Küste wird nur selten von Yachten besucht. Der südliche Teil ist wegen plötzlich aufkommender, auflandiger Stürme und dem sehr häufig auftretenden Nebel gefürchtet und wird wegen seiner Gefährlichkeit Skelett-Küste genannt. Die ganze Küste entlang gibt es wenig hübsche, sichere Ankerplätze. Außerdem ist der weiße Mann in einigen Ländern dieser Gegend nicht gerne gesehen. Teilweise werden von den Behörden unerhört hohe Gebühren kassiert. In vielen Häfen wird gestohlen, und die Yacht muß ständig bewacht werden.

Marokko

Die Häfen Safi und Agadir bieten schlechte Liegeplätze auf schmutzigem Wasser.

Casablanca: Es gibt einen privaten Yachtclub, gut geschützt auch vor Dieben.

Tanger: Will man Marokko anlaufen, und das lohnt sich auf jeden Fall, fährt man nach Tanger, einer ungeheuer interessanten, lebendigen Stadt, in der man arabische Atmosphäre kennenlernen kann.

Gambia

Gambia River: Schon einige Yachtleute konnten sich an einer Flußfahrt begeistern. Allerdings bekommt man außer Mangrovengestrüpp und vielen Vogelarten auf den ersten 100 Seemeilen wenig Interessantes zu sehen. Dann ändert sich die Landschaft, und entlang des Ufers findet man viele Palmen und eine interessante Tierwelt (Affen, Hippos, Krokodile).

Senegal

Dakar: Wird häufiger von Yachten besucht, die von den Kanarischen Inseln nach Südamerika segeln. Die Aufnahme in diesem Land ist freundlich, die Preise sind hoch. Liegeplätze findet man in einem Yachtclub ca. 4 Seemeilen nordöstlich der Stadt außerhalb des Haupthafens.

Namibia

Das ist das ehemalige Deutsch-Südwestafrika. Wer sich traut, diese gefährliche Küste entlangzufahren und einen Stopp in der Lüderitzbucht oder Walfischbucht zu machen, dem wird ungeahnte Gastfreundschaft zuteil werden. Eine Tour in die Etoscha-Pfanne zu machen empfiehlt sich, es ist das größte Tierreservat der Welt.

Lüderitzbucht: Sichere Ankerbucht mitten in der Wüste, über die ständig ein harter Wind weht. Interessantes, an die Kolonialzeit erinnerndes Städtchen.

Walfischbucht: Der Ankerplatz ist unangenehmem Schwell ausgesetzt.

Mittelmeer

Das Mittelmeer wird als schlechtes Segelrevier bezeichnet: Entweder hat man Flaute, oder Rasmus bläst mit Sturmstärke. Die Segelsaison ist von März bis Oktober. Im Winter ist das Wetter oft regnerisch, manchmal stürmisch und auch kühl. Trotzdem kann man in einigen Gegenden recht angenehm auf dem Boot überwintern: südliche Türkei, Zypern, Tunesien, Mallorca und das Gebiet um Alicante/Spanien.

Ex-Jugoslawien

Eine herrliche Landschaft von schroffer, herber Schönheit. Die steilen, hohen Gebirge werden um so grüner, je weiter man nach Süden kommt. Wer in diesen Gewässern segeln will, braucht eine Fahrgenehmigung, die man im ersten Einklarierungshafen erhält.

Gute Versorgungsmöglichkeiten in den größeren Orten. Lebensmittel, vor allem das Essen in den Restaurants und die Marinagebühren sind im Verhältnis zum Gebotenen zu teuer.

Viele kleine Häfen und einige gute Ankerbuchten in kurzen Entfernungen, so daß day-sailing möglich ist. Früher, vor dem Krieg, war die beste Segelzeit im Frühjahr und Herbst, im Sommer war die Gegend von Touristen und Yachtseglern überlaufen.

Schöne Plätze sind: Skradin im Krk-Fluß, Mali-Losinj und die Cikat-Bucht, die Kornaten, Hvar und die Paemeẑana-Bucht, Okuklje auf Mljet und der Golf von Kotor. Achtung beim Ankern! Häufig harter bewachsener Grund; CQR-Anker gräbt sich nur schlecht ein. Eine gute Marina ist in Portoroc, aber überfüllt.

Derzeit tobt im ehemaligen Jugoslawien der Bürgerkrieg, nur Slowenien ist sicher. Wie es sich weiter entwickelt, weiß niemand.

Italien

Die Adriaseite ist eine flache, uninteressante Küste, außer man möchte Venedig besuchen. Sonst lohnt es sich keinesfalls, dort einen Urlaub zu verbringen. Allerdings gibt es eine hervorragende Marina zum Überwintern, Marina Hannibal, die als eine der besten am gesamten Mittel-

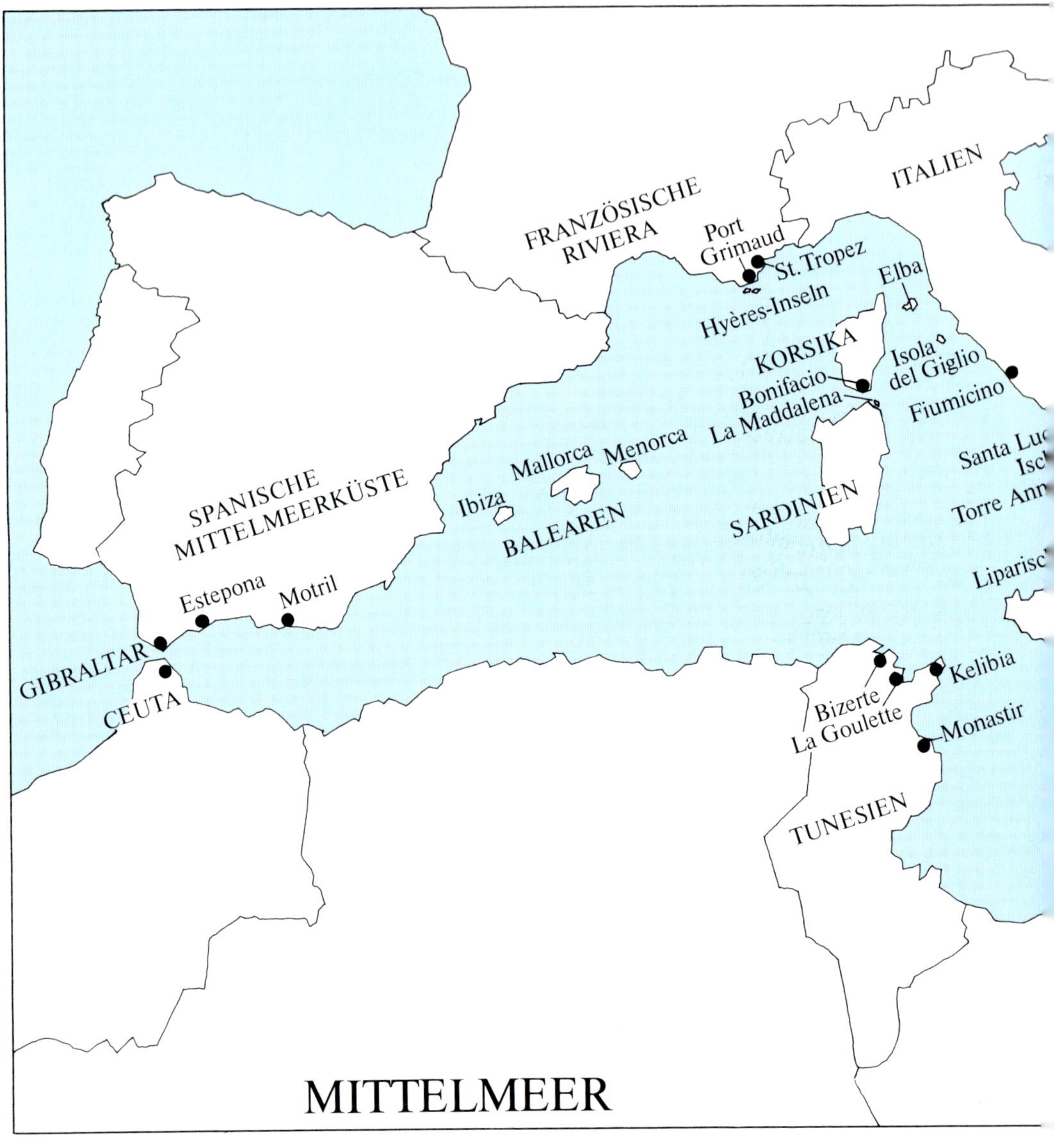

meer gilt. Dort auch gute Ersatzteilversorgung und Reparaturmöglichkeiten.

Die Westküste Italiens hat außer den Handels- und Fischereihäfen einige hübsche kleine Häfen zu bieten wie Portofino, Porto Ercole und Santa Marinella. Jedoch ist in der Sommerzeit schwer Platz zu finden. Weitaus hübscher sind die der Küste vorgelagerten Inseln: Elba, Isola del Giglio, Ischia und vor allem die Liparischen Inseln (vulkanische Inseln von pittoresker Schönheit, fast auf jeder Insel ist ein Hafen, nicht bei allen Wetterlagen sicher. Marinas sind nicht vorhanden.). Der

Besuch von Rom ist ein Muß; man kann das Schiff in Fiumicino lassen. In Italien ist ein Wachmann nötig, wenn die Yacht für längere Zeit alleine bleiben soll.

Um Neapel anzuschauen, fährt man nach Santa Lucia. Pompeji kann man von Torre Annunziata aus besuchen. Auf Sizilien findet man im Hafen von Syracus einen sicheren Liegeplatz; die alte Stadt ist sehenswert.

In Italien kann man vorzüglich essen; auch in den kleinen Restaurants oder Trattorien. Seit der Abwertung der Lire ist es einigermaßen preiswert.

Griechenland

Es gibt unzählige kleine Häfen und Ankerbuchten, jedoch nur wenige Marinas. Die Hafengebühren sind verhältnismäßig niedrig. Von Mitte Juli bis Ende August weht ein starker Nord- bis Nordwestwind (Meltemi). Kommt man von Norden, empfiehlt es sich, in Korfu einzuklarieren, da alle Formalitäten an einem Platz erledigt werden können. Yachten dürfen Griechenland ausschließlich über einen Port of Entry anlaufen beziehungsweise verlassen. Im Port of Entry wird gegen Vorlage der Schiffspapiere eine Fahrgenehmigung (Transit Log) ausgestellt. Das Land ist stellenweise von Touristen überlaufen, trotzdem findet man noch viele einsame Plätze. Etwas störend sind die „flottillas". Griechenland bietet zahlreiche verschiedene Cruising-Gebiete: Die Ionischen Inseln sind bekannt durch ihr mildes Klima und die hübsche Vegetation. Lohnenswerte Ziele sind: Lakka-Bucht, Syvota-Bucht, Atheni-Bucht auf Meganisi, das Revier zwischen den Inseln Ithaka, Levkas und dem Festland sowie die Inseln Kefallenia, Zakynthos und Kythira.

Die Kykladen sind unter den Charterern sehr beliebt, da die Anreise von den Yachthäfen Athens aus nur wenig Zeit erfordert. Am bekanntesten sind Mykonos, Naxos, Paros, Siros und Ios.

Der Golf von Korinth mit netten, gutgeschützten Buchten soll landschaftlich sehr schön sein.

Die Nördlichen Sporaden liegen abseits vom Touristenrummel und auch von den üblichen Routen der Yachtsegler und sind deshalb ein ideales Segelrevier für die, die dem Trubel aus dem Wege gehen wollen und das Ursprüngliche suchen.

Der Dodekanes ist die Inselgruppe, die der türkischen Küste vorgelagert ist, meistens hat man guten Segelwind. Die Hauptinsel ist Rhodos, wo es, wie auch in Kos, ziemlich viel Touristen gibt. Die anderen Inseln sind ruhiger, die Touristen werden nur tagsüber von den Schiffen gebracht.

Malta

Eine kleine felsige Inselgruppe, umgeben von klarem, türkisfarbenem, azurblauem Meer. Es gibt zwei Yachthäfen, Marsamxett-Harbour bei Valetta auf der Insel Malta und die neue Marina auf Gozo, dazu auch einsame Buchten. Die hübsche Hafenstadt Valetta und Umgebung ist durchaus einen Besuch wert. Ein charmantes Mischmasch aus typisch englisch, afrikanisch und italienisch, dazu viel Kultur, Geschichte, herrliche Bauten. Gute Versorgungsmöglichkeiten, nette Restaurants. Der Hafen eignet sich zum Überwintern. Allerdings empfiehlt sich frühzeitige Anmeldung. Bleibt das Schiff für diese Zeit im Wasser, ist Aufsicht notwendig.

Sardinien, Korsika

Porto Cervo: Eine der exklusivsten Marinas am Mittelmeer. Es ist dort entsprechend teuer. Man kann aber auch in der Bucht vor Anker gehen, das kostet nichts. Im Süden von Sardinien findet man kaum Plätze, die für den Yachty interessant wären. Dagegen ist die Straße von Bonifacio ein reizvolles Revier, um einige Zeit zu verweilen. Hier gibt es sogar öfter Wind! (Es kann sogar kräftig blasen, der Wind kommt direkt aus dem Golf de Lion und wirft eine kurze steile See auf.) Man findet hübsche Buchten mit klarem Wasser und Sandstrand als Ankerplätze für den Tag.

Santa Teresa Gallura: Ein kleiner Hafen mit nettem Ort; man kann ankern und liegt sehr ruhig.

Bonifacio: Diesen Hafen, inmitten steiler Felswände gelegen, muß man gesehen haben. In der Saison ist der winzige Hafen überfüllt, und man tut gut daran, schon früh am Tage anzukommen, um einen Liegeplatz zu finden. Man kann allerdings auch von Santa Teresa Gallura aus mit der Fähre für einen Tag nach Bonifacio fahren.

La Maddalena: Ein netter, sicherer Platz auf der gleichnamigen Insel. Auch hier liegt man, wie zumeist im Mittelmeer, während der Ferienzeit in Dreierreihen mit dem Heck zur Pier. Überhaupt sind die Inseln in der Straße von Bonifacio sowie Korsika im Hochsommer mit Touristen und Yachten überfüllt.

Französische Riviera

Entlang der schönen Küste gibt es viele Handels- und Fischerhäfen, aber auch genügend teure große Marinas mit gutem Service, Travellifts, Werften, Ersatzteilversorgung, Möglichkeiten für Reparatur und Ausrüstung.

Gute Versorgungsmöglichkeiten, gute Restaurants, teilweise sogar zu angemessenen Preisen. In der Hauptsaison von Touristen überlaufen. Die Schickeria trifft sich in St. Tropez oder Port Grimaud; sehr empfehlenswert sind die Hyères-Inseln. Eine zauberhafte Stadt ist Avignon, trotz vieler Touristen, im Fluß ist eine Marina. Der Golf du Lion ist wegen seiner plötzlich aufkommenden heftigen Stürme bekannt, die Sturmhäufigkeit übertrifft die in der Biskaya.

Balearen

Die Balearen gehören zu den schönsten Segelrevieren des Mittelmeeres. Man hat die Auswahl zwischen Marinas, kleinen Häfen und Buchten. Day-sailing ist möglich. In den Orten gute Versorgungsmöglichkeiten. Viele kleine, gute Restaurants. Die Hauptinseln Menorca, Mallorca und Ibiza unterscheiden sich sowohl in der Landschaft als auch im Baustil. Einige Orte sind im Sommer von Touristen überlaufen, aber es gibt auch einsame Buchten oder Dörfer im Inneren der Inseln, wo man hauptsächlich Einheimische trifft. Ausrüstung und Yachtzubehör ist nur in Palma (Mallorca) erhältlich, einige wenige Dinge auch in den kleineren Marinas. Die Balearen sind gut geeignet für Anfänger im Blauwassersegeln, vorausgesetzt man hört das Wetter ab. Aus dem Golf du Lion kann es an den Nord- und Nordostküsten von Menorca und Mallorca ganz gefährlich blasen, so daß es sich empfiehlt, Schutz zu suchen bzw. einen Hafentag einzulegen.

Empfehlenswerte Plätze sind auf Menorca: Mahon, gutes Restaurant am Hafen ist das „Gregale", Fornells und Cuidadela, auf Mallorca: Puerto Andraitx, Puerto Colom, Santa Ponsa, Cala Pi, außerdem Ibiza, Cabrera und Espalmador auf Formentera.

Spanische Mittelmeerküste

Fischerhäfen, Handelshäfen, Yachtclubs und einige teure Marinas, aber nur wenige sichere Ankerbuchten. Day-sailing möglich. Im Süden, entlang der Sierra Nevada, ist die Küste landschaftlich sehr eindrucksvoll, wenn auch stellenweise durch moderne Hochhäuser verbaut. Entlang der ganzen Küste hat man in den Sommermonaten kaum Wind. In den Orten gute Einkaufsmöglichkeiten, viele nette Restaurants, oft sogar recht preiswert. Eigentlich findet man auf dieser Strecke nur wenig attraktive Häfen. Von Motril aus (netter Yachtclub mit Duschen, Bar, Schwimmbad, Restaurant) kann man die Alhambra in Granada besuchen. Große schöne Marinas sind Puerto Jose Banus und Estepona.

Gibraltar

Ein typisch englisches Städtchen mit viel Charakter. Man hat vier verschiedene Liegeplatzmöglichkeiten: den Admiralitätshafen (geringe Gebühren), die Shepard's Marina und die neu erbaute Marina. Will man die Gebühren sparen, kann man nördlich der Flugplatzlandebahn vor Anker gehen. Gibraltar ist ein guter Platz für Reparaturen. Man trifft immer viele Yachtleute. Die Preise sind höher als in Spanien; die Versorgung mit Obst und Gemüse ist mäßig, dafür kann man zollfrei Spirituosen bunkern. Yachtzubehör und Ausrüstung sowie einige Seekarten und nautische Bücher erhältlich.

Ceuta

Spanische Enklave in Marokko, sicherer Hafen. Ein Ausflug nach Tetuan ist vergnüglich und interessant und sollte nicht versäumt werden.

Tunesien

Wer noch nicht in arabischen Ländern war, sollte zumindest einen tunesischen Hafen anlaufen und sich die zauberhaften Bauwerke, Häuser und Märkte anschauen. Im Norden findet man steile Felsküsten, ein etwas rauheres Klima, und die Strecken zwischen den Häfen sind länger als im wärmeren Süden, der herrliche Sandstrände bietet. Beim Anlaufen von Häfen nicht nur auf GPS verlassen, da es Versandungen gibt. In den letzten Jahren sind einige hübsche Marinas entstanden, die sich gut zum Überwintern eignen.

Bizerte: Hier gibt es einen netten Yachtclub.

La Goulette: Auch hier findet man einen Yachtclub.

Sidi Bou Said: Sehr hübsch gelegen, die Anlage ist vor einigen Jahren umgebaut und vergrößert worden.

Kelibia: Fähr- und Fischereihafen.

Monastir und **Port El Kantaoui** sind moderne, sehr hübsche Marinas.

Ägypten

Alexandria und **Port Said Yachtclub:** Die Leute in den Yachtclubs sind sehr hilfsbereit, und man wird gut betreut. In Alexandria kann starker Schwell stehen.

Israel

Tel Aviv: Es erwartet uns eine neue, gutorganisierte Marina, relativ preiswert. Die Einfahrt ist schwierig, man soll nicht ohne Lotsen einlaufen. Man kann ihn über Kanal 16 VHF anfordern, und zwar in der (Orts-)Zeit von 9.00 bis 16.00 Uhr. Weitere Marinas in Haifa und Akko.

Zypern

Larnaka ist eine sichere Marina, die sich gut zum Überwintern eignet (man muß vorbestellen), gute Reparaturmöglichkeiten. Die Marina liegt in Südzypern; kommt man aus Nordzypern, kann es beim Einklarieren Schwierigkeiten geben, umgekehrt nicht. Zypern ist einer der billigsten Plätze im ganzen Mittelmeer. Freundliche Leute.

Türkei

Eines der lohnenswertesten Ziele im Mittelmeer, vor allem die südliche Türkei: landschaftlich sehr schön, viele einsame Ankerbuchten, klares Wasser, freundliche Einwohner. Außerhalb der Ortschaften trifft man wenig Touristen. Das Gebiet zwischen Bodrum, Fethiye und Antalya gehört zu den besten Plätzen im Mittelmeer.

Die Marinas in Bodrum und Kusadasi, ebenso Marmaris eignen sich zum Überwintern. Hier können auch Reparaturen durchgeführt werden. Flaschentauchen ist in der Türkei verboten. Es ist nicht erlaubt, auf See oder in Buchten die Toiletten zu benutzen, Fäkalientanks sind vorgeschrieben. Vorsicht, die Strafen sind ziemlich hoch. Die Türkei hat vielfältige Gesichter, allein Istanbul ist eine Reise wert. Man liegt in einer modernen Marina und sollte sich einige Tage für den Stadtbesuch Zeit nehmen. Weltberühmte Moscheen, Museen voll von Schmuck und Reichtum, die farbenprächtigen Märkte mit ihren gesprächigen Händlern und den Düften nach orientalischen Gewürzen und Kräutern sowie die vielen kleinen Restaurants mit ihrem Angebot an türkischen Köstlichkeiten machen den Aufenthalt zu einem unvergeßlichen Erlebnis.

Marmara-Meer und **Bosporus** sind noch nicht von Segeltouristen übervölkert. Der Bosporus ist wie ein großer Fluß, und man kann in Ufernähe ankern, liegt allerdings im Schwell der vorbeifahrenden Schiffe, oder man geht in einen Fischerhafen. Im Marmarameer ist die Fischerei zu Hause, deshalb viele Fischerhäfen an der europäischen Küste. Romantischer ist es auf den Marmara Inseln, den Prinzen Inseln oder der Kapidag-Halbinsel. Man kann ankern oder in einen Fischerhafen gehen. Auch hier, wie überall in der Türkei, sehr freundliche und hilfsbereite Einwohner.

Schwarzes Meer

Das ist noch ein Meer für Segler, die sich auf bisher unentdeckte Pfade wagen wollen. Schwierig ist es nicht, das Wetter ist meist sonnig, die Winde leicht bis moderat, es gibt genügend Häfen und Ankerplätze. In der Atakoy Marina in Istanbul hat man Erfahrung, wie und wo man die erforderlichen Visa und Seekarten bekommt. Man muß davon ausgehen, daß die Versorgung in den früheren Ostblockstaaten (Türkei ist besser, was Lebensmittel anbetrifft) denkbar schlecht ist, also der Einkauf ist wie bei einer Ozeanüberquerung zu handhaben, sowohl was Lebensmittel anbetrifft, Ersatzteile, Handwerkszeug, Papierprodukte, Putzmittel usw. Am besten, man verproviantiert sich in Istanbul.

Türkei

Wer Abwechslung fernab der Trampelpfade sucht, fährt an die nordtürkische Küste ins Schwarze Meer. Hier gibt es keine Touristen, und Yachten sind eine Seltenheit, dafür eine unberührte Natur, vor allem im östlichen Teil der Küste, zwischen Ünye und der russischen Grenze, grüne Hügellandschaft und Teefelder. Man trifft außerordentlich freundliche Leute, Yachten sind willkommen und werden bestaunt. Sehr billig. Day-sailing möglich, viele sichere Buchten und Fischerhäfen, wo man kostenlos an der Pier festmachen kann. Platz gibt es genug. Viele Häfen sind nicht in den Karten verzeichnet. Mit Regen muß man rechnen; beste Segelzeit Juni, Juli, August.

Rußland

Ein enormer Kontrast zur Türkei. Die Küstenregion ist landschaftlich uninteressant, die Leute introvertiert, Lebensmittelversorgung schlecht.

Ukraine

Hier wird die Landschaft wieder hübscher, die Leute freundlicher, die Einkaufsmöglichkeiten dürftig. Wer etwas übrig hat für historische Stätten, wird sich für Yalta, Sevastopol und Odessa interessieren.

Rumänien

Constanza ist eine hübsche Stadt, die Leute sind freundlich, auch hier schlechte Versorgungsmöglichkeiten.

Europa – Westküste

Das Buch „Ocean Passages for the World" empfiehlt, um die gefürchtete Biskaya einen weiten Bogen zu fahren, so daß man bei plötzlich aufkommenden Stürmen genügend freien Seeraum hat. Am besten überquert man dieses Gewässer in den Sommermonaten, da dann die Sturmhäufigkeit am geringsten ist. Entlang der spanischen und portugiesischen Küste gibt es häufig Nebel, wegen der vielen Fischerboote in diesem Gebiet ist besondere Aufmerksamkeit notwendig, vor allem in der Nacht.

Frankreich

Wer in der Biskaya an der Küste entlang segeln möchte, sollte sich La Rochelle nicht entgehen lassen. Eine wunderschöne maritime Stadt, die sich trotz Tourismus ihren Charme bewahrt hat. Hier muß man Meeresfrüchte essen, die beste Adresse ist „André" gleich am Hafen. Liegeplätze gibt es in einer riesengroßen, ziemlich sterilen Marina, die jeden erdenklichen Service bietet. Mit einer kleinen Fähre kommt man leicht in die Stadt. Für einen Kurzaufenthalt kann man auch im Stadthafen festmachen.

Spanische Westküste

Die Westküste von Spanien bietet einige sehr hübsche Ankerplätze, und so ist es um so verwunderlicher, daß die meisten Yachten daran vorbeifahren:

La Coruna: Größerer Ort, Einkaufsmöglichkeiten, netter Yachtclub.

Ria de Camarinas: Gut geschützt, landschaftlich sehr schön.

Corcubion: Die Bucht ist offen nach Süden.

Ria de Arosa: Verschiedene gute Ankerplätze und nette Orte.

Ria de Pontevedra: Der Hafen Marin ist nicht empfehlenswert.

Bayona: Ein guter Ankerplatz bei einem hübschen Ort. Man kann beim Yachtclub mit dem Dingi anlanden und auch duschen. Gute Einkaufsmöglichkeiten im Ort. Einige Restaurants, die gutes, preiswertes Essen bieten. Meeresfrüchte wie Hummer, Langusten, Shrimps in allen Größen, Krabben, Kalamaris, Austern, Muscheln und Fische gibt es hier in Hülle und Fülle und von hervorragender Qualität. Für die spanische Westküste sollte man unbedingt Detailkarten haben.

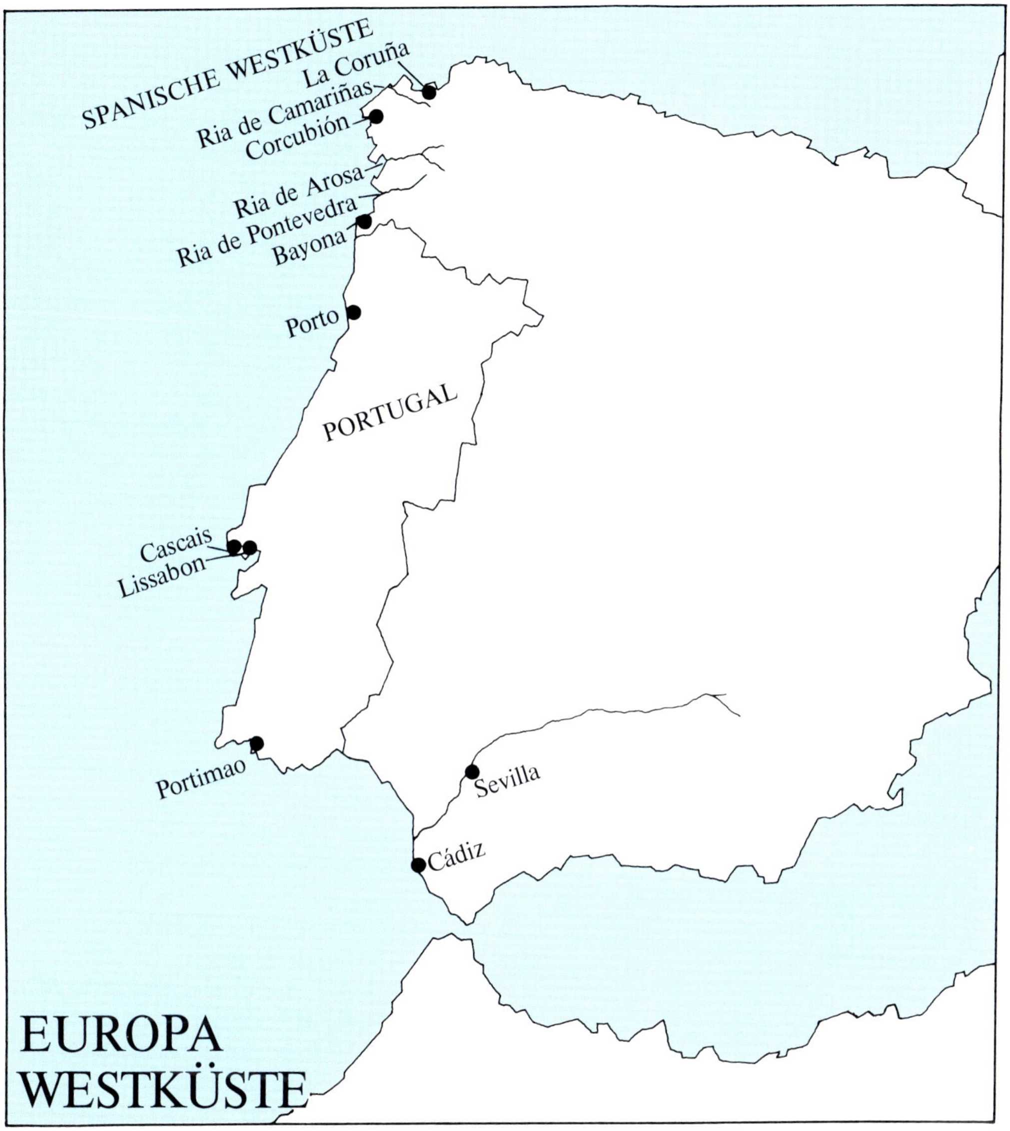

Portugal

Porto: Genügend Ankerplätze im Fluß, man liegt ruhig und trotzdem mitten in der Stadt. Die Ansteuerung sollte bei gutem Wetter und einiger Vorsicht keine Schwierigkeiten machen. Das Fahrwasser ist betonnt.

Lissabon: Besucheryachten liegen in dem kleinen Becken Doca do Bom Sucesso absolut geschützt, und das ist schon viel wert, denn hübsch ist dieses kleine Becken nicht. Dafür hat man Einkaufsmöglichkeiten in der Nähe, sogar ein kleines Geschäft für Yachtzubehör, Busverbindung in die Stadt, nette, preiswerte Restaurants.

Eine bessere Marina liegt zwei Meilen hinter der Brücke in der Altstadt Alfama.

Cascais: Man kann in der Flußmündung ankern, die allerdings nach Süden ungeschützt ist. Cascais ist ein Vorort von Lissabon, ein Badeort mit netter Atmosphäre und vielen guten Restaurants. Bahnverbindung nach Lissabon alle 20 Minuten.

In Portugal kann man preiswert Lebensmittel und Getränke einkaufen. Die Qualität ist nicht die allerbeste, aber ausreichend.

Portimao: Gut geschützter Hafen, nette kleine Stadt.

Vilamoura: Die einzige Marina weit und breit. Sehr sicherer Platz, Slipanlage, Reparaturmöglichkeiten, Restaurants, Supermärkte, Wäscherei, Yachtzubehörgeschäft – alles in allem eine empfehlenswerte Marina.

Sevilla: Es lohnt sich, die Reise flußaufwärts zu machen. Sehr schöner Yachtclub, gut geeignet zum Überwintern; im Sommer allerdings kann es heiß und schwül sein.

Cadiz: Fischerhafen, manchmal ist es schwierig, einen Liegeplatz zu finden.

Nordeuropa

England – Südküste

Der Englische Kanal ist ein schwieriges Gewässer, allein die graue Farbe des Wassers wirkt schon deprimierend. Ansonsten muß man sich mit Nebel, Großschiffahrt, schlechtem Wetter und Gezeiten herumplagen. Mit Recht können die Segler, die in diesem Gebiet segeln, sagen: „Wer hier segelt, braucht andere Gewässer auf der Welt nicht zu fürchten!" Die Südküste von England mit ihrem ausgeglichenen Klima ist sehenswert, die Liegeplätze teilweise teuer.

Die zahlreichen Häfen und Ankerplätze in Flußläufen entlang der Küste sind vor allem im Sommer mit Yachten überfüllt. Day-sailing ist möglich, aber gute Planung notwendig. Die Häfen sind Schleusenhäfen und werden nur zweimal in 24 Stunden, meistens von 1 Stunde vor Hochwasser bis 1 Stunde nach Hochwasser, geöffnet. Fast in allen Orten erhält man Yachtzubehör und Kartenmaterial.

Brighton: Vor einigen Jahren hat man hier eine große, moderne Marina gebaut mit Travellift, einer guten Werft, Duschen und Einkaufsmöglichkeiten (Schiffszubehör und Lebensmittel).

Falmouth: Viele Segler nehmen diese hübsche Bucht als Ausgangspunkt für den Törn über die Biskaya. Auch hier soll eine moderne Marina gebaut worden sein.

Landschaftlich sehr empfehlenswerte Plätze sind: Ramsgate, Salcombe River, Yealm River, Fowey River und die Isle of Wight.

London: Ein ganz besonderer Leckerbissen ist London, wobei der Aufenthalt wesentlich schöner ist als die Anfahrt. Die Themsemündung kann es nämlich bei schlechtem Wetter und vor allem bei Nebel in sich haben. Mit Radar oder bei guter Sicht ist das weniger problematisch, denn die Fahrwasser sind gut bezeichnet.

Der Liegeplatz St. Catherine's Dock befindet sich direkt vor der Tower Bridge. Man will aus diesem kleinen Hafen einen Museumshafen machen. So liegt man zwischen Themsebargen und einem ausgemusterten Feuerschiff in einer Umgebung von historischen Gebäuden, alten, stilvollen Pubs und urigen Restaurants. Diese Mari-

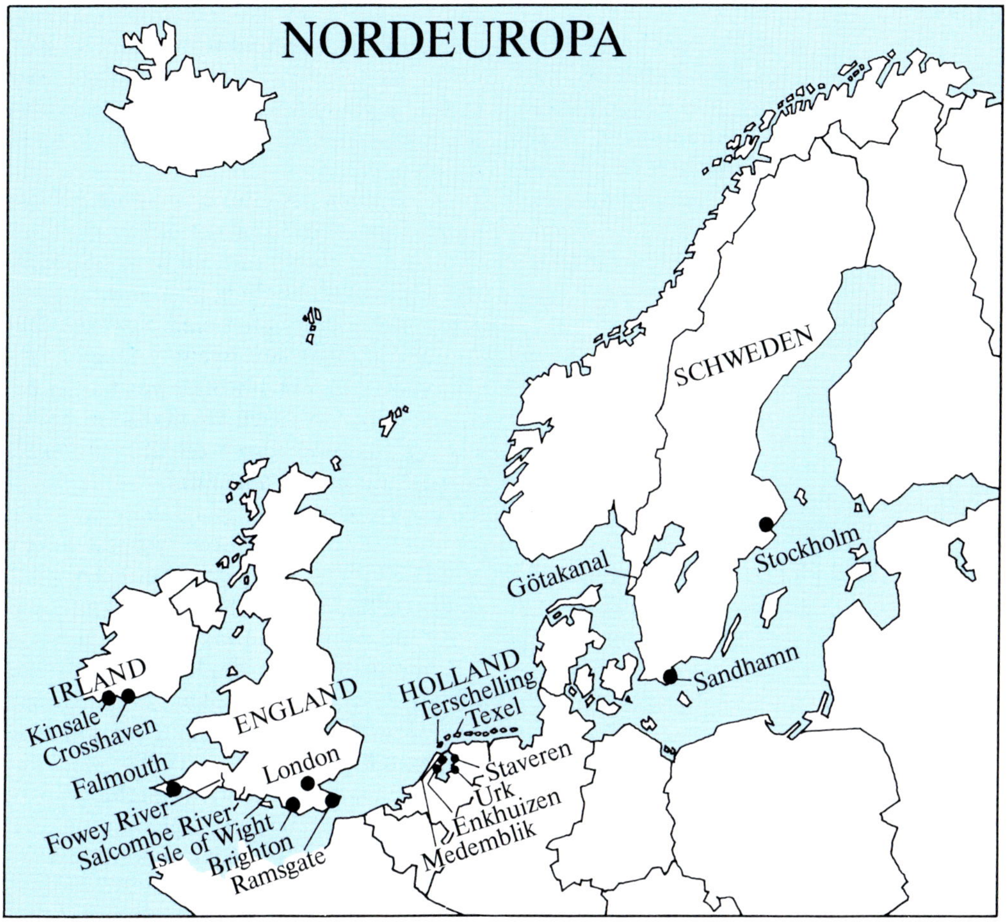

na ist eine der hübschesten, die ich kenne. Von der Tower Bridge geht eine Fähre zum Marine-Museum, das man unbedingt besucht haben muß.

Kanal-Inseln

Britische Inseln mit französischem Charme, umgeben vom Golfstrom, mit den Vorzügen des Klimas und der Temperaturen, die dieser mit sich bringt.

Gute Kneipen und Restaurants, herrliche historische Gebäude, sichere Marinas in Guernsey und Jersey, sehr eindrucksvolle Landschaft. Auf Jersey ist der St. Peter's Bunker sehenswert, eine große Sammlung von Ausrüstung und Gegenständen aus der fünfjährigen deutschen Besatzungszeit.

Nord-England

Wetter und Gewässer sind für die, die es rauh mögen. Reizvolle Landschaft. Wer den harten Weg um Schottlands nördliche Küste meiden will, fährt durch den Caledonian Canal (28 Schleusen).

Orkney-Inseln

Sie liegen nördlich von Schottland, dort wo Nordsee und Atlantik zusammentreffen. Das rauhe Gebiet ist etwas für Könner, rasch wechselndes Wetter, häufig Regen, Nebel und Tidenströme. Es gibt nur zwei Häfen, Stromness und Kirkwall, aber eine Reihe von Ankerplätzen zwischen den Inseln. Dort muß man auf einen Wetter- und Windwechsel eingerichtet sein.

Irland

Landschaftlich eindrucksvoll, nette, hilfsbereite Menschen. Die großen Yachtzentren sind Kinsale und Crosshaven; dort gibt es Slipanlagen, Trockendocks, Clubs, Duschen, Geschäfte für Yachtzubehör, Reparaturmöglichkeiten. Andere interessante Plätze sind: Glenngariff Harbour, Crookhaven, Garnish Island, Castlehaven und Sheem.

Holland

Holland ist ein vielseitiges, ideales Segelrevier. Man hat zahlreiche vollkommen unterschiedliche Möglichkeiten: das Ijsselmeer mit seinen kleinen romantischen Häfen Staveren, Enkhuizen, Medemblik, Urk, das Watt mit den hübschen Inseln Terschelling und Texel. Man kann auf der Nordsee segeln nach England, Belgien oder Frankreich. Wer genügend Zeit hat, sollte sich Amsterdam mit seinen Grachten ansehen. Die zahlreichen Kanäle in Holland sind ein Wassersportrevier für sich. Die Schleusen haben bestimmte Öffnungszeiten oder werden bei Bedarf geöffnet. Dann muß der gesamte Autoverkehr warten. Holland ist ein Land, wo die Schiffahrt Vorfahrt hat. Ein Nachteil ist, daß die holländischen Gewässer inzwischen von Yachten überlaufen sind, was oft lange Wartezeiten vor den Schleusen bedeutet. Kulinarisch wird einiges geboten: Fischliebhaber kommen auf ihre Kosten, eine Delikatesse sind Matjes, Muscheln und Krabben, nicht zu vergessen der holländische Käse, vor allem Gouda.

Belgien

Die Marina von Ostende liegt mitten in der Stadt. Was die Delikatessengeschäfte, Fleischereien, Bäcker, Gemüsehändler anbieten, ist von erster Qualität; hübsche, hervorragende Restaurants am Hafen.

Schweden

Ein außerordentlich reizvolles Segelrevier für die Küstenfahrt, landschaftlich attraktiv, mit vielen kleinen Häfen und unzähligen Ankerplätzen in den Schären. Das Revier bietet so viele Möglichkeiten, daß man genügend einsame Buchten findet, obwohl Schweden von Yachten überlaufen ist. Das Wetter ist auf der Ostseite wesentlich besser als im westlichen Teil.

Mit den schwedischen Bootssportkarten fährt man gut. Es wird empfohlen, während der Fahrt die Seezeichen auf der Karte abzuhaken, denn die Landschaftsbilder sind häufig ähnlich, und wenn man nicht aufpaßt, kann man sich möglicherweise verfahren.

In Schweden kann man sehr gut essen, die Einkaufsmöglichkeiten sind zufriedenstellend, nur Spirituosen sind teuer.

Der Götakanal ist landschaftlich sehr reizvoll, allerdings muß man Zeit haben. Wer Abwechslung sucht, schaut sich Stockholm an. Will man ein bißchen Yachtatmosphäre schnuppern, ist Sandhamn der richtige Platz. Man trifft Yachties aus aller Welt, vor allem während der Regatten.

Norwegen

Hier gibt es viel Regen, vorwiegend im Sommer. Hohe Berge, tiefe Fjorde, herrliche Wälder. Die Außenschären sind oft kahl. Segeln ist innerhalb der Schären teilweise für längere Strecken möglich; man hat ruhiges Wasser, allerdings wenig Wind. Ankern ist innerhalb der Fjorde schwierig, da das Wasser häufig bis an die Küste tief ist. Die norwegischen Gewässer sind gut betonnt, die Befeuerung ist nicht ganz sicher. Gute Versorgungsmöglichkeiten, teuer. Wer einen Badeurlaub machen will, fährt besser woanders hin, das Wasser ist hier zu kalt. Zwischen Kap Lindesnes und Tanager findet man noch unberührte Natur und außerdem einige hübsche Häfen.

Nordatlantik-Inseln

Azoren

Die Azoren sind ein Paradies für Yachties, um mitten im Atlantik für einige Tage auszuruhen.

Faial/Horta: Hier trifft man Yachtleute aus aller Welt. Im Hafen war man früher oft einem gefährlichen Schwell ausgesetzt,

inzwischen gibt es eine hervorragende Marina. Hier hat sich das Mid-Atlantic-Yacht-Service niedergelassen und bietet Reparaturen an Motor, Rigg, Elektronik und Pumpen sowie die Betreuung von Yachten, deren Eigner für einige Zeit nicht an Bord sind. Im Ort finden wir preiswerte, urige Restaurants, freundliche, hilfsbereite Bewohner, wenig Touristen und das berühmte Café Sport, wo man sich trifft. Der Besitzer Peter ist seit vielen Jahren in der Yachtszene bekannt. Er hilft mit Rat und Tat, wo er nur kann.

Flores: Diese hübsche Insel wird selten von Yachten angelaufen. Um nach Santa Cruz einzulaufen, fordert man auf Kanal 16 VHF oder 6 UKW einen Lotsen an.

Sao Miguel, Ponta Delgada: Man kann ankern, an eine Mooring gehen oder an einem Fischerboot festmachen. Hübscher Ort und Insel.

Madeira

Funchal: In dem viel zu kleinen Hafen der landschaftlich sehr schönen Insel liegt man vor Bug- und Heckanker oder im Päckchen nicht besonders ruhig und auch nicht hinreichend geschützt. Zum Essen läßt man sich am besten vom Taxifahrer in eines der typischen einfachen Restaurants fahren, dort bekommt man frisches Brot, gerade im Holzofen gebacken, und Fleischspieße, die köstlich nach Knoblauch duften. Vor dem Genuß größerer Mengen Zuckerrohrschnaps muß gewarnt werden, vor allem, wenn man am nächsten Tag auslaufen will.

Santo: Kleiner Hafen, gut geschützt, nur nach Südwesten offen. Ruhiger Platz zum Erholen, herrliche Sandstrände.

Kanarische Inseln

Die Inseln im ewigen Frühling; der Unterschied der Durchschnittstemperaturen beträgt zwischen dem wärmsten und dem kältesten Monat im Jahr um die 6 Grad Celsius. Lanzarote mit seiner dunklen Kraterlandschaft und Fuerteventura mit seinen riesigen Sandstränden liegen am nächsten an Afrika und haben ein wärmeres regenarmes Klima, während sich an den gebirgigen Inseln Gran Canaria, Teneriffa und La Palma an ihren Luvseiten die Passatwolken abregnen und diese Inseln weitaus grüner sind.

Ausgezeichneter Platz, um sich für die Atlantiküberquerung zu verproviantieren. Es gibt dort eine gute Auswahl an Konserven, frischem Fleisch, Wurstwaren, Obst und Gemüse, Käse, verschiedene gut haltbare Brotsorten, Wein und Spirituosen zu günstigen Preisen. Auch Ersatzteile und Segelzubehör in beschränkter Auswahl zu haben. Man kann das ganze Jahr über segeln, die Sommer sind warm und regenarm. Wenn man Glück hat, weht ein NO-Passat, zwischen den Inseln kann es kräftig blasen (Düsenwirkung), und die See wird dann ziemlich ruppig. Wenn der Wüstenwind aus der Sahara bläst, deckt man besser eine Persenning über die Segel, der heiße Wind bringt eine gehörige Portion roten Sand mit.

Gran Canaria, Las Palmas: Ein kleiner Yachthafen liegt mitten in der Stadt, wenig empfehlenswert, wenn man einige Tage verweilen will, denn es gibt hübschere Marinas, von wo man auch seine Einkäufe machen kann, entweder mit dem Bus oder einem Mietwagen.

Puerto Salinetas: Neun Seemeilen südlich von Las Palmas, kleine Marina, Busverbindung nach Las Palmas, kleine Restaurants und Lebensmittelgeschäfte am Platz.

Pasito Blanco: Relativ sichere Marina. Viele Liegeplätze haben Elektrizität und Wasser. In der Saison überfüllt. Gute Einkaufsmöglichkeiten in Maspalomas. Dorthin Busverbindung, allerdings liegt die Busstation ziemlich weit von der Marina entfernt.

Puerto Rico: Marina, einigermaßen sicher, Duschen, Wasser, Elektrizität, Touristenatmosphäre.

Puerto Mogan: Reizende kleine Marina mit Einkaufsmöglichkeiten und netten Restaurants. Die Liegeplätze sind nicht ganz billig.

Gomera, San Sebastian: Ist bei östlichen Winden ungeschützt, eine große Marina ist geplant, Versorgung umständlich.

Playa de Santiago im Süden der Insel, einige kleine Geschäfte und Restaurants.

Palma, Santa Cruz: Hübscher alter Ort an der Ostküste der schönen grünen Insel, auf der Westseite liegt Puerto de Tanzacorte, sicherer Hafen.

Teneriffa, Los Christianos: Man liegt gut im kleinen Innenhafen, im Außenhafen kann Schwell sein. Los Gigantes ist eine neue Marina mit einer unangenehmen schmalen Einfahrt; unruhige Liegeplätze.

Lanzarote, Arrecife: Offen nach Süden. Bessere Ankerplätze sind zwischen Arrecife und Graciosa im Norden der Insel und Playa Blanca an der Südküste.

Kapverdische Inseln

10 bewohnte und 5 unbewohnte Inseln, kaum Touristen, seit 1975 unabhängig, die meisten Inseln sind eine Anhäufung von Felsen, Geröll und Sand, dennoch eine abwechslungsreiche Landschaft, jede Insel hat ihre Eigenart. Die Inseln werden immer seltener von Yachten angelaufen, dabei sind die Bewohner freundlich und freuen sich über den Besuch von Yachtleuten. Die Versorgungsmöglichkeiten sind als Folge der Armut auf den Inseln dürftig.

St. Helena und Ascension

Der Besuch dieser Inseln ist eine willkommene Unterbrechung auf Atlantikreisen. Sonst sind sie wenig attraktiv und die Ankerplätze teilweise dem Schwell ausgesetzt. Sehr hohe Gebühren. Das Anlanden im Dingi kann bei starkem Schwell höchst unangenehm werden.

Bahama-Inseln

Die Inseln sind sehr flach. Die Schönheit der Bahamas liegt in den herrlichen Sandstränden und dem glasklaren Wasser in allen Farbschattierungen von Türkis bis Dunkelblau. Man findet Touristenzentren mit Hotels, Marinas, Restaurants, Yachtclubs, aber auch einsame, unbewohnte Inseln. Gute Einkaufsmöglichkeiten in den größeren Orten wie Nassau, Georgetown und Mash Harbour, relativ preiswert. In den Yachtzentren ist auch Bootszubehör erhältlich. Für sichere Navigation benötigt man den jährlich neu erscheinenden „Yachtsman's Guide to the Bahamas". Man muß sich an die dort zu praktizierende „Eyeball"-Navigation (am besten vom Mast aus) gewöhnen. Am schwersten ist die Wassertiefe zu schätzen, wenn man über Sandboden fährt.

Bermuda-Inseln

Herrliches Klima, schöne Strände, kristallklares Wasser, gutes Tauch- und Schnorchelrevier, hübsche, saubere Orte.

Nordamerika – Ostküste

Die Kap-Hatteras-Region ist wegen ihrer häufigen, heftigen Stürme gefürchtet, deshalb sollte man in diesem Revier lange Strecken nur im Frühjahr und Sommer segeln. Man findet einige große, sehr gut eingerichtete Marinas, aber auch genügend hübsche Plätze, um frei und kostenlos zu ankern.

Chesapeake Bay: Ein bevorzugtes Cruising-Revier mit unzähligen Buchten und Ankerplätzen und einer großartigen Vogelwelt. Im Sommer, in den Ferien und an Wochenenden ist dieses Gebiet jedoch von einheimischen Seglern überlaufen. Es muß mit plötzlich aufkommenden Stürmen gerechnet werden; deshalb empfiehlt es sich, aufmerksam die in den Staaten außerordentlich guten Wettervorhersagen zu verfolgen. Im Winter ist Heizung nötig, selbst im Herbst und Frühwinter. Fährt man weiter nach Norden, braucht man „Eldridge's Tide- and Current Tables" (Chesapeake Bay bis Neufundland).

Newport: Einer der größten und interessantesten Yachthäfen der Welt mit zahlreichen Yachtclubs, Werften, Yachtausrüstern und guten Restaurants.

Weitere hübsche Plätze findet man im Vineyard und Nantucket Sound (Cuttyhunk, Vineyard Harbor, Edgartown, Hadley's Harbor, Quisset Harbor, Pocasset Harbor). Mai und Juni sind die besten Monate, hier zu segeln, denn im Juli und August sind die Buchten und Ankerplätze mit Yachten überfüllt.

Boston: Auf der Fahrt in nördliche Gefilde lohnt es sich, in Boston Proviant zu bunkern, denn in Maine und Nova Scotia sind die Einkaufsmöglichkeiten weniger gut.

Maine und Nova Scotia

Sehr eindrucksvolle Reviere mit vielen Buchten und Fischerhäfen. Maine ist dichter besiedelt und von Yachten überlaufen. Beste Versorgungsmöglichkeiten in Rockland und Candem. Schöne Plätze sind die Penobscott Bay, Rockport, Sommesville, Valley Cove, Pulpit Harbor, Deadman's Cove.

Nova Scotia bietet eine eindrucksvolle, abwechslungsreiche Küste mit kleinen, interessanten Orten. Die meisten Häfen sind gut geschützt und liegen ziemlich weit im Land, was bei der Planung von Tagestörns zu berücksichtigen ist. Entlang dieser Küste kommen häufig sehr plötzlich Nebel und unangenehmer Schwell auf. Schöne Plätze sind St. Margaret's Bay, Mahone Bay und Bras d'Or Lake (viele Vogelarten und Meerestiere).

Labrador

Spektakuläre Landschaft, sehr einsam, kleine Stadt in Goose-Bay. Versorgungsmöglichkeiten mäßig. Wenn man sich den Winter über einfrieren lassen will, muß man einkalkulieren, daß das Eis in manchen Jahren lange bis ins Frühjahr bleibt.

NORDAMERIKA

Nord- und Mittelamerika – Westküste (Alaska und Kanada)

Alaska

Alaska hat eine herrliche Landschaft, äußerst freundliche Einwohner, viele ruhige, geschützte Ankerplätze. Es ist häufig kühl und naß, man trifft kaum Yachten. Will man viel vom Land sehen, braucht man eine gute Maschine und viel Diesel, oder man muß dort überwintern, denn es gibt zeitweise wenig Wind.

Prince William Sound: Day-sailing ist möglich. Manchmal ist das Ankern schwierig, da das tiefe Wasser bis ans Ufer reicht.

British Columbia/Kanada

Auch dieses Land ist landschaftlich äußerst reizvoll, noch sehr urspünglich, Natur pur. Das bevorzugte Segelrevier ist um Vancouver Island mit unzähligen guten Ankerplätzen. Im Sommer, Mai bis September, angenehm warm, aber auch Vor- und Nachsaison sind auf Grund der warmen Strömungen vom Klima her erträglich. Es gibt wenig Marinas, man ankert in einem der vielen Fjorde oder macht an Fischkuttern fest.

Nordamerika – Westküste

Die San Juan Islands bestehen aus 172 Inseln. Herrliche Landschaft, das ganze Jahr über schneebedeckte Berge. Wenig Wind, man braucht eine gute Maschine und einen großen Dieseltank, außerdem eine lange Ankerkette, denn die Ankergründe sind häufig tief. Das Wasser ist ziemlich kalt. Teilweise starker Strom in den Kanälen, man muß oft auf Stillwasser warten, Stromatlas und Tidentafel erforderlich. Nachts sollte nicht gesegelt werden wegen der Gefahr von Treibholz. Die beste Segelzeit ist von Mitte Juli bis Ende September.

An der amerikanischen Westküste ist von Juni bis Oktober Hurrikansaison. Im Bereich der Staaten Kalifornien, Oregon und Washington segelt man entlang hoher Gebirge, die südlich von San Francisco Bay eher kahl, nördlich davon grün bewachsen sind. Wenn der Winter ins Land zieht, wird es unangenehm stürmisch, regnerisch und kühl. Im Norden kann es auch im Sommer empfindlich kalt werden. Viel Schiffsverkehr entlang dieser Küste. Schutz findet man fast nur in den größeren Häfen; es gibt kaum kleine Fischerhäfen, und die Buchten bieten nicht genug Sicherheit.

Gute Plätze und angenehmes Segeln erlebt man in der San Francisco Bay, der Strait of Juan de Fuca und der Strait of Georgia, im Puget Sound und in den Channel Islands. An dieser Küste gibt es häufig Nebel. In den größeren Orten findet man Slipanlagen, Schiffsausrüster und Reparaturmöglichkeiten. Bis Cabo Corrientes kann man mit nordwestlichen Winden rechnen, weiter südlich nur noch mit der Land- und Seebrise. Zwischen San Diego und Cabo San Lucas gibt es nur drei geschütze Ankerplätze: Ensenada, Turtle Bay und Bahia Magdalena (sehr hübsch).

Puerto Vallarta: Moderne Marina (Yacht- und Touristenzentrum) mit guten Möglichkeiten für Reparatur und Ausrüstung.

Tenacanita: Netter Platz.

Navidad: Gut geschützt und empfehlenswert.

Manzanillo: Schmutziger Handelshafen.

Acapulco: Schöner Yachtclub, der letzte Hafen, bevor man in unterentwickelte Gegenden kommt.

Golf von Tehuantepec: Ist wegen seiner häufigen heftigen Stürme gefürchtet.

Weitere gute Stops sind: Madero, Acajutla, Isla Meanguera, Puntarenas (flußaufwärts sind zwei Marinas), Goffito, Isla Gamez, Bahia Honda, Naranjas Cove, Benao Cove. Je weiter man nach Süden kommt, um so flauer wird der Wind.

Südamerika – Ostküste

Surinam

Das kleine Land wird nur selten von Yachten besucht. Paranaribo bietet sich als Anlaufhafen nach einer Atlantiküberquerung an für Leute, die sich abseits vom großen Treck halten wollen. Ein Trip den Corentijn River hoch ist lohnenswert; man ist von Nilpferden, Krokodilen, Affen und unzähligen farbenfrohen Vögeln umgeben. Für die Flußfahrt gibt es sowohl eine englische als auch eine holländische Karte.

Brasilien

Das hübscheste Cruising-Revier liegt 60 Seemeilen südlich von Rio de Janeiro, die Bay of Islands, mit guten Ankerplätzen auf klarem Wasser und schönen Sandstränden. Die großen Städte Brasiliens sind voll pulsierenden Lebens, entsetzlicher Armut neben ungeheurem Reichtum. Die Yachtclubs sind mehr Gesellschaftsclubs, da es in Brasilien nur wenig Yachten gibt. Trotzdem sind die Clubs sehr gastfreundlich zu Besucheryachten und bieten Duschen, Restaurants (preiswert), Bar und Schwimmbad. Yachtzubehör oder Ersatzteile sind kaum erhältlich. Wer Zeit hat, sollte den Amazonas rauffahren.

Einige Häfen entlang der Küste:

Fortelezza: Netter Yachtclub.

Recife: Zwei Yachtclubs, der neuere hat sehr schöne Anlagen. Er liegt allerdings weit von der Stadt entfernt.

Salvador: Hübsche, interessante Stadt, Ankerplatz nach Südwesten offen. Man kann auch innerhalb des Hafens in der Nähe der Hafenbehörde liegen oder im Rio Paraquacu.

Rio de Janeiro: Yachtclub in Potafago Bay; man fährt im nördlichen Teil der Bucht flußaufwärts.

Santos: Hafen von Sao Paulo, netter Yachtclub.

In Brasilien sollte die Yacht niemals unbewacht gelassen werden. Von Cabo Frio gen Norden muß man bei Gegenwind und Strom auf eine ermüdende Segelei gefaßt sein.

Argentinien

Argentinien wird wegen des kühlen und stürmischen Wetters selten von Yachtseglern aufgesucht. In Argentinien sind die Preise, vor allem für Lebensmittel, sehr hoch. Hier ist Restaurantessen angesagt, denn es gibt eine Unzahl von guten Restaurants, vor allem die Fleischesser kommen auf ihre Kosten. Hervorragende Steaks aller Art, riesige Portionen. In den Yachtclubs und Häfen werden ausländische Segler gerne aufgenommen, die

SÜDAMERIKA
Corentijn River
Paramaribo
SURINAM
VENEZUELA
KOLUMBIEN
ECUADOR
Salinas
Guayaquil
PERU
La Punta
Lima
BRASILIEN
Fortaleza
Recife
Salvador
Rio de Janeiro
Bay of Islands
Santos
CHILE
URUGUAY
Montevideo
Rio de la Plata
ARGENTINIEN

Leute sind sehr gastfreundlich, da es wenig Besucheryachten gibt. Im Rio de la Plata gibt es bei Montevideo/Uruguay einen netten, gastfreundlichen Yachtclub, weitere Yachtclubs in Buenos Aires, einer herrlichen lebhaften Stadt, die darauf stolz ist, die europäischste Stadt Südamerikas genannt zu werden. Ein weiterer Yachthafen ist in Mar del Plata, der Hafen ist sicher, und Segler werden gut empfangen. Hier trifft sich eine gewisse Elite an Besucheryachten, denn entweder sie kommen vom Kap Hoorn oder wollen dorthin fahren.

Südamerika – Westküste

Von Panama entlang der Küste nach Süden zu segeln, ist ein ermüdendes Unterfangen, da man gegen Wind und Strom fahren muß. Trotzdem wird es einem nie langweilig, da in diesen Gewässern viele Meerestiere zu sehen sind wie Wale, Haie, Schildkröten, Seelöwen, Delphine und auch zahlreiche Vogelarten.

Kolumbien

In Kolumbien waren Yachten unerwünscht; von der Küste bleibt man wegen der Piraten besser fern. Soll sich in letzter Zeit gebessert haben. Dies kann sich jedoch jederzeit wieder ändern. Deshalb unbedingt auf Ankerplätzen die neuesten Informationen von anderen Yachten einholen.

Ecuador

Hier trifft der kalte Humboldtstrom auf die warme Tropenluft, es gibt häufig Nebel. In Ecuador findet man einige sehr hübsche und gastfreundliche Yachtclubs in Guayaquil und Salinas. Es gibt dort nur selten Besucheryachten; man kann das Boot beruhigt liegenlassen und Landausflüge machen. In Ecuador ist es enorm billig.

Peru

In Peru sind die Lebenshaltungskosten, auch die für das Essen im Restaurant, sehr niedrig. In La Punta, Lima, befindet sich ein gastfreundlicher Yachtclub, ebenso 20 Seemeilen nördlich von Lima.

Chile

Viele der äußerst gastfreundlichen Einwohner sprechen deutsch. In Valparaiso und Valdivia gibt es nette Yachtclubs. In der Nähe bei Valdivia sollen Alex und Dagmar Wopper, deutsche Fahrtensegler, sich niedergelassen haben und eine Firma für Reparaturen auf Yachten und eine Segelmacherei betreiben. Im Süden von Chile ist das Segeln innerhalb der Kanäle möglich. Je südlicher man fährt, um so schlechter wird das Wetter. Es ist die Frage, ob man sich wegen landschaftlicher Schönheit mit Kälte, Nebel, Regen und plötzlich aufkommenden heftigen Stürmen herumschlagen soll. Man wird allerdings durch nette Bekanntschaften mit den in der Einsamkeit lebenden Leuten belohnt. Oft sind die Ankerplätze nicht ausreichend geschützt, so daß man immer gewärtig sein muß, ankerauf zu gehen, um Schutz zu suchen. Im Beagle Canal liegt Puerto Williams, man geht längsseits an einem ehemaligen Rheindampfer, der den Yachtclub beherbergt, und ist dort gut gegen die plötzlich aufkommenden starken Stürme geschützt.

In dem kleinen Städtchen gibt es einen winzigen Supermarkt, einen Fleischer und eine Post.

Kap Hoorn ist für den Segler die gleiche Herausforderung wie für den Bergsteiger der Mount Everest. Nur wenige (außer den Regattayachten mit starker Besatzung) wählen den harten und gefährlicheren Weg über die offene See, wie er früher für die vorgeschrieben war, die sich dann Kap Hoorniers nennen durften. Die Sturmhäufigkeit ist extrem hoch, und die Monsterseen können sich um die ganze Welt aufbauen, denn sie werden durch kein Land gebremst. Dazu kommt die Gefahr von Eisbergen. Bobby und ich wählten diesen beschwerlichen Weg und segelten mit unserer 16-m-Stahlyacht von Tahiti in der Südsee nach Mar del Plata in Argentinien. Es war uns vergönnt, in der Morgensonne nahe an das berühmt-berüchtigte Kap heranzusegeln (beschrieben in dem Buch „Achtzigtausend Meilen und Kap Hoorn“).

Manche Segler machen es sich leichter, um sich die begehrte Trophäe an die Fahnen heften zu können; sie segeln aus dem Beagle Canal per „island-hopping“ von einer Bucht in die andere, immer auf gutes Wetter wartend, und umrunden auf diese Weise Kap Hoorn. Diese Art der Kapumrundung wurde auch schon von Kajak- und Schlauchbootfahrern geschafft. Die Ankerplätze müssen gut gewählt werden, denn häufig gibt es von den Bergen kräftige Fallböen. (Dieser Weg ums Kap ist von Bobby im Buch „Segeln im Reich der Stürme“ beschrieben.)

Feuerland: Eine majestätische Landschaft von herber Schönheit. Die Le Maire Straße ist berüchtigt wegen starker Strömungen. Wenn ein Sturm gegen den Strom steht, kann eine gefährlich steile See entstehen.

Schwierige Länder

Für das Cruising-Volk wird die Welt immer kleiner. In manchen Ländern sind Yachten unerwünscht, andere gestatten einen Aufenthalt von 48 Stunden. Oder die Einreise ist erschwert durch langwierigen Papierkrieg. Von manchen Gegenden hält man sich besser fern, um nicht Piraten in die Hände zu fallen. In vielen Ländern herrscht Bürgerkrieg.

Yachten unerwünscht

Algerien, Libyen, Kolumbien, Andamanen und Nicobaren, Burma, Kambodscha, Vietnam, Volksrepublik China, Äthiopien, Somaliland.

Langwierige Einreise-Formalitäten

Cruising Permit und/oder Visum erforderlich, das schon bei der Einreise vorgelegt werden muß:

Indonesien, Madagaskar, Trust Territory, USA, US Virgin Islands, Saudi-Arabien, Taiwan, Kuba.

Für Albanien muß vorher eine Erlaubnis eingeholt werden.

Aufenthalt von nur wenigen Tagen gestattet

Galapagos, Diego Garcia.

Piratenüberfälle

Aus folgenden Gegenden bekannt: Rotes Meer, Socotra, Saudi-Arabien, Indonesien (Timor, Sumatra, Borneo, Celebes), Südchinesisches Meer, Golf von Siam, südliche Philippinen, Kolumbien, Malediven. Einige Fälle von Piraterie sind auch aus den Bahamas und der Karibik bekannt.

80 % aller Überfälle passieren in asiatischen Gewässern.

Krisenherde der Welt

Länder, in denen zur Zeit (1994) Kriege, Bürgerkriege oder bewaffnete Konflikte stattfinden:

Ägypten, Algerien, Angola, Aserbaidschan, Bangladesch, Burma, Georgien, Guatemala, Indien, Indonesien, Irak, Israel, Kambodscha, Ex-Jugoslawien, Kolumbien, Libanon, Liberia, Moldawien, Mocambique, Niger, Nordirland, Papua-Neuguinea, Peru, Rußland, Senegal, Sierra Leone, Somalia, Sri Lanka, Sudan, Türkei.

Kap Hoorn, der Höhepunkt im Seglerleben.

Hafenhandbücher, Cruising Guides

Karibik

A Cruising Guide to the Caribbean; Cruiser's Guide to Trinidad and Tobago; The Gentleman's Guide to Passage South (Florida – Venezuela); Lesser Antilles; Reed's Nautical Almanac and Coast Pilot; Segeln in der Karibik 1 (Martinique – Grenada); Segeln in der Karibik (Anguilla – Domenica); Yachtman's Guide to the Windward Islands; Karibik aus der Luft; Street's Cruising Guide to the Eastern Caribbean Part One Puerto Rico, the Passage Islands, the U.S. and Virgin Islands; Street's Cruising Guide to the Eastern Caribbean Part Two Anguilla – Domenica; Cruising Guide To The Leeward Islands (Anguilla – Domenica); Sailor's Guide To The Windward Islands (Martinique – Grenada); Yachtman's Guide to the Greater Antilles; Cruising Guide to the Bay Islands of Honduras; Yachtman's Guide to the Virgin Islands; Virgin Islands; Cruising Guide to the Virgin Islands; Virgin Anchorages (Luftaufnahmen); Sailor's Guide To A Venezuela Cruise; Street's Cruising Guide to the Eastern Caribbean (Venezuela); Belize and Mexicos Caribbean Coast

US-Ostküste – Florida – Bahamas

The Intracoastal Waterway; Cruising Guide to the Chesapeake Bay; Reed's Nautical Almanac; Yachtman's Guide to the Bahamas; Cruising Guide to the Abacos and the Northern Bahamas; Cruising Guide to Eastern Florida; Cruising Guide to Western Florida; Cruising Guide to the Florida Keys

Nordamerika – Westküste – Mexiko

Cruising Ports: California To Florida Via Panama; Cruising Guide Sea Of Cortez; North to Alaska; Western Coast of Mexico, incl. and incorporating Cruising Mexico; US Pacific Coast Seattle to San Diego

Pazifik

Südsee-Handbuch; Pacific Wanderer; Landfalls of Paradise (Pacific Islands); Marine Atlas of the Hawaiian Islands; Charlie's Charts Hawaiian Islands; Cruising Guide To Tahiti And The French Sciety Islands; Charlie's Charts of Polynesia; Yachtman's Fiji; Fidschi-Handbuch; Mikronesien-Handbuch; Cruising New Caledonia and Vanuatu

Australien

Cruising the Coral Coast; Cruising the New South Wales Coast

Thailand

Segeln in Thailand

Europa

Die Bücher für europäische Gewässer findet man in den Katalogen der Schiffahrts-Buchhandlungen